Manual de Direito Industrial

PROPRIEDADE INDUSTRIAL E CONCORRÊNCIA DESLEAL

Manual de Direito Industrial

PROPRIEDADE INDUSTRIAL E CONCORRÊNCIA DESLEAL

2022 • 9ª Edição
Revista e Atualizada

Luís Couto Gonçalves

ALMEDINA

MANUAL DE DIREITO INDUSTRIAL
PROPRIEDADE INDUSTRIAL E CONCORRÊNCIA DESLEAL

AUTOR
Luís Couto Gonçalves
1ª Edição: Dezembro, 2005

EDITOR
EDIÇÕES ALMEDINA, S.A.
Rua Fernandes Tomás, nºs 76-80
3000-167 Coimbra
Tel.: 239 851 904 · Fax: 239 851 901
www.almedina.net · editora@almedina.net

DESIGN DE CAPA
FBA.

PRÉ-IMPRESSÃO
EDIÇÕES ALMEDINA, SA

IMPRESSÃO E ACABAMENTO

Janeiro, 2022

DEPÓSITO LEGAL

ALMEDINA | GRUPOALMEDINA

BIBLIOTECA NACIONAL DE PORTUGAL – CATALOGAÇÃO NA PUBLICAÇÃO

GONÇALVES, Luís Couto

Manual de direito industrial : propriedade industrial e
concorrência desleal. – 9ª ed. - (Manuais universitários)
ISBN 978-972-40-9724-4

CDU 347

ABREVIATURAS

A) DE REVISTAS E COLECTÂNEAS

ADI – *Actas de Derecho Industrial* (Espanha)
AIPLA-Q.J. – *American Intellectual Property Law Association-Quarterly Journal* (EUA)
AIPPI(A) – *Association Internationale pour la Protection de la Propriété Industrielle – Annuaire* (Suíça)
Ann. – *Annales de la Propriété Industrielle, Artistique et Littéraire* (França)
BFDC – *Boletim da Faculdade de Direito de Coimbra*
BMJ – *Boletim do Ministério da Justiça*
Bol. Of. – *Boletim Oficial do Ministério da Justiça*
BPI – *Boletim da Propriedade Industrial*
CDP – *Cadernos de Direito Privado*
C. Imp. – *Contratto e Impresa* (Itália)
C. Imp.(E) – *Contratto e Impresa/Europa* (Itália)
Col. Of. – *Colecção Oficial dos Acordãos Doutrinais do STJ*
CJ – *Colectânea de Jurisprudência*
CJPI – *Cuadernos de Jurisprudencia sobre Propiedad Industrial* (Espanha)
CJTJ – *Coletânea da Jurisprudência do Tribunal de Justiça e do Tribunal de Primeira Instância*
EIPR – *European Intellectual Property Review* (Inglaterra)
Gaz. RL – *Gazeta da Relação de Lisboa*
Giur. Ann. – *Giurisprudenza Annotata di Diritto Industriale* (Itália)
GRUR – *Gewerblicher Rechtsschutz und Urheberrecht* (Alemanha)

GRUR Int – *Gewerblicher Rechtsschutz und Urheberrecht -Internationaler Teil* (Alemanha)
GRUR-RR – *Gewerblicher Rechtsschutz und Urheberrecht, Rechtsprechungs-Report* (Alemanha)
IIC – *International Review of Industrial Property and Copyright Law/ International Review of Intellectual Property and Competition Law, desde 2004* (Alemanha)
Ing. Cons. – *Revue de Droit Intellectuel – L'Ingénieur-Conseil* (Bélgica)
IPLR – *Intellectual Property Law Review* (EUA)
MA – *Markenartikel* (Alemanha)
PInt. – *Propriedades Intelectuais*
PIBD – *Propriété Industrielle – Bulletin Documentaire* (França)
Prop. Ind. – *La Propriété Industrielle* (Suíça-OMPI)
Prop. Ind. y Aut. – *La Propriété Industrielle y Droit d'Auteur* (Suíça-OMPI)
RDC – *Rivista del Diritto Commerciale* (Itália)
RDCiv. – *Rivista di Diritto Civile* (Itália)
RDI – *Rivista di Diritto Industriale* (Itália)
RDInt. – *Revista de Direito Intelectual*
RDM – *Revista de Derecho Mercantil* (Espanha)
RDPI – *Revue du Droit de la Propriété Intellectuelle* (França)
RFDL – *Revista da Faculdade de Direito de Lisboa*
RJC – *Recueil de la Jurisprudence de la Cour*
RIPIA – *Revue Internationale de la Propriété Industrielle et Artistique* (França)
RLJ – *Revista de Legislação e de Jurisprudência*
ROA – *Revista da Ordem dos Advogados*
RPI – *Revista de Propriedade Industrial*
RT – *Revista dos Tribunais*
SI – *Scientia Ivridica*
TMR – *The Trademark Reporter* (EUA)
TW – *Trademark World* (Inglaterra)
WIPR – *World Intellectual Property Report* (EUA)
WRP – *Wettbewerb in Recht und Praxis* (Alemanha)
ZHR – *Zeitschrift für das gesamte Handelsrecht und wirtschaftsrecht* (Alemanha)
WIPR – *World Intellectual Property Report* (EUA)

B) DIPLOMAS LEGAIS, TRIBUNAIS E OUTRAS ENTIDADES

Ac. – *Acórdão*
Ac. TRC – *Acórdão do Tribunal da Relação de Coimbra*
Ac. TRL – *Acórdão do Tribunal da Relação de Lisboa*
Ac. TRP – *Acórdão do Tribunal da Relação do Porto*
Ac. STJ – *Acórdão do Supremo Tribunal de Justiça*
ADPIC/TRIPS – *Acordo sobre os Aspetos dos Direitos de Propriedade Intelectual Relacionados com o Comércio (Anexo IC ao Acordo que cria a Organização Mundial do Comércio, ratificado pelo Dec. do Presidente da República nº 82-B/94 de 27/12)*
AM – *Acordo de Madrid Relativo ao Registo Internacional de Marcas de 14 de abril de 1891*
ATUP – *Acordo relativo ao Tribunal Unificado de Patentes, assinado em Bruxelas em 19 de fevereiro de 2013*
BGB – *Bürgerlisches Gesetzbuch (Código Civil Alemão)*
BGH – *Bundesgerichtsof (Supremo Tribunal Federal Alemão)*
CAFC – *United States Court of Appeals for The Federal Circuit*
CDADC – *Código do Direito de Autor e dos Direitos Conexos, aprovado pelo Dec. Lei nº 63/85 de 14/3 e alterado pela Lei 45/85 de 17 de setembro*
CPE – *Convenção sobre a Patente Europeia, de Munique, em 5/10/1973*
CPI-2018 – *Código da Propriedade Industrial, aprovado pelo Dec. Lei nº 110/2018, de 10 de dezembro*
CPI-2003 – *Código da Propriedade Industrial, aprovado pelo Dec. Lei nº 36/2003, de 5 de março*
CPI-1995 – *Código da Propriedade Industrial, aprovado pelo Dec. Lei nº 16/1995 de 24 de janeiro*
CPI-1940 – *Código da Propriedade Industrial, aprovado pelo Dec. Lei nº 30679 de 24/8/1940*
CPIIt. – *Codice della Proprietà Industriale Italiano, aprovado pelo Dec. Legislativo de 10/2/2005*
CPInt. – *Code de la Propriété Intellectuelle (Loi nº 92-597 de 1/7/1992 – França)*
CTR – *Câmara Técnica de Recurso do Instituto Europeu de Patentes*
CUP – *Convenção da União de Paris para a Proteção da Propriedade Industrial, de 20/3/1883*
DM – *Diretiva (UE) 2015/2436, do Parlamento Europeu e do Conselho de 16/12/2015, JO nº L 336/1 de 23/12/2015 (DM-2015). Esta Diretiva revogou a Diretiva 2008/95/CE do Parlamento*

Europeu e do Conselho de 22/10/2008, JO nº L 299/25 de 8/11/2008, que aproxima as legislações dos Estados-membros em matéria de marcas (Versão Codificada – DM-2008), que havia revogado a Primeira Diretiva sobre marcas de 21/12/1988, nº 89/104/CEE, JO nº L 40/1 de 11/2/1989 (DM-1988)

IEP – *Instituto Europeu de Patentes*

INPI – *Instituto Nacional da Propriedade Industrial*

IPIUE/EUIPO – *Instituto da Propriedade Intelectual da União Europeia (Alicante), que substituiu o Instituto de Harmonização do Mercado Interno (IHMI), desde 23/03/2016*

JCL – *Juízo Cível de Lisboa*

LM – *Lei de marcas*

MarkenG – *Markengesetz (Lei de marcas alemã de 25/10/1994, na versão da Lei de 11/12/2018 – Markenrechtsmodernisierungsgesetz)*

MP – *Ministério Público*

OEP – *Organização Europeia de Patentes*

OMPI – *Organização Mundial da Propriedade Intelectual*

PAM – *Protocolo Referente ao Acordo de Madrid de 27 de junho de 1989*

PCT – *Tratado de Cooperação em Matéria de Patentes, de Washington,* de 19/06/1970

RJCE – *Regime Jurídico das Contraordenações Económicas* (DL nº 9/2021, de 29 de janeiro)

RMC – *Regulamento (CE) nº 40/94 de 20/12/1993 sobre a marca comunitária, revogado pelo Regulamento (CE) nº 207/2009 de 26/02/2009 (versão codificada), alterado pelo Regulamento (UE) 2015/2424 de 16/12/2015, que criou a marca da União Europeia, já revogado pelo Regulamento (UE) 2017/1001 de 14/06/2017 (RMUE)*

RMUE – *Regulamento (UE) nº 2017/1001, do Parlamento Europeu e do Conselho, de 14/06/2017 (JO-L 154, de 16/06/2017 – versão codificada), sobre a marca da União Europeia*

STJ – *Supremo Tribunal de Justiça*

TCL – *Tribunal Cível de Lisboa*

TCom. – *Tribunal de Comércio de Lisboa*

TFUE – *Tratado sobre o Funcionamento da União Europeia*

TJ – *Tribunal de Justiça da União Europeia*

TPI – *Tribunal da Propriedade Intelectual*

TUP – *Tribunal Unificado de Patentes*

TUE – *Tratado da União Europeia*

USC-15 – *United States Code. Title 15-Trademarks (Lanham Act de 1946 codificado)*
USC-35 – *United States Code. Title 35-Patents (Patent Act de 1952 codificado)*
UWG – *Gesetz gegen den unlauteren Wettbewerb (Lei alemã contra a concorrência desleal)*

MODO DE CITAR

As obras citam-se pelo autor, título, local de publicação (no caso dos artigos) data e, sempre que necessário, pela página. Nas referências subsequentes o título é abreviado e omite-se o local e data de publicação, a menos que, por razões de fácil consulta, se indique tão só "ob. cit." ou "ob. ult. cit."

Os títulos dos livros (monografias e obras coletivas) aparecem em itálico. Os títulos dos textos integrados em revistas e em obras coletivas aparecem entre aspas.

As decisões judiciais citam-se pelo tribunal, data, local de publicação e página.

As traduções, quando não se indique outra fonte, são da responsabilidade do autor.

A numeração das notas é contínua.

A bibliografia citada consta do final do trabalho. A ordenação das obras do mesmo autor é cronológica.

As referências legais, sem indicação do diploma, reportam-se ao Código da Propriedade Industrial de 2018.

NOTA À 9ª EDIÇÃO

A 8ª edição desta obra encontra-se esgotada.

Procedemos, essencialmente, a atualizações legislativas, doutrinárias e jurisprudenciais. Entre as primeiras, são de salientar as alterações ao Código da Propriedade Industrial de 2018 efetuadas pelo Decreto-Lei nº 9/2021, de 29 de janeiro. Encontra-se ainda em curso o processo de aprovação de um diploma legal específico com mais alterações, às quais não seremos inteiramente indiferentes.

À semelhança das anteriores, esta edição abrange o regime jurídico dos direitos de propriedade industrial, da concorrência desleal e dos segredos comerciais.

Reiteramos o desejo de que este manual, para além de prosseguir a causa do ensino e da investigação, possa continuar a ser útil ao Direito no momento, tão relevante, da sua aplicação.

Novembro de 2021

INTRODUÇÃO

1. Objeto do direito industrial

1.1. As diferentes propostas

Historicamente, o direito industrial *nasceu* no século XIX como direito da indústria (em sentido económico). É um "produto" resultante de dois "indutores" fundamentais e complementares: a revolução francesa (liberdade de iniciativa e propriedade privada) e a chamada revolução industrial (produção em massa).

Abrangia fundamentalmente:

a) As relações dos industriais com os consumidores;
b) As relações entre industriais e trabalhadores (direito do trabalho);
c) As relações dos industriais entre si, abrangendo a empresa, a liberdade de concorrência, a concorrência desleal, as criações industriais e os sinais distintivos.

Tratava-se de um direito setorial assente no conceito económico de indústria e na preocupação principal de salvaguarda dos interesses corporativos dos industriais.

Esta perspetiva tão ampla teve escassa aceitação doutrinária e reveste mero valor histórico[1].

A primeira definição de direito industrial pertenceu a RENOUARD: *Le droit industriel embrasse les rapports légaus et juridiques qui se creant entre les hommes par la production des choses et par l'application des choses aux services humains*[2].

[1] Uma conceção próxima desta, na medida em que era abrangido o direito de trabalho, encontrou algum eco em alguma doutrina italiana do final do século XIX. Cf. AMAR, *Dei nomi, dei marchi e degli altri segni e della concorrenza nell'industria e nel commercio*, 1893, pp. 1 A 5 e *Trattato dei marchi e segni distintivi di fabbrica e della concorrenza sleale*, UTET, Torino, 1904 (cit. por ROTONDI, *Diritto Industriale*, 5ª ed, 1975, p. 22); DI FRANCO, *Trattato della proprietà industriale*, Milano, 1933; LA LUMIA, *Lezioni di diritto industrialle*, 1928, pp. 1 e ss; PIPIA, *Nozioni di diritto industriale*, (sem data), pp. 1 e ss.

[2] *Du droit industriel*, Paris, 1850, p. 8 (PIPIA, ob. cit., p. 4).

Após esta fase inicial, e até hoje, o conceito de direito industrial tem sido trabalhado, essencialmente, pela doutrina italiana.

Depois da Convenção da União de Paris para a Proteção da Propriedade Industrial de 1883 e da Convenção de Berna para a Proteção das Obras Literárias e Artísticas de 1886, o direito industrial passou a designar o direito dos bens incorpóreos (obras autorais, criações industriais e sinais distintivos)[3]. Bens incorpóreos são "ideações que uma vez saídas da mente e, por conseguinte, discerníveis, ganham autonomia em face dos meios que as sensibilizam ou exteriorizam e em face da própria personalidade criadora justificando uma tutela independente da tutela da personalidade como da tutela dos meios ou objectos corpóreos que são o suporte sensível dessas mesmas ideações"[4].

Numa terceira fase, a partir de meados do século anterior, o direito industrial passou a significar o direito da concorrência. Todavia, a concretização desta conceção ampla não foi consensual na doutrina. As maiores dúvidas estavam em saber se, no seu âmbito, cabiam matérias como as da noção e estrutura da empresa, defesa da concorrência e direito de autor.

Na posição mais abrangente, o direito industrial abrangia um conjunto vasto de institutos: empresa e contratos sobre a empresa; defesa da concorrência; concorrência desleal; criações industriais; sinais distintivos; publicidade; direito de autor.

Na proposta muito influente de Franceschelli, na esteira das orientações anteriores de Ghiron[5] e de Ascarelli[6], o direito industrial só encontraria unidade jurídica do ponto de vista da concorrência[7]. O direito industrial abrangeria os institutos referidos anteriormente, com a exceção da empresa e dos respetivos contratos. Incluiria, pois, as regras de defesa da concorrência, as formas patológicas do seu exercício, os sinais distintivos enquanto instrumentos através dos quais a concorrência se exerce e o direito de autor e as criações industriais como meios de exclusão da concorrência. Esta posição foi determinante para a criação de uma nova e importante revista (*Rivista di Diritto Industriale* fundada em 1951).

[3] Neste sentido, Greco, *I diritti sui beni immateriali*, 1948, abrangendo sinais distintivos, direitos de autor e invenções industriais; Kohler, *Deutsches Patentrecht*, 1878, pp. 9 e ss; Troller, *Inmaterialgüterrecht*, 3ª ed., vol. I, 1983 e vol. II, 1985, abrangendo criações industriais, sinais distintivos e direitos de autor.

[4] Para citarmos Orlando de Carvalho, *Direito das coisas*, 1977, p. 191, nota.

[5] *Corso di diritto industriale*, vol. I (1935) – concorrência, estabelecimento, nome; vol. II (1937) – sinais distintivos, marca, insígnia, invenção industrial, desenhos e modelos.

[6] *Teoria della concurrenza y dei beni immateriali*, 1960.

[7] "Contenuto e limiti del diritto industriale", RDI, 1952, pp. 3 e ss e in *Trattato di Diritto Industriale*, vol. I, 1961, pp. 3 e ss.

Nesta linha podem ainda referir-se GHIDINI/HASSAN[8], GHIDINI (posteriormente[9]) e SPADA[10].

GHIDINI sustenta que o objeto de direito industrial se reconduz a "um grupo composto de matérias essencialmente referidas à atividade da empresa, tipicamente postulada em regime de concorrência" que se repartem em três domínios essenciais: as criações industriais e o direito de autor, os sinais distintivos e a concorrência desleal. Para o autor esta tripla série de matérias apresenta um denominador comum fundamental: "a proteção do interesse da empresa a desfrutar de situações vantajosas no mercado[11]". No âmbito do direito industrial inclui ainda, por afinidade, a disciplina *antitrust*, justificada por uma "convergência teleológica" ligada ao princípio geral da liberdade de concorrência que considera "a estrela polar de todo o sistema[12]". Não deixa, porém, de reconhecer que a disciplina normativa da defesa da concorrência, ao contrário da propriedade intelectual, na aceção ampla, e da concorrência desleal, não visa, diretamente, a tutela da empresa, mas antes a tutela do mercado[13].

SPADA entende que o problema da "identidade temática do direito industrial (...) é fruto de um arbítrio cognitivo historicamente determinado" (p. 11). Considerando difícil resolver o problema da seleção racional do conteúdo do direito industrial, o autor sustenta que o mais importante será procurar determinar quais as "competências cognitivas e argumentativas que a comunidade nacional e internacional dos juristas atribuem a um especialista de direito industrial". E nessa medida propõe alguns temas jurídicos integrados entre si, quer por pertencerem a fontes internacionais fundamentais, quer por o tratamento especializado de um deles reclamar uma sensibilidade generalista de todos. Nessa medida a principal fonte internacional é a Organização Mundial da Propriedade Industrial (OMPI), na qual se integram as referidas Convenção da União de Paris de 1883 (propriedade industrial) e a Convenção de Berna de 1886 (direito de autor). Entre todos os institutos existe uma homogeneidade funcional, um equilíbrio entre economia de mercado e o livre acesso aos meios de produção e a liberdade de empresa e a atribuição de direitos privativos ou exclusivos. A dialética entre a economia de mercado e a apropriação individual

[8] *Diritto industriale*, 1984 (patentes, modelos de utilidade, marca, firma, insígnia, concorrência desleal e defesa da concorrência).

[9] *Aspectos actuales del derecho industrial. Propiedad intelectual y competencia* (tradução de Marti Moya), 2002.

[10] "Parte Generale", in *Diritto industriale* (AA.VV.) 2009, pp. 3 e ss (direito de autor, criações industriais, sinais distintivos, concorrência desleal e *antitrust*).

[11] Ob. cit. na penúltima nota, p. 3.

[12] Idem, p.10.

[13] Idem, p. 7.

impõem ainda uma atenção à concorrência desleal e ao *antitrust* (dado o carácter complementar e funcional em relação ao direito privativo)[14].

No sentido próximo da perspetiva mais alargada *vide*:

Ravà que coloca o estabelecimento (*azienda*) como elemento unificador dos institutos estudados pelo direito industrial[15];

Rotondi entende que o direito industrial é o ramo de direito privado que estuda a atividade industrial. O seu objeto é determinado segundo uma tradicional tripartição (pessoas, coisas e ações). Estuda os sujeitos, o objeto, isto é, o estabelecimento (seus atributos, sinais distintivos, elementos materiais e imateriais) e relações jurídicas sobre o estabelecimento ou do industrial com terceiros (defesa da concorrência, isto é, limites contratuais, e concorrência desleal, ou seja, responsabilidade extracontratual). Afasta, contudo, o direito de autor por não ter a ver com a atividade industrial e apenas poder interessar à atividade editorial[16].

Baylos Corroza, com base no tratamento unitário dos chamados direitos intelectuais, entendidos como posições privilegiadas frente à concorrência e como direitos subjetivos, inclui no direito industrial a propriedade industrial, a propriedade intelectual (direito de autor), a defesa da concorrência e a concorrência desleal[17].

Entre outras propostas destacamos:

a) Bocchini, defendendo que ao direito industrial cabe o estudo do mercado e da concorrência como uma sub-espécie de um sistema de informações económicas da empresa ao mercado, abrangendo a concorrência, sinais distintivos e patentes. O Direito Industrial é visto como o estatuto jurídico da informação económica da empresa no mercado[18].
b) Vanzetti/Di Cataldo, sustentando que o direito industrial abrange as criações industriais, os sinais distintivos e a concorrência (defesa da concorrência e concorrência desleal). O direito industrial disciplina essencialmente o momento operativo da vida da empresa (excluindo por esta via o estudo da empresa e do direito de autor)[19].
c) Abriani/Cottino/Ricolfi que, em relação aos últimos autores, alargam o estudo do direito industrial ainda ao direito de autor[20].

[14] Ver, ainda, Spada e Romano, in Auteri, Floridia, Mangini, Olivieri, Ricolfi, Romano, Spada, *Diritto Industriale, Proprietà Intellettuale e Concorrenza*, 2020, pp. 3-65.

[15] *Diritto industriale*, vol. I, 1981, pp. 7 e ss.

[16] *Diritto industriale*, cit., pp. 1 e ss.

[17] *Tratado de derecho industrial*, 2ª ed., 1993.

[18] "Il diritto industriale nella società dell'informazione", RDI, 1994, I, pp. 23 e ss.

[19] *Manuale di diritto industriale*, 3ª ed., 2000, pp. XXVII e ss.

[20] *Diritto Industriale*, 2001.

Para terminar refira-se a posição relativamente atípica de MENESINI para quem o baricentro de um sistema unitário do direito industrial não é a empresa, o empresário, a marca, nem sequer o conjunto dos bens imateriais, mas é a fonte de proveniência dos bens objeto das relações industriais que é a pessoa humana. O direito industrial encarna o conjunto de formas juridicamente mais adequadas a consentir a realização da liberdade expressiva humana. O direito industrial tem por isso um papel fundamental que o põe no centro do direito civil moderno. O direito industrial abrange a propriedade industrial, o direito de autor, a defesa da concorrência, a concorrência desleal, a publicidade e o consumo[21].

1.2. Perspetiva adotada

De um ponto de vista exclusivamente jurídico, o direito industrial não pode ser definido com base na natureza do objeto. Não pode ser o direito dos bens incorpóreos. Os bens incorpóreos não são todos iguais ou equivalentes. Assim como não se pode aceitar uma unidade jurídica à volta dos bens corpóreos, também não se pode moldar uma disciplina jurídica com base no critério exclusivo da natureza do objeto. Pode falar-se de uma natureza incorpórea comum de distintos objetos de direitos, mas não de uma disciplina jurídica comum sobre os bens incorpóreos ou imateriais. Uma obra autoral é diferente de uma criação industrial; uma criação industrial é diferente de um sinal distintivo. A obra autoral é diferente da criação industrial quanto ao modo de nascimento do respetivo direito (criação/registo), quanto ao conteúdo do direito (personalista/patrimonialista) e quanto aos requisitos de validade do objeto (originalidade/aplicação industrial)[22]. A criação industrial é diferente do sinal distintivo quanto aos requisitos de validade (originalidade/distintividade) e quanto ao conteúdo (inovação técnica ou estética/capacidade e novidade distintivas).

O critério da unidade do direito industrial não pode ser um critério exclusivamente dogmático-jurídico apoiado na categoria dos bens imateriais. Esta unidade conceptual pode ser o ponto de partida, mas não o ponto de chegada. Deve adotar-se um outro critério complementar e reunificador. Na nossa opinião esse critério deve ser finalístico ou funcional. Só a partir deste critério é possível encontrar uma unidade mínima do direito industrial. Também a ideia de direito industrial como um direito da concorrência não procede. A concor-

[21] *Introduzione al diritto industriale*, Giappichelli Ed., Torino, 1995.

[22] Para OLIVEIRA ASCENSÃO, *Direito de Autor e Direitos Conexos*, Coimbra editora, 1992, p. 30, o direito de autor ocupa-se de um "sector da atividade normal dos particulares, centrado na criação literária e artística", devendo ser considerado um "novo ramo do direito civil".

rência é a causa do problema, não é o problema. É por causa da concorrência que o direito industrial nasceu com autonomia legislativa e doutrinária, mas o direito industrial não tem por objeto a sua fonte, mas a realidade nova que brotou dessa fonte. O objeto do direito industrial é o *quid* que dela surgiu: o problema da afirmação da empresa em mercado aberto e com produção em série, após o triunfo dos valores do liberalismo económico e a revolução industrial.

Dito de outra forma, o direito industrial é o sub-ramo do direito comercial que surgiu para resolver um problema que se manifestava, com particular especificidade, num mercado de livre concorrência e produção em massa: a necessidade de proteger os modos de *afirmação económica da identidade da empresa*. Essa proteção concretiza-se por duas vias distintas: pela atribuição de *direitos privativos* em relação a concretas formas de afirmação e pela *proibição de determinados comportamentos* concorrenciais. Pela primeira via (propriedade industrial), é possível proteger, eficazmente, conforme o caso, a afirmação *técnica* (patentes de invenção e modelos de utilidade, de um modo especial), *estética* ou *ornamental* (desenhos ou modelos) e *distintiva* (sinais distintivos) da empresa; pela segunda via (punição da concorrência desleal), é possível garantir que não seja prejudicada a afirmação autónoma de uma empresa e-ou seja possível a afirmação desleal de uma outra.

O direito industrial protege a afirmação da identidade da empresa e, portanto, a sua principal preocupação é a *defesa da atividade empresarial concreta*. Essa defesa é feita através de dois mecanismos legais: pela atribuição de direitos privativos (propriedade industrial) e pela proibição de determinadas condutas (proibição da concorrência desleal).

O instituto da concorrência desleal, embora não conceda nenhum direito subjetivo aos concorrentes, porquanto, essencialmente, estabelece uma proibição de atos desleais, reconhece a cada um deles um interesse juridicamente protegido.

Neste sentido, o direito industrial regula os direitos privativos industriais e ainda os interesses legitimamente protegidos da empresa na sua afirmação concorrencial no mercado. Trata-se de um direito que faz parte da fisiologia da empresa e não da sua anatomia. Não se trata do estudo da empresa em si (a estrutura da empresa), mas do estudo de uma das suas funções vitais: a defesa do seu espaço concorrencial vital compreendendo, de um modo especial, a capacidade de inovação e de *design*, a capacidade distintiva e a proteção contra meios desleais de concorrência[23].

[23] No mesmo sentido: RAMELLA, *Trattato della proprietà industriale*, vols I e II, 1927; GAMA CERQUEIRA, *Tratado da propriedade industrial*, vol I (1946), vol II (1952), vol III (1956), Rio de Janeiro (ver vol. I, pp. 181 e ss, considerando que, após a autonomia do direito do trabalho, o direito

No nosso entendimento, coincidente com o que se encontra regulado no Código da Propriedade Industrial de 2018 (na linha dos CPI anteriores, de 2003, 1995 e 1940) o direito industrial é o domínio do direito comercial que estuda a propriedade industrial e as normas repressivas da concorrência desleal[24].

Em favor desta posição pode aduzir-se mais um, e muito importante, argumento legal: a Convenção da União de Paris (CUP). O art. 1º, nº 2 desta Convenção considera que a "proteção da propriedade industrial tem por objeto as patentes de invenção, os modelos de utilidade, os desenhos ou modelos industriais, as marcas de fábrica ou de comércio, as marcas de serviço, o nome comercial e as indicações de proveniência ou denominações de origem, bem como a repressão da concorrência desleal".

Oliveira Ascensão, numa perspetiva mais restritiva, defende que o direito industrial abrange apenas os direitos privativos industriais. O direito industrial pertence ao direito de empresa, mas não ao direito comercial. A concorrência desleal pertence também ao direito de empresa, mas não deve fazer parte do direito industrial. O direito industrial regula os bens ou situações jurídicas (bens); a concorrência desleal regula a atividade das empresas (ações)[25].

Em relação a conceções mais amplas pensamos que o direito industrial não deve abranger a defesa da concorrência (legislação *antitrust*).

A lei de defesa da concorrência visa garantir a existência de um sistema económico constitucionalmente protegido (cf. art. 81º, alª e) da Constituição)

industrial, *em sentido estrito*, tende a restringir os seus limites à propriedade industrial, incluindo a concorrência desleal); Roubier, *Le droit de la propriété industrielle*, vol. I, 1952, pp. 1 a 23; Chavanne/Burst, *Droit de la propriété industrielle*, 4ª ed., 1993, pp. 1 e ss.

[24] É certo que o atual art. 1º do CPI (à semelhança do anterior diploma) não manteve o disposto no art. 1º do CPI de 1995 que referia expressamente que a "propriedade industrial desempenha a função social de garantir a lealdade da concorrência pela atribuição de direitos privativos (...) bem como pela repressão da concorrência desleal". Neste aspeto o CPI, ao não manter a referência à "repressão da concorrência desleal", regressou ao disposto no art. 1º do CPI de 1940. No entanto esta alteração não significa que, no plano legal, esteja prejudicada a perspetiva adotada. Uma coisa é o direito industrial, outra a propriedade industrial. Tecnicamente é mais correto considerar que a propriedade industrial abrange apenas o conjunto de direitos privativos. Como dizemos no texto, a concorrência desleal não atribui quaisquer direitos subjetivo aos concorrentes. A concorrência desleal opera com outro mecanismo legal: a proibição de condutas. De qualquer modo, o CPI reconhece que as normas da propriedade industrial também visam garantir o mesmo fim prosseguido pela concorrência desleal, isto é, *a lealdade de concorrência*. Neste ponto há uma clara aproximação ao critério finalístico proposto. Em Portugal, esta visão do direito industrial também é partilhada por Oehen Mendes, *Direito industrial I*, 1983/4, p. 14 e Carlos Olavo, *Propriedade Industrial*, 2005, pp. 13 e ss.

[25] *Direito comercial-Direito industrial*, vol. II, 1988, pp. 3 e ss.

baseado na livre iniciativa e que garanta uma concorrência possível e praticável e reprima qualquer ato que impeça, restrinja ou falseie a concorrência[26].

A lei de defesa da concorrência reveste uma importante componente publicista ("ordem pública económica"), pressupõe um controlo administrativo e tem como objetivo a defesa de um modelo económico considerado essencial para a defesa dos interesses económicos dos consumidores e dos agentes económicos.

A concorrência desleal, por definição, não põe em causa a concorrência, antes a pressupõe, não tem por finalidade reprimir o fim, mas antes o meio empregue. Para haver concorrência desleal tem de haver defesa da concorrência. A ordem económica é ditada pelas normas publicistas de defesa da concorrência; a lealdade dos meios empregues na concorrência é garantida pelas normas punitivas da concorrência desleal.

As normas de defesa da concorrência proíbem uma "competência insuficiente" enquanto as normas da concorrência desleal pretendem evitar uma "competência excessiva"[27].

O direito *antitrust* trata de "garantir prioritariamente a existência e liberdade de concorrência"; a concorrência desleal tem como "objetivo central preservar a qualidade da concorrência"[28]. No primeiro caso está em causa o modelo económico; no segundo, está em causa o comportamento dos agentes económicos.

Em Portugal a legislação sobre o regime jurídico da concorrência (Lei nº 19/2012, de 8 de maio) tem um objeto distinto das normas da concorrência desleal[29].

[26] No mesmo sentido, Juan José Otamendi, *Competencia desleal*, Aranzadi ed., Pamplona, 1992, pp. 51 e ss e Mariano Pego, *A posição dominante relativa no direito da concorrência*, Almedina, Coimbra, 2001, pp. 9 e ss. Para este autor "o direito de defesa da concorrência tem como função precípua a preservação das estruturas concorrenciais do mercado contra o comportamento dos agentes económicos em presença nesse mesmo mercado" (p. 11).

[27] Para citar Robles Martin-Laborda, *Libre competencia y competencia desleal*, 2001, p. 130. Para mais desenvolvimentos sobre os objetivos e interesses da defesa de competência cf. AA.VV. *La Modernización del Derecho de la Competencia en España y en la Unión Europea* (Martinez Lage/Petitbò Juan, Diretores), 2005 (as primeiras 124 páginas).

[28] Gómez Segade, *Prólogo* a Hernández Rodriguez, *Precios predatorios y derecho antitrust. Estudio comparado de los ordenamientos estadounidense, comunitario y español*, 1997, p. 10. Todavia, para Gómez Segade "o direito de concorrência deve entender-se como um todo harmónico que tem por objeto a defesa quantitativa e qualitativa da concorrência"(*idem*).

[29] Para uma proposta de programa da disciplina de direito de concorrência, na qual não se inclui o estudo da concorrência desleal, cf. Maria Manuela Leitão Marques, *Um curso de direito da concorrência*, 2002. Para uma visão do tratamento histórico da complexa questão entre liberdade de concorrência e a sua relação com a propriedade industrial nos EUA cf. Rudolph Peritz,

A nível do direito da concorrência da UE podemos afirmar igualmente que o direito de defesa da concorrência reveste uma autonomia legislativa e substancial, por força das regras estabelecidas nos artigos 101º e 102º do TFUE. A concorrência desleal não vinha merecendo a mesma importância legislativa, salvo, assistematicamente, no seio de algumas diretivas[30], embora tenha suscitado decisões do TJ relacionadas com o escrutínio das leis nacionais aos princípios económicos do projeto europeu. A situação modificou-se, "cum grano salis" (já que não se trata diretamente de matéria de concorrência desleal), com a aprovação da Diretiva do Parlamento Europeu e do Conselho relativa à proteção de *know-how* e informações comerciais confidenciais (segredos comerciais) contra a sua aquisição, utilização e divulgação ilegais[31].

Entretanto, embora numa perspetiva diversa, centrada mais na relação direta concorrente-consumidor e na defesa dos interesses dos consumidores, é de sublinhar a inflexão provocada pela publicação do "Livro verde sobre a defesa do consumidor na União Europeia"[32] na sequência do qual foi aprovada a Diretiva sobre práticas comerciais desleais das empresas nas relações com os consumidores (Diretiva 2005/29/CE de 11/5/2005)[33], transposta para o direito português pelo Decreto-Lei nº 57/2008 de 26 de março[34].

Competition policy in América: history, rhetoric, law, 2001 e *The Roberts Court after two years: antitrust, intellectual property rights and competition policy*, in *http://ssrn.com/absttract=1105063*.

[30] V.g: sobre publicidade enganosa e comparativa, sobre o comércio eletrónico e proteção do consumidor.

[31] Diretiva (UE) 2016/943 do Parlamento Europeu e do Conselho, de 8 de junho de 2016. Embora esta Diretiva não pretenda reformar nem harmonizar a legislação sobre a concorrência desleal em geral, recomenda-se que a Comissão analise cuidadosamente a necessidade de a União agir nesse domínio (considerando nº 17). Portugal contempla a transposição da Diretiva no atual CPI (cf., entre outros, artigos 313º-315º, 331º, 351º e ss). Para mais desenvolvimentos cf. Parte V, § *infra*.

[32] Para uma visão mais alargada do impacto e perspetivas da concorrência desleal na União Europeia, na sequência da publicação do "livro verde", cf. AA.VV. *The forthcoming EC Directive on Unfair Commercial Practices - Contract, Consumer and Competition Law Implications* ("edited by Hugh Collins"), 2004 e Garcia Pérez, *Libre circulácion de mercancias y competencia desleal en la Comunidad Europea*, 2005, pp. 137 e ss.

[33] JO-nº L 149 de 11/6/2005, pp. 22 e ss. Para um comentário a esta diretiva cf. José Massaguer, *El nuevo derecho contra la competencia desleal - La Diretiva 2005/29/CE sobre las Prácticas Comerciales Desleales*, 2006 e Tato Plaza, "Prácticas comerciales engañosas con los consumidores", ADI, XXIX, pp. 529 e ss; AA.VV., *Le pratiche commerciali sleali* (a cura di Enrico Minervini e Liliana Rossi Carleo), 2007.

[34] Este diploma (cf. artigo 16º) confere aos concorrentes direito de ação para se oporem a práticas comerciais desleais que, supostamente, visariam a tutela apenas dos consumidores! Por outro lado, o DL nº 205/2015, de 23/09, alargou o âmbito do diploma às práticas comerciais enganosas nas relações entre empresas.

Todavia, concedemos, tendo em conta a evolução da legislação sobre a concorrência desleal em alguns países, como a Espanha e, mais impressivamente, a Alemanha, que se regista uma tendência para uma aproximação funcional do objeto de proteção com a legislação de livre concorrência. A concorrência desleal passa a adotar o chamado "modelo social" pelo qual são punidos não apenas conflitos entre concorrentes como também os atos que ponham em causa os interesses dos consumidores ou o interesse público. Na medida em que o principal objeto de proteção passa dos concorrentes (num plano corporativo) para a concorrência (e a salvaguarda de todos os interesses coenvolvidos) há mais razões para se poder falar no direito *antitrust* e no direito da concorrência desleal como "dois pilares do direito da concorrência" (um o da liberdade, outro o da lealdade)[35]/[36]. A referida "Diretiva sobre práticas comerciais desleais" não vai nesta direção, de visão integrada da concorrência desleal, porquanto se preocupa, essencialmente, ou parece preocupar-se, com o *eixo concorrente-consumidor.*

2. Razão de Ordem

De acordo com a posição adotada no número anterior, o direito industrial abrange a propriedade industrial e a concorrência desleal. Não é possível abordar, com a mesma profundidade, todos estas matérias.

Neste sentido, pareceu-nos mais avisado, atenta a natureza também pedagógica desta obra, privilegiar três direitos que sobressaem, de um modo indiscutível: a *patente de invenção (afirmação técnica)*, regulada nos artigos 50º a 118º, o *desenho ou modelo (afirmação estética)*, regulado nos artigos 173º a 207º e a *marca (afirmação distintiva)*, regulada nos artigos 208º a 269º. A importância destes direitos é bem refletida, igualmente, no plano técnico-legislativo. Os respetivos regimes jurídicos são os mais bem elaborados e desenvolvidos e, nessa medida, muitas das suas normas são aplicáveis, por remissão, aos demais direitos. Isto significa que muito do que se explanar possa aproveitar, igualmente, em uns casos mais do que em outros, para o estudo dos demais direitos de propriedade industrial.

[35] Para citarmos Fezer, *UWG*, 2005, vol. I p. 27. No mesmo sentido, Baumbach/Hefermehl, *Wettbewerbsrecht*, 23ª ed., 2004, p. 93. Com interesse, ainda, Galán/Serrano, *Competência desleal y antitrust – sistema de ilícitos*, 2005, pp. 9 a 65, apreciando criticamente a posição doutrinária maioritária segundo a qual há uma conexão funcional e operativa entre as duas disciplinas concorrenciais (concorrência desleal e *antitrust*).

[36] Sobre o modelo social de concorrência desleal *vide*, ainda, as considerações feitas na Parte V, 1, *infra*.

Faremos, ainda, uma incursão ao regime jurídico do *modelo de utilidade* (artigos 119º a 152º), do *logótipo* (artigos 281º a 298º) e da *denominação de origem e indicação geográfica* (artigos 299º a 309º)[37].

Deixamos a última parte deste manual para uma abordagem ao direito substancial da *concorrência desleal* (artigos 311º e 330º) e ainda para uma breve incursão ao regime jurídico autónomo dos *segredos comerciais* (artigos 313º a 315º, 331º e 337º e ss).

3. Natureza Jurídica do Direito Privativo Industrial

3.1. As posições em confronto

A proteção legal, de um modo consistente e generalizado, de um conjunto de novos bens jurídicos produtos do pensamento humano, como as obras de engenho, criações industriais e sinais distintivos, colocou à doutrina a tarefa dogmática de caracterização dessa nova realidade[38]. Tarefa que se veio a demonstrar espinhosa e controversa.

A doutrina convergia, apenas, em aspetos, diremos, menos importantes, por mais evidentes, tais como os do reconhecimento da existência do fenómeno e o do carácter absoluto do direito sobre esses bens. A divergência começava quando se apreciava a natureza jurídica deste direito.

Em relação ao objeto a esmagadora maioria dos autores defende tratar-se de um bem incorpóreo em sentido próprio, isto é, com o significado que lhe foi atribuído, originariamente, por Kohler[39] e aperfeiçoado pelos seus seguidores. O traço comum das propostas de definição de bem incorpóreo é o entendimento de que o objeto desses direitos não consiste, nem na ideia em si *(corpus mysticum)*, nem nas coisas corpóreas em que a ideia concretamente se materializa *(corpus mechanicum)*, mas antes no arquétipo ideal revelado, mas não esgotado, nos meios exteriores que o sensibilizam[40].

[37] Parte IV, *infra*.

[38] As circunstâncias históricas de atribuição de direitos individuais sobre estes bens resultaram, em grande medida, como já referimos, do triunfo dos valores subjacentes à revolução francesa e das alterações impostas pela revolução industrial.

[39] Inicialmente em *Deutsches Patentrecht*, 1878, pp. 9 e ss e, posteriormente, em *Handbuch des Deutschen Patentrechtes in Rechtsvergleichenden Darstellung*, 1900, *apud* Gómez Segade, *El secreto industrial (know how), Concepto y protección*, 1974, p. 72 nota 30.

[40] Cf. a definição de Orlando de Carvalho a que nos referimos *supra* (1.1.). Por sua vez, na proposta de Gómez Segade, *El secreto industrial (know how)* cit., pp. 73 e 74, coisas incorpóreas são "criações da mente humana que, mediante os meios adequados, se tornam percetíveis e utilizáveis nas relações sociais e que pela sua especial importância económica são objeto de uma tutela jurídica especial".

Há, no entanto, minoritariamente, quem rejeite a categoria de bens incorpóreos ou imateriais por inadmissível, como FRANCESCHELLI[41] e CASANOVA[42], ou por desnecessária, como ROUBIER[43]. Os dois primeiros autores valorizam mais o *jus prohibendi erga omnes*, o último sublinha mais a finalidade desses direitos.

Em relação ao segundo aspeto referido, o da qualificação, as divergências são mais profundas. Vamos, em seguida, resumidamente, expor as principais teorias[44].

a) Direito de Propriedade

A primeira reação da doutrina foi enquadrar a nova realidade dentro de uma das categorias de direitos subjetivos absolutos existentes: a do direito das coisas na sua expressão máxima, o direito de propriedade[45]. Operava-se, assim, uma alteração significativa no princípio romanista *res unita corporalis*, até aí intocável. A propriedade abrangeria para além das coisas corpóreas as coisas incorpóreas. Esta visão inicial, traduzida na expressão propriedade intelectual e propriedade industrial, que fazem tradição até aos nossos dias, a ponto de serem usadas na linguagem corrente muitas vezes sem qualquer conotação técnico-jurídica, inspiraram os primeiros passos do "direito unionista" como se depreende das Convenções de Paris sobre Propriedade Industrial de 1883 (CUP) e de Berna sobre Obras Literárias e Artísticas de 1886.

Mas as dificuldades não se fizeram esperar e surgiram, de um modo especial, a dois níveis: por um lado, pelas dificuldades de adaptação do direito de propriedade-comum a situações tão diversas e, por outro, pela cada vez mais sentida necessidade de valorização dos aspetos pessoais envolvidos particular-

[41] "Beni immaterialli – saggio di una critica del concetto", RDI, 1956, I, pp. 381 e ss e *Trattato* cit., vol. II, pp. 575 e ss.

[42] *Le imprese commerciali*, 1955, pp. 648 e ss.

[43] *Le droit* cit., pp. 102 e ss.

[44] Para uma visão mais alargada destas teorias *vide* BAYLOS CORROZA, *Tratado* cit., 2ª ed., 1993, pp. 373 e ss.

[45] O direito de propriedade contou também com o forte impulso dado pela revolução francesa por se revelar o meio mais eficaz de fazer face aos privilégios do antigo regime e o mais capaz de proteger a liberdade criadora de cada um.

O direito de propriedade é a posição acolhida, entre nós, por CUNHA GONÇALVES, *Da propriedade e da posse*, 1952, pp. 78 e 79 e *Tratado de Direito Civil*, vol. XIV, pp. 596 e ss e ORLANDO DE CARVALHO, *Direito das coisas* cit., pp. 190 e ss nota 2. Na doutrina estrangeira, são-lhe favoráveis, por ex., ARE, "Beni Inmateriali-Diritto Privato", *Enciclopedia del Diritto*, V, 1959, p. 262; ASCARELLI, *Teoria de la concurrencia* cit., pp. 265 e ss; CHAVANNE/BURST, *Droit de la propriété industrielle* cit. p. 2; DIAS VELASCO "Las creaciones intelectuales como objeto de la propriedade industrial", in *I Cursillo sobre Propiedad Industrial*, 1966, pp. 108 e ss, em relação às obras de engenho e criações industriais; GRECO, *I diritti* cit.

mente no caso dos direitos de autor e das criações industriais. O primeiro nível relacionado com as limitações impostas pela própria imaterialidade dos objetos em causa[46] em domínios como os da posse, usucapião, meios e duração da proteção e diferentes modos de aquisição e defesa do direito. O segundo nível relacionado com o problema de tutela da personalidade que foi assumindo cada vez maior importância.

Essas dificuldades estiveram na origem do surgimento de novas teorias.

b) Propriedade Especial ou Sui Generis

Para procurar fazer face ao primeiro nível de dificuldades surgiu a proposta, compreendida ainda nos parâmetros do direito de propriedade, de um direito de propriedade especial para as coisas incorpóreas dotado das características suficientes para ser considerado ainda um direito de propriedade, mas com particularidades justificativas de um regime jurídico específico[47].

c) Direito de Personalidade

Esta teoria[48], que reflete as preocupações do segundo nível de dificuldades, ao pretender abranger os sinais distintivos e a tratar unitariamente (perspetiva monista) os aspetos pessoais e patrimoniais envolvidos, estes últimos incompatíveis com os princípios da intransmissibilidade, irrenunciabilidade e imprescritibilidade próprios dos direitos de personalidade está hoje, em virtude do seu manifesto exagero, praticamente abandonada.

d) Direitos Patrimoniais Não Reais

Com esta designação pretendemos abranger um conjunto de teorias que têm em comum o facto de criarem uma nova categoria de direitos ao lado das três categorias tradicionais: direitos pessoais, direitos obrigacionais e direitos reais. Delas salientamos:

d) 1. Direitos sobre Bens Imateriais (Immaterialgüterrechte)

Esta teoria foi formulada inicialmente por KOHLER[49] que a restringiu às obras de engenho e criações industriais excluindo os sinais distintivos que considerava

46 Para não falar em limitações legais como, por exemplo, na Alemanha com a redução, no código civil, do conceito de coisa a coisa corpórea.

47 Parece ter sido esta a solução adotada pelo nosso direito – cf. art. 1303º do C.C. e é essa a posição defendida por ANTUNES VARELA/PIRES LIMA/HENRIQUE MESQUITA, *Código Civil*, vol. III, 1987, 2ª ed., pp. 86 e ss.

48 Cujo principal responsável foi OTTO VON GIERKE (apud BAYLOS CORROZA, *Tratado* cit. pp. 463 e ss).

49 Sobre esta teoria, para além de BAYLOS CORROZA, *vide* TROLLER, *Immaterialgüterrecht* cit., pp. 49 e ss e VANZETTI, "Funzione e Natura Giuridica del Marchio", RDC, 1961, I, pp. 58 e ss.

manifestações do direito de personalidade do empresário (*Individualrecht*). No entanto, a tendência dos seus seguidores foi a de integrar os sinais distintivos no âmbito do direito sobre bens imateriais[50]. Este direito é qualificado como um direito *sui generis*, uma nova categoria que, pretendendo ser uma alternativa ao direito de propriedade, conserva deste a ideia de um poder jurídico sobre um bem (embora imaterial) autónomo e independente do sujeito[51].

d) 2. Direitos Intelectuais

É uma corrente da autoria do belga PICARD, a que aderiu também BRAUN[52], que considera o objeto o elemento determinante da relação jurídica em ordem à classificação do direito subjetivo. No caso das criações intelectuais e industriais (incluindo os sinais distintivos) o objeto, por ser tão diferente, justificaria a criação de uma categoria nova: a dos direitos intelectuais.

d) 3. Direitos de Clientela

É uma proposta de ROUBIER, à qual subjaz uma perspetiva funcionalista de qualificação. Para o autor os direitos de clientela «são direitos que tendem à conquista de clientela, seja por um bem imaterial (invenções e obras de engenho) seja com a ajuda de um bem imaterial (sinais distintivos) «. «Os direitos de clientela não têm um objeto estabelecido nem definido, mas sim uma produção contínua e indefinida. São direitos em movimento, pertencentes a um novo regime patrimonial: o regime dos valores. Enquanto os direitos clássicos (reais e de crédito) constituem elementos fixos e estáveis dentro de um património, os valores são submetidos a todas as flutuações da situação económica. Os valores na vida económica definem-se pela soma de clientela que representam»[53].

[50] O primeiro autor a aplicar a doutrina à marca foi A. KATZ num estudo publicado na revista GRUR, 1901, pp. 102 e ss (*apud* FERNÁNDEZ-NÓVOA, *Tratado sobre Derecho de Marcas* 2ª ed., 2004, p. 35).

[51] É uma doutrina com muitos adeptos nos outros países. Na Alemanha foi inclusive sufragada pelo Tribunal Constitucional (BVerfGE-51, 193, GRUR, 1979, p. 773 – *Weinbergsrolle*). Esta decisão encontra-se traduzida para espanhol em ADI-7, pp. 293 e ss com comentário de GÓMEZ SEGADE, "Protección constitucional de la marca y de las denominaciones de origen", ADI-VII, pp. 307 e ss. Este autor também acolhe a mesma perspetiva, *El secreto industrial* cit. pp. 70 e ss. Entre nós, parece receber a adesão de OEHEN MENDES, *Direito Industrial* cit., pp. 174 e 175, que trata este tema com muito desenvolvimento. O autor acentua o facto de serem direitos que "assumem uma certa componente de direitos de personalidade cujo reconhecimento se torna indispensável para que seja plenamente eficaz a protecção que com eles se pretende conceder".

[52] *Précis des marques*, 3ª ed., 1995, pp. 56 e ss.

[53] ROUBIER, *Le droit* cit., vol. I, pp. 104 e ss.

d) 4. Direitos de Monopólio

É uma corrente de inspiração italiana[54] que desvaloriza intencionalmente o objeto dos direitos acentuando mais a atividade com eles relacionada. Para esta doutrina o mais específico nesses direitos, que não encontra eco no direito de propriedade, é o facto de serem direitos cujo objeto específico se traduz não numa simples coisa cujo conteúdo fosse o mero poder de exclusão *erga omnes* (como no caso do direito de propriedade), mas antes num particular *non facere* que se traduz na proibição de que outros possam explorar coisa sua (v.g. livro comprado, objeto em que se materializa a invenção) em virtude dessa atividade só ao titular desses direitos estar reservada[55].

Ao contrário do direito real, o direito de monopólio não recairia diretamente sobre um bem enquanto objeto de direitos, mas consistiria num conjunto de faculdades que permitiria o exercício exclusivo de uma determinada atividade aferida por referência a esse bem. O bem não seria o ponto de chegada do direito, mas simplesmente o seu ponto de partida. Apesar dessas diferenças o direito de monopólio seria, como o direito real, um direito patrimonial e absoluto.

As teorias referidas procuraram ser uma resposta globalizante à qualificação jurídica dos direitos de um conjunto de bens imateriais. Para tanto a construção doutrinal foi elevada a critérios suficientemente amplos de modo a sublimar as diferenças estruturais e funcionais entre os bens em questão, nomeadamente reduzindo a análise ao aspeto patrimonial desses direitos (perspetiva dualista) com a exceção da teoria do direito de personalidade.

3.2. Posição adotada

Não se pode dizer que o legislador não tivesse querido contribuir para a solução da natureza jurídica dos direitos sobre as obras autorais, criações industriais e sinais distintivos. Na verdade o art. 1303º do C.C.[56] indicia, quer pela sua inserção sistemática no capítulo da propriedade em geral, quer pelo seu

[54] Por ex.: CASANOVA, *Le imprese commerciale* cit., pp. 654 e ss e *Beni immateriali e teoria dell'azienda*, RDC, 1945, pp. 76 e ss; CORRADO, *I Marchi dei Prodotti e dei Servizi*, 1972, pp. 290 e ss e FRANCESCHELLI, *Trattato* cit., vol. II, pp. 536 e ss e *Contenuto e limiti* cit., pp. 7 e ss e "I Diritti di marchio come diritti di monopólio", RDI, 1970, pp. 277 e ss. Esta posição foi também abraçada em Portugal por OLIVEIRA ASCENSÃO, *Direitos reais*, 1993, p. 39, *Direito industrial* cit., pp. 404 e ss e PEDRO SOUSA E SILVA, *Direito Industrial*, 2019, pp. 17 e ss.

[55] FRANCESCHELLI, obs cits na nota anterior.

[56] Cujo texto sob a epígrafe "Propriedade Intelectual" é o seguinte:
"1 – Os direitos de autor e a propriedade industrial estão sujeitos a legislação especial.
2 – São, todavia, subsidiariamente aplicáveis aos direitos de autor e à propriedade industrial as disposições deste código, quando se harmonizem com a natureza daqueles direitos e não contrariem o regime para eles especialmente estabelecido".

conteúdo, a preocupação do legislador orientar a solução do problema num determinado sentido.

Sabemos quão polémica é a intervenção do legislador a nível da dogmática jurídica. Se a sua incursão nesse campo não se torna normalmente vinculativa para o intérprete também não poderá ser tomada com indiferença especialmente num domínio, como este, onde já se conheciam todas as correntes doutrinárias em confronto. O legislador "rasgou", pois, a possibilidade de se configurar um direito de propriedade especial para o que designa de propriedade intelectual, abrangendo o direito de autor e a propriedade industrial, reservando o direito de propriedade comum para as coisas corpóreas (cf. art. 1302º C.C.).

Ao tempo do C.C. de 1966 já vigorava o CPI de 1940 que, quer na sua letra[57], quer no seu espírito[58], pendia, também, decisivamente, a favor da tese do direito de propriedade. O atual CPI não quebrou essa tradição[59].

A primeira conclusão que, seguramente, se pode extrair do C.C. e do CPI é que não há entraves legais à admissibilidade da aplicação do direito de propriedade pelo menos a bens da propriedade industrial. Em relação aos bens da propriedade industrial há, todavia, que não ignorar as diferenças entre as criações industriais e os sinais distintivos. Enquanto os primeiros "são valores em si consagrando uma personalidade criadora" os últimos "são valores não tanto em si quanto em ordem à entidade ou ao produto e serviço que contradistinguem com pouca ligação com uma personalidade criadora"[60].

Os sinais distintivos são, na verdade, valores acessórios no sentido de que, ainda que protegidos autonomamente, revestindo a qualidade de verdadeiros objetos incorpóreos de direito, ou ainda que transmissíveis independentemente de um estabelecimento (como acontece com a marca – art. 256º) carecem,

[57] V.g. os arts. 1º, 7º, 14º-1, 47º, 127º, 135º, 146º, 157º 158º, 165º e, em relação especificamente à marca, os arts. 74º, 118º, 121º e 124º-1.

[58] Cf. Proposta de Lei sobre Propriedade Industrial in "Diário das Sessões" nº 147 da Câmara Corporativa de 27/11/37, p. 38 onde se lê: "o regime jurídico de propriedade tem-se mostrado capaz de proteger suficientemente todas as modalidades de propriedade industrial e é, sem dúvida, por isso que, por toda a parte, a esse regime se sujeita, e é esse ainda o critério das Convenções Internacionais. Neste diploma mantêm-se a doutrina tradicional e assim se considera subsidiário o direito de propriedade mobiliário".

[59] V.g., arts. 1º, 2º, 7º, 210º, 272º, 299º, nº 4, 310º, 337º, 345º e 347º

[60] Estamos a citar Orlando de Carvalho, *Direito das coisas* cit., p. 194 nota. Também Fernández Nóvoa não esconde o diferente fundamento de proteção das criações industriais, por um lado, e dos sinais distintivos, por outro, considerando que o daquelas se situa na "órbita da técnica e da arte industrial ou aplicada" e o destes no âmbito de "um adequado desenvolvimento da concorrência económica" (*La inclusión de los derechos de propiedad industrial dentro de la transferência de tecnologia*, Separata do "Seminário sobre adquisición de tecnologia extranjera", 1975, pp. 141 e ss.).

por natureza, quando no desempenho da sua função típica, de estar funcionalmente ligados aos objetos que distinguem.

No entanto, a despeito das diferenças funcionais entre os bens de propriedade industrial defendemos, *de iure constituto*, que sobre eles recai um direito de propriedade especial confinado à vertente patrimonial dos mesmos (sendo certo que o aspeto pessoal só ganha algum relevo em relação às criações industriais), ou seja, à parte em que são suscetíveis de proporcionar uma fruição económica exclusiva. Esta solução não se funda apenas no facto de o texto do CPI a cada passo utilizar essa qualificação, mas, especialmente, por se tratar de direitos patrimoniais e absolutos cujo figurino corresponde, por aproximação, às características do direito de propriedade e por se tratar de bens que apresentam a "suficiente individualidade e economicidade" para ser objeto de um direito autónomo do mesmo tipo do direito de propriedade. O que possa ser aplicado do regime geral de propriedade à propriedade industrial é tarefa para ser solucionada casuisticamente[61].

A teoria do direito de propriedade industrial é defendida, entre nós, tradicionalmente, pela *Escola de Coimbra,* representada por Antunes Varela-Pires de Lima[62] e Orlando de Carvalho[63], que também a adotam para as obras de engenho, e Ferrer Correia[64], que a defende *ex professo* para a marca e nome e insígnia[65]. Era, igualmente, a posição defendida no Parecer da Câmara Corporativa acerca da Proposta de Lei sobre Propriedade Industrial[66].

Um opositor a essa solução é Oliveira Ascensão que defende a teoria do direito do monopólio ou do direito exclusivo, quer para os direitos industriais, quer para os direitos autorais[67].

[61] Assim pensam, também, A. Varela/P. Lima/Henrique Mesquita, *Código civil* cit., vol. III, p. 88. Orlando de Carvalho vai ao ponto de aceitar, em tese, a aplicação aos direitos de autor e à propriedade industrial dos institutos da posse e usucapião não considerando o velho brocardo *duorum in solidum (...)* um obstáculo a essa solução, desde que se considere o objeto desse domínio "a ideação enquanto bem economicamente fruível e não a ideação desligada de qualquer sentido útil, pois se assim fosse, nem sequer seria um bem" – cf. *Direito das coisas* cit., pp. 202 e ss nota 4. Contra esta possibilidade manifestam-se os autores referidos anteriormente – *ibidem*, pp. 2 e ss.

[62] Ob. ult. cit., vol. III, p. 76.

63 Ob. ult. cit., pp. 190 e ss.

[64] *Lições* cit., p. 359.

[65] A alteração produzida pelo DL 143/2008 de 25/7 procedeu à "fusão" de três modalidades de direitos da propriedade industrial (nomes, insígnias de estabelecimento e logótipos) numa só (logótipo). Sobre esta alteração ver *infra*, Parte I V, 2.

66 *Diário das Sessões da Câmara Corporativa* nº 147, de 27/11/1937, p. 56.

[67] *Direitos Reais* cit., p. 39 e *Direito Industrial* cit., pp. 404 e ss. A mesma posição é adotada por Pedro Sousa e Silva, *Direito Industrial,* 2019, pp. 20-21 e Dário Moura Vivente, *A Tutela Internacional da Propriedade Intelectual,* 2019, p. 17.

A teoria do monopólio (ou exlusivo) não é, a nosso ver, a mais correta.

Por um lado, "essa forma de tutela só na aparência tem que ver com um privilégio ou monopólio, pois se destina, não a impedir uma atividade idêntica ou a fruição económica de bens semelhantes (...) mas a impedir a turbação da disponibilidade da coisa que a ideação constitui como ente economicamente fruível"[68].

Por outro lado, "não é possível configurar um direito subjetivo que se construa só com exclusão, com elementos negativos que é no que consiste o direito de monopólio. Se no conteúdo figurarem unicamente faculdades de exclusão, direitos proibitivos para terceiros então está a definir-se uma limitação legal, mas não um direito subjetivo que recaia sobre um bem sobre o qual se manifesta um poder do sujeito o que exige uma construção positiva de domínio, disposição, apropriação ou pertença desse bem determinado"[69].

O objeto não sendo, é certo, determinante na qualificação de um direito subjetivo absoluto não é um "a propósito de um direito"[70], mas é o propósito de um direito. Por isso um direito que não tenha um objeto delimitado ou delimitável (aspeto, aliás, particularmente importante no caso de bens incorpóreos) não é um direito delimitado não podendo ser, portanto, exclusivo e absoluto[71].

Em abono da nossa posição (natureza real dos direitos de propriedade industrial) cabe fazer uma referência final à posição inequívoca e uniforme da legislação da União Europeia[72] e da jurisprudência do TJUE e da nacional.

[68] Orlando de Carvalho, *Direito das Coisas* cit., p. 194 em nota. Por outro lado, não se nos afigura correto considerar que a especificidade destes direitos consiste no poder de o titular impedir que outros utilizem "coisa sua". É que esta "coisa" é uma simples coisa material que não se deve confundir com a natureza imaterial do objeto desses direitos. Para citarmos um autor italiano, a coisa material é uma simples "exteriorização da entidade imaterial nela incorporada", sem que o titular da primeira tenha algum direito sobre esta última – cf. Massa, *Funzione attrattiva e autonomia del marchio*, 1994, p. 167.

[69] Baylos Corroza, *Tratado* cit., p. 453.

[70] Como opina Oliveira Ascensão, *Direito Industrial* cit., p. 403.

[71] Para citarmos Orlando de Carvalho, *Direitos das Coisas* cit., p. 212, em nota "(...) a titularidade de um direito configura uma situação de vantagem em ordem a um bem – todo o interesse *intende* ou postula necessariamente um bem – (...)".

[72] Nesse sentido, por exemplo, a secção IV do RMUE (artigos 19º e 22º, em especial) e a Secção V da DM-2015 (artigos 22º, 23º e 26º, em especial).

PARTE I
Patentes de Invenção

Capítulo I
Objeto de Patente

1. Introdução

A capacidade inventiva faz parte do património e da história do homem. Mas a história das invenções não coincide com a do direito de patentes. Uma coisa é a invenção, outra é a sua proteção ou valorização. A história da invenção confunde-se com a do homem; a história da proteção legal, sistemática e autónoma da invenção, emerge apenas nos finais do século XVIII e, de um modo mais elaborado, durante o século XIX, após o triunfo dos princípios ligados à revolução francesa e as alterações provocadas pela revolução industrial.

A história da humanidade, em todas as suas fases, oferece-nos inúmeros exemplos de invenções às quais estão associadas importantes evoluções históricas. Lembremos, por exemplo, as fases do período pré-histórico da passagem do Paleolítico para o Neolítico devida, como é bem sabido, ao surgimento dos primeiros instrumentos de pedra polida indispensáveis ao aparecimento da agricultura e da pastorícia. Sem esquecer ainda, neste mesmo período pré-histórico, a invenção da roda, certamente uma das mais geniais e revolucionárias invenções.

Podíamos ainda dar mais exemplos significativos de outras inovações na antiguidade, na idade média ou na idade moderna. Mas teremos que esperar pela idade contemporânea, para encontrar as bases do sistema atual de patentes[73].

[73] Sobre a história da atividade desde a Antiguidade até aos nossos dias ver, por todos, as desenvolvidas abordagens de CORNISH/LLEWELYN, *Intellectual property: patents, copyright, trade marks and allied rights*, 5ª ed., 2003, pp. 111 e ss; FRANCESCHELLI, *Trattato* cit., vol. I, pp. 69 e ss; SENA, *I Diritti sulle Invenzioni e sui Modelli di Utilità*, 2011 (as primeiras 27 páginas).

A revolução francesa, num primeiro momento, e a revolução industrial, mais tarde,[74] criaram as condições objetivas para que se produzisse uma mudança estrutural no modo de encarar as invenções e uma progressiva autonomização do conhecimento técnico face ao puro conhecimento científico[75].

Até à revolução francesa, o *Ancien Régime* apoiava-se essencialmente num sistema discricionário de atribuição de privilégios aos inventores pelo soberano. Ao inventor não era reconhecido um direito subjetivo sobre a criação industrial, mas tão-somente lhe era outorgado, discricionariamente, o exercício de uma atividade exclusiva de exploração da invenção pelo poder régio. Tratava-se da concessão de um privilégio real de exploração de um bem inventado e não de um direito sobre um bem inventado.

A revolução francesa criou o fundamento político, filosófico e jurídico para a abolição do sistema medieval dos privilégios e a instituição de um sistema de reconhecimento do direito de propriedade do inventor (tido como o direito mais *revolucionário*)[76]. O contrário representaria um "ataque aos direitos do homem na sua essência[77]".

Por sua vez, a revolução industrial introduziu, no plano económico, um problema novo: o excesso de oferta em mercado de livre concorrência. Surge a indústria, a produção mecanizada e em massa e as empresas passam a carecer de elementos de diferenciação e também de inovação para combater a concorrência baseada no preço. A inovação começa a ser vista, gradualmente, como um instrumento essencial da empresa industrial na sua luta de afirmação e

[74] É certo que, já antes, uma lei inglesa de 1624 (*Statute of Monopolies*), é considerada a primeira que reconheceu expressamente o direito de exclusivo a favor do "verdadeiro e primeiro inventor" por um período de 14 anos. Trata-se, reconhecidamente, de uma lei pioneira do sistema moderno de patentes embora a *Parte* Veneziana de 1474 seja considerada a primeira lei geral sobre invenções que estabelecia um sistema de privilégios aos inventores de novas artes e máquinas por um período de 10 anos (cf. obs. e locs. cits.).

[75] A investigação aplicada (técnica) começa a ganhar autonomia em relação à investigação fundamental (ciência) e a justificar um tratamento jurídico autónomo que passa pelo controlo público dos méritos das suas aplicações e a consequente atribuição de direitos privativos.

[76] A lei francesa de 7 de janeiro de 1791 sobre as descobertas úteis e os meios de assegurar a propriedade aos autores declarava que "toda a descoberta ou nova invenção, em todos os géneros de indústria, é propriedade do seu autor". Um ano antes, nos EUA, tinha sido aprovado a *Patent Act* de 10/4/1790 que, em cumprimento de um preceito da Constituição americana de 1789 (secção 8 (8)) reconhecia aos investidores o direito de obterem uma patente e de explorarem a invenção pelo período de 14 anos. *Vide*, para mais desenvolvimentos, FRANCESCHELLI, *Trattato* cit., vol. I, pp. 369 e ss.

[77] Como pode ler-se no preâmbulo da lei de 1791 referida na nota anterior. O direito de propriedade integrava a Declaração dos Direitos do Homem e do Cidadão de 1789 (artigo 17º), que constitui o preâmbulo à primeira Constituição da Revolução Francesa, adotada em 3/09/1791.

sobrevivência concorrenciais[78]. A atividade inventiva já não se compadece com *amadorismos* ou atos isolados. O empresário começa a investir em inovação e passa a exigir o retorno do seu investimento. A atividade inventiva passa a ser fruto de um trabalho coletivo, metódico, organizado e inter-relacional e representa mesmo, em alguns domínios tecnológicos de ponta, um setor chave das empresas e de forte investimento.

Esta evolução acelerada da atividade de investigação e desenvolvimento coloca novos problemas à eficácia e racionalidade do sistema de patentes para promover o progresso técnico. Na verdade, se a invenção é o resultado de um ato integrado num sistema mais amplo de investigação com influências recíprocas[79], no qual participam diversas equipas de especialistas ao serviço de distintas entidades promotoras e financiadoras, a circunstância de uma empresa poder ser titular de um direito de patente (porque foi, *in extremis*, a primeiro a inventar e-ou a registar) não deixa de poder constituir um fracasso económico frustrante para as demais e um desincentivo ao seu investimento em inovação[80].

Apesar destas dificuldades, o sistema de patentes mantém um apreciável equilíbrio entre os interesses do inventor e da comunidade.

Procura, por um lado, responder aos interesses do inventor garantindo-lhe um direito exclusivo de exploração do bem patenteado.

Procura, por outro, responder aos interesses da comunidade ao exigir ao inventor a divulgação da tecnologia patenteada e ao garantir o seu livre acesso no termo do período de proteção. Neste aspeto deve, aliás, reconhecer-se que, cada vez mais, o sistema de patentes serve um conjunto vasto de interesses da sociedade que não se limitam aos tradicionais interesses económicos e empresariais (v.g., o papel que o direito de patentes pode ter no âmbito de políticas de proteção dos direitos humanos, das ciências da saúde e da biologia, do desenvolvimento, do ambiente, etc.)[81].

[78] Sobre a importância da revolução industrial na evolução legislativa liberal e no desmantelamento do sistema corporativo *vide* FRANCESCHELLI, *Trattato* cit., vol. I, pp. 393 e ss.

[79] Sirva de exemplo o conhecido confronto entre o Instituto Pasteur de Paris e o Instituto de Saúde e Recursos Humanos dos Estados Unidos sobre a titularidade de uma invenção de anticorpos da sida. A controvérsia concluiu-se com um acordo de reconhecimento da contitularidade da patente.

[80] Sobre este importante desafio que se coloca ao sistema atual de proteção dos resultados de investigação e sugerindo que, nestes casos, seria preferível uma forma de compensação por todos os participantes, *vide* DI CATALDO, *El futuro de nuestro derecho de patentes* (tradução de GÓMEZ SEGADE), ADI, XXIII, pp. 73 e ss.

[81] Chamando a atenção para esta nova dimensão não exclusivamente económica do sistema de patentes cf. BENTLY/SHERMAN, *Intellectual Property Law*, 4ª ed., 2014, pp. 379-381.

Por contraposição ao sistema de proteção baseado no segredo industrial ou *know-how*, o direito de patentes oferece vantagens relativas que o tornam mais recomendável.

Isto vale por dizer que o sistema de patentes, apesar das críticas que lhe são feitas, vem respondendo, em geral[82], com mais segurança, eficácia e equilíbrio aos interesses essenciais em presença: o estímulo da atividade inventiva, a difusão do conhecimento, o desenvolvimento da ciência e tecnologia[83] e a proteção do titular da patente[84].

[82] O tema, como já assinalámos, não é pacífico. De um lado, estão os autores que consideram a proteção atual um incentivo para o progresso tecnológico; de outro, estão os autores que consideram desnecessário ou ineficaz o sistema de patentes para o avanço da inovação tecnológica. Por exemplo, no campo dos programas de computador (os quais, *de iure constituto*, não são, como tais, patenteáveis – cf. ponto 2.2.2. alª d) infra) e da moderna biotecnologia tem-se verificado uma controvérsia muito intensa acerca do interesse da patenteabilidade para o progresso tecnológico e o avanço científico. No primeiro caso, há setores de opinião mais ligados às pequenas e médias empresas informáticas que consideram as patentes de *software* desnecessárias e contraproducentes porque nestas indústrias o incentivo já existe pela própria natureza exigente do mercado, os custos de inovação são menores e a evolução rápida da tecnologia é incompatível com a duração da proteção. No segundo caso, correntes de opinião mais ligadas à investigação científica sustentam que as patentes biotecnológicas, especialmente as ligadas a matéria biológica do ser humano, podem potenciar a estagnação científica contra o interesse da humanidade. Sobre este ponto, com uma aprofundada abordagem económica do problema, cf. Moura e Silva, *Inovação, transferência de tecnologia e concorrência. Estudo comparado do direito da concorrência dos Estados Unidos e da União Europeia*, 2003, pp. 55 e ss. Para o autor, a doutrina dominante continua a considerar a propriedade industrial com um fator positivo sem o qual se alcançaria um "nível de invenção inferior ao óptimo devido ao problema da aversão natural ao risco de alguns agentes económicos e aos problemas de apropriação dos benefícios da inovação por terceiros" (p. 56). O autor conclui que "de um ponto de vista teórico, a protecção de propriedade intelectual" (englobando direitos de autor e propriedade industrial) "é importante para incentivar a inovação ainda que em termos empíricos, essa importância varie de indústria para indústria e, em alguns casos, seja mesmo nula" (p. 63). Sobre a possibilidade de o sistema de patentes ser parcialmente substituído por um sistema mais eficaz de retribuições económicas *vide* Di Cataldo, ob cit, na nota anterior, especialmente pp. 83-84. De interesse, ainda, no setor da patente farmacêutica, Eddy Ventose, *Medical patent law – the challenges of medical treatment*, 2011.

[83] Tenha-se em conta o que representa para a ciência e tecnologia o riquíssimo património documental que se encontra disponível junto das entidades encarregadas de atribuição de patentes em todo o mundo, de um modo especial, das mais importantes, como o Instituto Europeu de Patentes e a autoridade americana (*The United States Patent and Trademark Office*).

[84] Como escreve Gómez Segade, ("Panorâmica de la nueva ley de patentes española" in *Tecnologia y Derecho*, 2001, p. 315): "O Direito de patentes, com a sua peculiar estrutura jurídica, mantém o seu valor como fator insubstituível, ainda que não único, para conseguir o desenvolvimento económico, a transformação da natureza e, em definitivo, um maior bem-estar dos cidadãos. As cíclicas ofensas contra o sistema de patentes desde os mais diversos ângulos, não conseguiram demonstrar a validade e eficácia de eventuais sistemas alternativos. Numerosos economistas

A proteção com base no segredo acarreta sérios riscos para o investidor especialmente no domínio da invenção de produto. Acaba mesmo por ser uma proteção algo contraditória se o objetivo for o da comercialização. Na verdade, no momento em que o produto inovador, coberto por segredo, chegasse ao mercado seria muito pouco provável que a respetiva tecnologia não fosse apreendida, com mais ou menos dificuldade, pelos concorrentes mais diretos. Na ausência de um direito privativo exclusivo restaria ao investidor a proteção por via das normas repressivas da concorrência desleal. Mas tratar-se-ia de uma proteção mais complexa e sempre condicionada à prova do requisito da deslealdade do meio empregue pelo concorrente[85].

A proteção pelo segredo também não é satisfatória tendo em conta o interesse da comunidade: por um lado, a ser bem-sucedida, potencia um maior risco de criação de uma posição de monopólio no mercado e, por outro, não garante que a inovação *sobreviva* após o desaparecimento do seu inventor.

A Constituição - CRP (art. 42º, nº 2) consagra o direito à invenção como um direito, liberdade e garantia pessoal. A CRP encontra no respeito da pessoa humana o fundamento jurídico-político último (e primeiro) do sistema de patentes, na linha da conceção francesa, de cariz subjetivo, mais preocupada com a proteção do inventor. A este sistema contrapõe-se o sistema anglo-saxónico, de cariz objetivo e pragmático, mais preocupado com a finalidade do sistema, o estímulo à investigação, inovação e desenvolvimento tecnológico, do que com o fundamento do sistema ou o direito do inventor[86].

e juristas coincidem em assinalar que o sistema de patentes é o único capaz, em termos gerais, de incentivar eficazmente a inovação tecnológica, que resulta imprescindível para o desenvolvimento do país". Ver, também, no mesmo sentido, FERNÁNDEZ-NÓVOA, *El Fundamento del sistema de patentes*, ADI, VII, pp. 13 e ss, CORNISH/LLEWELYN, *Intellectual property* cit., pp. 130 e ss e AA.VV., *Lezione di Diritto Industriale*, (a cura di Ghidini/Cavani), 2014, pp. 1 e ss. Para uma aplicação da teoria da análise económica do direito às patentes cf. LANDES/POSNER, *The economic structure of Intellectual Property Law*, 2003, pp. 294 e ss e uma *visão pós-clássica económica* FISHER, *Fundamentals of Patent Law. Interpretation and Scope of Protection*, 2007, pp. 119 e ss; GHIDINI, *Profili evolutivi del diritto industriale*, 2008, pp. 81 e ss.

[85] Para mais desenvolvimentos sobre esta proteção alternativa da invenção, *vide* CORNISH/LLEWELYN, *Intellectual property* cit., pp. 299 e ss.

[86] Cf., para mais desenvolvimentos, CORNISH/LLEWELYN, *idem*, pp. 130 e ss e SENA, *I Diritti sulle Invenzioni* cit., pp. 27 a 76.

2. Objeto

2.1. Noção de invenção

Não há uma definição legal de invenção. No entanto, é possível retirar de algumas soluções legais (nomeadamente as dos arts. 51º, nº 1, 54º e 55º[87]) a necessidade de a invenção corresponder a um conhecimento aplicado e de natureza técnica. Na perspetiva mais tradicional, ainda hoje dominante na Europa, a invenção surge como um "ensinamento para uma ação planeada, com a utilização das forças da natureza suscetíveis de serem dominadas, para obtenção de um resultado causal previsível"[88].

Para ser patenteável, o mesmo é dizer, para ser protegida como coisa em sentido jurídico[89], é necessário que a invenção seja legalmente possível, lícita e preencha os requisitos de patenteabilidade, ou seja, a novidade, a atividade inventiva e a suscetibilidade de aplicação industrial.

A noção de invenção patenteável e os requisitos do objeto e de patenteabilidade são hoje, aliás, praticamente comuns às legislações nacionais dos diferentes países europeus, situação explicada pela fortíssima influência uniformizadora da Convenção da Patente Europeia – CPE (arts. 51º a 56º). Isto significa que as principais legislações nacionais europeias de patentes, a nível dos

[87] O art. 51º não considera uma invenção, por exemplo, a descoberta ou as criações estéticas e os artigos 54º e 55º consagram os chamados requisitos de patenteabilidade, nos quais se refere expressamente que a invenção deve ser diferente (novidade) e distante (atividade inventiva) do estado da técnica e suscetível de aplicação industrial.

[88] É uma definição inspirada na prática do BGH (especialmente desde o "leading case" *rote Taube in* GRUR, 1969, pp. 672 e ss) – cf., *Patentgesetz*, 2015, § 1 Rn. 40-47ª, Busse/Keukenschrijver, *Patentgesetz*, 2016, § 1 Rn. 25; Busse, *Patentgesetz*, 2013, § 1 Rn. 24 a 38; Nack, *Die patentierbare Erfindung unter den sich wandelnden Bedingungen von Wissenschaft und Technologie*, 2002, pp. 171 e ss; Krasser, *Patentrecht*, 2009, pp. 124 e ss; Schulte, *Patentgesetz mit EPÜ*, 9ª ed., 2014, § 1 Rn. 17 a 75; Engels/Morawek, "Aus der Rechtsprechung des Bundespatentgerichts im Jahre 2009", GRUR, 2010, pp. 467 e ss, todos com abundantes indicações jurisprudenciais. Gómez Segade, *Enciclopedia Juridica Básica*, vol. III, p. 3744, Ed. Civitas, Madrid, 1995, define invenção como uma "regra técnica industrial para solucionar um problema técnico utilizando as forças da natureza animada e inanimada". Por sua vez, Franzosi, *Commentario Codice della Proprietà Italiano* (Scuffi/ /Franzosi/Fittante), 2005, p. 251 e "Definizione di invenzione brevettabile", RDI, 2008, pp. 18 e ss, define invenção como "a combinação intuitiva de ideias ou objetos preexistentes na qual o princípio de combinação adotado era até então desconhecido". Para Franzosi a invenção é a reunião de dois elementos: a intuição da possibilidade e da utilidade de coisas existentes e a combinação executiva. Para uma visão mais alargada de propostas de definição doutrinária e jurisprudencial de invenção cf. Pedrazzini, "Die Entwicklung des Erfindungsbegriffes", in *Kernprobleme des Patentsrechts*, (AA.VV.), 1988, pp. 21 a 34 e Haedicke/Timmann, *Patent Law – A Handbook*, 2014, pp. 65-90.

[89] No mesmo sentido, *idem*, Benkard, *Patentgesetz*, 2015, § 1 Rn. 40.

grandes princípios, se encontram muito próximas para não dizer coincidentes. Esse tem sido o indiscutível mérito da CPE que tem funcionado, na realidade, como um texto *supra-legal* do direito nacional de patentes.

Todavia, deve reconhecer-se que o conceito de invenção tem vindo a ser questionado, nos últimos anos, especialmente em relação ao duplo requisito de tecnicidade (solução e problema técnicos). O conceito tradicional de *invenção-técnica* (*technological arts*) começa a ser confrontado com o conceito mais amplo e menos exigente de *invenção-útil* (*useful arts*) pelo qual a patente pode alargar o seu âmbito a atividades não estritamente técnicas[90].

Esta situação deve-se, por um lado, às dificuldades criadas ao direito de patentes pelo surgimento de um conjunto de novos "produtos" ligados a áreas em grande expansão como a biotecnologia e a informática e, por outro, pela influência do direito norte-americano. Neste país, ao contrário do que se passa no continente europeu, o conceito legal de invenção patenteável não se centra na ideia de solução técnica, mas na noção de solução nova e útil (cf. § 101 USC-35)[91]. Esta disposição legal tem permitido, nos últimos anos, uma maior flexibilidade na aplicação do direito de patentes e um consequente alargamento do círculo de objetos patenteáveis como se tornou mais evidente a partir da importante decisão do CAFC no "leading case" *State Street v. Signature Financial*, de 1998, em que foi concedida a patente de um método comercial aplicável através de um programa de computador[92].

2.2. Requisitos do objeto

Podem ser objeto de patente as invenções novas, implicando atividade inventiva, se forem suscetíveis de aplicação industrial incluindo invenções biotecnológicas[93] que são as que incidam sobre um produto composto de matéria biológica ou que contenha matéria biológica ou sobre um processo que permita produzir, tratar ou utilizar matéria biológica ou ainda que tenham por objeto

[90] Sobre este relevante tema da noção de invenção e da delimitação do círculo de bens patenteáveis, cf. NACK, *Die patentierbare Erfindung* cit., que confronta a perspetiva europeia, de um modo especial da Alemanha, e a perspetiva norte-americana.

[91] O § 101 USC-35 estabelece que "quem inventar ou descobrir qualquer processo novo e útil, uma máquina, manufatura ou uma composição de matéria, nova e útil, ou qualquer melhoria nova e útil dos mesmos pode obter uma patente (...)".

[92] Cf. a decisão, em língua alemã, *in* GRUR Int., 1999, pp. 633 e ss. Para mais desenvolvimentos, sobre o problema da proteção de programas de computador e de métodos comerciais, *vide infra*, 2.2.2. alª d).

[93] Nesta parte o CPI transpôs a Diretiva 98/44/CE do Parlamento Europeu e do Conselho de 6/7/1998, sobre invenções biotecnológicas.

um processo microbiológico ou outros processos técnicos ou produtos obtidos mediante esses processos (art. 50º, nº 1 e art. 53º, nº 1 al. f))[94].

Podem ser obtidas patentes para quaisquer invenções, quer se trate de *produtos* ou *processos*, em todos os domínios da tecnologia, desde que essas invenções respeitem o disposto no nº 1 do art. 50º (art. 50º, nº 2)[95].

Os processos novos de obtenção de produtos, substâncias ou composições já conhecidos também podem ser objeto de patente (art. 50º, nº 3)[96].

[94] Esta última parte corresponde à transposição do disposto nos arts. 3º e 4º, nº 3 da Diretiva sobre invenções biotecnológicas. De acordo com o art. 2º, nº 1 als. a) e b) desta fonte da UE a matéria biológica é "qualquer matéria que contenha informações genéticas e seja auto-replicável ou replicável num sistema biológico" e "processo microbiológico é qualquer processo que utilize uma matéria microbiológica que inclua uma intervenção sobre uma matéria microbiológica ou que produza uma matéria microbiológica". Esta noção de matéria biológica é criticada por Remédio Marques, *Biotecnologia(s) e Propriedade Intelectual*, vol. I, 2007, p. 229.

[95] Corresponde à norma da primeira parte do art. 27º, nº 1 do ADPIC/TRIPS.

[96] Da vasta bibliografia sobre o objeto da patente e os requisitos de patenteabilidade salientamos, a nível dos países de referência, neste domínio, da União Europeia:
Espanha – AA.VV. *La nueva ley de patentes – Ley 24/2015, de 24 de julio* (diretor Bercovitz Rodriguez-Cano), 2015; Baylos Corroza, *Tratado* cit., Gómez Segade, *La Ley de Patentes Y Modelos de Utilidad*, 1988, pp. 53 a 65; Vidal-Quadras, *Estudio sobre los requisitos de patentabilidad, el alcance y la violación del derecho de patente*, 2005, pp. 39-90; Botana Agra, "Invenciones patentables", in *Manual de la propiedad industrial* (Fernández-Nóvoa/Otero Lastres/Botana Agra), 2017, pp. 113-143.
Itália – Floridia, "I requisiti di proteggibilità", in Auteri, Floridia, Mangini, Olivieri, Ricolfi, Romano, Spada, *Diritto Industriale, Proprietà Intellettuale e Concorrenza*, 2020, pp. 286 e ss; Alberto Musso, *Ditta e insegna, marchio, breveti, disegni e modelli, concorrenza*, 2012, pp. 629 e ss; AA.VV., *Diritto Industriale*, Ed. Simone, Napoli, 1997 pp. 63 a 75; Di Cataldo, *I brevetti per invenzioni* cit., 2012 (pp. 99 a 151); *I Brevetti per Invenzione e per Modello*, 2ª ed., 2000, pp. 73 a 136; Guglielmetti, "Le Invenzioni e i Modelli Industriali", *Trattato di Diritto Privato* (Diretto da P. Rescigno), XVIII, tomo IV, 1994, pp. 203 a 218; Sena, *I Diritti sulle Invenzioni* cit. pp. 77 a 167); Vanzetti/Di Cataldo, *Manuale di Diritto Industriale*, 8ª ed., 2020, pp. 393 a 407; Di Cataldo, *I brevetti per invenzione e per modello di utilità, i disegni e modelli*, 2012, pp. 99 e ss; Scuffi/Franzosi, *Diritto industriale italiano*, tomo I, 2014, pp. 533 e ss.
Alemanha – Benkard, *Patentgesetz* cit., §§ 1, 2, 3, 4 e 5; Busse/Keukenschrijver, *Patentgesetz* cit., §§ 1, 2, 3, 4 e 5; Busse, *Patentgesetz* cit., §§ 1, 2, 3, 4 e 5; Dybdahl, *European Patents*, 2001, pp. 27/75; MES, *Patentgesetz, Gebrauchsmusterschutz*, 1997, §§ 1, 2, 3, 4 e 5; Singer/Stauder, *The European Patent Convention. A Commentary*, 2003. pp. 65 e ss; Schulte, *Patentgesetz* cit., §§ 1, 2, 3, 4 e 5; Haedicke/Timmann, *Patent Law – A Handbook* cit., pp. 59 e ss.
França – Chavanne/Burst, *Droit de La Propriété Industrielle*, 4ª ed. 1993 (as primeiras 100 páginas); Mathély, *Le Nouveau Droit Français des Brevets d'Invention*, 1991 (as primeiras 143 páginas).
Reino Unido – Paul England, *A Practitioner's Guide to European Patent Law*, 2019, pp. 164 e ss; Cornish/Llewelyn, *Intellectual property* cit., pp. 173/234; Terrell, *On the law of patents*, 2006, pp. 209/296; Tritton, *Intellectual property in Europe*, 2008, pp. 91 e ss; Bently/Sherman, *Intellectual Property Law* cit., pp. 438 e ss.
Em Portugal, sobre os requisitos de patenteabilidade, cf. Remédio Marques, *Biotecnologia(s) e Propriedade Intelectual* cit., vol. I, pp. 449 e ss; AA.VV., *CPI Anotado*, 2021 (Coordenação –

A proteção de uma invenção que respeite estes requisitos poderá ser feita, por opção do requerente, a título de patente ou de modelo de utilidade (art. 50º, nº 4)[97].

Até ao CPI-2003 o modelo de utilidade protegia, literalmente, a *utilidade* de um produto conhecido. A invenção de processo estava afastada, logicamente, da proteção por modelo de utilidade. Um processo, por definição, não é um modelo! Com o CPI-2003 e o CPI-2018, a situação mudou significativamente no plano do objeto de proteção: a regra é a de que qualquer invenção (de produto ou processo) pode ser protegida através de patente ou de modelo de utilidade (arts. 50º, nº 4 e 119º, nº 3). As exceções são as invenções biológicas, químicas, farmacêuticas ou sobre produtos alimentares, que só podem ser protegidas por patente (art. 121º, nº 1, als. b), c), d), e))[98]. No entanto, o CPI-2018 entendeu (e bem) eliminar o regime que dispensava o exame oficioso de fundo (verificação dos requisitos de patenteabilidade) dos modelos de utilidade (art. 132º, nº 1).

2.2.1. Categorias de patentes

Há duas grandes categorias de patentes: a patente de produto e a patente de processo (art. 50º, nº 2).

A patente de produto refere-se a uma entidade física que pode ser um aparelho, máquina, substância ou composição. Mas não se confunda a patente de produto com a natureza incorpórea da invenção. O aparelho, máquina, substância exteriorizam a invenção, mas não a esgotam.

A patente de processo recai sobre uma atividade do mundo físico (processo propriamente dito, método, uso). O processo propriamente dito respeita à sucessão de operações realizadas que conduzem à obtenção de um produto; o método é um conjunto de regras para fazer algo; o uso é a utilização nova de um produto ou processo conhecidos[99].

Luís Couto Gonçalves), anotação ao artigo 54º; *Direito Europeu das Patentes e Marcas*, 2021, pp. 182-230.

[97] Nos CPI de 1940 e 1995 o modelo de utilidade destinava-se a proteger invenções "menores", isto é, com um menor grau de originalidade, respeitantes exclusivamente a produtos (e não a processos) e limitadas a uma apreciação funcional (delas devia resultar o aumento da utilidade ou a melhoria do aproveitamento – art. 37º CPI-1940 e art. 122º nº 1 CPI-1995).

[98] Para mais desenvolvimentos sobre o modelo de utilidade, cf. Parte IV, 1.

[99] Sobre a noção de invenção de produto ou de processo, *vide* Benkard, *Patentgesetz* cit., § 1 Rn. 4-39a e Stauder in Singer/Stauder, *The European Patent Convention* cit, pp. 241/242.

2.2.2. Objeto possível

Não são invenções (art. 51º, nº 1):

a) As descobertas, assim como as teorias científicas e os métodos matemáticos.

A invenção não se limita, como a descoberta, ao plano cognitivo, mas tem de interferir com a realidade prática. A descoberta é um estado de conhecimento teórico da realidade; a invenção é um estado de conhecimento prático da realidade. Com a descoberta a realidade não se transforma; com a invenção a realidade sofre uma transformação técnica.

Mas a exclusão da patenteabilidade da descoberta só diz respeito à descoberta enquanto tal sendo admissível a proteção das suas aplicações técnicas[100].

Como se refere no art. 51º, nº 2, a exclusão só tem lugar se o objeto para que é solicitada a patente se limitar aos elementos neles mencionados.

Isto significa que a descoberta de uma nova propriedade de uma matéria ou objeto conhecido não é patenteável, mas a utilização dessa propriedade para fins práticos já pode ser protegida. A invenção pode ser uma aplicação técnica de uma descoberta. É, por exemplo, o caso da descoberta da resistência ao choque mecânico de um material conhecido que não pode ser objeto de patente, mas uma travessa de caminho-de-ferro construída com esse material já o poderá ser.

As teorias científicas (como tais) também não são patenteáveis. Uma teoria física de semi-condutividade não será patenteável. No entanto novos dispositivos semicondutores e respetivos processos de fabrico podem ser objeto de patente.

[100] Nos EUA, aliás, desvaloriza-se a distinção entre invenção e descoberta. O conceito legal de "invenção" significa tanto uma invenção como uma descoberta (USC-35, §§ 100 e 101). O que importa é que o conhecimento, obtido por atividade inventiva ou por descoberta, seja novo (§ 102) original (§ 103) e útil (§ 101), por contraposição ao conhecimento de natureza exclusivamente abstrato ou próprio das leis da natureza ou de fenómenos naturais (de acordo com a decisão do Tribunal Supremo americano *Diamond v. Diehr* de 1981, que reconheceu a proteção de um processo de vulcanização de borracha com o recurso a um programa de computador que fornecia informações sobre a temperatura no interior do molde de vulcanização). Para uma apreciação do direito americano no respeitante ao objeto, *vide*, por todos, Moy, *Moy's Walker on patents*, 4ª ed., 2007, vol. I, Part. II, cap. V e Harmon, *Patents and the Federal Circuit*, 2003, pp. 48 a 211. A distinção entre invenção e descoberta pode oferecer mais dificuldades no caso das invenções biotecnológicas em que a invenção pode ser a imediata aplicação prática de uma descoberta e em que esta é divulgada em simultâneo com a invenção. Sobre esta noção de "descoberta-invenção" *vide*, para mais desenvolvimentos, Guglielmetti, *La brevettazione delle scoperte-invenzioni*, RDI, 1999, pp. 97 e ss. Por outro lado, não encontramos nos EUA restrições legais ao objeto de patente como acontece na generalidade dos países europeus e na CPE (arts. 52º e 53º). As exceções e limitações à patenteabilidade são estabelecidas judicialmente (*case law*). No Reino Unido, ao contrário, há lugar para se falar da distinção entre invenção e descoberta (cf. secção 1 (2), *Patents Act* de 1977). Para mais desenvolvimentos cf. Cornish/Llewelyn, *Intellectual Property* cit., pp. 208/210.

O mesmo princípio é válido para os métodos matemáticos. Como tais não são patenteáveis, mas uma máquina calculadora construída para funcionar com um desses métodos pode ser objeto de patente.

b) Os materiais ou as substâncias, já existentes na natureza e as matérias nucleares.

Esta exclusão é um afloramento da proibição de patentear descobertas. A simples descoberta de uma substância na natureza é uma descoberta e não uma invenção. No entanto um processo para a preparação dessa substância é passível de proteção.

c) As criações estéticas

Uma criação estética, por regra, é destituída de aplicação prática, não é condicionada por critérios de natureza técnica e a respetiva apreciação é de índole subjetiva. No entanto, se esse objeto apresentar também particularidades de ordem técnica pode ser patenteável. O efeito estético não é objeto de proteção, mas pode ser patenteado o meio de o alcançar.

d) Os projetos, os princípios e os métodos do exercício de atividades intelectuais em matéria de jogo ou no domínio das atividades económicas, assim como os programas de computadores, como tais, sem qualquer contributo técnico.

Um método de estudo de línguas, um método de resolução de palavras cruzadas, um jogo ou um plano de organização comercial não podem ser objeto de patente. No entanto, um dispositivo concebido para jogar ou realizar um projeto já pode ser protegido.

Um programa de computador, como tal, não pode ser objeto de patente. O programa de computador, "como tal", é protegido pelo direito de autor, de acordo com o Decreto-Lei nº 252/1994, de 20 de outubro (que transpôs a Diretiva nº 91/250/CEE, de 14 de maio, relativa à proteção jurídica dos programas de computador, revogada pela Diretiva 2009/24/CE), de 23 de abril de 2009 – versão codificada).

A "jurisprudência" do IEP, tendo em conta as "diretrizes internas para o exame do pedido em matéria de programas de computador[101]" (Parte G, Cap. II, 3.6., na versão de novembro de 2015) começou a manifestar, desde 2001, uma nova orientação passando a considerar que a proibição legal de registo de programa de computador *como tal* deveria ser entendido à luz de um novo critério: o do *carácter técnico* do programa de computador.

[101] Podem ser consultadas em *http://www.epo.org/*.

A orientação dominante é no sentido de considerar que o programa pode ser patenteável, *diretamente*, se for suscetível de produzir um efeito técnico suplementar distinto da mera interação física entre o programa e o computador.

Como *leading case*, inspirador desta posição, que viria a ter uma influência decisiva na prática do IEP, do BGH e, mesmo, da Proposta de Diretiva Comunitária, de 2002[102], esteve a decisão T 1173/1997, de 1/7/1998[103] (caso IBM) que analisou um recurso de não concessão de patente a um programa de computador aplicativo destinado ao controlo de um método de recuperação de informação[104].

A CTR, embora reconhecendo que o artigo 10º, nº 1 do ADPIC/TRIPS estabelece o princípio segundo o qual os programas de computador são protegidos pelo direito de autor, não afasta a possibilidade de os mesmos serem protegidos igualmente pelo direito de patentes, dado que o art. 27º admite a patenteabilidade em todos os domínios tecnológicos.

Para a CTR o que importa é determinar o que significa exatamente programa *como tal* considerando que o sentido a dar a esta expressão só pode ser a de uma criação puramente abstrata desprovida de *carácter técnico*. O programa que revista carácter técnico, que pertença a um domínio da tecnologia, deve ser patenteável.

Acrescenta, no entanto, não ser bastante para que um programa de computador seja patenteável o simples facto de ser um programa de computador, isto é, que produza modificações físicas do material (provocando, por exemplo, efeitos elétricos ou eletrónicos a nível do *hardware*) que resultam da execução de instruções dadas pelo programa de computador.

Para este órgão do IEP estas modificações, se bem que possam ser consideradas como técnicas, constituem uma característica comum a todos os programas criados para serem aplicados sobre um computador e, assim, não se podem distinguir os programas que têm um carácter técnico dos programas considerados como tal.

Por outras palavras, é necessário ter em conta os efeitos resultantes da execução das instruções fornecidas pelo programa de computador. Se estes efeitos tiverem um carácter técnico ou se eles conduzirem o programa a resolver um

[102] COM (2002) 0092, JO C-151, de 26/6/2002, p. 129.

[103] OJ EPO, 1999, pp. 609 e ss.

[104] No entanto, a Presidente do IEP, invocando uma contradição essencial entre esta decisão e a decisão T 424/03, de 23/02/2006 (caso *Microsoft*), entre outras questões pertinentes ligadas à proteção de programas de computador, solicitou uma consulta (consulta G3/08) à Grande Câmara de Recurso, ao abrigo do disposto no artigo 112º, nº 1 alª b) da CPE, com o propósito de assegurar uma aplicação uniforme da lei. Em 12 de maio de 2010, a Grande-Câmara de Recurso recusou o pedido, tecendo importantes considerações sobre o tema, pese embora a ambiguidade argumentativa baseada, essencialmente, no recurso (*labiríntico*) exclusivo ao critério técnico.

problema técnico podemos considerar que a invenção que produz este efeito é, em princípio, patenteável.

Só, pois, a existência de um *efeito técnico adicional indireto* (para além do efeito direto resultante da interação física "normal" do programa com o computador no qual funciona) permite a patenteabilidade da invenção. Para o IEP, um programa de computador pode ser patenteado diretamente se tiver uma capacidade potencial de produzir um efeito técnico suplementar predeterminado que se torne efetivo logo que seja aplicado no computador. Esse efeito técnico pode recair tanto num processo industrial, como no funcionamento de uma máquina (proteção indireta de programas) ou, mesmo, no funcionamento interno de um computador (proteção direta de programas)[105].

[105] Antes desta decisão a CTR, em diferentes momentos, a propósito de um conjunto de pedidos da IBM, teve oportunidade de questionar o significado da proibição legal de patentear o programa *como tal*.
a) T 115/85, de 5/9/1988 (OJ EPO, 1990, pp. 30 e ss).
O pedido de patente referia-se a um processo de visualização automática de informações dirigido por um programa de computador que atuava sobre a memória do *hardware* na qual se alojavam um conjunto de mensagens predeterminadas relativas a situações particulares que podem ocorrer no dispositivo de entrada/saída de um sistema de processamento de texto. A CTR decidiu que se tratava, essencialmente, de um problema técnico.
b) T 22/85, de 5/10/1988 (OJ EPO, 1990, pp. 12 e ss).
Tratava-se de um sistema comandado por um programa de computador que permitia processar, memorizar, pesquisar e recuperar documentos.
A CTR considerou que o objeto do pedido (regras para a elaboração de resumos de documentos e respetivo arquivo e pesquisa), envolvendo regras puramente intelectuais, não revestia natureza técnica.
c) T 6/83, de 6/10/1988 (OJ EPO, 1990, pp. 5 e ss).
A CTR entendeu que um sistema operativo tendo por objeto a coordenação e o controlo da comunicação interna entre os diferentes programas aplicativos e bases de dados colocados em diferentes terminais ligados em rede, devia ser considerada uma invenção técnica.
d) T 38/86, de 14/2/1989 (OJ EPO, 1990, pp. 384 e ss).
A Câmara de Recurso recusou a patenteabilidade de um programa de processamento automático de textos, através da deteção, substituição e simplificação de expressões linguísticas, por entender que configuraria um mero tratamento abstrato de informação destinada a fins não técnicos (atividades intelectuais). "Se o método não é patenteável então também o dispositivo" (leia-se o programa) "não deve ser patenteável".
Nesta decisão pode ainda ler-se que a invenção patenteável é a que traz um contributo ao estado da técnica num domínio não excluído da patenteabilidade (p. 391). Por outras palavras, esta definição implicaria que uma invenção só seria patenteável se preenchesse os requisitos de patenteabilidade o que redundaria num verdadeiro salto lógico, na medida em que estes requisitos de uma invenção *típica* se devem reportar apenas a objetos previamente qualificados como invenções.
e) T 158/88, de 12/12/1989 (OJ EPO, 1991, pp. 11 e ss).
A CTR decidiu que não seria patenteável um processo de correção ortográfica dirigido por um programa de computador, que consistia numa representação dinâmica de letras que podem re-

A utilização do critério técnico não é *inocente* sabendo-se que da sua aplicação (atenta a natureza técnica do objeto) acabaria por resultar uma solução (mais ou menos restrita, mais ou menos artificial) favorável à patenteabilidade direta de programas de computador. Isto é, o critério permite uma mudança de perspetiva óbvia: da inadmissibilidade (de princípio) de proteção pelo direito de patentes passa-se à admissibilidade (de princípio) dessa proteção, dissimulando a antinomia legislativa, nacional e internacional de proteção do programa de computador, *diretamente*, através do direito de patentes. A proteção conferida pelo direito de patentes, ao contrário da opção principal e dominante do direito de autor, abrange não apenas a forma expressiva do programa como as respetivas funcionalidades. Ora, não faz sentido que um sistema de proteção complementar (como o direito de patentes), que estabelece uma *proibição legal* de patentear programas de computador *como tais*, possa, pelo seu maior âmbito de proteção, substituir e dispensar o sistema principal (o direito de autor). Isto não é juridicamente sustentável!

Este aspeto, que é o problema de fundo, tem sido desvalorizado pela jurisprudência e grande parte da doutrina industrialista. O critério técnico acaba por disfarçar a *vontade política* de patentear programas de computador diretamente.

Na nossa opinião, o problema não está na técnica[106]. Tudo que envolve programas de computador, operativos[107] ou aplicativos, deve ser considerado de

vestir forma gráfica diferente segundo a posição em que se encontram na frase ou numa palavra (como acontece com os caracteres árabes) por entender que se trata de um programa *como tal*, que se limita à modificação de dados e ao tratamento da informação sem afetar os meios de suporte técnicos.

f) T 110/90, de 15/4/1993 (OJ, EPO, 1994, pp. 557 e ss).

O pedido reportava-se a um método de transformação do sistema de processamento de um texto numa versão suscetível de impressão. O método, conduzido por um programa, foi considerado patenteável por revestir carácter técnico. Para a CTR a transformação dos códigos de comando que constituem as características técnicas de um sistema de tratamento de texto noutros códigos de comando pertencentes a um outro sistema são suficientes para conferir tecnicidade ao método. Para mais desenvolvimentos, STERCKX/COCKBAIN, *Exclusions from patentability – how far has the European Patent Office eroded boundaries?*, 2012, pp. 67 e ss e HAEDICKE/TIMMANN, *Patent Law – A Handbook* cit., pp. 115 e ss.

[106] SCHWARZ/KRUSPIG, *Computerimplementierte Erfindungen – Patentschutz von Software*, 2018, pp. 350/351, sustentam que seria uma vantagem adicional haver conformidade entre a visão da ciência da computação e a visão legal de patentes. Por outras palavras, o que é técnico em sentido informático também devia ser técnico em sentido jurídico. As autoras fazem uma ilustração abundante de decisões do IEP e de tribunais alemães, de um modo especial no cap. V, pp. 123-351.

[107] Isto é, que correspondam ao *sistema operativo* do computador (por exemplo, *Windows, Mac, Unix, Linux*). O sistema operativo é "um programa que atua como um intermediário entre o usuário e o *hardware* de um computador" que "controla e coordena o uso do *hardware* entre os vários programas aplicativos para os vários usuários" (cf. SILBERSCHATZ/GALVIN/GAGNE, *Sistemas opera-*

natureza técnica: é técnica a linguagem-fonte (na medida em que se destina, exclusivamente, a ser *compilada* pelo computador[108]); é técnica a linguagem--máquina porque só é *lida* pelo computador; é técnico o circuito eletrónico onde o programa corre; é técnica a solução (produzindo, através do computador, um efeito concreto, constante, repetível e previsível no acesso, tratamento e comunicação da informação, qualquer que ela seja, no contexto da *sociedade da informação*[109]).

Em síntese, o programa é técnico no plano estrutural, funcional e finalístico[110].

O problema da patenteabilidade deve ser resolvido por um outro *paradigma, político-legislativo,* que se traduz num juízo de razoabilidade, jurídica, social e económica, de aplicação do sistema de patentes aos programas de computador.

Mas pergunta-se: *de iure constituto,* isto significa a inevitabilidade de o programa de computador, enquanto produto tecnológico, poder ser patenteável?

A resposta é negativa. Não podemos esquecer que a legislação europeia (art. 52º, nºs 2 e 3 da CPE) e a nacional (art. 51º, nº 1 alª d)) proíbe a patenteabilidade do programa de computador *como tal.* É a este requisito que devemos

cionais: conceitos e aplicações, 2000, pp. 3 e 4). Da vasta bibliografia ver, ainda, Lister, *Os sistemas operativos,* 2ª ed., 1988; Marques/Guedes, *Fundamentos de sistemas operativos,* 2ª ed., 1992. A principal finalidade de um sistema operativo (um programa complexo que se encontra, permanentemente, em execução num computador, composto por um núcleo e programas de sistema) é, pois, a de permitir a execução de aplicações através de níveis de abstração do *hardware.* Por outras palavras, o sistema operativo cria o ambiente no qual os *programas aplicativos* (por exemplo, processador de texto, folha de cálculo, editor de imagem, áudio, vídeo, *design* de apresentação textual ou gráfica, teclado virtual, navegadores *Web,* agenda, jogos, antivírus, simuladores, *passwords,* certificados digitais, métodos comerciais etc.) são executados.

108 "A prestação intelectual é essencialmente técnica". "Ela é destinada a fazer funcionar máquinas" (cf. Berenboom, *Le nouveau droit d'auteur,* 1997, p. 217). José Alberto Vieira (*A proteção dos programas de computador pelo direito de autor,* 2005, p. 826) também afirma que o programa não pode ser considerado uma obra literária: "o programa não é escrito para ser lido ou compreendido por pessoas, mas para ser eficiente na operação do computador, ou seja, para implementar melhor do que os outros a sua funcionalidade", embora aceite tratar-se de um novo género de obra ("expressão funcional") protegida pelo direito de autor (pp. 832 e ss).

109 No sentido de que a *informação* deve ser considerada uma "terceira entidade", ao lado da matéria e energia – cf. Krasser, *Patentrecht,* cit. pp. 171 e ss; Beyer, "Der Begriff der Information als Grundlage für die Beurteilung des technischen Charakters von programmbezogen Erfindungen", GRUR, 1990, pp. 399 e ss; Wiebe, "Information als Naturkraft", GRUR, 1994, pp. 233 e ss; van Raden, "Die Informatorische Taube: Überlegungen zur Patentfähigkeit informationsbezogener Erfindungen", GRUR, 1995, pp. 451 e ss.

110 No mesmo sentido, cf. Floridia, "Le creazioni protette", in Auteri, Floridia, Mangini, Olivieri, Ricolfi, Romano; Spada, *Diritto Industriale – Proprietà Intellettuale e Concorrenza,* 2020, p. 217, onde se pode ler que é uma constatação iniludível "que o *software* seja conceitualmente a ideia de uma solução de um problema técnico e seja, portanto, uma invenção" e Remédio Marques, *Biotecnologia(s) e Propriedade Intelectual* cit., vol. II, pp. 696 e ss.

voltar, mas sem incorrer no erro de o *contaminar* com o "perverso e simulado" conceito de técnica.

A partir do momento em que defendemos que tudo o que envolve programas de computador deva ser considerado técnico só podemos, em coerência, recusar a equiparação de programa *como tal* à ausência de carácter técnico. A distinção entre programas com carácter técnico e sem carácter técnico (seja como objeto patenteável, seja como requisito de capacidade inventiva[111]) é artificial e não é esclarecedora.

"Os programas de computador não são patenteáveis, precisamente por que são programas de computador[112]" e, acrescentamos nós, só serão patenteáveis *per relationem* se, e quando, fizerem parte de uma invenção programável que não seja exclusivamente um computador. Só quando o programa não se destine a um computador, *como tal*, é que deixa de ser um programa de computador *como tal*[113].

Aceitar o programa de computador como pertencente a um domínio da tecnologia (como também defendia a proposta de diretiva comunitária) e, desse ponto de vista, um objeto patenteável, e afirmar que, afinal, poderá não ser patenteável por ausência de contributo técnico é contraditório. É misturar o objeto patenteável com os requisitos de patenteabilidade do mesmo objeto. Isto seria o mesmo que considerar *o* medicamento um objeto não patenteável devido à falta de atividade inventiva do princípio ativo de *um* medicamento. Não confundamos as situações.

Um programa de computador só não deve ser considerado *como tal* quando esteja ao serviço de uma invenção programável que realiza um conjunto de tarefas predefinidas dirigidas a fenómenos tangíveis e não apenas de informação[114]. Estes programas podem ser protegidos pelo direito de autor e, cumu-

[111] Fox/Corbett, "UK and EPO Approaches to exclude subject-matter and inventive step: are Aerotel and Pozzoli Heading for the rocks?", EIPR, 2014, pp. 569 e ss, aludem à disparidade existente, a este nível, entre a posição dos tribunais ingleses (e de outros países) e a posição do IEP, bem como à necessidade de uma clarificação dos critérios seguidos para a proteção dos programas de computador.

[112] Para citarmos, König, "Patentfähige Datenverarbeitungsprogramme – ein Widerspruch in sich", GRUR, 2001, p. 582.

[113] Bákels, "Software patentability: what are the right questions?", EIPR, 2009, p. 520, considera que software como tal "é o conhecimento para ser usado no desenvolvimento do software e que não é técnico no sentido "vertical", isto é, não é aplicável por um programador médio, mas só por um perito que reúna especiais conhecimentos de um inventor".

[114] Esta posição representa, aliás, *recuperar* a tendência dominante de entendimento do problema quando o debate sobre o modelo de proteção do *software* começou a emergir, com mais intensidade, nos anos 70 do século passado. Como resulta dos trabalhos preparatórios da CPE de 1973 a proibição de proteção de programas de computador *como tais* tinha o significado de não se pre-

lativamente, pelo direito de patentes embora numa dimensão *indireta*. Isto significa que a proteção vai para além da mera expressão formal do programa, embora a proteção substancial não seja valorada, em si mesma, mas enquanto característica técnica reivindicada de uma invenção mais ampla, não exclusivamente computacional, cujo grau de importância terá de ser avaliado, caso a caso, no confronto com outros pedidos de patente idênticos ou equivalentes.

Todos os outros programas protegidos diretamente, incluindo os que produzem um efeito técnico suplementar que vai para além da interação física *software/hardware*, devem ser considerados programas *como tais*, passíveis de serem protegidos, apenas, e exclusivamente, pelo direito de autor. Só deste modo é possível evitar a referida antinomia normativa de proteção direta cumulativa do direito de autor e do direito de patentes[115].

A União Europeia, sensível às divergências legislativas, doutrinárias e jurisprudenciais existentes, chegou a preparar uma proposta de Diretiva, mas que não gerou o consenso necessário para ser aprovada[116].

Os EUA aceitam, com mais abertura, a patente de *software* por que não exigem para a sua proteção o requisito específico do contributo técnico, bastando que o invento seja de natureza tecnológica (devido ao uso do computador) e produza um resultado útil[117]. Isto significa, igualmente, que há mais abertura

tender afastar a patenteabilidade de invenções que, cumprindo todos os requisitos de patenteabilidade, incluíssem nas suas reivindicações um programa de computador. Sobre este ponto cf. Ghidini, "I programmi per computers fra brevetto e diritto d'autore", Giur. Comm., 1984, II, pp. 255 e ss e Remédio Marques, *Biotecnologia(s) e Propriedade Intelectual* cit., vol. II, pp. 706/707. Esta visão originária viria, com o tempo e a pressão político-legislativa e económica, a sofrer os desvios doutrinários, registais e jurisprudenciais, que criticámos no texto.

[115] Para mais desenvolvimentos sobre a nossa posição *vide* "A patente de invenção e a noção de técnica" in *Estudos comemorativos dos 10 anos da Faculdade de Direito da Universidade Nova de Lisboa*, 2008, vol. II, pp. 289 e ss. Com interesse, ainda, Schrader, *Technizität im Patentrecht – Aufstieg und Niedergang eines Rechtsbegriffs*, 2007.

[116] Referimo-nos à Proposta de Diretiva da Comissão Europeia relativa à patenteabilidade dos inventos que implicam programas de computador (COM (2002) 92 2002/0047 de 20/02/2002), cuja aprovação fracassou com o voto desfavorável do Parlamento Europeu (em segunda leitura) em 6/7/2005.

[117] O CAFC (decisão *en banc* ou em pleno) começou a manifestar mais abertura à patenteabilidade de programas de computador a partir do caso *In re Alappat* de 1994 (um programa que permitia uma imagem mais nítida no écran de um osciloscópio) – cf. Stobbs, *Software Patents*, 2000, pp. 153 e ss e Harmon, *Patents and the Federal Circuit* cit. pp. 48/49. O CAFC foi criado em outubro de 1982 como única instância de recurso em matéria de patentes com o objetivo de proporcionar uniformidade na aplicação da respetiva lei – cf. Schwartz, *Patent law and practice*, 2001, p. 5. Entre nós, sobre o problema da proteção de *software vide*: Remédio Marques, AA.VV., *CPI Anotado* cit., comentário ao artigo 51º, nº 7 e *Direito Europeu das Patentes e Marcas* cit., pp. 294 e ss; Pedro Sousa e Silva, *Direito Industrial*, 2019, pp. 50-52; Pedro Dias Venâncio, *A tutela jurídica do formato de*

nos EUA para as patentes de métodos comerciais (*business method patents*)[118], no domínio crescente do comércio eletrónico e da nova economia digital, desde que produzam "um resultado útil, concreto e tangível"[119]. Os métodos comer-

ficheiro eletrónico, 2016, pp. 283 e ss; José Alberto Vieira, "Notas gerais sobre a proteção de programas de computador em Portugal e obras geradas por computadores e direito de autor" in *Direito da Sociedade da Informação* (AA.VV.) vols. I e II, Coimbra Editora, 1999, pp. 73 e ss e 113 e ss, respetivamente; Dias Pereira, "Patentes de software" in *Direito Industrial* (AA.VV.), vol. I, 2001, pp. 385 e ss; Garcia Marques/Lourenço Martins, *Direito da informática*, 2006, pp. 539 e ss; Rui Saavedra, *A proteção jurídica do software e a Internet*, 1998. Na doutrina estrangeira, *vide* Krasser, *Patentrecht* cit., pp. 150 e ss; Benkard, *Patentgesetz* cit., § 1 Rn. 104 a 116; Busse/Keukenschrijver, *Patentgesetz* cit. § 1 Rn. 56 a 64; Busse, *Patentgesetz* cit., § 1 Rn. 51 a 68; Paul England, *A Practitioner's* Guide to European Patent Law, 2019, pp. 143 e ss; Nack, *Die patentierbare Erfindung* cit., pp. 193 e ss e 261 e ss; Ghidini/Arezzo, "Patent and Copyright Paradigms vis-à-vis Derivative Innovation: The Case of Computer Programs", IIC, 2005, pp. 159 e ss; "Marchi d'Impresa: Spunti per Alcune Riflessioni sulla Normativa Italiana", RDC, 1991, pp. 331 e ss; Pila, «Dispute over the Meaning of «invention» in art. 52(2) EPC – The Patenteability of Computer-Implemented Inventions in Europe», IIC, 2005, pp. 173 e ss; Hilty/Geiger, "Patenting Software? A Judicial and Socio-Economic Analysis", IIC, 2005, pp. 615 e ss; Weyand/Haase, "Patenting Computer Programs: New Challenges", IIC, 2005, pp. 647 e ss; Aplin, "Patenting Computer Programmmes: a Glimmer of Convergence", EIPR, 2008, pp. 379 e ss; Gaudenzi, "Opere dell'Ingegno e Diritti di Proprietà Industriale" in *Proprietà Intellettuale e Diritto della Concorrenza* (diretto da Andrea Sirotti Gaudenzi), vol. I, 2008, pp. 79 e ss; Di Cataldo, *I brevetti per invenzione* cit., 2012, pp. 118 e ss; Bently/Shermann, *Intellectual Property Law* cit., pp. 475 e ss; Ensthaler, "Der patentrechtliche Schutz von Computerprogrammen nach der BGH-Entscheidung "Steuerungseinrichtung fürUntersuchungsmodalitäten", GRUR, 2010, pp. 1 e ss; Grubb/Thomsen, *Patents for chemicals, pharmaceuticals, and biotechnology*, 2010, pp. 321 e ss; Garcia Barbosa, "Estudio comparado sobre la protección juridical de los programas de ordenador: derechos de autor o patente? Diversos enfoques, diferencias y nivel de protección", ADI, 30, 2009/2010, pp. 245 e ss; Sterckx/Cockbain, *Exclusions from patentability* cit., pp. 67 e ss; Guillermo Cabanellas, *Propiedad Intelectual sobre programas de computación*, 2011.

[118] Registe-se, todavia, o volte-face provocado pela decisão desfavorável do CAFC (*en blanc*) em relação à proteção de um processo de gestão de riscos de custos de consumo no caso *In re Bilski* de 30/10/2008 (ver Wipr, 12/2008, p. 13, 4/2009, p. 34, 7/2009, p. 15 e Stern, *US Court of Appeals for Federal Circuit clarifies patent eligibility guidelines: In re Bilski*, EIPR, 2009, p. 213; Grubb/Thomsen, *Patents for chemicals, pharmaceuticals, and biotechnology*, cit.). Para o CAFC os métodos comerciais serão protegidos se o processo reivindicado superar um duplo teste: i) estiver ligado a uma máquina ou aparelho específico, ou ii) transformar um artigo específico num diferente estado ou coisa. O Supremo Tribunal, por sentença de 28/06/2010, confirmou a decisão do CAFC, mas recusou que aqueles critérios sejam os únicos testes para determinar se uma invenção é patenteável, embora os considere indícios importantes. Por outras palavras, o Supremo Tribunal não colocou um ponto final nas patentes de métodos comerciais, embora tenha restringido mais o seu âmbito de proteção, por comparação com a decisão adotada pelo CAFC no caso *State Street Bank*, em 1998.

[119] Como se pode ler no "leading case" do CAFC *State Street Bank v. Signature Financial Group* (em que a primeira sociedade pedia a nulidade da patente da segunda consistente numa fórmula financeira de gestão informática de fundos de investimento). Como escrevemos atrás (nº 2.1.), esta

ciais, em sentido amplo, abrangem quaisquer métodos relacionados com a vida dos negócios, como, por exemplo, os métodos de gestão, de prospeção de mercado, de publicidade e de comunicação e informação, normalmente com o recurso a meios informáticos.

e) As apresentações de informação.

Qualquer apresentação de informação caracterizada unicamente pela informação que ela contém não é patenteável embora possa ser protegida pelo direito de autor.

No entanto, se o modo de apresentar uma informação revelar características técnicas novas, o suporte de informação, o processo ou o dispositivo destinados à sua apresentação podem ser elementos patenteáveis.

2.2.3. Objeto lícito

As invenções cuja exploração comercial for contrária à lei, à ordem pública, à saúde pública e aos bons costumes são excluídas da patenteabilidade. Normal-

decisão do CAFC de 1998, na senda da decisão *In re Alappat* de 1994, marcou uma grande mudança em relação à proteção de programas de computador e de métodos comerciais. Para o CAFC os algorítmicos matemáticos, fórmulas ou cálculos cabem na previsão do § 101 USC-35 desde que produzam um "resultado útil, concreto e tangível". Sobre o direito norte-americano no que diz respeito, de um modo especial, à proteção de programas de computador e de métodos comerciais cfr: Harmon, *Patents and the Federal Circuit* cit.; Nack, *Die patentierbare Erfindung* cit., pp. 45 a 146; Stobbs, *Software Patents* cit., pp. 177 e ss; Halpern/Nard/Port, *Fundamentals of United States intellectual property law: copyright, patent and trademark*, 1999, pp. 230/231; Tesmer, *The US patent advantage*, 2001; AA.VV. (chair Jeffrey Berkowitz), *Business Method Patents: how to protect your client's interests*, 2002; John Thomas, "Patents on methods of doing business", in AA.VV. (ed. John Martin), *Patents: issues and legal developments*, 2002, pp. 33 e ss. O *Federal Circuit* aceitou, igualmente, a proteção de um método que consistia numa modificação do sistema de chamadas de telefone à distância, que permitia distinguir o operador e obter uma faturação diferenciada (decisão de 1999 no caso *AT&T v. Excel Communications*). Outro exemplo é o da patente concedida à *Amazon.com*, que consiste num "método e sistema para colocar uma ordem de compra através de uma rede de comunicações", conhecido pela marca *1-Click*. Sobre este caso e outros patenteados cf., para além das obs. cits., Jänich, "Sui generis rights for business methods", IIC, 2004, pp. 376 e ss; Mansani, "La brevettabilità dei metodi commerciale delle invenzioni attuate per mezzo di elaboratori elettronici", in *Studi in Onore di Adriano Vanzetti*, Giuffrè Ed., Milano, 2004, pp. 946 e ss e Pedro Sousa e Silva, "A patenteabilidade dos métodos comerciais", ROA, 2003, pp. 313 e ss. Sobre o incremento do pedido de patentes de métodos comerciais (de 1300, em 1998 para 7800, em 2000) devido especialmente ao desenvolvimento do comércio eletrónico *vide*, para mais desenvolvimentos, Tesmer, ob. cit., pp. 189 e ss e Mansani, ob. cit., pp. 943 e ss. Na Alemanha, no caso *Automatische Absatzsteuerung*, de 1999 (GRUR, 1999, pp. 1078 e ss), o Tribunal Federal de Patentes (*Patentgericht*) recusou o registo de um método comercial informático de cálculo de preços de produtos vendidos por máquinas automáticas por considerar que a aplicação, embora revestisse um carácter técnico, não cumpria o requisito da originalidade.

mente, não basta a invenção poder ser contrária à ordem pública ou aos bons costumes[120]. O que importa é a exploração ser contrária à ordem pública ou aos bons costumes.

Em conformidade com este princípio, há um conjunto de limitações à patenteabilidade referidas no art. 52º, nºs 2 e 3 que correspondem à transcrição de soluções constantes dos arts. 4º, 5º e 6º da Diretiva relativa às invenções biotecnológicas (que inspirou igualmente o disposto nas regras 23b a 23e) do Regulamento de Execução da CPE).

De acordo com estas limitações não são patenteáveis, nomeadamente:

a) Os processos de clonagem de seres humanos;
b) Os processos de modificação da identidade genética germinal (isto é, reprodutiva) do ser humano[121];
c) As utilizações de embriões humanos para fins industriais ou comerciais[122];

[120] Para dar um exemplo de SCHATZ, in SINGER/STAUDER, *The European Patent Convention* cit., p. 88, não deixará de ser patenteável uma invenção que consista num método de abrir um cofre apesar de o mesmo poder aproveitar a ladrões. É bastante apenas para as invenções em relação às quais não seja possível reivindicar uma qualquer utilização legítima (por exemplo, uma *carta bomba*).

[121] Evitando-se as técnicas de criação do homem transgénico e o chamado eugenismo (homem geneticamente manipulado sem doenças e defeitos físicos).

[122] O Ac. TJ de 18/10/2011, Proc. C-34/10 (caso *Brüstle vs. Greenpeace*) considerou que o artigo 6º, nº 2, alínea c), da Diretiva 98/44/CE do Parlamento Europeu e do Conselho, de 6 de julho de 1998, relativa à proteção jurídica das invenções biotecnológicas, deve ser interpretado do seguinte modo:
1) um "embrião humano" é constituído por todo o óvulo humano desde a fase da fecundação, todo o óvulo humano não fecundado no qual foi implantado o núcleo de uma célula humana amadurecida e todo o óvulo humano não fecundado que foi estimulado para efeitos de divisão e desenvolvimento por via de partenogénese. Cabe ao juiz nacional determinar, à luz dos desenvolvimentos científicos, se uma célula estaminal obtida a partir de um embrião humano na fase blastocitária constitui um «embrião humano» na aceção do artigo 6º, nº 2, alínea c), da Diretiva 98/44;
2) a exclusão da patenteabilidade relativa à utilização de embriões humanos para fins industriais ou comerciais prevista no artigo 6º, nº 2, alínea c), da Diretiva 98/44 abrange também a utilização para fins de investigação científica, só podendo ser objeto de uma patente a utilização para fins terapêuticos ou de diagnóstico aplicável ao embrião humano e que lhe é útil;
3) o artigo 6º, nº 2, alínea c), da Diretiva 98/44 exclui a patenteabilidade de uma invenção quando a informação técnica objeto do pedido de patente implica a prévia destruição de embriões humanos ou a sua utilização como matériaprima, independentemente da fase em que estas ocorram e mesmo que a descrição da informação técnica solicitada não mencione a utilização de embriões humanos.
Por sua vez, o Ac. TJ de 18/12/2014, Proc. C-364/13 (caso *International Stem Cell vs. Comptroller General of Patents, Designs and Trade Marks*), sustentando uma noção de embrião mais restritiva,

d) Os processos de modificação de identidade genética que possam causar sofrimentos aos animais sem utilidade médica substancial para o homem ou para o animal, bem como os animais obtidos por esses processos[123];
e) O corpo humano, nos vários estádios da sua constituição e desenvolvimento, bem como a simples descoberta de um dos seus elementos, incluindo a sequência ou a sequência parcial de um gene;
f) As variedades vegetais[124] ou as raças animais, assim como os processos essencialmente biológicos de obtenção de vegetais ou animais e os vegetais ou animais obtidos exclusivamente através desses processos;

Esta limitação visa garantir a biodiversidade e o ecossistema em geral. No caso das variedades vegetais é possível obter proteção legal por outras vias.

Uma via é a União Internacional para a Proteção de Obtenções Vegetais (UPOV), de 2/12/1961, alterada pela última vez em 19/03/1991, a que Portugal aderiu em 1995 através do Decreto nº 20/95 de 8 de julho. Esta Convenção permite a outorga de um título especial de proteção (diferente da patente) ao obtentor de uma nova variedade vegetal. As características da variedade (distintividade, homogeneidade, estabilidade e novidade[125]) são aferidas num

considerou que um óvulo humano não fecundado que, por via de partenogénese, foi estimulado para efeitos de divisão e desenvolvimento não constitui um "embrião humano", na aceção da Diretiva, se, à luz dos conhecimentos atuais da ciência, não dispuser, enquanto tal, da capacidade intrínseca para dar origem a um ser humano, o que incumbe ao órgão jurisdicional de reenvio verificar.

[123] Sobre este ponto *vide* a nota 129 *infra*.

[124] Socorrendo-nos da definição dada pelo Regulamento (CE) nº 2100/94 do Conselho de 27/7/1994 relativo ao regime comunitário de proteção das variedades vegetais (art. 5º nº 2) entende-se por variedade "um conjunto vegetal pertencente a um mesmo táxon botânico da ordem mais baixa conhecida, conjunto esse que, independentemente de se encontrarem totalmente preenchidas as condições para a concessão do direito de proteção comunitária das variedades vegetais pode ser: definido pela expressão das características resultantes de um determinado genótipo ou combinação de genótipos; distinguido de qualquer outro conjunto vegetal pela expressão de pelo menos uma das referidas características; e considerado como uma entidade, tendo em conta a sua aptidão para ser reproduzido tal e qual".
Sobre variedades vegetais, para mais desenvolvimentos, *vide* AA.VV., *Derecho de las obtenciones vegetales* (Ángel Garcia Vidal – Dir.), 2017; Remédio Marques, *Biotecnologia(s) e Propriedade Intelectual* cit., vol. II, pp. 51 e ss e "Patentes biotecnológicas e direitos de obtentor de variedades vegetais", in *Direito Industrial* cit., vol. II, 2002, pp. 163 e ss; Ricolfi, "La brevettazione delle invenzioni relative agli organismi geneticamente modificati", RDI, 2003, pp. 5 e ss; Botana Agra, "Protección jurídica de las obtenciones (variedades) vegetales", in *Manual de la propiedad industrial* (Fernández-Nóvoa/Otero Lastres/Botana Agra) cit., pp. 319-341.

[125] Sobre estes requisitos, *vide*, Marco Arcalá, "Variedades vegetales: el requisito de la novedad", in AA.VV., *Derecho de las obtenciones vegetales* cit., pp. 289 e ss. e Ángel Garcia Vidal, "Los requisi-

exame prévio efetuado pelas entidades nacionais a quem compete atribuir esses direitos[126]. Os referidos critérios de proteção da UPOV são diferentes do sistema de patentes (novidade, atividade inventiva e aplicação industrial)[127].

Outra via é o Regulamento (CE) nº 2100/94 do Conselho de 27/7/1994 relativo ao regime comunitário de proteção das variedades vegetais. A União Europeia estabeleceu um regime unitário e exclusivo de proteção das variedades vegetais[128]. Para este efeito foi criado o Instituto Comunitário das Variedades Vegetais com sede em Angers, França.

O Código proíbe a proteção de variedades vegetais e raças animais. No caso de não se limitar a uma determinada variedade vegetal ou raça animal só são proibidos os processos essencialmente biológicos de obtenção de vegetais ou animais. Por exemplo, uma planta modificada geneticamente para ser resistente a determinadas pragas ou um animal produzido com o fim de desenvolver o estudo sobre o cancro[129] poderão ser patenteáveis desde que não se refiram a determinada variedade ou raça. Por processo essencialmente biológico de obtenção de vegetais ou de animais, deve entender-se "qualquer processo que consista integralmente em fenómenos naturais como o cruzamento ou a seleção" (art. 53º, nº 2).

A definição legal, inspirada no art. 2º, nº 2 da Diretiva sobre invenções biotecnológicas, parece apontar no sentido de considerar que processo essencialmente biológico significa processo puramente biológico, isto é, no qual

tos de la distinción, la homogeneidad y la estabilidad", in AA.VV., *Derecho de las obtenciones vegetales* cit., pp. 349 e ss.

[126] Em Portugal essa entidade é a Direcção-Geral de Agricultura e Desenvolvimento Rural (Decreto Regulamentar nº 8/2007 de 27/2).

[127] Para uma perspetiva geral da distinção entre as patentes e as obtenções vegetais, cf. Gómez Segade, "Diferencias entre el sistema de patentes y el sistema de protección de las obtenciones vegetales", in AA.VV., *Derecho de las obtenciones vegetales* cit., pp. 111 e ss.

[128] Cf. Wurtenberger/Van Der Kooij/Kiewiet/Ekvad, *European Union Plant Variety Protection*, 2ª ed., 2015.

[129] É o caso do rato transgénico com tumor cancerígeno inventado pela Universidade americana de *Harvard*, para o estudo do cancro. Esta invenção foi patenteada nos EUA em 12/04/1988. O mesmo pedido foi efetuado no Instituto Europeu de Patentes. A Divisão de Exame, em 14/7/1989, decidiu desfavoravelmente (OJ EPO 1989, pp. 451 e ss), mas a Câmara de Recurso, em 3/10/1990, revogou a decisão e remeteu-a à 1ª instância (Processo T 19/90, OJ EPO 1990, pp. 476 e ss). A patente europeia acabou por ser concedida em 1992, mas contra ela foram interpostas múltiplas oposições tendo sido posto termo a este complexo processo apenas por decisão T 315/2003, de 6/7/2004 (http://www.epo.org.) Sobre este caso *vide*, para mais desenvolvimentos, Gómez Segade, "Patentabilidad de los Animales: el ratón transgénico", in *Tecnologia Y Derecho* cit., pp. 689 e ss, Cornish, *Cases and Materials on Intellectual Property*, 2003, pp. 70 e ss, Remédio Marques, *Biotecnologia(s) e propriedade intelectual* cit., vol. I, pp. 434 e ss.

não tenha havido qualquer intervenção humana. No entanto, o que mais deve importar para considerar um procedimento essencialmente biológico será a circunstância de a regra técnica ser dependente de fatores biológicos não controlados pelo homem. Só uma intervenção humana técnica é que deve afastar o conceito de processo essencialmente biológico[130].

g) Os métodos de tratamento cirúrgico ou terapêutico do corpo humano ou animal e os métodos de diagnóstico aplicados ao corpo humano ou animal, podendo contudo ser patenteados os produtos, substâncias ou composições utilizados em qualquer desses métodos.

A não patenteabilidade dos métodos é, desde a entrada em vigor do DL nº 143/2008, uma limitação à patenteabilidade e já não um objeto não patenteável (cf. artigo 48º, nº 2 – CPI 1995)[131]. Esta disposição não se aplica aos produtos, substâncias ou composições utilizadas em qualquer destes métodos. O significado prático desta ressalva é a possibilidade de proteção de medicamentos. Do mesmo modo, são patenteáveis os instrumentos e aparelhagem cirúrgicos, terapêuticos ou de diagnóstico que devem ser utilizados nesses métodos.

A legislação apenas exclui os métodos cirúrgicos ou terapêuticos ou de diagnóstico de tratamento de seres humanos ou de animais vivos.

2.3. Casos especiais de patenteabilidade

Não é excluída a patenteabilidade (art. 53º, nº 1):

a) De uma substância ou composição compreendida no estado da técnica para a execução de um dos métodos de tratamento cirúrgico ou terapêutico do corpo humano ou animal e os métodos de diagnóstico aplicados ao corpo humano ou animal (citados no art. 52º, nº 3 al. c)) com a condição de que a sua utilização para qualquer método aí referido não esteja compreendida no estado da técnica. Uma substância ou composição conhecida no estado da técnica para um fim não farmacêutico pode ser patenteável se a sua utilização nos métodos de cirurgia, em terapêutica ou em métodos de diagnóstico não tiver sido divulgada anteriormente. É a chamada patente de novo uso numa primeira utilização farmacêutica de uma substância conhecida. A invenção está no uso e não na substância utilizada. A solução legal pretende constituir um estímulo adicional à investigação científica da indústria farmacêutica, numa área tão

130 Neste sentido, cf. a *Decisão da Câmara de Recurso do IEP de 10/11/1988*, comentada em sentido favorável por Gómez Segade, "La falta de patenteabilidad de los procedimientos esencialmente biológicos", in *Tecnologia y Derecho* cit., pp. 679 e ss.

131 Sobre a importância e significado desta alteração cf. Framiñan Santas, "La prohibición de patentar métodos de diagnóstico aplicados al cuerpo humano o animal", ADI, XXIX, pp. 115 e ss.

importante para a humanidade como a da saúde[132]. A este propósito, a decisão da Grande Câmara de Recurso, do IEP, de 19 de fevereiro de 2010 (caso *Dosage Regime/ABBOT Respiratory LLC*), tem grande relevância prática ao não considerar necessário que a patente de segundo uso médico se destine ao tratamento de uma nova enfermidade, bastando que a mesma contenha uma aplicação que preencha os requisitos de patenteabilidade.

Esta possibilidade de proteção de uma invenção de novo uso não deve, aliás, ser exclusiva das patentes farmacêuticas podendo ser alargada a outras áreas de investigação[133].

b) A substância ou composição compreendida no estado da técnica para a execução de um dos métodos de tratamento cirúrgico ou terapêutico do corpo humano ou animal e os métodos de diagnóstico aplicados ao corpo humano ou animal (citados no art. 52º, nº 3 al. c)), para outra qualquer utilização específica num desses métodos, desde que essa utilização não esteja compreendida no estado da técnica.

Esta solução consagra, de modo expresso, a admissibilidade da patente de segundo uso farmacêutico, cuja patenteabilidade era envolta em controvérsia doutrinária, mas que foi integrada na revisão da CPE de 2000 (art. 54º, nº 5)[134].

[132] Para uma visão geral dos múltiplos e específicos aspetos suscitado pelo direito farmacêutico, cf. AA.VV. – *Tratado de Derecho Farmacéutico* (Jordi Faus Santasusana y José Vida Fernández – Diretores), 2017.

[133] Nesse sentido reveste interesse as considerações efetuadas pela Grande Câmara de Recurso do IEP (cf. Spangenberg, *ibidem*, pp. 130 e ss e Bently/Sherman, *Intellectual Property Law*, pp. 544 e ss). Sobre este tema cf. as considerações feitas, *infra*, cap. III, 1.

[134] Aprovada na Conferência Diplomática de Munique, de 29 de novembro de 2000 (em vigor, desde 13/12/2007, ratificada por Portugal pelo Decreto do Presidente da República nº 126-A/2007, de 12/12/2007). O art. 54º nº 5 prevê a proteção da patente de segundo ou posterior uso farmacêutico (no mesmo sentido, Tritton, *Intellectual property in Europe* cit., pp. 120 e ss). Sobre a patente de ulterior uso médico *vide*, ainda, Benkard, *Patentgesetz* cit., § 3 Rn. 380; Bently/Sherman, *Intellectual Property Law* cit., pp. 544 e ss; Dybdahl, *European Patents* cit., pp. 60 e ss e Singer/Stauder e Spangenberg in *The European Patent Convention* cit., pp. 83/84 e 128/130, respetivamente; Salvador Jovani, *El âmbito de protección de la patente*, 2002, pp. 141 e ss; Terrell, *On the law of patents* cit., pp. 26 e ss; Witthaus, "Patentes de segundo uso", ADI, XXIV, pp. 385 e ss. Sobre as patentes farmacêuticas em geral, cf. AA.VV., *Patentes e indústria farmacéutica*, 2006.
Um exemplo paradigmático, e mundialmente conhecido, é a patente do potenciador eréctil *Viagra* cuja composição (citrato de sinedafil) já era objeto de uma patente destinada ao tratamento de problemas cardiovasculares. Sobre esta importante problemática *vide*, ainda, a anotação de Gómez Segade ("Un camino de futuro: "La patenteabilidad de la segunda indicación médica" in *Tecnologia e Derecho* cit., pp. 619 e ss) à decisão do Supremo Tribunal Alemão de 20/9/1983 que concedeu à requerente *Bayer* uma patente de utilização de um medicamento conhecido para tratamento das deficiências coronárias no tratamento de insuficiência cerebral, de um modo especial

c) Qualquer elemento isolado do corpo humano ou produzido de outra forma por um processo técnico, incluindo a sequência ou sequência parcial de um gene, mesmo que a estrutura desse elemento seja idêntico à de um elemento natural. A aplicação industrial de uma sequência ou de uma sequência parcial de um gene deve ser concretamente exposta no pedido de patente.

No núcleo de cada célula humana encontram-se os cromossomas (23 pares distintos) formados por ácido desoxirribonucleico (ADN) e proteínas[135]. O ADN, que tem uma estrutura em forma de dupla fita em espiral, formando uma hélice, "é composto por uma macromolécula polimérica, sendo cada unidade (nucleótido) composto por açúcar (desoxirribose), um grupo fosfato e uma base azotada"[136]. Esta base azotada é constituída por quatro produtos químicos emparelhados: adenina-timina (A-T), denominadas purinas, e guanina-citosina (G-C), denominadas pirimidinas. O ADN é suscetível de replicação para que haja uma conservação das espécies, de alteração e recombinação para que as espécies possam evoluir e de informação para a formação das proteínas que são o suporte estrutural e funcional de uma célula e são essenciais para o desenvolvimento do organismo[137]. Os genes são segmentos da fita de ADN que compreendem umas porções que codificam proteínas (os *exões*) e permitem a produção de uma molécula de ácido ribonucleico (ARN). Esta molécula permite o processo de passagem do ADN a proteínas. A síntese de proteínas codificada pelos genes ocorre através da formação de três classes de ARN: ARN mensageiro (ARNm), ARN ribossomal (ARNr) e ARN transferência (ARNt)[138]. O genoma é a totalidade dos genes de um organismo. As proteínas são constituídas por sequências específicas de aminoácidos codificadas pelos genes.

No âmbito da engenharia genética é possível obter, a partir das técnicas de identificação, isolamento e manipulação dos genes (nomeadamente

da senilidade. A questão da patenteabilidade do segundo uso também foi objeto de uma consulta na Grande Câmara de Recurso do IEP (cf. – "Amtsblatt EPA", 1985, 067, G 1/83 Bayer, G 5/83 Eisai e G 6/83 Pharmuka).

[135] A estrutura da molécula portadora do material genético (o ADN) foi descoberta em 1953 pelo biólogo americano James Watson e pelo biólogo inglês Francis Crick, tendo sido galardoados com o prémio Nobel de Medicina em 1962.

[136] Leonor Teles Grilo, "O DNA", in *Engenharia Genética, princípios e aplicações* (coordenação de Arnaldo Vieira), Lidel ed., Lisboa, Porto, Coimbra, 2001, p. 3. Para mais desenvolvimentos *vide* ainda Harrison's *Principles of Internal Medicine*, Mcgraw-Hill, EUA, 40ª edição, 1998, Parte III, pp. 365/ 409.

[137] *Ibidem.*

[138] Esta característica só está presente nos organismos pluricelulares ou unicelulares eucarióticos (cujas células possuem vários cromossomas) e não está presente nos organismos unicelulares procarióticos (bactérias) cuja célula só possui um cromossoma.

pela tecnologia do ADN recombinante[139]), aplicações concretas, de um modo especial na terapia génica humana (somática ou germinal[140]) e na utilização industrial (v.g. químico-farmacêutica e agroalimentar) e na produção de micro-organismos ou organismos (vegetais ou animais) geneticamente modificados (transgénicos).

Em relação à terapia génica humana "A Convenção para a Proteção dos Direitos do Homem e da Dignidade do Ser Humano face às Aplicações da Biologia e da Medicina: Convenção sobre os Direitos do Homem e a Biomedicina" (Conselho da Europa, Oviedo, em 4/04/1997), ratificada por Portugal" (Decreto do Presidente da República nº 1/2001, de 3/1), e que entrou em vigor a 1/12/2001, estabelece que "uma intervenção que tenha por objeto modificar o genoma humano apenas pode ser realizada por razões de prevenção, diagnóstico ou terapêuticas e somente se não tiver por finalidade introduzir uma modificação no genoma da descendência" (art. 13º). Isto significa, à semelhança do disposto no art. 52º, nº 2 alª b) do CPI, que qualquer modificação nas células germinais fica vedada[141]. Já as intervenções nas células somáticas, com as referidas finalidades preventivas, diagnósticas e terapêuticas não estão afastadas, desde que não exorbitem os limites éticos, deontológicos e o princípio do consentimento informado.

[139] Esta técnica permite que um fragmento do ADN seja inserido numa molécula maior que passa a ser recombinante. Por sua vez esta molécula de ADN é introduzida numa célula hospedeira compatível. Um determinado gene humano pode ser inserido no genoma de uma bactéria, por exemplo, e ser amplificado ou mesmo transcrito várias vezes. Para mais desenvolvimentos, *vide* Arnaldo Vieira, "Clonagem de genes e vetores de clonagem", in *Engenharia Genética* cit. pp. 31 e ss.

[140] A terapia génica visa prevenir ou curar uma patologia com a introdução de um gene funcional. Por exemplo a utilização de micro-organismos para sintetizar proteínas necessárias à produção da hormona de crescimento, insulina, controlo da produção de glóbulos vermelhos ou vacina da hepatite B. A biologia molecular também tem registado avanços assinaláveis no estudo genético de doenças como a leucemia, sida, meningite, síndrome de Down e doença de Alzheimer. Para uma visão destas técnicas e aplicações *vide* Arnaldo Vieira, "Alguma metodologia de análise de genes e seus produtos", e Pedro Moradas-Ferreira, "Estratégias de Produção em Microorganismos", in *Engenharia Genética* cit. pp. 47 e ss e pp. 109 e ss, respetivamente, Di Cataldo, "Biotecnologie e Diritto. Verso un nuovo diritto, e verso un nuovo diritto dei brevetti" in *Studi di Diritto Industriale in Onore di Adriano Vanzetti*, tomo I, 2004, pp. 443 e ss, Pizzoferrato, "Brevetto per invenzione e biotecnologie" in *Trattato di Diritto Commerciale e di Diritto Pubblico dell'Economia*, vol. XXVIII, 2002, pp. 49 e ss João Loureiro, "O direito à identidade genética do ser humano", in *Portugal-Brasil ano 2000*, STUDIA IVRIDICA, nº 40, Coimbra Editora, 1999, pp. 308 e ss.

[141] Como dissemos atrás (nota 121), também se afigura inaceitável a engenharia genética com escopo eugénico positivo ou de melhoramento do património genético, por violação do princípio da não instrumentalização do ser humano e da inadmissibilidade de criação de duas espécies de seres humanos.

De acordo com o disposto na norma do art. 53º, nº 1 al. c), pode ser patenteável material biológico humano (incluindo gene ou sequência parcial de um gene) que seja isolado (isto é, que seja o resultado de uma intervenção técnica prévia[142]) e tenha um efeito prático útil (produção de uma proteína, vacina, medicamento, etc.). O mérito da patenteabilidade reside na obtenção de um *produto*, reproduzido artificialmente, isolado do seu meio natural, apresente-se ou não purificado, isto é, com uma estrutura diferente ou idêntica ao elemento natural descoberto e que tenha uma função específica[143]/[144].

Os *processos* técnicos de identificação, caracterização, isolamento ou purificação e multiplicação do gene, com vista a uma aplicação técnica, são insuscetíveis de ocorrerem pelas forças da natureza, e desde que cumpram os requisitos de novidade, originalidade e aplicação industrial, também são patenteáveis.

A patente conferida ao produto biológico deve ser considerada uma patente de produto com extensão relativa, ou seja, uma patente que confere ao seu titular o direito exclusivo de produzir e comercializar o produto com o processo e a função reivindicados e não proíbe terceiros de protegerem novos processos de obtenção e-ou diferentes funções do mesmo produto[145].

142 Se ocorrer a purificação poder-se-á mesmo dizer que o gene jamais existiu, como tal, no meio biológico natural o que simplifica mais a observância dos requisitos de patenteabilidade. Para mais desenvolvimentos, Remédio Marques, Invenções e genomas – o problema das patentes" in *Estudos de Direito da Bioética*, 2005, pp. 204 e ss. Este autor entende que só se deve falar de patente de produto no caso de ter havido purificação; no caso de ter havido apenas isolamento a patente deve ser considerada patente de processo (*idem*, pp. 206/207). Mas voltamos a lembrar que a proibição de patenteabilidade de descobertas só diz respeito à descoberta *enquanto tal* e não à descoberta-invenção com aplicação técnica (art. 52º, nº 3). Nessa medida, pensamos que não se justifica fazer essa distinção. A lei basta-se com o isolamento. O que pode acontecer na hipótese de simples isolamento é haver mais dificuldade no cumprimento dos requisitos de patenteabilidade. Reconhecemos, todavia, que o direito de patentes biotecnológicas coloca fortes especificidades ao chamado *direito comum* de patentes. Sobre este problema da especialização gradual do direito de patentes, cf. as interessantes considerações de Di Cataldo, *El futuro de nuestro derecho de patentes* cit., pp. 77 e ss e *Biotecnologie e Diritto* cit., pp. 496 e ss e Chemtob-Concé, *La brevetabilité des innovations biotechnologiques appliquées à l' Homme*, 3ª ed., 2006, pp. 109 e ss.

143 Sobre a proteção de sequências parciais de ADN, numa perspetiva comparativa das condições impostas para o cumprimento dos requisitos de patenteabilidade, junto do IEP e das autoridades competentes dos EUA e do Japão *vide* Howlett/Christie, "An analysis of the aproach of the european, Japanese and United States Patent Offices to patenting partial DNA sequences (ESTs)", IIC, 2003, pp. 581 e ss.

144 Há quem entenda que, neste caso, se verifica uma inversão metodológica: não se indaga, primeiro, se a matéria biológica é ou não uma invenção, para depois saber se é ou não patenteável; ao contrário, apura-se, primeiro, se é patenteável para depois, na afirmativa, se concluir que há uma invenção. Neste sentido, Remédio Marques, "Invenções e genomas" cit., pp. 204 e ss.

145 No mesmo sentido Di Cataldo, "Biotecnologie e Diritto" cit., pp. 506 e ss, Pizzoferrato, "Brevetto per invenzione e biotecnologie" cit., pp. 150 e ss. Estes autores consideram, todavia,

d) Uma invenção que tenha por objeto vegetais ou animais se a sua exequibilidade técnica não se limitar a uma determinada variedade vegetal ou raça animal ou se os mesmos não forem obtidos exclusivamente através de processos exclusivamente biológicos.

e) Uma matéria biológica isolada do seu ambiente natural ou produzida com base num processo técnico, mesmo que preexista no estado natural.

f) Uma invenção que tenha por objeto um processo microbiológico ou outros processos técnicos, ou produtos obtidos mediante esses processos[146].

2.4. Invenções biotecnológicas (síntese)

A biotecnologia envolve a manipulação do processo biológico natural de micro-organismos, plantas e animais e compreende "todas as aplicações tecnológicas que utilizam sistemas biológicos, organismos vivos ou seus derivados, para realizar ou modificar produtos ou processos com um uso específico"[147].

que a patente, nestes casos, é uma patente *product by process*. Neste ponto não podemos estar de acordo. Como diremos mais adiante (cap. III, 1 *infra*) só se o objeto da patente disser respeito a um produto novo não suscetível de ser definido cabalmente pelas suas características, mas por referência ao processo de o produzir é que se pode falar em *product by process claims*. Este é o campo por excelência de algumas invenções químicas nas quais o procedimento (a preparação) pode ser a única forma para definir certos produtos que não estejam em condições satisfatórias de serem definidos pela sua "composição, estrutura ou outros parâmetros comprováveis". Ora, no caso da patente de genes humanos, estes precisam de ser identificados e caracterizados por si e não apenas pelo processo de obtenção.

[146] Em 28/04/1977, foi celebrado o Tratado de Budapeste sobre o reconhecimento internacional do depósito de microrganismos para efeitos do procedimento em matéria de patentes. Os microorganismos são seres vivos unicelulares apenas visíveis ao microscópio que podem ser procarióticos, como as bactérias, se a célula tiver apenas um cromossoma, ou eucarióticos, como as leveduras, protozoários e algumas algas, se a célula tiver mais de um cromossoma. Para serem protegidos têm de ser isolados da sua natureza ou produzidos por técnicas de mutação ou de engenharia genética e têm de solucionar um problema técnico.

[147] Conforme foi definida na Convenção sobre Diversidade Biológica adotada no Rio de Janeiro em 5/6/1992, aprovada para ratificação por Portugal através do Decreto nº 21/93, de 21 de junho. Entretanto foi aprovado o Protocolo de Nagoya a esta Convenção (tratado internacional, adotado em 29 de outubro de 2010) relativo ao acesso aos recursos genéticos e à partilha justa e equitativa dos benefícios decorrentes da sua utilização. O Protocolo de Nagoya aplica-se apenas aos recursos genéticos, sobre os quais os Estados exercem direitos de soberania, abrangidos pelo artigo 15º da Convenção, enquanto o artigo 4º da Convenção tem um âmbito de aplicação mais abrangente. Este Protocolo foi aprovado pela UE, em 2014, que entendeu justificar-se um enquadramento para a execução do Protocolo de Nagoya através do Regulamento (UE) nº 511/2014, de 16 de abril de 2014 (JO-L 150 de 20/05/2014). O presente Regulamento é aplicável aos recursos genéticos

Há lugar para falar de biotecnologias tradicionais e mais modernas. As tradicionais estão ligadas às invenções ligadas à atividade de cultura de micro-organismos e processos microbiológicos[148]. As mais modernas dizem respeito às modernas técnicas da biologia molecular e, de um modo especial, da engenharia genética, através das técnicas do ADN recombinante e da fusão celular que envolvem a transferência de material genético e a obtenção de novos produtos, como o ARN e proteínas[149].

As invenções biotecnológicas patenteáveis são as seguintes:

Os processos microbiológicos ou outros processos técnicos, ou produtos obtidos mediante esses processos (art. 53º, nº 1 alª f));

As invenções sobre vegetais ou animais não reconduzíveis a variedades vegetais ou raças animais ou não obtidos através de processos exclusivamente biológicos (art. 53º, nº 1 alª d));

sobre os quais os Estados exercem direitos soberanos e aos conhecimentos tradicionais associados aos recursos genéticos aos quais seja facultado acesso após a entrada em vigor do Protocolo de Nagoia na União. É igualmente aplicável aos benefícios decorrentes da utilização dos recursos genéticos e dos conhecimentos tradicionais a eles associados. Portugal aprovou o Protocolo de Nagoya pelo Decreto nº 7/2017 de 13/03.

[148] Lembremos a patente de Pasteur concedida pelos EUA, em 1873 (nº 141.072) constituída por "uma levedura livre de germes orgânicos patogénicos". A biotecnologia mais tradicional, auxiliada com a técnica de fermentação, está presente em produtos tão comuns como o pão, o queijo, o vinho ou a cerveja.

[149] Para mais desenvolvimentos sobre invenções biotecnológicas, especialmente ligadas a matéria biológica humana *vide* Remédio Marques, AA.VV., em *CPI Anotado* cit., comentário aos artigos 52º e 53º; *Direito Europeu das Patentes e Marcas* cit, pp. 272 e ss; *Biotecnologia(s) e propriedade intelectual,* vols. I e II cit.; "Invenções e genomas – o problema das patentes" cit. pp. 187 e ss; "Introdução ao problema das invenções biotecnológicas-algumas considerações" in *Direito Industrial* cit., vol. I, pp. 177 e ss e *Patentes de genes humanos?* 2001; "O âmbito de proteção das patentes biotecnológicas – recentes desenvolvimentos na União Europeia", RDInt., nº 1/2015, pp. 225 e ss.; Curto Polo, M.M., *La materia biológica como invención patentable,* 2016; Chemtob-Concé, *La brevetabilité des innovations biotechnologiques appliquées à l' Homme* cit.; Cornish/Llewelyn, *Intellectual Property* cit., pp. 823 e ss; Jaenichen/Mcdonell/Haley, *From Clones to Claims,* 2002; Claus Ahrens, "Genpatente-rechte am Leben? – Dogmatische Aspekte der Patentierbarkeit von Erbgut", GRUR, 2003, pp. 89 e ss; Kleine/Klingelhöfer, "Biotechnologie und Patentrecht – Ein aktueller Überblick", GRUR, 2003, pp. 1 e ss (com importantes referências sobre as principais diferenças entre o sistema alemão de patentes e os sistemas americano e japonês); Di Cataldo, "Biotecnologie e diritto" cit.; Mills, *Biotechnological inventions, moral restraints and patent law,* 2005; Pizzoferrato, "Brevetto per invenzione e biotecnologie" cit.; Rangel-Ortiz, "La patentabilidad de las invenciones derivadas del proyecto del genoma humano en el derecho contemporâneo", Adi, 2001, pp. 297 e ss.; Ricolfi, *La brevettazione delle invenzioni* cit; Rimmer, *Intellectual property and biotechonology. Biological inventions,* 2008; AA.VV., *Brevetti e biotecnologie* (a cura di Ghidini/Cavani), 2008; Barfield/Calfee, *Biotechnology and the Patent System – Balancing Innovation and Property Rights,* 2007; Grubb/Thomsen, *Patents for chemicals, pharmaceuticals, and biotechnology* cit., pp. 274 e ss.

Os processos não essencialmente biológicos de obtenção de vegetais ou animais (art. 52º, nº 3 alª b));

As invenções sobre animais manipulados geneticamente desde que representem uma utilidade médica substancial (art. 52º, nº 2 alª d));

Material biológico genético isolado ou purificado do corpo humano ou produzido de outra forma por um processo técnico (art. 53º, nº 1 alª c)).

Esta última categoria é o produto da biotecnologia mais recente. Todavia, a enorme controvérsia ético-jurídica que se tem gerado à volta do enorme, surpreendente e desconcertante progresso científico ligado à exploração do ADN humano ajuda a explicar a maior atenção que este tipo de invenções biotecnológicas tem suscitado.

A norma legal do art. 53º, nº 1 alª c) corresponde à transposição do disposto nos art. 5º, nºs 2 e 3 da Diretiva sobre invenções biotecnológicas. De acordo com o art. 2º, nº 1 als. a) e b) desta fonte da UE a matéria biológica é "qualquer matéria que contenha informações genéticas e seja auto replicável ou replicável num sistema biológico" e "processo microbiológico é qualquer processo que utilize uma matéria microbiológica que inclua uma intervenção sobre uma matéria microbiológica ou que produza uma matéria microbiológica".

3. Requisitos de Patenteabilidade

Os requisitos de patenteabilidade são a novidade, a atividade inventiva e a suscetibilidade de aplicação industrial (art. 54º).

3.1. Novidade

Uma invenção é considerada nova quando não está compreendida no estado da técnica (art. 54º, nº 1).

O estado da técnica é constituído por tudo o que, dentro ou fora do País, foi tornado acessível ao público antes da data do pedido de patente, por descrição, utilização ou qualquer outro meio (art. 55º, nº 1).

É igualmente considerado como compreendido no estado da técnica o conteúdo dos pedidos de patentes e de modelos de utilidade requeridos, em data anterior à do pedido de patente, para produzir efeitos em Portugal e ainda não publicados (art. 55º, nº 2).

A novidade reveste, pois, carácter absoluto devendo ser apreciada de um modo objetivo à escala global. Isto significa que não é preenchido o requisito se o pedido couber no âmbito de conhecimentos atuais, mas, ainda, de acordo com o nº 2 do art. 55º, se fizer parte de conhecimentos incluídos em pedidos não publicados[150]. A apreciação não deve ser condicionada por restrições

[150] Franzosi, "Novità e non ovvietà. Lo stato della técnica", RDI, 2001, I, pp. 68 e ss, alude a quatro tipos de anterioridades: *comuni conoscenze generali, conoscenze potenziate, conoscenze nascoste e le*

temporais não podendo invocar-se, por exemplo, que a divulgação é distante no tempo[151]. Para que uma invenção não seja nova exige-se que todos os elementos técnicos da invenção reivindicada estejam presentes no estado da técnica. Portanto, o padrão utilizado para determinar a falta de novidade da invenção é o da estrita identidade. Assim, uma fonte anterior só antecipa o pedido de patente se contiver todos os elementos essenciais da invenção[152]. Isto significa, por exemplo, que há novidade desde que o resultado seja novo, ainda que os meios (total ou parcialmente) utilizados sejam conhecidos. É a unidade/síntese inovadora (como um todo) que faz a diferença.

A apreciação deste requisito exige por parte das autoridades uma complexa e vasta tarefa de consulta e busca de informação só possível com o recurso às novas e sofisticadas tecnologias de informação e à consulta de bases de dados digitalizados.

O estado da técnica compreende a descrição, utilização ou qualquer outro meio de divulgação, clara e inequívoca, de uma invenção idêntica, isto é, de uma invenção que represente, substancialmente, a mesma solução para o mesmo problema técnico[153]. A quebra de novidade pode verificar-se por uma des-

domande anteriori non pubblicate. O primeiro refere-se aos conhecimentos à disposição do perito *médio* em publicações científicas e técnicas (corresponde, no essencial, ao disposto no art. 56º, nº 1); o segundo refere-se aos conhecimentos que um perito estaria em condições de obter se fosse confrontado com um novo problema (também podem incluir-se na previsão da norma anterior); o terceiro, cuja admissibilidade é mais controversa na doutrina, refere-se aos conhecimentos que só estarão ao alcance de um perito excecionalmente informado (corresponde a conhecimentos de acessibilidade muito restrita atribuídos a um perito ideal – *conoscenza attribuita*); o quarto refere-se aos conhecimentos correspondentes aos *direitos prioritários,* coincidindo com o disposto no art. 56º nº 2. FRANZOSI considera as quatro classes relevantes para a apreciação do requisito da novidade embora considere essencial fazer uma separação entre a primeira categoria e as restantes (p. 74). Só a primeira categoria pode ser utilizada para a avaliação da chamada *identidade funcional* (que não apenas *fotográfica*). Para o autor, na apreciação do requisito da originalidade as duas últimas classes não são relevantes. Em tom crítico, à possibilidade de, no momento da novidade, poder ser avaliada a *identidade funcional, vide* JANDOLI, "L'Exame dell'Altezza Inventiva", RDI, I, 2003, p. 284.

151 Por exemplo, a lei alemã de patentes de 1877 determinava que as divulgações superiores a 100 anos não tolhiam a novidade e a lei britânica de patentes de 1949 desconsiderava os conhecimentos com mais de 50 anos.

152 FERNÁNDEZ-NÓVOA/OTERO LASTRES/BOTANA AGRA, *Manual de la Propiedad Industrial* cit., pp. 119 e ss. O IEP ("Guidelines for Examination in the European Patent Office", Parte G, Capítulo VI) também entende, uniformemente, que o facto de existirem anterioridades incompletas ou dispersas de uma invenção não tolhe a novidade, já que não é possível o recurso ao método do "mosaico" de divulgações ou de combinação de anterioridades. A anterioridade impeditiva da novidade deve ser "única, completa e certa". Cf., por todos, SINGER/STAUDER, *The European Patent Convention*, pp. 110 e ss.

153 O IEP reserva a aplicação da doutrina dos equivalentes para a apreciação do requisito da atividade inventiva – cf. SPANGENBERG, in SINGER/STAUDER, ob. cit., pp. 111. Contudo, esta orien-

crição da invenção feita por qualquer forma, escrita, oral (desde que posteriormente documentada ou comprovada), sonora, áudio visual, digital, ou outra, ou pelo seu uso não privado[154].

A invenção é tornada acessível ao público sempre que a divulgação permita a um perito da especialidade desenvolver a invenção no momento do pedido e que o destinatário não tenha o dever legal, profissional ou contratual de guardar segredo. A noção de público não é quantitativa. Uma simples pessoa a quem tenha sido divulgada a invenção, que seja apta a compreender a informação e não tenha a obrigação de guardar segredo, pode ser bastante para preencher o requisito[155]. Já um conjunto de pessoas não especializadas que tenham conhecimento prévio verbal da invenção, mas não tenham capacidade de a explorar e-ou de a compreender não tolhem a novidade da invenção[156].

Não prejudicam a novidade da invenção (art. 56º, nº 1):

a) As divulgações em exposições oficiais ou oficialmente reconhecidas nos termos da Convenção Relativa às Exposições Internacionais, se o pedido da patente for apresentado em Portugal dentro do prazo de seis meses.

Esta faculdade só é aplicável se o requerente comprovar, no prazo de um mês a contar da data do pedido de patente, que a invenção foi efetivamente divulgada nos termos atrás referidos, apresentando, para o efeito, um certificado emitido pela entidade responsável pela exposição, que exiba a data em que a invenção foi pela primeira vez exposta ou divulgada nessa exposição, bem como a identificação da invenção em causa (art. 56º, nº 2).

A redação do art. 56º, nº 1 al. a) foi introduzida pelo DL 143/2008, de 25/7. Em termos de direito comparado, a redação anterior representava uma solução mais generosa para os interesses do inventor na medida em que alargava a previsão a comunicações e concedia um prazo mais longo (doze meses) de inoponibilidade da divulgação.

tação não é partilhada inteiramente pela jurisprudência alemã que afasta a novidade no caso de o pedido apresentar uma equivalência evidente (*glatten Äquivalenz*) à qual o perito médio aceda com facilidade. Cf. Benkard, *Patentgesetz* cit., § 3 Rn. 196; Rogge, "Gedanken zur Neuheit nach geltenden Patentrecht", GRUR, 1996, p. 931.

[154] O uso anterior não informado ou não informativo pode não ser impeditivo. A novidade, nos termos legais, é prejudicada pelo uso que permita o acesso à invenção e não pelo simples uso anterior do qual não resulte a informação suficiente para aceder à invenção. Para mais desenvolvimentos cf. o interessante caso, apreciado nos tribunais ingleses, *Merrel Dow v. Norton* in Cornish, *Cases and Materials* cit., pp. 36 e ss.

[155] É a jurisprudência uniforme do IEP. Cf. Spangenberg, in Singer/Stauder, *The European Patent Convention* cit., pp. 106/107.

[156] *Idem.*

Esta opção encontrava paralelo na legislação americana (Secção 102 (b) USC 35), mas era distinta da solução dominante nos principais países europeus por força da influência determinante da CPE (artigo 55º). De acordo com esta solução, apenas é não oponível a exibição da invenção em exposições oficiais ou oficialmente reconhecidas nos termos da Convenção Relativa às Exposições Internacionais, assinada em Paris em 22/11/1928, revista pela última vez em 30/11/1972, desde que não seja excedido o prazo de seis meses.

A *ratio legis* do preceito é a de permitir que o inventor possa beneficiar de um "período de graça", durante o qual não é prejudicado o requisito de novidade da invenção, para testar a sua invenção, discutir o seu mérito com outros especialistas, avaliar ou negociar o seu valor económico potencial e decidir pela pertinência da proteção da invenção.

Esta exceção ao requisito da novidade visa, pois, por um lado, a salvaguarda temporária dos interesses do inventor, que deu a conhecer a sua invenção, mas, por outro, induzir a proteção e valorização da invenção através do sistema de patentes.

É uma norma compromissória em que aflora a preocupação de o direito de patentes mostrar que não é incompatível, cumpridos que sejam alguns requisitos, com a divulgação ou a exposição científica prévias.

b) As divulgações resultantes de abuso evidente em relação ao inventor ou seu sucessor por qualquer título, ou de publicações feitas indevidamente pelo INPI.

3.2. Atividade Inventiva

Considera-se que uma invenção implica atividade inventiva se, para um perito da especialidade, não resultar de uma maneira evidente do estado da técnica (art. 54º, nº 2).

Do enunciado legal retiram-se três elementos essenciais: i) o perito da especialidade; ii) o estado da técnica; iii) a apeciação da evidência da invenção.

O perito da especialidade é um especialista qualificado ou, em certa tipologia de invenções mais complexas e abrangentes, uma equipa de especialistas. Perito não significa um especialista acima da média, brilhante ou excecionalmente talentoso, mas um técnico informado, competente, atualizado e experimentado. Esta evolução faz com que a apreciação do requisito da capacidade inventiva seja menos exigente tornando mais fácil a verificação do requisito da capacidade inventiva[157].

[157] Cf. Ricolfi, *La brevettazione delle invenzioni* cit., p. 30.

Por confronto com a apreciação do requisito da novidade, no qual o perito deve efetuar uma comparação individualizada entre a invenção apresentada e a informação anterior, no caso do requisito da atividade inventiva a apreciação compreende a invenção e todos os elementos isolados ou combinados que formam o estado da técnica incluindo referências técnicas equivalentes[158].

Não basta que a invenção seja nova do estado da técnica. É necessário ainda que um perito da especialidade não seja capaz de chegar, de uma maneira evidente, a um mesmo resultado, no momento em que a proteção é solicitada[159]. Neste contexto, *evidente* significa que a invenção não vai além do progresso normal da técnica e que mais não é que o resultado óbvio, manifesto e lógico do estado da técnica, ao tempo do pedido, sem que devam ser atendidos factos supervenientes de eventual avanço tecnológico[160].

Na prática do IEP, relativamente consolidada, em nome da observância de um teste que, desejavelmente, garanta mais objetividade e previsibilidade (independentemente do examinador), foi desenvolvida a doutrina "*problem-solution approach*" no exame do requisito da atividade inventiva, segundo a qual devem ser tidas em consideração as anterioridades que resolvem o mesmo problema referido na descrição do pedido[161]. O requerente deve apresentar com

[158] Na orientação do IEP dois meios são equivalentes se apesar de terem formas diferentes, cumprem a mesma função para a obtenção do mesmo resultado técnico (em qualidade e grau de eficácia da totalidade dos efeitos técnicos) – cf. *Case Law of the Boards of Appeal of the European Patent Office*, 1998, p. 132. Esta valoração de equivalentes, em sede de apreciação do requisito de originalidade, não deve confundir-se com a doutrina dos equivalentes de que iremos falar a propósito da violação do direito de patente (*infra*, cap. III, 2.). No primeiro caso a apreciação é aferida ao estado da técnica; no segundo, a valoração é limitada à patente eventualmente prejudicada. Neste sentido, também, Vidal-Quadras, *Estudio sobre los requisitos de patenteabilidad* cit., p. 76, nota 135. Na apreciação do requisito da novidade o IEP só tem em conta soluções idênticas (cf. nota 153 *supra*). Sobre as anterioridades relevantes para a apreciação do requisito da originalidade e o modo de combinação entre as mesmas quando ligadas, de um modo especial, ao mesmo setor tecnológico, cf. Jandoli, *L'Exame dell'Altezza Inventiva* cit., pp. 285 e ss.

[159] Reveste muita utilidade a consulta de casos apreciados pelo IEP acerca deste requisito, apresentados por Kroher, in Singer/Stauder, *The European Patent Convention* cit., pp. 147 a 150.

[160] Embora o risco da análise *ex post factum* não seja fácil de eliminar em todos os casos especialmente naqueles em que a evolução tecnológica seja muito acentuada.

[161] Sobre esta doutrina *vide* o autor e obra citados na nota 159 (pp. 150 e ss). No Reino Unido, como refere Cornish/Llewelyn, *Intellectual Property* cit., pp. 192 e ss, os tribunais seguem outro caminho na demonstração deste requisito, a partir do teste utilizado no caso *Windsurfing International v. Tabur Marine* que se aproxima mais da doutrina *Field Approach* que privilegia as anterioridades situadas no mesmo setor da invenção – cf. Jandoli, ob.cit. pp. 285 e ss. Nos EUA a apreciação do requisito compreende 4 fases (definidas no caso *Graham v. John Deere* de 1966): determinação do estado da técnica; diferença entre o conteúdo das reivindicações e o estado da técnica; o nível do perito ideal individual; a valorização de fatores secundários em casos mais duvidosos (cf. Scuffi/Franzosi/Fittane, *Commentario Codice della Proprietà Italiano* cit., pp. 266/267).

toda a clareza o problema técnico, o estado da técnica, as características distintivas e a solução técnica proposta. A operação intelectiva mais importante dos examinadores substanciais do pedido será a de determinar até que ponto a solução proposta se distancia suficientemente do estado da técnica e não estaria ao alcance de um perito na especialidade. O campo técnico do perito também deve ser determinado, por regra, pelo critério do problema resolvido (*problem solving approach*)[162]. O que mais importa determinar é se o perito teria chegado (*would*), em condições normais, àquela solução e não se ele podia ter chegado a essa solução (*could*)[163]. A diferença é substancial e decorre do critério de aplicação do IEP, o chamado *would/could approach*, na valoração do nível inventivo[164]. O CPI-2018 (art. 54º, nº 3), na esteira da solução legal da CPE (art. 56º), estabelece que o requisito da atividade inventiva não abrange os conhecimentos constantes de pedidos não publicados que, como vimos atrás, são relevantes para a apreciação do requisito da novidade[165].

Há alguns critérios indiciários auxiliares, relativamente consensuais na prática decisória (IEP e jurisdições nacionais), que permitem, *caso a caso*, com prudência e ponderação (sem dispensa, pois, de um juízo integral do valor dos documentos apresentados) apreciar o requisito da atividade inventiva ou da natureza inovadora da solução apresentada. Assim:

a) Se for óbvio tentar realizar uma parte nuclear da pesquisa, com uma perspetiva razoável de sucesso, em princípio, fica reduzida a margem de cumprimento do requisito;
b) Se a pesquisa revestir uma natureza (relativamente) rotineira aumenta o risco de não verificação da inventividade;
c) Se houver caminhos alternativos ou múltiplos de pesquisa será, frequentemente, um indicador de que a invenção reivindicada não seja óbvia;
d) Se o custo do programa de pesquisa for elevado aumenta a possibilidade de o resultado revestir atividade inventiva;

[162] Para mais desenvolvimentos, cf. SCUFFI/FRANZOSI, *Diritto industriale italiano* cit, tomo I, pp. 572 e ss; SALVADOR JOVANI, *El âmbito de protección* cit., pp. 230 e ss e VIDAL-QUADRAS, ob. cit., pp. 85 e ss.

[163] Admitir o *could approach* significaria o risco evidente de o juízo de originalidade ser inquinado de conhecimentos posteriores ao pedido de invenção e relativos à solução proposta. Depois de esta ser conhecida não faltaria quem considerasse que, afinal, podia ter chegado (*could*) a essa solução.

[164] Para mais desenvolvimentos cf. KROHER, in SINGER/STAUDER, *The European Patent Convention* cit., pp. 155 e ss.

[165] Isto implica que um pedido equivalente a um direito prioritário não publicado pode escapar ao *filtro* da novidade (por ser equivalente) e ao *filtro* da originalidade (por não se encontrar publicado). Para mais desenvolvimentos, KROHER, ob. cit., pp. 144 e 145; Franzosi," Novità e non ovvietà" cit., pp. 74 e ss; JANDOLI, "L'Esame dell'altezza inventiva", RDI, 2003, pp. 280 e ss.

e) Se não houver um motivo próximo para dar o passo inventivo será mais difícil contrariar a natureza inovadora da solução;
f) Se os resultados da pesquisa forem inesperados ou surpreendentes a prova do requisito será mais facilitada[166].

3.3. Suscetibilidade de aplicação industrial

Considera-se que uma invenção é suscetível de aplicação industrial se o seu objeto puder ser fabricado ou utilizado em qualquer género de indústria ou na agricultura (art. 54º, nº 4)[167].

O requisito da aplicação industrial não deve ser entendido em sentido restrito enquanto campo de atividade a que respeita a invenção. É a própria norma, aliás, a alargar a sua previsão à agricultura[168]. O significado da expressão é um outro, mais amplo, e tem muito a ver com o carácter técnico da noção de invenção (a homogeneidade e repetibilidade da solução técnica encontrada) e a exclusão do mero âmbito privado ou não comercial da sua exploração. Se for uma invenção-produto, o requisito implica que esta seja suscetível de execução técnica e reprodução constante (produzida industrialmente[169]), seja ou não aplicada na indústria em sentido económico; se for uma invenção-processo, o requisito implica que esta seja suficientemente clara de maneira que qualquer perito a possa utilizar na resolução de um problema técnico devendo revestir utilidade prática e contribuir para o desenvolvimento da atividade económica[170].

Nesta medida, suscetibilidade de aplicação industrial da invenção confunde-se com a ideia de a solução técnica ser exequível no plano concreto.

[166] Ver mais desenvolvimentos em Remédio Marques, em AA.VV., *CPI Anotado* cit., anotação ao artigo 54º., nº 4.

[167] Este requisito, comum aos países pertencentes à Convenção da Patente Europeia, não consta expressamente da lei americana de patentes (USC-35, §§ 102 e 103). No entanto, da noção legal de invenção patenteável, vertida no § 101, retira-se a necessidade de o invento ou descoberta serem novos e *úteis*. Para mais desenvolvimentos cf. Harmon, *Patents and the Federal Circuit* cit., §2.3 (pp. 63 e ss).

[168] A origem desta solução legal é o art. 3º da Convenção de Estrasburgo de 27/11/1963, relativa à unificação de alguns requisitos substanciais sobre patentes de invenção.

[169] Esta característica permite perceber mais facilmente a distinção entre a invenção propriamente dita, enquanto entidade incorpórea, e o suporte físico que a incorpora. O requisito da aplicação industrial e o da replicabilidade colocam algumas dificuldades (não inultrapassáveis) no que diz respeito às invenções biotecnológicas e à garantia de manutenção das mesmas propriedades e características constantes. Sobre este ponto, *vide*, para mais desenvolvimentos, Remédio Marques, "Invenções e genomas" cit., pp. 211 e ss.

[170] Para mais desenvolvimentos *vide* Benkard, *Patentgesetz* cit., § 5 e Singer/Stauder, *The European Patent Convention* cit., pp. 176 a 178.

Capítulo II
As Vias de Proteção da Invenção

1. As vias nacional, europeia e internacional

Em Portugal, desde 1992, é possível proteger a invenção não só pela via nacional, mas também pela via europeia (Convenção da Patente Europeia, de Munique em 1973) e pela via internacional (Tratado de Cooperação em Matéria de Patentes, de Washington em 1970). A via nacional corresponde ao sistema tradicional de patentes e significa o pedido de patente em cada país no qual se deseja obter proteção. Aquele que tiver apresentado pedido de patente num dos países da União da Paris gozará do direito de prioridade durante o período de 12 meses para apresentar o pedido nos outros países (art. 4º A) 1 e C) 1. CUP). A via nacional implica que cada entidade administrativa tem de efetuar um exame quanto à forma e substância de cada pedido. A diferença principal entre o sistema nacional de patentes e o sistema regional, como a CPE, ou o sistema internacional, como o PCT, reside no facto de, nestas duas últimas vias, o interessado, beneficiando de uma fase procedimental centralizada (mais decisória no caso da patente europeia), obter patentes que produzem efeitos nos Estados designados.

1.1. A via nacional de proteção

1.1.1. O direito à patente

1.1.1.1. Regra geral

A regra geral é a de o direito à patente pertencer ao inventor ou seus sucessores por qualquer título (art. 57º, nº 1).

Se forem dois ou mais os autores da invenção, qualquer um tem direito a requerer a patente em benefício de todos (art. 57º, nº 2).

O direito de patente deve ser atribuído ao primeiro inventor que haja requerido a proteção. O direito sobre a invenção reveste um duplo conteúdo: pessoal e patrimonial. O primeiro aspeto significa que o inventor tem o direito de ser considerado o autor da invenção. O segundo aspeto refere-se, essencialmente, ao direito de exploração da invenção.

1.1.1.2. Regra especial: invenção laboral

No caso da invenção laboral coloca-se a questão de saber quem é o titular do direito de patente. O código começa por distinguir duas situações: a *invenção* resultante da execução de um contrato de trabalho em que a atividade inventiva esteja prevista e especialmente remunerada (art. 58º, nº 1) e a *invenção* resultante da execução de um contrato de trabalho em que a atividade inventiva esteja prevista mas não especialmente remunerada (art. 58º, nº 2).

Em ambas as situações a solução legal é no sentido de atribuir o direito à entidade patronal (privada), embora no segundo caso haja uma particular preocupação em compensar, monetariamente, o inventor (art. 58º, nº 2 "in fine").

A alínea a) do nº 3 do art. 58º estabelece, contudo, que, *independentemente das condições previstas no nº 1 do mesmo artigo*, "se a invenção se integrar na sua atividade, a empresa tem direito de opção à patente mediante remuneração de harmonia com a importância da invenção e pode assumir a respetiva propriedade, ou reservar-se ao direito à sua exploração exclusiva, à aquisição da patente ou à faculdade de pedir ou adquirir patente estrangeira."

Segundo esta norma, a empresa, independentemente da atividade inventiva estar prevista no contrato de trabalho, poderá optar por uma das soluções referidas.

A alínea b) do nº 3 do artº 58º dispõe que "o inventor deve informar a empresa da invenção que tiver realizado, no prazo de três meses a partir da data em que aquela se considere concluída".

Neste sentido, o trabalhador deverá, nas situações referidas nos números 1 e 2 e na alínea a) do nº 3 daquele artigo, comunicar à empresa o desenvolvimento da invenção no prazo de três meses após a conclusão da mesma.

Todavia, de acordo com o disposto na alínea c) do nº 3 do art. 58º, naquelas situações nas quais o inventor tenha já requerido a patente de invenção, em seu nome, durante aquele período, dispõe apenas do prazo de um mês, a contar da data do pedido no INPI, para informar a empresa da invenção da solicitação do pedido.

O incumprimento da obrigação do inventor de informar a empresa, prevista nas alíneas b) e c) do art. 58º, pode acarretar responsabilidade civil e laboral, nos termos gerais (cf. alª d) do mesmo artigo).

A alínea e) fixa o prazo de três meses, a contar da notificação do inventor, para a empresa poder exercer o seu direito de opção à titularidade da patente.

Quanto ao direito à titularidade da patente por parte da empresa, que se estabelece nos nºs 1 e 2 do referido art. 58º, o seu exercício não fica dependente do cumprimento do prazo de três meses.

O nº 4 do art. 58º impõe à empresa, na hipótese prevista na alª e) do nº 3 do mesmo artigo, a obrigação de pagar a remuneração devida ao inventor dentro do prazo de três meses a contar da notificação do inventor findo o qual a empresa perderá a titularidade da patente a favor do trabalhador.

O nº 5 prevê que as invenções cuja patente seja solicitada durante o ano seguinte à data em que o inventor deixar a empresa se devem considerar feitas durante a execução do contrato de trabalho.

O nº 6 estabelece que caso as partes, nas situações previstas nos nºs 2 e 3 do mesmo artigo, não cheguem a acordo, a questão deverá resolver-se por arbitragem.

O nº 7 determina que, salvo convenção em contrário, os preceitos estabelecidos no art. 58º, nºs 1, 2, 4 e 5 deverão aplicar-se, com as necessárias adaptações, às invenções feitas por encomenda.

O nº 8 torna aplicáveis, supletivamente, as soluções legais ao Estado e corpos administrativos e, bem assim, aos seus funcionários e servidores a qualquer título.

O nº 9 do art. 58º consagra a irrenunciabilidade antecipada dos direitos reconhecidos ao inventor.

Todavia, as invenções de trabalhador ou colaborador integrados em pessoa coletiva pública "em cujo escopo estatutário se incluam atividades de investigação e desenvolvimento" [171] pertencem, subsidiariamente, à pessoa coletiva pública (art. 59º, nºs. 1 e 8). O inventor terá, em todo o caso, o direito de participar nos benefícios económicos auferidos pela pessoa coletiva pública na exploração ou na cessão dos direitos de patente, sendo as modalidades e os termos desta participação previstos pelos estatutos ou os regulamentos de propriedade intelectual destas pessoas coletivas (art. 59º, nº 3).

Finalmente, o art. 60º consagra o direito do inventor, sempre que a patente não seja pedida em seu nome e este não renuncie a tal direito, a ser mencionado, como tal, nas publicações a que o pedido der lugar.

[171] Isto significa que esta disposição legal é aplicável, fundamentalmente, às invenções patenteáveis realizadas no âmbito de universidades públicas ou politécnicos públicos. De algum modo, o legislador parece ter pretendido pôr cobro à controvérsia havida no CPI anterior sobre o enquadramento das patentes de instituições de ensino superior numa das três situações previstas no (então) art. 59º, nºs 1, 2 ou 3 alª a), correspondente ao atual art. 58º, nºs 1, 2 ou 3 alª a).

1.1.2. Forma do pedido

a) Pedido definitivo

O pedido definitivo de patente, de acordo com o art. 61º, nº 1, será feito em requerimento, redigido em língua portuguesa, que indique:

a) O nome, firma ou denominação social do requerente, sua nacionalidade e domicílio ou lugar em que está estabelecido, o número da identificação fiscal quando se trate de um residente em Portugal e o endereço de correio eletrónico, caso exista;
b) A epígrafe ou título que sintetize o objeto da invenção;
c) O nome e país de residência do inventor;
d) O país onde se tenha apresentado o primeiro pedido, a data e o número dessa apresentação, no caso de o requerente pretender reivindicar o direito de prioridade;
e) A menção de que requereu modelo de utilidade para a mesma invenção, se foi o caso, nos termos do nº 5 do art. 50º;
f) A assinatura ou identificação eletrónica do requerente ou do seu mandatário.

Documentos

Ao requerimento devem juntar-se, em duplicado, em língua portuguesa, os documentos seguintes (art. 62º, nº 1):

Reivindicações do que é considerado novo e que caracteriza a invenção;
Descrição do objeto da invenção;
Desenhos necessários à perfeita compreensão da descrição;
Resumo da invenção.

Os elementos referidos no ponto anterior respeitarão os requisitos formais fixados por despacho do Presidente do Conselho Diretivo do INPI (art. 62º, nº 2).

As *reivindicações* definem o objeto da proteção requerida devendo ser claras, concisas, corretamente redigidas, baseando-se na descrição e contendo, quando apropriado (art. 62º, nº 3):

"Um preâmbulo que mencione o objeto da invenção e as características técnicas necessárias à definição dos elementos reivindicados, mas que, combinados entre si, fazem parte do estado da técnica";

"Uma parte caracterizante, precedida da expressão "caracterizado por" e expondo as características técnicas que, em ligação com as características indicadas na alínea anterior, definem o âmbito da proteção solicitada"[172].

[172] Esta técnica de redação na Europa, de modo mais consolidado, é de origem alemã (lei de patentes de 1877) e contrapõe-se à técnica de enumeração de origem anglo-saxónica. Sobre a origem

As reivindicações constituem a peça mais importante do pedido porquanto definem o objeto do pedido, seja invenção-produto (aparelho, máquina, dispositivo ou substância), seja invenção-processo (processo propriamente dito, método ou uso) ou, ainda, invenção de produto e processo. Dito de outra forma, abrangem tudo o que caracteriza a invenção do ponto de vista técnico, quer do ponto de vista estrutural, quer do ponto de vista funcional. No caso das reivindicações de produto, as características técnicas são os parâmetros físicos (e se necessário também funcionais) desse produto; no caso das reivindicações de processo, as regras técnicas são as etapas físicas que definem esse processo[173].

As reivindicações devem ser elaboradas de modo a que se esbatam as dúvidas sobre o conteúdo da invenção, se facilite a apreciação dos requisitos de patenteabilidade e se proporcione segurança jurídica ao titular e aos concorrentes[174].

A *descrição* deve indicar de maneira clara, sem reservas nem omissões, tudo o que constitui o objeto da invenção, contendo uma explicação pormenorizada de, pelo menos, um modo de realização da invenção, de maneira que um perito na especialidade a possa executar (art. 62º, nº 4). A descrição visa garantir que a invenção reivindicada representa um contributo para o enriquecimento técnico da comunidade suficientemente justificativo do direito privativo atribuído ao respetivo titular pela ordem jurídica. A descrição deve ensinar a

da prática alemã cf. Kumm, "Die Formen des patentanspruches", GRUR Int., 1966, pp. 72 e ss. Nos EUA as reivindicações (*claims*) remontam à lei de patentes de 1870 e são constituídas por três partes: *preamble, transition phrase* e *body*. O *preâmbulo* identifica o âmbito técnico da invenção; a *expressão de transição* junta o *preâmbulo* ao *corpo* e consiste no enunciado dos elementos da invenção; o *corpo* indica as partes ou passos constitutivos da invenção – cf. Halpern/Nard/Port, *Fundamentals of United States Intellectual Property Law* cit, p. 236.

[173] Cf. Salvador Jovani, *El âmbito de protección* cit., p. 117.

[174] Para mais desenvolvimentos sobre o importante estudo das reivindicações *vide* Franzosi, "L'interpretazione delle rivendicazione", RDI, 2005, pp. 75 e ss, Salvador Jovani, ob. cit., pp. 113 e ss e Scuffi/Franzosi/Fittante, *Commentario Codice della Proprietà Industriale* cit., pp. 288 e ss. Sobre este delicado problema nos EUA *vide* Harmon, *Patents and the Federal Circuit* cit., pp. 267 e ss; Schwartz, *Patent law and practice* cit., pp. 97 e ss; Takenaka, *Interpreting patent claims: The United States, Germany and Japan*, 1995, pp. 6 a 25, 54 a 58, 69 a 113; AA.VV., "The interpretation of patent claims", AIPLA-Q.J., Winter 2004, pp. 1 e ss. Neste último artigo é analisada a questão tendo por base a mudança de perspetiva operada pelos tribunais (*The Court of Appeals for the Federal Circuit* e *United States Supreme Court*), a partir de 1995, depois do caso *Markman v. Westview Instruments* (*Markman I e II*), considerando que a interpretação das reivindicações (*claims*) é uma questão de direito que cabe aos juízes decidir e não uma questão de facto da competência do júri. O *Federal Circuit*, voltamos a lembrar, foi criado em outubro de 1982 como única instância de recurso em matéria de patentes com o objetivo de proporcionar uniformidade na aplicação da respetiva lei.

fazer o que se reivindica[175]. A invenção deve ser descrita no pedido de patente de maneira suficientemente clara e completa que permita a sua execução por um perito na especialidade (suficiência descritiva – art. 66º).

Neste sentido, a descrição deve reportar-se não apenas à estrutura da invenção como à finalidade da invenção salvo se esta se afigurar evidente. A descrição deve ainda fazer um ponto de situação do estado da técnica e uma referência às vantagens técnicas da invenção.

A invenção tal como é caracterizada nas reivindicações deve ser exposta na descrição de maneira a permitir a apreciação do problema ou problemas técnicos tratados e a compreensão da solução fornecida para a resolução desses problemas. Se a descrição não permitir a sua execução por um perito na especialidade a patente pode vir a ser considerada nula (cf. art. 114º, alª d)).

No caso de uma invenção dizer respeito a matéria biológica não acessível ao público e não possa ser descrita no pedido de patente de forma a permitir a sua realização por um perito na especialidade, ou implicar a utilização de uma matéria desse tipo, a descrição só é considerada suficiente para efeitos de obtenção de patente, se (art. 65º, nº 1):

> "A matéria biológica tiver sido depositada até à data de apresentação do pedido de patente em instituição de depósito reconhecida, como as instituições de depósito internacionais que tenham adquirido esse estatuto em conformidade com o Tratado de Budapeste, de 28 de abril de 1977, sobre o Reconhecimento Internacional do Depósito de Microrganismos para efeitos de Procedimento em Matéria de Patentes";
>
> "O pedido incluir as informações pertinentes de que o requerente dispõe relativamente às características da matéria biológica depositada";
>
> "O pedido de patente mencionar a instituição de depósito e o número de depósito".

Os *desenhos* deverão ser constituídos por figuras em número estritamente necessário à compreensão da invenção (art. 62º, nº 5).

O *resumo* da invenção a publicar no BPI (art. 62º, nº 6):

> "Consiste numa breve exposição do que é referido na descrição, reivindicações e desenhos e não deve conter, de preferência, mais de 150 palavras".
>
> "Serve, exclusivamente, para fins de informação técnica e não será tomado em consideração para qualquer outra finalidade, designadamente para determinar a extensão da proteção requerida".

[175] Citando a jurisprudência Americana: *specifications teach, claims claim* (Harmon, *Patents and the Federal Circuit* cit., p. 268 e nota 1).

b) Pedido provisório

O DL nº 143/2008, de 25 de julho, criou a possibilidade de apresentação de um pedido provisório de patente que permite a fixação imediata, em língua portuguesa ou inglesa, da prioridade de uma invenção com um mínimo de formalidades, concedendo um prazo de 12 meses para apresentar a documentação necessária (art. 63º, nº 1). Ao requerente basta entregar um documento que descreva o objeto do pedido de maneira a permitir a execução da invenção por um perito na especialidade (art. 63º, nº 3).

Pode ler-se no preâmbulo do referido diploma legal que o objetivo da introdução deste mecanismo é o de "incentivar a procura de pedidos de patentes por parte dos pequenos e médios inventores, que passam a poder fixar imediatamente uma prioridade num ato simplificado e com menos custos numa fase inicial".

O pedido provisório fica sem efeito, caso não tenha lugar a apresentação da documentação necessária (discriminada nos artigos 61º e 62º) dentro do prazo de conversão de 12 meses (art. 64º, nº 2)[176].

1.1.3. Exame formal

Apresentado o pedido de patente no INPI, será feito exame quanto à forma e às limitações relativas ao objeto ou à patente, no prazo de dois meses (art. 67º).

Caso o INPI tenha verificado existirem irregularidades de carácter formal no pedido, o requerente será notificado para, no prazo de dois meses, corrigir essas irregularidades.

No caso de o INPI, perante uma resposta insuficiente, verificar que subsistem no pedido irregularidades de carácter formal ou limitações quanto ao objeto ou à patente, o requerente é novamente notificado para corrigi-las no prazo improrrogável de um mês.

Se o pedido não contiver todos os elementos e requisitos e o requerente não o regularizar nos prazos estabelecidos, o pedido é recusado e publicado o respetivo despacho no BPI, não havendo lugar, neste caso, à publicação prevista no artigo 69º.

Após o exame formal, e até um prazo máximo de 10 meses, é realizada uma pesquisa preliminar ao estado da técnica, sem carácter vinculativo, e que permite ao requerente avaliar a viabilidade de proteção (art. 68º).

176 Esta figura, designada "Provisional Application for Patent", foi introduzida nos Estados Unidos da América em 1994, com a alteração ao "Patent Act of 1952", cuja entrada em vigor ocorreu a 8 de junho de 1995, estando regulada no "United States Code, Title 35 – Patents, §111 (b)".
Sobre esta figura, ver Isabel Fortuna Oliveira, "Referência ao pedido provisório de patente no Código da Propriedade Industrial Português", ADI, XXIX, pp. 689 e ss e Luís Couto Gonçalves, "Pedido provisório de patente", RDInt., nº 1, pp. 101 e ss.

1.1.4. Publicação do pedido

Se o pedido de patente for apresentado de forma regular ou for regularizado, será publicado no BPI, nos termos do art. 69º, nº 1.

A publicação a que se refere o número anterior não será feita antes de decorridos dezoito meses a contar da data da apresentação do pedido de patente no INPI, ou da prioridade mais antiga reivindicada (art. 69º, nº 2).

A publicação poderá ser antecipada a pedido expresso do requerente (art. 69º, nº 3).

O pedido de patente confere provisoriamente ao requerente, a partir da data da respetiva publicação no BPI, a proteção que seria atribuída pela concessão do direito, para ser tomada em consideração no cálculo de eventual indemnização (art. 5º, nº 1).

A mesma proteção provisória a que se refere o número anterior será oponível, ainda antes da data da publicação, em relação a quem tenha sido notificado da apresentação do pedido e tenha recebido os elementos necessários constantes do processo (art. 5º, nº 2).

As sentenças judiciais relativas a ações propostas na base da proteção provisória não poderão ser proferidas antes da concessão ou recusa definitiva da patente (art. 5º, nº 3).

1.1.5. Oposição

A publicação do pedido no BPI abre prazo para a apresentação de reclamações de quem se julgar prejudicado pela concessão da patente.

O prazo para apresentar reclamações é de dois meses a contar da data da publicação do pedido no BPI (art. 17º, nº 1).

À reclamação pode o requerente responder na contestação dentro do prazo de dois meses a contar da data da respetiva notificação (art. 17º, nº 2).

1.1.6. Exame de Fundo da Invenção

O INPI promoverá o exame da invenção, que consistirá essencialmente na verificação dos requisitos de patenteabilidade, considerando todos os elementos constantes do processo (art. 70º, nº 1).

Não havendo oposição, será feito um relatório do exame no prazo de um mês a contar da publicação do pedido no BPI (art. 70º, nº 2).

Havendo oposição, o relatório será feito no prazo de um mês a contar da apresentação da última peça processual (art. 70º, nº 3).

Se, do exame, se concluir que a patente pode ser concedida, será publicado o respetivo aviso no BPI (art. 70º, nº 4).

Se, do exame, se concluir que a patente não pode ser concedida, o relatório do exame, acompanhado de cópia de todos os elementos nele citados, será enviado ao requerente com a notificação para, no prazo de dois meses, responder às observações feitas (art. 70º, nº 5).

Se, após a resposta do requerente, se verificar que subsistem objeções à concessão da patente, será feita nova notificação para, no prazo de dois meses, serem esclarecidos os pontos ainda em dúvida (art. 70º, nº 6).

Quando da resposta do requerente se verificar que a patente pode ser concedida, será publicado o respetivo aviso no BPI (art. 70º, nº 7).

Se a resposta às notificações não for considerada suficiente, será publicado o aviso de recusa ou de concessão parcial, em harmonia com o relatório do exame (art. 70º, nº 8).

Se o requerente não responder à notificação, a patente será recusada, publicando-se o respetivo aviso no BPI (art. 70º, nº 9).

1.1.7. Concessão parcial

Tratando-se apenas de delimitar a matéria protegida, eliminar reivindicações, desenhos, frases do resumo ou da descrição ou alterar o título ou epígrafe da invenção, de harmonia com a notificação e se o requerente não proceder voluntariamente a essas modificações, o INPI pode fazê-las e publicar, assim, o aviso de concessão da respetiva patente no BPI (art. 71º, nº 1).

A publicação do aviso mencionado no número anterior deverá conter a indicação de eventuais alterações da epígrafe, das reivindicações, da descrição ou do resumo (art. 71º, nº 2).

A concessão parcial deverá ser proferida de forma que a parte recusada não exceda os limites constantes do relatório do exame (art. 71º, nº 3).

1.1.8. Unidade da invenção

No mesmo requerimento não se pode pedir mais de uma patente, nem uma só patente para mais de uma invenção (art. 73º, nº 1).

Uma pluralidade de invenções ligadas entre si de tal forma que constituam um único conceito inventivo geral será considerada uma só invenção (art. 73º, nº 2).

1.1.9. Recurso

Cabe recurso, de plena jurisdição, das decisões do INPI que concedam ou recusem a patente (arts. 38º, alª a) e 39º, nº 1).

O recurso é dirigido ao Tribunal da Propriedade Intelectual, instituído pelo Decreto-Lei nº 67/2012, de 20 de março, e instalado, em Lisboa, a partir de 30 de março de 2012, pela Portaria nº 84/2012 de 29 de março.

São partes legítimas para recorrer das decisões do INPI o requerente e os reclamantes e ainda quem seja direta e efetivamente prejudicado pela decisão (art. 40º, nº 1).

O recurso é interposto no prazo de dois meses a contar da data da publicação do despacho no BPI, ou da data da respetiva certidão, pedida pelo recorrente, quando esta for anterior (art. 41º).

1.2. A via europeia de proteção (sem efeito unitário e com efeito unitário)

a) Patente europeia sem efeito unitário

Para além da via nacional, é possível proteger a invenção pela via europeia (regulada pela CPE de 5/10/1973), em vigor, em Portugal, desde janeiro de 1992.

A Convenção criou uma organização internacional (Organização Europeia de Patentes) e estabeleceu um sistema centralizado para a apresentação de pedidos e a concessão de patentes dirigido pelo Instituto Europeu de Patentes (IEP) e o Conselho de Administração, com sede em Munique e uma delegação em Haia.

A patente europeia não representa um título unitário para o conjunto dos Estados-membros. O significado da patente europeia é um outro: permitir, com base num único pedido e num único processo de exame, que seja concedido um feixe de patentes nacionais.

Mas a noção de patente europeia não é desprovida de alcance substancial, na medida em que o Estado-membro se vincula a aplicar o direito convencional no que concerne a alguns aspetos essenciais do direito de patente (v.g. duração, direitos conferidos, alcance de proteção, causas de nulidade).

Isto significa que a patente europeia não é um simples "entreposto" de patentes nacionais, apenas ligadas pelo facto de derivarem de um único procedimento de concessão, mas traduz a ideia de que incumbe ao direito convencional regular unitariamente (*ex-vi* art. 2º, nº 2, parte final CPE) pontos substanciais relevantes do regime jurídico do direito de patente. A patente europeia tem os mesmos efeitos de uma patente nacional, mas não é idêntica a uma patente nacional[177].

1.2.1. Procedimento

a) O pedido de patente europeia, apresentado por um requerente domiciliado em Portugal é apresentado no INPI ou no Instituto Europeu de Patentes (art. 78º, nº 1). Quando o requerente de uma patente europeia tiver o seu domicílio ou sede social em Portugal, o pedido deve ser apresentado no INPI, salvo se nele for reivindicada a prioridade de um pedido anterior apresentado em Portugal (art. 78º, nº 2).

[177] Para citar SINGER/STAUDER, *The European Patent Convention*, cit., vol. I, p. 16.

b) O pedido apresentado em Portugal deve ser redigido em qualquer das línguas oficiais (alemão, inglês e francês) acompanhado, normalmente, de uma tradução em português (art. 79º, nº 2).

c) Após o pedido, segue-se uma 1ª fase do processo de pesquisa sobre a sua regularidade formal, a cargo da Secção de Receção do IEP[178] (art. 90º CPE).

d) Em simultâneo, o IEP elabora um relatório de pesquisa que pretende ser uma primeira indicação ao requerente do estado da técnica (art. 92º CPE) preparando o exame mais substancial dos requisitos de patenteabilidade. Este relatório é publicado juntamente com o pedido de patente ou posteriormente (art. 93º CPE).

e) O pedido da patente é publicado, logo que possível, após a expiração do prazo de 18 meses a contar da data do depósito (art. 93º CPE). A requerimento do interessado o prazo pode ser encurtado. Com esta publicação é conferido ao pedido uma proteção provisória equivalente à conferida à publicação dos pedidos nacionais de patentes, a partir da data em que for acessível ao público, junto do INPI, uma tradução em português das reivindicações, acompanhada de uma cópia dos desenhos (arts. 67º, nº 1 CPE e 80º, nº 1º CPI).

A partir da data da publicação do aviso qualquer pessoa pode tomar conhecimento do texto da tradução e obter reproduções da mesma (art. 80º, nº 3).

f) O requerente dispõe de um prazo para decidir se deseja ou não prosseguir com o seu pedido, solicitando um exame quanto ao fundo (94º CPE).

Esta 2ª fase decorre em Munique onde cada pedido é examinado por uma divisão de exame técnico que verifica se foram satisfeitos os critérios e requisitos de patenteabilidade. A divisão de exame pode recusar ou conceder o pedido. Uma vez concedida a patente é publicada na sua forma definitiva (art. 98º CPE).

g) Segue-se a *fase nacional* que significa que o titular possui, em cada Estado contratante designado, dos mesmos direitos que lhe seriam conferidos por uma patente nacional. Em média, o processo de obtenção de uma patente europeia demora mais de três anos e é válida por um período de 20 anos a contar da data do pedido. O titular da patente europeia, para esta produzir efeitos

[178] A Secção de Receção, desde janeiro de 1997, passou a funcionar também em Munique e não apenas na delegação de Haia e na subdelegação de Berlim. A mudança deu-se com a concretização do projecto *BEST* (*Bringing Search and Examination Together*) – cf. RIPPE/STAUDER in SINGER/STAUDER, *The European Patent Convention* cit, vol. II, pp. 26/27.

em Portugal, deve apresentar no INPI uma tradução em português[179] do fascículo da patente (reivindicações, descrição, resumo, cópias dos desenhos) no prazo de três meses a contar da publicação no Boletim Europeu de Patentes da decisão de concessão (art. 82º, nº 1).

O INPI procederá à publicação no BPI de um aviso relativo à remessa da tradução referida anteriormente, contendo as indicações necessárias à identificação da patente europeia (art. 84º).

h) No prazo de nove meses a contar da data de concessão da patente qualquer pessoa pode apresentar oposição se considerar que a patente não deveria ter sido concedida (3ª fase – arts. 99º e ss CPE). Esta oposição afeta a patente em todos os Estados Contratantes designados.

O processo de oposição é da competência das divisões de oposição de Munique. A divisão de oposição pode tomar três tipos de decisões: revogar a decisão de concessão; manter a decisão de concessão com alterações ou recusar a oposição (art. 101º CPE).

A pedido do titular, e desde que não esteja pendente um processo de oposição, também passa a ser possível, após a entrada em vigor da Revisão da CPE de 2000[180], a revogação da patente ou a limitação do âmbito das suas reivindicações (art. 105º-B CPE).

As decisões da Secção de Receção, da Divisão de Exame, das Divisões de Oposição e da Divisão Jurídica são suscetíveis de recurso (art. 106º CPE). O recurso, que tem efeito suspensivo, é examinado pelas Câmaras de Recurso de Munique, segundo as regras de competência estabelecidas no art. 21º CPE. As Câmaras de Recurso constituem a estrutura contenciosa do IEP e funcionam como se fossem tribunais administrativos, embora não sejam verdadeiros tribunais[181]. Destas decisões, observados certos requisitos, cabe recurso de revisão para a Grande Câmara de Recurso (art. 112º-A CPE)[182].

[179] A tradução pode ser dispensável se, e quando, Portugal ratificar o Acordo de Londres, de 17/10/2000 (cujo texto está disponível em http://www.epo.org), que entrou em vigor em 1/05/2008, cuja finalidade essencial, superando o disposto no artigo 65º CPE, é a simplificação e redução dos custos de tradução da patente europeia na língua oficial do país designado. Quando o Estado em causa, como é o caso de Portugal, não tenha uma língua oficial da OEP (alemão, francês e inglês), deve fazer uma renúncia condicionada de tradução indicando a língua oficial que aceita. Portugal, não obstante, ter aprovado, em 28/10/2010, um Decreto do Governo, não chegou a concluir o processo de adesão e ratificação.

[180] À qual nos referimos na nota 134 *supra*.

[181] Neste sentido cf. Joos, in Singer/Stauder, *The European Patent Convention*, cit., vol. II, p. 189.

[182] Sobre a patente europeia, para mais desenvolvimentos, *vide*: Paul England, *A Practitioner's Guide to European Patent Law*, 2019; Benkard, *Europäisches Patentübereinkommen*, (editado Jochen Ehlers / Ursula Kinkeldey), 2019; Derk Visser, *The Annotated European Patent Convention*, 2016;

i) Por todas as patentes europeias que produzam efeitos em Portugal devem ser pagas, no INPI, as taxas anuais aplicáveis às patentes nacionais, nos prazos previstos no CPI (art. 90º).

1.2.2. Transformação de patente europeia em patente nacional

Um pedido de patente europeia pode ser transformado em pedido de patente nacional ou em pedido de modelo de utilidade português nos casos previstos na CPE (arts. 88º e 89º CPI e art. 135º CPE).

O pedido de patente português será recusado se, no prazo de dois meses a contar da data da receção do pedido de transformação, o requerente não pagar as taxas devidas ou, se for o caso, não tiver apresentado uma tradução em português do texto original do pedido de patente europeia (art. 88º, nº 6 CPI).

b) Projeto de criação de patente europeia com efeito unitário

Trata-se de uma patente criada por Regulamento da União Europeia[183], no regime de cooperação reforçada, previsto no TUE (art. 20º) e TFUE (artigos 326º e ss) – que, em rigor, corresponde mais a um efeito jurídico novo da patente europeia do que a um novo título jurídico unitário da UE[184] – embora beneficiária da existência da CPE e da experiência e "logística" do IEP[185].

Justine Pila/Paul Torremans, *European Intellectual Property Law*, 2016; Dybdahl, *European Patents* cit; Singer/Stauder, *The European Patent Convention* cit. (vols. I e II).

[183] Regulamento (UE) nº 1257/2012 do Parlamento Europeu e do Conselho, de 17 de dezembro de 2012 (JO L 361 de 31/12), aplicável em 25 Estados-membros, com exceção da Itália e Espanha, que não participaram por razões linguísticas, e da Croácia, por ter aderido à UE em momento posterior. Entretanto, a Itália mudou a sua posição, aderindo formalmente, em 30/09/2015, à patente europeia com efeito unitário e tornando-se o 26º país a fazer parte da cooperação reforçada. A Itália já tinha subscrito o Acordo sobre o Tribunal Unificado de Patentes, que abordaremos de seguida no texto. Sobre a patente europeia com efeito unitário, cf., Paul England, *A Practitioner's Guide to European Patent Law*, 2019; Tilmann/Plassmann – *Unified Patent Protection in Europe – A Commentary*, 2018; AA.VV. *The unitary EU patent system* (edited by Justine Pila and Christopher Wadlow), 2014; Alfredo Ilandi, *The new european patent*, 2015; Garcia Vidal, *El sistema de la patente europea com efecto unitário*, 2014.

[184] A criação da patente europeia com efeito unitário, seguindo o modelo da cooperação reforçada, constitui a resposta, em "desespero de causa", da UE ao impasse, com aproximadamente quatro décadas, no processo (fracassado) de criação da chamada patente da UE.

[185] Não é de estranhar que a patente europeia com efeito unitário (válida, simultaneamente, nos Estados da União Europeia participantes) fosse pensada para ser concedida pelo Instituto Europeu de Patentes. Em abono da verdade, como já foi dito, as legislações nacionais de patentes dos países da União Europeia são, hoje, praticamente comuns em domínios relevantes como o da definição do objeto da patente e o da regulação dos requisitos de patenteabilidade. Esta situação é explicada pela fortíssima influência uniformizadora da Convenção da Patente Europeia (CPE) de 5/10/1973 (artigos 52º a 57º), que não é uma organização da União Europeia, mas à qual perten-

A cooperação reforçada no domínio da criação de patente unitária foi autorizada pela Decisão 2011/167/UE do Conselho, de 10/03 (JO L 76 de 22/03/2011, p. 53). Deste modo, passariam (passarão) a co-existir patentes europeias sem efeito unitário e patentes europeias com efeito unitário.

Complementarmente, foi ainda celebrado o Acordo sobre o Tribunal Unificado de Patentes (ATUP)[186]. Com a entrada em vigor deste Acordo ficam reunidas as condições para o acesso à patente europeia com efeito unitário. Isto significa que a concessão de patente europeia de efeito unitário só ocorrerá quando este último Acordo entrar em vigor. O ATUP entra em vigor no primeiro dia do quarto mês após o depósito do décimo terceiro instrumento de ratificação ou adesão, na condição de três desses países serem a Alemanha, França e Reino Unido (art. 89º, nº 1 do Acordo).

Entretanto, o Reino Unido decidiu retirar-se da UE, no referendo que teve lugar no dia 23/06/2016, tendo concretizado essa saída em 31/01/2020. Face a este facto superveniente, cabe à Itália, que já ratificou o acordo, pelo critério do país com maior número de patentes europeias com efeitos nacionais em 2012, o papel de substituir o Reino Unido.

No ínterim, o processo de criação da patente europeia com efeito unitário sofreu um outro forte percalço: o Tribunal Constitucional Alemão (por decisão de 13/02/2020, processo 2-BvR 739/17, em sede de fiscalização preventiva, publicada a 20/03/2020) considerou inconstitucional a aprovação (verificada em março de 2017, por meio de uma maioria simples) do ATUP em virtude de a mesma carecer de uma maioria de dois terços. O Tribunal justificou a sua posição afirmando que, tratando-se de uma situação relevante, nomeadamente, de transferência de soberania de tutela jurisdicional sobre matéria de propriedade industrial, a aprovação, para ser legitimada democraticamente, no plano interno, teria de cumprir o referido quórum deliberativo, exigido pela lei fundamental.

cem todos os Estados membros. Aliás, o Regulamento nº 1257/2012 é considerado um acordo particular na aceção do art. 142º da CPE (art. 1º, nº 2 do Regulamento).

[186] Chamamos a atenção de que a opção para a criação do ATUP foi o recurso a um "Tratado", um instrumento do direito internacional público, com procedimento legislativo diferente do da UE. Este Acordo, de 19/02/2013 (JO C 175 de 20/06), prevendo um sistema jurisdicional unificado, foi subscrito por 25 Estados-membros da UE (menos Espanha, Polónia e Croácia). Portugal ratificou o Acordo Relativo ao Tribunal Unificado de Patentes, por Decreto do Presidente da República nº 90/2015, de 6 de agosto. Portugal foi o oitavo país a ratificar o acordo, depois da Áustria, Bélgica, Dinamarca, França, Luxemburgo, Malta e Suécia. Sobre este tribunal, sua estrutura, localização, competência, composição e regras processuais, cf., *v.g.*, Pedro Sousa e Silva, "Tribunal Unificado de Patentes", RDInt., nº 1/2014, pp. 273 e ss, Dário Moura Vicente, "Patente unitária, regime linguístico e jurisdição competente", in *Estudos de Direito Intelectual em homenagem ao Prof. Doutor José de Oliveira Ascensão*, 2015, pp. 733 e ss e Oehen Mendes, "O Tribunal Unificado de Patentes (TUP)", RDInt., nº 1/2016, pp. 119 e ss.

Apesar deste revés, o Parlamento alemão reverteu a situação aprovando o ATUP por mais de dois terços, em 26/11/2020, pelo que, tudo indicaria, após um percurso muito difícil, estariam reunidas, em breve, todas as condições para a entrada em funcionamento do sistema da patente europeia com efeito unitário e do ATUP. No entanto, a Alemanha voltou a suspender o processo de ratificação do ATUP em virtude da apresentação, em dezembro de 2020, de dois novos pedidos de inconstitucionalidade. Mais um (extenuante) compasso de espera! Finalmente, em 9 de julho de 2021, o Tribunal Constitucional Alemão julgou improcedentes este pedidos.

Em função da interligação entre o Regulamento e o Acordo, o alcance territorial da patente europeia apenas se aplicará aos países que, para além de terem participado na cooperação reforçada no domínio da criação da proteção unitária de patentes, tenham ratificado o ATUP quando a patente europeia tenha sido concedida. O TUP será constituído por um Tribunal de Primeira Instância, um Tribunal de Recurso e uma Secretaria (art. 6º, nº 1). O Tribunal de Primeira Instância será constituído por uma divisão central, bem como por divisões locais e regionais (art. 7º, nº 1). A divisão central tem a sua sede em Paris e secções em Londres (que terá de ser transferida por causa da saída do Reino Unido da UE) e Munique (artigo 7º, nº 2). O Tribunal de Recurso tem a sua sede no Luxemburgo (art. 9º, nº 5). A Secretaria é criada na sede do Tribunal de Recurso (art. 10º, nº 1).

Para encerrar o quadro legislativo, é devida ainda uma referência ao Regulamento (UE) nº 1260/2012 do Conselho, de 17/12/2012 (JO L 361, de 31/12) que regulamentaria a cooperação reforçada no domínio da criação da proteção unitária de patentes no que diz respeito ao regime de tradução aplicável[187].

1.3. A via internacional de proteção

A via internacional é estabelecida pelo Tratado de Cooperação em matéria de Patentes (PCT), administrado pela OMPI, concluído em Washington a 19/6/1970, em vigor em Portugal desde 24/11/1992.

O PCT constituiu o primeiro instrumento jurídico internacional com a finalidade de centralizar o sistema de formulação e controlo de validade dos pedidos de patente nos Estados contratantes.

Procedimento

a) A pessoa domiciliada em Portugal deve apresentar o pedido internacional no INPI, sempre que não seja reivindicada a prioridade de um pedido feito

[187] Para uma visão de conjunto do "pacote" legislativo, composto pelos Regulamentos nºs 1257/2012, 1260/2012 e o ATUP, cfr. TILMANN/PLASSMANN – *Unified Patent Protection in Europe – A Commentary* cit.

em Portugal, sob pena de o mesmo não poder vir a produzir efeitos em Portugal (art. 92º, nº 2). Para esse efeito o INPI atua como uma Repartição Recetora, nos termos dos arts. 2º XV) e 10º do PCT.

Os pedidos internacionais apresentados no INPI, atuando na qualidade de administração recetora, podem ser redigidos na língua portuguesa, francesa, inglesa ou alemã (art. 92º, nº 6).

Os requerentes dos pedidos internacionais redigidos em língua portuguesa devem, no prazo de um mês a contar da data de receção do pedido internacional pela Administração recetora, entregar nesta Administração uma tradução do pedido internacional numa das línguas oficiais (francês, inglês ou alemão) – art. 92º, nº 7.

Os pedidos internacionais devem ser acompanhados de uma tradução em português, salvo se o pedido internacional reivindicar a prioridade de um pedido anterior feito em Portugal para a mesma invenção (art. 92º, nº 9).

Do pedido devem constar os Estados designados para os quais a proteção da invenção é solicitada.

O INPI, enquanto repartição recetora, aprecia formalmente o pedido e cobra taxas.

b) Seguidamente fica com um exemplar do pedido, envia o original para a OMPI e outro exemplar para o IEP, em Munique, que é a entidade competente encarregada da pesquisa internacional (cf. art. 16º PCT).

c) O IEP aprecia fundamentalmente o estado da técnica (art. 15º, nº 2 PCT). Elabora um relatório de pesquisa internacional.

d) Segue-se a comunicação do relatório ao requerente, à OMPI e aos Estados designados (arts. 18º e 20º PCT).

e) A partir daqui segue-se a *fase nacional* do pedido. Para tanto, o interessado, se desejar a proteção em Portugal, deve apresentar uma tradução do pedido em Português no prazo de 30 meses da data de prioridade (com o significado que lhe é dado pelo art. 2º XI) do PCT), de acordo com o disposto nos arts. 22º PCT e 95º, nº 1 CPI. Nenhuma legislação nacional poderá exigir que o pedido internacional satisfaça, quanto à sua forma ou ao seu conteúdo, exigências diferentes das previstas por este Tratado.

f) Se o requerente não retirar o pedido tem lugar a publicação do pedido, no prazo de 18 meses a contar da data de apresentação do pedido (art. 21º, nº 2 alª a) PCT). Com esta publicação, o pedido goza em Portugal de uma proteção provisória equivalente à que é conferida pela publicação dos pedidos nacionais de patentes (art. 96º, nº 1).

O INPI procede à publicação, no BPI, de um aviso com as indicações necessárias à identificação do pedido internacional (art. 96º, nº 2).

A partir da data da publicação do aviso, qualquer pessoa pode tomar conhecimento do texto da tradução e obter reproduções da mesma (art. 96º, nº 3).

g) O Tratado contempla, ainda, a possibilidade de o requerente de um pedido internacional acionar o chamado exame preliminar internacional. O requerente tem de indicar os Estados eleitos (os Estados em que o interessado pretende utilizar os resultados do exame preliminar internacional). A entidade encarregada de efetuar o exame é o IEP (art. 32º PCT). Esta entidade elabora um relatório que fornece uma opinião preliminar não vinculativa sobre os critérios de patenteabilidade da invenção objeto do pedido. Ao relatório só têm acesso a OMPI e as Repartições Nacionais dos Estados eleitos. Se o requerente não retirar o pedido, segue-se a *fase nacional*. O prazo para o interessado desencadear a fase nacional é também de 30 meses (arts. 22º e 39º, nº 1 PCT[188].

Por último, deve sublinhar-se o entendimento alcançado entre os sistemas da CPE e do PCT que possibilita a utilização simultânea dos dois tratados. Isto significa que é possível através do mesmo pedido designar, quer vários Estados pertencentes apenas ao PCT (por exemplo EUA e Japão), quer a OEP para obtenção de uma patente europeia desde que, neste último caso, os países designados sejam membros dos dois tratados (Via Euro-PCT) de acordo com o disposto no art. 45º PCT e art. 153º, CPE[189]. A atribuição da patente europeia cabe ao IEP, nos termos já referidos. A concessão da patente nos outros países designados (EUA e Japão, para seguir o mesmo exemplo) cabe a cada entidade nacional, após a fase internacional do pedido. O IEP pode ainda ser considerado entidade de receção de pedido internacional, entidade encarregada da pesquisa internacional e do exame preliminar para efeitos do pedido internacional (cf., de modo especial, os arts. 151º e 152º da CPE e arts. 10º, 16º e 32º do PCT)[190].

[188] É assim desde 1/04/2002, data em que entrou em vigor uma alteração ao PCT que veio uniformizar os prazos de abertura da fase nacional e retirar interesse prático ao ganho de 10 meses resultante de um pedido de exame preliminar.

[189] Para uma visão mais aprofundada da Via Euro-PCT *vide* BUSSE, in SINGER/STAUDER, *The European Patent Convention* cit. pp. 581 e ss. Praticamente, 96% dos pedidos internacionais designam a Patente Europeia (cf. BUSSE, in SINGER/STAUDER, *The European Patent Convention* cit. p. 622.

[190] Para mais desenvolvimentos, TRINKS, *PCT in practice*, 2011.

Capítulo III
O Direito de Patente

1. Âmbito de Proteção

O âmbito de proteção do direito conferido pela patente é condicionado a limites territoriais, temporais e objetivos.

O direito de patente confere o direito exclusivo de explorar a invenção em qualquer parte do território português (art. 102º, nº 1).

A patente é válida pelo período de 20 anos contados da data do respetivo pedido (art. 100º)[191].

Em relação ao limite objetivo o âmbito de proteção é determinado pelo conteúdo[192] das reivindicações, servindo a descrição e os desenhos para as interpretar (art. 98º, nº 1)[193].

As reivindicações servem tanto para definir o objeto de proteção (como vimos atrás, cap. II 1.1.2.), como para definir o âmbito de proteção. Trata-se de

[191] No caso de medicamentos e produtos fitofarmacêuticos a duração efetiva de utilização é tendencialmente menor, tendo em conta a necessidade, após a concessão, do pedido de autorização de introdução no mercado e ainda que se acrescente a "compensação" temporal resultante do pedido de um certificado complementar de proteção (arts. 116º e ss).

[192] No texto do art. 69º nº 1 da CPE (introduzido na Conferência Diplomática de Munique, de 29 de novembro de 2000, que entrou em vigor em 13/12/2007)) foi suprimido a expressão *conteúdo*, para evitar problemas de discrepância terminológica e interpretativa baseada em diferentes traduções (*Inhalt, teneur, terms*).

[193] Esta solução é coincidente com o disposto no art. 69º, nº 1 da CPE que, aliás, intencionalmente, foi fonte de inspiração e uniformização das legislações nacionais dos mais desenvolvidos países europeus.

um documento essencial para concretizar o objeto incorpóreo de proteção e delimitar o espaço de exclusividade do direito[194].

Há que distinguir a patente de produto ou de processo (arts. 50º, nº 2 e 98º, nº 2).

Se a invenção for de produto a posição tradicional, coeva da invenção mecânica, é no sentido de considerar que a patente abrange o produto independentemente do modo como é obtido e todas as suas possíveis utilizações. Segundo esta orientação a patente dirige-se ao produto, como tal, indiferente a quaisquer futuras invenções que obtenham o mesmo produto por novos processos ou destinem o produto a usos inovadores.

Não se trata de uma mera questão académica.

No caso de a proteção ser absoluta qualquer invenção de novo processo ou de novo uso implicaria que se estaria em presença de uma invenção dependente da primeira carente de autorização (licença) do respetivo titular, sob pena de contrafação.

No caso de a proteção ser relativa a invenção de um novo processo ou uso implicaria que se estaria perante uma invenção derivada mas não dependente, sem ser necessária a autorização do titular da invenção principal.

É uma questão controvertida na doutrina. Podemos dizer que há uma corrente mais conservadora de origem germânica favorável à proteção absoluta e uma corrente anglo-saxónica tradicional mais restritiva em relação ao âmbito de proteção da patente de produto. A divergência situa-se no plano da distinta valoração dos diferentes interesses em presença e do equilíbrio desejável entre liberdade de concorrência e monopólio.

No Reino Unido observa-se uma maior preocupação com a delimitação do objeto de invenção, o âmbito do direito de exclusivo e a margem de liberdade concorrencial de inovação[195].

Na Alemanha a maior atenção é dirigida à valorização e compensação do papel do primeiro inventor devendo as novas soluções respeitantes ao produto patenteado serem sujeitas ao veredicto (e crédito) do primeiro titular[196].

[194] Nos tratados internacionais as reivindicações foram introduzidas pelo art. 8º, nº 3 da Convenção de Estrasburgo de 1963 referida na nota 168 *supra*. Nos EUA as reivindicações constam de textos legais desde o *Patent Act* de 1836 (cf. Harmon, *Patents and the Federal Circuit* cit., p. 340).

[195] Cf. Cornish, *Intellectual Property: patents, trade marks and allied rights*, 3ª ed., 1999, pp. 186 e ss. Porém, o autor, na 5ª edição, em coautoria com Llewelyn (pp. 170/171), chama a atenção que esta posição era mais rigidamente adotada até 1949. Desde então tem-se observado uma maior abertura para a proteção absoluta de produtos *novos* e *originais* incluindo substâncias químicas.

[196] Nesta linha cf. Benkard, *Patentgesetz*, cit., § 14 (especialmente, Rn. 41). No entanto, o BGH mostra uma maior abertura às invenções de novo uso ou aplicação, sempre que a nova função torne mais *simples* e *eficaz* o dispositivo conhecido – *vide* Busse, *Patentgesetz* cit., § 1, Rn. 134, com indi-

O raciocínio é o de que a invenção de produto novo e original encerra um grau de dificuldade técnica superior à invenção de novos processos ou de novas aplicações do mesmo produto sendo, por isso, aceitável distinguir o *objeto* de proteção do *alcance* de proteção[197].

Pensamos que não é possível dar uma resposta uniforme aplicável a todos os setores da ciência e da técnica, mas cremos que a tendência será para uma especialização crescente do direito de patentes e uma posição favorável à posição relativa em determinadas áreas de investigação mais recentes[198].

A tese da proteção do produto *em si* faz todo o sentido, por exemplo, em relação a invenções situadas na área da mecânica ou eletrónica em que há uma tendência para uma "correspondência unívoca entre estrutura e função[199]" ou em que a função esgota a *coisa* inventada.

Mas se pensarmos em invenções da indústria químico-farmacêutica[200] e, especialmente, da biotecnologia[201] não será difícil, e até será mais razoável, admitir, acompanhando a mais recente doutrina italiana[202], a possibilidade,

cações jurisprudenciais. Na linha de proteção ampla da patente sobressaiu a decisão do Supremo Tribunal Alemão (BGH), de 29/04/1986 (caso *Formstein*), a primeira a pronunciar-se sobre o § 14 da lei de patentes, idêntico ao art. 97º, nº 1 do CPI, que considerou equivalente a violação de uma patente de produto por um processo equivalente. Sobre este caso *vide* o comentário de Gómez Segade, "La violación de la patente por un uso equivalente", in *Tecnología y Derecho* cit., pp. 634 e ss. Para este autor "existe uso equivalente da invenção, ao qual se estende o âmbito de proteção da patente, quando se executa a invenção patenteada com meios não reivindicados expressamente, mas que contém características essenciais da invenção patenteada".

197 Para mais desenvolvimentos *vide* Salvador Jovani, *El âmbito de protección* cit., pp. 249 e ss.

198 A tendência para a especialização é sublinhada, como já referimos (nota 142 *supra*), por Di Cataldo, *El futuro de nuestro derecho de patentes*, cit., pp. 77 e ss.

199 *Vide* Di Cataldo, *Le invenzioni i modelli*, 1990, cit., p. 115.

200 Aliás, como vimos atrás (cap. I 2.3. a) e b)), a invenção de uso farmacêutico ou de um segundo uso médico de uma substância compreendida no estado da técnica é legalmente possível e desejada (art. 53º, nº 1 als. a) e b)).

201 O TJ, no Ac. de 6/07/2010 (Caso "Monsanto Technology") em processo de recurso prejudicial, nº C-428/08, considerou que a Diretiva 98/44/CE, relativa à proteção jurídica das invenções biotecnológicas, procede a uma harmonização completa da proteção que confere às patentes, de modo que impede que uma legislação nacional conceda uma proteção absoluta do produto patenteado enquanto tal, independentemente de exercer ou não a sua função na matéria que o contém. Neste contexto, o titular de uma patente concedida antes da adoção da Diretiva, não pode invocar a proteção absoluta do produto patenteado que lhe foi atribuída pela legislação nacional então aplicável.

202 Nesse sentido, admitindo mesmo uma espécie de derrogação da extensão absoluta na hipótese de invenções biotecnológicas, *vide* Pizzoferrato, "Brevetto per invenzione" cit., pp. 143 e ss; Di Cataldo, "La brevettabilità delle biotecnologie. Novità, attività inventiva, industrialità", RDI, 1999, I, pp. 177 e ss; Di Cataldo/Arezzo, "Alcance de la patente y uso del produto", ADI, 26, 2005/2006, pp. 83 e ss e ADI, 28, 2007/2008, pp. 21 e ss. A tese da proteção relativa da proteção

verificadas certas condições, de proteção independente de invenções de novos usos de produtos ou de seleção de produtos[203] já conhecidos que preencham os requisitos de patenteabilidade[204].

Do ponto de vista legislativo, parece retirar-se uma tendência para a solução restritiva. O âmbito de proteção conferida pela patente é determinado

das invenções biotecnológicas também é sustentada por GÓMEZ SEGADE, "El ámbito de protección de las patentes biotecnológicas", ADI, 28, (2007/2008), pp. 746 e ss. No caso das patentes químicas DI CATALDO, *I brevetti per invenzione* cit., 2012, pp. 160 e ss; "Fra tutela assoluta del prodotto brevettato e limitazione ai procedimenti descritti ed agli usi rivendicati", RDI, I, 2004, pp. 111 e ss (traduzido para o espanhol, por GÓMEZ SEGADE, "Entre la tutela absoluta del producto patentado y la limitación a los procedimientos descritos y a los usos reivindicados", ADI, XXIV, pp. 235 e ss), DI CATALDO/AREZZO, "Alcance de la patente y uso del produto" cit., ADI, 26, pp. 71 e ss; VANZETTI/DI CATALDO *Manuale di Diritto Industriale* cit., pp. 441 e ss e 473 e ss, e GUGLIELMETTI, "Tutela assoluta e relativa del brevetto sul nuovo composto chimico, originilità dell'invenzione, e dinamiche della ricerca", in *Studi di diritto industriale in onore di Adriano Vanzetti, Proprietà Intellettuale e Concorrenza*, Tomo I, 2004, pp. 795 e ss, só admitem a proteção absoluta quando o produto e a função reivindicados (numa apreciação global do produto e função efetuada a partir do estado da técnica) sejam novos e originais. Nesta hipótese, a segunda invenção de novo uso deve ser considerada dependente da primeira. Se a invenção se dirigir a um produto, ainda que novo, mas a originalidade resulte apenas da função reivindicada (porquanto o produto em si já resulte de maneira evidente do estado da técnica) a proteção é limitada ao uso. Nesta hipótese, a segunda invenção de novo uso deve ser considerada independente. Os autores também equacionam o problema à luz dos incentivos económicos entre os diversos estádios da investigação, inclinando-se para aceitar, em regra, a valorização do contributo trazido pelo primeiro inventor de produto original em comparação com o de inventores subsequentes de novo processo ou uso. De um modo geral, são favoráveis à proteção relativa: GHIDINI, *Aspectos actuales del derecho industrial* cit., pp. 25 e ss, PIZZOFERRATO, "Brevetto per invenzione" cit., pp. 143 e ss e alguma jurisprudência mais recente (*vide*, LECCE, *Invenzioni e modelli industriali nella giurisprudenza*, 2ª ed., Giuffrè Ed., 2004, p. 26). Do lado da proteção absoluta estão, por exemplo, SENA, *I diritti sulle invenzioni* cit, 2011, pp. 84 e ss (com indicações doutrinárias, na nota 13) e "L'Importanza della protezione giuridica delle invenzioni biotecnologiche", RDI, 2000, I, pp. 65 e ss, BELLENGHI, "Nuovo prodotto chimico: protezione brevettuale assoluta o limitata all'a uso?", RDI, 1986, II, pp. 183 e ss e LEONINI, "Il ruolo del brevetto nella ricerca biotecnológica", in *Studi di diritto industriale in onore di Adriano Vanzetti* cit., tomo I, pp. 820 e ss.

[203] Sobre as patentes de seleção *vide*, para mais desenvolvimentos, CORNISH/LLEWELYN, *Intellectual property* cit., pp. 188 e ss.

[204] Sobre este importante tema ver, para mais desenvolvimentos, CORNISH/LLEWELYN, *Intellectual property* cit., pp. 169 a 172 e pp. 186 a 191, GHIDINI, ob cit., pp. 17 e ss, GÓMEZ SEGADE, "Un camino de futuro: la patentabilidad de la segunda indicación médica" in *Tecnologia e Derecho* cit., pp. 619 a 655, SALVADOR JOVANI, *El âmbito de protección* cit., pp. 249 e ss; SCUFFI, "La protezione giuridica delle invenzioni biotecnologiche: dalla Convenzione di Mónaco sul brevetto europeo al disegno di legge delega italiano per il recepimento della direttiva 98/44 CE", C. Imp. (E), 2003, pp. 319 e ss; REMÉDIO MARQUES, *Biotecnologia(s) e Propriedade Intelectual* cit., vol. I, pp. 878 e ss.

pelo conteúdo das reivindicações (art. 98º, nº 1[205]). Assim, se da interpretação das reivindicações resultar uma função específica do produto não será razoável conferir um direito mais extenso, na sua estrutura e função (ressalvada a doutrina dos equivalentes[206]), do que foi reivindicado e descrito. Por outro lado, a invenção de novo uso só carece de licença do titular da patente anterior "(...) quando não seja possível a exploração de uma invenção (...) se se verificar o carácter indispensável da primeira invenção para a exploração da segunda e apenas na parte necessária à realização desta (...)" (art. 110º, nº 1 *in fine*). No campo das invenções biotecnológicas as reivindicações que tenham por objeto sequências completas ou parciais de genes (patentes de produto) devem indicar a *concreta* aplicação industrial (art. 53º, nº 1 alª c)). A patenteabilidade de uma matéria biológica é possível desde que seja *isolada* do seu ambiente natural ou produzida com base num *processo* técnico, mesmo que preexista no estado natural (art. 53º, nº 1 alª e). Esta norma significa que a proteção só abrange o processo descrito e reivindicado de isolamento ou de produção do material biológico.

Se o objeto da patente disser respeito a um processo, os direitos conferidos por essa patente abrangem o processo e o produto conhecido obtido diretamente pelo processo patenteado (art. 98º, nº 2)[207]. A proteção do produto, nesta hipótese, não deve confundir-se, na nossa opinião, com a proteção de patente de produto. A proteção é sempre relativa e visa apenas impedir que um terceiro possa comercializar o produto através da utilização do mesmo processo patenteado ou de um processo equivalente, mas já não através de um processo distinto[208].

Esta proteção do produto foi introduzida, inicialmente, na Convenção da União de Paris (na revisão de Estocolmo de 1967 – art. 5º quater) e, mais tarde, na CPE (art. 64º, nº 2) e consta, igualmente, do artigo 28º, nº 1 alª b) do ADPIC/TRIPS, tendo sido adotada pelas principais legislações nacionais.

[205] A importância desta norma é reforçada no plano europeu na medida em que é baseada no art. 69º, nº 1 da CPE e, por essa razão, também adotada pelas legislações dos principais países europeus.

[206] Cf. nº 2. *infra*.

[207] A reivindicação redigida como "produto X obtido pelo procedimento Y" tem sido interpretado no sentido de que a sua proteção não está limitada ao procedimento de preparação concreto Y, quando este não é imprescindível. Para um maior desenvolvimento sobre a noção de produto diretamente obtido, cf. Salvador Jovani, *El ámbito de protección* cit., pp. 458 e ss.

[208] Por exemplo, se uma patente protege uma proteína obtida por uma determinada técnica tradicional isso não impedirá que um terceiro possa patentear a mesma proteína obtida por técnicas inovadoras como a de ADN recombinante. Este foi o caso americano *Scripps v. Genentech*, a propósito do modo de obtenção do Fator VIII-C, uma proteína muito usada no tratamento da hemofilia. Sobre este caso *vide* Di Cataldo, *La brevettabilità delle biotecnologie* cit., pp. 179 e ss.

Se uma patente tiver por objeto um processo de fabrico de um produto novo, o mesmo produto fabricado por um terceiro será, salvo prova em contrário, considerado como fabricado pelo processo patenteado (art. 99º).

Este alargamento de proteção da patente de processo visa evitar que o titular da patente fique indefeso a importações do mesmo produto efetuadas de um país onde o direito não se encontre protegido[209].

Nesta hipótese não se exige ao titular da patente o ónus da prova (*diabólica*[210]) de que o terceiro utilizou o mesmo processo patenteado no fabrico do produto (art. 99º). A finalidade é "libertar" o titular de uma tarefa muito difícil, para não dizer impossível, de, em tempo útil, reunir provas de que o processo de fabrico do produto é idêntico ou equivalente ao patenteado. Atendendo à reconhecida dificuldade de o titular da patente *devassar* o espaço empresarial de um eventual contrafator e de aceder à sua documentação técnica e recolher matéria probatória percebe-se o interesse e alcance da presunção legal *tantum iuris*.

Esta solução impõe um esclarecimento específico e adicional no que tange à patente de processo de fabrico de produtos farmacêuticos novos.

Em Portugal só a partir de 1/1/1992 (data da adesão de Portugal à CPE) é que passou a ser possível proteger patentes de produtos químicos.

Nestas circunstâncias, para os titulares da patente de processo de produto farmacêutico novo, a inversão do ónus da prova acabava (e acaba) por ter um grande interesse prático de defesa do seu direito exclusivo e de prevenção de uma concorrência parasitária de comercialização do produto fabricado pelo processo patenteado.

É certo que, como vai dito, desde 1992, é possível em Portugal a patenteabilidade direta de produtos farmacêuticos. O interesse da presunção legal foi-se esbatendo, tendo revestido uma enorme importância para as patentes pedidas depois de 1/1/1986[211] (data da adesão à CEE) e até 1992.

O CPI atual, à semelhança de outras legislações nacionais[212], mantém esta presunção legal e a correspondente inversão do ónus da prova (artigo 99º).

[209] Para uma visão ampla do problema da violação da patente, ver KÜHNEN, *Handbuch der Patentverletzung*, 2016.

[210] Como a designa FERNÁNDEZ-NÓVOA, *La modernización del derecho español de patentes*, Ed. Montecorvo, Madrid, 1984, p. 192.

[211] Nos termos do Protocolo nº 19 ao Tratado de Adesão à (então) CEE, Portugal obrigou-se a adotar a regra da inversão do ónus da prova a partir da data de adesão.

[212] A mesma solução pode ser encontrada, v.g., na lei espanhola (artigo 61º, nº 2 da lei de 1986), na lei italiana (artigo 67º, nº 1 do CPI de 2005) e na lei alemã de 1980 (§ 139 (3)). Para mais desenvolvimentos, *vide*, para o direito espanhol, VIDAL-QUADRAS, *Estudio sobre los requisitos de patentabilidad* cit., pp. 131 e ss, para o direito italiano, VANZETTI/DI CATALDO, *Manuale di Diritto Industriale*

Aliás, deve dizer-se que se não fosse esta a solução nacional o compromisso resultante da adesão de Portugal ao ADPIC/TRIPS (em vigor desde 1/1/1996) acabaria por a ditar.

O artigo 34º deste importante acordo impõe a inversão do ónus da prova aos Estados-membros em pelo menos uma das duas seguintes situações:

a) se o produto obtido pelo processo patenteado for novo;
b) se existir uma forte probabilidade de o produto idêntico ter sido obtido por esse processo e o titular da patente não tiver podido determinar, através de esforços razoáveis, qual o processo efetivamente utilizado.

A generalidade das legislações europeias[213] consagra a primeira das modalidades, mais restritiva por exigir que o produto preencha o requisito de novidade.

Há doutrina que defende que o problema da inversão do ónus da prova só se deve colocar quando o procedimento patenteado se referir a um produto novo e não existam outros procedimentos conhecidos do público, ainda que posteriores, de obtenção do mesmo resultado[214].

Não partilhamos esta posição.

Do que se trata é de garantir, de um modo pragmático, que quem se proponha comercializar o mesmo produto, em momento posterior, faça a prova de que o produziu de modo inovador. Face aos interesses em presença, o legislador considerou que a solução mais equilibrada – que, por um lado, não lesasse os interesses legítimos do primeiro inventor de processo e de produto, nem, por outro, inviabilizasse a proteção de novos processos – seria a de atribuir ao primeiro um mecanismo eficaz de defesa do seu direito de exclusivo que evitasse as dificuldades probatórias (*probatio diabolica*) a que estaria sujeito não fora a inversão do ónus da prova. O presumível infrator, se estiver de boa-fé, pode, de modo bem mais expedito e eficaz, fazer prova *do contrário*, isto é, demonstrar que o seu processo de fabrico é substancialmente distinto do patenteado[215].

cit., pp. 444 e ss e, para o direito alemão, BENKARD, *Patentgesetz* cit., § 139 Rn. 118 a 124, BUSSE/KEUKENSCHRIJVER, *Patentgesetz* cit., § 139 Rn. 239 a 309, BUSSE, *Patentgesetz* cit., § 139 Rn. 204 a 217. A inversão do ónus da prova remonta à lei Alemã de 1891 tendo-se mantido até ao presente. A inversão do ónus da prova remonta à lei Alemã de 1891 tendo-se mantido até ao presente.

[213] Fora da Europa, os EUA consagram apenas a segunda modalidade (USC-35, § 295).

[214] Cf. ROTONDI, "Sul brevetto di procedimento, sulla sua estensione e sull'onere della prova della contraffazione", in *Multitudo Legum Ius Unum*, Inter Recht, Berlin, 1973, pp. 712 e ss.

[215] Nesse sentido, Acórdão do STJ de 26/1/2006, Proc. 4206/05, in http://www.stj.pt (com a nossa anotação, "A proteção reforçada da patente de processo de fabrico de um produto novo", CDP, 2006, Out./Dez., pp. 41 e ss) e Acórdão da Relação de Lisboa de 31/3/1998, CJ, 1998, tomo II, p. 122.

Os requisitos legais para um interessado invocar a seu favor a inversão do ónus de prova, prevista no artigo 99º, são os seguintes:

1º – Ser titular de uma patente válida de processo de fabrico de um produto;

2º – O produto ser diretamente obtido pelo processo patenteado;

3º – O produto ser novo à data do pedido de patente ou da data de prioridade reivindicada;

4º – O produto fabricado ou distribuído pelo presumível infrator, em momento posterior, ser idêntico (ter as mesmas características essenciais) do produto obtido pelo processo patenteado.

O artigo 99º não refere o âmbito de aplicação processual. No entanto parece razoável que a presunção só deva operar no campo do direito processual civil e já não no campo do direito processual penal por, neste último caso, poder colidir com os princípios da presunção da inocência do arguido e do *in dubio pro reo*[216]. Os crimes contra a propriedade industrial dependem de queixa, face ao disposto no artigo 328º.

Se o objeto da patente disser respeito a um produto novo não suscetível de ser definido cabalmente pelas suas características, mas por referência ao processo de o produzir (*product by process claims*) a proteção deve corresponder a uma reivindicação de produto *per se* (por isso se exigindo que este cumpra os requisitos de patenteabilidade) embora o ponto não seja pacífico[217]. Este é o campo por excelência de algumas invenções químicas e biotecnológicas nas quais o procedimento (a preparação) pode ser a única forma para definir certos produtos que não estejam em condições satisfatórias de serem definidos pela sua "composição, estrutura ou outros parâmetros comprováveis"[218].

A proteção conferida por uma patente relativa a uma matéria biológica, dotada, em virtude da invenção, de determinadas propriedades abrange qualquer

[216] No mesmo sentido, Oehen Mendes, "A inversão do ónus da prova na violação das patentes de processo" in *Iuris Et De Jure*, UCPP, 1988, pp 1106 e ss. Também é esse o entendimento na Alemanha (por todos, cf. Benkard, *Patentgesetz* cit.§ 139 Rn. 119).

[217] Se o produto só pode ser definido pelo processo pelo qual é produzido qualquer outro processo de produção não estará em condições de definir o mesmo produto. A não ser assim então do que se trata, em rigor, é de uma reivindicação de processo e de produto diretamente produzido por esse processo que não impedirá a proteção de um novo processo de fazer o mesmo produto. Sobre este ponto *vide* as considerações e as citações doutrinárias e jurisprudenciais, Jovani, *El âmbito de protección* cit., pp. 136 e ss e Bently/Sherman, *Intellectual Property Law* cit., pp. 543-544. Di Cataldo, "Fra tutela assoluta del prodotto brevettato" cit. pp. 112 e ss, considera a extensão de proteção da patente *product-by-process* idêntica à problemática da patente de produto, isto é, só devendo, por regra, comportar uma proteção relativa.

[218] Para citarmos a decisão 150/82 de 7/2, da Câmara de Recurso Técnica do IEP (OJ/EPO, 1984, pp. 309 e ss).

matéria biológica obtida a partir da referida matéria biológica por reprodução ou multiplicação, sob forma idêntica ou diferenciada e dotada dessas mesmas propriedades (art. 98º, nº 3).

A proteção conferida por uma patente relativa a um processo que permita produzir uma matéria biológica, dotada, em virtude da invenção, de determinadas propriedades abrange a matéria biológica diretamente obtida por esse processo e qualquer outra matéria biológica obtida a partir da matéria biológica obtida diretamente, por reprodução ou multiplicação, sob forma idêntica ou diferenciada e dotada dessas mesmas propriedades (art. 98º, nº 4).

O propósito deste normativo, atento o objeto da patente e a facilidade da sua replicação ou reprodutibilidade, é o de prevenir quaisquer utilizações abusivas da matéria biológica posteriormente obtida. Esta preocupação legítima de compensar os grandes investimentos que são necessários nesta área da investigação aplicada e de evitar a facilidade de contrafação não significa, no entanto, conferir uma proteção absoluta às invenções biotecnológicas, tanto mais que essa solução contrariaria o relevante interesse em incentivar a continuação da investigação e promover o progresso técnico[219].

2. Doutrina dos Equivalentes

A determinação do âmbito de proteção da patente não se afigura uma tarefa fácil. Para além do conteúdo positivo do direito de patente, que acabamos de abordar, outra questão é a determinação do conteúdo negativo do direito de patente.

A situação de contrafação não literal da patente coloca as maiores dificuldades e é a mais frequente (cerca de 80% dos casos de violação de patente[220]). A teoria mais generalizada e aceite pela doutrina e jurisprudência, quer na Europa, quer nos EUA, embora de modo não inteiramente coincidente[221], é a

[219] No mesmo sentido, Pizzoferrato, "Brevetto per invenzione" cit., pp. 150 e ss.

[220] Cf. Scuffi/Franzosi/Fittante, *Commentario Codice della Proprietà Industriale* cit. p. 294, nota 20.

[221] Para uma visão comparativa da jurisprudência nacional dos principais países da União Europeia, chamando a atenção, de um modo especial, mais uma vez, para as divergências interpretativas entre o Reino Unido (mais restritiva na aplicação da doutrina e, portanto, mais favorável a novas proteções) e a Alemanha (mais liberal na interpretação e, assim, mais favorável ao interesse do titular da invenção patenteada) bem expressas no conhecido caso *Epilady* (*Improver v. Remington*), de que falaremos adiante, no texto, cf.: Pagenberg/Cornish, *Interpretation of Patents in Europe, Application of Article 69 EPC*, 2006; Adam, *Der sachliche Schutzbereich des Patents in Großbritannien und Deutschland*, 2003; Cornish/Llewelyn, *Intellectual Property* cit., *pp. 238 e ss*; Bently/Sherman, *Intellectual Property Law* cit., pp. 626 e ss; Stauder, *in* Singer/Stauder, *The european patent convention* cit., pp. 246 e ss; Jovani, *El ámbito de protección* cit., pp. 365 e ss; Fisher, *Fundamentals of Patent Law* cit., pp. 173 e ss. As decisões do caso *Epilady* podem ser vistas *in* IIC 1990, pp. 561, 572, 580, 586, 589, 857, 860; IIC 1992, pp. 391, 394; IIC 1993, pp. 803, 832 e 838. *Epilady* era uma patente

chamada "doutrina dos equivalentes" nascida na Alemanha, no início do século XX, com KOHLER[222].

Esta orientação conheceu um assinalável apoio na Conferência Diplomática de Revisão da CPE de novembro de 2000[223], que a acolheu no artigo 2º do Protocolo interpretativo do art. 69º (este último idêntico ao disposto no art. 98º, nº 1 CPI)[224].

Na medida em que o Protocolo, por força do art. 164º CPE, faz parte integrante desta Convenção, a que Portugal aderiu em 1992, isso significa que esta interpretação passa a ser vinculativa para qualquer patente nacional obtida pela via europeia de proteção. Mas não só: a mesma doutrina deve ser aplicada, mesmo na ausência de consagração legal expressa, por razões de igualdade concorrencial e de segurança jurídica, a quaisquer patentes nacionais independentemente da via de proteção adotada (nacional, europeia ou internacional) coincidente[225], é a chamada "doutrina dos equivalentes" nascida na Alemanha, no início do século XX, com KOHLER[226].

europeia atribuída a *Improver Corporation* cujo objeto consistia numa depiladora composta de uma mola rotativa em espiral, limitando-se a reivindicação ao uso desta técnica de extração pilosa. A titular desta patente propôs várias ações judiciais por violação do seu direito contra *Remington* que concebeu uma outra depiladora (*Lady Remington*) com diferente material (borracha sintética rotativa cilíndrica com ranhuras). Sobre este caso, que suscitou uma intensa controvérsia ante as decisões judiciais contraditórias de diferentes países europeus, nomeadamente do Reino Unido (desfavoráveis ao titular da patente *Epilady*) e da Alemanha (em sentido contrário) *vide* STAUDER, *in* SINGER/STAUDER, *idem*, pp. 253 e ss.

[222] *Handbuch des deutschen Patentrechts*, Bensheimer, Mannheim, 1900.

[223] Esta alteração, repetindo-nos, entrou em vigor a 13 de dezembro de 2007.

[224] O art. 2º do protocolo dispõe o seguinte: "Para efeitos da determinação da extensão da proteção conferida por uma patente europeia, deve ter-se em conta todo o elemento equivalente a um elemento especificado nas reivindicações". Por sua vez, o art. 1º do Protocolo interpretativo estatui o seguinte: "o art. 69º não deve ser interpretado como significando que a extensão da proteção conferida por uma patente europeia é determinada no sentido estrito e literal do texto das reivindicações e que a descrição e os desenhos servem unicamente para dissipar as ambiguidades que poderiam ocorrer nas reivindicações. Nem deve ser considerado como significando que as reivindicações servem unicamente como orientação e que a proteção se estende também ao que, da consideração da descrição e desenhos por um especialista na matéria, o titular da patente entendeu proteger. Pelo contrário, o artigo 69º deve ser interpretado como definindo uma posição, entre estes extremos, que assegura simultaneamente uma proteção justa ao titular da patente e um grau razoável de segurança jurídica para terceiros".

[225] Para uma visão comparativa da jurisprudência nacional dos principais países da União Europeia, chamando a atenção, de um modo especial, mais uma vez, para as divergências interpretativas entre o Reino Unido (mais restritiva na aplicação da doutrina e, portanto, mais favorável a novas proteções) e a Alemanha (mais liberal na interpretação e, assim, mais favorável ao interesse do titular da invenção patenteada) bem expressas no conhecido caso *Epilady* (*Improver v. Remington*), de que falaremos adiante, no texto, cf.: PAGENBERG/CORNISH, *Interpretation of Patents in Europe,*

Esta orientação conheceu um assinalável apoio na Conferência Diplomática de Revisão da CPE de novembro de 2000[227], que a acolheu no artigo 2º do Protocolo interpretativo do art. 69º (este último idêntico ao disposto no art. 98º, nº 1 CPI)[228].

Na medida em que o Protocolo, por força do art. 164º CPE, faz parte integrante desta Convenção, a que Portugal aderiu em 1992, isso significa que esta interpretação passa a ser vinculativa para qualquer patente nacional obtida pela via europeia de proteção. Mas não só: a mesma doutrina deve ser aplicada, mesmo na ausência de consagração legal expressa, por razões de igualdade concorrencial e de segurança jurídica, a quaisquer patentes nacionais independentemente da via de proteção adotada (nacional, europeia ou internacional).

A Conferência Diplomática acabou por não aprovar uma definição de equivalente, nem se pronunciou sobre o momento temporal de apreciação da equi-

Application of Article 69 EPC, 2006; ADAM, *Der sachliche Schutzbereich des Patents in Großbritannien und Deutschland*, 2003; CORNISH/LLEWELYN, *Intellectual Property* cit., *pp. 238 e ss*; BENTLY/SHERMAN, *Intellectual Property Law* cit., pp. 626 e ss; STAUDER, *in* SINGER/STAUDER, *The european patent convention* cit., pp. 246 e ss; JOVANI, *El ámbito de protección* cit., pp. 365 e ss; FISHER, *Fundamentals of Patent Law* cit., pp. 173 e ss. As decisões do caso *Epilady* podem ser vistas *in* IIC 1990, pp. 561, 572, 580, 586, 589, 857, 860; IIC 1992, pp. 391, 394; IIC 1993, pp. 803, 832 e 838. *Epilady* era uma patente europeia atribuída a *Improver Corporation* cujo objeto consistia numa depiladora composta de uma mola rotativa em espiral, limitando-se a reivindicação ao uso desta técnica de extração pilosa. A titular desta patente propôs várias ações judiciais por violação do seu direito contra *Remington* que concebeu uma outra depiladora (*Lady Remington*) com diferente material (borracha sintética rotativa cilíndrica com ranhuras). Sobre este caso, que suscitou uma intensa controvérsia ante as decisões judiciais contraditórias de diferentes países europeus, nomeadamente do Reino Unido (desfavoráveis ao titular da patente *Epilady*) e da Alemanha (em sentido contrário) *vide* STAUDER, *in* SINGER/STAUDER, *idem*, pp. 253 e ss.

[226] *Handbuch des deutschen Patentrechts*, Bensheimer, Mannheim, 1900.

[227] Esta alteração, repetindo-nos, entrou em vigor a 13 de dezembro de 2007.

[228] O art. 2º do protocolo dispõe o seguinte: "Para efeitos da determinação da extensão da proteção conferida por uma patente europeia, deve ter-se em conta todo o elemento equivalente a um elemento especificado nas reivindicações". Por sua vez, o art. 1º do Protocolo interpretativo estatui o seguinte: "o art. 69º não deve ser interpretado como significando que a extensão da proteção conferida por uma patente europeia é determinada no sentido estrito e literal do texto das reivindicações e que a descrição e os desenhos servem unicamente para dissipar as ambiguidades que poderiam ocorrer nas reivindicações. Nem deve ser considerado como significando que as reivindicações servem unicamente como orientação e que a proteção se estende também ao que, da consideração da descrição e desenhos por um especialista na matéria, o titular da patente entendeu proteger. Pelo contrário, o artigo 69º deve ser interpretado como definindo uma posição, entre estes extremos, que assegura simultaneamente uma proteção justa ao titular da patente e um grau razoável de segurança jurídica para terceiros".

valência[229]. De todo o modo, nem por isso deixa de representar um contributo inovador e assinalável, na medida em que é a primeira vez que se pretende consagrar o reconhecimento legal dos equivalentes como critério de delimitação do conteúdo negativo do direito de patente.

A aplicação concreta da doutrina de equivalência, na ausência de uma definição (que, reconheça-se, teria sempre um valor relativo e seria insuscetível de eliminar, totalmente, a complexidade da tarefa) suscita sérias dificuldades. Há duas orientações principais: a alemã e a norte-americana.

Na Alemanha, desde o "leading case" *Formstein*[230], parte-se do problema técnico objetivamente resolvido pela invenção e confronta-se a solução patenteada com o contributo dado pela invenção requerida. Se esta resolver o mesmo problema por meios diferentes, mas acessíveis ao perito na especialidade haverá equivalência. O juízo de equivalência prende-se com a evidência dos meios modificados e a solução do mesmo problema técnico. O critério de apreciação privilegia a perspetiva sintética e qualitativa e visa qualificar o grau de evidência ou de originalidade da invenção. É o chamado *critério da obviedade.*

O Supremo Tribunal Alemão, em cinco acórdãos de 12/3/2002[231], propôs um conjunto de três questões para *testar* a verificação da doutrina dos equivalentes, designadas por *Schneidmesser-Fragen.*

As três questões são as seguintes[232]: (1ª "a forma de execução em causa resolve o mesmo problema subjacente à invenção com meios modificados, mas com efeitos idênticos em termos objetivos?" 2ª "Em caso afirmativo: com base nos conhecimentos especializados o perito na matéria está em condições de encontrar o mesmo efeito com os meios modificados?" 3ª "Em caso afirmativo: as considerações que o perito faz dirigidas ao sentido da orientação técnica pro-

[229] Contrariando a intenção inicial da Conferência que, no texto original do art. 2º do protocolo interpretativo, propunha ainda uma definição de equivalente ("um meio considera-se equivalente se for evidente para o perito médio da matéria que a utilização deste meio permite obter essencialmente o mesmo resultado obtido pelo meio indicado na reivindicação") e determinava que o momento temporal de referência fosse a data de infração.

[230] BGH, de 29/4/1986, GRUR, 1986, pp. 803 e ss. O que estava em causa era a alegada infração de uma patente que protegia um lancil de rua destinado a facilitar drenagem e a evitar inundações.

[231] GRUR, 2002, pp. 511 e ss (*Kunststoffrohrteil; SchneidmesserI; SchneidmesserII; Custodio I; Custodio II*).

[232] *Löst die angegriffene Ausführungsform das der Erfindung zu Grunde liegende Problem mit zwar abgewandelten, aber objektiv gleichwirkenden Mitteln? Wenn ja: Befähigen seine Fachkenntnisse den Fachmann, die abgewandelten Mittel als gleichwirkend aufzufinden? Wenn ja: Sind die Überlegungen, die der Fachmann hierzu anstellen muss, derart am Sinngehalt der im Patentanspruch unter Schutz gestellten technischen Lehre orientiert, dass der Fachmann die abweinchende Ausführung mit ihren abgewandelten Mitteln als eine Lösung in Betracht zieht, die der wortsinngemässen gleichwertig ist?*

tegida pela patente são no sentido de considerar a execução modificada através dos meios alterados uma solução que é equivalente ao sentido literal dessa doutrina?"). As respostas afirmativas a estas questões implicam a equivalência das invenções[233].

Em suma, há equivalência se houver identidade do efeito técnico (*Gleichwirkung*), evidência dos meios modificados e semelhança da solução técnica encontrada (*Gleichwertigkeit*).

No caso *Schneidmesser I* (que se reporta a um recurso proposto contra uma decisão da 1ª instância que considerou procedente uma ação de contrafação proposta pela titular de uma licença exclusiva de uma invenção que consiste numa lâmina para máquinas rotativas de corte de papel) o recurso foi julgado improcedente porquanto a máquina da recorrente foi considerada equivalente à da recorrida[234].

Nos EUA, a forma de determinar a equivalência assenta, essencialmente, mas não exclusivamente[235], na chamada doutrina, definida pelo "case law", *function-way-result test* (triplo teste), de acordo com a decisão do Supremo Tribunal no caso *Graver Tank v. Linde Air* (1950)[236], que envolvia patentes de processo de soldadura elétrica. O Supremo Tribunal (re)afirmou[237] a validade da doutrina dos equivalentes e estabeleceu os dois momentos para avaliar a violação do direito de patente: o significado literal das reivindicações (*peripheral claiming*) e o teste de equivalências.

Mais tarde, em 1987, O CAFC (*en banc*, isto é, reunido em pleno), no caso *Pennwalt v. Durand-Wayland* (sobre máquinas de seleção de fruta) confirmou a adoção da doutrina dos equivalentes defendendo, embora, uma apreciação

[233] Cf. mais desenvolvimentos, Benkard, *Patentgesetz* cit., § 14, Rn. 101 – 111, Keukenschrijver, "The German Practice", in Pagenberg/Cornish, *Interpretation of Patents in Europe* cit., pp. 73 e ss e Klett/Sonntag/Wilsky, *Intellectual Property Law in Germany. Protection, Enforcemen and Dispute Resolution*, 2008, pp. 16/17.

[234] Ver, no mesmo sentido, a decisão do BGH, de 22/11/2005, no caso *Stapeltrockner* (GRUR, 2006, pp. 313 e ss).

[235] O critério referido no texto não é tão facilmente aplicável, de um modo especial, no caso de invenções químicas e biológicas em relação às quais se propõe a doutrina da *substancialidade* (apreciação da diferença substancial ou não substancial do elemento modificado).

[236] 339 U.S. 605. Cf., para uma análise desta decisão, *Moy's Walker on patents* cit., vol. IV, § 13:12 e Fisher, *Fundamentals of Patent Law* cit., pp. 183 e ss. Sobre o "triplo teste" cf., ainda, com muito desenvolvimento, *Moy's* cit. vol. IV § 13:63 a § 13:76. No entanto, o primeiro afloramento histórico da doutrina dos equivalentes pode ser reconduzido à decisão do Supremo Tribunal dos EUA em 1854 no caso *Winans v. Denmead* – cfr. Amy Landers, *Understanding Patent Law*, 2018, pp. 350 e ss.

[237] "Reafirmou" porque já em 1853 (56 U.S. 330) o Supremo Tribunal havia aludido à doutrina dos equivalentes (sem a nomear expressamente) no caso *Winans v. Denmead* (forma de vagão ferroviário) no qual o tribunal, por maioria, decidiu pela infração não literal – cf. Vidal-Quadras, *Estudio sobre los requisitos de patenteabilidad* cit., pp. 206/207.

analítica (*element-by-element rule*) e não sintética das reivindicações (isto é, a doutrina deve ser aplicada elemento a elemento reivindicado) e adotou a interpretação mais restritiva das reivindicações[238].

As decisões, não inteiramente coincidentes, do CAFC (1995) e do Supremo Tribunal (1997) no caso *Hilton Davis v. Warner Jenkinson* em que se defrontavam patentes de procedimento para eliminar impurezas de corantes de produtos alimentícios[239], também adotaram o triplo teste (um elemento reivindicado será equivalente se desempenhar substancialmente a mesma função, do mesmo modo substancial e com a obtenção substancial do mesmo resultado) e a apreciação "elemento a elemento". Todavia, a apreciação *element-by-element* não vai ao ponto de afastar o elemento reivindicado da totalidade da invenção. Trata-se de uma técnica de delimitação da invenção, a partir da individualidade de cada reivindicação, e não de uma forma de abstração da invenção no seu conjunto.

Para a *peripheral claiming theory* as reivindicações definem os limites da invenção patenteada em oposição à *central claiming theory*, que foi dominante até 1990. Para esta última, a preocupação era a de proteger a ideia geral da invenção ainda que a mesma não resultasse única ou totalmente do conteúdo das reivindicações, mas pudesse constar também, por exemplo, do conteúdo das especificações (que correspondem às descrições europeias).

A doutrina dos equivalentes pressupõe que as reivindicações delimitem, com clareza e rigor, o objeto de proteção, ou seja, só faz sentido se for adotada a *peripheral claiming theory*[240].

A aplicação da doutrina sofre limitações, em algumas situações, no *case law* americano: o elemento *atingido* ser divulgado, mas não reivindicado[241]; o elemento equivalente não poder ser patenteado por fazer parte do estado da técnica; o conteúdo das reivindicações delimitar funcionalmente a invenção; a equivalência resultar da análise da reivindicação, uma a uma, mas não do conjunto reivindicado por ter ocorrido um avanço tecnológico superveniente imputável ao suposto infrator[242]; no caso de ter lugar a chamada *prosecution his-*

[238] Cf. Harmon, *Patents and the Federal Circuit* cit., pp. 390 e ss; Takenaka, ob. cit., pp. 19 e ss; Fisher, ob. cit., pp. 196 e ss.

[239] *Moy's Walker on patents* cit., vol. IV, § 13:14 a § 13:26 e Harmon, *Patents and the Federal Circuit* cit., pp. 392 e ss. *Vide*, ainda, Schwartz, *Patent law and practice* cit., pp. 141 e ss, Takenaka, *Interpreting patent claims* cit., pp. 113 e ss e Vidal-Quadras, *Estudio sobre los requisitos de patenteabilidad* cit., pp. 211 e ss.

[240] Para mais desenvolvimentos cf. Takenaka, ob. cit., pp. 6 e ss.

[241] Em resultado da aplicação da chamada regra *Miller v. Bridgeport Brass*, de um caso antigo de 1881, cuja referência pode ser vista in Harmon, *Patents and the Federal Circuit* cit., p. 410 e nota 125.

[242] Caso *Texas Instruments v. ITC* do *Federal Circuit* de 1986, in Harmon, *idem*, pp. 408 e ss.

tory estoppel (PHE), isto é, se tiver ocorrido um comportamento, expresso ou tácito, do titular da patente de limitação corretiva do âmbito do seu direito durante as diferentes fases do processo de registo[243].

Por contraposição à posição alemã, de índole mais sintética e qualitativa, a orientação americana reveste uma natureza mais analítica e quantitativa, visando apurar semelhanças e diferenças entre os elementos reivindicados e realçando mais o comportamento anterior do titular da patente.

Os tribunais britânicos adotaram, até meados de 2017, de modo relativamente pacífico, o chamado *Catnic test* para saber se uma determinada característica ou variação cabe no âmbito de uma reivindicação e se, consequentemente, há ou não violação. O modelo britânico, por comparação com o alemão, privilegiava uma interpretação mais estrita, literal e subjetivista das reivindicações o que reduzia a possibilidade de aplicação dos equivalentes[244].

O *Catnic test* apoiou-se nas considerações suscitadas, ainda ao abrigo do anterior *Patent Act* de 1949, por Lord Diplock no caso *Catnic v. Hill &* Smith (House of Lords – 1982)[245], em que o tribunal construiu a chamada *purposive construction*, por contraposição à *purely literal construction*, própria da doutrina *pith and marrow* ou da essência da invenção, que era dominante até então.

[243] Sobre esta limitação, para mais desenvolvimentos cfr. Amy Landers, *Understanding Patent Law* cit., pp. 363 e ss. Na aplicação da doutrina PHE sobressaem as decisões tomadas no caso *Festo*, iniciado em 1995, em que a empresa *Fest Corporation* interpôs um processo, por violação das suas patentes *Carrol* e *Stoll*, contra *Shoketsu Kinzoku Kogyo Kabushiki*. *The Federal Circuit* adotou a referida doutrina numa decisão de 2000, considerando que a mesma deveria ser aplicada sempre que a alteração de limitação do alcance de uma reivindicação dissesse respeito a qualquer requisito legal substancial. O Supremo Tribunal Americano, em decisão de 2002, confirmou esta orientação. Questão igualmente controvertida, relacionada com a aplicação do PHE, é a de saber se pode continuar a ser invocada a doutrina dos equivalentes (DOE), para proteção do elemento da reivindicação modificado. O *Federal Circuit* entendeu que não, mas o Supremo rejeitou a aplicação rígida desta orientação ao caso *Festo II* e remeteu o processo novamente para o *Federal Circuit*. Sobre este controvertido caso *vide*, para mais desenvolvimentos, *Moy's Walker on patents* cit., vol. IV, § 13:27 a § 13:37; Fisher, *Fundamentals of Patent Law* cit., pp. 207 e ss; Harmon, *Patents and the Federal Circuit* cit., pp. 430 e ss, Geißler, "Noch lebt die Äquivalenzlehre", GRUR Int., 2003, pp. 1 e ss, Adam, "Quo vadis angemessener Erfinderschutz?", GRUR Int., 2001, 507 e Berge Babinecz/Hinrichs/Jung/Kolb, "Schutzbereich von US-Patenten: Festo und eine deutsche Sicht", GRUR Int., 2003, pp. 487 e ss; Mikyung Lee, "Patent Law: The Festo Case and the doctrine of equivalents", in AA.VV. (ed. John Martin), *Patents: issues and legal developments* cit., pp. 73 e ss; Remédio Marques, *Biotecnologia(s) e Propriedade Industrial* cit., vol. I, pp. 832 e ss; Samuel Dias Henriques, *O âmbito da patente e a doutrina dos equivalentes*, 2019, pp. 175 e ss.

[244] Para um exaustivo confronto entre o sistema alemão e o britânico, a partir da análise dos *leading cases Catnic* e *Improver* (analisados de seguida no texto) e *Formstein* (atrás referido), cf. Adam, *Der sachliche Schutzbereich des Patents in Großbritannien und Deutschland* cit.

[245] GRUR Int. 1982, p. 136 e Cornish, *Cases and Materials* cit., pp. 109 e ss.

Para a doutrina da essencialidade – pelo menos do modo restritivo como passou a ser aplicada pelos tribunais, a partir de meados do século XX (de que é exemplo paradigmático o caso *Vander Lely v. Bamfords*, nos anos sessenta[246]) até ao caso *Catnic* – o âmbito de proteção da invenção era muito reduzido, porquanto, por um lado, todas as características reivindicadas eram essenciais e, consequentemente, não haveria infração no caso de substituição da invenção patenteada por meios equivalentes[247].

No caso *Catnic*, o tribunal considerou que, ao contrário da doutrina *pith and marrow*, nem todas as características constantes das reivindicações devem ser consideradas essenciais, sendo necessário determinar a essencialidade de cada uma delas através de uma interpretação finalística/teleológica (*purposive construction*). Um elemento só será essencial se for necessário ao funcionamento da invenção através do teste *function-way-result test* ou se, não o sendo, o respetivo titular lhe atribuir essa importância. Aceitou ainda a doutrina dos equivalentes tendo adotado o referido *Catnic test* que inspirou as três questões formuladas por Lord Hoffmann no caso *Improver v. Remington* (1988)[248] a despeito de algumas dúvidas sobre a compatibilidade da nova legislação (*Patent Act* de 1977) com a terceira questão apresentada, atendendo a que o *Patent Act* de 1977, na secção 125 nºs 1 e 3, adotou, respetivamente, o disposto no art. 69º, nº 1 da CPE e o correspondente Protocolo interpretativo previsto no art. 164º[249].

As três questões do caso *Epilady* foram as seguintes: *Does the variant have a material effect upon the way the invention works?* ("A variante (ou a solução acusada) apresenta uma diferença técnica substancial em relação ao modo de funcionamento da invenção?") Se a resposta for afirmativa não há equivalência; Se a resposta for negativa: *Would this (i.e. that the variant had no material effect) have been obvious at the date of publication of the patent to a reader skilled in the art?* ("Este facto (de não ser uma diferença substancial) é óbvio para um perito à data da publicação da patente?") Se a resposta for negativa não há equivalência;

[246] Cornish, ob cit., pp. 104/105.

[247] Para mais desenvolvimentos sobre a evolução na construção e interpretação das reivindicações cf. Terrell *On the law of patents* cit., pp. 105 e ss.

[248] Pode ser visto em Cornish, *Cases and Materials* cit., pp. 112 e ss.

[249] *The House of Lords* confirmou, expressamente, essa compatibilidade. Lord Hoffmann, no caso *Kirin-Amgen v. Hoechst Marion Roussel* (2005) escreveu que "o princípio *Catnic* de construção está precisamente de acordo com o Protocolo" (§ 48 da decisão). Lord Hoffmann teve oportunidade de desenvolver a sua posição sobre as chamadas "questões do protocolo" e o significado da jurisprudência *Catnic.* Para mais desenvolvimentos, cf. Terrel, *On the law of patents* cit., pp. 122 e ss e, em tom crítico, Laddie, "Kirin-Amgen – The end of equivalents in England?", IIC, 2009, pp. 3 e ss. Sobre o sistema britânico cf., ainda, Cornish, "The practice in the UK", Pagenberg/Cornish, *Interpretation of Patents in Europe* cit., pp. 219 e ss e Paul England, *A Practitioner's Guide to European Patent Law*, 2019, pp. 20 e ss.

Se for positiva: *Would the reader skilled in the art nevertheless have understood from the language of the claim that the patentee intended that strict compliance with the primary meaning was an essential requirement of the invention?* ("Da leitura das reivindicações pode o perito na matéria ter entendido que a intenção do titular da patente era no sentido de considerar um requisito essencial o sentido primitivo da invenção?") Se a resposta for afirmativa não há equivalência[250].

No caso *Epilady* o tribunal inglês respondeu afirmativamente à última questão denegando, por consequência, a equivalência. Por outras palavras, o tribunal entendeu que, não obstante a depiladora *Remington* não ter um efeito material diferente evidente, não violava a depiladora *Epilady* porquanto a técnica usada por esta (mola rotativa em espiral) se afigurava um elemento essencial de reivindicação, não permitindo uma interpretação extensiva a outras técnicas similares[251]. A equivalência pressupõe não só a identidade substancial evidente do efeito técnico, como também a não auto-limitação do titular acerca da essencialidade do meio técnico patenteado.

O *Catnic test*, como se alcança pelo exemplo do caso *Epilady*, deixava menor espaço (devido especialmente à terceira questão) do que o sistema alemão para a aplicação da doutrina dos equivalentes o que estava de acordo com a conceção mais restritiva do âmbito de proteção defendida no Reino Unido.

No entanto, uma decisão do Supremo Tribunal do Reino Unido, de 12/07/2017 (*Eli Lilly v. Actavis*) redefiniu a abordagem da violação da patente, com implicação na doutrina dos equivalentes. O caso respeitava à (eventual) violação pela "Actavis" da patente farmacêutica europeia nº 1313508, válida no Reino Unido, de que é titular a empresa "Eli Lilly". O medicamento de referência, com a marca "Alimta", destina-se ao tratamento do cancro do pulmão e é composto pela combinação de petremexedo (substância ativa), o sal dissónico e a vitamina B12. O medicamento genérico da "Actavis" é um composto de petremexedo (sem o sal dissónico), a vitamina B12 e mais três ingredientes.

[250] A formulação das questões *Catnic* e *Schneidmesser* (a despeito da diferença da última questão) permite pensar que seja possível, num futuro próximo, chegar a uma desejável fórmula europeia para a aplicação da doutrina de equivalentes. Para mais desenvolvimentos, cf. ADAM, *Der sachliche Schutzbereich des Patents in Großbritannien und Deutschland* cit pp. 259 e ss; PAGENBERG/CORNISH, *Interpretation of Patents in Europe* cit., pp. 251 e ss; TILMANN/JACOB, "Schutzumfang europäischer Patente", GRUR-Int., 2003, pp. 882 e ss; MEIER/BECK, "Aktuelle Fragen der Schutzbereichsbestimmung im deutschen und europäischen Recht", GRUR, 2003, pp. 905 e ss e "The scope of patent proteccion – the test for determining equivalence", IIC, 2005, pp. 339 e ss; DOLDER//FAUPEL, *Der Schutzbereich von Patenten (Rechtsprechung zu Patenverletzungen in Deutschland, Österreich und der Schweiz)*, 2ª ed., 2004, pp. 429 e ss; VON DRATHEN, "Patent scope in english and german law under the European Patent Convention 1973 and 2000", IIC, 2008, pp. 384 e ss.

[251] Cf. obs. ult. cits, e, ainda, FRANZOSI, "Three European Cases on Equivalence-Will Europe Adopt Catnic?", IIC, 2001, pp. 113 e ss.

"Actavis" entendia que os seus produtos não infringiam a patente, fundamentalmente, por não conterem petremexedo dissónico (reivindicação 1).

O Supremo Tribunal considerou que a doutrina dos equivalentes não está diretamente vinculada à redação das reivindicações e que o problema da violação da patente seria melhor apreciado, por um perito na especialidade, tendo em conta duas novas questões, a saber: *Does the variant infringe any of the claims as a matter of normal interpretation?* ("a variante infringe qualquer das reivindicações em resultado de uma interpretação normal"); Se a resposta for negativa: *Does the variant nonetheless infringe because it varies from the invention in a way or ways which is or are immaterial?* ("a variante, no entanto, infringe porque difere da invenção de uma maneira ou maneiras que é ou são não substanciais?); Se a resposta for "sim" a qualquer das questões há violação. Caso contrário, não há.

Por outras palavras, uma patente pode ser violada, quer quando a infração resulte da interpretação normal da redação do pedido, quer quando não corresponda a uma interpretação estritamente literal da reivindicação, se a variação não for substancial.

Das três questões formuladas por Lord Hoffmann, a segunda foi tida como a mais problemática, a carecer de redefinição, ao passo que a primeira e a terceira foram consideradas genericamente satisfatórias, sendo necessárias, todavia, algumas adaptações.

A nova formulação das três questões (Lord Neuberger) é a seguinte:

1ª – *Notwithstanding that it is not within the literal meaning of the relevant claim(s) of the patent, does the variant achieve substantially the same result in substantially the same way as the invention, ie the inventive concept revealed by the patent?* ("Apesar de não estar no âmbito do significado literal da(s) reivindicação(s) relevante(s) da patente, a variante consegue substancialmente o mesmo resultado substancialmente da mesma maneira que a invenção, ou seja, o "conceito inventivo" revelado pela patente?"). Se a resposta for afirmativa há equivalência.

2ª – *Would it be obvious to the person skilled in the art, reading the patent at the priority date, but knowing that the variant achieves substantially the same result as the invention, that it does so in substantially the same way as the invention?* ("Será óbvio para o perito na matéria, sabendo que a variante consegue substancialmente o mesmo resultado da invenção, que esse resultado é obtido, substancialmente, da mesma maneira que a invenção, tendo em conta a patente na data de prioridade?"). Se a resposta for afirmativa há equivalência.

3ª – *Would such a reader of the patent have concluded that the patentee nonetheless intended that strict compliance with the literal meaning of the relevant claim(s) of the patent was an essential requirement of the invention?* ("E se o perito na matéria da patente tiver concluído que o titular da patente pretendia, no entanto, que o cumprimento estrito do significado literal da(s) reivindicação(s) relevante(s) da patente fosse um requisito essencial da invenção?"). Se a resposta for negativa há equivalência[252].

Esta reformulação vai num sentido menos restritivo no Reino Unido para a proteção da patente, com a consequente maior abertura para a aplicação da doutrina dos equivalentes, aproximando-se das orientações europeias continentais de referência, como a Alemanha, a França, a Itália e a Espanha.

Na Itália, alguma doutrina entende que o conceito de equivalência ganharia em clareza e certeza se, em lugar do triplo teste americano apoiado no conceito "movediço" de *substancial* semelhança da função, modo e resultado, se apoiasse no binómio *estrutura-função* e no juízo de valoração da essencialidade e originalidade dos elementos reivindicados da invenção[253]. Há equivalência quando a solução essencial proposta para o mesmo problema técnico não se distanciar suficientemente da invenção patenteada[254].

Da nossa parte pensamos que a proposta alemã, também subscrita pela melhor doutrina espanhola[255], é tecnicamente mais bem elaborada. Neste sentido, propendemos a considerar que há infração do direito de patente por equivalência se a invenção patenteada e a invenção questionada se situarem no âmbito do mesmo problema técnico, apresentarem uma solução substancialmente idêntica e os elementos modificados (ou variantes) estiverem ao alcance de um perito na especialidade, a partir da interpretação *lógica* (não estritamente literal) e *objetivista* (a procura da vontade declarada deve sobrepor-se à procura da vontade do titular da patente) do conteúdo das reivindicações da invenção protegida, de acordo com a orientação hermenêutica do art. 1º do Protocolo Interpretativo do art. 69º da CPE[256].

[252] No caso em apreço, o Supremo Tribunal decidiu condenar a "Actavis" por infração da patente, entendendo que as respostas às três questões colocadas lhe eram desfavoráveis.

[253] Vanzetti/Di Cataldo, *Manuale di diritto industriale* cit., pp. 452/454; Guglielmetti, *La contraffazione del brevetto per equivalenti*, RDI, I, 2000, pp. 124 e ss; F. Rossi, *Teoria degli "equivalenti" ed "element by element approach" in EPC 2000 e nel nuovo art. 52, comma 3-bis,c.p.i.*, RDI, I, 2010, pp. 250 e ss.

[254] Na jurisprudência também há eco desta aproximação do juízo de equivalência ao juízo de obviedade. Neste sentido, a decisão do Tribunal Supremo de 13/1/2004, que devolveu o caso *Forel v. Lise* para o Tribunal de Recurso de Milão que, sobre o mesmo, em decisão de 11/7/2000 (RDI, 2000, II, pp. 455 e ss), havia formulado um conjunto de princípios de clarificação da doutrina de equivalentes. *Vide*, mais desenvolvimentos, Franzosi, "The Italian Practice", in Pagenberg//Cornish, *Interpretation of Patents in Europe* cit., pp. 139 e ss

[255] Salvador Jovani, *El âmbito de protección* cit., pp. 280 e ss; Gómez Segade, "Actividad inventiva y doctrina de los equivalentes", in *Direito Industrial* (AA.VV.), Almedina, Coimbra, 2005, vol. IV, pp. 52 e ss; Vidal-Quadras, *Estudio sobre los requisitos de patenteabilidad* cit., pp. 235 e ss.

[256] Sobre a "doutrina dos equivalentes" *vide*, ainda, para mais desenvolvimentos: Adam, *Der sachliche Schutzbereich des Patents in Großbritannien und Deutschland* cit.; Busse/Keukenschrijver, *Patentgesetz*

O momento determinante para a apreciação dos equivalentes deve ser o do pedido de patente, por razões de coerência legislativa e de segurança jurídica. Se os requisitos de validade são contemporâneos do pedido o mesmo se deve dizer dos fatores que delimitam o pedido (as reivindicações e a descrição) e condicionam o conteúdo do direito a atribuir[257]. A apreciação diferida para o momento da infração, tendo eventualmente em conta modificações supervenientes no estado da técnica, contrariaria a segurança jurídica, as expectativas de terceiros e alargaria, irrazoavelmente e sem fundamento legal, o âmbito de proteção da patente[258].

cit., § 14 Rn. 66 a 89, BUSSE, *Patentgesetz* cit., § 14 Rn. 62 a 78; Cornish, *Intellectual Property* cit., pp. 241 e ss; GÓMEZ SEGADE, "La violación de la patente por un uso equivalente" in *Tecnología y Derecho* cit., pp. 634 e ss; SCUFFI/FRANZOSI, *Diritto industriale italiano* cit., tomo I, pp. 609 e ss; GUGLIELMETTI, *La contraffazione del brevetto per equivalenti*, RDI, I, 2000, pp. 112 e ss; F. ROSSI, *Teoria degli "equvalenti" ed "element by element approach" in EPC 2000* cit., pp. 231 e ss; PAGENBERG/CORNISH, *Interpretation of Patents in Europe* cit; SALVADOR JOVANI, *El âmbito de protección* cit., pp. 280 ss; STAUDER, in SINGER/STAUDER, *The european patent convention* cit., pp. 245 e ss; MES, *Patentgesetz* cit., pp. 113 e ss; TERREL, *On the law of patents cit.*, pp. 122 e ss; BENTLY/SHERMAN, *Intellectual Property Law* cit., pp. 626 e ss; VIDAL-QUADRAS ob. cit., pp. 165 e ss; SCHULTE, *Patentgesetz* cit., § 14; REMÉDIO MARQUES, "As implicações da entrada em vigor da nova versão da patente europeia", O Direito, 2009, pp. 577 e ss. Mais recentemente, SAMUEL DIAS HENRIQUES, *O âmbito da patente e a doutrina dos equivalentes* cit., p. 335, propõe que no "teste de equivalência da variante", para além da identidade do problema técnico, do resultado alcançado e da função desempenhada, se deveria atender, verificado certo circunstancialismo, ao "modo de funcionamento da proteção conferida pela patente" nas reivindicações, ainda que a variante esteja ao alcance do perito na matéria. Isto significaria que apenas as soluções equivalentes ao *modus operandi* reivindicado poderiam ser cobertas pelo âmbito de proteção. O autor inspira-se, nomeadamente, no acórdão alemão *Occlutech v. Aga Medical* do BGH, de 10/05/2011, (que trata a pp. 194 e ss) e em jurisprudência britânica, no sentido de responsabilizar mais o requerente da patente na definição da invenção e na redação das reivindicações, a ponto de que se destas resultar "uma decisão seletiva entre várias opções para alcançar um efeito técnico, as considerações do perito sobre as possíveis modificações devem também estar de harmonia com essa decisão seletiva".

[257] É a posição maioritária na Alemanha. Por todos, cf. BENKARD, *Patentgesetz*, § 14 Rn. 111. Para mais desenvolvimentos sobre este tema cf. SALVADOR JOVANI, *El âmbito de protección* cit., pp. 293 e ss e SCUFFI/FRANZOSI, *Diritto industriale italiano* cit., p. 618.

[258] No Reino Unido, de acordo com a formulação da segunda questão do *Catnic Test*, o momento azado é o da publicação do pedido. Como dissemos atrás (nota 229) o momento da infração constava do texto original do art. 2º do protocolo interpretativo da CPE e é também tido em conta em algumas decisões judiciais americanas (v.g. a referida decisão do Supremo, no caso *Warner Jenkinson v. Hilton Davis* (1997), que pode ser vista *in* "Cuadernos de Jurisprudencia sobre Propiedad Industrial" nº 17, 1998, CEFI, Madrid, pp. 57 e ss.

3. Direitos Conferidos pela Patente

A patente confere ao titular o direito positivo e exclusivo de explorar a invenção em qualquer parte do território português (art. 102º, nº 1).

O titular tem o direito de impedir a terceiros, sem o seu consentimento (art. 102º, nº 2):

a) O fabrico, a oferta, a armazenagem, a colocação no mercado ou a utilização de um produto objeto de patente, ou a importação ou posse do mesmo, para algum dos fins mencionados;
b) A utilização do processo objeto da patente ou, se o terceiro tem ou devia ter conhecimento de que a utilização do processo é proibida sem o conhecimento do titular da patente, a oferta da sua utilização;
c) A oferta, a armazenagem, a colocação no mercado e a utilização, ou a importação ou posse para esses fins, de produtos obtidos diretamente pelo processo objeto da patente[259].

Um terceiro que desrespeite qualquer um destes poderes (de fabrico, uso ou comércio), isolada ou cumulativamente, pratica, em princípio, um ato ilícito criminal de contrafação (art. 318º).

O titular da patente pode opor-se a todos os atos que constituam violação da sua patente, mesmo que se fundem noutra patente com data de prioridade posterior, sem necessidade de impugnar os títulos ou pedir a anulação das patentes em que esse direito se funde (art. 102º, nº 6).

Os direitos conferidos pela patente não podem exceder o âmbito definido pelas reivindicações (art. 102º, nº 7).

Violação indireta

A patente confere também ao seu titular o direito de impedir a terceiros, sem o seu consentimento, a oferta ou a disponibilização a qualquer pessoa que não tenha o direito de explorar a invenção patenteada dos meios para executá-la no que se refere a um seu elemento essencial, se o terceiro tem ou devia ter conhecimento de que tais meios são adequados e destinados a essa execução (art. 102º, nº 3).

Trata-se de uma importante disposição legal do atual CPI, porquanto representa a consagração *expressa* da denominada *violação indireta da patente*, como ilícito autónomo, permitindo ao titular da patente a reação contra pessoas que contribuem ou auxiliam outras na violação direta do direito de patente, inde-

[259] Para mais desenvolvimentos, MANUEL OEHEN MENDES, em AA.VV., *CPI Anotado* cit., anotação ao artigo 102º, nº 1.

pendentemente desta se consumar[260]. A infração da violação indireta não depende da verificação da infração da violação direta.

A violação indireta do direito de patente introduz uma diferença simultaneamente subjetiva e objetiva: subjetiva, porque surge um terceiro (o infrator indireto) além do titular da patente e do infrator directo; objetiva, porque esse terceiro contribui para a violação direta da patente, fornecendo ao infrator direto os meios por este utilizados para violar a patente[261].

A situação mais típica pode ser aquela em que o meio fornecido respeita à execução de uma invenção protegida por uma patente de produto, mas também há violação da patente quando alguém não legitimado oferece a outrem a descrição do processo protegido em termos que permita a sua execução.

Não é qualquer meio que pode desencadear a violação indireta da patente, pelo que se torna necessário recorrer aos conceitos de causalidade ou adequação e de essencialidade para caracterizar o meio fornecido. Apenas existe violação indireta do direito de patente quando o meio fornecido pelo terceiro é objetivamente essencial e adequado à execução da invenção patenteada.

O nº 1 do artigo 26º do ATUP (Acordo sobre o Tribunal Unificado de Patentes), de 19/02/2013, com vista à criação da patente europeia com efeito unitário

[260] A violação indireta já é uma figura com tradição em alguns países, tendo sido adotada pela primeira vez nos EUA, em meados do século passado (§ 271 (c) da lei de 1952). Alguns países europeus, como, por exemplo, o Reino Unido (Secção 60(2) da lei de 1977), a Alemanha (§ 10 da lei de 1980) e Espanha (art. 51, nº 1 da lei de 1986) também já a consagraram de modo expresso. A lei atual de patentes em Espanha (Lei 24/2015, de 24 de julho) mantém inalterada a mesma solução da lei revogada, no artigo 60º, nº 1.
A norma portuguesa é muito similar à adotada nestes países europeus. Para tanto, atente-se na redação da atual norma espanhola: "La patente confiere igualmente a su titular el derecho a impedir que sin su consentimiento cualquier tercero entregue u ofrezca entregar medios para la puesta en práctica de la invención patentada relativos a un elemento esencial de la misma a personas no habilitadas para explotarla, cuando el tercero sabe o las circunstancias hacen evidente que tales medios son aptos para la puesta en práctica de la invención y están destinados a ella".
Um dos aspetos dogmáticos mais melindroso é se o ilícito da violação indireta é inteiramente autónomo (com maior ou menor grau) ou se depende da verificação da violação direta (atual ou iminente). O sistema alemão é paradigmático no sentido de que a violação indirecta é um ilícito autónomo relativamente à violação directa, podendo a primeira existir mesmo quando não exista a segunda (cf. decisão do Supremo Tribunal Federal, de 13/06/2006, no caso *Deckenheizung*, GRUR, 2006, p. 839). O sistema americano tende para fazer depender a violação indireta da verificação da violação direta (ROSENBERG, *Patent Law Fundamentals*, 2ª edição, Vol. III, West Group, St. Paul, Minnesota, 1997-2008, pp. 17 a 36; AMY LANDERS, *Understanding Patent Law* cit., pp. 401 e ss).

[261] No Reino Unido, a infração indireta corresponde à *contributory infringement* – cf., *v.g.*, BENTLY/ /SHERMAN, *Intellectual Property Law* cit., pp 624 e ss. Nos EUA, esta infração, considerada uma forma de violação indireta, encontra-se prevista no § 271 (b) USC-35. Por todos, *vide* AMY LANDERS, *Understanding Patent Law* cit., pp. 395 e ss.

(sobre este ponto *vide* 1.2. supra) consagra a violação indireta em termos muito similares aos adotados no nº 3 do artigo do CPI, estabelecendo o seguinte:

> "As patentes conferem ao titular da patente o direito de impedir terceiros de, sem o seu consentimento, fornecer ou disponibilizar, nos Estados-Membros participantes em que a patente tem efeito, a qualquer pessoa que não tenha o direito de explorar a invenção patenteada, os meios para utilizar, nesse território, a referida invenção no que se refere a um seu elemento essencial, caso o terceiro tenha ou deva ter conhecimento de que tais meios são adequados e destinados a essa utilização".

A violação indireta da patente, por contraposição à violação direta, não se consubstancia na infração direta das reivindicações independentes de uma patente, mas na oferta ou colocação no mercado de meios adequados respeitantes a elementos essenciais (que contribuam objetivamente para a solução técnica reivindicada) a fim de pôr em prática ou executar a invenção patenteada[262].

3.1. Limites ao direito de patente

Há algumas situações em que é lícito, observados certos requisitos, um terceiro usar uma invenção patenteada. São as situações de uso previstas nos arts. 103º (atos múltiplos), 104º (esgotamento do direito) e 105º (pré-uso).

a) Atos múltiplos (art. 103º)

Os direitos conferidos pela patente não abrangem:

Os atos realizados num âmbito privado e sem fins comerciais;

A preparação de medicamentos feita no momento e para casos individuais nos laboratórios de farmácia, mediante receita médica, nem os atos relativos aos medicamentos assim preparados;

Os atos realizados exclusivamente para fins de ensaio ou experimentais, relacionados com o objeto da invenção patenteada, incluindo experiências para preparação dos processos administrativos necessários à aprovação de produtos

[262] Por todos, com a advertência de que é uma indicação restrita: MANUEL OEHEN MENDES, AA.VV., *CPI Anotado* cit., anotação ao artigo 102º, nº 2; REMÉDIO MARQUES, "Um novo ilícito no Direito de Patentes português: a infração indireta – caracterização deste ilícito no CPI de 2018", *RDInt.*, nº 2-2019, pp. 107 e ss; "Violação indirecta do direito de patente – Análise comparativa: direito português, direito estrangeiro e jurisprudência", in *O Direito*, nº 140, IV, 2008, pp. 753 a 795; PAUL ENGLAND, *A Practitioner's Guide to European Patent Law*, 2019, pp. 65 e ss; BUSSE/ /KEUKENSCHRIJVER, *Patentgesetz* cit, § 10, pp. 427-441; BENTLY/SHERMAN, ob. ult. cit., pp 624 e ss; KRASSER/ANN, *Patentrecht*, 2016, § 33, rn. 330-388, pp. 844-855; SALVADOR JOVANI, *El Ámbito de Protección de la Patente*, 2002, pp. 353-354; VANZETTI/DI CATALDO, *Manuale di diritto industrial* cit., pp. 454-455.

pelos organismos oficiais competentes, não podendo, contudo, iniciar-se a exploração industrial ou comercial desses produtos antes de se verificar a caducidade da patente que os protege[263];

A utilização de material biológico para fins de cultivo ou descoberta e desenvolvimento de novas variedades vegetais;

A utilização a bordo dos navios dos outros países membros da União ou da OMC do objeto da invenção patenteada no corpo do navio, nas máquinas, na mastreação, em aprestos e outros acessórios, quando entrarem, temporária ou acidentalmente, nas águas do País, desde que a referida invenção seja exclusivamente utilizada para as necessidades do navio;

A utilização do objeto da invenção patenteada na construção ou no funcionamento de veículos de locomoção aérea ou terrestre, dos outros países membros da União ou da OMC ou de acessórios desses veículos, quando entrarem, temporária ou acidentalmente, em território nacional;

Os atos previstos no artigo 27º da Convenção de 7 de dezembro de 1944 relativa à aviação civil internacional, se disserem respeito a aeronaves de outro Estado, ao qual, porém, se aplicam as disposições do referido artigo.

A utilização por um agricultor do produto da sua colheita para fins de reprodução ou multiplicação na sua exploração, desde que o material vegetal de reprodução tenha sido vendido ou comercializado de outro modo pelo titular da patente, ou com o seu consentimento, ao agricultor para fins agrícolas;

A utilização por um agricultor, para fins agrícolas, de animais protegidos, desde que os animais de criação ou outro material de reprodução animal tenham sido vendidos ou comercializados de outro modo ao agricultor pelo titular da patente ou com o seu consentimento;

Os atos e a utilização das informações obtidas nos termos permitidos pela legislação vigente em matéria de proteção jurídica dos programas de compu-

[263] De acordo com o artigo 10º, nº 6 da Diretiva 2004/27/CE de 31/3/2004 (JO-L, 136 de 30/4/2004, p. 34), transposta pelo DL 176/2006, de 30/8 ("Estatuto do Medicamento"), que altera a Diretiva 2001/83/CE, de 6/11/2001, que estabelece um código comunitário relativo aos medicamentos para uso humano, consagra-se a admissibilidade de realização dos estudos e ensaios necessários para obter a autorização de introdução no mercado de um medicamento genérico e os consequentes requisitos práticos não se considerando contrários aos direitos de patentes nem aos certificados complementares de proteção dos medicamentos. Sobre a chamada *cláusula bolar* ver, por exemplo, Di Cataldo, *El uso experimental de la invención patentada. Uso libre o violación de la patente?* ADI, 28 (2007/2008), pp. 133 e ss e Pons de Vall Alomar, "Los limites de las patentes farmacéuticas", AA.VV. *Derecho de la I+D+i Investigación, desarrollo e innovación*, 2010, pp. 155 e ss. Com interesse, sobre o conceito de autorização de introdução no mercado (AIM) do medicamento, a decisão do TJ (Ac. de 18/06/2009, Proc. C-527/07 (caso *Generics v. Licensing Authority*), in *http://curia.europa.eu/jurisp/cgi-bin/gettext.pl?lang=pt.*

tador, nomeadamente pelas respetivas disposições em matéria de descompilação e interoperabilidade.

b) Esgotamento do direito (art. 104º)

Os direitos conferidos pela patente não abrangem os atos relativos aos produtos protegidos por essa patente após a comercialização desses produtos no espaço económico europeu pelo titular da patente ou com o seu consentimento, a menos que existam motivos legítimos para que o titular da patente se oponha a que os produtos continuem a ser comercializados.

A expressão "esgotamento do direito de patente" tem de ser interpretada *cum grano salis*. Não se trata do esgotamento (desaparecimento) do direito de patente, mas apenas de um aspeto do conteúdo desse direito que se relaciona com o poder de o respetivo titular proibir ou restringir a circulação do produto patenteado original colocado no mercado por si ou por terceiro com o seu consentimento. Em cada colocação de produtos patenteados autênticos no mercado *esgota-se*, verificados que sejam certos requisitos, o direito de o respetivo titular excluir a sua comercialização.

Trata-se de um princípio que foi formulado inicialmente pela jurisprudência francesa para o direito de marcas, na última metade do século XIX, desenvolvido pela doutrina alemã, no âmbito do direito de patentes, no princípio do século XX[264] sendo adotado gradualmente pela jurisprudência comunitária.

O equilíbrio frágil entre o princípio da liberdade de circulação e os direitos de propriedade industrial resulta do disposto no art. 36º do Tratado sobre o Funcionamento da União Europeia. A solução admite que a proteção da propriedade industrial seja uma exceção ao princípio estruturante da livre circulação de mercadorias previsto no art. 28º do Tratado. No entanto, prevê-se uma *exceção à exceção*. A proteção da propriedade industrial não pode representar um meio de discriminação arbitrária nem qualquer restrição dissimulada ao comércio entre os Estados-Membros.

Por outras palavras, o legislador da UE quer o fim, a livre circulação de bens, mas não aceita que na prossecução desse fim sejam usados meios que ofendam, injustificadamente, os legítimos interesses dos titulares de bens industriais.

[264] A jurisprudência francesa, em duas decisões do Tribunal de Paris de 1863, reconheceu o esgotamento internacional do direito de marca. Na doutrina alemã a origem da teoria do esgotamento do direito de patente, restrito ao nível do comércio nacional, é atribuída a KOHLER (*Handbuch des deutschen Patentrechts* cit.). Para mais desenvolvimentos sobre a origem e evolução do referido princípio, numa perspetiva comparatística, *vide*, desenvolvidamente, DE LAS HERAS, *El agotamiento del derecho de marca*, 1994, pp. 41 e ss, BUSSE/KEUKENSCHRIJVER, *Patentgesetz* cit., § 9 Rn. 143 a 172, BUSSE, *Patentgesetz* cit., § 9, Rn 142 a 169 SCUFFI/FRANZOSI/FITTANTE, *Commentario Codice della Proprietà Industriale* cit., pp. 66 e ss.

A opção legal é compreensível, mas a sua aplicação concreta não se afigura tarefa fácil. O legislador atribui à jurisprudência o papel principal e mais difícil.

A singularidade jurídica do projeto de construção europeia tem favorecido uma intervenção do TJ mais dinâmica, uma verdadeira fonte *criadora* de direito.

O conceito de *objeto específico* do direito de propriedade industrial vai desempenhar um papel determinante em toda a jurisprudência comunitária ligada especialmente à invenção e à marca.

O *objeto específico* da invenção é o de garantir ao seu titular o direito exclusivo de utilizar uma invenção com vista ao fabrico e primeira colocação em circulação de produtos industriais, seja diretamente, seja pela atribuição de licenças a terceiros, bem como o direito de se opor a toda a contrafação.

O TJ foi gradualmente elaborando regras de coexistência dos direitos nacionais de bens industriais com o direito comunitário. No essencial, o TJ respeita a *existência* de direitos da propriedade industrial de origem nacional, mas arroga-se o direito de controlar o respetivo *exercício*.

Foi neste contexto que o tribunal de Luxemburgo foi adotando o chamado princípio do esgotamento dos direitos de propriedade industriais.

O esgotamento pode operar a três níveis: nacional (o esgotamento verifica-se apenas no âmbito de um Estado), supranacional (o esgotamento dá-se numa comunidade de Estados, como o espaço económico europeu, por exemplo) e internacional (o esgotamento produz-se em todos os países). O alcance territorial do esgotamento tem uma importância decisiva, na organização e funcionamento do mercado, na livre circulação de produtos e na admissibilidade da chamada *importação paralela*[265].

A opção por uma ou outra solução não pode ignorar os interesses em presença. De um lado, os interesses do titular da patente e da rede *oficial* de distribuição na defesa do direito ao controlo da comercialização dos produtos patenteados e na fragmentação dos mercados; de outro lado, o interesse dos agentes económicos *paralelos* na defesa do direito ao livre comércio dos produtos originais.

[265] Por importação paralela quer referir-se a importação de produto autêntico realizada fora do circuito oficial de distribuição do produto patenteado. Por outras palavras, a admissibilidade da importação paralela significa a possibilidade de um concorrente adquirir o produto genuíno num país onde existe um regime de exclusividade (a favor do titular da patente ou de um terceiro com o seu consentimento) e onde o preço seja mais vantajoso e revendê-lo num outro país, onde o mesmo produto seja vendido a preços mais elevados. Só se pode falar em importação paralela quando o produto *paralelo* seja um produto com a mesma origem (numa aceção ampla que abranja a situação de empresas ligadas económica ou juridicamente) do produto *oficial*.

À referida opção também não é indiferente a defesa de uma política mais ou menos protecionista ou a preocupação de salvaguarda dos interesses dos consumidores.

Por último, na apreciação do problema também não pode ser ignorada a lógica (economicista) do investimento estrangeiro em mercados que ofereçam menores custos de produção e o consequente interesse dos investidores (e desses países) no não esgotamento internacional do direito de patente.

A solução do CPI (art. 104º), na linha da orientação europeia, é a de o esgotamento se verificar no espaço económico europeu (EEE), que abrange para além da UE, a Noruega, a Islândia e o Liechtenstein, por força do Acordo do Porto de 2/05/1992 (em vigor desde 1994).

O esgotamento pode ter lugar direta ou indiretamente. No primeiro caso, é o titular que coloca os produtos no mercado; no segundo, é um terceiro que procede a esses atos mediante autorização, expressa ou implícita, do titular. O terceiro tanto pode ser um licenciado como uma sociedade que mantenha uma relação de grupo com o titular da patente ou ainda um concessionário exclusivo.

A colocação dos produtos no EEE por parte de um terceiro, que se encontre numa destas situações, conduz ao esgotamento do direito do titular da patente[266].

Todavia, o CPI de 2018, acrescentou que o esgotamento não tem lugar se existirem motivos legítimos para que o titular da patente se oponha a que os produtos continuem a ser comercializados.

c) Inoponibilidade (art. 105º)

Os direitos conferidos pela patente não são oponíveis, no território nacional e antes da data do pedido ou da data da prioridade, quando esta é reivindicada a quem, de boa-fé, tenha chegado pelos seus próprios meios ao conhecimento da invenção e a utilizava ou fazia preparativos, efetivos e sérios, com vista a tal utilização.

Esta previsão não se aplica quando o conhecimento resulta de atos ilícitos ou contra os bons costumes praticados contra o titular da patente.

[266] No mesmo sentido, cf. De las Heras, *El agotamiento* cit., pp. 244 e ss e Pedro Sousa e Silva, *Direito comunitário e propriedade industrial – o princípio do esgotamento dos direitos*, 1996, pp. 224/227 e ss.

4. Condições de Utilização

4.1. Obrigatoriedade de exploração

O titular da patente é obrigado a explorar a invenção patenteada, diretamente ou por pessoa por ele autorizada, e a comercializar os resultados obtidos de forma a satisfazer as necessidades do mercado nacional (art. 107º, nº 1).

A exploração deve ter início no prazo de quatro anos a contar da data do pedido de patente, ou no prazo de três anos a contar da data da concessão, aplicando-se o prazo mais longo (art. 107º, nº 2).

É possível gozar de direitos de patente sem discriminação quanto ao local da invenção, ao domínio tecnológico e ao facto de os produtos serem importados de qualquer país membro da União Europeia ou da OMC, ou produzidos localmente (art. 107º, nº 3).

A falta ou insuficiência de exploração pode acarretar a imposição de uma licença obrigatória.

4.2. Licenças obrigatórias

Poderão ser concedidas licenças obrigatórias[267] sobre uma determinada patente quando ocorrer algum dos casos seguintes (art. 108º, nº 1):

a) Falta ou insuficiência de exploração da invenção patenteada;
b) Dependência entre patentes;
c) Existência de motivos de interesse público.

As licenças obrigatórias serão não exclusivas e só podem ser transmitidas com a parte da empresa ou do estabelecimento que as explore (art. 108º, nº 2).

As licenças obrigatórias só podem ser concedidas quando o potencial licenciado tiver desenvolvido esforços no sentido de obter do titular da patente uma licença contratual em condições comerciais aceitáveis e tais esforços não tenham êxito dentro de um prazo razoável (art. 108º, nº 3).

A licença obrigatória pode ser revogada, sem prejuízo de proteção adequada dos legítimos interesses dos licenciados, se e quando as circunstâncias que lhe deram origem deixarem de existir e não sejam suscetíveis de se repetir, podendo

[267] Para mais desenvolvimentos ver Oehen Mendes, AA.VV., *CPI Anotado* cit., anotação aos artigos 108º-113º; Remédio Marques, *Licenças (voluntárias e obrigatórias) de direitos de propriedade industrial*, 2008, pp. 191 e ss; Vitor Palmela Fidalgo, *As licenças compulsórias de direitos de propriedade industrial*, 2016, pp. 239 e ss; Fernández-Nóvoa/Otero Lastres/Botana Agra, *Manual de la Propiedad Industrial* cit., pp. 197 e ss. Com maior incidência na patente de medicamentos, *vide* AA.VV., *Tratado de Derecho Farmacéutico* (Jordi Faus Santasusana y José Vida Fernández – Diretores) cit., pp. 294 e ss.

a autoridade competente reexaminar, mediante pedido fundamentado, a continuação das referidas circunstâncias (art. 108º, nº 4).

O titular da patente receberá uma remuneração adequada a cada caso concreto, tendo em conta o valor económico da licença (art. 108º, nº 6).

A decisão que conceda ou denegue a remuneração é suscetível de revisão judicial ou arbitral (art. 108º, nº 7).

a) Falta de exploração da invenção (art. 109º)

Expirados os prazos que se referem no art. 107º, nº 2 o titular que, sem justo motivo ou base legal, não explorar a invenção, diretamente ou por licença, ou não o fizer de modo a ocorrer às necessidades nacionais pode ser obrigado a conceder licença de exploração da mesma (nº 1).

Pode também ser obrigado a conceder licença de exploração da invenção o titular que, durante o prazo de três anos consecutivos e sem justo motivo ou base legal, deixar de fazer a sua exploração (nº 2).

São considerados justos motivos as dificuldades objetivas de natureza técnica ou jurídica, independentes da vontade e da situação do titular da patente, que tornem impossível ou insuficiente a exploração da invenção, mas não as dificuldades económicas ou financeiras (nº 3).

Enquanto uma licença obrigatória se mantiver em vigor, o titular da patente não pode ser obrigado a conceder outra antes daquela ter sido cancelada (nº 4).

A licença obrigatória pode ser cancelada se o licenciado não explorar a invenção de forma a ocorrer às necessidades nacionais (nº 5).

b) Licenças dependentes (art. 110º)

A patente dependente é aquela que versa sobre uma invenção que reúne os requisitos de patenteabilidade, por representar um avanço técnico importante de considerável significado económico[268], mas cuja exploração implica a utilização de uma patente anterior e que só pode ser utilizada com consentimento do titular desta última, através de uma licença facultativa ou de uma licença obrigatória.

Este conceito amplo, apesar de ser aquele que goza de maior aceitação doutrinal[269], não se encontra consagrado nas diferentes legislações[270]. O CPI parece selecionar, expressamente, apenas três modalidades de patentes dependentes:

[268] Reproduzindo o disposto no artigo 31º, al. l), i), TRIPS.

[269] Cf. Jovani, *El âmbito de protección* cit., pp. 432/433.

[270] Uma ressalva para a Lei espanhola (Ley 24/2015, de 24/07), que no artigo 93º, nº 1 estabelece que há dependência de patentes: "Cuando no sea posible explotar el invento protegido por una patente sin menoscabo de los derechos conferidos por una patente o por un derecho de obtención vegetal anterior, el titular de la patente posterior podrá solicitar una licencia obligatoria, para

as patentes de novo uso para setor diferente (art. 110º, nº 1)[271], as patentes de aperfeiçoamento[272]/[273](art. 110º, nº 3) e as patentes nos setores da obtenção vegetal e biotecnológico (art. 110º, nºs. 4 a 8)[274]. Na previsão do nº 2, pode caber, ainda, a patente de combinação[275] ou a patente de novo uso para o mesmo setor[276].

Em concordância com o que dissemos atrás (nº 1), a propósito do âmbito de proteção da patente de produto, a patente de novo uso não deverá ser considerada dependente em todos os casos. Será dependente quando a patente anterior não reivindicar qualquer uso específico, mas já será mais duvidoso que o seja quando a patente anterior reivindique um uso específico (tenha-se presente o disposto no art. 98º, nº 1) numa área do conhecimento em que não haja uma linear correspondência entre produto e função.

c) Interesse público (art. 111º)

O titular de uma patente pode ser obrigado a conceder licença para a exploração da respetiva invenção por motivo de interesse público (nº 1).

Considera-se que existem motivos de interesse público quando o início, o aumento ou a generalização da exploração da invenção ou a melhoria das condições em que tal exploração se realizar sejam de primordial importância para a saúde pública[277] ou para a defesa nacional (nº 2).

la explotación del objeto de la patente o de la variedad objeto del derecho de obtención vegetal anterior, mediante el pago de un canon adecuado".

[271] "Quando não seja possível a exploração de uma invenção protegida por uma patente sem prejuízo dos direitos conferidos por uma patente anterior e ambas as invenções sirvam para fins industriais distintos, a licença só poderá ser concedida se se verificar o carácter indispensável da primeira invenção para a exploração da segunda e, apenas, na parte necessária à realização desta, tendo o titular da primeira patente direito a justa indemnização" (art. 110º, nº 1).

[272] A invenção de aperfeiçoamento consiste na resolução diversa e mais conveniente de um problema técnico já resolvido.

[273] "Quando uma invenção tiver por objeto um processo de preparação de um produto químico, farmacêutico ou alimentar protegido por uma patente em vigor e sempre que essa patente de processo representar um progresso técnico notável em relação à patente anterior, tanto o titular da patente de processo como o titular da patente de produto têm o direito de exigir uma licença obrigatória sobre a patente do outro titular" (art. 110º, nº 3).

[274] Estão sujeitas aos dois requisitos específicos previstos no art. 110º, nº 8.

[275] A invenção de combinação é a que resulta da conjugação nova e original de elementos e meios já conhecidos.

[276] "Quando as invenções, protegidas por patentes dependentes, servirem para os mesmos fins industriais e tiver lugar a concessão de uma licença obrigatória, também o titular da patente anterior poderá exigir a concessão de licença obrigatória sobre a patente posterior" (art. 110º, nº 2).

[277] Neste contexto tem pertinência referir que a União Europeia aprovou um Regulamento (Reg. nº 816/2006 do Parlamento Europeu e do Conselho de 17/5/2006, JO-L 157 de 9/6/2006) relativo

Considera-se igualmente que existem motivos de interesse público quando a falta de exploração ou a insuficiência em qualidade ou em quantidade da exploração realizada implicar grave prejuízo para o desenvolvimento económico ou tecnológico do País (nº 3).

A concessão da licença por motivo de interesse público é da competência do Governo (nº 4).

Pedidos de licença obrigatória (art. 112º)

As licenças obrigatórias devem ser requeridas junto do INPI, com a exceção do pedido de licença por motivo de interesse público, que é da competência do Governo.

O INPI, recebido o pedido, notifica o titular de patente para, no prazo de dois meses, dizer o que tiver por conveniente, apresentando as provas respetivas.

O INPI, depois de apreciar as alegações das partes e as garantias da exploração da invenção oferecidas pelo requerente da licença obrigatória decide, no prazo de dois meses, se esta deve ou não ser concedida. Em caso afirmativo, notifica ambas

à concessão obrigatória de patentes (e também de certificados complementares de proteção) respeitantes ao fabrico de produtos farmacêuticos destinados à exportação para países com problemas de saúde pública. Sobre este ponto, cf. Remédio Marques, *Licenças (voluntárias e obrigatórias) de direitos de propriedade industrial* cit., pp. 219 e ss e Pons de Vall Alomar, "Los limites de las patentes farmacéuticas" cit., pp. 172 e ss.

A esta posição da UE não foi indiferente a evolução que ocorreu a nível da OMC a propósito da influência do Acordo ADPIC/TRIPS no acesso aos medicamentos. Num primeiro momento, na 4ª Conferência Ministerial da OMC realizada em Doha, no Qatar, em novembro de 2001, chegou-se a um compromisso de reforço da defesa da saúde pública e, num segundo momento, através da Decisão do Conselho Geral da OMC de 30/08/2003, procurou-se algum arrimo legislativo para o problema, através da proposta aos Estados-Membros de poderem emitir licenças obrigatórias (tendo em vista a *exportação* de medicamentos para Estados cujas capacidades de produção no setor farmacêutico fossem insuficientes ou inexistentes), mediante alteração das respectivas legislações nacionais e isentando a aplicação do disposto no artigo 31º alª f) do ADPIC/TRIPS, enquanto este Acordo não fosse modificado. O Conselho Geral, em 6/12/2005, apresentou uma proposta de modificação legislativa do ADPIC/TRIPS sujeita, no entanto, à aprovação de dois terços dos respetivos membros (o que, até ao momento, está longe de acontecer). A União Europeia, enquanto membro da OMC, por Decisão do Conselho, de 19/11/2007 (JO-L 311, de 29/11/2007) aprovou este protocolo de revisão do ADPIC/TRIPS. O Conselho Geral da OMC (ante a lista exígua de membros que aceitaram expressamente a modificação) foi compelido a prorrogar o prazo da respetiva aprovação de 1/12/2007 para 31/12/2009. Também só um reduzido número de países modificou as respetivas leis nacionais. O Canadá foi o primeiro país a fazê-lo. A União Europeia também lhe seguiu o exemplo através do Regulamento atrás referido. Para mais desenvolvimentos, ver Lois Bastida, "La declaración de Doha relativa al acuerdo ADPIC (TRIPS) y la salud pública: desarrollo y aplicación atual", ADI, 28, (2007-2008), pp. 605 e ss e, numa perspetiva também comparatista, Vitor Palmela Fidalgo, *As licenças compulsórias* cit., pp. 65 e ss.

as partes para, no prazo de um mês, nomearem um perito que, juntamente com o perito nomeado pelo INPI, acorda, no prazo de dois meses, as condições da licença obrigatória e a indemnização a pagar ao titular da patente.

Decisão e recurso (art. 113º)
A concessão ou recusa da licença e respetivas condições de exploração é notificada a ambas as partes pelo INPI. Desta decisão há recurso para o Tribunal competente, nos termos dos artigos 38º e ss[278].

5. Transmissão e Licença de Patente

5.1. Transmissão

Noção
Os direitos emergentes de patentes podem ser transmitidos, total ou parcialmente, a título gratuito ou oneroso (art. 30º, nº 1)[279].

O disposto no número anterior é aplicável aos direitos emergentes dos respetivos pedidos (art. 30º, nº 2).

A transmissibilidade do direito de patente trata-se de uma faculdade essencial ao bom funcionamento do sistema de patentes, tendo em vista a inovação tecnológica, a valorização do conhecimento em I&D e o progresso em economia de mercado. A transmissibilidade deste direito, bem assim como do seu licenciamento, é um vetor central do direito de patentes.

A transmissão inter vivos pode resultar, quer de negócio jurídico, livremente celebrado entre as partes, quer da intervenção de entidades públicas, que tenham poderes para promover a alienação forçada de bens pertencentes a terceiros, como sucede, por exemplo, com a venda executiva do penhor[280].

A transmissão contratual do direito de patente
A transmissão do direito de patente por via do contrato, tanto pode ocorrer a título oneroso, como a título gratuito[281]. Às hipóteses de transmissão onerosa aplicam-se, no não previsto especialmente no CPI, as normas relativas aos

[278] Para uma visão mais aprofundada do procedimento administrativo de concessão de licenças obrigatórias (ou compulsórias), *vide* Vitor Palmela Fidalgo, ob. cit., pp. 289 e ss.

[279] O artigo 28º, nº 2 do TRIPS consagra que "O titular de uma patente tem igualmente o direito de ceder ou transferir por via sucessória a patente e de concluir contratos de licença."

[280] Cf. art. 6º e 106º, nº 1.

[281] Cf. art. 30º, nº 1, *in fine*.

contratos de compra e venda[282] e às transmissões gratuitas, as regras respeitantes aos contratos de doação[283].

A transmissão onerosa é, de longe, a mais frequente e importante[284].

O artº 30º, nº 1 tem de ser interpretado restritivamente, não se admitindo, nomeadamente para as patentes a sua transmissão parcial a favor de diferentes titulares ou para valer apenas em relação a uma parte do território nacional, mas unicamente a sua transmissão integral e produzindo efeitos para todo o território nacional.

De facto, o direito de patente não é suscetível de ser transmitido parcialmente, num duplo sentido. Não é possível, nem "fracionar" a invenção protegida transmitindo uma "parte" e ficando com a(s) outra(s), nem transmitir a patente para apenas uma parte do território, reservando para o titular originário (o cedente) ou transmitindo para outrem a mesma patente para ser válida apenas noutra parte geográfica do país[285].

À transmissão parcial do direito de patente opõem-se os princípios da unidade da invenção e da proibição de obter mais do que uma patente para a mesma invenção, no sentido de que não é possível proteger mais do que uma invenção em cada patente, nem conferir mais do que uma patente para cada invenção. O princípio da unidade da invenção e da respetiva patente é um princípio fundamental do direito de patentes, consagrado no artº 73º, nº 1.

Requisitos formais

"A transmissão por ato inter vivos deve ser provada por documento escrito" (artº 30º, nº 4), isto é, deve ser provada por documento(s) que claramente comprove(m) a vontade de transmitir o direito em causa. Na hipótese de transmissão por contrato, não é necessário, no entanto, que o documento que comprova a transação seja também um documento assinado por ambas as partes envolvidas na transação. Tal resulta, quer da falta de exigência expressa deste requisito, quer do disposto na segunda parte do nº 4 do artº 30º CPI: "(...), mas se o averbamento da transmissão for requerido pelo cedente, o cessionário deve, também, assinar o documento que a comprova ou fazer declaração de que aceita a transmissão."

282 Cf. arts. 874º e ss CC, "ex vi", art. 939º CC.

283 Cf. arts. 940º e ss. CC.

284 Para mais desenvolvimentos, sobre o contrato de transmissão de patente, *vide* o excelente escrito de Oehen Mendes, "Contratos de transmissão de patente", in *Contratos de direito de autor e de direito industrial* (Org. Carlos Ferreira de Almeida/Luís Couto Gonçalves/Cláudia Trabuco), 2011, pp. 371 e ss.

285 Também, Oehen Mendes ob. cit., p. 374 e Remédio Marques, *Licenças (voluntárias e obrigatórias) de direitos de propriedade industrial* cit., pp. 33-34, nota 17.

"A contrario", se o averbamento for requerido pelo cessionário basta que do documento de cessão conste a assinatura do alienante. Mas, mesmo no caso em que o averbamento é efetuado pelo cedente, a assinatura do cessionário não tem de constar necessariamente do contrato, podendo ser substituída por declaração à parte em que este aceita a transmissão.

Tendo em conta o teor literal do preceito ("A transmissão por ato inter vivos deve ser provada por documento escrito (...)"), a exigência de documente escrito é um requisito "ad probationem" e não um requisito formal cuja inobservância conduza à nulidade da transmissão.

O averbamento da transmissão do direito de patente no INPI está previsto na alínea a), do nº 1, do artº 29º.

A transmissão da patente produz efeitos em relação a terceiros após a data do respetivo averbamento (artº 29º, nº 2) e não só depois da data da sua subsequente publicação no BPI (artº 29º, nº 6). A transmissão é, no entanto, válida e oponível entre as partes e os seus sucessores independentemente do seu averbamento no INPI (artº 29º, nº 3).

O CPI é omisso no que toca à obrigação de averbar a transmissão da mera solicitação de patente, mas esse averbamento parece indispensável para poder ser oponível ao INPI, onde tramita o respetivo processo de concessão[286].

Relativamente a terceiros, p. ex., aos credores do cedente, também não se lhes poderá opor uma cessão de um pedido de patente antes que a mesma haja sido averbada no INPI. A publicidade que resulta do registo deve ser essencial à certeza e segurança jurídica de todo o sistema de concessão destes direitos privativos.

O contrato de compra e venda total ou de uma quota ideal de uma patente de invenção tem por efeito a transmissão da propriedade dessa mesma patente a favor do comprador, já que o contrato de compra e venda é, no direito português, um contrato com natureza real *quoad effectum*.[287]

Na cessão de uma solicitação de patente, a transmissão da propriedade sobre a patente, bem ainda futuro, só terá lugar no momento em que venha a ter lugar a concessão da patente.

Obrigações principais das partes

A obrigação característica do vendedor no contrato de compra e venda é a entrega da coisa[288].

[286] Nesse sentido, Oehen Mendes, "Contratos de transmissão de patente" cit., p. 379, nota 17.

[287] Arts. 408º, nº 1 e 879º a) CC.

[288] Art. 879º, alª b) CC.

Quando se cede uma patente, a entrega da coisa diz respeito, naturalmente, à comunicação da invenção que constitui o seu objeto. Ora, uma invenção é uma solução técnica para resolver um problema técnico[289].

A solução técnica transmitida tem de ser suficientemente completa para permitir a sua aplicação prática efetiva, leia-se, a sua exequibilidade e comercialização no mercado.

Nos casos de transmissão de patentes é frequente a realização de um contrato misto, que envolve ainda a transmissão de conhecimentos reservados (*know-how*), que visam permitir a fruição mais eficiente possível da invenção[290].

Quanto ao comprador, a sua obrigação característica consiste no pagamento do preço.

A compra e venda é um contrato de execução instantânea. Não obstante, quer a obrigação de entrega da coisa, quer o dever do pagamento do preço podem ser diferidos para momento posterior ao da sua celebração[291].

5.2. Licença

Noção

Os direitos de patentes podem, a título gratuito ou oneroso, ser objeto de licença de exploração, total ou parcial, em certa zona ou em todo o território nacional, por todo o tempo da sua duração ou por prazo inferior (art. 31º, nº 1).

O disposto no número anterior é aplicável aos direitos emergentes dos respetivos pedidos, mas a recusa implica a caducidade da licença (art. 31º, nº 2).

A licença voluntária de patente traduz-se um negócio jurídico, normalmente a título oneroso, pelo qual o titular de um direito de patente autoriza, temporariamente, uma outra pessoa à exploração económica, total ou parcial, quer no plano objetivo, quer no plano geográfico, do direito de patente de que é titular[292].

À licença voluntária contrapõe-se a licença obrigatória, cujo regime jurídico está regulado nos arts. 108º e ss, e que já foi objeto de análise neste trabalho[293].

[289] Cf. *supra*, cap. I, ponto 2.1.

[290] Para mais desenvolvimentos, *vide*, Oehen Mendes, "Contratos de transmissão de patente" cit., pp. 382/383.

[291] Sobre as hipóteses de venda de patente alheia, venda de patente onerada ou cumprimento defeituoso do contrato, remetemos para a desenvolvida abordagem de Oehen Mendes, ob. cit., pp. 383 e ss.

[292] Sobre a licença de patente, para mais desenvolvimentos, remetemos para os importantes estudos de Remédio Marques, *Licenças (voluntárias e obrigatórias) de direitos de propriedade industrial* cit. e "Contrato de licença de patente", *in Contratos de direito de autor e de direito industrial* cit., pp. 395 e ss.

[293] Cf., ponto 4.2.

A licença simples e a licença exclusiva

A licença presume-se não exclusiva, de acordo com o disposto no nº 5 do art. 31º.

Entende-se por licença exclusiva aquela em que o titular do direito renuncia à faculdade de conceder outras licenças para os direitos objeto de licença, enquanto esta se mantiver em vigor (art. 31º, nº 6).

A concessão de licença de exploração exclusiva não obsta a que o titular possa, também, explorar diretamente o direito objeto de licença, salvo estipulação em contrário (art. 31º, nº 7).

Isto significa que há lugar para se pode falar em licença exclusiva *relativa*, quando o titular da patente puder continuar a explorar o direito licenciado, e em licença exclusiva *absoluta*, quando as partes estipulem que o licenciante se abstém de explorar o direito objeto da licença[294].

Natureza real ou obrigacional da licença de patente

O licenciado de uma patente goza, salvo estipulação expressa em contrário, de todas as faculdades jurídicas concedidas ao titular da patente objeto da licença (art. 31º, nº 4)[295].

Todavia, o facto de ser o "estatuto contratual", isto é, a vontade das partes, e não o "estatuto legal", a conferir essas faculdades faz com que, na nossa opinião, a licença revista, independentemente das modalidades que possa apresentar, natureza obrigacional e não real.

[294] Ver, também, Remédio Marques, "Contrato de licença de patente" cit., pp. 400/401. Como sublinha este autor "os programas contratuais possíveis são inabarcáveis. Pode, por exemplo, convencionar-se uma licença exclusiva absoluta, embora parcial ou mista; bem como uma licença exclusiva relativa parcial ou mista: no primeiro caso, o licenciado, e só ele com exclusão de qualquer outra pessoa (incluindo o titular da patente), fica autorizado a exercer algumas das faculdades jurídicas (v.g., importar os produtos para Portugal), sendo-lhe também autorizado o exercício de outras faculdades jurídicas (v.g., comercializar no país) num regime de não exclusividade, em concurso com outros reais ou potenciais licenciados; no segundo caso, o licenciado exerce, em exclusivo, algumas das faculdades jurídicas, mas as restantes (ou algumas delas) são exercidas em regime de não exclusividade, reservando-se o licenciante no exercício de todas elas" (p. 401).

[295] Com a redação dada pelo DL nº 143/2008, de 25 de julho. Como observa Remédio Marques, *Licenças (voluntárias e obrigatórias) de direitos de propriedade industrial* cit., pp. 23, 24 e nota 8, este decreto-lei "reforçou, destarte, a posição jurídica dos titulares de licenças de exploração de direitos de propriedade industrial: as faculdades jurídicas autorizadas são faculdades inerentes ao concreto "tipo" de propriedade industrial (*v.g*, direito de patentes) objeto do contrato de licença e, por conseguinte, são faculdades jurídicas *absolutas*, e não meramente *relativas*, oponíveis ao outro contraente. Deixou assim de valer a ideia de que as estipulações *tácitas* ou o próprio *silêncio* podem afastar essa oponibilidade *erga omnes* das faculdades jurídicas autorizadas. Doravante, para afastar esta *oponibilidade*, as partes deverão estipular *expressamente* que o licenciado *não* desfruta das faculdades jurídicas conferidas ao titular do direito de propriedade industrial que é objeto da licença".

O exercício pelo licenciado de faculdades oponíveis a terceiros resulta, exclusivamente, do estipulado no contrato, o que afasta a natureza absoluta/real do direito do licenciado[296]. A natureza real ou não de um direito não está na disponibilidade das partes. Não deve, pois, ser confundida a natureza do direito com o conteúdo do direito. No âmbito dos direitos sobre coisas incorpóreas impõe-se também, por maioria de razão (posto que a liberdade de criação espiritual é a regra), o princípio da tipicidade taxativa (art. 1306º, nº 1 CC) oposto ao princípio da autonomia da vontade, próprio do direito das obrigações.

Requisitos formais

O contrato de licença deve ser reduzido a escrito (art. 31º, nº 3), sendo o registo condição de oponibilidade a terceiros das faculdades jurídicas autorizadas (art. 29º, nº 2).

A alienação do direito resultante do contrato de licença, salvo estipulação em contrário, carece de consentimento escrito do titular da patente (art. 31º, nº 8).

Por sua vez, a concessão de sublicenças se não estiver prevista no contrato de licença, só pode ser feita com autorização escrita do titular do direito (art. 31º, nº 9).

Obrigações principais das partes

A obrigação principal do licenciante é ceder, nos termos convencionados, o direito de patente ao licenciado para que este possa explorá-lo economicamente.

Para além disso, o licenciante deve praticar todos os atos necessários ou convenientes à manutenção e defesa do registo da patente (v.g., pagamento de taxas, não renuncia ao direito de patente, propositura de ações contra infratores, na medida em que o licenciado não os possa exercer).

Quanto ao problema da comunicação do eventual segredo industrial, componente essencial do chamado "know-how"[297], associado à invenção licenciada, só fará sentido considerar essa informação como um dever do licenciante (condicionado à cláusula de confidencialidade), na medida em que seja imprescindível à exploração normal e eficiente da invenção[298].

[296] Sobre este controversa abordagem técnico-jurídica e com referências de direito comparado, cf. REMÉDIO MARQUES, "Contrato de licença de patente" cit., pp. 407 e ss e respetivas notas.

[297] Referimo-nos a conhecimentos técnicos insuscetíveis de patente ou de informações técnicas adicionais em relação às tecnologias patenteadas. Em ambos os casos conhecimentos não divulgados. O *know-how* é definido no Regulamento (CE) nº 772/2004 da Comissão de 27/4/2004 (JO nº L 123 de 27/4/2004), sobre transferência de tecnologia (revogado pelo Regulamento (UE) nº 316/2014, de 21/03/2014 (JO nº L 93 de 28/03/2014) como "um conjunto de informações práticas que são secretas, substanciais e identificadas por qualquer forma adequada".

[298] Para mais desenvolvimentos, cf. REMÉDIO MARQUES, ob. ult. cit., pp. 415 e ss.

Os deveres principais do licenciado consistem no pagamento da retribuição e no dever de explorar o direito de patente (delimitado contratualmente) objeto da licença.

A retribuição devida pelo licenciado pode ser fixa ou única, cujo pagamento pode ser efetuado de uma só vez ou mediante pagamentos periódicos fracionados no tempo, independentemente do volume de negócios que a exploração propicia ao licenciado.

Pode também consistir numa retribuição variável ou proporcional, calculada com base no volume de negócios gerado pela utilização do bem imaterial, numa retribuição calculada com base no lucro obtido pelo licenciado no final do período temporal considerado, ou um montante fixo por cada produto que incorpora a invenção protegida. Pelo que, embora não seja determinada, a retribuição é sempre determinável.

Por último, pode, ainda, este dever do licenciado consistir numa retribuição mista, compreendendo o pagamento de um montante mínimo fixo (pago de uma só vez ou em prestações) e o pagamento de uma retribuição variável, associada ou não à possibilidade de o licenciante resolver o contrato, após o decurso de um período inicial, se e quando o licenciado não atingir um determinado volume mínimo de negócios.

O licenciado está obrigado, ainda, contratualmente, ao dever de explorar a patente objeto da licença. Se a licença for exclusiva e absoluta, o cumprimento deste dever contratual impõe-se de modo ainda mais premente, pois a falta, sem justo motivo, de exploração da invenção pode dar lugar à emissão de uma licença obrigatória (arts. 107º, nº 1 e 108º, nº 1, alínea a)).

A invalidade da patente licenciada

O artigo 35º estabelece que a eficácia retroativa da nulidade ou anulação da patente não atinge os efeitos já produzidos em cumprimento de eventuais contratos de licença de patente. A declaração de nulidade ou anulação não afeta o contrato de licença até ao momento do trânsito em julgado da decisão.

6. Invalidade da Patente

6.1. Nulidade

As causas substanciais de nulidade da patente[299] estão indicadas nos arts. 32º e 114º e são as seguintes:

[299] Para além das causas substanciais há as causas genéricas reguladas no art. 32º, nº 1 als. b) e c). A alínea b) diz respeito à preterição de procedimentos ou formalidades imprescindíveis para a

1ª – Quando o seu objeto não satisfizer os requisitos de novidade, atividade inventiva e aplicação industrial (art. 114º alª a))[300].

2ª – Quando o seu objeto for insuscetível de proteção nos termos dos artigos 50º, 51º e 52º (art. 32º, nº 1 alª a) e 114º alª b)).

O art. 51º enuncia o que não são invenções:

As descobertas, assim como as teorias científicas e os métodos matemáticos;

Os materiais, ou as substâncias, já existentes na natureza e as matérias nucleares;

As criações estéticas;

Os projetos, os princípios e os métodos do exercício de atividades intelectuais em matéria de jogo ou no domínio das atividades económicas, assim como os programas de computadores, como tais, sem qualquer contributo;

As apresentações de informação;

Como refere o art. 51º, nº 2, a exclusão só tem lugar se o objeto para que é solicitada a patente se limitar aos elementos nele mencionados.

O art. 52º trata da licitude da invenção.

As invenções cuja exploração comercial for contrária à lei, à ordem pública, à saúde pública e aos bons costumes são excluídas da patenteabilidade.

De acordo com estas limitações não são patenteáveis, nomeadamente:

Os processos de clonagem de seres humanos;

Os processos de modificação da identidade genética germinal do ser humano;

As utilizações de embriões humanos para fins industriais ou comerciais;

Os processos de modificação de identidade genética que possam causar sofrimentos aos animais sem utilidade médica substancial para o homem ou para o animal, bem como os animais obtidos por esses processos;

O corpo humano, nos vários estádios da sua constituição e desenvolvimento, bem como a simples descoberta de um dos seus elementos, incluindo a sequência ou a sequência parcial de um gene;

As variedades vegetais ou as raças animais, assim como os processos essencialmente biológicos de obtenção de vegetais ou animais e os vegetais ou animais obtidos exclusivamente através desses processos;

concessão do direito. A alínea c) reporta-se à violação de regras de ordem pública. O alcance desta norma afigura-se uma tarefa difícil e, provavelmente, desnecessária. Pensamos que esta preocupação *atravessa* todo o CPI, aflora em diferentes normas de cada um dos regimes da propriedade industrial e não nos parece que sobeje razão e espaço para a aplicação autónoma e residual deste fundamento de nulidade.

300 Sobre os requisitos de patenteabilidade cf. cap. I, 3, *supra*.

Os métodos de tratamento cirúrgico ou terapêutico do corpo humano ou animal e os métodos de diagnóstico aplicados ao corpo humano ou animal, podendo contudo ser patenteados os produtos, substâncias ou composições utilizados em qualquer desses métodos.

3ª – Quando se reconheça que o título ou epígrafe dado à invenção abrange objeto diferente (art. 114º alª c)).

4ª – Quando o seu objeto não tenha sido descrito por forma a permitir a sua execução por um perito na especialidade (art. 114º alª d)).

Como referimos atrás[301], a invenção tal como é caracterizada nas reivindicações deve, sob pena de nulidade, ser exposta na descrição de maneira a permitir a apreciação do problema ou problemas técnicos tratados e a compreensão da solução fornecida para a resolução desses problemas.

Competência, prazo, legitimidade e eficácia

A declaração de invalidade de patentes, com eficácia "erga-omnes", só pode resultar de decisão judicial (art. 34º, nº 1)[302].

A nulidade é invocável, a todo o tempo (dentro do prazo de validade da patente), por qualquer interessado e o Ministério Público (art. 32º, nº 2 e 34º, nº 3).

Por outro lado, a patente pode ser declarada parcialmente nula. Havendo declaração de nulidade ou anulação de uma ou mais reivindicações a patente continua em vigor relativamente às restantes, sempre que esta puder constituir objeto de uma patente independente (art. 115º, nºs 1 e 3).

Nos procedimentos perante o tribunal, o titular da patente pode efetuar, através da modificação das reivindicações, uma limitação do âmbito da proteção da invenção (art. 115º, nº 2).

Quanto à eficácia, consideramos que a invalidade de direitos de propriedade industrial registados não se "constata", pois carece de ser declarada, por via de ação ou reconvenção. Neste sentido, entendemos que não possa ser arguida por exceção, seja em sede judicial, seja em sede arbitral (argumento "a fortiori", a partir do disposto no artigo 34º, nº 1, CPI). Na verdade, não julga-

[301] Cap. II, 1.1.2.

[302] A competência para a invalidade de patentes com efeitos "erga omnes" (bem como de modelos de utilidade, certificados complementares de proteção ou topografias de produtos semicondutores) é uma reserva judicial absoluta. O CPI-2018 introduziu a declaração administrativa, efetuada pelo INPI, de invalidade, por ação e não por reconvenção, dos demais direitos de propriedade industrial (art. 34º, nº 2). No entanto, este processo não judicial de invalidade só era obrigatório para a nulidade ou anulabilidade do registo de marcas, por força da transposição da DM-2015 – arts. 45º a 47º (*vide* Parte III, Cap. VII, *infra*). O CPI-2018 entendeu alargar esta solução aos desenhos ou modelos e a outros sinais distintivos.

mos possível rejeitar um pedido do titular da patente (ou de qualquer outro direito de propriedade industrial registado) com fundamento em" invalidade incidental" sem prévia declaração dessa mesma invalidade. Ora, a declaração de invalidade produzindo, necessariamente, eficácia "erga omnes" é contraditória com a apreciação por via de exceção[303].

[303] Para mais desenvolvimentos, cf. Luís Couto Gonçalves, "A questão da competência do tribunal arbitral necessário para apreciar a invalidade da patente com eficácia inter partes", CDP, nº 56, 2016, pp. 23 e ss, e RDInt., nº 1-2017, pp. 363 e ss, em anotação ao Ac. STJ de 14/12/2016, Proc. 1248/14.6YRLSB.S1, que decidiu (e bem) no sentido da incompetência do tribunal arbitral necessário para apreciar a invalidade da patente com eficácia relativa. A Lei nº 62/2011, de 12/12, veio instituir um regime especial (e original) de arbitragem necessária para os litígios emergentes da invocação de direitos de propriedade industrial, incluindo os procedimentos cautelares, relacionados com medicamentos de referência. Este tribunal arbitral necessário foi extinto pelo art. 4º do Dec. Lei nº 110/2018, de 10 de dezembro, que aprovou o atual CPI. Estes litígios passam a poder ser sujeitos a arbitragem voluntária, para além da via judicial (TPI). A nova redação do art. 3º, nº 3 da Lei nº 62/2011 admite (a expressão legal "pode" na hermenêutica jurídica não reveste natureza imperativa) que no processo arbitral seja invocada e conhecida a invalidade da patente com meros efeitos *inter partes*. No sentido, que não sufragamos, da natureza interpretativa do art. 4º do referido diploma que aprovou o CPI-2018, cf., entre outros, o Ac. STJ de 14/03/2019 e Ac. TRL de 6/06/2019. Sobre esta evolução legislativa, ver ainda Dário Moura Vicente, "O novo regime da arbitragem em matéria de patentes", RDInt., nº 1-2019, pp. 37 e ss, sustentando também a referida natureza interpretativa e o regime injuntivo da arbitralidade da exceção de invalidade da patente com eficácia relativa.

Na doutrina, sobre o problema específico da possibilidade de apreciação da invalidade por exceção, no mesmo sentido, por nós defendido: Oehen Mendes, "Breves Considerações sobre a incompetência dos Tribunais Arbitrais Portugueses para apreciarem a questão da invalidade das patentes e dos certificados complementares de proteção para medicamentos", in *Estudos de Direito Intelectual em Homenagem ao Prof. Doutor José de Oliveira Ascensão*" (AA.VV.), 2015, pp. 927 e ss e "Da incompetência dos tribunais arbitrais portugueses para apreciarem a questão da invalidade das patentes e dos certificados complementares de proteção para medicamentos", PInt., nº 4-2015, pp. 5 e ss; Pedro Sousa e Silva, *Direito Industrial*, 1ª ed., 2011, pp. 447 e ss; Evaristo Mendes, "Arbitragem necessária. Invalidade de patente, direito a uma tutela jurisdicional efetiva e questões conexas. Nota de jurisprudência", PInt., nº 3-2015, pp. 103 e ss; Alexandre Dias Pereira, "Da invalidade da patente na arbitragem necessária relativa a medicamentos genéricos – anotação ao acórdão do Tribunal Constitucional nº 251/2017, de 24 de maio de 2017", in *Direito da Propriedade Intelectual & Novas Tecnologias*, 2019, pp. 59 e ss.

No sentido oposto, defendendo a competência dos tribunais arbitrais necessários (entretanto extintos) para apreciarem a invalidade da patente com eficácia *inter partes*: Remédio Marques, "Bis in idem: em torno da competência dos tribunais arbitrais necessários para apreciar a questão da invalidade da patente com efeitos inter partes", RDInt., nº 1-2017, pp. 305 e ss; "A arbitrabilidade dos litígios e a dedução de providências cautelares por empresas de medicamentos de referência, na sequência da aprovação de medicamentos genéricos", RDInt., nº 1 – 2014, pp. 33 e ss e "A arbitrabilidade da exceção de invalidade de patente no quadro da Lei nº 62/2011 – Anotação ao acórdão da Relação de Lisboa, de 13 de fevereiro de 2014 (proc. nº 1053/13.7YRLSB-2)", RDInt., nº 2-2014, pp. 211 e ss; Dário Moura Vicente, "O regime especial de resolução de

conflitos em matéria de patentes (Lei nº 62/2011)", ROA, ano 72, Out./Dez. 2012, pp. 981 e ss. e "El régimen português de resolución extrajudicial de conflictos en matéria de patentes", in *Estudios de Derecho Mercantil, Libro homenaje al prof. Dr. h.c. José Antonio Gómez Segade*, Madrid, Marcial Pons, 2013, pp. 789 e ss.; José Alberto Vieira, "A competência de tribunal arbitrário necessário para apreciar a exceção de invalidade de patente registada", RDInt., nº 2-2015, pp. 195 e ss.
O Tribunal Constitucional Ac. 251/2017, de 24 de maio), em sede de fiscalização concreta, decidiu "julgar inconstitucional a norma interpretativamente extraível do artigo 2º da Lei nº 62/2011, de 12 de dezembro e artigos 35º, nº 1, e 101º, nº 2, do Código da Propriedade Industrial, ao estabelecer que, em sede de arbitragem necessária instaurada ao abrigo da Lei nº 62/2011, de 12 de dezembro, a parte não se pode defender, por exceção, mediante invocação da invalidade de patente, com meros efeitos *inter partes*", por violação da proibição de indefesa (artigo 20º da CRP em conjugação com o seu artigo 18º, nº 2).
O que se afigurou mais estranho nesta decisão é o TC reconhecer que a invalidade com eficácia *erga-omnes* da patente prossegue o interesse público na defesa da liberdade do mercado, promoção da sã concorrência e seus reflexos no público em geral, enquanto consumidor, mas entender que não fazia sentido que a sua prossecução fosse imposta ao agente económico que apenas pretendia comercializar um medicamento genérico! Pode ler-se no aresto: "não é razoável impor-se ao requerente da AIM que promova e prossiga interesses de terceiros, bem como o interesse público no que diz respeito à validade da patente, ao fixar como única via a ação de declaração de nulidade ou anulação da patente. Desta forma, a solução normativa em apreciação obriga o requerente da AIM a tornar-se autor da ação de invalidação no TPI, mesmo contra a sua vontade, o que representa um condicionamento do seu direito de acesso aos tribunais e da sua liberdade de delinear a estratégia processual que seja mais consentânea com o seu interesse económico – o que está relacionado com a liberdade de iniciativa económica constitucionalmente tutelada".
Por outras palavras, isto significa que o TC aceitaria que o interesse particular de um concorrente se sobrepusesse a outros interesses mais valiosos, incluindo o interesse público, mostrando-se indiferente em relação à estratégia individualista de o interessado requerer uma AIM, em detrimento de uma ação de invalidade, com o único objetivo de procurar uma situação (iníqua) de supremacia no mercado farmacêutico de genéricos. Quer dizer, o requerente da AIM solicitaria o pedido de invalidade da patente com eficácia *inter partes*, mas não desejaria a invalidade da patente contra terceiros para, desse modo, melhor satisfazer, exclusivamente, o seu proveito económico. No caso de procedência da exceção, a demandada passaria a explorar, em conjunto com o titular da patente (que continuaria válida) o respetivo invento, utilizando em seu benefício um exclusivo que o Estado concedera apenas ao titular da patente e que continuaria a impor-se ao restante universo de possíveis concorrentes ou interessados. A admissibilidade deste resultado pelo TC causa-nos a maior perplexidade e é juridicamente chocante. Esta atuação do requerente da AIM e o risco sério de decisões concretas contraditórias eram e são dos argumentos mais relevantes para sustentar a incompetência (constitucional) do tribunal arbitral (seja necessário, seja voluntário) para apreciar a invalidade da patente com eficácia relativa, nos quais se baseou, e bem, o Ac. STJ de 14/12/2016. O TC usou um bom fundamento, mas, lamentavelmente, decidiu contra a racionalidade do mesmo. A decisão significaria que a arbitragem necessária, criada, a título excecional, com outra finalidade e composta por "juízes privados", pudesse ser desvirtuada e "manipulada" para satisfação casuística e casual de uma finalidade egoística (como reconhece o próprio TC) prejudicando, nomeadamente, o funcionamento transparente e equilibrado do mercado farmacêutico. O TC, em nome de uma suposta inconstitucionalidade por violação da proibição de indefesa

6.2. Anulabilidade

A patente é anulável quando o titular não tiver direito a ela, nomeadamente:

Quando o direito lhe não pertencer (art. 33º, nº 1 alª a));

Quando tiverem sido concedidos com preterição de direitos, previstos nos arts. 57º a 59º (art. 33º, nº 1 al ª b)).

Nos casos previstos na alª b) o interessado pode, em vez da anulação e se reunir as condições legais, pedir a reversão total ou parcial a seu favor (art. 33º, nº 2).

Prazo e legitimidade

O CPI estabelece o prazo de arguição de anulabilidade a contar do despacho de concessão das patentes (art. 34º, nº 7). A legitimidade processual encontra-se prevista no art. 34º, nº 3.

Tendo em conta a natureza das causas de anulabilidade não faz sentido, na nossa opinião, considerar a possibilidade de anulação parcial de patente, como faz o art. 115º.

7. Certificado Complementar de Proteção para Medicamentos e Produtos Fitofarmacêuticos

Quer os medicamentos, quer os produtos fitofarmacêuticos carecem de autorização de introdução no mercado com vista à respetiva comercialização.

Tendo em conta esta necessidade e que o período que decorre entre o pedido de patente para um novo medicamento ou um produto fitofarmacêutico e a autorização de introdução no mercado (AIM) reduz a proteção efetiva conferida pela patente a um período insuficiente para amortizar os investimentos efetuados na investigação, o Regulamento (CEE) nº 1768/92 do Conselho de 18 de junho de 1992, revogado pelo Regulamento (CE) nº 469/2009, de 6 de maio[304] (alterado pelo Regulamento (UE) nº 2019/933, de 20 de maio de 2019)

(inexistente, porquanto o direito de defesa se mantinha incólume com o recurso à via judicial), acabaria por aceitar, irrazoavel e desproporcionadamente, uma defesa *por excesso*, enviesada e incongruente, em sede arbitral necessária. Mais recentemente o TC (Ac. 51/2021, de 22/01/2021), decidiu, em sentido contrário, não julgar inconstitucional que, em sede de arbitragem necessária instaurada ao abrigo da Lei nº 62/2011, de 12 de dezembro, a parte não se possa defender, por exceção, mediante invocação da invalidade de patente, com meros efeitos *inter partes*.

[304] Para efeitos do presente regulamento, aplicam-se as seguintes definições:

a) "Medicamento": qualquer substância ou associação de substâncias com propriedades curativas ou preventivas em relação a doenças humanas ou animais, bem como qualquer substância ou associação de substâncias que possa ser administrada ao homem ou a animais com vista a estabelecer um diagnóstico médico ou a restaurar, corrigir ou alterar funções orgânicas no homem ou nos animais;

b) "Produto": o princípio ativo ou associação de princípios ativos contidos num medicamento;

e Regulamento (CE) nº 1610/96 de 23 de julho, criaram um certificado complementar de proteção, respetivamente, para os medicamentos[305] e os produtos fitofarmacêuticos, a solicitação do titular da patente[306].

O pedido de certificado deve ser apresentado no prazo de seis meses a contar da data em que o produto obteve, enquanto medicamento ou produto fitofarmacêutico, a autorização de introdução no mercado (art. 7º, nº 1 dos Regulamentos).

No entanto, quando a autorização de introdução no mercado for dada antes da concessão da patente de base, o pedido de certificado deve ser apresentado no prazo de seis meses a contar da data de concessão da patente (art. 7º, nº 2 dos Regulamentos).

O certificado é concedido se no Estado-Membro onde for apresentado o pedido o produto estiver protegido por uma patente de base em vigor e, enquanto medicamento, tiver obtido uma AIM válida (art. 3º, alíneas a) e b)) dos Regulamentos)[307].

c) "Patente de base": a patente que protege um produto como tal, um processo de obtenção de um produto ou uma aplicação de um produto e que tenha sido designado pelo seu titular para efeitos do processo de obtenção de um certificado.
Para uma visão anotada a este Regulamento cf. AA.VV. – *Ergänzende Shutzzertifikate – Patent Term Extensions* (Arne Markgraf – Hrsg), 2015, pp. 94-383.

305 Os Acórdãos TJ de 28/07/2011, Proc. C-427/09 e Proc. C-195/09 (http://eur-lex.europa.eu) consideraram que um medicamento humano colocado no mercado da Comunidade Europeia antes de ter obtido uma autorização de colocação no mercado não está abrangido pelo âmbito de aplicação do Reg. (CEE) nº 1768/92 não podendo ser objeto de um certificado complementar de proteção.

306 Com interesse sobre as condições de concessão de certificados a dois ou a vários titulares de patentes de base relativas ao mesmo produto, cf. o Ac. TJ de 3/09/2009, Proc. C-482/07, JO-C 256 de 24/10/2009, pp. 3 e ss, que se pronunciou no sentido de que o Regulamento "não se opõe à concessão de um certificado complementar de proteção ao titular de uma patente de base para um produto para o qual, no momento do depósito do pedido de certificado, um ou vários certificados foram já concedidos a um ou vários titulares de uma ou de várias outras patentes de base". Cf., ainda, a decisão do TPI, 17/04/2014 (BPI – 31/07/2014, p. 7) que, ancorando-se na jurisprudência do TJUE, considerou que pode ser concedido um segundo certificado complementar de proteção diverso uma vez que a nova utilização terapêutica do medicamento – a prevenção do acidente vascular cerebral (AVC) e embolismo sistémico em doentes adultos com fibrilhação auricular não valvular – encerre princípio ativo constante das reivindicações da mesma patente.

307 O TJUE – nas decisões proferidas nos casos C-322/10, de 24.11.2011 (*Medeva*), C-630/10, de 25.11.2011 (*University of Queensland*) e C-6/11, de 25.11.2011 (*Daiichi Sankyo*), as quais envolviam CCP que visavam a combinação de vários princípios ativos – declarou que só podem ser concedidos CCP para princípios ativos que estejam mencionados no texto das reivindicações da patente de base invocada, pese embora, conforme se declara nas duas primeiras decisões referidas, seja admissível o CCP se o medicamento cuja autorização de introdução no mercado tiver sido apresentada em apoio do pedido de CCP compreender não apenas princípios ativos mencionados

De acordo com o art. 116º, nº 1 CPI, o pedido de certificado complementar de proteção para os medicamentos e para os produtos fitofarmacêuticos apresentado junto do INPI deve incluir um requerimento, redigido em língua portuguesa, que indique:

O nome, firma ou denominação social do requerente, sua nacionalidade e domicílio ou lugar em que está estabelecido, o número de identificação fiscal quando se trate de um residente em Portugal e o endereço de correio eletrónico, caso exista;

O número da patente, bem como a epígrafe ou o título da invenção protegida por essa patente;

nas reivindicações da patente de base, mas igualmente outros princípios ativos. Com interesse, ainda, sobre questões relativas ao certificado complementar de proteção, cf. os Acórdãos TJ de 12/12/2013, Proc. C-443/12, Proc. C-484/12 e Proc. C-493/12. Este último (*Eli Lilly vs. Human Genome Sciences*) sustenta que não é necessário para um princípio ativo ser protegido por uma patente de base que esteja mencionado nas reivindicações desta patente, através de uma fórmula estrutural. Quando este princípio ativo estiver coberto por uma fórmula funcional contida nas reivindicações de uma patente concedida pelo Instituto Europeu de Patentes, o artigo 3º, alínea a), do Reg. nº 469/2009, não se opõe, em princípio, à emissão de um certificado complementar de proteção para este princípio ativo, na condição, porém, de que, com base nessas reivindicações, interpretadas designadamente à luz da descrição da invenção, conforme previsto no artigo 69º da CPE e no protocolo interpretativo do mesmo, seja possível concluir que essas *reivindicações visavam, implícita mas necessariamente, o princípio ativo em causa, de forma específica*, o que compete ao órgão jurisdicional de reenvio verificar. Sobre a jurisprudência do TJUE, cf. OEHEN MENDES, "Os certificados complementares de proteção (CCP) para medicamentos à luz da jurisprudência recente do TJUE" in AA.VV., *Estudios de Derecho Mercantil* (Libro Homenaje al Prof. Dr. José Antonio Gómez Segade), Marcial Pons, 2013, pp. 803 e ss; REMÉDIO MARQUES, "O art. 3º, alínea a) do Regulamento (CE) nº 469/2009: teste de divulgação / teste da infração / teste do âmbito de proteção /contributo inventivo – *Quo Vadis* TJUE", RDInt. nº 1-2019, pp. 85 e ss.; SCUFFI/FRANZOSI, *Diritto industriale italiano* cit., tomo I, pp. 820 e ss; SCUFFI, "I certificati complementari di protezione: l'evoluzione della giurisprudenza sui termini di prolungamento brevettuale e l'ambito di protezione", RDI, 2015, pp. 5 e ss; HAEDICKE/TIMMANN, *Patent Law – A Handbook* cit., pp. 1035 e ss; STIEF/BÜHLER, *Supplementary Protection Certificates (SPC)*, 2016, pp. 3-54, mas fazendo incursões do problema na Alemanha, Reino Unido, França, Itália, Holanda e Suiça; AA.VV. – *Ergänzende Shutzzertifikate – Patent Term Extensions* cit., abordando o tema, para além do Regulamento da UE, já referido, os EUA e o Japão. Por sua vez, o Acórdão TJ de 12/03/2015, Proc. C-577/13 (*Actavis Group vs. Actavis UK*), considera que "o artigo 3º, alíneas a) e c), do Regulamento (CE) nº 469/2009 do Parlamento Europeu e do Conselho, de 6 de maio de 2009, relativo ao certificado complementar de proteção para os medicamentos, deve ser interpretado no sentido de que, quando uma patente de base inclui uma reivindicação de um produto que contenha um princípio ativo que constitui o único objeto da invenção, para o qual o titular dessa patente já obteve um certificado complementar de proteção, e uma reivindicação ulterior de um produto que contenha uma associação desse princípio ativo com outra substância, essa disposição se opõe a que esse titular obtenha um segundo certificado complementar de proteção para a referida associação".

O número e a data da primeira autorização de introdução do produto no mercado em Portugal e, caso esta não seja a primeira autorização de introdução no espaço económico europeu, o número e a data dessa autorização;

A referência à apresentação simultânea de um pedido de prorrogação da validade do certificado complementar de proteção, quando aplicável;

A assinatura ou a identificação eletrónica do requerente ou do seu mandatário.

Ao requerimento deve juntar-se uma cópia da primeira autorização de introdução no mercado em Portugal que permita identificar o produto, compreendendo, nomeadamente o número e a data da autorização, bem como o resumo das características do produto (art. 116º, nº 2).

Deve indicar-se a denominação do produto autorizado e a disposição legal ao abrigo da qual correu o processo de autorização, bem como juntar-se cópia da publicação dessa autorização no boletim oficial, se a autorização referida no número anterior não for a primeira para introdução do produto no mercado do espaço económico europeu, como medicamento ou produto fitofarmacêutico (art. 116º, nº 3).

Apresentado o pedido no INPI, será feito o respetivo exame, no prazo de 12 meses a contar da data de apresentação do pedido, verificando-se se foi apresentado dentro do prazo e se preenche as condições legalmente previstas (art. 118º, nº 1).

Se o pedido de certificado e o produto que é objeto do pedido satisfizerem as condições previstas no respetivo Regulamento e as estabelecidas no CPI, o INPI concede o certificado e promove a publicação do pedido e do despacho de concessão no BPI (art. 118º, nº 2).

Se o pedido de certificado não preencher as condições referidas no número anterior, o INPI notifica o requerente para proceder, no prazo de dois meses, à correção das irregularidades verificadas podendo haver lugar, caso se justifique, a uma segunda notificação com idêntico prazo de resposta (art. 118º, nº 3).

Quando, da resposta do requerente, o INPI verificar que o pedido de certificado preenche as condições exigidas promove a publicação do pedido de certificado e o aviso da sua concessão no BPI (art. 118º, nº 4).

Se o requerente não der cumprimento à notificação o pedido é recusado, publicando-se o pedido e o aviso de recusa no BPI (art. 118º, nº 5).

Sem prejuízo do disposto no nº 3 do art. 118º, o certificado será recusado se o pedido ou o produto a que se refere não satisfizerem as condições previstas na legislação vigente na União Europeia, nem preencherem as condições estabelecidas no CPI, publicando-se o pedido e o aviso de recusa no Boletim da Propriedade Industrial (art. 118º, nº 6).

A publicação deve compreender, pelo menos, as seguintes indicações (art. 118º, nº 7):

Nome e endereço do requerente;

Número da patente;

Epígrafe ou título da invenção;

Número e data da autorização de introdução do produto no mercado em Portugal, bem como identificação do produto objeto da autorização;

Número e data da primeira autorização de introdução do produto no mercado do espaço económico europeu, se for caso disso;

Aviso de concessão e prazo de validade do certificado ou aviso de recusa, conforme os casos.

O disposto no presente artigo é aplicável, com as necessárias adaptações, aos pedidos de prorrogação de validade dos certificados complementares de proteção (art. 118º, nº 8).

O certificado produz efeitos no termo legal da validade da patente de base[308], durante um prazo que corresponde ao período decorrido entre a data

[308] O Acórdão TJ de 25/07/2018, Proc. C-121/17 (*Teva*) sustenta que: "O artigo 3.º, alínea a), do Regulamento nº 469/2009 do Parlamento Europeu e do Conselho, de 6 de maio de 2009, relativo ao certificado complementar de proteção para os medicamentos, deve ser interpretado no sentido de que um produto composto por vários princípios ativos de efeito combinado é «protegido por uma patente de base em vigor», na aceção desta disposição, quando a combinação dos princípios ativos que o compõem, mesmo que não esteja expressamente mencionada nas reivindicações da patente de base, é necessária e especificamente visada nessas reivindicações. Para o efeito, do ponto de vista do especialista na matéria e com base na evolução técnica à data de depósito ou de prioridade da patente de base: a combinação desses princípios ativos deve ser necessariamente abrangida, à luz da descrição e dos desenhos da patente, pela invenção coberta por esta, e cada um dos referidos princípios ativos deve ser especificamente identificável, à luz de todos os elementos divulgados pela referida patente". Esta decisão adota uma perspetiva menos restritiva do que a assumida, nomeadamente no acórdão *Medeva* (referido na nota anterior) admitindo que cada uma das substâncias ativas possa ser mencionada não apenas nas reivindicações, mas também na descrição e desenhos ("todos os elementos divulgados"). Em comentário a esta decisão, mas com uma perspetiva mais ampla sobre a controversa e titubeante jurisprudência do TJUE sobre o complexo problema do conceito de produto (ou processo) protegido por uma patente de base, *vide* Remédio Marques, "O art. 3º, alínea a) do Regulamento (CE) nº 469/2009: teste de divulgação / teste da infração / teste do âmbito de proteção /contributo inventivo – *Quo Vadis* TJUE", RDInt. nº 1-2019, pp. 85 e ss (já citado). Em anotação a este aresto do TJUE, cfr., também, Pedro Caridade de Freitas, "Certificado Complementar de Protecção – Acórdão do Tribunal de Justiça (Grande Secção), Proc. C-121/17, de 25 de Julho de 2018", RDInt., nº 1-2019, pp. 199 e ss. Partindo de uma noção mais estrita de "produto" (como o princípio ativo ou a associação de princípios ativos contidos num medicamento, sem que tenha de se limitar o respetivo alcance a apenas uma das aplicações terapêuticas às quais tal princípio ativo, ou a que tal combinação de princípios ativos, pode dar origem ou a alterações menores ao medicamento, tais como uma

de apresentação do pedido de patente de base e a data da primeira autorização de colocação no mercado da UE, reduzido um período de cinco anos (art. 13º, nº 1 dos Regulamentos). A determinação do período de vigência de um determinado CCP resulta, pois, de um cálculo aritmético, tendo como variáveis a data do pedido da patente de base, a data da primeira autorização de introdução no mercado e a redução de um período de cinco anos. O TJ, numa questão prejudicial, através de despacho proferido em 13 de fevereiro de 2014 (Processo C- 555/13) declarou que "o artigo 13º do Regulamento (CE) nº 469/2009 (...) lido em conjugação com o considerando 9 deste Regulamento, deve ser interpretado no sentido de que se opõe a que um titular de uma patente e de um certificado complementar de proteção possa invocar a totalidade de duração da validade de tal certificado calculada em aplicação desse artigo 13º numa situação em que, devido a essa duração, beneficiaria de um período de exclusividade, respeitante a um princípio ativo, superior a quinze anos a partir da primeira autorização de introdução no mercado[309], na União Europeia, do medicamento que consiste nesse princípio ativo ou que o contém"[310].

Não obstante, o prazo e validade do certificado não pode exceder cinco anos a contar da data a partir da qual produz efeitos (art. 13º, nº 2 dos Regulamentos).

O Regulamento (UE) 2019/933 de 20/05/2019 alterou o Regulamento (CE) nº 469/2009, para colmatar a falta de previsão de qualquer exceção à prote-

nova dosagem, a utilização de um sal ou de um éster diferente, ou ainda uma forma farmacêutica diferente), o Ac.TJUE de 9/07/2020, Proc.-C 673/18 considerou que "uma autorização de introdução no mercado não pode ser considerada a primeira autorização de introdução no mercado, na aceção desta disposição, quando esta diga respeito a uma nova aplicação terapêutica de um princípio ativo, ou de uma combinação de princípios ativos, que já foi objeto de uma autorização de introdução no mercado para outra aplicação terapêutica". Este aresto afastou-se, pois, do conceito de "produto", com um alcance menos restritivo, defendido no Acórdão de 19 de julho de 2012 ("Neurim"), C130/11, que sustentou que o simples facto de existir uma AIM anterior obtida para o medicamento para uso veterinário não se oporia a que fosse concedido um CCP para uma aplicação diferente do mesmo produto para a qual foi concedida uma AIM, desde que essa aplicação se enquadrasse no âmbito da proteção conferida pela patente de base invocada em apoio do pedido de CCP.

[309] O Ac. do TJUE de 6/10/2015 (processo C-471/14) esclarece que a "data da primeira autorização de introdução no mercado na União", na aceção do disposto no artigo 13º, nº 1 do Regulamento, quando esteja em causa um procedimento centralizado de obtenção de uma AIM da UE, é a da notificação da decisão que concede a autorização de introdução no mercado ao seu destinatário" e não a data da decisão da AIM da UE. O INPI, em 28/11/2017, veio comunicar que, estando em causa uma AIM nacional, passará a considerar também a data da notificação da AIM como a data a ter em conta no cálculo de vigência do CCP, mediante entrega de documentação que prove esta data.

[310] Ancorando-se nesta posição do TJ, cf. Ac.TRL, de 13/10/2015, BPI de 21/11/2017, pp. 28 e ss.

ção conferida pelo certificado. Essa ausência normativa "teve como resultado não intencional impedir o fabrico de medicamentos genéricos e biossimilares na União por fabricantes de medicamentos genéricos e biossimilares estabelecidos na União, inclusive para fins de exportação para mercados de países terceiros em que a proteção não existe ou caducou". "Do mesmo modo, os fabricantes são impedidos de fabricar medicamentos genéricos e biossimilares para fins de armazenamento por um período limitado, antes da caducidade do certificado. Tais circunstâncias tornam mais difícil que esses fabricantes, ao contrário dos fabricantes localizados em países terceiros onde a proteção não existe ou caducou, entrem no mercado da União imediatamente após a caducidade do certificado, uma vez que não se encontram em posição de desenvolver a capacidade de produção para fins de exportação ou para fins de entrada no mercado de um Estado-Membro até que a proteção prevista nesse certificado tenha caducado" (nº 4). "Tais circunstâncias colocam os fabricantes de medicamentos genéricos e biossimilares estabelecidos na União em desvantagem competitiva significativa em comparação com os fabricantes estabelecidos em países terceiros que oferecem menos ou nenhuma proteção. A União deverá encontrar um equilíbrio entre o restabelecimento de condições equitativas entre esses fabricantes e a garantia do conteúdo essencial dos direitos exclusivos dos titulares de certificados ("titulares de certificados") em relação ao mercado da União" (nº 5)[311].

[311] Para mais desenvolvimentos, REMÉDIO MARQUES, *Direito Europeu das Patentes e Marcas* cit., pp. 323-378; PEDRO CARIDADE FREITAS, "Os certificados complementares de protecção após o Regulamento (UE) 2019/933 do Parlamento Europeu e do Conselho de 20 de maio de 2019", RDInt., 2-2019, pp. 173 e ss.

PARTE II
Desenhos ou Modelos

Introdução

Numa altura em que, do lado da economia e da gestão, se fala tanto em afirmação concorrencial baseada no *design*, estamos, do lado do direito, inevitavelmente, a falar do desenho ou modelo.

Trata-se, agora, de centrar a nossa atenção no problema da afirmação concorrencial estética, entendida esta designação não em sentido estrito ou artístico, como *arte do belo*, mas em sentido amplo, como modo de proporcionar sensação estética no consumidor, pela forma de apresentação exterior do produto. O desenho e modelo industriais (tenham ou não valor *artístico*), com finalidade prática e concorrencial, distinguem-se do desenho e modelo artísticos (*arte pura*), com finalidade puramente estética e não utilitária[312]. No âmbito da propriedade industrial, não é exigível o *valor artístico estético* da forma do produto, mas é bastante o *carácter estético* da forma do produto (entendido o conceito de produto, nos termos do disposto no art. 174º)[313]. O que importa mais não é a valoração estética do produto, mas sim a suscetibilidade de proporcionar sensação estética ao consumidor. O valor artístico do desenho ou modelo (*obra de arte aplicada à indústria*), se o houver, pode, no entanto, ter relevância para permitir a proteção cumulativa *relativa* do direito de autor (cf. art. 194º do CPI e art. 2º nº 1 al. i) do Código do Direito de Autor e dos Direitos Conexos – CDADC[314]) um aspeto que desenvolveremos mais adiante[315].

312 Para uma interessante reflexão sobre a complexidade da distinção entre o *belo* e o útil no direito intelectual cf. Laura Marchegiani, *Opere "utili" e libertà della concorrenza*, 2006, pp. 121 e ss.

313 No mesmo sentido, Otero Lastres, "El diseño industrial según la ley de 7 de Júlio de 2003", *Tratado de Derecho Mercantil* (Coordinador Jiménez Sánchez), tomo XIX, vol. 2º, 2003, pp. 37 e ss.

314 Aprovado pelo Decreto-Lei nº 63/1985, de 14/3.

315 A convenção de Berna para a proteção de obras literárias e artísticas de 1886, após a revisão de Bruxelas de 1948, aceita a proteção de *obras de arte aplicadas* (art. 2º nº 1). No entanto, a Convenção

1. Noção de desenho ou modelo

"O desenho ou modelo designa a aparência da totalidade, ou de parte, de um produto resultante das características de, nomeadamente, linhas, contornos, cores, forma, textura ou materiais do próprio produto e da sua ornamentação" (art. 173º).

Esta noção, introduzida pelo CPI-2003, foi decalcada do artigo 1º, al.a) da Diretiva Comunitária nº 98/71/CE, de 13 de outubro de 1998 (JO-L 289, de 28 de outubro de 1998) relativa à proteção legal de desenhos e modelos[316] e terminou com a distinção ("meramente formal"[317]) de modelos industriais e desenhos industriais (ver arts. 139º e 140º CPI-1995).

O desenho ou modelo é um direito que protege a *aparência* da totalidade ou de uma parte de um produto, de modo a torná-lo, desejavelmente, mais atrativo ou apelativo para o consumidor. Trata-se, em rigor, de um único direito pondo-se termo à distinção tradicional entre o direito sobre o desenho *industrial*, correspondente a produtos bidimensionais, e o direito sobre o modelo *industrial*, relativo a produtos tridimensionais[318]. É um mesmo *tipo* de

de Berna, pelo disposto no artigo 2º, nº 7, não impõe aos Estados Unionistas a obrigação de protegerem os desenhos ou modelos industriais pelo direito de autor porquanto reserva às legislações dos Estados-membros "o campo de aplicação das leis relativas às obras de arte aplicadas e aos modelos ou desenhos industriais, assim como as condições de proteção dessas obras, desenhos e modelos". Para uma apreciação à Convenção de Berna, cf. Denis Cohen, *Le droit des dessins et modèles*, 2009, pp. 351 e ss. O Código do Direito de Autor e dos Direitos Conexos português permite a proteção de desenhos ou modelos industriais, que constituam criação artística, independentemente da proteção relativa à propriedade industrial (art. 2º, nº 1 alª i)).

[316] A Diretiva Comunitária relativa a proteção legal de desenhos e modelos industriais surgiu para atenuar as distorções que se verificavam na concorrência no mercado interno por força das diferenças existentes entre as legislações dos Estados-membros neste domínio. Não obstante esta preocupação, não foi intuito do legislador comunitário proceder a uma harmonização completa dessas legislações. A harmonização limitou-se às disposições legislativas nacionais que afetassem mais diretamente o funcionamento do mercado interno (Considerando nº 5 da Diretiva). Os aspetos harmonizados foram, essencialmente, os seguintes: noção de modelo ou desenho (art. 1º); condições de proteção (arts. 3º, nº 2, 4º e 5º); conteúdo de proteção (arts. 9º, 10º, 12º e 13º); causas de recusa do registo e de invalidade (artigo 11º). O legislador comunitário abordou, ainda, se bem que de forma não perentória, outras matérias delicadas, como as complexas relações com outras formas de proteção (artigo 16º) e o princípio da cumulação da proteção com o direito de autor (art. 17º).

[317] Oliveira Ascensão, *Direito Comercial (Direito Industrial)* cit. p. 216.

[318] Em Portugal, no CPI de 1940, o modelo industrial (art. 40º) e o desenho industrial (art. 41º) estavam integrados no capítulo II do Título II, juntamente com o modelo de utilidade (arts. 37º e ss). No CPI de 1995, o modelo e o desenho industriais passaram a revestir autonomia em relação ao modelo de utilidade embora se mantivesse a distinção com base na conceção da forma (arts. 139º e 140º). Esta era aliás a tradição dominante nos países europeus antes da transposição da Diretiva sobre desenhos e modelos. Em Espanha, o Estatuto de Propriedade Industrial de 1929

direito de propriedade industrial, embora com dois nomes distintos. A distinção entre desenho ou modelo passa a revestir natureza meramente conceitual sem tratamento jurídico diferenciado. Nessa medida, teria sido preferível a adoção de uma designação unitária, mas o certo é que a expressão *desenho* (em língua portuguesa) não reveste o significado, mais abrangente, que o nome *design* tem na língua inglesa[319].

Por outro lado, desaparece a referência *industrial* (com o significado de produção em série e a consequente suscetibilidade de repetibilidade e reprodutibilidade do produto) o que significa a possibilidade de o desenho ou modelo incidir sobre produtos ou artigos *artesanais* (que embora não sejam exatamente idênticos têm de ser aparentemente idênticos) como expressamente prevê o art. 174º, nº 1.

A aparência do produto pode resultar das "características de, nomeadamente, linhas, contornos, cores, forma, textura ou materiais do próprio produto e da sua ornamentação". Trata-se de uma enumeração exemplificativa podendo a proteção derivar de outros elementos (*v.g.*, luz, flexibilidade, estamparia) do produto. A indicação legal da *forma* como característica a ter em conta pode

regulava os modelos e desenhos industriais (arts. 182º e ss). Em Itália, a lei regulava conjuntamente os modelos industriais, compreendendo dois tipos: de um lado, o modelo de utilidade e, do outro, o modelo e desenho ornamentais (R.D. 25/8/1940, n. 1411, modificado pela lei de 14/2/1987, n. 60, e artigos 2592º a 2594º do C. Civil). Em França, distinguia-se o desenho industrial e o modelo industrial (Lei de 14/7/1909). Na Alemanha, a lei protegia o desenho e modelo industriais (*Gesetz betrefend das Urheberrecht an Mustern und Modellen* de 11/1/1876, várias vezes alterada e revogada pela lei em vigor de 12/3/2004). O Reino Unido, ao contrário, consagrava uma orientação substancialmente diferente na qual se combinava, e misturava de modo controverso, a lógica de proteção do *copyright*, destinado à proteção de desenhos não registados, com a da propriedade industrial reservada para os desenhos registados (cf. *Registered Designs Act* de 1949, ainda em vigor, embora muito modificado, *Copyright Act* de 1968 e *Copyright, Designs and Patents Act* de 1988, que introduziu a proteção do desenho não registado).

[319] Isso não impediu, contudo, que o legislador espanhol adotasse na lei vigente a designação de *diseño industrial* (lei 20/2003 de 7/7). A esta opção não foi, decerto, alheia a posição da doutrina, onde merece lugar de destaque, o nome de Otero Lastres, "En torno a la Diretiva 98/71/CE sobre la protección jurídica de los dibujos y modelos", ADI, XIX, 1998, p. 25; "El diseño industrial según la ley de 7 de Júlio de 2003" cit., p. 28; "Rasgos conceptuales del diseño industrial", in *Manual de la propiedad industrial* (Fernández-Nóvoa/Otero Lastres/Botana Agra) cit., pp. 347 e ss. O legislador alemão também utiliza o conceito *Designgesetz*, na versão atual da lei de 24/02/2014. Em Itália e França a opção foi a da adoção dos conceitos de desenho e modelo (cf. arts. 31º e ss do Código da Propriedade Industrial italiano de 2005 e arts. L511-1 e ss do Código da Propriedade Intelectual francês de 1992, com as alterações introduzidas pela *Ordonnance* nº 2001-670 de 25/7/2001). No Reino Unido mantém-se em vigor o *Registered Designs Act* de 1949, alterado pelo *Regulatory Reform Act de 2001*, que transpôs a Diretiva Comunitária sobre Desenhos ou Modelos, o *Registered Designs Regulations de 2003* e o *Regulatory Reform (Registered Designs) Order* 2006 (ver *http://www.ipo.gov.uk/).*

causar alguma perplexidade atendendo a que o desenho ou modelo protege a forma (*como um todo*) do produto. Há, pois, que interpretar restritivamente esta referência legal. Deve tratar-se de formas *parcelares* integradas na forma *global* do desenho ou modelo.

A proteção da aparência significa que a forma da totalidade ou de parte do produto deva ser *exterior* e acessível ao sentido (pelo menos) da *visão*[320].

2. Noção de produto

Produto, de acordo com o disposto no art. 174º, nº 1, designa qualquer artigo industrial ou de artesanato, incluindo, entre outros, os componentes para montagem de um produto complexo, as embalagens, os elementos de apresentação, os símbolos gráficos e os caracteres tipográficos, excluindo os programas de computador.

O nº 2 acrescenta que produto complexo designa qualquer produto composto por componentes múltiplos suscetíveis de serem dele retirados para o desmontar e nele recolocados para o montar novamente[321].

É possível a proteção de um componente de um produto complexo desde que seja suscetível de visibilidade durante a utilização normal do produto feita pelo utilizador final e preencha os requisitos de novidade e de carácter singular (cf. art. 175º, nºs 4 als. a) e b) e 5)[322]. A parte componente é um produto destacável, com autonomia económica, embora com dependência funcional, servindo exclusivamente para ser (re)colocada no produto complexo. Na prática, normalmente, o fabricante do produto complexo é o fabricante da parte componente o que potencia situações de barreiras concorrenciais à entrada no mercado secundário, nomeadamente no que tange ao fabrico de peças sobresselentes ou de substituição (*must-match* ou de *correspondência exata*). A possibilidade ou não de excecionar a proteção da aparência de peças componentes de reparação em vista exclusivamente da reposição da aparência original (*cláusula de reparação*) tem sido uma questão muito controvertida. Na impossibilidade de

[320] O TJUE também já sustentou esta posição – Ac. de 21.09.2017, proc. C361/15 P e C405/15, nºs 62, 63 (caso Group Nivelles).

[321] Corresponde ao preceituado no art. 1º als. b) e c) da Diretiva nº 98/71/CE, de 13 de outubro de 1998, relativa a proteção legal de desenhos e modelos industriais. Sobre a noção de produto, cfr. Pedro Sousa e Silva, *Direito Industrial*, 2019, pp. 104-106 e *in* AA.VV., *CPI Anotado* cit., anotação ao artigo 174º.

[322] O problema dos componentes dos produtos complexos e da sua eventual proteção autónoma tem muita relevância prática, por exemplo, no setor automóvel. Sobre este ponto ver, ainda, para mais desenvolvimentos, Miguel Moura e Silva, "Desenhos e modelos industriais – um paradigma perdido",*in Direito Industrial* (AA.VV), vol. I, cit., pp. 438 e ss.

um consenso entre os países partidários da liberalização do mercado secundário de peças sobresselentes (por exemplo, Espanha, Itália e Reino Unido) e os adversários (por exemplo, Alemanha e França), a Diretiva optou por não tomar uma posição definitiva[323].

3. Requisitos de proteção

Só gozam de proteção legal os desenhos e modelos *novos* que tenham *carácter singular* (art. 175º, nº 1). A lei estabelece dois requisitos de proteção: novidade (art. 176º) e carácter singular (art. 177º).

3.1. Novidade

É novo o desenho ou o modelo se, antes da data do respetivo pedido de registo (ou da data da prioridade reivindicada), nenhum desenho ou modelo idêntico foi divulgado ao público[324], dentro ou fora do país (art. 176º, nº 1). O conceito de novidade não é universal, porquanto o artigo 178º, nº 1 estabelece apenas a relevância do conhecimento no âmbito da UE ("dos círculos especializados do setor em questão que operam na União Europeia, no decurso da sua atividade corrente, antes da data do pedido de registo ou da prioridade reivindicada").

O conceito de identidade abrange ainda os desenhos ou modelos cujas características específicas apenas difiram em pormenores sem importância (art. 176º, nº 2).

Isto significa que o requisito da novidade não é cumprido se houver um desenho ou modelo anterior divulgado idêntico ou substancialmente muito semelhante (*quase* idêntico) para o mesmo setor de atividade (novidade em sen-

[323] A solução encontrada (art. 14º) foi a do *standstill*, ou seja, a de congelar a legislação existente em cada Estado-membro introduzindo, contudo, uma cláusula transitória permitindo aos Estados apenas alterações no sentido da liberalização (*freeze plus*). É uma questão com muita importância, por exemplo, na indústria automóvel e com interesses contrapostos entre os fabricantes da marca (mercado primário) e os fabricantes independentes (mercado secundário). Para mais desenvolvimentos, cf. Jérôme Passa, *Traité de droit de la propriété industrielle*, Tome I, 2009, pp. 952 e ss; Carmen Lence, *La protección del diseño en el derecho español*, 2004, pp. 94 e ss; Remédio Marques, *Biotecnologia(s) e propriedade intelectual* cit., vol. I, pp. 1343 e ss (e nota 3053). Neste momento, encontra-se em discussão uma Proposta de revisão da Diretiva 98/71 sobre proteção de desenhos ou modelos, com o objetivo de introduzir a chamada *cláusula de reparação* permitindo a liberalização do mercado secundário de fabrico de peças não originais.

[324] Desapareceu a referência a "peritos na especialidade", pois a Diretiva, na definição de novidade, refere-se ao público (arts. 4º e 6º).

tido relativo)[325]. As diferenças não tolhem a novidade se superarem, para usarmos uma designação do IPIUE, os chamados meros "detalhes imateriais"[326].

Ao contrário, são considerados novos os desenho ou modelos que, não sendo inteiramente novos, realizem combinações novas de elementos conhecidos ou disposições diferentes de elementos já usados, de molde a conferirem aos respetivos objetos de carácter singular (art. 175º, nº 2).

A divulgação não prejudica a novidade se o criador do desenho ou modelo solicitar o registo no prazo de 12 meses após a mesma (art. 179º, nº 1, alínea b)), ou se, beneficiando de um direito de prioridade, pedir o registo no prazo de seis meses após a apresentação do desenho ou modelo numa exposição internacional oficial, ou oficialmente reconhecida, nos termos previstos no art. 179º, nº 4[327].

3.2. Carácter singular

Considera-se que um desenho ou modelo possui carácter singular se a impressão global que suscita no utilizador informado diferir da impressão global causada a esse utilizador por qualquer desenho ou modelo divulgado ao público antes da data do pedido de registo ou da prioridade reivindicada (art. 177º, nº 1).

No que respeita à apreciação da existência do carácter singular do modelo ou desenho industrial, o nº 2 do art. 177º estabelece que é tomado em consideração o grau de liberdade de que o criador dispôs para a realização do desenho ou modelo o que só pode ter o significado de que não pode haver um padrão único de apreciação do carácter singular. Deve atender-se às circunstâncias concretas de cada ramo de atividade ou setor económico e adequar o grau de exigência deste requisito. Há ramos industriais (por exemplo, o têxtil) em que é aceitável que o grau de liberdade do criador seja menor do que noutros ramos industriais (por exemplo, o automóvel) e, nessa medida, seja razoável aplicar o requisito do carácter singular com menor exigência.

A definição do requisito do carácter singular tem-se revelado uma tarefa espinhosa para a doutrina. Não somos dos que refutam a razão de ser deste requisito ou dos que consideram estar perante dois requisitos sobreponíveis ou

[325] A favor do significado relativo do princípio da novidade pode colher-se o argumento da noção de divulgação prevista no artigo 178º, nº 1 (a novidade não é prejudicada se a anterioridade não puder "razoavelmente ter chegado ao conhecimento dos círculos especializados do setor em questão (...)". No mesmo sentido, ALDO FITTANTE, *Brand, industrial design e made in Italy: la tutela giuridica*, 2015, pp. 111 e ss, *La nuova tutela dell' industrial design*, 2002, p. 51 e *Il Codice della Proprietà Industriale* (SCUFFI/FRANZOSI/FITTANTE), 2005, pp. 194 e ss.

[326] Cf. AA.VV., *Community design regulation*, (ed. Hasselblatt), 2015, pp. 80 e ss.

[327] Sobre o requisito de novidade, ver, ainda, TERESA ORTUÑO BAEZA, "El requisito de la novedad", in AA.VV., *El Diseño Comunitario – Estudios sobre el Reglamento (CE) nº 6/2002*, 2012, pp. 65 e ss.

absorvíveis[328]. A novidade significa ser diferente[329]; a singularidade significa ser não comum. Não podemos esquecer que estamos a tratar da atribuição de um direito de propriedade industrial, no âmbito de criações ou inovações estéticas. Temos, pois, como perfeitamente razoável que não se deva atribuir um direito privativo a uma forma de desenho ou modelo que, apesar de nova (diferente), e sem prejuízo da valoração do maior ou menor grau de liberdade criativa do *designer* do ramo de atividade económica em causa[330], não seja suscetível de provocar um *impacto estético* ou uma diferença *incomum, qualificada ou suficiente* (haja ou não valor artístico intrínseco), em relação aos desenhos ou modelos divulgados aos olhos de um *utilizador informado.*

Como qualquer sistema de proteção de inovações industriais o regime jurídico dos desenhos ou modelos também deve manter um desejável equilíbrio entre os interesses do criador e os da comunidade, procurando, por um lado, responder aos interesses do primeiro, compensando-o do esforço e investimento de criação, garantindo-lhe um direito exclusivo de exploração do bem protegido, e, por outro, responder aos interesses da segunda, permitindo-lhe o livre acesso ao objeto protegido, por ser considerado uma forma esteticamente útil de enriquecimento do mercado, no termo do período de proteção.

[328] Cf., por exemplo, OTERO LASTRES, "El diseño industrial según la ley de 7 de Július de 2003" cit., pp. 78 e ss e "Rasgos conceptuales del diseño industrial", in *Manual de la propiedad industrial* (FERNÁNDEZ-NÓVOA/OTERO LASTRES/BOTANA AGRA) cit., p. 401; REMÉDIO MARQUES, *Biotecnologia(s) e propriedade intelectual* cit., vol. I, p. 1261; PEDRO SOUSA E SILVA in AA.VV., *CPI Anotado* cit., anotação aos artigos 176º e 177º; *Direito Industrial,* 2019, pp. 128 e ss; *A proteção jurídica do design*, 2017, pp. 106 e ss e a "A proteção prévia dos desenhos ou modelos no novo CPI", in AA.VV., *Direito Industrial* cit., vol. IV, pp. 344 e ss. Contra, MARCO ARCALÁ, "El requisito del carácter singular", in AA.VV., *El Diseño Comunitario – Estudios sobre el Reglamento (CE) nº 6/2002* cit., pp. 211 e ss; CONCEPCIÓN SAIZ GARCIA, "Requisitos de protección de los dibujos y modelos comunitários" in AA.VV., *El Diseño Comunitario* (Coordinadores Palao Moreno/Clemente Meoro), 2003, pp. 197 e ss; UMA SUTHERSANEN, *Design Law: European Union and United States of America,* 2ª ed., 2010, pp. 110 e ss; VANZETTI/DI CATALDO, *Manuale di diritto industriale* cit., pp. 525 e ss e FABRIZIO SANNA, "Disegni e Modelli", in *La Proprietà Intellettuale,* 2011, pp. 192 e ss. Para mais desenvolvimentos, cf. EICHMANN/v. FALCKENSTEIN/KÜHNE, *Designgesetz,* 2015, § 2, pp. 111 e ss e EICHMANN/KUR, *Designrecht,* 2016, § 2, pp. 62 e ss.

[329] Ao contrário do requisito da novidade da patenteabilidade que significa a invenção não ter sido divulgada em momento anterior, ainda que já possa existir, mas não ser conhecida, por estar protegida, *v.g.,* como segredo industrial. Ora, no caso do desenho ou modelo, o significado da novidade não pode ser, por definição, aferido ao critério de ausência da divulgação. O desenho ou modelo protege a aparência de um produto e, consequentemente, não pode ser protegido sem divulgação. Por essa razão, a novidade do desenho ou modelo tem um alcance específico, que ajuda a perceber por que razão, alguma doutrina considera que o requisito do carácter singular seria dispensável. Ainda assim, mesmo concordando com esta distinção, pensamos que o carácter singular reforça a "intensidade" da diferença e torna mais exigente a atribuição do direito.

[330] UMA SUTHERSANEN, ob. cit., pp. 119/120.

O perfil de um utilizador informado consagrado na lei (artigo 177º, nº 1) é coerente com esta interpretação. Atente-se que o juízo de apreciação não compete a um qualquer utilizador, mas a um utilizador informado, isto é, conhecedor, atento e experimentado no ramo de atividade em causa[331]. O que interessa é que, na valoração, necessariamente mais subjetiva do utilizador informado, e, repetindo-nos, atendendo à especificidade do ramo de atividade ligado à tipologia de produtos em presença e à margem de liberdade de criação do *designer*, se possa concluir que o pedido cumpre com o requisito da singularidade, isto é, que o desenho ou modelo seja minimamente original. O desenho ou modelo, ao lado da patente e do modelo de utilidade, é uma modalidade de criação industrial. Dizemos bem: *criação industrial*. Não basta, se houver outro desenho ou modelo anterior próximo, ser diferente (requisito da novidade) junto dos "círculos especializados do setor em questão", é necessário ainda ser *qualificadamente* diferente ou, na hipótese de não haver desenho ou modelo anterior confundível, que revista carácter criativo e não tenha uma aparência simplesmente comum (requisito do carácter singular) na perspetiva "do utilizador informado"[332].

Conceito de divulgação

Para efeitos de determinação da novidade e/ou do carácter singular do desenho ou modelo industrial, o art. 178°, nº 1 considera que um desenho ou modelo foi divulgado ao público, se tiver sido publicado na sequência do registo, ou em qualquer outra circunstância, apresentado numa exposição, utilizado no comércio, ou tornado conhecido de qualquer outro modo, exceto se estes factos não puderem razoavelmente ter chegado ao conhecimento dos círculos especializados do setor em questão que operam na União Europeia, no decurso da sua atividade corrente, antes da data do pedido de registo ou da prioridade reivindicada[333].

[331] Cf. Pedro Sousa e Silva, *Direito Industrial*, 2019, pp. 114 e ss; Remédio Marques, ob. cit., pp. 1309 e ss e Aldo Fittante, *Il Codice della Proprietà Industriale* cit., pp. 200 e ss.

[332] É um conceito intermédio entre o perfil de um "consumidor médio" e o de um "especialista" que integre os "círculos especializados do setor em questão" (como acontece com o requisito da novidade). Para uma visão mais aprofundada do significado dos requisitos de proteção, numa ampla visão comparatística, ver AA.VV., *Community design regulation* cit., pp. 80 e ss, Concepción Saiz Garcia, "Requisitos de protección de los dibujos y modelos comunitários" cit., pp. 197 e ss e Remédio Marques, *Biotecnologia(s) e propriedade intelectual* cit., vol. I, pp. 1261 e ss (e nota 2882). Com interesse, ainda, para a autonomia e apreciação do requisito do carácter singular, cf. Acórdão TJ de 19/06/2014, Proc. C-345/13 (http://eur-lex.europa.eu).

[333] Sobre o âmbito subjetivo de divulgação reveste interesse a consulta do Ac. TJ, de 13/02/2014 – processo C-479/12, considerando que os comerciantes que não participaram na conceção do

Mas, não se considera que o desenho ou modelo foi divulgado ao público pelo simples facto de ter sido dado a conhecer a um terceiro, em condições explícitas, ou implícitas, de confidencialidade (art. 178º, nº 2).

Por outro lado, há circunstâncias nas quais não se considera ter havido divulgação, para efeitos do disposto nos artigos 178º, nº 1. Referimo-nos ao disposto no art. 179º, nº 1, ou seja, sempre que, cumulativamente, o desenho ou o modelo que se pretende registar tiver sido divulgado ao público:

a) pelo criador, pelo seu sucessor ou por um terceiro, na sequência de informações fornecidas, ou de medidas tomadas, pelo criador ou pelo seu sucessor;
b) durante o período de 12 meses que antecede a data de apresentação do pedido de registo ou, caso seja reivindicada uma prioridade, a data de prioridade.

Também é inoponível a divulgação efetuada com inobservância do disposto no art. 179º, nº 2.

O requerente que pretenda beneficiar do disposto nos nºs 1 e 2, deve indicar, no momento da apresentação do pedido ou no prazo de um mês, a data e o local onde ocorreu a divulgação ou exposição, apresentando documento comprovativo que exiba essa data e reproduza os produtos em que o desenho ou modelo foi incorporado, ou a que foi aplicado (art. 179º, nº 3).

O requerente do registo de um desenho ou modelo que tenha exposto produtos em que o desenho ou modelo foi incorporado, ou a que foi aplicado, numa exposição internacional oficial, ou oficialmente reconhecida, que se integre no âmbito do disposto na Convenção sobre Exposições Internacionais, assinada em Paris em 22 de novembro de 1928 e revista em 30 de novembro de 1972, pode, se apresentar o pedido no prazo de seis meses a contar da data da primeira exposição desses produtos, reivindicar um direito de prioridade a partir dessa data, nos termos do artigo 12º (art. 179º, nº 4).

O requerente que pretenda reivindicar uma prioridade nos termos do disposto no nº 4, deve apresentar com o pedido, ou no prazo de um mês, um certificado emitido pela entidade responsável pela exposição, que exiba a data da primeira divulgação pública e que reproduza os produtos em que o desenho ou modelo foi incorporado ou a que foi aplicado (artigo 179º, nº 5).

A pedido do requerente, os prazos previstos nos números 3 e 5 podem ser prorrogados, uma única vez, por igual período (art. 179º, nº 6).

produto em causa não podem, à partida, ser excluídos do círculo de pessoas que podem ser consideradas parte dos referidos meios especializados.

4. Exclusões específicas de proteção

4.1. As formas técnicas

Não são protegidas pelo registo "as características da aparência de um produto determinadas, exclusivamente, pela sua função técnica" (art. 175º, nº 6 alª a)).

O desenho ou modelo cuja forma seja exclusivamente dependente no plano técnico não pode ser protegido, essencialmente, por três ordens de razões.

A primeira decorre da definição do conceito de desenho ou modelo e da proibição legal que impõe a não dependência entre a forma estética e a função técnica do produto. Se a forma decorre *exclusivamente* da função o que se protege não é a forma estética do produto, mas a forma tecnicamente funcional do produto. A dúvida é se a forma poderá ser protegida se a finalidade técnica for suscetível de ser preenchida por outra forma ou se, sendo alterada, não se modificar o resultado técnico produzido pela mesma. Este é o chamado duplo critério: i) *multiplicidade das formas*; ii) *incidência da variação da forma de um objeto no resultado produzido*[334].

O TJ (Ac. de 8/03/2018, processo C-395/16), a propósito da interpretação do similar art. 8º, nº 1 do Regulamento nº 6/2002 sobre o desenho ou modelo comunitário, rejeitou o critério da multiplicidade das formas, entendendo que "se a mera existência de desenhos ou modelos alternativos que permitam realizar a mesma função que a do produto em causa fosse suficiente para afastar a aplicação do artigo 8º, nº 1, do Regulamento nº 6/2002, não se podia excluir que um operador económico registasse, como desenho ou modelo comunitário, diferentes formas concebíveis de um produto que incorporam características da sua aparência que são determinadas exclusivamente pela sua função técnica". "Tal permitiria a esse operador beneficiar, relativamente a esse produto, de uma proteção na prática exclusiva e equivalente à conferida por uma patente, sem estar sujeito aos requisitos aplicáveis à obtenção desta última, e poderia impedir os concorrentes de oferecer um produto que incorpora determinadas

[334] Como os designa OTERO LASTRES, *El diseño industrial según la ley de 7 de Júlio de 2003* cit, pp. 49/50. Sobre os diferentes critérios para aferir desta proibição ver, para mais desenvolvimentos, CARMEN LENCE, *La protección del diseño en el derecho español* cit., pp. 30 e ss. Em França, porém, a jurisprudência dominante considera que deve ser excluída a proteção, desde que o desenho ou modelo tenha uma *lógica técnica* e não uma *lógica estética*, sem necessidade da prova da inexistência de formas estéticas alternativas. O que importa é a forma resultar de um imperativo mais funcionalista do que puramente estético. Cf. DENIS COHEN, *Le droit des dessins et modèles* cit., pp. 24 e ss. É uma questão com muita importância, por exemplo, na indústria automóvel e com interesses contrapostos entre os fabricantes da marca (mercado primário) e os fabricantes independentes (mercado secundário). Para mais desenvolvimentos, cf. UMA SUTHERSANEN, *Design Law* cit., pp. 100 e ss. e CASADO CERVIÑO, "Diseño, función técnica y modelos de interconexiones" in AA.VV., *El Diseño Comunitario – Estudios sobre el Reglamento (CE) nº 6/2002* cit., pp. 281 e ss.

características funcionais ou limitaria as soluções técnicas possíveis e privaria, assim, o referido artigo 8º, nº 1, do seu efeito útil".

Em suma, o TJ respondeu que "o artigo 8º, nº 1, do Regulamento (CE) nº 6/2002 do Conselho, de 12 dezembro de 2001, relativo aos desenhos ou modelos comunitários, deve ser interpretado no sentido de que, para apreciar se as características da aparência de um produto são exclusivamente determinadas pela sua função técnica, há que demonstrar que esta função é o único fator que determinou essas características, não sendo a este respeito determinante a existência de desenhos ou modelos alternativos".

A segunda tem a ver com a coerência legislativa. As formas tecnicamente necessárias podem ser protegidas, se preenchidos os respetivos requisitos, enquanto patentes de invenção (arts. 50º e ss) ou modelos de utilidade (arts. 119º e ss).

A terceira decorre do princípio estruturante da tipicidade taxativa da propriedade industrial. Se a forma útil, no plano técnico, não é subsumível a nenhuma das categorias de direitos legalmente consagrados (e também não reúne os requisitos de proteção autoral) a regra é a liberdade de acesso, a livre concorrência e a utilização irrestrita pelos concorrentes.

4.2. As interconexões

Não são protegidas pelo registo "as características da aparência de um produto que devam ser, necessariamente, reproduzidas na sua forma e dimensões exatas, para permitir que o produto em que o desenho ou modelo é incorporado, ou em que é aplicado, seja ligado mecanicamente a outro produto, quer seja colocado no seu interior, em torno ou contra esse outro produto, de modo que ambos possam desempenhar a sua função" (art. 175º, nº 6, alª b)).

Esta proibição, inspirada na solução consagrada na lei do Reino Unido (art. 213, nº 3), b), i), *Copyright, Designs and Patents Act* de 1988, conhecida como a cláusula *must fit*)[335], e também reproduzida no art. 7º, nº 2 da Diretiva Comunitária, significa que não são registáveis os produtos que tenham de ser necessariamente reproduzidos de modo a permitir a *conexão mecânica*, não necessariamente visível, com outros produtos, para que ambos possam desempenhar a sua função. É uma proibição de proteção que visa garantir a interoperabilidade e a concorrência de produtos de substituição e acessórios (com as mesmas características funcionais, tanto no que diz respeito à forma como à dimensão), de concorrentes diferentes impedindo que, através do desenho ou modelo, se pudesse estabelecer o risco de criação de um *monopólio de facto*.

[335] Corresponde à chamada "exceção da adaptabilidade" como a designa Miguel Moura e Silva (ob. cit., p. 442).

Estamos na presença, igualmente, de formas funcionais, como na proibição anterior. A sua autonomia legislativa deve-se à influência do *case law* britânico que, a partir de certo momento, quebrou o entendimento, até aí dominante, de que a proibição de proteção de formas funcionais abrangia a hipótese de peças de interconexão entre produtos[336].

Esta proibição deve abranger os elementos que estabelecem a *interconexão* mecânica entre os dois produtos, independentemente destes poderem desempenhar outras funções ou a interconexão admitir outros elementos[337].

Na mesma linha da interpretação restritiva da proibição anterior só devem ser abrangidos os elementos imprescindíveis para estabelecer a conexão mecânica entre os dois produtos.

O nº 7 do art. 175º exceciona da proibição do registo o chamado *produto modular ou intermutável* dispondo que o registo do desenho ou modelo é possível nas condições definidas nos arts. 176º e 177º (requisitos de proteção), desde que a sua finalidade seja permitir uma montagem múltipla de produtos intermutáveis (a chamada *cláusula Lego*), ou a sua ligação num sistema modular, sem prejuízo do disposto na alínea b) do nº 6 do art. 175º[338].

5. Direito ao desenho ou modelo

O direito ao registo do desenho ou modelo pertence ao criador (ou seus sucessores). Se forem mais de dois criadores, qualquer um deles tem direito a requerer o registo em benefício de todos (art. 57° *ex vi* art. 180°).

No caso de a criação resultar da atividade criativa de um trabalhador[339]/[340] de uma empresa, durante a execução do contrato de trabalho[341], há que distinguir as seguintes hipóteses (art. 58°, aplicável em virtude da remissão do art. 181º):

a) Se a atividade criativa estiver prevista contratualmente e tida em conta na remuneração, o direito ao desenho ou modelo pertence à empresa (art. 58º, nº 1);

[336] Cf. Cornish/Llewelyn, *Intellectual Property* cit., pp. 557 e ss; Carmen Lence, ob. cit., pp. 38 e ss.

[337] Nesse sentido, Uma Suthersanen, *Design Law* cit., p. 109.

[338] É o exemplo clássico das formas resultantes da montagem de peças de jogos (daí a expressão cláusula *lego*) ou de conjuntos modulares (*v.g.* ligados ao mobiliário).

[339] Os direitos reconhecidos ao criador não podem ser objeto de renúncia antecipada (art. 58º, nº 9).

[340] Salvo disposição em contrário, estes preceitos também se aplicam ao Estado e corpos administrativos, aos seus funcionários e servidores a qualquer título – art. 58º, nº 8.

[341] Consideram-se feitos durante a execução do contrato de trabalho, os desenhos ou modelos cujo registo tenha sido pedido durante o ano seguinte à data em que o criador deixar a empresa – art. 58º, nº 5.

b) Se a atividade criativa estiver prevista contratualmente, mas não tida em conta na remuneração, o direito ao desenho ou modelo pertence à empresa tendo o inventor direito a uma remuneração especial (art. 58º, nº 2);
c) Se a atividade criativa não estiver prevista contratualmente e se a criação se integrar na atividade da empresa (art. 58º, nº 3) esta tem o direito: i) de opção à titularidade do desenho ou modelo; ii) de reservar o direito à sua exploração exclusiva; iii) de adquirir o desenho ou modelo; iv) de pedir ou adquirir desenho ou modelo estrangeiro.

Em contrapartida fica obrigada a remunerar o criador, de harmonia com a importância da criação. Se a empresa não pagar a remuneração no prazo estabelecido, perde, a favor do criador, o direito ao desenho ou modelo (art. 58º, nº 4)[342].

O criador deve informar a empresa das suas criações no prazo máximo de 3 meses a contar da data em que a criação é considerada concluída, sob pena de incorrer em responsabilidade civil e laboral. Porém, se, durante esse período, o criador chegar a requerer registo para esse desenho ou modelo o prazo para informar a empresa é de um mês a partir da apresentação do respetivo pedido no INPI (art. 58º, nº 3, als. b), c) e d)).

A empresa pode exercer o seu direito de opção no prazo de três meses a contar do recebimento da notificação do criador – art. 58º, nº 3, al. e).

Se o registo não for pedido em nome do criador (como será o caso se a empresa exercer essa opção), este tem o direito de ser mencionado, como tal, no requerimento e no registo (art. 60º, nº 1). Mas, poderá não ser mencionado nas publicações a que o pedido der lugar se o solicitar, por escrito (art. 60º, nº 2).

6. Direito de prioridade

Aquele que tiver apresentado regularmente[343] pedido de registo de desenho ou modelo em qualquer dos países da União ou da OMC[344] ou em qualquer organismo intergovernamental com competência para conceder direitos que produzam efeitos em Portugal, ou o seu sucessor, goza, para apresentar o pedido de

[342] O nº 6 do art. 58º prevê ainda a resolução por arbitragem no caso de não haver acordo entre as partes.

[343] Deve entender-se por pedido nacional regular todo o pedido efetuado em condições de estabelecer a data em que o mesmo foi apresentado no país em causa, independentemente do que possa, ulteriormente e de algum modo, vir a afetá-lo (art. 13º, nº 3).

[344] Goza igualmente de um direito de prioridade, qualquer pedido formulado com o valor de pedido nacional regular, nos termos da lei interna de cada Estado membro da União ou da OMC ou de tratados bilaterais ou multilaterais celebrados entre países membros da União ou da OMC (art. 13º, nº 2).

patente em Portugal, do direito de prioridade estabelecido no art. 4° da CUP, durante o prazo de 6 meses – art. 13°, nº 1.

Em consequência, o pedido apresentado ulteriormente em Portugal, antes de expirado o prazo de prioridade, não pode ser invalidado por factos verificados durante esse período, designadamente, por outro pedido, ou pela publicação do desenho ou do modelo ou da sua exploração – art. 13º, nº 4.

Quem quiser prevalecer-se da prioridade de um pedido anterior deve formular declaração em que indique o país, a data e o número desse pedido, podendo a mesma ser apresentada no prazo de um mês a contar do termo do prazo de prioridade – art. 13º, nº 7.

7. Processo de registo nacional

Pedido de registo

O pedido de registo[345] dirigido ao INPI, nos termos do art. 183º, nº 1, é apresentado em requerimento, redigido em língua portuguesa, que indique ou contenha:

a) O nome, a firma ou a denominação social do requerente, a sua nacionalidade e o seu domicílio ou lugar em que está estabelecido, o número de identificação fiscal quando se trate de um residente em Portugal e o endereço de correio eletrónico, caso exista;
b) A indicação dos produtos em que o desenho ou modelo se destina a ser aplicado ou incorporado utilizando os termos da classificação internacional de desenhos e modelos industriais;
c) O nome e país de residência do criador;

[345] O CPI de 2003, originariamente, tinha introduzido o regime da proteção prévia de desenhos ou modelos (arts. 211º e ss). Podiam ser objeto de pedido de proteção prévia os desenhos ou modelos de têxteis ou vestuário ou de outras atividades regulamentadas por portaria do Ministro da Economia (art. 211º). O legislador pretendia facultar aos setores com ciclos de vida comercial breves (*produtos de estação*) um instrumento legal que conferisse alguma proteção de um modo mais simples e expedito. A proteção prévia "caiu" com a entrada em vigor do DL 143/2008, de 25/7. A explicação para esta brusca mudança legislativa só pode estar, como confiamos, na escassa utilidade do referido regime. Apesar do propósito louvável do legislador, o certo é que a proteção provisória instituída pelo CPI de 2003 para todos os direitos de propriedade industrial a partir da publicação do pedido no BPI (artigo 5º), o regime de inoponibilidade regulado no artigo 180º e a proteção do desenho ou modelo comunitário não registado (artigo 11º do Regulamento (CE) nº 6/2002 do Conselho, de 12 de dezembro de 2001, a que nos referimos no ponto 14, *infra*), retiraram, ao que parece, efeito útil a este mecanismo de proteção. Para mais desenvolvimentos, em tom crítico sobre este mecanismo, que considerava de suposta "proteção", *vide* Pedro Sousa e Silva, "A "proteção prévia" dos desenhos ou modelos no novo código da propriedade industrial" cit., pp. 343 e ss

d) O país onde se tenha apresentado o primeiro pedido, a data e o número dessa apresentação, no caso de o requerente pretender reivindicar o direito de prioridade;
e) As cores, se forem reivindicadas;
f) A assinatura ou a identificação eletrónica do requerente ou do seu mandatário.

No mesmo requerimento não se pode pedir mais de um registo e a cada desenho ou modelo corresponde um registo diferente (art. 185º, nº 1);

Os desenhos ou modelos que constituam várias partes indispensáveis para formar um todo são incluídos num único registo (art. 185º, nº 2).

No entanto, um pedido pode incluir até 100 produtos, desde que pertençam à mesma classe da classificação internacional de desenhos ou modelos. É o chamado pedido múltiplo previsto no art. 186º, nº 1.

Ao requerimento devem juntar-se os seguintes documentos indicados no art. 184º, nºs 1 e 2:
a) Representações gráficas ou fotográficas do desenho ou modelo (nº 1)[346];
b) Autorização para incluir no desenho ou modelo quaisquer símbolos, brasões, emblemas ou distinções do Estado, dos municípios ou de outras entidades públicas ou particulares, nacionais ou estrangeiras, o emblema e a denominação da Cruz Vermelha, ou de outros organismos semelhantes, bem como quaisquer sinais abrangidos pelo artigo 6º – ter da Convenção da União de Paris para a Proteção da Propriedade Industrial (nº 2, al. a));
c) Autorização para incluir no desenho ou modelo sinais com elevado valor simbólico, nomeadamente símbolos religiosos (nº 2, al. b));
d) Autorização de pessoa cujo nome ou retrato figure no desenho ou modelo e não seja o requerente (nº 2 al. c)).

Por sua iniciativa ou mediante notificação do INPI, o requerente pode apresentar uma descrição, não contendo mais de 50 palavras por produto, que refira apenas os elementos que aparecem nas representações do desenho ou modelo ou na amostra apresentada, omitindo menções referentes a eventual novidade, ao carácter singular ou ao valor técnico do desenho ou modelo (art. 184º, nº 3).

[346] Quando, no pedido de registo de desenho ou modelo, for reivindicada uma combinação de cores, as representações gráficas ou fotográficas, devem exibir as cores reivindicadas e a descrição, quando apresentada, deve fazer referência às mesmas (art. 184º, nº 9).

Quando o objeto do pedido seja um desenho bidimensional e o requerimento inclua, nos termos do art. 190º, um pedido de adiamento de publicação, as representações gráficas a que se refere o nº 1 do art. 184º podem ser substituídas por um exemplar ou uma amostra do produto, em que o desenho é incorporado ou aplicado, sem prejuízo da sua apresentação findo o período de adiamento (artigo 184º, nº 6).

Exame formal e oficioso

Apresentado o pedido, é feito exame, quanto à forma, no prazo de um mês, para verificar se preenche os requisitos estabelecidos nos arts. 173º e 174º, nos números 3 e 5 do art. 179º e nos arts. 183º a 186º (art. 187°, nº 1).

No decurso daquele prazo o INPI verifica ainda, oficiosamente, se o pedido incorre em alguma das proibições previstas nos números 1 a 3 do art. 192º (art. 187º, nº 2).

Se houver irregularidades de carácter formal ou alguns dos fundamentos de recusa previstos nos números 1 a 3 do art. 192º, o INPI notifica o requerente para as corrigir ou os sanar, no prazo de um mês (art. 187º, nº 3).

O pedido é recusado se, expirado este prazo, se mantiverem as irregularidades ou objeções, sendo publicado o respetivo despacho no BPI (art. 187º, nº 6).

Publicação do pedido no BPI

Sendo apresentado de forma regular (ou se tiver sido regularizado nos termos acima expostos), o pedido é publicado, de imediato[347], no BPI, com menção dos elementos previstos nos artigos 183º e 184º que se considerem relevantes para efeitos de publicação, incluindo a reprodução do desenho ou modelo e da classificação internacional dos desenhos e modelos industriais, para efeito de reclamação de quem se julgar prejudicado pela eventual concessão do registo (art. 188º, nº 1).

O prazo de reclamação é de dois meses a contar da publicação no BPI (art. 17º, nº 1).

A publicação pode ser adiada, nos termos do art. 190º, por um período que não exceda 30 meses a contar da data da apresentação do pedido ou da prioridade reivindicada.

Sempre que seja apresentada reclamação, o INPI, quando se mostre finda a discussão, procede no prazo de um mês à análise dos fundamentos de recusa invocados pelo reclamante (art. 191º, nº 2).

[347] Antes da alteração introduzida pelo DL nº 143/2008, de 25/7, a publicação era efetuada no prazo de seis meses a contar da data do pedido de registo (art. 189º, nº 2).

Os fundamentos relativos aos requisitos substanciais de novidade e singularidade só são analisados pelo INPI se invocados por um interessado (art. 191º, nº 3 e art. 192º, nº 4, al. a))[348].

Findo o prazo de oposição, sem que tenha sido apresentada reclamação ou que esta tenha sido considerada improcedente, o registo é concedido, total ou parcialmente, publicando-se despacho de concessão, total ou parcial, no BPI (art. 191º, nºs 1 e 5).

Recurso judicial da decisão

A decisão administrativa de concessão e de recusa pode ser passível de recurso para o TPI (arts. 38º e 39º) e desta decisão pode haver recurso para o Tribunal da Relação de Lisboa (art. 45º).

8. Conteúdo do direito registado

O registo do desenho ou modelo atribui ao seu titular o direito exclusivo, de duração limitada, de o utilizar[349], abrangendo, em especial, o fabrico, a oferta, a colocação no mercado, a importação, a exportação ou a utilização de um produto em que esse desenho ou modelo foi incorporado, ou a que foi aplicado, bem como a armazenagem desse produto para os mesmos fins, e de proibir a sua utilização por terceiros sem o seu consentimento (artigo 197º, nºs 1 e 2).

Esse direito tem a duração de 5 anos[350] contados da data do respetivo pedido, podendo ser renovada, por períodos iguais, até ao limite de 25 anos (art. 195º).

O âmbito da proteção conferida pelo registo abrange todos os desenhos ou modelos que não suscitem uma impressão global diferente no utilizador informado, de acordo com o que referimos a propósito dos requisitos de proteção (art. 193º, nº 1)[351].

Para além desta tutela, qualquer desenho ou modelo industrial registado beneficia da proteção conferida pela legislação em matéria de direito de autor (se for considerado obra autoral), a partir da data em que o desenho ou modelo foi criado, ou definido, sob qualquer forma (art. 194º)[352].

[348] Trata-se de uma das mais importantes inovações efetuadas pelo DL nº 143/2008, de 25/7.

[349] Durante a vigência do registo, o seu titular pode usar, nos produtos, a expressão "Desenho ou modelo nº" ou as abreviaturas "DM nº" (art. 196º).

[350] As renovações devem ser requeridas nos últimos seis meses da validade do registo (art. 195º, nº 2).

[351] Na apreciação desse âmbito de proteção deve ser considerado, nos termos do disposto no nº 2 do artigo 193º, o grau de liberdade de que o criador dispôs para a realização do seu desenho ou modelo.

[352] É um ponto a que voltaremos mais adiante (*infra* nº 12).

Conteúdo positivo do direito

O registo de desenho ou modelo confere, desde logo, o direito exclusivo de explorar o objeto do registo (art. 197º, nº 1).

O direito de exploração do desenho ou modelo inclui o poder de disposição do mesmo, sendo, por isso, possível a sua transmissão, bem como a concessão de licenças. Os direitos emergentes do registo de desenho ou modelo[353] podem ser transmitidos a título gratuito ou oneroso, total ou parcialmente (art. 30º, nº 1). Esta transmissão deve ser provada por documento escrito e averbada no INPI[354] (arts. 29º, nº 1, al. a) e 30º, nº 4).

Por outro lado, os direitos emergentes de registo (ou de pedido de registo) de desenho ou modelo podem ser objeto de licença de exploração, total ou parcial, a título gratuito ou oneroso, em certa zona ou em todo o território nacional, por todo o tempo da sua duração ou por prazo inferior (art. 31º, nº 1).

Salvo disposição contratual diversa, essa licença será não exclusiva e o direito não pode ser alienado sem o consentimento escrito do seu titular (art. 31º, nºs 5 e 8).

Este contrato deve ser reduzido a escrito (art. 31º, nº 3) e averbado no INPI (art. 29º, nº 1, al.b)). É, aliás, com o averbamento que a licença se torna eficaz para com terceiros (art. 29º, nºs 2 e 3).

Conteúdo negativo do direito

O conteúdo negativo consiste no direito de o titular do registo impedir terceiros, sem o seu consentimento, de utilizarem o desenho ou modelo registado, abrangendo, em especial, o fabrico, a oferta, a colocação no mercado, a importação, a exportação ou a utilização de um produto em que esse desenho ou modelo foi incorporado, ou a que foi aplicado, bem como a armazenagem desse produto para os mesmos fins (art. 197º, nºs 1 e 2).

O entendimento mais consensual é o de que o titular do registo do desenho ou modelo tem o poder de impedir terceiros de o usar em qualquer setor de atividade, não sendo aplicável o princípio (regra) da especialidade próprio da marca[355].

9. Limitações ao direito

Os direitos conferidos pelo registo não abrangem, de acordo com o disposto no art. 198º:

[353] O mesmo regime é aplicável aos direitos emergentes do pedido de registo (art. 30º, nº 2).

[354] O averbamento torna-a eficaz para com terceiros (art. 29º, nºs 2 e 3).

[355] Nesse sentido, o Ac. TJUE de 21.09.2017, proc. C361/15 e C405/15 (caso "Group Nivelles"). Para mais desenvolvimentos, Pedro Sousa e Silva, in AA.VV., *CPI Anotado* cit., anotação ao artigo 197º, nº 4.

a) Os atos realizados num âmbito privado e sem fins comerciais;
b) Os atos para fins experimentais;
c) Os atos de reprodução, para efeitos de referência ou para fins didáticos, desde que sejam compatíveis com a lealdade das práticas comerciais, não prejudiquem indevidamente a exploração normal do desenho ou modelo e seja mencionada a fonte;
d) O equipamento a bordo de navios e aeronaves registados noutro país, quando estes transitem temporariamente pelo território nacional;
e) A importação de peças sobressalentes e acessórios para reparação desses navios e aeronaves;
f) A execução de reparações nesses navios e aeronaves.

10. Esgotamento do direito

Os direitos conferidos pelo registo não permitem ao seu titular proibir os atos relativos a produtos em que foi incorporado, ou a que foi aplicado, um desenho ou modelo objeto de proteção anterior pelo registo, quando o produto tiver sido comercializado, pelo próprio ou com o seu consentimento, no espaço económico europeu (art. 199º).

Em cada colocação de desenhos ou modelos autênticos no mercado *esgota-se*, verificados que sejam certos requisitos, o direito de o respetivo titular excluir a sua comercialização.

A solução do CPI (art. 199º) é a de o esgotamento se verificar no espaço económico europeu (EEE).

O esgotamento pode ter lugar direta ou indiretamente. No primeiro caso, é o titular que coloca os produtos no mercado; no segundo, é um terceiro que procede a esses atos mediante autorização, expressa ou implícita, do titular. O terceiro tanto pode ser um licenciado como uma sociedade que mantenha uma relação de grupo com o titular do desenho ou modelo ou ainda um concessionário exclusivo.

A colocação dos produtos no mercado do EEE por parte de um terceiro, que se encontre numa destas situações, conduz ao esgotamento do direito do titular do direito[356].

11. Extinção do direito registado

O direito conferido pelo registo do desenho ou modelo industrial extingue-se por: a) declaração de nulidade; b) declaração de anulabilidade; c) caducidade; d) renúncia.

[356] Cf. Pedro Sousa e Silva, in AA.VV., *CPI Anotado* cit., anotação ao artigo 199º.

Nulidade

O registo do desenho ou modelo é nulo quando (art. 202º, nº 1):

a) O seu objeto for insuscetível de proteção (art. 32º, nº 1 al. a));
b) Na respetiva concessão, tenha havido preterição de procedimentos ou formalidades imprescindíveis para a concessão do direito (art. 32º, nº 1 al. b));
c) Forem violadas regras de ordem pública (art. 32º, nº 1, al. c));
d) O desenho ou modelo violar o disposto nos nºs 1 a 3 e nas alíneas a), c) e g) do nº 4 do artigo 192º.

Anulabilidade

O registo do desenho ou modelo é anulável quando (art. 203º):

a) O direito não lhe pertencer (art. 33º, nº 1, al. a));
b) Tiver sido concedido com preterição dos direitos previstos nos arts. 180º e 181º (art. 33º, nº 1, al. b));
c) Quando na sua concessão tenha sido infringido o disposto nas alíneas d) a f) do nº 4 do artigo 192º.

A ação de anulabilidade deve ser apresentada no prazo a contar do registo previsto no art. 34º, nº 7.

Declaração de nulidade e anulação

A declaração de nulidade ou de anulabilidade resulta de decisão do INPI (arts. 34º, nº 2 e 204º), cabendo recurso judicial dessa decisão (art. 38º, al. b)). A atribuição a uma autoridade pública administrativa da competência para apreciar e declarar, a título principal, mas não reconvencional, a invalidade de direitos de propriedade industrial (com exceção das patentes, certificados complementares de proteção e topografias de produtos semicondutores), constitui uma das mais importantes alterações introduzidas pelo CPI-2018[357].

O procedimento administrativo de extinção ou de declaração de invalidade só estava prevista em relação às marcas (artigo 45º, DM-2015, cuja transposição, de acordo com o art. 54º, nº 1, podia ser feita até 14/01/2023). O CPI-2018

[357] Consequentemente, o artigo 3º do diploma que aprovou o CPI-2018 alterou o artigo 111º, nº 1, al. c) da Lei da Organização do Sistema Judiciário, aprovada pela Lei nº 62/2013, de 26 de agosto, que atribui competência ao Tribunal da Propriedade Intelectual, que passa a ter a seguinte redação: "Ações de nulidade e de anulação de patentes, certificados complementares de proteção, modelos de utilidade e topografias de produtos semicondutores previstas no Código da Propriedade Industrial e demais legislação aplicável, bem como os pedidos de declaração de nulidade ou de anulação de registos de desenhos ou modelos, marcas, logótipos, recompensas, denominações de origem e indicações geográficas deduzidos em reconvenção".

entendeu alargar a competência do INPI para declarar a nulidade ou a anulabilidade aos registos de desenhos ou modelos, de logótipos, de denominações de origem, de indicações geográficas e de recompensas (art. 34º, nº 2)[358].

O pedido deve ser efetuado por qualquer interessado contra o titular inscrito do direito e deve ser notificada a todos os titulares de direitos derivados inscritos, que podem intervir no processo (art. 34º, nº 4).

Os termos do processo de declaração de invalidade constam do art. 204º.

A declaração de invalidade tem efeitos retroativos (artigo 206, nº 3), mas não prejudica os efeitos produzidos em cumprimento da obrigação, de sentença transitada em julgado, de transação, ainda que não homologada, ou em consequência de atos de natureza análoga (art. 35º).

Há, ainda, a hipótese de declaração de nulidade ou de anulação parcial do registo, de acordo com o disposto no art. 206º, nº 2.

Caducidade

O registo do desenho ou modelo caduca expirado o seu prazo de duração (art. 36º, nº 1, alínea a) e por falta de pagamento de taxas (art. 36º, nº 1, alínea b)).

Renúncia

O titular do desenho ou modelo pode renunciar aos seus direitos desde que o declare, expressamente, ao INPI, nos termos do disposto no art. 37º.

12. Desenho ou modelo e direito de autor

A criação estética protegida pela propriedade industrial como desenho ou modelo suscita a *vexata quaestio* da complexa distinção entre desenho ou modelo (protegido pela propriedade industrial), da obra de arte aplicada e obra de arte pura (passíveis de serem protegidas pelo direito de autor).

O carácter "híbrido" do desenho ou modelo e a dificuldade de distinguir entre atividade artística e industrial deu azo a três sistemas de proteção jurídica distinta: o sistema da cumulação absoluta entre direito de autor e propriedade industrial; o sistema de proibição de cumulação dos dois sistemas; o sistema intermédio de proteção parcial, em função do carácter artístico da obra.

Em defesa do primeiro sistema, encontra-se a França que ainda se mantém, no essencial, fiel à teoria da *unidade de arte* formulada por Eugène Pouillet[359] e contemplada na lei de 14/7/1909. Todas as obras – desde que tenham "arte",

[358] Para tanto, foi criada a "Direção de Extinção de Direitos do INPI" (criada pela portaria nº 326/2019 de 23/09, que modificou os estatutos do INPI aprovados em anexo à portaria nº 386/2012, de 29/11).

[359] *Traité théorique et pratique des dessins et modeles*, Paris, Marchal et Billard, 1911.

seja "arte pura", seja "arte aplicada" – são suscetíveis de proteção jurídica pelo direito de autor e pela propriedade industrial independentemente do seu valor, destino e forma como são exteriorizadas. As duas modalidades de proteção de obras de arte não se excluem, antes se complementam, constituindo uma unidade. Uma obra de arte aplicada é tutelada cumulativamente pelo direito de autor e pelo desenho ou modelo. A legislação em vigor (arts. L511-1 e ss do Código da Propriedade Intelectual francês de 1992, com as alterações introduzidas pela *Ordonnance* nº 2001-670 de 25/7/2001)) não modificou esta situação porque a Diretiva sobre desenhos ou modelos remete para os Estados o âmbito de proteção e as condições em que os desenhos ou modelos podem ser protegidos pelo direito de autor (art. 17º)[360].

Em contraponto estava a Itália cuja tradição, até há pouco tempo, consagrada no R.D. 25/8/1940, n. 1411 (sobre desenhos industriais) era a da não cumulação da proteção dos desenhos ou modelos ornamentais com a do direito de autor (art. 5º). Apenas se o valor artístico da obra fosse ideal ou conceitualmente cindível do carácter industrial do produto ao qual estivesse associada podia ser protegido pelo direito de autor (art. 2º, nº 4 da lei de 22/4/1941, n. 633, sobre a proteção do direito de autor e de direitos conexos). A doutrina divergia na interpretação deste requisito: de um lado, os que exigiam a separação *material* do objeto de proteção (o modelo protegia a aparência do produto industrial e o direito de autor o valor artístico da obra) e, do outro lado, os que entendiam que a separação seria meramente conceitual (desde que o mesmo objeto permitisse, por abstração, a finalidade industrial e o gozo estético), o que seria mais provável nos desenhos do que nos modelos[361].

No entanto, desde 2001 (com a aprovação do Dec. Lgs. de 2/2/2001, n. 95 de transposição da Diretiva sobre desenhos ou modelos), é possível a cumulação parcial[362], pela alteração introduzida ao art. 2º da referida lei de direito de autor de 1941, cujo nº 10 passa a prever a possibilidade de proteção de desenhos industriais que apresentem por si carácter criativo e valor artístico[363].

No caso da proteção cumulativa a duração do direito de exploração económica do desenho ou modelo é protegido durante a vida do criador e até 70

[360] Sobre o sistema francês cfr: Greffe, F./Greffe, P-B, *Traité des dessins et des modèles*, 2008, pp. 49 e ss; Jérôme Passa, *Traité de droit de la propriété industrielle* cit., pp. 895 e ss; Denis Cohen, *Le droit des dessins et modèles* cit., pp. 148 e ss.

[361] Sobre esta divergência ver, G. Sena, *I diritti sulle invenzioni e sui modelli industriale* cit., pp. 570 e ss.

[362] Contra esta cumulação, cf., Ghidini, *Profili evolutivi del diritto industriale* cit., pp. 186 e ss e *Aspectos actuales del derecho industrial* cit., pp. 83 e ss.

[363] Sobre a interpretação desta norma e o significado dos conceitos de "carácter criativo e valor artístico", ver Silvia Guizzardi, *La Tutela d'autore del disegno industriale: incentivi all'innovazione e regime circolatorio*, 2005, pp. 66 e ss e De Sanctis, *La Protezione delle Forme nel Codice della Proprietà Industriale*, 2009, pp. 161 e ss.

após a sua morte (art. 44º, nº 1 do Código da Propriedade Industrial italiano de 2005, após a alteração introduzida pela Lei n. 46/2007 de 6/04)[364].

Como defensores do sistema intermédio podemos citar a Alemanha e Espanha.

Na Alemanha o desenho ou modelo só pode ser protegido pelo direito de autor se tiver um *nível criativo elevado* (*Urheberrechtsgesetz* de 1965 – § 2 IV). De outro modo, aplica-se a lei de proteção do desenho ou modelo – *Designgesetz* de 2004 (assim designada desde a entrada em vigor da alteração introduzida pela lei de 10/10/2013)[365].

A Espanha também tem a tradição da cumulação parcial ou restrita. O desenho ou modelo só pode ser protegido pelo direito de autor se for considerada uma obra de arte aplicada *original* (art. 1º e art. 10º, nº 1 alª e) da *Ley de Propiedad Intelectual* 1/1996 de 12 de abril e a disposição adicional décima da lei sobre desenhos – lei 20/2003 de 7/7). Esta disposição adicional contempla o critério quantitativo do grau de nível artístico da obra. De outro modo, aplica-se a lei de proteção do desenho[366].

No Reino Unido a evolução do tratamento do problema foi complexa.

O *Registered Designs Right 1949* (ainda em vigor, embora muito alterado[367]) protegia os desenhos ou modelos novos e originais.

[364] Na redação original o prazo era de 25 anos. Ver, para mais desenvolvimentos, sobre a evolução do sistema italiano atual, ALDO FITTANTE, *Brand, industrial design e made in Italy* cit., pp. 153 e ss e *La nuova tutela dell' Industrial Design* cit., pp 13 e ss; SILVIA GUIZZARDI ob. cit. na nota anterior, pp. 119 e ss que defende a cumulação parcial (pp. 131 e ss); DE SANCTIS, *La Protezione delle Forme nel Codice della Proprietà Industriale* cit., pp. 89 e ss; SCUFFI/FRANZOSI, *Diritto industriale italiano* cit., tomo I, pp. 389 e ss e sobre a cumulação, em especial, pp. 521 e ss; SCUFFI/FRANZOSI/FITTANTE, *Il Codice della Proprietà Industriale* cit., pp. 239 e ss; VANZETTI/DICATALDO, *Manuale di diritto industriale* cit., pp. 531 e ss; FLORIDIA, "I disegni e modelli", in AUTERI, FLORIDIA, MANGINI, OLIVIERI, RICOLFI, ROMANO, SPADA, *Diritto Industriale, Proprietà Intellettuale e Concorrenza,* 2020, pp. 329 e ss; FABRIZIO SANNA, "Disegni e Modelli", in *La Proprietà Intellettuale,* cit., pp. 215 e ss; DI CATALDO, *I brevetti per invenzione* cit., 2012, pp. 301 e ss.

[365] Para comentários à *Designgesetz* (na versão da Lei de 24/02/2014), ver EICHMANN/von FALCKENSTEIN/KÜHNE, *Designgesetz* cit. e EICHMANN/KUR, *Designrecht* cit. *Designgesetz* substituiu a designação *Geschmacksmustergesetz* de 2004. Até 2004, vigorava a *Gesetz betreffend das Urheberrecht na Mustern und Modellen* de 1876, embora tivesse sofrido muitas alterações.

[366] Sobre a situação em Espanha, ver, por exemplo, OTERO LASTRES, "Il disegno industrial según la ley de 7 de Júlio de 2003" cit.; "Rasgos conceptuales del diseño industrial", in *Manual de la propiedad industrial* (FERNÁNDEZ-NÓVOA/OTERO LASTRES/BOTANA AGRA) cit., pp. 345-347; CARMEN LENCE, *La protección del diseño en el derecho español* cit., pp. 130 e ss.

[367] Nos últimos anos, salientamos as seguintes alterações: *Regulatory Reform Act* de 28/10/2001, que transpôs a Diretiva sobre desenhos ou modelos; *Registered Designs Regulations* de 2003 e *Regu-*

O *Copyright Act de 1956* excluía a possibilidade de proteção de obras de desenho através de dupla tutela: um desenho ou modelo artístico se registado ou aplicado industrialmente perdia a proteção efetuada pelo direito de autor para a obra de arte.

O *Copyright Act* de 1968 permitia, ao contrário, a possibilidade de o autor poder perseguir o contrafator independentemente do desenho se encontrar registado como tal.

O *Copyright, Designs and Patents Act* de 1988 (alterado pela *Intellectual Property Act 2014*) consagra a cumulação parcial mais restritiva ("sui generis") de proteção. Este diploma passou a proteger o desenho não registado, desde que original, pelo período de 15 anos após a criação sendo requerida a produção de um mínimo de 50 exemplares[368].

Em Portugal, face à conjugação do disposto no CPI (art. 194º) e no CDADC (art. 2º, nº 1 alª i)) a solução é a da cumulação parcial. Isto significa que uma obra artística aplicada à indústria é passível de ser protegida, em simultâneo, pelo direito de autor e pela propriedade industrial, desde que sejam cumpridos os requisitos e finalidades de proteção de cada sistema (obra original *v.* desenho ou modelo novo e carácter singular, respetivamente).

Para o TJUE, o conceito de obra implica que exista um objeto original, no sentido de que este é uma criação intelectual do próprio autor. Por outro, a qualificação de obra está reservada aos elementos que sejam a expressão dessa criação[369].

No que respeita ao primeiro destes requisitos, decorre de jurisprudência constante do TJUE que, para que um objeto possa ser considerado original, é simultaneamente necessário e suficiente que reflita a personalidade do seu autor, manifestando as escolhas livres e criativas deste último[370].

Em contrapartida, quando a realização de um objeto tiver sido determinada por considerações técnicas, por regras ou por outras limitações, que não deixa-

latory Reform (Registered Designs) Order de 26/7/2006 que acabou com o exame prévio substancial do pedido.

368 Para mais desenvolvimentos, ver Cornish/Llewelyn, *Intellectual Property*cit., pp. 535 e ss e Uma Suthersanen cit, pp. 176 e ss.

369 Acórdãos de 16 de julho de 2009 ("Infopaq International"), C5/08, n.os 37 e 39, de 13 de novembro de 2018 ("Levola Hengelo") processo nº C310/17, n.os 33 e 35 a 37 e jurisprudência referida e de 12 de setembro de 2019 ("Cofemel"), processo nº C-683/17, nº 29. Este último resulta de um reenvio pedido pelo STJ (Decisão de 21/11/2017).

370 Neste sentido, Acórdãos do TJ de 1 de dezembro de 2011 ("Painer"), processo C145/10, n.os 88, 89 e 94, de 7 de agosto de 2018 ("Renckhoff"), processo C161/17, nº 14, de 12 de setembro de 2019 ("Cofemel"), processo nº C-683/17, nº 30 e de 11 de junho de 2020 ("Brompton"), processo nº C-833/18, nº 22.

ram margem para o exercício de liberdade criativa, não se pode considerar que esse objeto tenha a originalidade necessária para poder constituir uma obra[371].

No que respeita ao segundo requisito, o TJUE precisou que o mesmo implica necessariamente a existência de um objeto identificável com suficiente precisão e objetividade[372]/[373].

Para o TJUE, os desenhos ou modelos podem ser qualificados de obras autorais, se preencherem as duas exigências mencionadas.

A solução da aplicação indiscriminada da cumulação redundaria num resultado inaceitável e incongruente: o desenho ou modelo, qualquer que fosse o seu valor, seria protegido durante a vida do autor e 70 anos após a sua morte o que desvirtuaria totalmente o desejável equilíbrio entre o interesse de compensar o mérito e esforço financeiro do criador e o interesse de assegurar a concorrência e o funcionamento do livre mercado[374]. Por sua vez, a proibição indiscriminada da cumulação também não nos parece fundada atendendo à diferente finalidade de cada um dos sistemas de proteção e ao distinto modo de nascimento do direito (criação *v.* registo) e do conteúdo de proteção de cada um dos direitos.

A melhor solução é, pois, a da cumulação parcial, adotada no CPI. Uma mesma forma estética só deve ser cumulativamente protegida se preencher os requisitos distintos e autónomos de cada direito (do direito de autor e do desenho ou modelo) ficando sujeita ao regime jurídico específico respetivo de cada um dos sistemas. Contudo, a solução da cumulação parcial, só ficaria bem resolvida se o prazo de proteção fosse comum, devendo ser fixado em 25 anos (o prazo máximo de proteção do desenho ou modelo).

Ora, não é isso o que resulta no plano do direito constituído. O autor que veja a sua forma artística protegida, quer como obra de engenho, quer como desenho ou modelo, continua a poder, de facto, utilizar o desenho ou modelo

[371] Assim, Ac. de 1 de março de 2012 ("Football Dataco e o") processo nº C604/10, nº 39 e jurisprudência referida, Ac. de 12/09/2019 ("Cofemel") cit., nº 31 e Ac. de 11/06/2020 ("Brompton") cit., nº 24.

[372] Por todos, Ac. de 13 de novembro de 2018 ("Levola Hengelo") cit., nº 40.

[373] No nº 34 do Aresto "Cofemel" cit. pode ler-se que este requisito significa que não é obra "uma identificação que se baseia essencialmente em sensações, intrinsecamente subjetivas, da pessoa que apreende o objeto em causa". Para mais desenvolvimentos, *vide* Pedro Sousa e Silva, "Desenhos ou modelos no novo CPI. O que muda, o que não muda e o que muda com o acórdão Cofemel", RDInt., nº 2-2019, pp. 189 e ss.

[374] Contra a cumulação automática e favorável a uma *redução teleológica* do art. 200º do CPI-2003, Remédio Marques, *Biotecnologia(s) e Propriedade Intelectual* cit., vol. I, pp. 1252 e ss. Defendendo a cumulação parcial, mas com um contributo inovador, cf. Pedro Sousa e Silva, *A proteção jurídica do design* cit, pp. 274 e ss.

por mais tempo[375] do que a duração prevista no CPI (art. 195º, nº 1), de modo exclusivo, atendendo a que se pode opor a que outros concorrentes a possam usar, por violação do direito de autor. A solução de compromisso, que se propõe, *de iure constituto*, será a de *escrutinar* este direito de oposição com a figura do abuso de direito, como salvaguarda do interesse público da livre concorrência[376].

13. Desenho ou modelo e direito de marcas

As três Diretivas sobre Marcas (DM-1988, DM-2008 e DM-2015), na parte que mais importa a este tópico, sempre impuseram aos Estados-membros um conceito abrangente dos sinais suscetíveis de constituírem uma marca acompanhado de uma enumeração a título exemplificativo[377].

Desde a DM-1988, um dos sinais que passou a ser passível de constituir uma marca foi *a forma do produto ou da respetiva embalagem*, desde que seja adequado a distinguir os produtos ou serviços de uma empresa dos de outras empresas.

Face a este conceito não restam dúvidas que a marca tridimensional (a forma a três dimensões do produto ou da respetiva embalagem) passou a ser admitida.

Até ao CPI-2018, o limite legal sobre a possibilidade do sinal era o da suscetibilidade de representação gráfica (art. 222º, nº 1, 1ª parte). Como veremos adiante, o CPI atual (em cumprimento da DM-2015) suprimiu o requisito de suscetibilidade de representação gráfica e em sua substituição aceita o registo de sinais, incluindo o da forma tridimensional, que possam ser representados de forma que permita determinar, de modo claro e preciso, o objeto da proteção conferida ao seu titular, desde que sejam adequados a distinguir os produtos ou serviços de uma empresa dos de outras empresas (art. 208º CPI).

O legislador da UE, ao impor aos Estados-membros a proteção da marca de forma, tinha perfeita consciência do perigo que representa para a unidade, coerência e teleologia do sistema de proteção da propriedade industrial admitir o registo deste tipo de marcas.

[375] O direito de autor expira 70 anos após a morte do autor (art. 31º do Código do Direito de Autor e dos Direitos Conexos – CDADC).

[376] Para uma visão das teorias de delimitação de aplicação do direito de autor e da propriedade industrial aos desenhos ou modelos, Pedro Sousa e Silva, *Direito Industrial*, 2019, pp. 191 e ss; Carmen Lence, ob. cit., pp. 119 e ss; Fernando Carbajo Cascón, "La protección del diseño industrial por la via del derecho de autor. Concepto y régimen jurídico del diseño artístico", in AA.VV., *El Diseño Comunitario – Estudios sobre el Reglamento (CE) nº 6/2002*, cit., pp. 525 e ss.

[377] Este, aliás, foi um aspeto considerado crucial para o objetivo de harmonização das legislações dos Estados-membros.

O maior risco reside na atribuição a um concorrente de uma situação de monopólio de mercado em relação à utilização de uma forma *necessária* para comercializar o produto. O outro risco, igualmente relevante, diz respeito ao eventual aproveitamento do direito de marcas (através do seu regime de proteção potencialmente intemporal[378]) para evitar que outros concorrentes possam utilizar formas técnicas ou estéticas livres, quer por não serem passíveis de proteção, quer por se encontrarem já fora do regime de proteção temporária, próprio das patentes e modelos de utilidade (cf. arts. 50º e ss e 119º e ss, respetivamente), ou dos desenhos ou modelos (cf. arts. 173º e ss).

Nesta medida, as três DM consagraram três proibições à *possibilidade* de constituição das marcas de forma que foram transpostas para o CPI-1995, CPI-2003 e CPI-2018[379].

Essas proibições são as seguintes:

1ª) Forma imposta pela própria natureza do produto;

2ª) Forma necessária à obtenção de um resultado técnico;

3ª) Forma que confira valor substancial ao produto.

Esta última é a proibição que, naturalmente, atenta a sua razão de ser, mais se liga ao problema da cumulação da proteção da marca com a do desenho ou modelo.

O propósito é afastar do direito de marcas as formas que sejam tão incindivelmente conexas com o valor estético dos produtos correspondentes que não possam ser concebíveis, sequer mentalmente, separadamente desses produtos. A forma não pode distinguir o produto porque é parte integrante, física e conceptualmente, do próprio produto. Sendo, como é, uma proibição de difícil apreciação a verdade é que, em certos setores da atividade económica (por exemplo, produtos decorativos em geral, peças de mobiliário, artigos da moda, etc.), "a aparência estética incide diretamente sobre a valoração positiva do produto por parte dos consumidores"[380]. Estas formas só podem ser protegidas por desenho ou modelo, de modo temporalmente limitado.

Ao contrário das proibições anteriores, esta só abrange a forma do produto e já não a forma da embalagem. Isto não significa, todavia, que seja possível, sem limitações, o registo, como marca, de uma forma de uma embalagem que seja suscetível de provocar impacto estético. Atendendo a que o desenho ou modelo também pode incidir sobre a embalagem (como vimos atrás, de acordo

[378] O registo da marca é válido pelo prazo de 10 anos, contados a partir da apresentação do pedido, podendo ser indefinidamente renovado por iguais períodos (art. 247º).

[379] Sobre estas proibições cf., infra, Parte III, cap. III, 1.1.

[380] Cf. FERNÁNDEZ-NÓVOA, *Tratado sobre Derecho de Marcas* cit., p. 228.

com o disposto no art. 174º, nº 1) é possível proteger, cumulativamente, a forma tridimensional através do desenho ou modelo e do direito de marcas, desde que a mesma preencha os requisitos de validade de ambos os direitos: novidade e carácter singular (no caso de desenho ou modelo) e capacidade distintiva e novidade (no caso da marca). No final do período de exclusividade do modelo a forma cai no domínio público, tornando-se de livre utilização no mercado, podendo outro concorrente usá-la desde que lhe aponha uma marca suscetível de individualizar os seus produtos de modo a permitir a distinção com os produtos assinalados pela marca tridimensional, cuja validade permanece, do anterior titular do modelo.

Em suma: o registo de marca não pode proteger formas de produtos (desenhos ou modelos) que lhes confiram valor substancial embora possa proteger formas de embalagens que reúnam os requisitos de proteção como desenho ou modelo (novidade e carácter singular), desde que revistam a suficiente capacidade distintiva (formas fantasiosas, arbitrárias, não impostas pela natureza do produto e tecnicamente inócuas).

14. Desenho ou modelo comunitário

A ideia de instituir um direito único válido em todo o território da União Europeia corresponde a exigências cada vez maiores do funcionamento eficaz do mercado interno e corresponde a um terceiro estádio de evolução da propriedade industrial a nível da União Europeia.

Num primeiro momento, e estamos a falar da então Comunidade Económica Europeia, a intervenção do Tribunal de Justiça foi garantindo, não sem sobressalto, crítica e mesmo autocrítica, a aplicação minimamente estável da referida solução normativa *salomónica*.

Num segundo momento, e estamos a falar da preparação do mercado único (após o Ato Único Europeu, de 1986) as necessidades crescentes de construção de um mercado integrado tornaram insuficiente a via jurisprudencial de resolução do problema. Era necessária uma via mais eficaz que não expusesse o funcionamento do mercado ao risco de qualquer orientação judicial menos previsível ou razoável de ajustamento da observância do princípio da liberdade de circulação com o respeito pelos direitos privativos industriais conferidos pelas diferentes e díspares ordens jurídicas nacionais. Estavam criadas as condições para a aprovação de Diretivas Comunitárias de aproximação de legislações nacionais. É um segundo estádio de evolução.

Num terceiro momento (após o Tratado da União Europeia, em 1992), de consolidação e aperfeiçoamento do mercado único, o caminho da integração jurídica passou, e ainda passa, preferencialmente, pela adoção de um outro instrumento legislativo comunitário: o regulamento. Do que se trata agora é de atribuir um título de propriedade industrial único, unitário e unificado da UE que seja mais acessível e adaptado às necessidades do mercado interno e não suscite riscos de distorção para a concorrência a nível da União[381].

Atendendo às tensões existentes nos diferentes países em relação aos modelos de proteção, como vimos no número 12 anterior, o Regulamento (CE) nº 6/2002 do Conselho, de 12 de dezembro de 2001, que instituiu os desenhos ou modelos comunitários,[382] adotou um sistema *sui-generis* estabelecendo duas categorias de desenhos ou modelos:

a) Um desenho ou modelo não registado, que confere uma proteção automática, sem formalidades, que nasce por mero efeito da divulgação do produto na União Europeia[383], com duração de 3 anos, desde que seja novo e revista carácter singular (art. 11º)[384];
b) Um desenho ou modelo registado, não sujeito a exame prévio oficial de fundo quanto aos requisitos de novidade e do carácter singular[385], com uma duração que pode chegar aos 25 anos, através de renovações sucessivas de 5 anos (art. 12º)[386].

Com este sistema pretende ter-se em conta a diversidade de criações a proteger e o diferente nível de proteção desejada.

Por um lado, para setores de atividade com um ciclo de vida económica curto, como o da indústria têxtil ligado à moda e à indústria do calçado, por exemplo, a proteção de desenho ou modelo não registado, mostra-se temporalmente suficiente (3 anos) e juridicamente razoável, protegendo o produto novo e com carácter singular[387], desde a divulgação, e salvaguardando-o, apenas,

[381] É o que acontece, neste momento, também, com a marca da UE, como veremos mais adiante (cf. Parte III, cap. VIII, 1).

[382] JO nº L 3 de 5/1/2002.

[383] Sobre o conceito de divulgação ver o nº 2 do art. 11º e as considerações pertinentes feitas no Ac. TJ de 13/02/2014, Processo C-479/12, considerando que só é relevante a divulgação direta no mercado da UE.

[384] Para um estudo aprofundado da figura cfr. LOUREDO CASADO, Sara, *El Diseño no Registrado*, 2019.

[385] O Instituto de Propriedade Intelectual da União Europeia (IPIUE) apenas se limita a verificar se o desenho ou modelo corresponde à definição de produto prevista no art. 3º al. a) e/ou é contrário à ordem pública e aos bons costumes (art. 47º, nº 1).

[386] O registo é efetuado no IPIUE.

[387] O titular do direito não registado basta indicar o que constitui o caráter singular do desenho ou modelo não tendo uma obrigação de provar que o desenho ou modelo em causa possui caráter singular (Ac. TJ de 19/06/2014, processo C-345/13).

da reprodução (*cópia*) não autorizada (art. 19º, nº 2) numa aproximação evidente à lógica do direito de autor (*copyright approach*)[388].

Por outro lado, para setores de atividade, como a indústria automóvel, eletrodomésticos, mobiliário, jogos, embalagens, por exemplo, o desenho ou modelo registado confere um período maior de proteção e um direito com maior densidade, garantia e segurança jurídicas (art. 19º, nº 1) (*industrial approach*).

O regime jurídico referente às noções de produto, produto complexo e de componente (art. 3º)[389], aos requisitos de proteção (novidade e carácter singular – arts. 4º a 6º)), às proibições legais de proteção (desenhos ou modelos técnicos – art. 8º, nº 1, desenhos ou modelos de interconexões – art. 8º, nº 2, desenhos ou modelos contrários à ordem pública ou aos bons costumes – art. 9º), à exceção dos modelos modulares (art. 8º, nº 3) e às limitações aos direitos (art. 20º) é em tudo idêntico aos que analisámos, a princípio, sobre a legislação nacional e a diretiva comunitária.

O Regulamento consagra o princípio da coexistência com o direito de desenho ou modelo nacional (cf. art. 25º, nº 1 alª d); art. 95º) e não se opõe ao princípio da proteção cumulativa do direito de autor conferida pela legislação dos Estados-Membros (art. 96º, nº 2).

O requerente pode solicitar um adiamento da publicação do desenho ou modelo comunitário por um período de 30 meses, a contar da data do pedido ou, caso seja reivindicado prioridade, da data de prioridade (art. 50º, nº 1)[390].

[388] A proteção deve ir para além da mera cópia integral e abranger o risco de desenho ou modelo muito próximo. No mesmo sentido, cf. Silvia Giudici, *Il design non registrato*, RDI, 2007, I, pp. 202 e ss.

[389] O TJ (Acórdão de 20/12/2017, processos apensos C397/16 e C435/16), sustenta que a disposição transitória prevista no artigo 110º, nº 1, do Regulamento nº 6/2002 deve ser interpretado no sentido de que para poderem invocar a cláusula denominada "de reparação" que esta disposição comporta, o fabricante ou o vendedor de um componente de produtos complexos estão sujeitos a um dever de diligência quanto ao respeito, por parte dos utilizadores a jusante, dos requisitos prescritos na referida disposição.

[390] Para mais desenvolvimentos sobre o regime legal dos desenhos ou modelos comunitários cf.: AA.VV., *Community design regulation* cit.; AA.VV., *El Diseño Comunitario – Estudios sobre el Reglamento (CE) nº 6/2002* cit.; AA.VV., *El Diseño Comunitario* (Coordinadores Palao Moreno/Clemente Meoro) cit.; Casado Cerviño/Blanco Jiménez, *El diseño comunitário: una aproximación al régimen legal de los dibujos y modelos en Europa*, 2005; Uma Suthersanen, *Design Law* cit., pp. 94 e ss; Denis Cohen, *Le droit des dessins et modèles* cit., pp. 380 e ss; Llobregat Hurtado, "Regimen jurídico de los dibujos y no modelos registrados em el reglamento 6/2002 del Consejo, de 12 de Diciembre de 2001, sobre dibujos y modelos comunitários, in AA.VV., *La marca comunitária, modelos y dibujos comunitários. Análisis de la implantanción del tribunal de marcas de Alicante*, 2005, pp. 121 e ss; Macías Martín, "La protección comunitária del diseño industrial", in (AA.VV.) *Derecho de la competencia y propiedad industrial en la Unión Europea* (diretor Bercovitz Rodriguez-Cano), 2007, pp. 305 e ss; Fittante,

15. Registo internacional de desenho ou modelo

O registo internacional de desenho ou modelo baseia-se no Acordo de Haia referente ao registo internacional dos desenhos ou modelos industriais de 6/11/1925, modificado por três atos distintos: o Ato de Londres de 2/06/1934, o Ato de Haia de 28/11/1960 e o Ato de Genebra de 2/07/1999[391]. Os três atos são autónomos e as respetivas disposições substantivas coexistem[392]. Com o Ato de Genebra (que entrou em vigor em 2004), a proteção de desenhos ou modelos passa a poder ser feita através de um único pedido internacional, com efeitos em todos os países que são parte do Ato de Genebra e também, desde o início de 2008, em todos os países da UE, depois de a União depositar o instrumento de adesão ao referido Ato na OMPI, em 24/9//2007[393]. O Ato de Genebra veio, pois, permitir uma ligação entre o sistema internacional e o sistema comunitário de proteção de desenhos ou modelos, bem como com qualquer outro sistema regional de proteção ou organização intergovernamental (por exemplo, a Organização Africana para a Propriedade Intelectual – OAPI).

Portugal não subscreveu o Acordo de Haia[394]. A adesão da UE ao Ato de Genebra, com efeitos a partir de 1/1/2008, permite que um registo internacional junto da Secretaria Internacional da OMPI, na Suíça, que designe a UE produza efeitos idênticos ao do pedido de desenhos ou modelos comunitários registados no IPIUE[395]. Por sua vez, o titular de um registo comunitário pode, através do IPIUE, aceder ao sistema internacional.

O objetivo do Acordo de Haia é facilitar a obtenção de proteção de um desenho ou modelo em vários países através de um procedimento mais simples, com um único pedido, numa só língua (inglês, francês e, desde 2010, espanhol), um único registo internacional e um só conjunto de taxas.

Brand, industrial design e made in Italy cit., pp. 140 e ss; Carlos Olavo, "Os desenhos ou modelos comunitários", em *Direito Industrial* (AA.VV.), vol. V, 2008, pp. 451 e ss.

[391] Sobre o Ato de Genebra, ver Botana Agra, *Aportaciones del Acta de Ginebra (1999) al sistema de registro internacional de dibujos y modelos industriales*, ADI, XX, 1999, pp. 65 e ss e Carmen Lence, *La protección del diseño en el derecho español* cit., pp. 73 e ss. O texto pode ser visto no sítio *www.ompi.int.*

[392] Para uma visão geral do Acordo de Haia e dos atos autónomos subsequentes, ver Denis Cohen, *Le droit des dessins et modeles* cit., pp. 291 e ss e Uma Suthersanen, *Design Law* cit., pp. 48 e ss.

[393] A adesão teve lugar pela Decisão 2006/954/CE do Conselho (JO-L 386 de 29/12/2006, p. 28). Por força da adesão da UE foi alterado o Regulamento (CE) nº 6/2002 relativo aos desenhos ou modelos comunitários – com a última redação que lhe foi dada pelo Regulamento (CE) nº 1891/2006 (JO-L 386 de 29/12/2006, p. 14) – e foi aprovado o Regulamento nº 877/2007 da Comissão de 24/7/2007 (JO-L de 25/7/2007, p. 16) que alterou o Regulamento (CE) nº 2246/2002 de 16/12/2002 (JO-L 341 de 17/12/2002, p. 54), no que diz respeito às taxas a pagar ao IPIUE.

[394] Até meados de 2021, o sistema de Haia abrange 91 Estados contratantes (*http://wipo.int/treaties*).

[395] De acordo com o art. 106º-D aditado pelo Regulamento (CE) nº 1891/2006 (JO-L 386 de 29/12/2006, p. 14), referido na penúltima nota.

Através do registo internacional obtém-se um conjunto de direitos nacionais ou mesmo o registo comunitário de desenho ou modelo. O registo é concedido pelo país designado, tal como se de um pedido nacional se tratasse, ou pela organização intergovernamental competente para o efeito, cabendo a cada um dos países ou a essa entidade (*v.g.* IPIUE) o exame de fundo sobre os requisitos de validade e à OMPI o exame inicial de natureza formal[396].

[396] Para mais desenvolvimentos, cf. BOTANA AGRA, "El registro internacional de dibujos y modelos industriales (sistema de la Haya). Sus efectos en España y en la Unión Europea" in AA.VV., *El Diseño Comunitario – Estudios sobre el Reglamento (CE) nº 6/2002*, cit., pp. 619 e ss.

PARTE III
Marcas

Capítulo I
Função Jurídica da Marca

1. Função Jurídica da Marca

Historicamente, é com a formação das corporações medievais que as marcas se vão afirmando conforme hoje as conhecemos. Ao tempo podiam delinear-se três tipos fundamentais de marcas: as marcas coletivas obrigatórias, iguais para todos os que fizessem parte da mesma arte e apostas sob controlo prévio da corporação respetiva, destinadas a identificar a proveniência dos produtos e a garantir de forma direta e absoluta a qualidade dos mesmos; as marcas individuais obrigatórias, colocadas no interesse da corporação pelo mesmo mestre ou artesão, destinadas a responsabilizarem o autor pela qualidade do produto; as marcas individuais facultativas, utilizadas pelo artesão ou mercador, fora já dos interesses da corporação, destinadas a identificar a proveniência dos produtos e a garantir a respetiva qualidade relativa[397].

Com a expansão do comércio, o alargamento do mercado, a evolução tecnológica e, especialmente, com a revolução industrial e a afirmação de uma nova ordem económica assente na livre concorrência, a marca foi acentuando mais o pendor individual, facultativo e concorrencial em detrimento do carácter coletivo, obrigatório e certificativo de qualidade, como até então. No entanto, ainda hoje, há marcas, v.g. as marcas coletivas, marcas de certificação ou de garantia e as marcas individuais obrigatórias, que encontram a sua inspiração nos vários

[397] Sobre o percurso histórico da marca *vide*, por exemplo, Benedetto, "Marchio (Storia)", *Enciclopedia del Diritto*, XXV, pp. 577 e ss; Cionti, *La funzione del marchio*, 1978, pp. 13 e ss e Franceschelli, *Trattato* cit., vol. I, pp. 183 e ss e *Sui marchi di impresa*, 1988, pp. 13 e ss; N. Serens, *A monopolização da concorrência e a (re-)emergência da tutela da marca*, 2007, pp. 591 e ss.

tipos de marcas corporativas. Neste manual só analisamos as marcas individuais facultativas que são, de longe, as mais importantes e, mais do que isso, aquelas que imprimem a fisionomia típica ao direito atual de marcas.

Feitas estas considerações vamos, de seguida, analisar a função jurídica da marca. A perspetiva é jurídica, o que significa ir de encontro à função juridicamente protegida[398]. Não analisamos a função da marca sob o ponto de vista exclusivamente económico. O que se procura determinar é quais são as funções económico-sociais juridicamente tuteladas[399].

Do ponto de vista económico ainda hoje é maioritariamente aceite a perspetiva proposta por ISAY em 1929[400] segundo a qual cabe à marca desempenhar três funções principais:

1ª – a de indicação da origem de produtos ou serviços *(Herkunftsfunktion);*
2ª – a de garantia de qualidade dos bens marcados *(Qualitätsfunktion);*
3ª – a publicitária ou sugestiva *(Werbefunktion).*

1.1. Função distintiva

1.1.1. Significado clássico (originário e redimensionado)

Significado originário

Foi VANZETTI quem, de uma forma irredutível, colocou o problema do significado da função distintiva: "a marca só pode distinguir por duas (e só por duas) formas: a primeira seria garantir diretamente a presença constante das mesmas qualidades em cada unidade de produtos marcados e a segunda seria garantir indiretamente essa presença assegurando a proveniência constante de cada produto marcado de uma mesma fonte de origem"[401].

[398] Função juridicamente protegida de que falava GHIRON, "Il marchio nel sistema del diritto industriale italiano", RDCiv., 1915, p. 183, como refere VANZETTI, "Funzione cit., p.17, que recupera essa expressão definindo-a como a que "resulta tutelada pela vontade da lei a partir dos instrumentos de interpretação do sistema das normas que a disciplinam".

[399] Esta visão das coisas, diga-se, começa, gradualmente, a ser posto em causa. FEZER, "Entwicklungslinien und prinzipien des markenrechts in Europa", GRUR, 2003, pp. 457 e ss, sustenta que esta doutrina é "anacrónica". As funções jurídicas não serão outra coisa senão as funções económicas da marca. A marca é cada vez mais protegida como um fenómeno do tráfico económico. A realidade económica da marca é o modelo de referência da respetiva proteção jurídica. Para o autor a marca evoluiu, tanto no plano económico como no plano jurídico, para um instrumento de comunicação multifuncional entre o titular e o consumidor (cf. p. 463). Do mesmo autor, cf., ainda, *Markenrecht*, 2009, pp. 88-89.

[400] «Die Selbständigkeit des Rechts an der Marke», GRUR, 1929, pp. 26 e ss.

[401] "Cessione del marchio", RDC, 1959, pp. 385 e ss e "Funzione" cit., pp. 16 e ss.

Para o referido autor não haveria lugar para uma terceira alternativa porque um sinal distintivo sem mais seria uma "generalidade". A marca converter-se-ia numa denominação genérica do produto[402]. Por essa razão entendia ser necessário considerar "a subsistência de constantes elementos de identidade do produto marcado". A tarefa consistiria em "elucidar quais sejam esses elementos constantes que constituem o "carácter próprio" comum (e diferenciador em relação aos outros) da unidade que constitui o produto marcado e aos quais a marca deve estar incindivelmente conexa para desenvolver a própria função de identificação"[403]. Distinguir significaria, em suma, "separar os objetos uns dos outros e ver as diferenças que há entre eles".

Das duas vias propostas o autor defendia a segunda, ou seja, a marca significaria *uma indicação de proveniência do produto ligando-o a uma mesma origem.* Apoiava a sua posição na legislação italiana coeva[404], mas também na conceção dos interesses postos em confronto pelo direito de marcas. É que aceitar a primeira via, a marca ser uma garantia da qualidade do produto, seria fazer ruir toda a base em que assentaria o direito de marcas, a de, em primeira linha, salvaguardar os interesses do empresário. Se o direito de marcas se apoiasse exclusivamente numa função de garantia de qualidade dos produtos significaria, em rigor, que quem produzisse produtos da mesma qualidade pudesse adotar a mesma marca o que significaria abalar toda a estrutura típica do direito de marca enquanto direito exclusivo[405].

A fonte de origem indicada pela marca seria formada pelo "núcleo produtivo", a "entidade caracterizante" cuja consistência podia amplamente variar

402 "Cessione" cit., p. 408.

403 "Funzione" cit., p. 31.

404 Mais precisamente nas soluções adotadas pelo *Regio Decreto* de 21/6/42 nº 929 (anteriormente à profunda revisão introduzida pelo D.Lgs. nº 480 de 4/12/92 que adaptou a legislação italiana à DM, já revogado pelo CPIIt. de 2005) naquilo que considerava os três momentos essenciais da vida da marca: o do nascimento do respetivo direito, atribuído apenas a quem fosse titular de uma empresa, o da cessão desse direito, que só podia dar-se em conexão com o estabelecimento e o da sua extinção, que ocorria com a cessação da empresa. Por outro lado, não encontrava disposição que impusesse ao titular de uma marca a não modificação das características do produto marcado – cf. Vanzetti, "Funzione" cit. pp. 33 e ss.

405 O mesmo tipo de análise é feita por Beier, *Marque et droit économique-les fonctions de la marque,* AA.VV., 1975, pp. 100/101 afirmando que "aqueles que apoiam que a função da marca se deve basear mais na natureza ou potencialidade do produto do que da respetiva proveniência não dizem como deve funcionar uma regulamentação do direito de marcas baseado nestes critérios". O autor faz realçar o perigo de uma "coletivização total e de uma desvirtuação do direito de marcas se aquela conceção fosse levada até às últimas consequências". São idênticas as preocupações de Braun, *Précis des marques* cit., pp. 15 e ss.

(de um estabelecimento a uma simples receita) segundo o tipo de marca e o tipo de produto em concreto[406].

Na linha de defesa deste entendimento da função distintiva, e face a outro tipo de ataques que se lhe dirigiam baseados no facto de cada vez mais os consumidores desconhecerem a proveniência dos produtos, FERNÁNDEZ-NÓVOA afirmaria que "ser desconhecida não é sinónimo de indiferente, pois que o consumidor confia em que seja ele quem for, o empresário seja sempre o mesmo"[407] e BEIER acrescentaria que o "facto de o consumidor desconhecer o nome do titular da marca em nada exerce influência sobre a proteção jurídica da marca"[408].

Significado redimensionado

A consagração generalizada e gradual das figuras da transmissão autónoma da marca[409], da licença de marca e a aceitação da marca de grupo (de empresas) criou dificuldades ao conceito originário da função distintiva. A doutrina reagiu com novas propostas.

VANZETTI *redimensionou* o significado da função distintiva acrescentando que a "função de indicação de proveniência, em última análise, é a de garantir que o produto marcado emane sempre da mesma empresa ou de uma empresa que tenha elementos consideráveis de continuidade com a empresa de origem ou ainda que com esta tenha ligações atuais de natureza contratual ou económica"[410].

Na doutrina alemã BEIER-KRIEGER[411] também propuseram uma ampliação da função de indicação de proveniência da marca para as hipóteses em que a marca é usada conjuntamente por várias empresas (marca coletiva, marca de grupo de empresas e licença de marca) afirmando que a marca num sentido mais lato pode indicar que os produtos procedem de um "grupo de pessoas ou empresas que se associem para usar em comum a marca".

[406] "Funzione" cit. p. 52.

[407] *Fundamentos de derecho de marcas*, 1984, pp. 48 e ss, "Las funciones de la marca", ADI-5, p. 37 e *Tratado sobre derecho de marcas* cit., pp. 70 e ss.

[408] *Marque e Droit Économique* cit., p. 99.

[409] Em Itália a transmissão da marca era conexa com a transmissão do estabelecimento até à entrada em vigor das alterações operadas pelo DLgs 4/12/92 referido atrás.
O direito alemão estabelecia a mesma solução no § 8 I, WZG até à alteração produzida nesta disposição pelo § 47 da lei de extensão dos direitos de propriedade industrial (*Erstreckungsgesetz* de 23/4/92) que fixou o regime da transmissão livre, mantido na lei atual de 1994 (§ 27 *MarkenG*).

[410] *Marque e droit économique* cit., p. 89.

[411] «Wirtschaftliche Bedeutung, Funktionen und Zweck der Marque», GRUR Int., 1976, pp. 125 e ss e AIPPI(A)-1976, pp. 22 e ss

Em França, MATHÉLY, por sua vez, afirmou que "se a marca pela sua natureza indica uma origem, certamente que essa origem não tem de ser necessariamente uma empresa única e idêntica, podendo ser ou um grupo de empresas ou empresas sucessivas que dispõem de meios análogos e sejam capazes de fornecer os objetos de forma a apresentar as mesmas vantagens"[412].

Da mesma forma BRAUN, tendo em conta a necessidade de uma "explicação satisfatória do fenómeno moderno de produção", entendeu necessário adotar uma conceção alargada da noção de indicação de proveniência, "compreendendo nela seja um grupo de empresas, seja empresas ligadas por contrato de licença, seja, ainda, empresas sucessivas desde que as mesmas sejam capazes de produzir os produtos com as mesmas vantagens"[413].

A nível da UE acolheu aceitação na versão da DM-1988 (especialmente, considerando 10 e o art. 2º) e no RMC-1993 (considerando 7 e o art. 4º), neste último caso na linha da orientação que, claramente, transpirava dos trabalhos preparatórios[414].

1.1.2. Significado atual (redefinição)

A marca serve para *distinguir* os *produtos* ou *serviços* de uma *empresa* dos de outras *empresas* (art. 208º).

Mas o que significa hoje a função distintiva[415], depois de ser possível a transmissão autónoma da marca e a licença de marca, o uso plúrimo da marca por parte das sociedades pertencentes ao mesmo grupo[416] ou a derrogação do princípio da especialidade no caso da proteção ultramerceológica da marca de prestígio[417] (art. 235º).

Seguramente não pode significar a garantia de uma mesma, constante e única origem. A noção *clássica originária* está ultrapassada.

[412] *Le nouveau droit français des marques*, 1994, p. 11, *Le droit français des signes distinctifs*, 1984, p. 12 e AIPPI(A)-76, p. 160.

[413] *Précis* cit., p. 14 e BRAUN/CORNU, *Précis des marques*, 2009, p. 15.

[414] Cf., v.g. o *Memorando sobre a Criação de uma Marca Comunitária* (Suplemento 8/76-BCE, "Bulletin Communauté Européene", pag. 20) e a *Proposta de Regulamento da Marca Comunitária* (Suplemento 5/80-BCE pags. 21 e 56).

[415] O significado da função distintiva da marca foi o tema da nossa tese de doutoramento, *Função distintiva da marca*, 1999. Por essa razão, nesta sede, vamos limitar-nos a fazer uma abordagem, intencionalmente, sintética remetendo o leitor, interessado em mais desenvolvimentos, para a leitura da referida obra.

[416] O CPI de 1995 tinha criado a figura da marca de base como a marca que identificava produtos ou serviços de uma mesma empresa ou os produtos ou serviços produzidos por um grupo de empresas (art. 177º). Esta figura foi afastada pelo Código de 2003.

[417] Sobre a proteção da marca de prestígio cf., *infra*, cap. IV. 10.

Como dissemos, um setor prestigiado da doutrina foi adaptando e alargando a noção clássica da função distintiva para fazer face às vicissitudes de evolução da marca resultantes da transmissão e licença de marca e da marca de grupo.

De acordo com essa noção *ampliada* ou *redimensionada* a função distintiva significaria que os produtos ou serviços marcados provêm sempre da mesma empresa ou de uma empresa sucessiva que tenha elementos consideráveis de continuidade com a primeira (no caso da transmissão desvinculada) ou ainda que mantenha com ela relações atuais de natureza contratual, económica ou financeira (nas hipóteses da licença e marca de grupo, respetivamente).

Mas a noção *redimensionada* será adequada ao direito de marcas em vigor?

Uma das grandes notas distintivas da definição é o pressuposto de que a marca seja previamente *usada* pelo titular. Só assim faz sentido falar em continuidade ou vinculação contratual *empresarial*.

Na verdade:

Que sentido faz falar-se em *continuidade empresarial*, no caso de o transmitente da marca não exercer uma atividade económica conexa com os produtos ou serviços para os quais a marca vai ser usada pelo adquirente?

Que sentido faz falar-se em *vínculo contratual empresarial* quando o licenciante nunca usou a marca que concedeu ao licenciado ou a usou em produtos ou serviços diferentes dos licenciados?

Na lógica daquela noção não pode estar o fenómeno da circulação da marca não usada.

Essa definição *redimensionada* servia o direito português ao tempo do CPI-1940 no qual a marca era considerada, em maior ou menor medida (menor no caso da transmissão autónoma), um bem conceptual e funcionalmente acessório que haveria de se reportar a uma realidade *objetiva*, por regra, de índole empresarial.

A questão da negociação da marca registada *não usada* está no cerne do problema atual da *(re)definição* da função distintiva. Tudo está em saber se o direito de marcas vigente permite um outro significado para a função distintiva que não pressuponha uma base essencialmente empresarial ou objetivista.

A verdade é que o atual direito de marcas, na linha dos anteriores CPI de 1995 e de 2003, permite, na nossa opinião, uma *nova conceção de origem*, um novo modo de encarar a função distintiva, baseada num critério diferente e que justifica uma resposta igualmente diferente.

Esta conceção emerge do *princípio geral do direito de marcas*, plasmado no art. 268º, nº 2 alª b): a proibição do uso enganoso da marca seja esse uso efetuado pelo titular ou por terceiro com o seu consentimento.

Esta solução, totalmente inovadora, imposta desde a DM-1988 (cf. art.12º, nº 2, al. b)), e que também se encontra consagrada no art. 58º, nº 1 alª c) do

RMUE-2017, tem uma importância decisiva para legitimar um entendimento novo da função distintiva.

O sistema legal pretende conferir mais liberdade ao titular da marca, mas não afasta o ónus de ser titular de um bem com uma finalidade ainda fundamentalmente distintiva e com um regime de aquisição do direito *sui generis* que passa pelo registo junto de um Instituto Público.

Na *origem* da marca a lei não releva tanto o facto de se encontrar uma *empresa* (uma realidade objetiva), mas uma *pessoa* (uma realidade subjetiva) *onerada* pelo uso não enganoso da marca. Em grande parte dos casos ainda terá lugar a coincidência dos papéis de titular da marca e de titular da empresa. Mas já não tem que haver essa coincidência. Pode ser distinto o titular da marca e o titular da empresa. O titular da marca pode não ser um sujeito empresarial ou, ainda que o seja, não ser o titular da empresa ligada *diretamente* à atividade de produção de bens ou prestação de serviços marcados.

Em suma: a função distintiva da marca já não significa, necessariamente, a garantia de uma origem *empresarial* (empresa única, sucessiva ou controlada, à qual se ligam os produtos ou serviços marcados), mas significa, sempre, a garantia de uma origem *pessoal* (pessoa/entidade à qual se atribui o ónus pelo uso não enganoso dos produtos ou serviços marcados).

A função distintiva da marca é, hoje, mais ampla e pode ser assim *redefinida*:

A marca, para além de indicar, em grande parte dos casos, que os produtos ou serviços provêm sempre de uma empresa ou de uma empresa sucessiva que tenha elementos consideráveis de continuidade com a primeira (no caso da transmissão desvinculada) ou ainda que mantenha com ela relações atuais de natureza contratual e económica (nas hipóteses da licença de marca registada usada ou da marca de grupo, respetivamente), também indica, sempre, que os produtos ou serviços se reportam a um sujeito que assume em relação aos mesmos o ónus pelo seu uso não enganoso.

O *ónus* consubstancia-se no facto de o titular da marca, sob a cominação da perda do seu direito, ter necessidade de garantir o seu uso não enganoso. Isto significa que qualquer uso da marca, praticado pelo titular ou por terceiro, com o seu consentimento, suscetível de provocar um engano negativo relevante junto do público, em relação às características essenciais dos produtos ou serviços marcados, sem que os consumidores tenham sido disso, prévia ou imediatamente[418], informados, pode implicar a caducidade do registo da marca.

[418] A imediata atuação do titular da marca, reconhecendo o uso enganoso ou a sua suscetibilidade, acompanhada de medidas concretas visando sanar e reparar a situação, desde que esta atinja o mercado de modo relevante, *pode* suster a aplicação de uma sanção tão gravosa como a da caduci-

1.2. Função de qualidade

A circunstância de a marca indicar uma *origem*, de base *pessoal*, permite afirmar que a marca desempenha uma função de garantia de qualidade não enganosa. A confiança do consumidor em relação a um determinado nível de qualidade dos produtos ou serviços marcados não pode ser preterida de modo arbitrário. A garantia de qualidade *derivada* significa que o titular da marca precisa de salvaguardar essa confiança sempre que a qualidade do produto ou serviço marcado diminua de modo relevante, por ato próprio ou de terceiro que use a marca com o seu consentimento Esse ónus pressupõe a não ocultação, dolosa ou negligente, dessa alteração, sob pena de caducidade do registo de marca, nos termos do art. 268º, nº 2, alª b).

É certo que a marca não desempenha uma função de garantia da constância qualitativa dos produtos ou serviços, o que até nem seria desejável atento o interesse geral em toda a alteração que represente uma melhoria de qualidade. O que a marca garante é a qualidade dos produtos ou serviços por referência a uma origem não enganosa. Trata-se de uma garantia derivada da função distintiva e de uma garantia relativa que atua apenas quando seja posta em causa a tutela da confiança do consumidor.

Dizer que a marca não desempenha diretamente uma função de garantia de qualidade não significa que se pretenda desvalorizar, ignorar ou censurar as preocupações cada vez mais sentidas de um mercado de produtos e serviços regulado segundo padrões de qualidade. O que se pretende afirmar é que não é ao direito de marcas que, no atual estado das coisas, cabe desempenhar diretamente esse papel[419]. Nele não se encontra nenhuma imposição legal dirigida ao titular da marca individual para observar uma certa qualidade dos produtos ou serviços. O que nele se encontra é apenas uma preocupação de salvaguarda de garantia da qualidade, qualquer que esta seja, dos produtos ou serviços por referência a uma determinada origem e por causa dessa origem.

Um direito de marcas que assentasse primacialmente na função garantia de qualidade teria de ser completamente diferente. Desde logo os interesses a proteger, em primeira linha, teriam de ser os dos consumidores, o direito de marca deixaria de ser livre e exclusivo e os produtos e serviços deveriam sujeitar-se ao controlo de qualidade[420].

dade do registo da marca, sem prejuízo, obviamente, da aplicação de outros mecanismos sancionatórios resultantes da ocorrência de distintos ilícitos.

[419] Esse papel, no quadro de referência da propriedade industrial, pode caber, por exemplo, nalguns casos, à marca de certificação ou de garantia (arts. 215º e ss) ou, ainda, à denominação de origem e indicação geográfica (arts. 299º e ss).

[420] No entanto, já não no âmbito do direito de propriedade industrial, há marcas-tipo certificativas do controlo de qualidade dos produtos e serviços. É o caso das marcas "de conformidade com

1.3. Função publicitária

As marcas podem desempenhar uma outra importante função: a publicitária. Há que apurar o seu significado. Por função publicitária não se perceba o facto de a marca ser um meio usado na publicidade. O facto de a marca ser um meio indispensável na publicidade para promover determinados bens ou serviços deriva da sua função distintiva e não configura, pois, nenhuma proteção específica. Por outro lado, a marca não é um suporte publicitário, ou seja, não é um "veículo utilizado para a transmissão da mensagem publicitária"[421]. Logo, também com este significado, não teria uma função publicitária. Por função publicitária quer antes referir-se o especial magnetismo que algumas marcas, por si ou por força de técnicas publicitárias, exercem sobre o consumidor. Na verdade, alguns produtos ou serviços são eleitos mais em função de uma imagem de mercado subjetivamente construída, para a qual contribui a marca, do que em função de critérios objetivos de apreciação. Neste caso a marca não é só um sinal distintivo do produto ou serviço, mas é um sinal com uma especial força de venda (*selling power*).

A questão que se põe é se, para além da relevante função económica que desempenha, a função publicitária é, ou deve ser, igualmente, e de que modo, uma função juridicamente protegida. A proteção jurídica desta função não foi pacífica. As principais críticas a essa proteção situavam-se a três níveis: por um lado, ela representaria um fator de desigualdade entre os concorrentes; por outro, prejudicaria a liberdade de escolha dos consumidores baseada em fatores racionais; e, por último, colocaria problemas graves à subsistência do direito de

as normas", criada pela portaria nº 860/80 de 22/10 e regulada presentemente pelo D.L. 184/93 de 19/5 e o Despacho nº 83/93 (publicado no DR, II série, de 2/9/1993) e "modelo conforme" criada pela portaria nº 126/86 de 2/4 cuja qualificação incumbe ao Instituto Português de Qualidade (criado pelo D.L. 183/86 de 12/7 e hoje regulado pelo Decreto -Lei nº 71/2012, de 21 de março) como organismo nacional responsável pelas ações de implementação do Sistema Português da Qualidade (regulado no D.L. 4/2002 de 4/1) que tem por objetivo garantir uma política nacional da qualidade dos produtos e serviços, mediante a gestão concertada de três subsistemas nacionais (Normalização, Qualificação e Metrologia). Deve dizer-se, porém, que estas marcas não garantem uma certa qualidade específica dos produtos e serviços papel que cabe às marcas individuais nos termos referidos. O que aquelas marcas garantem é antes que os produtos e serviços por si assinalados têm um certo padrão genérico de qualidade por respeitarem determinados processos e normas pré-definidas. São, portanto, conceitos de qualidade não coincidentes.

Sobre a problemática da qualidade dos produtos e serviços e a proteção mais vasta do consumidor *vide* Calvão da Silva, *Responsabilidade civil do produtor*, 1990, pp. 637 e ss, Ferreira de Almeida, *Os direitos dos consumidores*, 1982, pp. 107 e ss. Sobre as marcas de garantia em geral *vide*, Largo Gil, *Las marcas de garantia*, 1993.

[421] Retiramos esta definição do Código de Publicidade, aprovado pelo D.L. nº 330/90 de 23/10 (já várias vezes alterado).

marcas pela aproximação do regime da marca, enquanto sinal autónomo e sugestivo, às obras intelectuais[422].

As críticas são pertinentes. Apesar das observações de Arean Lalin no sentido de que se "a função atrativa beneficia indubitavelmente o titular da marca deverá modelar-se de maneira a que respeite e salvaguarde o interesse primordial do público e dos consumidores e o interesse dos restantes empresários"[423], o certo é que a proteção jurídica da função publicitária significa uma inequívoca opção a favor, fundamentalmente, dos interesses económicos das grandes empresas[424] e da tutela da diferenciação subjetiva que se projeta nos consumidores através da marca como instrumento privilegiado de publicidade. A terceira crítica também se afigura justificável. A proteção *autónoma* (e não simplesmente complementar) da função publicitária coloca sérios riscos à noção de marca enquanto sinal distintivo, na medida em que, sendo protegida independentemente da finalidade distintiva, deixa de ser um simples bem acessório e concreto para passar a ser um bem autónomo e abstrato.

Até à entrada em vigor do CPI de 1995, a tutela jurídica da função publicitária não era muito consistente. Porém, em três figuras legais era possível descortinar um fundamento desse tipo: transmissão da marca não conexa com o estabelecimento (art. 118º §1º CPI-1940)[425], licença de marca (art. 119º

[422] Um dos autores mais representativos destas críticas é Vanzetti, "Funzione" cit. pp. 25 e ss. Em relação à última crítica *vide* igualmente Ascarelli, *Teoria de la concurrencia* cit., pp. 207 e ss e 396 e ss.

[423] *El cambio de forma de la marca*, 1985, p. 37.
Este autor justifica a tutela jurídica desta função pelo facto de o ordenamento jurídico não dever ignorar ou rechaçar que a diferenciação subjetiva dos produtos proporciona benefícios sociais à semelhança do que faz em relação à tutela jurídica da publicidade que contribui de igual modo para o mesmo tipo de fenómeno – cf. ob. cit. pp. 36 e 37.

[424] Só estas, na verdade, estarão, normalmente, em condições de despenderem avultadas verbas nos sofisticados e poderosíssimos meios publicitários necessários para que a marca desfrute de uma particular força atrativa sobre os consumidores.
Às marcas de distinto valor económico corresponderiam, assim, direitos de marcas com distinto conteúdo. Crítico a que o Direito trate de modo desigual situações economicamente desiguais, *vide* Nogueira Serens, *A tutela das marcas e a (liberdade de) concorrência (alguns aspetos)*, 1990, p. 170: "as marcas "nascem" juridicamente iguais não interessando diretamente ao direito que as regula que elas "nasçam" economicamente desiguais, ou tão-pouco que esta desigualdade (económica) seja superveniente".

[425] No mesmo sentido Orlando de Carvalho, *Critério e estrutura do estabelecimento comercial*, 1967, p. 711, nota 22, considera que "a cessibilidade autónoma da marca confere ao carácter de colector de clientela desse sinal distintivo (...) uma verdadeira incorporação objectiva que permite que a marca, transitando sem a empresa, arraste consigo uma margem de acreditamento transferível para nova organização em que ela se introduza. O prestígio com que impôs certo produto na esfera da primitiva empresa canaliza-o para a empresa adquirente que, por seu turno, pode aumentar

CPI-1940) e proteção conferida à marca notoriamente conhecida, prevista no art. 6º bis do CUP e no art. 95º do CPI-1940.

Contudo, havia que reconhecer, não se tratava de uma proteção direta nos dois primeiros casos, nem inteiramente eficaz, no último, dada a subsistência do princípio da especialidade[426].

Esta situação não era de estranhar à luz da referida polémica acerca da aceitação jurídica direta da função publicitária. O exemplo mais expressivo dessa polémica prendeu-se com o reconhecimento legal da proteção alargada da marca célebre ou de prestígio[427]. Desde, fundamentalmente, a década de 50 do século XX (coincidindo com o desenvolvimento acelerado do comércio internacional, das comunicações, dos meios de informação, especialmente a televisão e a rádio, e das técnicas publicitárias) que a doutrina, jurisprudência e organismos internacionais (AIPPI, CCI-*Câmara de Comércio Internacional* e ILA-*International Law Association*) vinham discutindo a definição e admissibilidade da marca de prestígio e os fundamentos da sua proteção, seja a nível do direito convencional, seja a nível do direito nacional[428]. E se era certo que se vinha a assistir a uma crescente corrente favorável a uma proteção alargada da marca de prestígio, fora dos limites impostos pelo princípio da especialidade, a verdade é que, até à adaptação das leis nacionais à DM, com poucas exceções[429], não tinha sido possível concretizar soluções legais para essa proteção,

ainda esse poder de atracção, para que a marca, sendo eventualmente transferida para uma terceira empresa, transporte para esta o prestígio acumulado pelas duas utilizações anteriores".

[426] Arean Lalin, *El cambio de la forma* cit., p. 38 aponta algumas figuras ou instituições em que se manifesta o carácter jurídico da função publicitária: transmissão e licença de marca, marcas fortes e de alta reputação, teoria da diluição e a mudança de forma de marca.

[427] A primeira expressão portuguesa escolhida para designar este tipo de marcas foi a "marca de reputação excepcional" da responsabilidade de Pinto Coelho (cf. BFDC vols XXIX, XXX e XXXI; *Lições de Direito Comercial*, 1957, pp. 407 e ss e RLJ-92º, nº 3142 a 3162). O Código, desde o CPI de 2003, adota a expressão "marca de prestígio" (art. 235º), substituindo a designação "marca de grande prestígio" do CPI de 1995 (art. 191º).

[428] Sobre esta importante problemática *vide*, no âmbito da revisão da CUP, AIPPI(A)-1990 IV e VII e Pinto Coelho, obs. cits na nota anterior, reportando-se, de um modo especial, aos trabalhos dos Congressos de Viena da CCI de 1951 (BFDC vol XXIX e *Lições* cits.) e de Bruxelas da AIPPI de 1954 (BFDC vols. XXX e XXXI e *Lições* cits.) e, ainda, aos da Conferência de Lisboa da Revisão da CUP de 1958 (RLJ-92º nº 3142 e 3162); com um alcance mais vasto, a monografia de Guglielmetti *Il marchio celebre o de haute renommée*, 1977, pp. 15 e ss e, ainda, Troller, *La marque de haute renommé*, Prop. Ind., 1953, pp. 73 e ss.

[429] A nível europeu, essas exceções eram as leis dos países Escandinavos (Dinamarca, Suécia, Noruega e Finlândia) – cf. Guglielmetti, ob cit., pp. 137 e ss – e em certa medida a lei uniforme Benelux de 1962 (art. 13º A, nº 2). *Vide*, nesse sentido, o relatório do grupo belga nos trabalhos do Comité Executivo da AIPPI de Barcelona (30 a 5/10/90), AIPPI(A) cit., p. 43 e Braun, *Précis* cit., 2ª ed., 1987, pp. 326 e ss.

embora a jurisprudência e a doutrina de alguns países houvesse, por outras vias (v.g. alargamento do conceito de afinidade de produtos, conceito de confusão em sentido amplo, teoria da *dilution*, disciplina da concorrência desleal ou parasitária, responsabilidade civil ou abuso do direito) justificado, em alguns casos concretos, mais flagrantes, a proteção alargada desta modalidade de marca[430].

Após a DM-1988, a situação alterou-se profundamente a nível dos países comunitários (hoje da UE). Não que ela impusesse aos Estados-membros a tutela da marca de prestígio, mas o facto de a recomendar (art. 5º, nº 2) foi suficiente para se haver gerado um movimento legislativo favorável a essa tutela[431].

O nosso direito enveredou de igual modo por esse caminho (art. 191º CPI-1995, art. 242º CPI-2003 e art. 235º CPI-2018). É indiscutível, em face da proteção da marca de prestígio[432], que o direito de marcas protege diretamente a função publicitária da marca embora essa proteção seja, na nossa opinião, complementar e não autónoma em relação à função distintiva que continua a ser a única função jurídica essencial e autónoma da marca[433].

[430] Cf. mais desenvolvimentos em GUGLIELMETTI, *Il marchio celebre* cit., pp. 39 e ss e MONTIANO MONTEAGUDO, *La protección de la marca renombrada*, 1995, pp 110 e ss.
Em Portugal, as únicas posições jurisprudenciais favoráveis a uma proteção alargada da marca célebre foram as seguintes: 16º JCL de 5/3/81, BPI-10/81, p. 1980 que negou o registo da marca *Marlboro – Scotch Whisky* para bebidas em geral com o fundamento na concorrência desleal com a marca de tabaco de grande reputação *Marlboro*; 14º JCL de 3/7/90, BPI-9/90, pp. 4431 e ss e do Ac. R.L. de 3/7/90, CJ-4/90, pp. 119 e ss, que decidiram recusar com o mesmo fundamento, o pedido de registo da marca *Coke*, propriedade de *Coca-Cola Corporation*, para bebidas não alcoólicas, feito por uma empresa estrangeira destinada a produtos para limpeza, higiénicos e perfumaria; 16º JCL de 8/2/94, BPI-12/93, p. 6254, que recusou o registo da marca *Coca e Figura* destinada a sabões, perfumaria, produtos de óleos essenciais, cosméticos e loções para cabelo, por concorrência desleal com a marca *Coca Cola* suscetível de causar a esta prejuízos "não no sentido económico, mas no sentido puramente ideal"!

[431] O RMUE (como antes o RMC) contempla as marcas da UE de prestígio cuja proteção não condiciona ao princípio da especialidade (art. 8º, nº 5).

[432] Sobre a proteção da marca de prestígio *vide, infra*, cap. IV, 10.

[433] Neste ponto também remetemos para a nossa *Função distintiva da marca* cit., especialmente pp. 151 e ss, onde, *de jure constituto*, tratamos de aferir o grau e modo de proteção da função publicitária. Nas palavras de um autor italiano (SANDRI, "Natura e funzione del marchio: dal segno/marchio al marchio/segno nella giurisprudenza comunitária", in *Studi di Diritto Industriale in Onore di Adriano Vanzetti*, Tomo II, 2004, p. 1405), numa linguagem analógica com a doutrina do negócio jurídico, "a função distintiva constitui a *causa* da marca (...) enquanto as outras funções complementares e integradoras constituem os *motivos*. A proteção da marca de prestígio considera-a uma *exceção* do sistema em que o *motivo* assume uma dignidade jurídica determinante. Com posição diferente, considerando a proteção autónoma da função publicitária, *vide*, AA.VV., *Lezione di Diritto Industriale*, (a cura di Ghidini/Cavani), 2014, pp. 65 e ss.

O modo como a função publicitária é protegida no nosso direito de marcas não implica, para nós, a superação da função distintiva da marca. Na verdade, não encontramos, na análise dos vários institutos co-implicados (legitimidade para registar a marca, proteção da marca de prestígio, transmissão e licença de marca) uma solução inequívoca favorável à proteção autónoma desta função. A marca mantém-se, no essencial, como sinal distintivo mesmo tendo em conta as relevantes alterações verificadas[434].

No entanto, reconhecemos, a situação mudou, parcialmente, em relação às marcas de prestígio no Código atual (art. 249º, nº 1, al. c)) por força da transposição da DM-2015 (art.10º, nº 2, al. c))[435].

Até agora havíamos sustentado que o direito português – por não ter acolhido a norma facultativa do artigo 5º, nº 2 da DM-2008 que permite ao titular de uma marca de prestígio proibir que terceiros façam uso na vida comercial, sem o seu consentimento, dessa mesma marca ou marca confundível para produtos ou serviços diferentes daqueles para os quais a marca se encontre registada – não conferia ao titular da marca de prestígio um *direito positivo de disposição ultramerceológico*, mas apenas um *direito negativo de proibição ultramerceológico*. Esta situação, como vai dito, foi alterada com o CPI-2018.

Ainda assim, mesmo após esta mudança, entendemos que, só residualmente, a função publicitária porá em causa a função distintiva. Na prática, o titular da marca de prestígio só, excecionalmente, não registará previamente em seu nome a marca com vista ao seu licenciamento para produtos ou serviços diferentes. Não "arriscará", por razões de salvaguarda do valor comercial da marca e de segurança jurídica, celebrar, fora do âmbito normativo do direito de marcas, um contrato (atípico) de autorização para um terceiro registar a marca[436].

A função distintiva cumpre-se com a identificação da origem e a distinção dos produtos e serviços. A função publicitária cumpre-se, complementarmente, quando, satisfeita a função distintiva, a marca, para além disso, se revele capaz de contribuir para a promoção dos produtos ou serviços.

[434] Cf. os argumentos por nós expendidos na ob. ult. cit., pp. 212 e ss.

[435] Ao contrário das duas Diretivas anteriores, a DM-2015 impõe (art. 5º, nº 3, al. a)), e já não se limita a propor, a proteção da marca de prestígio.

[436] Isto significa que o *merchandising* vai continuar (já não por imperativo legal, mas por razões comerciais) a ter lugar nas situações em que o titular da marca de prestígio a registe previamente para os produtos ou serviços em relação aos quais pretende negociar a marca. Para mais desenvolvimentos sobre o *merchandising*, cf. Parte III, cap. VI, 3.

EM CONCLUSÃO:
A marca tem, em síntese, as seguintes funções:

Uma Função Essencial: Função Distintiva
A marca distingue e garante que os produtos ou serviços se reportam a uma pessoa que assume em relação aos mesmos o ónus pelo seu uso não enganoso.

Uma Função Derivada: Função de Garantia de Qualidade dos Produtos e Serviços
A marca não garante, diretamente, a qualidade dos produtos ou serviços marcados, mas garante indiretamente essa qualidade por referência dos produtos ou serviços a uma origem não enganosa.

Uma Função Complementar: Função Publicitária
A marca, em complemento da função distintiva, pode cumprir, nalguns casos, a função de contribuir, por si mesma, para a promoção dos produtos ou serviços que assinala.

Capítulo II
Aquisição do Direito de Marca

Introdução

O sistema de aquisição do direito de marca regulado no atual CPI (arts. 7º, 210º e 213º) não difere muito dos sistemas regulados na lei de propriedade industrial de 21/5/1896 e nos CPI anteriores[437].

É comum a todos, fundamentalmente, a atribuição da natureza constitutiva ao registo[438] e a concessão de um direito de prioridade ao usuário durante o

[437] Os arts. 59º, 61º e 90º da lei de 1896 dispunham o seguinte:
Art. 59º: "É permitido o uso de marcas industriais e comerciais, embora não tenham sido registadas, quando não prejudiquem os direitos de quem tiver feito os registos competentes";
Art. 61º: "Para que uma marca possa considerar-se propriedade exclusiva é essencial que tenha sido registada";
Art. 91º: "O que primeiro tiver usado de uma determinada marca embora a não haja depositada e registada poderá, todavia, reclamar contra o depósito ou registo que, em nome de outrem, se pretende fazer ou se haja feito, de marca idêntica ou que com aquela se possa confundir.
§ único: Nenhuma reclamação poderá ser admitida quando tiverem decorrido mais de seis meses, a contar da data do depósito e registo, que se houver feito, ou quando o reclamante houver usado da sua marca por mais de seis meses, sem durante esse tempo haver requerido o respetivo depósito e registo". A análise à lei de 1896 pode ser vista em Pinto Coelho, *Marcas Comerciais e Industriais,* 1922. Sobre o CPI-1940, o CPI-1995 e o CPI-2003 cf., respetivamente, os arts. 74º e 85º, os arts. 6º, 165º e 171º e os arts. 7º, 224º e 227º.

[438] Esta a interpretação dominante na doutrina em face do CPI-1940. Cf.: Carlos Olavo, *Propriedade Industrial-noções fundamentais,* CJ-2/87, p. 22; Ferrer Correia, *Lições de Direito Comercial,* 1973, pp. 338 e ss; Oehen Mendes, "Ausstattungsrechts-Portugal", in *Handbuch des Ausstattungsrechts* (AA.VV.), 1986, pp. 726 e ss; Pereira de Almeida, *Direito Comercial,* 1977, pp. 523 e ss; Pinto Coelho, *Lições* cit., pp. 391 e ss; Pupo Correia, *Direito Comercial,* 2001, p. 344. A única posição discordante era a de Oliveira Ascensão, *Direito Industrial* cit., pp. 172 e ss, para quem

período de seis meses. Podemos afirmar que se consagra, como sempre se consagrou, a solução do registo como fonte do direito exclusivo de marca, válido pelo período de 10 anos, contados da data da apresentação do respetivo pedido[439] (e já não da data da concessão, como nos Códigos anteriores) podendo ser indefinidamente renovado por iguais períodos (art. 247º, CPI-2018).

O titular de uma marca livre ou não registada, durante o período de seis meses a contar do uso inicial, tem, para além do direito a registar em primeiro lugar a sua marca, o direito a reclamar do pedido do registo feito por outrem dentro daquele prazo ou a recorrer judicialmente contra a decisão de concessão desse registo (cf. arts. 213º, 226º, nº 1, 17º, nº 1 e 40º). Fora do período de seis meses o usuário tem ainda o direito de se opor ao registo de marca posterior desde que o requerente pretenda fazer concorrência desleal ou que esta seja possível independentemente da sua intenção (art. 232º, nº 1, al h)).

O CPI de 2003 ainda admitia o direito de o usuário anular o registo da marca conflituante com o mesmo fundamento (cf. arts. 232º, nº 1 alª h) e 260º, nº 1).

No primeiro caso (durante o período de seis meses), há um direito de prioridade; no segundo caso (fora do período de seis meses), há uma posição legitimamente adquirida no mercado que pode ser protegida através das normas punitivas da concorrência desleal.

A faculdade de o usuário poder invalidar o registo de uma marca com fundamento em concorrência desleal objectiva não deixava de fazer perigar seriamente a lógica de um sistema de aquisição do direito de marca com base no registo. Denunciámos, insistentemente, esta incongruência em edições anteriores desta obra.

O CPI-2018 pôs termo a esta solução desproporcionada e contraditória (art. 260º, nº 1, parte final), o que só pode merecer a nossa concordância.

Restará, quanto muito, em casos mais chocantes, a possibilidade de o titular da marca não registada poder pedir a nulidade com fundamento em registo efetuado de má-fé (cf. art. 231º, nº 6 e art. 259º, nº 1)[440].

(face ao CPI-1940) o direito de marca resultava fundamentalmente do uso embora o titular devesse consolidar a sua situação através do registo se não quisesse correr o risco de ver perigada a sua posição passados que fossem cinco anos sobre o registo efetuado por um terceiro de boa-fé de uma marca posterior confundível. Segundo o autor o usuário, para além do direito de prioridade durante o período de seis meses, conservava, no referido período de cinco anos, o direito derivado do pré-uso o que lhe permitia anular o registo de uma marca posterior conflituante, em virtude desse registo ter sido concedido a pessoa sem qualidade para o adquirir (arts. 122º 1º e 123º §1º). Ao fim de cinco anos ocorreria a consolidação do registo, a menos que tivesse havido má-fé do titular do registo (art. 123º § 2º).

[439] O prazo passou a ser contado a partir do pedido, por imposição da DM-2015 (art. 48º, nº 1).

[440] Nesta parte remetemos para as considerações que fazemos nesta parte III , cap. IV, ponto 6, infra.

Uma referência mais em relação à marca de facto para acentuarmos que esta, para poder ser protegida como expectativa, tem de ser registável, isto é, tem que obedecer aos mesmos requisitos de validade da marca registada.

Como país pertencente à CUP, Portugal também está vinculado à proteção das marcas notoriamente conhecidas. Os arts. 234º, nº 1 e 320º alª g), refletindo o princípio consagrado no art. 6º bis da CUP, protegem as marcas notoriamente conhecidas, mas sujeita essa proteção ao pedido do registo em Portugal (arts. 234º, nº 2 e 260º, nº 2).

A proteção deve abranger, não apenas a marca notória internacional, mas também a marca notória nacional[441].

Um dos aspetos a realçar é o de que, em regra, não há sistemas puros de aquisição do direito de marca[442], isto é, os ordenamentos jurídicos nacionais não se apoiam, exclusiva e absolutamente, em um dos modos de aquisição (registo ou uso) do direito de marca ignorando completamente o restante. O que há são formas diferentes de conceber e combinar esses modos de aquisição.

Assinale-se, contudo, que a tendência comum em todos os países é para a acentuação do registo como modo de aquisição predominante do direito de marca, entendido esse direito como um direito subjetivo e absoluto[443], e para o gradual apagamento do uso como fonte de direito[444] depois de, tradicionalmente, haver disputado a primazia ao registo[445].

[441] Esta solução é hoje indiscutível face à redação do art. 234º, nº 1. No entanto, era controvertida face ao CPI-1940. A exclusão da proteção de marcas notórias pertencentes a nacionais de acordo com o disposto no art. 95º era de duvidosa legalidade, quer por não se adequar ao princípio estabelecido no art. 6º bis da CUP, após a revisão de Londres de 2/6/34, quer por ferir o princípio da igualdade consagrado no art. 13º da CUP.
Neste sentido igualmente Gonçalo Rato, *La protection des marques notoires et de haute renommée au Portugal*, 1988, pp. 63 e ss e Paulo Sendim citado e contestado por Oehen Mendes (*Direito Industrial* I cit., pp. 142 e ss.). Contra, face ao CPI-1940, o Ac. R.P. de 21/1/93, CJ-1/93, pp. 209 e ss. no âmbito de um processo de anulação do registo de marca.

[442] Como refere Fernández Nóvoa, "El Nacimiento del derecho sobre la marca", RDM, 1966, p. 189 "ao regular-se as marcas nos distintos ordenamentos jurídicos combinam-se sempre os princípios de prioridade do uso com a inscrição registal".

[443] Quem assim não pensa é La Villa que considerou, face ao direito de marcas italiano anterior (após a revisão de 1992) e ao quadro legal consagrado na DM, que o uso se tornou o elemento constitutivo da marca. "O registo sobrevive como elemento formal e histórico, numa função de catalogação administrativa, mas é em tudo independente da vida de facto que o sinal vive no mercado" – cf. *Introduzione al diritto dei marchi d'impresa*, 1994, p. 6.

[444] Mesmo no direito americano, apontado como um sistema em que o uso era condição prévia do registo, ocorreu uma importante alteração, introduzida pela lei 100-667 de 16/1/1988, pela qual também passa a ser permitido o pedido de registo de uma marca a quem tenha intenção de a usar e já não apenas a quem já seja seu proprietário pelo uso – cf. secção 1 (b) *Lanham Act*

O reforço do sistema de registo está ligado à enorme complexidade e grande desenvolvimento da vida económica dos nossos dias e à salvaguarda dos interesses dos titulares das marcas que não se compadecem com sistemas de frágil segurança jurídica e de cada vez mais difícil prova como os sistemas da prioridade ou notoriedade do uso. O sistema do registo é também o que permite a melhor garantia da observância dos demais interesses envolvidos (interesse público, interesse dos consumidores e interesse dos concorrentes em geral) por lhe estar subjacente um procedimento administrativo de registo público[446] (por regra integrado por exame prévio oficial, total ou parcial, e ou por uma oposição por parte dos interessados) acompanhado de publicitação dos direitos atribuídos.

O registo é ainda o melhor processo de objetivação e delimitação do bem jurídico tutelado tratando-se de um bem incorpóreo[447]. "Uma das tarefas principais do direito sobre bens imateriais consiste em verificar (...) se certas obras artísticas ou técnicas ou determinados sinais distintivos, cuja

de 1946. Para uma análise a tão importante lei de revisão, que entrou em vigor em 16/11/89, *vide USTA – Trademark Review Comission – Report and Recommendations on the United States Trademark System and the Lanham Act*, TMR, 1987, pp. 375 e ss; CHISUM, "Trademark acquisition, registration and maintenance: a primer", AIPLA-Q.J., 1991, pp. 123 e ss; KLEIN, "The Trademark law revision act of 1988: an analysis of the mechanics and possible effects of intent-to-use legislation", AIPLA-Q.J., 1988, pp. 153 e ss; desenvolvidamente, MCCARTHY, *Trademarks and Unfair Competition*, 4ª ed., 1996, vol. III, § 19:12-§ 19:25; ROLFE, *La loi de 1988 portant révision de la législation sur les marques: une nouvelle loi pour moderniser le systéme des marques dos EUA*, Prop. Ind., 4/91, pp. 214 e ss e bibliografia aí citada na nota 4 e SACOF, «US Trademark Law, developments under the 1988 amendments and recent rules changes», TW, 3/92, pp. 34 e ss.

[445] No entanto, ainda reveste uma importância não subestimável, por exemplo, na Itália (em que a marca não registada reveste a natureza de um "direito não titulado" (art. 2º, nº 4 CPI) e na Alemanha, como fonte de direito, desde que o uso revista notoriedade no mercado (§ 4 II, *MarkenG*). Sublinhe-se, no entanto, que o uso, para outros fins, assume um relevantíssimo papel nos países da UE por força da aplicação de soluções consagradas na DM. Por um lado, a falta de uso sério da marca registada (pelo menos por um período superior a 5 anos consecutivos) pode constituir uma causa de caducidade do direito (art. 268º, nº 1) e um facto oponível em processos de oposição de registo (art. 227º) ou de infração de marca (art. 252º) e de pedido de anulabilidade de uma marca posterior confundível (art. 263º, nº 1). Por outro lado, o uso assume um relevantíssimo papel (associado à notoriedade) como modo de formação da capacidade distintiva da marca, o denominado princípio do *secondary meaning* podendo esse fenómeno ter lugar antes ou depois do pedido de registo (art. 231º, nº 2 e art. 259º, nº 2). Sobre o *secondary meaning*, cf. *infra*, cap. III, 2.2.

[446] Aquilo a que AFONSO QUEIRÓ, *Lições de Direito Administrativo*, 1976, p. 189 e RLJ nº 3286, pp. 13 e ss e ESTEVES DE OLIVEIRA, *Direito Administrativo*, 1980, p. 392, citando ZANOBINI, designam por "Administração Pública dos Direitos ou Interesses Privados".

[447] Como refere GÓMEZ SEGADE, *El registro de la propiedad industrial en España*, ADI-2, p. 85, "um dos argumentos de carácter geral que justificam a existência do Registo é em primeiro lugar a própria natureza dos bens imateriais".

qualidade enquanto bens está fora de dúvida, são tuteláveis como coisas em sentido jurídico"[448].

É, por último, o sistema que melhor se ajusta aos propósitos de formação de um direito de marcas substancialmente uniforme, de acordo, respetivamente, com o RMUE e a DM.

Uma referência para a DM-2015 que, embora orientada para a marca registada, não retira aos Estados-membros a faculdade de continuarem a proteger as marcas adquiridas pelo uso (art. 5º, nº 4, alª a) da DM-2015)[449].

1. O Registo

1.1. Sistema de controlo

Da introdução anterior concluiu-se que o registo é o modo mais importante de constituição do direito de marca, sem prejuízo da proteção que é dada à marca não registada.

Afirmámos que para essa situação muito contribui o facto de o registo público ser o modo que proporciona maior segurança jurídica. Essa segurança resulta, normalmente, por um lado, da circunstância de o registo só ser concedido após um aturado procedimento administrativo no qual autoridade pública e interessados, embora com tipos de intervenção diversos, exercem uma fiscalização prévia à conformidade legal do pedido e, por outro lado, pela circunstância de o titular de uma marca registada desfrutar de uma posição jurídica relativamente estável resultante da natureza exclusiva do seu direito e dos importantes meios de defesa que são postos à sua disposição para garantia da inviolabilidade desse direito.

Há dois sistemas de controlo: o exame prévio oficial e a oposição por parte dos interessados.

Em Portugal a oposição dos interessados precede o exame prévio oficial (art. 226º, nº 1 e 229º, nº 1)[450].

[448] TROLLER, *Immaterialgüterrecht* cit.,t. 1, p. 50.

[449] É o caso, por exemplo, da Alemanha, que mantém a tradição de proteção de marca usada, reconhecida no mercado – § 4 nº 2 da Lei de 1994 (alterada pela Lei de 11/12/2018, que transpôs a DM-2015) e da Itália que não alterou a proteção da marca não registada, prevista no artigo 2º, nº 4, CPI de 2005, após a alteração efetuada pelo D.Lgs 15/2019 de 20/02, que procedeu à transposição da mesma Diretiva.

[450] O mesmo acontece em Espanha – arts. 19º e 20º da Lei 17/2001, revista pelo Real Decreto-ley 23/2018, de 21/12, que transpôs a DM-2015. Na Alemanha, em sentido contrário, a oposição dos interessados faz-se até três meses após a publicação do registo (§ 42), o designado processo ad-

Até à entrada em vigor do DL 143/2008, de 25/7, as proibições eram tratadas de uma forma assistemática, cabendo à autoridade pública e aos eventuais interessados a possibilidade de controlo prévio de qualquer proibição.

A solução mais adotada nas legislações nacionais de referência é a autoridade pública controlar apenas as chamadas *proibições absolutas* que visam, por regra, proteger interesses supra-individuais, como sejam o interesse público em sentido estrito[451] ou o interesse de grupos relativamente homogéneos, mais ou menos extensos (concorrentes ou consumidores).

Por sua vez, os concorrentes ou particulares (interessados) controlariam as chamadas *proibições relativas* que visam proteger, essencialmente, interesses individuais (de um só concorrente ou de um particular).

Assim, são, normalmente, consideradas proibições absolutas as referentes à constituição de uma marca com um sinal não possível[452], não distintivo[453], "interdito",[454] enganoso ou ofensivo dos bons costumes e da ordem pública e são consideradas proibições relativas as que respeitam à constituição de um sinal que atinja direitos anteriores de terceiros, como o direito de marca anterior confundível (o mais importante na prática), outros direitos de propriedade industrial, direitos de autor ou direitos de personalidade ao nome e à imagem[455].

Face ao CPI-2018, embora a designação de proibições absolutas e relativas não seja adotada de modo explícito, o INPI examina oficiosamente o cumprimento, quer das proibições absolutas indicadas no art. 231º [456], com a exceção

ministrativo de oposição (*Widerspruchsverfahren*). Também no Benelux (Convenção de 11/12/2017, em vigor desde 1/03/2019) o exame oficial precede o controlo dos interessados (arts. 2.14 a 2.15).

[451] Ou seja, o interesse que corresponda a uma "ampla e aberta generalidade de pessoas que não constituam um grupo organizado" – VASCO XAVIER, *Anulação de deliberação social e deliberações conexas*, 1976, p. 135, nota 28.

[452] Ou seja, um sinal insuscetível de constituir uma marca. Por força do art. 208º do CPI-2018 só são admissíveis os sinais que possam ser representados de forma que permita determinar, de modo claro e preciso, o objeto da proteção conferida ao seu titular, desde que sejam adequados a distinguir os produtos ou serviços de uma empresa dos de outras empresas.

[453] Isto é, de um sinal genérico, usual ou descritivo do produto ou serviço.

[454] Com as aspas pretendemos sublinhar que adotamos esta expressão não por a considerarmos tecnicamente correta, mas por razões de comodidade e, especialmente, por a mesma ter tradição e um especial significado na doutrina estrangeira, especialmente francesa (CHAVANNE/BURST, *Droit de la propriété industrielle* cit., pp. 501 e ss; MATHÉLY, *Le droit français* cit., pp. 62 e ss e *Le nouveau droit français des marques* cit., pp. 43 e ss; ROUBIER, *Le droit* cit., vol. II, pp 556 e ss). Essa expressão visa abranger os sinais pertencentes a entidades públicas nacionais ou estrangeiras, alguns dos quais referidos no art. 6º *ter* CUP.

[455] A qualificação de proibições absolutas e relativas mostra-se concordante com o texto e espírito da Diretiva-2015 (*vide* arts. 4º e 5º) e com o RMUE-2017 (*vide* arts. 7º e 8º).

[456] Por força da DM-2015, as denominações de origem, as indicações geográficas, as menções tradicionais, as especialidades tradicionais garantidas e as variedades vegetais, viram aumentado o

da proibição referida no nº 6 (o reconhecimento de que o pedido foi efetuado de má-fé), quer das proibições relativas indicadas no art. 232º, nº 1. Em relação às restantes (enumeradas no art. 232º, nº 2) têm de ser invocadas por um interessado.

A oposição por interessados é desdobrada em duas situações: para as proibições relativas, a oposição é efetuada pela figura da reclamação por quem se julgar prejudicado pela eventual concessão do registo; para as proibições absolutas (o que constitui uma inovação do CPI-2018, com base numa proposta da DM-2015 – art. 40º), a oposição é efetuada por via das observações de terceiros (arts. 17º, nº 4 e 226º, nº 1).

A distinção entre proibições absolutas e relativas, se bem que já não seja inócua na altura do registo, adquire ainda maior expressão na fase em que tal distinção se mostra, realmente, mais decisiva que é o do cancelamento do registo por invalidade. É esse o momento, na verdade, mais adequado à ponderação dos interesses protegidos e, em coerência, à necessidade de adoção de um regime jurídico diferenciado, cabendo à inobservância das proibições absolutas a nulidade e à inobservância das proibições relativas a anulabilidade (arts. 259º e 260º).

1.2. Natureza jurídica do ato final de registo e do recurso deste ato

O título de registo de uma marca (e o mesmo se diga, com as devidas adaptações, de qualquer outro direito de propriedade industrial) obtém-se após um procedimento administrativo[457], envolvendo a participação de particulares e da administração pública, num encadeamento de atos funcionalmente ligados que culminam na decisão da entidade competente do INPI em conceder ou denegar o registo[458]. Esta decisão é o ato principal do procedimento.

Sendo um ato autoritário de um agente de um Instituto Público, manifestado no exercício de poderes de Direito Administrativo que produz efeitos jurídicos externos numa relação individual e concreta trata-se de um ato administrativo[459].

nível de proteção, passando a incluir o elenco das proibições absolutas (art. 231º, als. e), f), g) e h)). Mas, com a exceção das variedades vegetais, também não são, em rigor, direitos privativos individuais, mas direitos com um regime jurídico que apresenta especificidades relevantes. Sobre denominações de origem e indicações geográficas, cf. Parte IV, 3, *infra*.

[457] O art. 1º nº 1 do Código do Procedimento Administrativo, aprovado pelo D.L. 4/2015 de 07/01, define procedimento administrativo como "a sucessão ordenada de atos e formalidades relativos à formação, manifestação e execução da vontade dos órgãos da Administração Pública".

[458] A competência para decidir sobre a concessão de registos é do Conselho Diretivo do INPI, nos termos do art. 5º, nº 2 do Dec-Lei nº 142/2012 de 12/07.

[459] A noção de ato administrativo na qual nos baseamos é inspirada nas definições de Freitas do Amaral, *Direito administrativo*, vol III, 1989, pp. 66 e ss; Marcelo Caetano, *Manual de direito administrativo*, 1982, vol. I, pp. 427 e ss e Rogério Soares, *Direito Administrativo*, 1978, pp. 76 e ss

Desse ato administrativo pode recorrer-se. Como se deve qualificar este recurso?

Tratando-se de um recurso de um ato administrativo o mais natural seria que ele ocorresse perante os tribunais administrativos (cf. art. 4º, nº 1 alª b) do Estatuto dos Tribunais Administrativos e Fiscais, aprovado pela Lei nº 13/2002, de 19 de fevereiro). Não é isso, porém, que sucede entre nós.

O art. 2º do D.L. que aprovou o CPI-1995 manteve a competência que era conferida pelo art. 203º do CPI-1940 ao Tribunal de Comarca de Lisboa. Posteriormente a nova "Lei de Organização e Funcionamento dos Tribunais Judiciais (LOFTJ)" (Lei nº 3/99, de 13/1), atribuía a competência para conhecer dos recursos das decisões de concessão ou recusa de registos em matéria de propriedade industrial aos tribunais de comércio, enquanto tribunais de competência especializada (cf. arts. 78º alª e) e 89º nº 2 alª a)). O art. 40º, nº 1 do CPI de 2003 cometia esta mesma competência ao Tribunal de Comércio de Lisboa, até à alteração produzida pelo Lei nº 46/2011, de 24/6 que, alterando a LOFTJ, a atribuiu ao tribunal da propriedade intelectual[460], instituído pelo Decreto-Lei nº 67/2012, de 20 de março e instalado, em Lisboa, a partir de 30 de março de 2012, pela Portaria nº 84/2012 de 29 de março. Esta competência é confirmada pelo artigo 111º, nº 1, alínea c) da Lei de Organização do Sistema Judiciário (Lei nº 62/2013, de 26 de agosto). O CPI-2018 mantém esta solução (art. 39º, nº 1).

A tradição portuguesa em retirar aos tribunais administrativos a competência para conhecer do recurso de decisões de concessão ou denegação do registo de direitos de propriedade industrial não é privativa do nosso direito[461].

e "O acto administrativo", SI, XXXIX, 1990, pp. 25 e ss. Também não se afasta da definição legal prevista no art. 148º do Código do Procedimento Administrativo (DL nº 4/2015, de 07 de janeiro).

[460] A Lei nº 46/2011, de 24/06, criou dois novos tribunais de competência especializada (art. 78º, alíneas f) e g): o tribunal de propriedade intelectual (com as competências previstas no artigo 89º-A) e o tribunal da concorrência, regulação e supervisão (com as competências previstas no art. 89º-B).

[461] O mesmo acontece, por exemplo, na Itália, em que a competência é atribuída à *Comissione dei Ricorsi* do "Ufficio Italiano Brevetti e Marchi" (arts. 135º e 136º CPIIt.) considerado um órgão especial de apelação e na Alemanha, em que a competência é do Tribunal Federal de Patentes – *Bundespatentgericht* (§§ 66 e ss *MarkenG*, após a revisão de 11/12/2018) considerado um tribunal judicial especial de recurso (Baumbach/Hefermehl, *Warenzeichenrecht*, 1985, pp. 605 e ss). Ao contrário, na Espanha, de acordo com o disposto no artigo 27º, nº 1 da Lei de marcas de 17/2001 (revista pelo Real Decreto-ley 237/2018 de 21 de dezembro, de transposição da DM-2015) "os actos y resoluciones dictados por los órganos de la Oficina Española de Patentes y Marcas serán recurribles de conformidad con lo dispuesto en la Ley 39/2015, de 1 de outubro, del Procedimiento Administrativo Común de las Administraciones Públicas".

O recurso, de acordo com o art. 38º, é de plena jurisdição e não de mera anulação. A administração pública, no exercício de poderes de direito administrativo, é aqui chamada à constituição de uma relação jurídica essencialmente privada. É a chamada "administração pública dos direitos privados" ou "dos interesses privados"[462]. Nessa medida justifica-se que ao particular seja reconhecido o direito, verificados os pressupostos legais, de lhe ser concedido o direito privativo industrial respetivo. Ora, a via do recurso contencioso de mera anulação não satisfaria, inteiramente, o interesse do particular quando estivesse em causa o reconhecimento de um direito à concessão do registo. O tribunal limitar-se-ia a anular o ato da administração de recusa do registo, mas não a impor a prática do ato legal de concessão. A tutela do interesse privado ficaria desse modo parcialmente insatisfeita ou, pelo menos, sujeita à discricionariedade da Administração. A solução do CPI é, pois, de aplaudir e vem de encontro ao que defendemos em obra anterior[463].

Aliás, na prática forense vinha assistindo-se a uma apreciação do recurso em moldes que o aproximavam de um recurso de "plena jurisdição"[464]. Na verdade, o tribunal dirimia o conflito de interesses e dava-lhe uma efetiva e definitiva solução. Todavia, em algumas decisões notava-se ainda uma certa hesitação perante a natureza do ato recorrido e perante a natureza contenciosa-administrativa do recurso. A esta situação não era estranha a relativa inabituação dos tribunais comuns decidirem matérias com uma lógica própria do direito administrativo[465].

[462] Zanobini, *Corso di diritto amministrativo*, 1958, vol. V, p. 297.

[463] *Direito de marcas*, 1ª edição, 2000, p. 53.

[464] No sentido favorável a um recurso de plena jurisdição cf.: o 14º JCL de 28/5/91, BPI-6/92, p. 2851, o 7º JCL de 9/3/92, BPI-9/92, p. 4410, o 7º JCL de 16/12/94, BPI-11/95, p. 4669 e o 7º JCL de 4/2/97, BPI-5/97, pp. 1760 e ss, o Ac. STJ de 12/1/99, BMJ-1999, pp. 214 e ss, o Ac. RL de 17/10/2000, BPI-2/01, pp. 543 e ss). No sentido favorável a um recurso de anulação cf.: o Ac. R.L. de 22/1/91, BPI-6/92, p. 2861, o 14º JCL de 8/6/95, BPI-2/96, p. 492, Ac. RL de 5/5/98, BPI-3/99, p. 881 e 10º JCL de 6/4/99, BPI-1/00, p. 55, 10º JCL, de 14/9/00, BPI-5/00, p. 2218.

[465] Já foi entendido que, no âmbito deste recurso, o Tribunal só teria competência para "confirmar ou revogar o despacho recorrido", mas não para a anulação do mesmo por esta ser uma matéria da competência exclusiva dos tribunais administrativos (2º JCL de 5/3/93, BPI-12/93, p. 6250). Na mesma linha de atuação, 4º JCL de 24/10/91, BPI-2/96, p. 472, 16º JCL de 15/5/95, BPI-11/96, p. 4192, Ac. STJ de 12/12/96, BPI-1/99, p. 10 e 16º JCL de 20/2/97, BPI-11/97, p. 4110, que se consideraram incompetentes, em razão da matéria, para conhecer do pedido de anulação do despacho recorrido. O TAF de Lisboa, de 19/06/2013, BPI-27/08/2013, p. 7, considerou-se competente para decidir sobre a anulação do ato administrativo de modificação da decisão do INPI de recusa do registo de uma marca.

Por contrariar essa certa hesitação sublinhe-se a posição assumida pelo 8º JCL de 6/7/93, BPI-9/93, p. 4572 que, de uma forma perentória, decretou a anulação do despacho recorrido por falta de fundamentação considerando que não faria sentido que a competência especial cometida ao

Com o registo, a marca torna-se um bem jurídico autonomamente protegido sendo atribuído ao respetivo titular um direito absoluto. O registo opera, pois, o *acertamento* de um bem incorpóreo, exteriorizado por um facto humano de adoção de um sinal distintivo e culmina um processo complexo de constituição de um direito. Fora do registo não há direito de marca. Sobre a marca de facto o único direito que existe é o direito de prioridade ao registo dentro do prazo de seis meses. E sendo certo que possa ser protegida para além desse prazo, no âmbito das normas punitivas da concorrência desleal, o que então se protegerá não será, em rigor, o direito de marca.

Tribunal de Comarca de Lisboa, em sede de recurso de atos de concessão ou denegação de patentes, depósitos e registos"(...) fosse restrita aos vícios de violação de lei substantiva". No mesmo sentido: 14º JCL de 8/2/94, BPI-11/94, p. 5062; 14º JCL de 1/2/95, BPI-5/95, p. 1872; 14º JCL de 12/6/96, BPI-9/96, p. 3330; 9º JCL de 5/11/96, BPI-10/97, p. 3718; 9º JCL de 20/3/98, BPI-1/99, p. 39; 3º JCL de 19/3/99, BPI-5/99, p. 1806; 9º JCL.de 15/7/98, BPI-5/00, p. 2202; T.Com. de 13/7/2001, BPI-4/2002, p. 1420; T.Com. de 18/12/03, BPI-6/04, p. 2001; T.Com. de 18/12/03, BPI-6/04, p. 2003; T.Com. de 8/11/04, BPI-7/05, p. 2495; T. Com. de 6/10/04, BPI-6/2007, p. 14; T.Com. de 3/10/07, BPI-14/11/2008, p. 24; T.Com de 5/09/2008, BPI-28/04/2010, p. 7; T. Com de 25/01/2010, BPI-18/06/2010, p. 6. Sobre a natureza do prazo de recurso (judicial ou substantivo), *vide* o Ac. STJ de 21/10/97, BPI-12/98, p. 4591, que subscreveu a natureza substancial do recurso, devendo a sua contagem ser feita de harmonia com o disposto no art. 279º do C.C.

Capítulo III
Proibições Absolutas ao Registo da Marca

§. Justificação

Em Portugal, como acabámos de constatar, as proibições *substanciais*[466] ao registo de marcas são controladas pelo INPI e pela oposição dos interessados.

A importância das proibições avalia-se, mais intensamente, pelo modo como é sancionado o seu não cumprimento. Por essa razão vamos proceder, desde já, a uma classificação diferenciada de proibições embora os efeitos jurídicos desta classificação só se produzam, de modo jurídico e absolutamente eficaz, no momento de invalidade do registo da marca. A violação de proibições absolutas conduz à nulidade do registo e a violação de proibições relativas conduz à anulabilidade do registo.

Trata-se de uma classificação *indireta* de proibições, na medida em que é feita a partir do regime jurídico diferenciado *vigente* de invalidade aplicando-o, como que, *retroativamente* ao momento do registo. É, portanto, uma classificação condicionada às soluções legais.

[466] Também há os fundamentos de recusa *formais* previstos no art. 23º, nº 1 als a), b), c) e d) que, pela simplicidade que revestem, não tratamos neste trabalho. Por sua vez, a proibição contemplada no art. 224º (unicidade do registo) remete mais para um controlo de tipo registal, cuja violação é causa de nulidade, de acordo com o disposto nos arts. 259º, nº 1 al. a)) e 231º, nº 1 al. d)). O princípio proíbe que haja total identidade sinalética entre duas marcas pedidas exclusivamente para o mesmo produto ou serviço pelo mesmo titular. Isto significa que não há violação do princípio se houver alguma alteração (ainda que ligeira) do sinal ou se o pedido não contemplar unicamente o mesmo produto ou serviço. Se forem registadas duas marcas totalmente iguais exclusivamente para o mesmo produto ou serviço, violando o princípio da unicidade, uma de duas: ou tem lugar a modificação oficiosa da decisão administrativa dentro dos dois meses a contar da publicação da decisão (art. 22º) ou, esgotado esse prazo, pode ser pedida a declaração da nulidade do registo da marca.

1. Marca Composta por Sinal não Possível

Em princípio, há três sistemas de definir legalmente a marca[467].

O primeiro consiste em a lei prever um conceito geral e amplo[468].

O segundo consiste em a lei enumerar taxativamente os sinais ou meios que a possam constituir[469].

O terceiro, misto, adotado por todas as Diretivas, consiste na formulação de um conceito amplo de marca acompanhado de uma enumeração, a título exemplificativo, dos sinais suscetíveis de a constituir.

De acordo com as soluções legais anteriores do CPI-1995 (art. 165º, nº 1) e do CPI-2003 (art. 222º, nº1) impostas pela DM-1988, e mantidas pela DM-2008, o sinal distintivo devia ser representável graficamente.

A DM-2015 dispensou o requisito de suscetibilidade de representação gráfica e estabeleceu a possibilidade da representação (gráfica ou não) do sinal de um modo que permita às autoridades competentes e ao público determinar, de forma clara e precisa, o objeto da proteção conferida ao seu titular (art. 3º, al. b)).

Tendo em conta o art. 208º:

A marca pode ser constituída por quaisquer sinais, nomeadamente palavras, incluindo nomes de pessoas, desenhos, letras, números, sons, cor, a forma do produto ou da respetiva embalagem, desde que possam ser representados de forma que permita determinar, de modo claro e preciso, o objeto da proteção conferida ao seu titular e desde que sejam adequados a distinguir os produtos ou serviços de uma empresa dos de outras empresas.

A eliminação do requisito da representação gráfica significa que, tendo em conta os avanços tecnológicos, o sinal distintivo vai passar a ser possível se for suscetível de representação, clara e precisa, independentemente do meio (gráfico ou tecnológico) utilizado.

A mudança legislativa relevante está em permitir, numa perspetiva dinâmica e evolutiva, aplicar a tecnologia disponível, em cada momento, adequada a salvaguardar os efeitos e os interesses pretendidos com o requisito de representação do sinal distintivo.

A desnecessidade de representação gráfica constitui uma oportunidade para a possibilidade de proteção dos sinais inovadores, sem prejuízo do cumprimento adicional do requisito da capacidade distintiva, apesar de os requisitos de representação, como vimos, se manterem apertados.

[467] Para citarmos Otero Lastres, "En torno a un concepto legal de marca", ADI-VI, p. 17, cit., pp. 14 e ss.

[468] Foi esse o sistema adotado, por exemplo, na lei alemã de 1968.

[469] Sistema "mais teórico que real" nas palavras de Otero Lastres, *idem*, p. 15.

A legislação anterior, com a exigência do requisito da representação gráfica, colocava, necessariamente, mais restrições à admissibilidade das chamadas marcas sensoriais não convencionais, especialmente as olfativas[470], gustativas, tácteis e sonoras (parcialmente), entre outras[471].

Em relação às marcas olfativas, gustativas e tácteis a mudança não se afigura fácil. Na verdade, o IPIUE, a propósito da marca da UE, que contempla a mesma solução da DM-2015, continua a sustentar uma posição pouco favorável ao registo destas modalidades de marcas por entender que o atual estado da tecnologia não permite que as mesmas sejam representadas de modo claro e preciso[472]. Isto significa que as expectativas sobre o alargamento da marca a estes sinais inovadores sensoriais devem manter-se baixas no momento atual. No entanto, a prazo, a situação pode mudar já que a evolução dos meios tecnológicos, por experiência do passado recente, é difícil de antecipar.

[470] O TJ, no emblemático Ac. *Sieckmann* – Ac. de 12/12/02, C-273/00 (*Sieckmann v. Deutsches Patent und Markenamt*), a propósito da suscetibilidade de representação gráfica de um sinal aromático, considerou que "os requisitos da representação gráfica não são cumpridos através de uma fórmula química, de uma descrição por palavras escritas, da apresentação de uma amostra de um odor ou da conjugação destes elementos, não considerando que o sinal fosse representado "de forma clara, precisa, autónoma, facilmente acessível, intelegível, duradoura e objetiva". *Sieckmann* apresentou no Instituto Alemão de Patentes e Marcas um pedido de registo de uma marca olfativa de cinamato de metilo destinada a produtos e serviços das classes 35, 41 e 42 do Acordo de Nice de 1957, que descreveu através de uma fórmula química e de uma amostra acrescentando que o aroma é habitualmente descrito como "balsâmico-frutado com ligeiras notas de canela". Esta posição, na prática, constituiu um "sinal vermelho" para a admissibilidade dos sinais aromáticos. Sobre esta decisão *vide* a nossa anotação, "A marca e o requisito da susceptibilidade de representação gráfica", CDP, nº 1, pp. 23 e ss e, para mais desenvolvimentos sobre a marca olfativa, Rui Solnado da Cruz, *A marca olfactiva*, 2008. Os EUA foi o primeiro país a registar uma marca olfativa que consistiu numa *fragrância floral fresca* aplicada a fios de costura e bordados. Foi recusada, inicialmente, em sede de exame, pela autoridade de registo ("USPTO"), por ser funcional e não distintiva. Da recusa coube recurso para o "Trademark Trial and Appeal Board" ("TTAB") que decidiu, em 19 de setembro de 1990, pela concessão da marca – caso "In Re Celia Clarke ("USPQ, 2d 1238 a 1240 TTAB, 1990). O "TTAB" considerou que: i) a requerente era a única a comercializar fios de lã e de algodão perfumados; ii) a fragrância não era um atributo, nem uma característica inerente ou natural, dos produtos em causa; iii) a requerente promovera o sinal olfativo através da publicidade; iv) a requerente demonstrara que os distribuidores, retalhistas e clientes dos seus produtos lhes reconheciam caráter distintivo.

[471] No entanto, a exigência, reproduzida na DM-2015 (considerando nº 13), de o sinal continuar a ter de "ser representado de forma clara, precisa, autónoma, facilmente acessível, inteligível, duradoura e objetiva" não deixa de constituir uma indicação restritiva, embora num enquadramento diferente dada a supressão do requisito de representação gráfica.

[472] *Guidelines for Examination in the Office, Part B, Examination, Section 2*, aprovadas por Decisão do Diretor Executivo nº EX 17-1, de 22/09/2017, p. 33. O IPIUE acrescenta ainda os restantes cinco requisitos constantes do Ac. Sieckmann, referido na penúltima nota. O RMUE e a DM-2015 mantém, neste ponto, como seria de esperar, total sintonia.

Em relação às marcas sonoras[473] a situação é manifestamente mais favorável. O seu registo passa a ser possível desde que os sons possam ser reproduzidos não apenas em notação musical, como em qualquer ficheiro de áudio (JPEG, MP3).

Com o CPI-2018 alarga-se, pois, o registo a um qualquer ruído, som ou conjunto de sons, insuscetíveis de representação em pentagrama ou espectrograma[474], apresentados em ficheiro de áudio[475].

Há mais tipos de marcas menos convencionais que podem beneficiar da supressão da representação gráfica, como as marcas multimédia, holograma ou de movimento, referidas no art. 222º, nº 1, al. d).

A marca multimédia é constituída por uma combinação de imagem e som, podendo incluir outros elementos.

A marca holograma é uma marca composta por elementos com características holográficas, resultantes da propriedade ondulatória da luz.

A marca de movimento é uma marca composta por um movimento ou por uma alteração na posição de elementos (nominativos, figurativos ou outros) integrantes da marca.

Na "Comunicação Comum sobre a representação de novos tipos de marcas efetuada entre o IPIUE e os Institutos Centrais da Propriedade Industrial dos Estados-Membros, de 1/12/2017" (já atualizada na versão de 1/06/2018), efetuada com o objetivo de uniformizar os meios de representação dos diferentes tipos de marcas junto das referidas entidades, a marca de movimento pode ser representada por um ficheiro eletrónico em formato JPEG ou MP4, a marca multimédia por um ficheiro eletrónico em formato MP4 e a marca holograma por um ficheiro eletrónico em formato JPEG ou MP4.

[473] Sobre as marcas sonoras, numa abordagem já desatualizada: Are, *Marchio* cit., p. 603; Ascarelli, *Teoria de la Concurrencia* cit. pp. 393 e ss; Baumbach/Hefermehl, *Warenzeichenrecht* cit., p. 94; Boutet/Lodi, *Brevetti Industriali, Marchio, Ditta, Insegna*, 1978, p. 453; Braun/Cornu *Précis* cit., pp. 80 e ss; Fernández-Nóvoa, *Tratado sobre Derecho de Marcas* cit., pp. 162 e ss.

[474] O pentagrama para registo de sons musicais e o espectrograma para sons não musicais. O TJ considerou que um sinal sonoro onomatopaico (canto de um galo) só satisfaz o requisito se for "representado através de uma pauta dividida em compassos e na qual constem, designadamente, uma clave, notas musicais e silêncios cuja forma indica o valor relativo e, se necessário, acidentes" (Ac. de 27/11/2003, Processo C-283/01). O espectrograma de sons designa-se também sonograma. No entanto, como se pode ler na decisão da Câmara de Recurso do IHMI, R781/1999-4, *in* http://oami.eu.int/, a propósito do registo do conhecido rugido do leão requerido pela "Metro-Goldwyn-Mayer Lion Corporation", o sonograma para poder ser lido precisa de uma escala de tempo e de frequência não bastando a sua apresentação gráfica.

[475] Nos EUA, já há muito, havia condições para efetuar o depósito de outros meios, especialmente visando as marcas de serviço (v.g. programas de rádio e televisão), de acordo com o disposto no § 45 da *Lanham Act*.

1.1. Marca constituída exclusivamente pela forma ou por outra característica imposta pela natureza do produto, necessária à obtenção de um seu resultado técnico ou que lhe confira valor substancial

A marca pode ser bidimensional ou tridimensional. A marca tridimensional significa, literalmente, uma marca de forma de produto ou da respetiva embalagem em três dimensões (comprimento, largura e altura)[476].

[476] Um dos importantes contributos da DM-1988 foi ter posto cobro à grande querela doutrinal e jurisprudencial, observada em alguns países da UE, acerca da admissibilidade da marca de forma. A situação era, na verdade, díspar. Vejamos a situação anterior em alguns países.
Em Portugal, na vigência do CPI-1940, não havia uma indicação legal expressa acerca do problema. A maioria dos autores pronunciava-se pela sua admissibilidade: PINTO COELHO (*Lições* cit., pp. 448 e ss), PEREIRA DE ALMEIDA (*Direito comercial* cit., pp. 505 e ss), JUSTINO CRUZ (*CPI anotado*, 1985, p. 177), OEHEN MENDES (*Ausstattungsrechts* cit., pp. 741 e 742), JOSÉ LUÍS ARNAUT (*La marque tridimensionnelle en droit portugais*, 1990, pp. 81 e ss), NOGUEIRA SERENS (*A tutela das marcas* cit., pp. 223 e ss e "Parecer sobre marca de forma", CJ, 1991, pp. 58 e ss) e PUPO CORREIA, num segundo momento, (*Direito comercial*, 2ª ed., 1992, pp. 241 e ss. FERRER CORREIA (*Lições* cit., pp. 321 e ss) e CARLOS OLAVO (*Propriedade Industrial* cit., CJ, 1987, t. 2, p. 23) pronunciavam-se desfavoravelmente. OLIVEIRA ASCENSÃO propunha uma posição intermédia (*Direito industrial* cit., 1988, p. 144).
A nível da jurisprudência, versando diretamente o tema, registaram-se algumas decisões favoráveis:
8º JCL (sem data – BPI-3/86, p. 643), forma de embalagem;
6º JCL de 20/12/88 (BPI-2/89, p. 686), forma de *jante* de automóvel;
Acs. R.L. de 26/2/91 (BPI-10/91, p. 4822) e de 2/7/91 (BPI-10/92, p. 4795), forma da grelha do *Mercedes*;
7º JCL de 27/3/92 (BPI-8/92, p. 3884), forma de um saco;
2º JCL de 1/6/93 e 2/6/93 (BPI-8/93, p. 4057 e BPI-9/93, p. 4572, respetivamente), que, sem grandes considerações, concederam proteção a uma forma de garrafa destinada a vinho;
Ac. R.L. de 2/12/93 (BPI-12/93, p. 6264) que, infirmando a instância, concedeu proteção ao formato de um frasco destinado a distinguir produtos de perfumaria e cosméticos;
13º JCL de 13/7/94, BPI-10/94, p. 4569, formas de um boião, tubo e frasco destinadas a perfumes.
Depois da entrada em vigor do código de 1995, *vide*: 6º JCL de 16/7/99, BPI-1/00, p. 58 que admitiu o registo de uma marca consistente na forma de uma embalagem.
Em Espanha as dúvidas, existentes ao tempo do EPI, dissiparam-se com a entrada em vigor da lei de marcas de 1988 que, antecipando-se à orientação da Diretiva, previa o registo das formas tridimensionais e com a atual lei de 2001 (art. 5º nº 1 alª e)). Para uma análise a este conjunto de proibições, *vide* FERNÁNDEZ NÓVOA, *Tratado sobre derecho de marcas* cit., pp. 211 e ss.
A Itália foi o país no qual se verificou um percurso mais vivo e complexo, mas também por isso doutrinal e jurisprudencialmente mais exuberante, no período compreendido entre 1942 e o final de 1992. Para essa situação muito contribuiu a infeliz redação do nº 3 do art. 18º da lei de 1942 que, na verdade, traduzia um *estímulo* irrazoável à divergência doutrinal e representava um risco para a segurança jurídica.
Um setor da doutrina, mais tradicional, defendia uma posição desfavorável ao registo de marca de forma, fundamentalmente por três ordens de razões: uma primeira, de tipo interpretativo, considerando que o nº 3 do art. 18º estabelecia a proibição de registo a todo o sinal capaz de conferir utilidade ao produto e a todo o sinal constituído por uma forma tridimensional independen-

temente da sua utilidade; uma segunda, de tipo sistemático, considerando que o legislador quis garantir uma proteção legal às marcas (proteção indefinidamente renovável no tempo) distinta da proteção dos modelos de utilidade e dos modelos e desenhos ornamentais (proteção temporária); uma terceira, de tipo conceitual, traduzida no princípio de que a marca devia ser independente e exterior em relação ao produto (princípio da separação física da marca), o qual, por si mesmo, devia mostrar-se acabado, técnica e esteticamente perfeito. Nesse sentido: Bonasi-Benucci, *Tutela della forma nel diritto industriale,* 1963, pp. 95 e ss; Casanova, *Le imprese commerciali* cit., pp. 428 e 429 e *Impresa e azienda* cit., pp. 482 e ss; Greco, *I diritti* cit., 1948, p. 80; Ravà, *Diritto industriale* cit, vol. I, p. 99, embora não isento de dúvidas; Rotondi, *Diritto industriale* cit., p. 117, embora com a particularidade de aceitar a marca de forma do invólucro ou embalagem do produto. Ainda, Ferrara Jr., de Gregorio, Auletta e Mossa cits. por Casanova, primeira ob. ult. cit., p. 428 nota 1. Outro setor da doutrina, mais numeroso, defendia uma posição mais favorável à proteção de marcas de forma. Nesse aspeto destacou-se Brock, justamente considerado o primeiro autor favorável ao registo de marcas tridimensionais. Para além dos argumentos, que indicamos adiante, este autor aduzia ainda a favor dessa solução, por um lado, o propósito de evitar a desigualdade que seria criada pelo registo da marca de forma estrangeira, por força da aplicação do princípio da proteção da marca *telle quelle* referida no art. 6º quinquies da CUP, agravada no caso de o titular da marca ser um italiano sediado no estrangeiro, e, por outro lado, o que considerava ser a inconstitucionalidade da restrição legal estabelecida no art. 18º nº 3, em virtude de não estar conforme com os princípios previstos na lei de 1934 e na lei delegante (RDL 24/2/29 nº 317) – cf. Brock "I marchi di forma", RDI, I, 1952, pp. 38 e ss. Contra, rebatendo ambos os argumentos, Vanzetti, "Il problema di marchi di forma", RDC, 1964, pp. 425 e ss. Embora nem todas as posições fossem coincidentes, era possível divisar dois argumentos principais a favor da tese favorável. Um primeiro, igualmente de natureza interpretativa, expresso na ideia de que o art. 18º nº 3 só pretendia excluir o registo de formas úteis, isto é, formas incindivelmente conexas com a utilidade do produto, porque a lei não considerava a utilidade e forma como duas características distintas (a lei referia-se a "utilidade e forma" e não a "utilidade ou forma"), de tal modo que a presença de uma seria suficiente para excluir o registo, mas como duas características compostas (não disjuntivas) de sorte que o registo só deveria ser excluído no caso de formas que aumentassem a utilidade do produto. A orientação dominante exigia, para além disso, que às marcas de forma fossem também estranhas funções estéticas isolando a função distintiva de finalidades funcionais ou de finalidades estéticas com ela incindivelmente conexas. Considerando que a forma útil devia ter um tratamento mais restritivo do que a forma ornamental no tocante à possibilidade de concurso com a proteção da função distintiva, cf. Brock ob. cit., Cartella, "Marchi di forma o marchi "deformi?", RDI, 1977, II, pp. 39 e ss e Franceschelli, *Sui marchi* cit., pp. 123 e ss e "Sui marchi di forma", RDI, 1960, II, pp. 348 e ss. Um segundo argumento, de natureza conceitual, considerava que a marca de forma respeitaria ainda o princípio da autonomia da marca. A marca de forma continuaria a transcender o produto, a poder ser separável e concebível, intelectualmente, independentemente do produto, ou seja, manteria uma existência conceitual autónoma. Uma certa forma característica continuaria a poder ser "pensada, descrita, publicitada e representada de modo independente do produto a que é destinado" (Brock, ob. cit., p. 62). A este setor da doutrina favorável pertenciam: Ascarelli, *Teoria de la concurrencia* cit., pp. 402 e ss; Brock, ob. cit.; Cartella, ob. cit.; Cionti, "Considerazioni sugli elementi costitutivi del marchio", RDI, 1978, I, pp. 211 e ss; Corrado, *I Marchi* cit., pp. 117 e ss; Franceschelli, obs. ult. cits.; Franzosi, "Il marchio e la cosa", RDI, 1987, I, pp. 211 e ss; Mangini, *Il marchio* cit., pp. 168 e ss;

SENA, "La tutela della presentazione esterna e dei caratteri distintivi dei prodotti sotto il profilo della concorrenza sleale", RDI, 1980, I, pp. 271 e ss e "Utilità e funzione distintiva nelle forma del prodotto", RDI, 1957, pp. 276 e ss; SORDELLI, "Relazione tra marchio e forma di prodotto a fini di non confondibilità", RDI, 1958, II, pp. 442 e ss; VANZETTI, "Il problema" cit., que refere, ainda, ROMANO PAVONI e GUGLIELMETTI (p. 425 nota 45). A *Comissione dei Ricorsi*, a partir dos anos 50, e a jurisprudência, a partir dos anos 60, começaram a aceitar o registo de marcas de forma. Cf. PERUGINI, "Il marchio di forma: dall'esclusione della forma utile od ornamentale al criterio del "valore sostanziale", RDI, 1992, I, pp. 101, nota 114 *(Comissione dei Ricorsi)* e 102 e respetivas notas (tribunais) e VANZETTI, idem, com referências à *Comissione dei Ricorsi* (p. 424 nota 42) e à jurisprudência (p. 425 nota 46). O critério jurisprudencial mais sufragado correspondia, em grande medida, à aportação da *Corte Suprema* de 7/4/75 nº 1233: "a marca tridimensional, na qual a função distintiva é confiada à forma do produto ou do seu envoltório, é válida quando seja constituída por uma forma não usual, mas sim arbitrária ou de fantasia, à qual sejam estranhos elementos estéticos ou funcionais ou de todo o modo, de utilidade particular" - cf.: BOUTET/LODI, *Brevetti industriale* cit., p. 458.

Em França a lei de 31/12/64 já admitia o registo de "forma característica do produto ou do seu condicionamento" (art. 1º *in fine)*. O entendimento doutrinal e jurisprudencial era no sentido de só considerar distintiva a forma de um produto na medida em que ela não desempenhasse uma função prática. Se a desempenhasse a forma tornava-se necessária, a menos que essa função pudesse ser alcançada por outra forma - cf. MATHÉLY, *Le droit français* cit., pp. 112 e 113 e WINKEL, *Formalschutz* cit., pp. 114 e ss, ambos com importantes referências jurisprudenciais. CHAVANNE--BURST, inspirando-se nas proibições ao registo de marcas de forma previstas no art. 1º nº 2 da Lei-Benelux de 1962 (que tanta importância revestiram, inclusive, na solução que veio a ser adotada pela Diretiva), defendiam ainda a exclusão de forma que representasse um valor essencial do produto, dando o exemplo clássico da forma de serviço de cristal (*Droit de la propriété industrielle* cit., 2ª ed., 1980, p. 371). Esta forma não seria suscetível de distinguir o produto por ser, em si mesma, parte integrante do produto.

Na Alemanha a lei de 1968 não fazia qualquer referência à suscetibilidade de registo de marcas tridimensionais. A doutrina e a jurisprudência, de uma forma quase unânime, perspetivavam a marca *(Warenzeichen)* como um sinal bidimensional, necessariamente delimitado numa superfície plana e percetível como um elemento independente do produto ou do seu invólucro. Nesse sentido, cf., por todos: ALTHAMMER, *Warenzeichengeset*, 1989, p. 9; BAUMBACH/HEFERMEHL, *Warenzeichenrecht* cit., pp. 93 e 94 e BUSSE/STARCK, *Warenzeichengesetz*, 1990, pp. 30-31, 56-57, 166-167. Uma das poucas posições dissonantes na doutrina era a de WINKEL, *Formalschutz* cit., pp. 293 e ss que defendia, mesmo face à lei de 68, a possibilidade de registo das marcas tridimensionais, antecipando desse modo a solução da lei atual. Para aquela posição desfavorável contribuíram, a nosso ver, três razões: o entendimento de que a marca devia ser um elemento fisicamente separável do produto; a recusa do *Patentamt* em registar apresentações tridimensionais (esta exclusão ditada por razões técnicas não era convincente, como bem assinalava BAUMBACH/HEFERMEHL ob. cit., p. 93) e a possibilidade das formas distintivas, em determinadas condições, poderem ser protegidas através da figura da *Ausstattung* (§ 25 WZG). Fosse, pois, por razões de fundo, no primeiro caso, burocráticas, no segundo, ou pragmáticas, no terceiro, a verdade é que a proteção da marca de forma teve de esperar pela transposição da Diretiva. Por outro lado, nem sequer era pacífica a proteção de marcas plásticas estrangeiras por via da aplicação do princípio da proteção da marca *telle quelle* (art. 6º quinquies CUP) - BAUMBACH/HEFERMEHL, ob. cit., pp. 93 e 94, BUSSE/STARCK,

A noção de marca tridimensional, na nossa opinião, devia ser restritiva, isto é, limitar-se à forma e não incluir quaisquer outros elementos. A forma devia ser apreciada autonomamente e não com os eventuais elementos (nominativos, gráficos, cores etc.) que lhe fossem apostos porque só assim se garantia o princípio da igualdade dos concorrentes e se evitaria a sobreposição ou igualização do essencial pelo (supostamente) acessório. A apreciação da capacidade distintiva da marca devia, pois, limitar-se exclusivamente à forma tridimensional[477].

O TJ não diverge muito desta posição, considerando que o conceito de "forma" é habitualmente entendido, no sentido de designar um conjunto de linhas ou de contornos que delimita o produto em causa no espaço[478].

Por sua vez, o IPIUE adota, desde o RMUE-2017, uma perspetiva diferente aceitando a chamada "marca tridimensional ampliada", ou seja, uma marca que já não compreende apenas a forma propriamente dita, mas também outros elementos como, por exemplo, denominativos, figurativos ou etiquetas[479].

O art. 2º da DM-1988 impôs que a forma ou da embalagem do produto podia constituir uma marca. O art. 3º, nº 1 alª e) consagrava três proibições à constituição das marcas de forma: i) a forma não ser imposta pela própria

ob. cit., p. 56 e, ainda, BGH, GRUR, 1976, p. 355 e GRUR Int., 1989, pp. 214 e 215 ("Woraus Kann eine eintragbare Marke bestehen?") e Winkel, ob. cit., p. 264.

A lei uniforme Benelux de 1962 foi verdadeiramente pioneira na rigorosa delimitação dos critérios de validade das marcas de forma. Tais critérios, regulados no art. 1º nº 2, revestiram tal importância que, para além de influenciarem a evolução doutrinal e jurisprudencial europeias, passaram, com ligeiras alterações, para o art. 3º, nº 1 al. e) da Diretiva. A influência da lei-Benelux, em relação ao atual figurino do direito da UE de marcas, não ficou apenas por este importante aspeto. Sobre as várias vertentes em que se revestiu essa influência, *vide* Gielen/Strowel, "The Benelux Trademark Law in Europe: a guide to trademark law in Europe", TMR, 1996, pp. 543 e ss.

477 O TJ já havia respondido a esta questão afirmando que a "forma do produto relativamente ao qual o sinal é registado não exige nenhum elemento adicional arbitrário, tal como um elemento decorativo sem fim funcional" (Ac. de 18/06/2002-Processo C-299/99, nº 50, caso *Philips v. Remington.*

478 No famoso caso "Louboutin" (proteção como marca de cor vermelha da sola lacada de sapato de senhora de tacão alto) o TJ, no Ac. de 12/06/2018, proc. C163/16, considerou que, "embora seja certo que a forma do produto ou de uma parte do produto desempenha um papel na delimitação da cor no espaço, não se pode, todavia, considerar que um sinal é constituído por esta forma quando não é esta que o registo da marca visa proteger, mas apenas a aplicação de uma cor num local específico do produto". Consequentemente, decidiu que uma cor aplicada na sola de um sapato de salto alto não é constituída exclusivamente pela "forma", nem confere valor substancial a essa forma, considerando a marca válida, por se tratar de uma marca de cor (de posição).

479 EUIPO, *Guidelines for Examination in the Office, Part B, Examination, Section 2* cit., p. 22.

natureza do produto; ii) a forma não ser necessária à obtenção de um resultado técnico; iii) a forma não conferir valor substancial ao produto[480].

A DM-2015 estendeu as proibições de registo da marca de forma a "outra característica" (artigo 7º, nº 1, alínea e)).

As proibições, constantes do atual art. 209º, nº 1, al. b), são as seguintes:

1ª - Forma ou outra característica imposta pela própria natureza do produto;

2ª - Forma ou outra característica do produto necessária à obtenção de um resultado técnico;

3ª - Forma ou outra característica que confira valor substancial ao produto.

Em relação às formas o objetivo é o de evitar que o direito de marca, absoluto e renovável ilimitadamente, possa provocar distorções no mercado, servindo para dissimular a proteção de outros direitos de propriedade industrial, como as patentes ou os desenhos ou modelos sujeitos a prazo de caducidade, pondo em causa a lógica e congruência do sistema geral de proteção da propriedade industrial em geral e das formas dos produtos em especial e a salvaguarda do princípio da concorrência razoável.

Em relação a "outras características" (solução inovadora), as mesmas só devem ser admitidas se tiverem uma conexão também muito estreita com o problema da *possibilidade* do sinal, isto é, com as questões específicas referidas a propósito das marcas de forma, que possam também prejudicar a unidade, congruência e racionalidade da propriedade industrial, no seu conjunto, tendo em conta, igualmente, de um modo especial, a "ratio" da proteção das criações técnicas ou estéticas[481].

Um sinal consiste, exclusivamente, na forma ou característica do produto quando se verificarem duas condições: i) a identificação clara das características essenciais (natureza, finalidade técnica ou valor substancial) do produto; ii) a composição do sinal reproduzir, exclusiva ou essencialmente, essas características essenciais.

[480] O TJ considerou que estas proibições são obstáculos preliminares, insuscetíveis de convalidação pelo uso (*secondary meaning*), mas não esgotam as proibições aplicáveis às marcas de forma. A estas, como a quaisquer marcas, são ainda aplicáveis, num segundo momento, as proibições gerais relativas à adoção de sinais indistintivos, descritivos ou usuais aos quais, porém, é possível invocar o *secondary meaning* (Ac. de 8/4/03, Processos Apensos nºs C-53/01 a C-55/01). Por outro lado, basta que um dos fundamentos de recusa se aplique à forma tridimensional em causa (Ac. TJ de 16/09/2015, Processo C-215/14).

[481] Para reproduzir os exemplos dados pelo "Max Planck Institute for Intellectual Property and Competition Law", o ruído do motor de uma mota ou o som de um repelente de insetos, pela sua função técnica.

Estas proibições, atendendo à sua importância estruturante e aos valores em presença, constituem um exame prévio do sinal, em relação às proibições absolutas relativas à distintividade do sinal previstas no art. 209º, nº 1, als. a), c), d).

A qualificação destas três proibições como definidoras do requisito estrito da *possibilidade* do sinal e não da *distintividade*, tem um interesse prático da maior importância que é o da insuscetibilidade do recurso ao *secondary meaning*[482].

Do exposto resulta que uma marca não *possível* por revestir uma forma ou outra característica necessária, tecnicamente condicionada ou substancial é insanável pelo uso (*secondary meaning*), ainda que do mesmo se admita a hipótese de resultar a aquisição de um qualquer segundo significado distintivo. Esta é a única solução que garante a referida unidade e coerência do sistema de proteção da propriedade industrial. De outro modo, a atribuição do direito de marca, nestes casos, como vai dito, permitiria o monopólio de formas ou outras características necessárias ou técnica e esteticamente úteis, colocando em causa o princípio da livre disponibilidade dos sinais e o da igualdade relativa dos concorrentes na atividade económica. Deste modo, é inteiramente coerente a solução legal, prevista no art. 231º, nº 2, que exclui do âmbito da aplicação do *secondary meaning* os sinais contemplados no art. 209º, nº 1 alª b)[483].

1ª – Forma ou outra característica imposta pela própria natureza do produto

Esta proibição abrange tanto a forma como outra característica necessária (natural ou regulada[484]) do produto (tridimensional ou bidimensional)[485] ou da

[482] Neste sentido bem tem andado o TJ ao considerar que estas proibições são obstáculos preliminares, insuscetíveis de convalidação pelo uso (*secondary meaning*), mas não esgotam as proibições aplicáveis às marcas de forma (para além do já referido Ac. Philips, nº 76, cf. o Ac. de 8/4/2003, Processos Apensos nºs C-53/01 a C-55/01, nº 44). Sobre o *secondary meaning* cf. nº 2.2. *infra*. Já não esteve tão bem (Ac. 10/07/2014, C-421/13, Apple *v.* DPMA), quando admitiu que a forma de um estabelecimento, embora entendida, expressamente, como simples desenho e não como marca tridimensional, pode ser registada como *marca para serviços* que consistem em prestações de serviços relativas aos produtos vendidos nesse estabelecimento, mas não façam parte integrante da colocação no mercado dos mesmos. Para uma visão do problema da exclusão do *secondary meaning* às marcas tridimensionais, cf. De Sanctis, *La protezione delle forme nel codice della proprietà industriale*, cit., pp. 48 e ss.

[483] Para mais desenvolvimentos, ver o nosso "Marca tridimensional" in *Nos 20 Anos do Código das Sociedades Comerciais em Homenagem aos Profs. Doutores Ferrer Correia, Orlando de Carvalho e Vasco Lobo Xavier*, Vol. I, 2007, pp. 139 e ss e Maria Miguel carvalho, "O registo de formas no âmbito da jurisprudência europeia", CDP, nº 55, pp. 23 e ss.

[484] A forma pode ser "natural" (correspondente à forma que reveste na natureza) ou "regulada" (condicionada por intervenção humana) como, por exemplo, a dimensão de uma bola para a prática de uma modalidade desportiva.

[485] O TJ (Ac. de 10/07/2014 – Processo C-421/13) considerou que os artigos 2º e 3º da Diretiva 2008/95 do Parlamento Europeu e do Conselho, de 22 de outubro de 2008, que aproxima as

respetiva embalagem[486]. O objetivo da proibição, num caso e outro, é impedir uma situação de monopólio intolerável e desproporcionado no mercado[487].

Só será admissível a forma ou outra característica arbitrária, fantasiosa, original ou inabitual de um produto ou embalagem[488].

Para exemplificar a proibição de outra característica imposta pela própria natureza do produto podemos indicar, entre outros, o sinal olfativo para perfumes ou uma cor para tintas.

2ª – Forma ou outra característica do produto necessária à obtenção de um resultado técnico

À semelhança da anterior, esta proibição também se aplica tanto à forma ou outra característica do produto como à forma da embalagem desde que estas formas produzam determinados efeitos técnicos, isto é, sejam formas funcionalmente condicionantes da obtenção de um resultado técnico.

legislações dos Estados-Membros em matéria de marcas, "devem ser interpretados no sentido de que a representação, através de um simples desenho sem indicação de tamanho nem de proporções, da configuração de um espaço de venda de produtos pode ser registada como marca para serviços que consistem em prestações de serviços relativas a esses produtos mas não fazem parte integrante da colocação no mercado dos mesmos, desde que seja adequada a distinguir os produtos ou serviços de uma empresa dos de outras empresas e que nenhum dos motivos de recusa enunciados na referida diretiva se lhe oponha". No fundo, o TJ aceita que um sinal tridimensional que reproduz a forma em que é corporizada a prestação de serviços também é suscetível de ser registado como marca.

[486] O TJ considerou que as "marcas tridimensionais constituídas por embalagens de produtos que se encontram embalados no comércio por razões conexas com a própria natureza do produto, a embalagem deste deve ser equiparada à forma do produto" (Ac. de 12/02/2004 – Processo C-218/01).

[487] O TJ (Ac. de 18/09/2014 – Processo C-205/13), a propósito de uma marca com a forma tridimensional de uma cadeira para crianças, considerou que esta proibição abrange "o registo de formas cujas características essenciais são inerentes à função ou às funções genéricas desse produto".

[488] Seguindo a orientação do TJUE (Ac. de 12/12/2019, Processo C-783/18, nº 24), a mera variante de uma forma habitual do produto ou embalagem não é suficiente para afastar a proibição. É necessária que a imagem de conjunto apresente uma divergência significativa tendo em conta as regras e hábitos do setor de atividade em causa. O T. Com., por sentenças de 21/9/2004 BPI-6/2005, p. 2101, de 14/4/2004, BPI-19/7/2007, p. 7 e de 19/10/2004, BPI-7/09/2007, p. 7, decidiu a concessão do registo de marcas tridimensionais com a forma das embalagens. Em sentido favorável cf., ainda, as decisões do T. Com., de 24/1/2005, BPI-22/10/2007, p. 27, sobre a forma de uma "mão de guitarra" destinada a guitarras, e de 18/1/2006, BPI-4/2/2008, p. 7, a propósito da forma de um bombom.

Ao invés, pareceria não abranger as formas ou outras características que, apesar de produzirem resultados técnicos, não sejam formas funcionalmente condicionantes de um resultado técnico[489].

Neste sentido, a marca de forma seria válida ainda que não fosse totalmente neutra sob o ponto de vista funcional. No entanto, o TJ parece inclinar-se para uma posição mais restritiva a avaliar pelo Ac. de 18/06/2002 (Processo C-299/99) segundo o qual a proibição é aplicável desde que as características da marca sejam *essencialmente* funcionais[490]. O fundamento da proibição está na necessidade de evitar que uma forma, determinante na obtenção de um resultado técnico e socialmente útil, possa beneficiar do regime de proteção, potencialmente ilimitado, próprio das marcas, defraudando, assim, o regime de proteção temporário previsto normalmente para as patentes de invenção[491] ou os modelos de utilidade[492].

É, pois, incompatível que uma mesma forma possa ser protegida, simultaneamente, como patente/modelo de utilidade, por um lado, e marca, por outro.

Em relação a outras características técnicas podemos reproduzir os exemplos dados pelo "Max Planck Institute for Intellectual Property and Competition Law"[493]: o ruído do motor de uma mota ou o som de um repelente de insetos. Também podemos acrescentar a utilização das cores azul e vermelha para indicar água fria e água quente.

[489] Ou, para citarmos PERUGINI, "Il marchio di forma" cit., p. 108, "formas úteis mas substituíveis" ou, ainda, para citarmos VANZETTI, "I diversi livelli di tutela delle forme ornamentali e funzionali", RDI, 1994, p. 337, "formas úteis (...) que não sejam suscetíveis de constituir uma decisiva motivação de aquisição por parte do público e não representem uma conceção inovadora". Na mesma linha, *vide* DI CATALDO, *I segni* cit., 2ª ed., pp. 88-89.

[490] O caso diz respeito a um recurso prejudicial interposto pela *Court of Appeal* de Inglaterra e País de Gales sobre a validade do registo de uma marca de forma de uma máquina de barbear elétrica fabricada pela *Philips* consistente em três cabeças circulares de lâminas rotativas dispostas em forma de triângulo equilátero. No mesmo sentido, o Ac. de 14/09/2010 (Processo C-48/09 P). A interpretação restritiva do TJ é criticada por SCUFFI/FRANZOSI/FITTANTE, *Commentario Codice della Proprietà Industriale* cit., pp. 115/116. Para mais desenvolvimentos sobre a marca de forma na Jurisprudência da UE e a limitação de funcionalidade técnica, em especial, cf. JOANA MACEDO, *Marcas de forma, funcionalidade e concorrência*, 2018, pp. 67 e ss.

[491] Admitindo, implicitamente, a cumulação de proteção da marca com a patente, cf. a decisão (criticável) do TPI, 12/05/2015, BPI-12/08/2015, pp. 18 e ss.

[492] Saliente-se que não era assim em face do CPI-1940, pois os modelos de utilidade (e também os modelos e desenhos industriais) podiam ter uma duração ilimitada de acordo com o disposto no art. 45º. Como considerava NOGUEIRA SERENS (*A tutela das marcas* cit.) p. 229, "o interesse da diferenciação sobrelevava o interesse da divulgação".

[493] *Study on the Overall Functioning of the European Trade Mark System*, presented by Max Planck Institute for Intellectual Property and Competition Law Munich, de 15.02.2011.

3ª – Forma ou outra característica que confira valor substancial ao produto

Para apreciação desta proibição o objetivo é o de avaliar até que ponto o valor estético essencial[494] da forma ou de outra característica pode, por si só, determinar em grande medida o valor comercial do produto e a escolha do consumidor.

Ao avaliar o valor dos produtos, deve ter-se em conta: i) a natureza da categoria de produtos em questão; ii) o valor artístico da forma correspondente; iii) o seu carácter distintivo em comparação com as outras formas usadas no mercado em questão; iv) uma diferença de preço substancial em relação a outros produtos similares; v) o desenvolvimento de uma estratégia de promoção centrada em realçar as características estéticas do produto de que se trate[495].

A forma ou outra característica do produto não pode distinguir o produto por ser parte integrante do próprio produto[496].

Sendo, como é, uma proibição de difícil apreciação (maior, reconheça-se, no caso de outra característica do que no caso da forma tridimensional do produto), a verdade é que, em certos setores da atividade económica (*v.g.* forma nas artes decorativas em geral; cores no vestuário ou nos automóveis), "a aparência estética incide diretamente sobre a valoração positiva do produto por parte dos consumidores"[497].

Ao contrário das proibições anteriores, esta só abrange a forma do produto e já não a forma da embalagem[498].

[494] Não será de excluir, liminarmente, a hipótese de o valor da forma ou outra característica conferir, para além de um valor estético, um valor de outro tipo, como, por exemplo, maior segurança, comodidade ou fiabilidade. Nesse sentido, ver "Guidelines for Examination of European Union Trade Marks (EUIPO), Part B, Examination, Section 4, Chapter 6", p. 9.

[495] Ac. do TJ de 18/09/2014, processo C-205/13, § 35.

[496] No caso da forma esta deve apresentar um nível de esteticidade decisivo na motivação do público consumidor, para citarmos Vanzetti, "I diversi livelli" cit., p. 332 ou "a substância mesma do produto reside nessa forma", para citarmos Mathély, *Le nouveau droit* cit., p. 72.

[497] Cf. Fernández Nóvoa, *Tratado sobre Derecho de Marcas* cit., p. 228.

Braun/Cornu, *Précis des marques* cit, p. 105, dá o exemplo da forma artística dada ao serviço de cristal como uma forma que afeta o valor essencial do produto.

Numa orientação peculiar Otero Lastres, "La prohibición de registrar como marca la forma que da un valor sustancial al produto", ADI, 28, (2007-2008), pp. 371 e ss, defendia a supressão desta proibição. Com interesse ainda as considerações feitas pelo TJ no Acórdão (atrás referido) de 18/09/2014, Processo C-205/13.

[498] Neste sentido, Braun/Cornu ob. e loc. cits.

2. Marca sem Capacidade Distintiva

2.1. Marca Composta por Sinal Genérico, Descritivo, Usual e Fraco

A marca deve, por definição e no cumprimento da sua função própria, ter capacidade distintiva o que significa que deve ser apta, por si mesma, a individualizar uma espécie de produtos e serviços[499].

A capacidade distintiva da marca, sendo um pressuposto essencial da função da marca, concretiza-se e garante-se, mas não se esgota, nas proibições que a lei expressamente consagra.

O legislador, nas al^as a), c), d) do nº 1 do art. 209º, enumera as situações mais frequentes em que o sinal carece de capacidade distintiva.

a) *Sinal Genérico do Produto ou Serviço*

Sinal genérico é *ou* o sinal nominativo que, no seu significado originário e próprio, designa exclusivamente o nome (ou género) de produtos ou serviços marcados *ou*, ainda, o sinal figurativo que representa, unicamente, a forma comum e ordinária do produto marcado[500].

[499] A propósito do registo do sinal *hashtag #darferdas?* (Ele pode fazer isso?), para ser usado na parte da frente de *T-Shirts*", o Ac. TJ de 12/09/2019, processo C-541/18, entendeu que "(...) o caráter distintivo de um sinal para o qual é pedido o registo como marca deve ser analisado tomando em consideração todos os factos e circunstâncias pertinentes, incluindo todos os modos de uso prováveis da marca pedida. Estes últimos correspondem, na falta de outros indícios, aos modos de uso que, à luz dos hábitos do setor económico em causa, são suscetíveis de ser significativos na prática".

[500] Na doutrina estrangeira há quem defenda a distinção entre sinal específico ou necessário, de um lado, e sinal genérico, do outro, definindo o primeiro como a designação direta de um objeto e o segundo como a designação de um grupo de objetos com características comuns.
Neste sentido, Braun/Cornu *Précis* cit. pp. 129 e ss que cita Robert Cazenave no seu trabalho, *Recherches sur la terminologie exprimant la distinctivité des marques* e Mathély, *Le droit français* cit., p. 92 e *Le nouveau droit français des marques* cit., pp 63-64. Este autor dá o exemplo do automóvel como sinal necessário (ou específico) contrapondo-o a veículo (ou viatura) como sinal genérico. Esta posição impôs-se, aliás, na nova lei francesa – art. L.711-2 alª a) CPInt.
Na doutrina sobre o conceito de sinal genérico *vide* ainda, Arean Lalin, "La aptitud de una denominación para convertirse en marca", ADI-V, p. 474, que, reproduzindo uma definição formulada pela jurisprudência americana, o define como o "sinal que designa o género de produtos ou serviços a que pertence, como uma das espécies, o produto ou serviço que se pretende diferenciar através de uma denominação", definição esta a que dá também o seu assentimento Fernández-Nóvoa, *Derecho de Marcas*, 1990, p. 72. Chavanne/Burst, *Droit de la propriété industrielle* cit., p. 516 define marca genérica como a marca constituída unicamente pela designação usual do produto designado ou do serviço oferecido confundindo, na nossa opinião, o conceito de marca genérica com o de marca usual de que tratamos adiante; Casanova, *Impresa e Azienda* cit., p. 470 "são denominações genéricas e como tais incapazes de formar o conteúdo da marca, antes de tudo os nomes que na linguagem corrente ou também na linguagem erudita ou literária, sejam próprios de

Esta proibição vem referida implicitamente na alª a) do nº 1 do art. 209º. O sinal genérico corresponde à "antítese de uma marca"[501].

Ao sinal genérico devem equiparar-se, igualmente, os nomes dos produtos ou serviços incorretamente redigidos[502], ou simplesmente abreviados[503] ou, ainda, compostos de simples aditamentos, irrelevantes ou inexpressivos, dos quais não resulte qualquer significado mais sugestivo ou qualquer capacidade individualizadora[504] e, ainda,[505] as denominações genéricas que o sejam face a uma língua estrangeira falada em algum país da União Europeia[506].

Por outro lado, se um produto ou serviço tiver mais de uma designação própria a proibição alarga-se a ambas as designações[507].

uma determinada espécie ou de um determinado tipo de produto", incorrendo, assim, no mesmo vício invocado atrás; FERRER CORREIA, *Lições* cit. p. 324, que considera, corretamente, a denominação genérica como a denominação indispensável à identificação das mercadorias, mas incorrendo na imprecisão de a qualificar como sinal descritivo.

[501] MCCARTHY, *Trademarks* cit., § 12:1.

[502] Se por exemplo em vez de televisor se adotasse a expressão "telebisor".

[503] Sirva de exemplo o pedido de marca *Antibio* para produtos farmacêuticos, uma vez que antibiótico contém a palavra "antibio", conforme foi decidido pelo 8º JCL de 8/7/93, BPI-11/93, p. 5537. Para nós seria esse o caso ainda da marca *TV-ES* ao contrário do que foi decidido pelo 12º JCL de 14/7/89, BPI-12/89, p. 6477.

[504] A nossa jurisprudência reconheceu essa capacidade individualizadora nos casos das marcas *Telecom*, 5º JCL de 6/12/68, BPI-12/68 e da já referida *TV-ES*. Num caso e noutro considerou estar-se em presença de marcas expressivas. Diferentemente, o 13º JCL de 29/6/90, BPI-8/90, p. 3708 e o 3º JCL de 19/7/91, BPI-10/92, p. 4796, negariam o registo da marca *France Telecom*, não fora a circunstância de essa marca se compor igualmente de elementos figurativos.

[505] Inspirando-nos em FERNÁNDEZ NÓVOA, *Derecho de Marcas* cit., p. 74.

[506] Esta parece-nos ser a visão correta do problema. Face à realidade do mercado interno da União Europeia há que alargar o âmbito de proibição do uso de sinais estrangeiros. À perspetiva tradicional de análise do problema, traduzida na ideia de que só deviam ser proibidas as expressões estrangeiras conhecidas e usadas na linguagem corrente através do seu significado idiomático próprio, (sirvam de exemplo as seguintes: *abat-jour, soutien, crochet, maple, jante, champagne, chassi, pullover, slips, stick, croissant, hamburger*, etc.), devemos adotar uma perspetiva mais atual, abrangente e consentânea com a realidade económica dos nossos dias, pela qual a natureza genérica (ou descritiva) de um sinal segundo o idioma de origem deve, em princípio, ser respeitada em qualquer outro país da UE independentemente da referência ao "consumidor médio". Só, assim, na verdade, se consegue garantir, de modo mais eficaz, a livre circulação de produtos e serviços e alcançar uma relativa uniformidade de regras de constituição de marcas no seio do mercado interno. Sobre este ponto *vide* o interessante artigo de BERTRA, « Le «nouveau-nouveau droit français des marques» et les marques constituées par un terme descriptif dans une langue étrangère », RDPI, 6/94, pp.11 e ss. Também com interesse, o Ac. TJ de 10/12/2015 (processo C-603/14 P), sobre o pedido da marca da UE *The English Cut* com a oposição, bem sucedida, da titular da marca (de prestígio) *El Corte Inglês*.

[507] Nesse sentido, MCCARTHY, ob. cit., § 12:9.

Ao contrário dos sinais usuais, de que trataremos adiante, a qualificação jurídica de uma denominação genérica depende mais da definição linguística do que do uso por parte do público consumidor. Um sinal pode ser genérico sem ser usual[508]. Uma denominação é genérica quando se refere ao nome próprio (ainda que não o mais usual) do produto ou serviço que assinale ou, ainda, quando designe o conceito (económico ou natural) do género a que esse produto ou serviço pertença de um modo considerado relevante no mercado[509].

b) *Sinal Descritivo do Produto ou Serviço*

Sinal descritivo é, normalmente, a denominação portuguesa ou estrangeira[510] que indica, exclusiva e diretamente, a espécie, a qualidade[511], a quantidade, o destino, o valor, a proveniência geográfica, a época ou meio de produção do produto ou da prestação de serviços, ou outras características[512] dos mesmos[513] (cf. art. 209º, nº 1 alª c)).

Um sinal descritivo não é distintivo na medida em que é comum aos objetos idênticos qualquer que seja a sua origem.

Mas a marca só é efetivamente descritiva se, como referimos, for exclusiva e diretamente descritiva.

508 Contra, Arean Lalin, "La aptitud" cit., p. 483 que, apoiando-se no direito americano, considera que uma "denominação não é genérica se não é usual". Nesta linha de pensamento, igualmente, Fernández Nóvoa, *Derecho de marcas* cit., p. 67 nota 5.

509 Serve de exemplo, na nossa prática jurisprudencial a marca *Acetil-C* como decidiram o 10º JCL de 30/10/58, BPI-1/61, p. 7 e o Ac. R.L. de 11/3/59, BPI cit., p. 9. Um tanto estranhamente estas decisões foram revogadas pelo Ac. STJ de 1/7/60, BPI cit., p. 10 que considerou tratar-se de "uma marca original não designando os seus dois componentes, usualmente, no comércio qualquer produto".

510 Valendo aqui, *mutatis mutandis*, as considerações feitas sobre a proibição das denominações genéricas estrangeiras. No mesmo sentido, a decisão do TCom. de 17/06/2008, BPI – 19/01/2011, p. 6. Num sentido algo diverso, pronunciou-se o TJ, no caso "Matratzen Concord AG/Hukla Germany SA" (Ac. de 9/03/2006, Processo C-421/04 in *http://curia.europa.eu/*). Para este tribunal a DM "não se opõe ao registo num Estado-Membro, como marca nacional, de um vocábulo da língua de outro Estado-Membro na qual é desprovido de carácter distintivo ou é descritivo dos produtos ou serviços para os quais é pedido o registo, exceto quando os meios interessados no Estado-Membro em que é pedido o registo sejam capazes de identificar o significado desse vocábulo". O TJ, criticavelmente, omitiu qualquer referência ao critério do interesse (concorrencial) na livre disponibilidade dos sinais descritivos! No mesmo sentido, Fernández-Nóvoa, "Las prohibiciones absolutas", *in Manual de la Propriedad Industrial* (Fernández-Nóvoa/Otero Lastres/Botana Agra), cit., pp. 531-532.

511 Por exemplo, a marca "Pastel/Bolo Viriato", foi declarada nula pelo TPI, se de 20/09/2019, BPI-29/11/2019, p.7, por ser uma designação necessária da qualidade e características de um produto regional de Viseu.

512 O art. 209º, nº 1, alª c) é expresso nesse sentido.

513 O conceito de sinal descritivo é consensual na doutrina nacional e estrangeira.

Uma marca pode ser distintiva se não for exclusivamente descritiva, ou seja, se, sendo composta por elementos descritivos e não descritivos, a combinação oferecer um conjunto distintivo e, ainda, se não for diretamente descritiva, ou seja, se só se limitar a sugerir ou evocar por forma inabitual e invulgar uma característica do produto ou serviço designando-se, nesta última hipótese, por marca sugestiva, expressiva ou significativa.

As marcas sugestivas, que tanto podem sugerir o nome do produto ou serviço como as respetivas características, são marcas perfeitamente válidas embora o regime de proteção seja mais ténue, especialmente no tocante ao juízo de confundibilidade[514].

É, na verdade, útil, sob o ponto de vista comercial, que a marca possa, por si mesma, sugerir ou deixar adivinhar o objeto assinalado. Mas é igualmente necessário acautelar o princípio da igualdade entre os concorrentes.

É com base na ponderação e procura do melhor equilíbrio entre esses interesses divergentes que se deve orientar a decisão de casos concretos[515].

[514] Em Itália designam-se, por isso, marcas débeis por contraposição às marcas fortes. A distinção é fruto da interpretação da doutrina e, reflexamente, da jurisprudência com base na diversa intensidade da distintividade das marcas. A distinção releva, fundamentalmente, como se diz no texto, do juízo de imitação entre as marcas. No caso das marcas fortes – assim designadas porque não apresentam referência conceitual ao produto ou ao serviço que distinguem ou não fazem parte do património semântico comum (marcas arbitrárias e de fantasia, respetivamente) – só uma diferença tipo poderá afastar o juízo de imitação. No caso das marcas débeis – compostas por meras alterações morfológicas do nome do produto ou serviço (marcas expressivas) ou, ainda, por expressões ou figuras integrantes da linguagem ou património comuns – uma pequena variação poderá ser suficiente para que o juízo de confusão seja afastado.
Na doutrina cf. Are, *Marchio* cit., pp. 598 e ss; Ascarelli, *Teoria de la concurrencia* cit., p. 403; Boutet/Lodi, *Brevetti industriali* cit., pp. 498 e ss; Capra, "Aggiornamenti in tema di marchi forti e marchi deboli", RDI, 1991, II, pp. 214 e ss; Casanova, *Impresa e azienda* cit., p. 480; Crugnola, "Richiami di dottrina e giurisprudenza in materia di marchi forti e marchi deboli", RDI, 1984, II, pp. 11 e ss; Franceschelli, *Sui marchi* cit., p. 103; Franceschelli (Vincenzo), "Richiami in tema di marchi forti, marchi deboli e secondary meaning", RDI, 1986, II, pp. 3 e ss; Ghidini/ /Hassan, *Diritto Industriale* cit., pp. 264 e ss; Mangini, *Il marchio* cit., pp. 151 e ss; Ravà, *Diritto industriale* cit., vol. I, pp. 105 e ss; Rotondi, *Diritto Industriale* cit., pp. 118 e ss.
Crítico em relação à distinção entre marcas débeis e fortes *vide* Menesini, "Sulla forza o debolezza dei marchi costituiti de lettere dell' alfabeto: alternativa necessaria o falso problema?", RDC, 1984, pp. 168 e ss.

[515] O TJ (Acórdão de 6/12/2018, processo C-629/17), a pedido de decisão prejudicial apresentado pelo STJ, considerou descritiva a marca *adegaborba.pt*, entendendo que é constituída por um sinal (*adega*) que designa produtos vinícolas e por um nome geográfico (*borba*) que indica a proveniência geográfica desse produto (Sobre este ac. *vide* Alberto Ribeiro de Almeida, "As denominações geográficas na recente jurisprudência do Tribunal de Justiça da União Europeia, RDInt. nº 1-2019, pp. 221 e ss). O mesmo Tribunal (Acs. de 12/02/2004, Processo C-265/00 e Processo 363/99), a propósito de pedidos de registo de marcas constituídas, respetivamente por um neo-

Entre os sinais descritivos revestem muita importância prática os nomes geográficos.

Dado que a relação entre o nome geográfico e o produto pode verificar-se em diferentes e complexas situações convém delimitar o âmbito da questão.

A questão não surge:

a) – Se o nome geográfico constituir uma denominação genérica do produto.

Neste caso a proibição resultaria já do que se observou a propósito do sinal genérico.

b) – Se o nome geográfico usado de forma séria não traduzir na realidade a proveniência dos produtos assinalados.

Nesta hipótese estamos perante uma falsa indicação de proveniência, proibida pela alª d) do nº 3 do art. 231º, e passível de ser qualificada como ato de concorrência desleal (art. 311º, nº 1, alª e)).

c) – Se o nome geográfico for usado com um significado não geográfico, de uma forma manifestamente fantasiosa de tal modo que resulte evidente que não há, nem pode haver[516], qualquer conexão relevante entre a denominação geográfica e a origem do produto a que a marca se refere.

logismo (*Biomild*), composto por dois sinais descritivos (bio e doce), destinada a iogurte de sabor doce, e pela expressão *Postkantoor* ("Estação de Correios"), destinada a produtos e serviços, alguns dos quais postais, considerou que estas marcas serão elas próprias descritivas das características desses produtos ou serviços, "salvo se houver um afastamento percetível entre a palavra e a simples adição dos elementos que a compõem, o que pressupõe que, devido ao carácter inabitual da combinação relativamente aos referidos produtos e serviços, a palavra crie uma impressão suficientemente afastada da que é produzida pela simples reunião das indicações trazidas pelos elementos que a compõem, de modo que prevalece a soma desses elementos". Sobre o caso *Postkantoor*, cf. o comentário de Maria Miguel Carvalho, "A marca descritiva apreciada pelo Tribunal de Justiça no Acórdão Postkantoor", SI, 2004, pp. 509 e ss. O T.Com. de 18/03/2004, de 24/10/2003 e o de 27/2/2006 (BPI-6/05, p. 2063, BPI-3/05, p. 794, BPI-6/9/2007, p. 16, respetivamente), admitiram as marcas *Escolaonline* e *Net carro*, destinadas a serviços de telecomunicações via Internet e a marca mista *Selecção de Enófilos* (acompanhada de uma imagem de um cacho de uvas), para vinho. O TRL de 24/6/08, BPI-17/11/08, p. 13, aceitou o registo da marca mista *Biscoteria* (com a aposição dentro da letra "o" do elemento figurativo do chapéu de um pasteleiro) para produtos de padaria e pastelaria. Estranhamente, por decisão do TCom. de 14/11/2008, BPI, 7/04/2009, p. 6, também foi aceite o pedido de registo da marca *Low-Col, 0% de colesterol* para assinalar produtos como leite, iogurtes e gelados (desvalorizando a sua natureza descritiva e considerando mais relevante não ser, em si, enganosa!). De igual modo, andou mal a decisão do TCom. de 3/03/09, BPI-22/9/2009, p. 7, que aceitou o registo da marca *Educadores de Infância*, destinada a produtos de papelaria, por entender revestir capacidade distintiva.

[516] É a chamada "indicação de proveniência empresarial potencial" expressão adotada por Beier, GRUR, 1963 p. 471 como salienta Fernández-Nóvoa, "La adopción de un nombre geográfico extranjero como marca", ADI-2, p. 367.

Neste caso a marca deve ser considerada válida[517].

[517] Esta solução é pacífica na doutrina e jurisprudência estrangeiras.
Ascarelli, *Teoria de la concurrencia* cit., pp. 410 e ss; Baumbach/Hefermehl, *Warenzeichenrecht* cit., pp. 337 e ss; Boutet/Lodi, *Brevetti industriali* cit., pp. 476 e ss; Braun/Cornu, *Précis* cit., pp. 66 e ss; Busse/Starck, *Warenzeichengesetz* cit., pp. 183 e ss; Casanova, *Impresa e azienda* cit., pp. 473 e ss; Corrado, *I marchi* cit; p. 127; Fernández Nóvoa *Fundamentos* cit., pp. 163 e ss; Marco Arcalá, "Prohibiciones absolutas", in AA.VV., *Comentários a la Ley de Marcas* cit., tomo I, p. 220; Franceschelli, *Sui marchi* cit., pp. 155 e ss; Franzosi, "Sul marchio costituito da un nome geográfico", RDI, 1960, I, p. 201; Giandomenico, "Nome geografico e marchio d'impresa", RDC, 1979, I, pp. 364 e ss; Mathély, *Le droit français* cit., p. 865 e *Le nouveau droit français des marques* cit., p. 35 e pp. 84 e ss; McCarthy, *Trademarks* cit., § 14:7; Ravà, *Diritto industriale* cit., vol. I p. 122; Rotondi, *Diritto industriale* cit., pp. 126 e 127; Vanzetti/Di Cataldo, *Manuale* cit., pp. 178 e ss.
Da nossa jurisprudência podemos retirar alguns exemplos de denominações geográficas consideradas fantasiosas:

a) *Dinha* e *Mondego* (nomes de rios) para vinhos. Ac. STJ de 17/10/61 que confirmou o Ac. R.L. de 13/1/60 e o 5º JCL de 13/1/59 (BPI-10/61, pp. 1126 a 1128).
b) *Batavia* e *Arc de Triomphe* para tabaco.
Sent. 7º JCL de 25/6/61, BPI-7/61, p. 781 e Sent. 9º JCL de 20/1/65, BPI-2/65, p. 170, respetivamente.
c) *Bermuda* para tabaco.
Sent. 10º JCL de 4/1/68, BPI-1/68, p. 4.
d) *Champs Elysées* para tabaco.
4º JCL de 5/1/63, BPI de 19/3/63.
e) *Malhas Sidnei-Portugal.*
4º JCL de 16/11/74, BPI-11/74, p. 2067.
f) *Tio Sam* e *Uncle Sam.*
Sent. 1º JCL de 20/10/79, BPI-10/79, p. 1720.
g) *Somália* para produtos têxteis requerida por uma empresa portuguesa.
3º JCL de 21/4/83, BPI-7/83, p. 1349.
h) *Silésia* pertencente a uma empresa alemã.
1º JCL de 12/11/81, BPI-12/83, p. 2438.
i) *Nórdico*, requerida por uma empresa portuguesa e destinada para condicionadores de ar, climatizadores, ventiladores, termoblocos e torres de refrigeração.
4º JCL de 23/3/84, BPI-7/86, p. 2053.
j) *Hollywood*, requerida por uma empresa espanhola e destinada a café.
16º JCL de 22/2/91, BPI-5/92, p. 2337.
l) *Tahiti*, requerida por uma empresa americana destinada a desodorizante.
5º JCL de 27/4/92, BPI-5/92, p. 2336.
m) *I Lex Aquifolium Siberia*, requerida por uma empresa holandesa para plantas naturais, arbustos de folha persistente e azevinho.
6º JCL de 31/3/93, BPI-4/93, p. 1828.
n) *Soviet*, pedida por uma empresa italiana para as classes 16ª, 28ª e 34ª.
17º JCL de 14/4/93, BPI-8/93, p. 4055.
o) *Seville*, pedida por uma empresa americana destinada a veículos motorizados e suas partes.
16º JCL de 8/11/95, BPI-11/95, p. 4651.
p) *Too Hot Brazil*, pedida por uma empresa americana destinada a roupa de verão.

d) – Se o nome geográfico se reportar exclusivamente a um domínio geográfico pertencente ao titular da marca.

Neste caso não se coloca o problema da salvaguarda do princípio da livre utilização subjacente a toda a problemática das denominações geográficas descritivas.

e) – Se o nome geográfico, revelando-se, também, como indicação de qualidade, fizer já parte de uma marca coletiva (cf. art. 214º), denominação de origem ou indicação geográfica (cf. art. 299º) figuras essas que são, aliás, o domínio por excelência das denominações geográficas[518].

Nestas circunstâncias uma marca individual não pode, a título exclusivo, constituir-se, apenas, pela denominação geográfica que faça parte já de uma marca coletiva, de certificação ou garantia, nem pode invadir a reserva de titularidade de uma denominação de origem ou indicação geográfica[519].

1º JCL de 15/12/95, BPI-2/96, p. 479.

q) *Quenia*, pedida por uma empresa alemã destinada a produtos farmacêuticos.

TCom. de 4/11/02, BPI-4/03, p. 1185.

r) *Sintra Parque*, pedida por uma empresa portuguesa de Cascais, destinada a serviços.

TCom. de 6/1/2003, BPI-10/03, p. 3501.

[518] Sobre a distinção entre marca coletiva e denominação de origem cf. ASCARELLI, *Teoria de la concurrencia* cit. p. 483; *Parecer da Câmara Corporativa* cit., pp. 102 e ss e 124 e ss e DIAS ROSAS, "Alguns aspetos do regime jurídico de marcas colectivas e a denominação de origem", ROA, ano 7º nºs 3 e 4, pp. 224 e ss.

[519] Entre nós, resulta do texto legal uma inequívoca distinção, no âmbito das denominações geográficas, entre indicação de proveniência e denominação de origem.

A denominação de origem é caracterizada como um sinal distintivo típico da qualidade de certos produtos oriundos de uma determinada localidade, região ou território determinado (art. 299º, nºs 1 e 2); a indicação de proveniência é uma simples referência informativa do local de origem do produto em razão de aí ter sido cultivado, extraído ou fabricado podendo ser usada em todos os produtos da mesma origem encontrem-se estes marcados ou não. Sobre a denominação de origem é atribuído um direito de comunhão em mão comum (na qualificação de RIBEIRO DE ALMEIDA, *Denominação de origem e marca*, 1999, pp. 132 e ss e *A autonomia jurídica da denominação de origem. Uma perspetiva transnacional. Uma garantia de qualidade,* 2010, pp. 882 e ss, com a qual concordamos, também subscrita por OLIVEIRA ASCENSÃO, "Questões problemáticas em sede de indicações geográficas e denominações de origem", in *Direito Industrial,* (AA.VV.), vol. V, 2008, pp. 85 e ss) aos respetivos titulares (cf. arts. 301º e ss). A indicação de proveniência é protegida de uma forma indireta através do direito de marcas (art. 231º, nº 3, alª d)) e das disposições punitivas da concorrência desleal (art. 311º, nº 1, alª e)). Sobre os conceitos de denominação de origem e de indicação geográfica, para mais desenvolvimentos, cf. RIBEIRO DE ALMEIDA e OLIVEIRA ASCENSÃO obs. cits., pp. 45 e ss e 79 e ss, respetivamente.

Refletindo esta distinção, a nível jurisprudencial, cf. 10º JCL de 17/5/83 e Ac. STJ de 30/1/85 ambos publicados no BPI-7/88, pp. 2616 e ss.

A distinção entre denominação de origem e indicação de proveniência não é reconhecida, de igual modo, em todos os países sendo estes conceitos, por vezes, usados promiscuamente. Para esta situação muito tem contribuído, nomeadamente a nebulosa formulação dos textos quer da

CUP (referindo-se, aparentemente, sem distinguir a indicação de proveniência ou denominação de origem – cf. art. 1º nº 2º *in fine*), quer do Acordo de Madrid sobre falsas indicações de proveniência (especialmente o do artº 4º) e o facto de um significativo número de países não ter ainda ratificado o Acordo de Lisboa sobre a proteção da denominação de origem, nomeadamente a Espanha (que não regula com carácter geral a denominação de origem) e Alemanha (que só na atual lei contempla essa figura – cf. §§ 126 e ss), Estados Benelux, Reino Unido e Estados Unidos da América. Registe-se, todavia, em Espanha a aprovação da Ley nº 6/2015 de 12 de maio de denominações de origem e indicações geográficas protegidas de âmbito territorial supraautonómico. Sobre a situação em Espanha *vide* LARGO GIL, *Las Marcas de Garantia* cit., pp. 72 e ss. No entanto, em 20 de maio de 2015, foi celebrado o Ato de Genebra que, revendo o Acordo de Lisboa, alargou a proteção ao registo internacional das indicações geográficas. O Ato de Genebra entrará em vigor 3 meses após 5 partes elegíveis terem efetuado o depósito dos seus instrumentos de ratificação ou de adesão.

É na França que a distinção se encontra mais nítida na legislação, doutrina e jurisprudência: CHAVANNE/BURST, *Droit de la propriété industrielle* cit., pp. 791 e ss; MATHÉLY, *Le droit français* cit., pp. 868 e ss; ROUBIER, *Le droit* cit., vol II, pp. 753 e ss.

Para mais desenvolvimentos acerca da distinção entre denominação de origem e indicação de proveniência *vide* ainda: ASCARELLI, *Teoria de la concurrencia* cit., pp. 479 e ss; CAPRA, "Osservazioni in tema di denominazioni di origine, indicazione di provenienza e marchi geografici (note a margine del caso Pilsner)", RDI, 2000, I, pp. 329 e ss, distinguindo ainda a marca coletiva; MANGINI, *Il marchio* cit., pp. 162 e ss; MASCAREÑAS, "Las indicaciones de provenance et les appelations d' origine", Prop. Ind., 1959, pp. 252 e ss; LARGO GIL, ob. cit., pp. 69 e ss. Para uma visão comparatística do sistema de proteção das denominações geográficas *vide* BEIER/KNAAK, "Der Schutz geographischer Herkunftsangaben in der Europäischen Gemeinschaft", GRUR Int., 1992, pp. 441 e ss; FERNÁNDEZ NÓVOA, *La Protección internacional de las denominaciones geográficas de los productos*, 1970, pp. 15 e ss, analisando os sistemas espanhol, francês e alemão e ACTES DU COLLOQUE DE LAUSANNE, *Les indications de provenance et les appellations d'origine en droit comparé*, 1983 (Exposé de Synthése por BERNARDE DUTOIT abrangendo a Suíça, França, Alemanha e Itália). F. NÓVOA salienta que há dois sistemas de proteção das denominações geográficas: um, assente no princípio da proteção do público consumidor quanto ao risco de ser enganado, que consagra apenas a figura da indicação de proveniência sujeitando-a aos princípios da verdade e da não exclusividade (de que é paradigma o sistema alemão anterior); o outro, assente no princípio da defesa dos interesses das empresas radicadas numa região ou localidade, que consagra, ao lado da figura da indicação de proveniência, a figura da denominação de origem como sinal distintivo típico de certos produtos ou serviços (de que é paradigma o sistema françês). Sobre este ponto *vide* igualmente, AREAN LALIN, "Definición y protección juridica de las indicaciones geográficas", ADI-XIV, pp. 67 e ss.

Um passo importante no sentido da clarificação conceitual da denominação de origem a nível dos países da comunidade europeia foi dado pelo regulamento comunitário nº 2081 de 14/7/1992 (já revogado) relativo à proteção das indicações geográficas e denominações de origem dos produtos agrícolas e dos géneros alimentícios (JO-L de 24/7/1992, pp. 1 e ss.). Assinale-se que este regulamento introduziu o conceito de indicação geográfica, também adotado no nosso Código (arts. 305º e ss), que acaba por ser uma figura diferente da indicação de proveniência e mais próxima da denominação de origem. A maior diferença entre a indicação geográfica e a denominação de origem parece estar no facto de a primeira, ao contrário da última, não exigir (para citarmos RIBEIRO DE ALMEIDA, ob cit., p. 48) "uma ligação estreita com o meio natural bastando (por exemplo) que

A questão das marcas geográficas descritivas só surge, assim, com autonomia, quando um concorrente, de forma séria, exclusiva e verdadeira, pretender adotar um nome geográfico como marca individual (não protegido como marca coletiva, denominação de origem ou indicação geográfica) transformando, desse modo, uma indicação genérica de proveniência, e eventualmente de qualidade, numa indicação específica e exclusiva de produtos de uma só empresa[520].

Nestas condições a denominação geográfica não pode valer como marca geográfica, mas tão-somente como indicação de proveniência livremente utilizável por cada um dos operadores económicos que se encontrem nas mesmas circunstâncias segundo o critério da origem geográfica[521].

Temos assim que uma denominação geográfica só pode ser utilizada como marca individual se for adotada de um modo arbitrário ou fantasioso, se se reportar a um domínio territorial privado ou se se limitar a sugerir, de uma forma inabitual, a origem do produto (marca geográfica expressiva).

Mais uma nota para manifestarmos a nossa discordância em relação a alguma doutrina estrangeira que qualifica como sinais descritivos da qualidade dos produtos, expressões como "Super, Extra, Superfino, Bom, Melhor, Primeiro, Esplêndido" etc.[522]. Nós entendemos que estas expressões, no plano substancial, não caracterizam produto algum em especial pois banalizaram-se no seu significado. São aquilo que, adiante, designamos por sinais usuais banais[523].

a reputação possa ser atribuída à origem geográfica do produto" e, "por outro lado, as operações a que o produto é sujeito não têm todas que ocorrer na área determinada" (confrontar os nºs 1 e 3 do art. 305º). O Reg. (CEE) nº 110/2008, do Parlamento Europeu e do Conselho, de 15 de janeiro de 2008 (JO-L nº 39 de 13/2), relativo à definição, designação, apresentação, rotulagem e proteção das indicações geográficas das bebidas espirituosas, *diretamente aplicável* em todos os Estados-membros, contempla uma disposição que regula o conflito entre indicações geográficas registadas relativas a estes produtos e marcas (art. 23º). Com interesse ainda o regulamento UE nº 1308/2013, de 17/12/2013 (JO-L nº 347/671 de 20/12/2013, sobre organização comum dos mercados dos produtos agrícolas, que consagra a distinção entre denominações de origem e indicações geográficas, no setor vitivinícola (artigos 93º e ss).

520 Neste sentido cf., por todos, na doutrina estrangeira: BAUMBACH/HEFERMEHL, ob. cit., pp. 337 e ss; BUSSE/STARCK, ob. cit., pp. 183 e ss; CASANOVA, *Impresa e azienda* cit., pp. 473 a 475; FRANCESCHELLI, *Sui marchi* cit., pp. 155 e ss; GIANDOMENICO, "Nome geográfico" cit., pp. 360 e ss.

521 No acórdão *Windsurfing Chiemsee* de 4/05/1999, Processos nºs C-108/97 e C-109/97, o TJ pronunciou-se no sentido de que não deve ser apenas vedado o registo de nomes geográficos quando estes designem lugares que tenham atualmente, para os meios interessados, uma ligação com a categoria de produtos em causa, mas também aos suscetíveis de serem utilizados no futuro pelas empresas interessadas como indicação de proveniência geográfica da categoria desses produtos.

522 Neste sentido BAUMBACH/HEFERMEHL, *Warenzeichenrecht* cit., pp. 332 e ss; BRAUN/CORNU, *Précis* cit., p. 130; BUSSE/STARCK, *Warenzeichengesetz* cit., pp. 183 e ss; ROTONDI, *Diritto industriale* cit., p. 121.

523 Neste sentido BOUTET/LODI, *Brevetti industriale* cit., p. 465 que consideram este tipo de sinais "desprovidos de capacidade descritiva do produto ou pelo menos descritivos para qualquer tipo

c) *Sinal Usual*

Distinguimos três espécies de sinais usuais (art. 209º, nº 1 alª d)):

1ª Os sinais usuais verbais ou figurativos indicadores dos produtos ou serviços[524];

2ª Os sinais usuais descritivos de um género ou de diferentes géneros de produtos ou serviços[525];

3ª Os sinais usuais banais esvaziados de conteúdo diferenciador e descritivo pelo uso generalizado e indiscriminado em relação a qualquer tipo de produto ou serviço.

Estes últimos são os sinais que, como já referimos atrás, alguma doutrina estrangeira considera como sinais descritivos. Quanto a nós, voltamos a repetir, são sinais que, pelo uso, perderam o seu originário significado descritivo[526]. Bem vistas as coisas não são sinais para "descrever" produtos ou serviços, mas para "promover" ou "publicitar" produtos ou serviços[527].

de produto dado o uso geral". Ainda, F. Correia, *Lições* cit., p. 326 e P. Correia, *Direito comercial* cit., p. 339 e Ghidini/Hassan, *Diritto industriale* cit., p. 298.

524 São os exemplos clássicos, no caso de sinais verbais, de v.g. *Bica, Prego, Galão, Carioca, Fino, Imperial* e, no caso de sinais figurativos, das figuras da lebre para artigos de caça, do peixe para artigos de pesca, da tesoura para artigos de barbearia, das flores para artigos de perfumaria, da vaca para produtos derivados do leite e da imagem de fogo para artigos de aquecimento.

A jurisprudência decidiu já desfavoravelmente nos casos da marca *Fino* para cerveja (Ac. R.L. de 8/11/72, BMJ-221º, p. 267), da marca mista composta pela palavra "chefe" e pela "figura de um cozinheiro" para produtos alimentícios (sent. 6º JCL de 9/2/72, BPI-2/72, p. 207), da marca *Brisas do Lis* para artigos de doçaria (9º JCL de 18/12/67, BPI-1/68, p. 4) e da figura de uma vaca para produtos derivados ou contendo leite (4º JCL de 13/7/93, BPI-9/93, p. 4555). Estranhamente, a marca *Olimpus* também já foi considerada uma marca *usual* na linguagem corrente por significar "a mansão dos deuses" (1º JCL de 14/8/2001, BPI-3/01, p. 1018).

525 Seria o caso, por exemplo, das marcas figurativas descritivas de origem dos produtos: *Chaminé do Algarve* e *Galo de Barcelos*.

Da jurisprudência também se pode retirar os exemplos das marcas *Lights* e *Slims*, para tabaco (13º JCL de 31/7/87, BPI-7/88, p. 2620 e Ac. STJ de 3/4/91, BPI-9/98, pp. 3304/3305) por se tratar de expressões usuais e correntes na linguagem e nos hábitos constantes e leais do comércio tabaqueiro mundial para descrever um tipo de tabaco (leve e delgado, respetivamente).

526 Os nossos tribunais, por exemplo, consideraram como tais as expressões *Imperial* em relação a marcas de vinho (Sent. 1º TCL de 5/6/46, Just. Port.-14º, p. 75), *Fino* para marca de cerveja, por significar "o melhor" o "ideal" e "excelente" (Ac. R.L. de 8/11/72 referido na nota 187 supra) e *Ideal* para marca de produtos das classes 9ª, 16ª e 28ª. Estranhamente foi, como tal, considerada a expressão *Brasil* (Sent. 6º JCL de 7/2/51, Just. Port-19º, p. 60).

Também consideramos como tal o pedido de marca *Enriched Flavor*, para tabaco, recusada pelos nossos tribunais por ser "genérica" (8º JCL de 29/2/88, BPI-11/96, p. 4175).

527 Neste sentido, reveste interesse o Acórdão do TJ de 1ª Instância, de 30/06/2004, Processo T-281/02, que, em recurso de uma decisão do IHMI, considerou, corretamente, a marca alemã

Com a primeira espécie de marcas usuais referida não se devem confundir as marcas originariamente distintivas que se hajam convertido na denominação usual do produto ou serviço após o registo. No primeiro caso, o vício é de invalidade. No segundo caso, o vício, verificados os pressupostos legais, é de caducidade[528].

d) *Sinal Fraco*

É o sinal, em si mesmo, de uma tal simplicidade e vulgaridade que, normalmente, não reveste qualquer possibilidade de, isoladamente, distinguir uma espécie de produtos ou serviços[529]. Pode caber na proibição genérica do art. 209º, nº 1 alª a).

São os exemplos clássicos das formas geométricas simples (círculos, quadrados, retângulos etc.), simples linhas, traços, sinais de pontuação etc. e dos vocábulos comuns indistintivos[530].

Os sinais que na prática suscitam maior controvérsia são as cores, letras e algarismos.

d) 1. Cor

A cor em relação à marca pode surgir-nos em diferentes situações, nomeadamente nas três seguintes:

1ª Como a cor de uma marca (*marca com cor*). A cor não nos aparece como marca, ou seja, como sinal distintivo autónomo, mas, apenas, como a cor da própria marca. Marca=Sinal verbal, figurativo, misto ou outro, reproduzido coloridamente.

2ª A segunda é a da marca composta exclusivamente por uma só cor, sem contornos.

Mehr für Ihr Geld ("mais com o seu dinheiro") uma marca desprovida de capacidade distintiva que, junto do público, seria apreendida mais como um *slogan* publicitário do que como uma marca.

528 Sobre o tema *vide*, v.g., o nosso artigo "Conversão da marca na denominação usual do produto ou serviço", ADI-14, pp. 197 e ss.

529 Ao contrário dos sinais descritivos, que também podem ser considerados sinais fracos em sentido amplo, estes sinais são fracos para distinguir quaisquer produtos ou serviços. Trata-se de uma incapacidade absoluta para distinguir enquanto os sinais descritivos "sofrem", normalmente, de uma incapacidade relativa.

530 Foi como tal considerado o pedido de uma marca que consistia numa cor verde delimitada num retângulo (16º JCL de 25/5/1998, BPI-4/01, p. 1615). Cf., igualmente, Baumbach/ /Hefermehl, ob. cit., pp. 323 e ss; Braun/Cornu, *Précis* cit., pp. 124 e ss; Busse/Starck, ob. cit., pp. 164 e ss; F. Correia, *Lições* cit., p. 327; Ghidini/Hassan, *Diritto industriale* cit., pp. 298 e ss; Mathély, *Le droit français* cit., pp. 138 e ss.

3ª A terceira é a da marca composta exclusivamente por uma combinação de cores, sem contornos[531].

Das situações descritas, só as duas últimas têm pertinência com a problemática que estamos a analisar e, de um modo especial, a questão essencial é saber se a cor única, sem contornos, abstratamente considerada, se superada a barreira da possibilidade do sinal[532], pode desempenhar a função distintiva própria da marca[533].

O CPI-2018, seguindo a tradição dos Códigos anteriores[534], admite a combinação de cores, mas, pela primeira vez, na senda da DM-2015, também aceita a cor única apresentada isoladamente – cf. arts. 208º e 222º, nº 1, al. f).

531 Reconhecemos que não será fácil, em determinadas circunstâncias, distinguir, com nitidez, a marca figurativa colorida (que cabe na 1ª situação) da combinação de cores. O TJ, no Acórdão de 27/03/2019 (processo C-578/17), teve oportunidade de se pronunciar sobre um pedido de marca com um sinal qualificado pelo requerente, com manifesta ambiguidade, como marca de cor ou como marca figurativa. O Tribunal considerou que esta qualificação indiferenciada não é suscetível de constituir uma marca, porquanto a diferenciação é indispensável, constituindo um "elemento pertinente" para a atribuição do direito. Tudo agravado pelo facto de a representação figurativa ser acompanhada com uma descrição verbal em que se pretendia a proteção de uma marca de duas cores. Por outras palavras, o pedido incorria numa contradição entre o que se representava e o que se dizia. O TJ considera que deve caber à autoridade pública competente a obrigação de proceder a uma análise *in concreto* e global do caráter distintivo da marca em causa e da respetiva natureza. Com interesse ainda o Acórdão do TJ, de 8/10/2020 (processo C-456/19), a propósito de uma marca de serviço de transportes, distinguindo a marca de cor (em sentido estrito) da marca constituída por sinais gráficos que consistem em composições de cor sistematicamente organizadas e limitadas no espaço, apostos nos próprios bens (autocarros) utilizados para executar esses serviços.

532 Lembremos que a cor pode ser (como vimos atrás, ponto 1.1.) uma característica imposta pela própria natureza do produto, necessária à obtenção de um resultado técnico ou que confira um valor substancial ao produto.

533 Estas duas últimas definições, para além de constarem nos "Guidelines do EUIPO" (*Guidelines for Examination in the Office, Part B, Examination, Section 2*, aprovadas por Decisão do Diretor Executivo nº EX 17-1, de 22/09/2017, p. 27) foram acolhidas pelos institutos centrais da propriedade industrial dos Estados-Membros, incluindo o Instituto Benelux da Propriedade Intelectual, através da "Comunicação comum sobre a representação de novos tipos de marcas", de 1/12/2017 (disponível nos "sites" do EUIPO e no do INPI português), renovada em 1/06/2018.

534 Em face da lei nº 1972 de 1938 e do CPI-1940, apesar de os textos dos §§2º dos arts. 49º e 79º, respetivamente, justificava-se outra atitude interpretativa em virtude de o enquadramento ser muito diferente. Quer o art. 49º da lei nº 1972, quer o art. 79º do CPI-1940 tiveram por base o art. 37º da Proposta de lei apresentada à Câmara Corporativa. A fonte deste art. 37º foi, reconhecidamente, o art. 139º do D.L. Espanhol de 1929: "(...) as cores por si só não podem constituir marca salvo se estiverem reunidas a uma forma peculiar". Era este o princípio que o nosso legislador pretendia consagrar (cf. *Parecer da Câmara Corporativa* cit., p. 99). Só que os referidos textos legais não vieram a consagrar exatamente isso. No diploma espanhol ressaltava a intenção

Na constituição da marca, quer a DM-1988, quer a DM-2008, não se pronunciavam quanto às cores, apesar de um dos propósitos essenciais ser o de tornar comuns aos vários países os sinais suscetíveis de constituir uma marca. A omissão não representava, necessariamente, uma proibição. Esta seria uma conclusão errada já que a enumeração legal dos sinais era, como continua a ser, feita a título exemplificativo ("numerus apertus").

O TJ, numa decisão, muito relevante, sobre a admissibilidade da cor única (Ac. de 6/5/03, Proc. nº C-104/01 – caso *Libertel*), entendeu que uma marca constituída por uma única cor só poderia revestir carácter distintivo antes de qualquer uso em "circunstâncias excecionais designadamente quando o número de produtos ou serviços para os quais é pedida a marca é muito limitado e o mercado relevante muito específico". Depois da DM-2015 continuamos a pensar que se mantém válida esta orientação.

A admissibilidade da marca de combinação de duas cores abstratamente consideradas também já mereceu uma atenção especial. O TJ, Acórdão de 24/06/2014, processo C-49/02 (caso *Heidelberger Bauchemie*), entendeu que

de só serem possíveis cores ligadas a formas, ou seja, só serem admissíveis as disposições de cores. Na transcrição para a nossa lei em vez de se escrever "a uma forma peculiar e distintiva" escreveu-se "por forma peculiar e distintiva". O sentido passou a ser diferente e a solução passaria a ser diferente (idêntica à atual) não fora o caso dessa legislação, ao contrário da presente, ter, na nossa opinião, consagrado o princípio da proibição de marcas inseparáveis fisicamente dos produtos ou embalagens (cf. proémio do art. 79º CPI-1940). Não haveria, na verdade, coerência no sistema se no § 2º do art. 79º se admitisse, expressamente, aquilo que, na nossa opinião, se negava no corpo do artigo. Nesse sentido, não deveria ser admissível, para além da cor única, a combinação de cores do produto ou embalagem correspondente à segunda situação descrita no texto.
No mesmo sentido, embora com justificações diversas, cf. *Parecer da Câmara Corporativa* cit., pp. 99 e ss; Oliveira Ascensão, *Direito industrial* cit., p. 145; Pinto Coelho, *Lições* cit., pp. 450 e ss. Em sentido contrário cf.: Grupo português da AIPPI-Congresso de Amsterdão de 1989, AIPPI(A)-88, p. 145; Justino Cruz, "A marca e a cor", RPI, 4 e 5, pp. 10 e ss e 14 e ss, respetivamente; Oehen Mendes, *Ausstattungsrechts* cit., p. 742.
A jurisprudência, aliás escassa, mostrou grande dificuldade em enquadrar e precisar o problema da cor e em interpretar as disposições pertinentes (§ 2º do art. 79º e § único do art. 83º). Em duas decisões foi recusada a cor única como sinal constitutivo da marca: TJL de 6/3/42, BPI-5/44, p. 235, embora a propósito de um caso de confusão de cores de marcas e não de marcas de cores e 12º JCL de 15/9/88, BPI-7/90, p. 3177. O 11º JCL de 16/2/56, BPI-5/59, pp. 442 e ss, admitiu, implicitamente, a possibilidade de uma associação de cores funcionar como marca desde que ligada a uma forma peculiar e distintiva. O 12º JCL de 15/9/88, BPI-7/90, pp. 3177 e ss rejeitou a possibilidade de uma combinação de cores, por si só, constituir uma marca. Sobre esta problemática, face ao direito anterior, refiram-se ainda o Ac. do STJ de 11/6/56, BMJ-58º, p. 430, o 7º JCL de 16/12/61, BPI-1/63, p. 4 e o 5º JCL de 17/6/74, BPI-6/74, pp. 1110 e ss.

essa possibilidade carece, nomeadamente, da demontração de que as cores se apresentem de forma predeterminada e constante[535].

O requisito de distintividade da cor deve ser apreciado com especial prudência e exigência, tendo em conta o interesse geral na disponibilidade do sinal e a dificuldade específica da cor – enquanto característica ou propriedade "natural" de um produto – ser percecionada como uma marca.

Em regra, só pela superação da prova exigente do "secondary meaning" é que uma marca de cor *per se* única ou uma combinação de duas ou de um número muito reduzido de cores é que estarão em condições de distinguir produtos ou serviços[536].

A exigência do "secondary meaning" deve abranger as cores primárias, secundárias e as sete cores do arco-íris, onde os problemas de bloqueamento no acesso ao mercado são mais ingentes, como também as tonalidades ou "nuances" pelas inultrapassáveis dificuldades práticas que a solução contrária representaria[537].

A cor também pode fazer parte, acessoriamente, de uma marca verbal, gráfica ou mista (1ª situação descrita atrás). Só que neste caso, como dissemos, não

[535] Na mesma linha cfr. o Acórdão do TJ de 29/07/2019, processo C-124/18 (caso *Red Bull*) que confirmou o Acórdão do TG de 30/11/2017, no sentido de considerar nulo o registo como marca (ainda designada comunitária) das duas cores azul e prateada destinada a distinguir a conhecida "bebida energética".

[536] Para uma visão sintética desta problemática nos EUA *vide:* Ebert, "Trademark protection in color: do it by the number!", TMR, 1994, pp. 379 e ss; Schmidt, "Creating protectible color Trademarks", TMR, 1991, pp. 285 e ss; Jeffrey Samuels/Linda Samuels, "Color trademarks: shades of confusion", TMR, 1993, pp. 554 e ss e "Protection for color under U.S. trademark law"; AIPLA-Q.J.,Winter/95, pp. 129 e ss (chamando a atenção para a importância da decisão do Supremo, de Março de 1995, no caso *Qualitex Co v. Jacobson Products Co*, que, pela primeira vez, admitiu o registo de marca = cor única). Sobre esta decisão, que pode ser vista em GRUR Int., 1996, pp. 961 e ss, *vide* v.g.: Kevin Jordan/Lynn Jordan, "Qualitex Co. v. Jacobson Products Co., the unanswered question – can color ever be inherently distinctive?" TMR, 1995, pp. 371 e ss; Cristina Caldarola, "Markenrechtlicher Farbenschutz in den USA, Welche Richtungsänderung bringt die Qualitex-Entscheidung?", GRUR Int., 2002, pp. 112 e ss.

[537] Cf. Fernández-Nóvoa, *Derecho de marcas* cit., pp. 99 e ss "El color y las formas tridimensionales en la nueva ley española de marcas", ADI-13, pp. 48 e ss e Martinez Miguez, "La protección del color único como marca en el derecho español", ADI-8, pp. 118 e ss. Este autor salienta haver dois caminhos para proteger as tonalidades cromáticas: um seria determinar com rigor a tonalidade específica, o outro seria proteger todas as tonalidades que estivessem ligadas a cada cor principal. No primeiro caso surgiriam as dificuldades práticas a que se aludem no texto (v.g. possibilidade de coexistirem marcas com tonalidades próximas; maior risco de confusão aos olhos do consumidor médio; risco de alteração da marca por ligeiras diferenças, etc.). No segundo caso estar-se-ia, no fundo, a voltar a proteger a cor na sua forma pura, pois seria a esta que se aferiria a novidade de qualquer outra marca de cor única para os mesmos produtos ou produtos afins (*idem*, pp. 133 e ss).

se trata de uma marca de cor, mas da cor de uma marca. O que pode acontecer é o titular da marca reivindicar a cor em que se encontra reproduzida a marca. Nesta hipótese a cor passa a ser um elemento característico da marca, mas não concorre, autonomamente, para a função distintiva[538].

d) 2. Letra e Número

Ao contrário das cores, as letras e os números sempre figuraram nas Diretivas. Não restam, por isso, quaisquer dúvidas acerca da respetiva admissibilidade na condição de apresentarem carácter distintivo (cf., igualmente, o art. 208º)[539].

A tarefa confinar-se-á, assim, à apreciação da capacidade distintiva de cada marca alfanumérica.

Em face da diversidade de situações que a prática pode oferecer não é possível abarcar, teoricamente, toda a realidade. É, pois, com um propósito mais comedido que iremos traçar algumas linhas de orientação. Nesta perspetiva defendemos que uma simples letra do alfabeto ou um simples algarismo de numeração decimal ou romana, apresentados, como tal, desprovidos de qualquer singularidade gráfica, não reúnem, em regra, *per se*, carácter distintivo[540].

[538] No caso de a cor ser reivindicada (art. 223º, nº 2) há dois efeitos fundamentais: um efeito, inevitável, dirigido ao titular da marca impedindo-o de alterar a cor em que se encontra reproduzida a marca, sob pena de o registo desta caducar (arts. 267º, nº 1 alª a) e 268º, nº 1 do CPI); um outro efeito, eventual, dirigido a terceiros, impedindo-os, em determinadas circunstâncias, de usar outras marcas reproduzidas nas mesmas cores. Mas é evidente que este efeito só ocorrerá num segundo momento se, após o confronto das marcas, entre si, já houver razões para crer que existe suficiente aproximação ou perigo de confusão. De outro modo a identidade cromática deve ser irrelevante. A cor em que é reproduzida a marca não serve para distinguir duas marcas que se apresentem semelhantes nos seus demais elementos, nem para tornar semelhantes duas marcas que se mostrem diferentes nos seus demais elementos.

[539] Antes da Diretiva só a legislação alemã proibia, expressamente, o registo de marcas compostas exclusivamente por números e letras (§ 4 II.1 WZG), a menos que a marca já se tivesse imposto no comércio como sinal distintivo de produtos de acordo com o § 4 III, que consagrava o denominado princípio do *secondary meaning*, a que nos referimos *infra*, (ponto 2.2.).
Em Portugal o art. 79º CPI-1940 não mencionava, expressamente, as letras e números no elenco dos sinais suscetíveis de constituir uma marca. Isso não significava que, em certas circunstâncias e observados certos requisitos, não fossem aceites as marcas alfanuméricas. Por exemplo, foi aceite a marca *2.000* (Sent. 9º JCL de 22/6/68, BPI-2/71, p. 170) embora negada a marca *7* (Sent. 2º JCL de 14/7/80, BPI-9/80, p. 1590) por ser considerada um sinal fraco.

[540] Pensamos que só verificados esses apertados requisitos se pode falar de sinal fraco. Todavia, diga-se, não é esta a posição do TJ. Este Tribunal, embora reconheça a existência de determinadas categorias de sinais que dificilmente podem ter carácter distintivo *ab initio*, não dispensa o exame *in concreto* do respetivo carácter distintivo (por todos, ver Ac. de 9/09/2010, Processo C-265/09 P). Entre nós já foi aceite o registo da marca *M* (TCom. de 17/6/08, BPI-16/10/08, p. 20). As marcas constituídas por simples letras que não pertençam ao alfabeto português ou as representações

Acresce que não encontramos justificação para que um concorrente possa monopolizar sinais tão correntes e necessários aos operadores económicos para fins de natureza descritiva dos produtos ou serviços.

Admitimos, porém, que uma letra ou um número, caracterizados graficamente, de uma forma particular e original, possam ser protegidos como marcas. Nestas hipóteses já não se está tanto em face de uma marca alfanumérica, mas mais em face de um sinal gráfico "apoiado" numa letra ou número[541].

Em relação às marcas compostas por uma combinação de letras ou números[542] a orientação terá de ser diferente. Já não estamos, pelo menos no plano teórico, perante sinais fracos[543]. Reunirão, assim, condições para serem protegidas a menos que se demonstre, em concreto, não terem eficácia distintiva ou terem natureza descritiva. Este último aspeto deve, aliás, merecer uma atenção especial dado o facto de, como referimos atrás, os números e as letras serem normalmente usados pelos operadores económicos como sinais descritivos dos produtos ou serviços indicando nomeadamente, no caso das letras e números, a classe, série, modelo e tamanho e, no caso dos números, o preço, quantidade, peso e data de validade dos mesmos[544].

2.2. *Secondary Meaning*

Por *secondary meaning* quer aludir-se ao particular fenómeno de conversão de um sinal originariamente privado de capacidade distintiva num sinal distintivo de produtos ou serviços, reconhecido como tal, no tráfico económico, através do seu significado secundário[545], em consequência do uso e de mutações semânticas ou simbólicas.

Este fenómeno pode emergir em duas situações distintas: ou antes do registo ou depois do registo.

O nº 3 do art. 3º da DM-1988 estabeleceu soluções diferentes em relação às duas situações.

por extenso em língua portuguesa ou estrangeira de um simples algarismo não são, sem mais, registáveis. O que entendemos é que há razões para, nestes casos, não considerar a marca, liminarmente, como um sinal fraco.

541 Corresponde, no fundo, à solução que era defendida em Itália face à lei de 1942 (versão primitiva).

542 V.g. a marca *100x100* aceite pelo INPI e confirmada pelo 6º JCL de 30/1/97, BPI-5/97, pp. 1766.

543 Podemos é estar em face de sinais que confiram uma proteção menor.

544 Este aspeto era particularmente sublinhado pela doutrina alemã para recusar a proteção das marcas alfanuméricas face à lei de 1968.

545 Obviamente, dadas as circunstâncias, entenda-se o significado secundário não como um significado inferior, mas como um significado que surge em segundo lugar.

Assim, enquanto, por um lado, no caso de o fenómeno ocorrer antes do pedido do registo impôs aos Estados-membros a aplicação do princípio aos sinais desprovidos de carácter distintivo, descritivos e usuais, por outro, no caso inverso, limitou-se a propor esse princípio[546]. O Regulamento da Marca da UE acolheu o princípio antes e depois do registo de uma marca (cf. arts. 7º, nº 3 e 51º, nº 2).

Antes da Diretiva, a nível comunitário, apenas a Alemanha e o Reino Unido consagravam, expressamente, soluções inspiradas na doutrina do *secondary meaning*.

Na Alemanha o § 4 III WZG consagrava a admissibilidade de o registo de uma marca inicialmente desprovida de capacidade distintiva ou composta exclusivamente por letras, números ou palavras indicando a proveniência, época, lugar de produção, qualidade, destino, preço, quantidade ou peso dos produtos, quando essa marca pelo uso se houvesse imposto no tráfico económico como sinal distintivo do requerente *(Durchgesetz)*[547].

No Reino Unido, um dos países pioneiros na aplicação do princípio[548], conferia-se proteção à marca não registada que houvesse adquirido eficácia distintiva (e um *goodwill*), podendo o respetivo titular recorrer à ação de *passing off*[549] (próxima da ação de concorrência desleal por ato de confusão) no caso de um terceiro passar a usar idêntico sinal com a mesma função distintiva, isto é, no seu significado secundário.

[546] O TJ no caso *Nestlé v. Mars* (Ac. de 7/7/2005, Proc. C-353/03) considera que "o carácter distintivo de uma marca (...) pode ser adquirido em consequência do uso dessa marca enquanto parte de uma marca registada ou em conjugação com essa marca". O caso diz respeito ao pedido pela *Nestlé* do registo no Reino Unido da marca *Have a break*, que faz parte da marca composta registada *Have a Break...Have a Kit Kat*. O TJ entende que a *Nestlé* pode invocar o *secondary meaning* parcial desta marca para poder registar apenas a expressão, originariamente indistintiva, *Have a Break*.

[547] Na Alemanha, o uso também podia originar a figura da *Ausstattung*. Eram, porém, resultados diferentes de um processo idêntico. Enquanto o princípio do *secondary meaning* produzia efeitos antes do pedido de registo da marca *(Warenzeichen)* e destinava-se a conferir-lhe distintividade e condições para ser protegida pelo registo, a *Ausstattung* destinava-se a conferir um direito sobre um sinal distintivo cujos pressupostos de proteção eram bastante diferentes dos da marca registada.

[548] Referimo-nos ao caso *Camel Hair Belting (Reddaway v. Banham)* – 1896, citado por CORNISH/ /LLEWELYN, *Intelectual property* cit., p. 599, KERLY'S, *Law of trade marks and trade names*, 2005, p. lXV e, também, por FRANCESCHELLI, "Il secondary meaning en Italie", RDI, 1972, p. 312 e SORDELLI, *Marchio e secondary meaning*, 1979, p. 36. Todavia, já em 1872, nos EUA, ao que parece pela primeira vez, se reconheceu a possibilidade de um sinal adquirir *secondary meaning*, no caso *Wotherspoon v. Currie* como informa GÓMEZ SEGADE, "Fuerza distintiva y "Secondary Meaning" en el derecho de signos distintivos", in *Estudios sobre Marcas*, (AA.VV.), 1995, p. 356.

[549] Sobre a ação de *passing off* (definição, pressupostos e requisitos) cf. CORNISH/LLEWELYN, ob. cit., pp. 593 e ss.

A aquisição sucessiva da capacidade distintiva podia também desempenhar um papel relevante no momento do registo da marca (cf. arts. 9º, nº 3 al. b) e 10º, nº 2 al b), *Trade-Marks Act* de 1938)[550]. Estas disposições possibilitavam o registo de uma denominação com duplo significado (primário e secundário) desde que, conforme vinha entendendo a jurisprudência, o nome não fosse inteiramente descritivo, não fosse de uso geral e tivesse a apoiá-lo um uso prolongado junto dos consumidores[551].

Atendendo às características e pressupostos da doutrina do *secondary meaning* perceber-se-á como foi grande a aceitação que ela veio a encontrar nos EUA país no qual o uso, até há não muito tempo, constituía um pressuposto indispensável do registo[552].

Nos EUA o princípio exprime-se de um modo muito semelhante ao do Reino Unido. Por um lado, como requisito da ação *passing off* e, por outro, como pressuposto do registo de marcas descritivas, geográficas e patronímicas de acordo com o disposto na *Lanham Act* (§ 2 (f) 15 U.S.C. § 1052)

A prova do *secondary meaning* só é necessária para aquele tipo de marcas. As marcas consideradas intrinsecamente distintivas, como as marcas expressivas, arbitrárias[553] e de fantasia ou fantásticas[554], são passíveis de imediata proteção legal[555].

Outro aspeto legal importante é a exclusão do âmbito da aplicação do *secondary meaning* dos sinais genéricos (nome dos produtos ou serviços) ou das formas ou sinais funcionais. Nestas hipóteses não se nega a possibilidade fáctica

550 Sublinhe-se a especificidade do sistema do registo no Reino Unido face à lei de 1938. O registo era dividido em duas partes: a parte A, destinada a marcas aptas a distinguir, à qual se referia o art. 9º, nº 3 al. b) e a parte B, destinada a marcas suscetíveis de distinguir, à qual se referia o art. 10º, nº 2 al. b).
Este sistema expirou com a entrada em vigor, em 31/10/1994, da nova lei de marcas – *Trade Marks Act* de 1994 que consagra um sistema único de registo.

551 Cf. Sordelli, *Marchio* cit., pp. 40 e 41.

552 Referimo-nos à importante alteração na filosofia do sistema introduzida pela lei de 1988 pela qual passou a ser permitido o pedido do registo de uma marca a quem tenha a simples intenção de a usar (cf. secção 1 (b)).

553 Uma marca arbitrária é uma palavra, símbolo ou figura usados na linguagem comum, mas que, quando usadas em conexão com determinados bens ou serviços, nada sugerem nem descrevem acerca dos ingredientes, qualidades ou características desses bens ou serviços, para citarmos a definição dada por McCarthy, *Trademarks* cit., § 11:11.

554 Citando a mesma fonte referida na nota anterior (§ 11:5), uma marca de fantasia é um termo inventado ou selecionado com o único propósito de servir como marca de produto ou serviço. "Tais marcas podem compreender palavras totalmente desconhecidas na linguagem anterior ou completamente fora de uso no momento, bem como termos obsoletos ou científicos".

555 McCarthy, *Trademarks* cit., § 11:4.

desses sinais adquirirem um significado secundário, o que se nega é a relevância jurídica desse significado. É o que a doutrina americana designa por *de facto secondary meaning*[556].

Regressados aos países da UE voltamos a lembrar que, na fase anterior à aplicação da Diretiva de 1988, com as exceções referidas (Reino Unido e Alemanha), as legislações dos demais países não consagravam, expressamente, o princípio. Isto não significava, todavia, como veremos, nem o desconhecimento nem, sequer, a não aplicação do princípio.

Uma corrente doutrinária, aliás dominante, vinha entendendo que o art. 6º primeiro C-1 da CUP consagraria essa possibilidade[557].

Esta interpretação afigurava-se-nos indiscutível antes da redação atual do preceito, estabelecida na Revisão de Lisboa e mantida na de Estocolmo, isto é, face ao texto originário da disposição introduzida na Revisão de Washington de 2/6/11, que, ao contrário do atual, se referia, apenas, aos sinais desprovidos de capacidade distintiva (cf. art. 6º-2º).

Hoje, o princípio tem um significado mais amplo e sendo certo que possa abranger, de igual modo, o princípio do *secondary meaning* não é menos certo que não o impõe aos Estados-membros.

O princípio vinculativo é o de que cada Estado-membro, em relação ao registo de qualquer marca estrangeira, deva ter em conta todas as circunstâncias de facto principalmente a duração do uso da marca. Todavia não se concretizam essas circunstâncias. Esse aspeto fica ao critério e dependente das possibilidades legais de cada Estado[558].

[556] McCarthy, idem, §§ 15:22-15:24.
Sobre o princípio no direito americano cf., ainda, Hilliard/Welch II/Marvel, *Trademarks and unfair competition*, 2009, pp. 28 e ss.

[557] Alguns autores colhiam, até, nessa disposição um argumento para a proteção do princípio do *secondary meaning* nos seus países. Cf. Braun, *Précis* cit. p. 103; Chavanne/Burst, *Droit* cit., 2ª ed., 1980, pp. 384 e ss; Guglielmetti, "Il 'secondary meaning' e l'opportunitá di una sua (limitata) tutela in sede di riforma della legge italiana sui marchi", RDI, 1973, I, pp. 39 e ss; Levi, "Breve nota in tema di capacitá distintiva e di secondary meaning", RDI, 1975, II, pp. 404 e ss; Mathély, *Le droit français* cit., pp. 144 e ss e *Le nouveau droit français des marques* cit., pp. 75-76; Roveratti, "Il concetto di 'secondary meaning' e la sua compatibilitá con la legislazione italiana in matéria di marchi", RDC, 1988, II, pp. 403 e ss; Sordelli, *Marchio* cit., pp. 51 e ss e "La teoria del secondary meaning e talunni aspetti e problemi ad esse inerenti nell' ordinamento italiano", RDI, 1979, pp. 71 e ss.
Uma nota de algumas decisões jurisprudenciais favoráveis a essa tese pode ser vista em Gómez Segade, "Fuerza distintiva y "Secondary Meaning"" cit., p. 358.

[558] Neste sentido, Franceschelli, *Sui marchi* cit., pp. 350 e ss e "Il secondary meaning" cit., pp. 309 e ss.

Em Portugal, desde o CPI de 1995, passou a ser possível, no momento do registo, aferir o uso de uma marca para justificar a aquisição da capacidade distintiva de um sinal de outra forma indistintivo por descritivo ou usual.

O CPI-2018, seguindo a posição do CPI-2003, permite, para além da aplicação a situações anteriores ao registo (art. 231º, nº 2), a invocação do *secondary meaning* para a convalidação de uma marca registada (art. 259º, nº 2). A DM-2015 passou a impor essa solução (art. 4º, nº 4)[559].

A prova do *secondary meaning* não pode ser indiferente, pelo menos, ao tempo e modo do uso, ao volume do negócio efetuado e à perceção do público consumidor.

A figura também pode revestir importância para justificar a atribuição do uso exclusivo de um elemento genérico, descritivo ou usual da marca (art. 209º, nº 2).

Face à solução prevista nesta norma será possível o reforço da proteção da marca débil a ponto de a mesma escapar ao princípio geral que estabelece a não proteção exclusiva dos sinais descritivos e usuais.

O princípio do *secondary meaning* contempla os sinais desprovidos de carácter distintivo[560], os descritivos, os usuais e, mais restritivamente, os fracos (cf. arts. 209º, nº 1 alªs a), c) e d), 231º, nº 2 e 259º, nº 2).

3. Falta de legitimidade para registar

Sempre sustentámos em obras anteriores[561] que a falta de legitimidade do interessado para registar a marca (art. 211º) constitui uma norma estruturante pela qual depende a coerência intrínseca do sistema. Repugnava-nos, por isso, que fosse apenas anulável o registo de uma marca pertencente a um mero intermediário, desligado de qualquer atividade de tipo económico, quando o que está em jogo é a própria subsistência de um sistema legal que estabelece o requisito fundamental do *legítimo interesse* para uma pessoa poder registar uma marca

559 A Diretiva ia mais longe e, a título facultativo, admitia que os Estados-Membros pudessem prever que o "secondary meaning" se aplicasse também no caso em que o carácter distintivo tivesse sido adquirido após a data do pedido de registo, mas antes da data do registo (art. 4º, nº 5).

560 Apesar desta solução, em tudo idêntica à do art. 3º, nº 3 da DM, pensamos que o princípio não deve (devia) ser aplicado aos sinais genéricos apesar de teoricamente poderem caber nos sinais sem qualquer carácter distintivo. Do mesmo modo, Gómez Segade, ob. ult. cit., p. 377, considera que a "posição correta do ponto de vista dogmático e dos princípios" é não incluir os sinais genéricos. Como sublinha Sordelli, *Marchio* cit., p. 229 "para poder ter lugar um fenómeno de *secondary meaning* em tal caso, teria de ocorrer uma anulação própria do significado primário da palavra e não, apenas, a sua modificação", o que faria com que o titular da marca ficasse numa situação de monopólio em relação ao significado primário.

561 Ver, por todas, a 1ª edição desta obra, pp. 311/312.

(proémio do art. 211º). Congratulamo-nos, pois, com esta solução legislativa introduzida pelo DL nº 143/2008, de 25/7 e mantida no atual CPI.

Como já sabemos[562], o título de registo de uma marca obtém-se após um procedimento administrativo formalizado, regulado pelas normas especiais dos arts. 222º e ss e as normas gerais dos arts. 9º a 29º, envolvendo a participação de interessados e da administração pública, num encadeamento de atos funcionalmente ligados que culminam no ato administrativo da entidade competente do INPI em conceder ou denegar o registo.

Neste âmbito, a legitimidade do requerente[563] constitui um pressuposto subjetivo, exigido por lei, para a abertura do procedimento administrativo conducente ao registo da marca[564].

A legitimidade traduz-se na necessidade de o requerente revestir a *posição jurídica material*, em relação à decisão a que o procedimento tende[565].

O art. 211º diz que o "direito ao registo de marca cabe a quem nisso tiver legítimo interesse" e, *designadamente*, a todas as pessoas referidas nas alªs a) a e).

Essas pessoas são as seguintes:

a) Industriais ou fabricantes, para assinalar os produtos do seu fabrico;
b) Comerciantes, para assinalar os produtos do seu comércio;
c) Agricultores e produtores, para assinalar os produtos da sua atividade;
d) Criadores ou artífices, para assinalar os produtos da sua arte, ofício ou profissão[566];
e) Prestadores de serviços, para assinalar a respetiva atividade.

[562] Cap. II, 1.2.

[563] As considerações que vamos fazer sobre a legitimidade correspondem, em grande medida, ao que que escrevemos sobre o mesmo tema no nosso *Função distintiva da marca* cit., pp. 153 e ss.

[564] Qualificando, de igual modo, o disposto no artigo correspondente do CPI anterior (art. 168º) como um problema de legitimidade, cf. Oliveira Ascensão, "Parecer sobre o projecto do CPI e a lei de autorização legislativa", RFDL, 1995, p. 44 (em crítica à epígrafe do artigo, que ainda se mantém, "direito à marca" em virtude de a problemática ser de *legitimidade)*.

[565] Cf. Esteves de Oliveira/Costa Gonçalves/Pacheco de Amorim, *Código do Procedimento Administrativo,* 2ª ed., 1997, p. 271, em anotação ao art. 53º, referente ao problema da legitimidade procedimental.

[566] Estas marcas "não podem ser nem devem confundir-se com as marcas operárias, marcas de trabalho ou "label" que têm por fim assinalar ao comprador os produtos resultantes do trabalho sindical organizado em certas condições" – cf. *PARECER DA CÂMARA CORPORATIVA* cit., p. 100, com indicações pormenorizadas sobre a figura e objetivos da marca operária. A marca de artífice foi pensada para aqueles casos em que o sinal de artífice pode desempenhar um particular significado de comprovação da qualidade do produto e ser um motivo de preferência junto do consumidor, desenvolva o artífice a sua atividade por conta própria ou por conta de outrem.

A solução legal compreende uma cláusula geral (o conceito de *legítimo interesse)* e uma enumeração casuística exemplificativa, das principais situações em que o requisito da legitimidade se verifica.

Na sua base encontra-se uma classificação *económica* e assenta na distinção entre marcas industriais ou de produtos (als. a), c) e d)), marcas comerciais (alª b)) e de serviços (alª e)).

Pelo critério do proémio do art. 211º, ficamos a saber que é necessário haver *legítimo interesse* para se registar uma marca e que, pelo menos ("designadamente"), os industriais, comerciantes, agricultores, artífices e prestadores de serviços preenchem esse requisito quando requeiram o registo em vista dos interesses das respetivas atividades económicas[567].

Tem legítimo interesse, o requerente que *desempenhe*, por regra, em moldes *empresariais*[568] (cf. art. 208º, parte final), uma das *categorias* da atividade económica (primária, secundária e terciária), à qual se ligam os produtos ou serviços a assinalar.

A lei confere, expressamente, legitimidade em razão da atividade *económica* do interessado, independentemente da respetiva *natureza* jurídica (pessoa singular ou coletiva, de direito privado ou público). Há legítimo interesse sempre que o interessado destine a marca a uma atividade económica *concreta* que *exista* ao tempo do pedido. O requisito exigido é o da ligação da marca a uma atividade *diretamente* exercida pelo interessado.

Não sendo a enumeração legal taxativa, isso significa que no conceito de legítimo interesse podem admitir-se outras situações.

Desde logo, resulta do art. 268º, nº 1 a possibilidade de formulação de um pedido de marca destinada a ser usada no futuro, desde que, sob pena de caducidade, o diferimento do uso não seja superior a um período de cinco anos, após o registo. Assim, seria contraditório, do ponto de vista da coerência do sistema normativo, que o nosso direito de marcas estatuísse a falta de legítimo interesse a todo aquele que, exercendo já uma atividade económica, pretendesse registar uma marca para uso não imediato.

[567] A atividade económica não significa que dela deva resultar uma finalidade lucrativa em sentido restrito. A atividade económica pressupõe apenas a obtenção de uma qualquer vantagem patrimonial, mas não a obtenção de lucro em sentido próprio (incremento patrimonial a repartir pelos sócios).

[568] A exceção à empresarialidade *pode* verificar-se no caso particular do artesão. Sobre o conceito de empresa, em sentido objetivo, e os específicos problemas suscitados pela atividade artesanal no que toca ao referido conceito, *vide* Coutinho de Abreu, *Da empresarialidade. As empresas no Direito*, 1996, pp. 303 e ss e pp. 92 e ss, respetivamente.

Há, portanto, situações, frequentes na prática, em que o requerente solicita o registo da marca para ser usada, *mediatamente*, em novos produtos ou serviços, ligados ao alargamento da(s) sua(s) atividade(s).

Se o requerente, no momento do pedido, for um industrial, comerciante, agricultor, artífice ou prestador de serviços tem, pois, legitimidade para pedir uma marca, destinada a ser usada, *diretamente*, na sua atividade (ou atividades), de modo *imediato* ou *mediato* (diferido).

Na hipótese do uso *diferido* ou *mediato*, a eventual falta de uso futuro não constituirá um problema de (i)legitimidade e, consequentemente, de possível invalidade (cf. art. 259º, nº 1), mas um problema de caducidade por não uso da marca (cf. art. 268º, nº 1)[569].

Outra situação subsumível, na nossa opinião, ao conceito de *legítimo interesse*, por decorrer, coerentemente, da *ratio legis*, é a do requerente que, não exercendo ainda nenhuma atividade económica, esteja em condições de demonstrar, no momento do pedido, se para tal for instado[570], encontrar-se numa fase preliminar ou preparatória de organização empresarial e destine a marca a produtos ou serviços da sua atividade[571]. Há legítimo interesse sempre que o requerente possa demonstrar destinar a marca a produtos ou serviços relacionados com uma atividade económica em vias de ser iniciada.

Muito mais complexa do que a anterior é a situação que diz respeito ao registo de marca para utilização *indireta*, por via da transmissão ou da licença a terceiro. O CPI, literalmente, em sede de legitimidade, parece querer excluir essa possibilidade. Em todas as alíneas do art. 211º refere-se a relação do pedido

[569] O T.Com. de 2/06/2003, BPI-10/03, p. 3555, entendeu que "a marca deve ser recusada quando for pedida por quem nisso não tenha legítimo interesse, inexistindo este interesse quando a marca é pedida para assinalar produtos ou serviços que não se inserem no âmbito da atividade do requerente". Pode ler-se na mesma decisão que a solução da caducidade por falta de uso só faz sentido quando o requerente pretenda registar a marca para produtos ou serviços relacionados com o seu objeto social ou faça prova de que está em vias de alterar esse objeto. De outra forma o problema é de ilegitimidade e não de caducidade.

[570] O requerente terá de fazer prova se isso lhe for solicitado, ou pelo INPI, oficiosamente, no exercício do direito de controlo da legitimidade do requerente, que lhe assiste (art. 20º, nº 5), ou por um concorrente que se oponha ao pedido de registo com esse fundamento (cf. art. 226º, nº 1).

[571] Um exemplo, seguramente, dos mais importantes, do ponto de vista prático, e com mais viabilidade probatória, será o do pedido feito em nome de uma sociedade, ainda não constituída (mas com certificado de admissibilidade de firma já obtido), ou já constituída (com ou sem registo), mas sem ter iniciado, ainda, a sua atividade. Um outro exemplo será o do pedido solicitado por um comerciante em nome individual que, já registado, não haja começado a respetiva atividade.

a uma atividade própria do requerente. Mas, como já sabemos, o conceito de legítimo interesse não se esgota no disposto naquelas normas legais.

A resposta sobre a utilização *indireta* da marca, através da negociação da marca não previamente usada, passa, como dissemos atrás[572], por uma ponderação do significado atual da função distintiva.

A nossa proposta vai no sentido da admissibilidade de registo da marca para utilização indireta desde que o requerente já exerça uma atividade económica. Por outras palavras, será lícita a prática do chamado *merchandising*, ou seja, da licença *colateral* da marca para uso em produtos ou serviços diferentes dos da utilização primária[573]. Aquele que exerça uma atividade económica (e, portanto, não use o direito de marcas de modo exclusivamente especulativo) tem legitimidade para registar uma marca para utilização indireta através, normalmente, de licença concedida a terceiro, porque, de acordo com o *redefinido* significado da função distintiva, é à sua *pessoa* que se liga, sempre, a origem da marca.

Por outro lado, o Código considera como uso sério da marca o uso por parte de terceiro desde que o seja sob consentimento do titular (art. 267º, nº 1 alª c)), situação aplicável especificamente ao uso colateral da marca. O consentimento deve ser acompanhado do controlo do uso. Este faz a diferença entre um uso sério que permite reportar ainda, juridicamente, o uso da marca ao seu titular (garantindo a função de origem de base pessoal do titular da marca) e um uso não sério que não permite sequer o cumprimento da função distintiva da marca.

O conteúdo do conceito de legítimo interesse, por referência à ligação *imediata*, *mediata* ou *indireta* da marca a uma atividade do titular, implica, a nosso ver, *que não tem legítimo interesse* todo aquele que não exerça, nem demonstre vir a exercer, qualquer atividade económica e apenas tenha a intenção de se servir do registo com finalidade exclusivamente especulativa.

Em síntese: *o requerente tem legitimidade quando, no momento do pedido, independentemente da sua natureza jurídica, exerça ou demonstre poder vir a exercer, por via de regra, empresarialmente, qualquer das atividades económicas indicadas nas várias alíneas do art. 211º, e destine a marca, imediata ou diferidamente, a produtos ou serviços relacionados com essas atividades ou a produtos ou serviços diferentes (utilização indireta) desde que, nesta última hipótese, já exerça uma efetiva atividade económica.*

As pessoas físicas ou jurídicas, portuguesas ou nacionais dos países que constituem a Organização Mundial do Comércio (OMC) ou a União de Paris

[572] Parte III, Cap. I, 1.1.2.

[573] Sobre o *merchandising* de marcas, para mais desenvolvimentos, *vide infra* cap. VI, nº 3.

(CUP) ou, ainda, nacionais de países estranhos à OMC e à CUP, mas com domicílio ou estabelecimento industrial ou comercial real e efetivo num dos países da União ou da OMC, têm as mesmas condições para serem titulares de uma marca individual[574].

O Tratado sobre o Direito de Marcas, no âmbito da Organização Mundial da Propriedade Intelectual (OMPI)[575], revela uma clara inclinação para a solução de ausência de qualquer controlo de legitimidade (cf. art. 7º), embora deixe alguma abertura para a exigência de quaisquer provas que se afigurem necessárias para a apreciação da legitimidade do pedido (cf. art. 8º). Pelo exposto, pensamos que incumbe ao INPI, por força da solução legal do art. 211º do CPI, e através do mecanismo processual previsto no art. 20º, nºs 5 e 6, o direito de exercer o controlo efetivo da legitimidade de um qualquer requerente sempre que tenha fundadas dúvidas sobre a mesma.

Outra questão ligada com o tema, é a de saber se a marca de serviços pode distinguir os serviços prestados no âmbito das profissões liberais. É uma questão debatida na doutrina estrangeira embora se venha registando uma corrente maioritária favorável[576]. Que dizer no direito português?

Na nossa opinião, não devemos dar uma resposta única. A situação das profissões liberais não é estruturalmente homogénea. Ainda há lugar para dois modos essencialmente distintos de exercer a profissão: ou em moldes tradicionais, individual ou societariamente[577], mas em que a pessoa do profissional é o mais importante, ou em moldes empresariais em que a organização reveste uma importância autónoma a par dos profissionais que a servem.

No primeiro caso parece-nos desajustada a solução de aceitação das marcas de serviço por duas ordens de razões: não relevar tanto o serviço (o resultado), mas a atividade (mérito e empenho) exercida pelo profissional ou profissionais

[574] Art. 3º, nºs 1 e 2. Têm ainda legitimidade para requerer o registo de uma marca no nosso país os estrangeiros previstos no nº 3 do mesmo artigo.

[575] Concluído em Genebra em 28/10/1994, publicado in Prop. Ind. y Aut., 2/95, pp. 49 e ss (ainda não ratificado por Portugal). O objetivo fundamental do Tratado é o da simplificação de formalidades para a aquisição e manutenção do direito de marca. Por esse motivo, são escassas as matérias substantivas. Destas, salientamos a duração do direito de marca, fixada em 10 anos, renováveis (art. 13º, nº 7) e a proteção da marca de serviço à qual são aplicáveis as disposições da CUP relativas à marca de produto (art. 16º).

[576] Essa foi uma das conclusões a que chegou o Comité Executivo da AIPPI, reunido em Sidney de 10 a 15/4/88, AIPPI(A)-1987/IV p. 59, reportando-se aos relatórios dos vários grupos nacionais, nomeadamente aos dos grupos francês, alemão e belga.

[577] Sobre a noção de sociedade profissional (propriamente dita) e a noção de sociedade de prestação de serviços profissionais intelectuais, *vide*, o nosso, *Sociedades Profissionais*, SI, XXXIX, pp. 162 e ss.

na prossecução desse serviço e por não se encontrarem organizadas empresarialmente[578]. Acresce que as regras subjacentes ao direito de marcas, regras do mercado e concorrência, não se harmonizam com o estatuto profissional e deontológico de grande parte das principais profissões liberais controladas por Associações Públicas.

No segundo caso, é possível afetar os serviços dos profissionais liberais a uma organização complexa de fatores humanos, técnicos e materiais, *rectius* a uma verdadeira empresa, e concluir pela admissibilidade das marcas de serviço.

Pelas razões indicadas interpretamos, restritivamente, o disposto no art. 208º, na parte em que contempla o princípio de que a marca serve "para distinguir os (...) serviços de uma empresa", de forma a excluir do seu âmbito, nas condições referidas, a atividade dos profissionais liberais que exerçam a profissão, individualmente ou em sociedades, sem organização empresarial.

No nosso direito ainda há mais um argumento suplementar em apoio da posição desfavorável ao registo de marcas por parte dos profissionais liberais. O CPI consagra um direito da propriedade industrial, o logótipo, com um espetro de aplicação bastante alargado, onde pode caber a distinção de entidade individual, de carácter privado, prestadora de atividade profissional liberal (cf. arts. 281º e 282º)[579].

4. Marca Composta por Sinais Distintivos do Estado, Municípios ou de outras Entidades Públicas ou Particulares, Nacionais ou Estrangeiras, por Emblema e Denominação da Cruz Vermelha ou de outros Organismos Semelhantes e por outros Sinais Abrangidos pelo artigo 6º-*ter* da CUP

Em relação aos símbolos do Estado e de organismos internacionais (armas, bandeiras, outros emblemas e sinetes oficiais) este fundamento de recusa consta igualmente da disposição do art. 6º *ter* nº 1 als. a) e b) da CUP e impõe-se,

[578] Sobre este ponto, *vide*, para mais desenvolvimentos e no mesmo sentido, Coutinho de Abreu, *Da empresarialidade* cit., pp. 98 e ss e Fernández Nóvoa, *Reflexiones preliminares sobre la empresa y sus problemas juridicos*, "Estudios de Derecho de la Publicidad", Homenaxe da Facultade de Dereito ó autor Dr. Carlos Fernández-Nóvoa, Universidade de Santiago de Compostela, 1989, pp. 23 e ss. Para este autor a nota mais distintiva entre a empresa e a profissão liberal reside no emprego de meios de produção. "Na profissão liberal o emprego dos meios de produção é sempre acessório e limitado: só é possível na medida em que estes meios facilitam ao profissional o exercício pessoal da sua atividade. Pelo contrário, na empresa o emprego de tais meios é essencial e não está submetido a limite algum" (ob. cit., p. 25).

[579] Com efeito, o art. 282º, estabelece o seguinte: "Tem legitimidade para requerer o registo de um logótipo qualquer entidade individual ou coletiva, de carácter público ou privado, que nele tenha interesse legítimo".

por conseguinte, às legislações de todos os países da União[580] cumpridas que sejam, em relação à proteção dos símbolos estrangeiros, as formalidades previstas no nº 3º, als. a) e b) desse artigo.

No direito unionista o interesse de ordem pública nacional ou internacional, subjacente a esta proibição, sobrepõe-se, mesmo, ao interesse da proteção da marca *telle quelle* (cf. arts. 6º *ter* nº 10 e 6º *quinquies* A)-1 e B)-3º).

Não se trata, porém, de uma proibição absolutamente inderrogável. Quer na solução nacional (arts. 223º, nº 3 alª c) e 231º, nº 3, alª a)), quer na solução unionista prevê-se a possibilidade de as autoridades competentes permitirem a utilização destes símbolos na constituição das marcas.

Esta solução deve ser interpretada *cum grano salis*. A autorização não pode ser indiscriminada. Deve pautar-se por três critérios:

O primeiro é o de os símbolos requeridos ou registados serem apenas elementos distintivamente acessórios da marca[581]. Como se assinala no art. 6º, *ter* nº 1 al. c) da CUP, para todos os sinais de soberania, e no art. 231º, nºs 4 e 5, referindo-se apenas à Bandeira Nacional, o objetivo é o de que não se trate de um elemento distintivo dominante da marca e que não induza o público em erro sobre a proveniência.

O segundo é o de essa utilização não produzir o desrespeito ou do prestígio do símbolo público utilizado. É um requisito previsto apenas para a utilização da Bandeira Nacional (art. 231º, nº 5 al. c)), mas deve constituir o afloramento de um princípio geral, cuja observância, aliás, poderia ser sempre acolhida pela proibição geral de violação de regras de ordem pública (art. 32º, nº 1 al. c)).

O terceiro é o de essa autorização se dever pautar por preocupações de igualdade relativa entre os concorrentes. Se o objetivo da proibição é o de impedir que símbolos públicos e de soberania sejam abusivamente aproveitados no comércio privado por um só titular então parece justificar-se que qualquer autorização, mesmo nos condicionalismos referidos, se deva nortear, também, pela possibilidade de abertura dessa autorização a outros concorrentes que a solicitem.

A proibição, quer unionista, quer nacional, abrange, igualmente, qualquer reprodução heráldica não autorizada, ainda que particular (art. 231º, nº 3

[580] Impõe-se, também, naturalmente, a todos os países da UE que, sem exceção, pertencem a essa Convenção. De todo o modo, ainda que assim não fosse, o art. 4º, nº 1 al. h) da Diretiva-2015 imporia essa solução.

[581] Era o critério adotado, expressamente, pelo art. 11º, nº 1 al. h) da lei espanhola de 1988. No sentido da declaração da nulidade do registo de uma marca que incorporava, parcialmente, sem autorização expressa, a bandeira nacional de Cabo Verde, cfr. Ac. TRL de 20/02/2020, BPI-26/08/2020, pp. 17 e ss.

al. a)), sendo de destacar a Cruz Vermelha ou outros organismos a que o Governo tenha concedido o uso de emblemas privativos[582].

5. Marca Composta por Sinais de Elevado Valor Simbólico

Na nossa opinião esta norma concretiza um aspeto relacionado com a limitação legal prevista no número seguinte, respeitante à observância da moral e ordem pública.

Por isso, em termos sistemáticos, devia surgir depois dessa norma. Na verdade, a utilização, sem autorização, de sinais de elevado valor simbólico, nomeadamente religiosos, a que alude o artigo 231º, nº 3 alª b), já caberia na proibição, mais ampla, da proteção de sinais imorais.

O interesse útil da autonomização desta "parcela" de imoralidade, para além de corresponder a um "convite" da DM (art. 4º, nº 3 alª b)), parece ter sido o de tornar clara a solução da salvaguarda de valores ou símbolos religiosos[583].

O CPI-2018 afasta a proibição quando os sinais sejam usuais na linguagem corrente ou nos hábitos leais do comércio dos produtos ou serviços a que a marca se destina e surjam acompanhados de elementos que lhe confiram caráter distintivo.

6. Marca Composta por Expressões ou Figuras Contrárias à Lei, Moral, Ordem Pública e Bons Costumes

Na versão originária da CUP de 20/3/1883 a única hipótese em que uma marca unionista podia ser recusada era, nos termos do art. 6º, a de o *depósito* ser considerado "contrário à moral ou à ordem pública".

Esta hipótese de recusa consta ainda da atual versão da CUP (art. 6º *quinquies* B)-3º).

De salientar que a proibição em análise (art. 231º, nº 3 alª c)) incide sobre a constituição da marca em si mesma e não sobre o eventual uso que dela se possa fazer.

[582] Um caso similar ao da Cruz Vermelha será o do Comité Olímpico Português a quem foi atribuído o direito exclusivo à utilização dos símbolos olímpicos – cf. DL. nº 155/2012 de 18/07. Neste contexto *vide* o 12º JCL de 5/12/90, BPI-4/91, p. 1675, que confirmou a decisão do INPI de recusa do registo da marca *Olimpic* solicitada por uma firma italiana. Com um outro fundamento (por se tratar de um sinal *usual*!) também foi recusado o pedido de registo da marca *Olimpus* requerido por uma empresa portuguesa (1º JCL de 14/8/2001, BPI-3/01, p. 1018).

[583] O T. Com., de 12/10/2004, BPI-4/9/2007, p. 19, com fundamento na ofensa da moral cristã, recusou o registo da marca *Jesus*. Parece-nos também que, um fundamento de salvaguarda da moral religiosa, podia ser recusado o registo da marca *Divino* que, no entanto, numa aplicação, na nossa opinião, distorcida das soluções legais, foi recusada pelo INPI por se tratar de uma marca enganosa, embora a decisão administrativa tivesse sido revogada pelo 9º JCL de 23/12/99, BPI-2/00, p. 568.

A proibição de expressões ou figuras ofensivas da lei deve abranger "todas as normas vigentes de "ius cogens""[584].

Por "moral pública" ou "bons costumes" entenda-se "o conjunto de regras éticas aceites pelas pessoas honestas, corretas, de boa-fé, num dado ambiente e num certo momento".

Por "ordem pública" leia-se "o conjunto de princípios fundamentais subjacentes ao sistema jurídico que o Estado e a sociedade estão substancialmente interessados em que prevaleçam e que tem uma acuidade tão forte que deve prevalecer sobre as convenções privadas"[585].

Na apreciação de cada marca deve ter-se em conta a "sensibilidade média do consumidor a que se destina o produto ou serviço" devendo a tolerância ser inversamente proporcional à possibilidade de acesso aos produtos ou serviços por parte de todos os consumidores[586].

As referências de ordem prática não são muito significativas[587].

[584] Cf. F. Nóvoa, idem, p. 89.
De interesse para o tema, a decisão do STJ (Ac. de 22/11/95, BPI-3/96, p. 909), que recusou o registo da marca *A Decisão Inteligente*, para tabaco, por contrariar legislação sobre prevenção do tabagismo.

[585] Baseamo-nos nas definições de Mota Pinto, *Teoria Geral do Direito Civil*, Coimbra Ed. 4ª ed. (Pinto Monteiro/Paulo Mota Pinto), 2005, pp. 558/559, apresentadas no âmbito do estudo do objeto negocial.

[586] Fernández-Nóvoa, *Tratado sobre Derecho de marcas* cit., p. 232.

[587] O Ac. TRL de 21/12/2020, BPI-24/02/2020, pp. 13 e ss, confirmou a recusa do registo da marca mista "Fascista"; o 5º JCL de 13/7/72, BPI-7/72, p. 1320, num laivo de excessivo pudor, negou o registo da marca *Opel Ascona-1;* o 10º JCL de 15/9/93, BPI-2/94, p. 465, aceitou, contra a posição do INPI, o registo da marca constituída pela associação do nome "S. Huberto" à imagem de um veado com uma cruz entre as hastes; e o 1º JCLamego de 25/05/01 julgou improcedente a ação de nulidade do registo da marca *Força no Pau*, para bebidas alcoólicas, instaurada pelo MP. De assinalar, ainda, que se nos afiguravam de recusar o pedido da marca *Pilinhas* para licores (BPI-4/91, p. 1966), por imoral – tendo, desse modo, andado bem o INPI e o 10º JCL de 10/5/94, BPI-5/94, p. 1922 – e os pedidos das marcas *Lex*, para lixívias e detergentes (BPI-12/91, p. 6079), e *Escudo*, para repelente de insetos (BPI-4/92, p. 1977), por contrárias à ordem pública.
Na UE, o TG (Ac. de 12/12/2019, T-683/18) considerou contrária à ordem pública o pedido de registo no EUIPO da marca mista "Cannabis Store Amsterdam", destinada a distinguir artigos e serviços de restauração.
Podem referir-se ainda os exemplos apresentados por Braun, *Précis* cit., p. 133: *Frohe Zukunft* (para anticoncepcional), *Dominus-Vobiscum* (para um instituto público), a representação de *Saint Paul* (para produtos de higiene e beleza), *Tell-Marke* acompanhada de uma vinheta representando o monumento de *Guillaume Tell* (para café), pertencente a um não suíço e *Opium* (para perfume) que foi recusada na Suíça, mas admitida na França. Em relação à França *vide* a decisão do *Cour de Paris* de 7/5/79, Ann., 3-79, pp. 306 e ss.

7. Marca Enganosa

À luz da disposição legal (art. 231º, nº 3 alª d) o que é decisivo é a marca *em si* (e não o uso que dela se faz), em relação com os produtos ou serviços a que se destina, no seu conjunto, ou num dos seus elementos relevantes[588], ser suscetível de enganar o público[589] incida o erro sobre a natureza, qualidade, proveniência geográfica ou outro aspeto (v.g. composição, destino ou finalidade) do produto ou serviço, signifique isso um sinal falso, isto é, um sinal objetivamente contrário à verdade, signifique isso, simplesmente, um sinal que possa gerar risco de engano no público[590].

Seguindo o ensinamento de F. Nóvoa para determinar se um sinal pode provocar um risco de engano devem conjugar-se dois critérios básicos:

> "o primeiro consiste em relacionar o sinal solicitado como marca com os produtos ou serviços para as quais se haja apresentado a correspondente solicitação[591];
>
> "o segundo consiste em fixar a plataforma subjetiva a partir da qual se deverá apreciar se um sinal é enganoso"[592].

Em relação a este último critério a alª d) do nº 1 do art. 231º situa essa plataforma no público. O conceito de "público" tem uns "contornos muito amplos que devem ser adaptados em cada caso concreto" de acordo com a "espécie de produtos ou serviços para os quais se solicita a marca"[593].

Vide mais exemplos em Baumbach/Hefermehl, *Warenzeichenrecht* cit., pp. 369 e ss; Busse/Starck, *Warenzeichengesetz*, pp. 217 e ss; Fernández-Nóvoa, *Derecho de marcas* cit., pp. 90 e 91 notas e Mathély, *Le droit français* cit., p. 66.

588 Atente-se no facto de o proémio do nº 3 do art. 231º proibir o registo de marcas "que contenham, em todos ou alguns dos seus elementos".

589 É, pois, suficiente que o engano seja possível, como lembra Mathély, *Le droit français* cit., p. 68 e *Le nouveau droit français des marques* cit., p. 47.
Sobre as marcas enganadoras, *vide* ainda Roujou de Boubée, *Les marques deceptives*, 1992 e Sena, "Veridicità e decettività del marchio", RDI, 1993, pp. 331 e ss.

590 A nossa jurisprudência dominante, estribando-se no facto de o texto do nº 11 do art. 93º do CPI-1940 se referir apenas às falsas indicações de proveniência, vinha entendendo que uma coisa era a falsa indicação de origem de um produto e outra coisa era a adoção de um nome que pudesse gerar a convicção falsa (engano) quanto à origem.

591 Como salienta Fernández-Nóvoa, *Tratado de Derecho de Marcas* cit., p. 234 o carácter enganoso da denominação não pode estabelecer-se *in vacuum*.

592 F. Nóvoa, idem.

593 F. Nóvoa, idem.

Por outro lado, para que o engano seja possível não é imprescindível que o sinal seja essencialmente descritivo. Basta que possa ser sugestivo, evocando um objeto diferente daquele que identifica[594].

A alª d) do nº 1 do art. 231º, a título exemplificativo, enumera várias hipóteses concretas de sinais enganosos: os que possam induzir o público em erro sobre a natureza, qualidades, utilidade ou proveniência geográfica dos produtos ou serviços[595].

594 Neste sentido F. Nóvoa, idem e Mathély, *Le droit français* cit., p. 68.

595 Na nossa jurisprudência podemos encontrar alguns exemplos de marcas consideradas falsas indicações da natureza, qualidade ou proveniência geográfica dos produtos ou serviços.
Em relação às primeiras: a marca *Rum Negrita* recusada para produtos inteiramente diferentes do rum (pertencentes às classes 29ª a 33ª da tabela anexa) por significar unicamente aguardente extraída do melaço – sent. 5º JCL de 4/12/65, BPI-7/66, p. 1028; a marca *Porto Sobreiro* destinada a água, gasosas, limonadas, refrigerantes dada a designação "Porto" ser conhecida pela generalidade das pessoas e associada de imediato ao conhecido Vinho do Porto – 13º JCL de 28/10/85, BPI-4/86, p. 977; a marca *King of Beerys* destinada a xaropes e outras preparações para fazer bebidas em virtude da imediata associação com cerveja – 5º JCL de 2/11/93, BPI-8/94, p. 3525; a marca *Supremecorq* destinada a tampas de plástico para recipientes de líquidos por sugerir tratar-se de tampas de cortiça *(cork)* – 9º JCL de 10/12/1999, BPI-9/00, p. 4269; a marca *Chama Dinheiro* destinada a "pó de talco perfumado" por sugerir um outro produto – 8º JCL de 6/3/2000, BPI-3/01, p. 1032; a marca *Fresh Joghurt* destinada a gelado por parecer designar iogurte – 4ª VCL de 16/6/1997, BPI-4/01, p. 1601.
Em relação às segundas: a marca *Cristalis* destinada a artigos de vidro para uso doméstico por sugerir que se trata de cristal – 1º JCL de 19/5/71, BPI-5/71, p. 767 e a marca *Hipolan* no caso de não ser destinada a tecidos têxteis e tecidos de malhas fabricadas total ou parcialmente de lã – 6º JCL de 16/2/65, BPI-4/65, p. 492 que contudo decidiu não ser esse o caso dos autos; a marca *Nuts* destinada a produtos da classe 30º, nomeadamente, chocolates e gelados feitos à base de água, em virtude de neles não fazer parte quaisquer *nuts*, ou seja, nozes ou quaisquer produtos secos com casca (amêndoas ou avelãs) – Ac. RL de 16/11/00, BPI-8/01, p. 2921.
Em relação às terceiras: as marcas *Helvetic* cujo registo foi anulado por pertencer a uma firma alemã – 5º JCL de 10/10/70, BPI-12/70, p. 2162; *Bulgari* recusada por pertencer a uma firma italiana – 2º JCL de 22/10/82, BPI-11/86, p. 3493; *Cherri Suisse*, destinada a bebidas alcoólicas, recusada por pertencer a uma empresa americana – Ac. STJ de 14/6/85, BPI-1/88, pp. 5 e ss; *Bolshoi*, destinada a vodka, recusada por pertencer a uma empresa americana – 1º JCL de 23/3/84, BPI-4/86, p. 976; *México 86*, destinada a artigos de mesa e material fotográfico, recusada por pertencer a uma empresa americana – 3º JCL de 21/12/87, BPI-4/88, p. 1277 e 9º JCL de 5/4/88, BPI-7/88, p. 2624; *Hawai Company*, destinada a vestuário, por pertencer a uma empresa francesa – 10º JCL de 13/10/97, BPI-4/98, p. 1282; *Charmes d'Italie*, destinada a molhos e molhos para salada, por pertencer a uma empresa francesa – 11º JCL de 6/1/97, BPI-3/99, p. 879; *Suissande*, destinada a chocolate e produtos alimentares, por pertencer a uma empresa portuguesa – 17º JCL de 31/1/98, BPI-4/98, p. 1262; *Manhattan Ice Dream*, destinada a produtos das classes 29º e 30º, por pertencer a uma empresa alemã – 17º JCL de 22/3/2000, BPI-11/00, p. 5349; *Budweiser*, destinada a cerveja, solicitada por uma empresa americana (por sugerir a proveniência checa) – Ac STJ de 23/1/01, BPI-9/01, p. 3224; *Sintra*, destinada a veículos automóveis, pedida pela empresa alemã *Opel* – 4ª VCL de 14/7/2000, BPI-11/2002, p. 3729; *Ipanema d'Ouro*, destinada a café pedida por uma empresa por-

Destas hipóteses a que reveste maior interesse prático é a respeitante à indicação de proveniência.

O erro quanto à proveniência geográfica dos produtos ou serviços, é bom que se diga, não resulta apenas da utilização de indicações enganosas sobre a origem, embora esse seja o caso mais frequente e o único com tratamento jurídico autónomo. A indicação enganosa quanto à proveniência pode surgir, também, pelo facto de a marca adotar o logótipo, firma, denominação social ou outros sinais distintivos pertencentes a outrem. Esta situação já é, todavia, contemplada com proibições específicas (cf. art. 232º, nºs 1 als. c), d) e 2, al. a)). Mais um exemplo de proibição de indicação enganosa quanto à origem está previsto no art. 231º, nº 5, als. a) e b).

A marca enganosa pode constituir, ainda, uma prática comercial desleal, nos termos do disposto nos artigos 5º, 6º alªs a) e b) e 7º nº 1 do Decreto-Lei nº 57/2008 de 26/3, que transpôs a Diretiva nº 2005/29/CE de 11/5, relativa às práticas comerciais desleais das empresas nas relações com os consumidores.

8. Marca Composta por Sinais ou Indicações que contrariem o disposto na Legislação Nacional, na Legislação da União Europeia ou em Acordos Internacionais de que a UE ou o Estado Português seja Parte, que Conferem Proteção a Denominações de Origem ou Indicações Geográficas

A autonomização sistemática desta proibição legal, imposta pela DM-2015 (art. 4º, nº 1, al. i)), no âmbito das proibições absolutas, cuja inobservância constitui uma causa de nulidade do registo, representa uma posição da UE de acentuado reforço da proteção das denominações de origem e das indicações geográficas, nomeadamente em comparação com os outros direitos de propriedade industrial, para os quais a proteção fica confinada, em regra, a uma proibição relativa e à cominação da sanção de anulabilidade (cf. art. 232º, nº 1, als. a) a d) e f) e art. 260º, nº 1, CPI)[596].

Deste modo, esta solução alarga, significativamente, o âmbito de legitimidade, em sede de oposição ao registo (conhecimento oficioso e possibilidade de oposição de terceiros – art. 229º, nº 2) e da sua invalidade (artigo 34º, nº 2).

tuguesa – TRL de 29/06/2004, BPI-5/05, p. 1603. De interesse, ainda, as várias decisões tomadas a propósito de marcas constituídas pela expressão *Scotch*. Para uma visão conjunta dessas decisões cf. Justino Cruz, *CPI anotado* cit., pp. 199 e 200.

[596] Aliás, a denominação de origem e a indicação geográfica, em observância do disposto na Diretiva, passam a gozar de uma dupla proteção, quer por via da proibição absoluta, quer por via da proibição relativa. Sobre esta última, ver Cap. IV, 3.

No CPI-2018, as disposições legais pertinentes de proteção da denominação de origem e da indicação geográfica são o art. 231º, nº 3, al e) (impedimento absoluto) e o art. 259º, nº 1 (nulidade).

A remissão direta efetuada pelo CPI para as disposições legais nacionais e os instrumentos legislativos da União Europeia tem a vantagem de permitir uma sintonia normativa e evitar quaisquer discrepâncias interpretativas.

No que respeita à legislação nacional deve ter-se em conta que as denominações de origem e indicações geográficas são direitos de propriedade industrial tipificados, protegidos nos artigos 299º e ss., que abordaremos mais adiante[597].

Entende-se por denominação de origem o nome de uma região, de um local determinado ou, em casos excecionais, de um país que serve para designar ou identificar um produto:

a) Originário dessa região, desse local determinado ou desse país;
b) Cuja qualidade ou características se devem, essencial ou exclusivamente, ao meio geográfico, incluindo os fatores naturais e humanos, e cuja produção, transformação e elaboração ocorrem na área geográfica delimitada (art. 299º, nº 1).

Entende-se por indicação geográfica o nome de uma região, de um local determinado ou, em casos excecionais, de um país que serve para designar ou identificar um produto:

a) Originário dessa região, desse local determinado ou desse país;
b) Cuja reputação, determinada qualidade ou outra característica podem ser atribuídas a essa origem geográfica e cuja produção, transformação ou elaboração ocorrem na área geográfica delimitada.

No que se refere à legislação da União Europeia, que protege as denominações de origem e as indicações geográficas, devemos, ter em conta, presentemente, os seguintes Regulamentos:

a) Regulamento (UE) 2019/1753, do Parlamento Europeu e do Conselho, de 23 de outubro de 2019, que estabelece normas e procedimentos relativos à ação da União na sequência da sua adesão ao Ato de Genebra do Acordo de Lisboa sobre as denominações de origem e as indicações geográficas.

   O Ato de Genebra é um tratado administrado pela Organização Mundial da Propriedade Intelectual (OMPI). Alarga o âmbito do Acordo de Lisboa relativo à Proteção das Denominações de Origem e ao seu

[597] Parte IV, 3.

Registo Internacional de modo a abranger não apenas as denominações de origem, mas também as indicações geográficas. Além disso, permite às organizações internacionais tornarem-se partes contratantes.

b) Regulamento (UE) nº 787/2019 do Parlamento Europeu e do Conselho, de 17 de abril de 2019 (art. 36º, nº 1), relativo à definição, designação, apresentação, rotulagem e proteção das indicações geográficas das bebidas espirituosas[598];
c) Regulamento (UE) nº 251/2014 do Parlamento Europeu e do Conselho, de 26 de fevereiro de 2014 (art. 19º, nº 1), sobre a definição, descrição, apresentação, rotulagem e proteção das indicações geográficas dos produtos vitivinícolas aromatizados[599];
d) Regulamento (UE) nº 1308/2013 do Parlamento Europeu e do Conselho, de 17 de dezembro de 2013 (art. 102º, nº 1), que estabelece uma organização comum dos mercados dos produtos agrícolas[600];

[598] A indicação geográfica de uma bebida espirituosa é a que identifique essa bebida como sendo originária do território de um país, ou de uma região ou lugar desse território, sempre que determinada qualidade, reputação ou outra característica seja essencialmente imputável à sua origem geográfica (art. 3º, nº 4 do Regulamento). Este Regulamento revoga o Regulamento (CE) nº 110/2008, de 15 de janeiro de 2008, a partir de 25 de maio de 2021.

[599] A indicação geográfica dos produtos vitivinícolas aromatizados, de acordo com o art. 2º, 3) do Regulamento (UE) nº 251/2014, é a que identifica um produto vitivinícola aromatizado como originário de uma região, de um local específico ou de um país caso uma determinada qualidade, reputação ou outra característica desse produto possa ser atribuída essencialmente à origem geográfica do mesmo.

[600] Conforme dispõe o art. 93º, nº 1, al. a), entende-se por denominação de origem "o nome de uma região, de um local determinado ou, em casos excecionais e devidamente justificáveis, de um país, utilizado para designar um produto a que se refere o artigo 92º, nº 1, que cumpra os seguintes requisitos: i) a qualidade e as características do produto são essencial ou exclusivamente devidas a um meio geográfico específico, como os fatores naturais e humanos inerentes ao mesmo, ii) as uvas a partir das quais o produto é produzido provêm exclusivamente dessa zona geográfica, iii) a produção ocorre nessa zona geográfica, e iv) o produto é obtido a partir de castas pertencentes à espécie *Vitis vinífera*".
Por indicação geográfica, como estabelece o art. 93º, nº 1, al. b), considera-se "uma indicação relativa a uma região, um local determinado ou, em casos excecionais e devidamente justificáveis, um país, utilizado para designar um produto a que se refere o artigo 92º, nº 1, que cumpra os seguintes requisitos: i) possui determinada qualidade, reputação ou outras características que podem ser atribuídas a essa origem geográfica ii) pelo menos 85 % das uvas utilizadas para a sua produção provêm exclusivamente dessa zona geográfica iii) a sua produção ocorre nessa zona geográfica, e iv) é obtido a partir de castas pertencentes à espécie *Vitis vinifera* ou provenientes de um cruzamento entre a espécie *Vitis vinifera* e outra espécie do género *Vitis*".

e) Regulamento (UE) nº 1151/2012 do Parlamento Europeu e do Conselho, de 21 de novembro de 2012 (art. 14º, nº 1), relativo aos regimes de qualidade dos produtos agrícolas e dos géneros alimentícios[601].

As denominações de origem e as indicações geográficas registadas na UE podem ter origem em Estados-membros da UE, mas também em terceiros países.

Também se aplica às marcas que entrem em conflito com denominações de origem e indicações geográficas de terceiros países que gozem de proteção na UE em consequência de acordos internacionais nos quais seja parte a UE.

Esta proibição legal do registo da marca, referente à proteção das denominações de origem e indicações geográficas (registadas previamente ou que beneficiem de prioridade registal), tendo em conta, em regra, produtos do mesmo tipo[602], garante uma concorrência mais transparente, salvaguarda os interesses legítimos dos produtores protegidos e previne a indução em erro dos consumidores.

9. Marca Composta por Sinais ou Indicações que Contenham, em todos ou alguns dos seus elementos, Menções Tradicionais para o Vinho que se encontrem Protegidas pela Legislação da União Europeia ou por Acordos Internacionais de que a UE seja Parte

A proteção de menções tradicionais para o vinho (prevista no art. 231º, nº 3, alª f) do CPI) reporta-se ao Regulamento (UE) nº 1308/2013 do Parlamento Europeu e Conselho de 17 de dezembro de 2013 (referido no ponto anterior) e ao Regulamento (CE) nº 607/2009 da Comissão de 14 de julho de 2009, que estabelece algumas normas de execução para a aplicação do Regulamento (CE) nº 479/2008, do Conselho.

O considerando 104 do Regulamento (UE) nº 1308/2013 indica que "determinadas menções são usadas tradicionalmente na União para transmitir aos consumidores informações sobre as especificidades e a qualidade dos vinhos,

[601] Para efeitos do presente regulamento, entende-se por denominação de origem uma denominação que identifique um produto: a) originário de um local ou região determinados, ou, em casos excecionais, de um país; b) cuja qualidade ou características se devam essencial ou exclusivamente a um meio geográfico específico, incluindo os seus fatores naturais e humanos; c) e cujas fases de produção tenham todas lugar na área geográfica delimitada (art. 5º, nº 1). "Indicação geográfica" é uma denominação que identifique um produto: a) originário de um local ou região determinados, ou de um país; b) que possua determinada qualidade, reputação ou outras características que possam ser essencialmente atribuídas à sua origem geográfica; c) e em relação ao qual pelo menos uma das fases de produção tenha lugar na área geográfica delimitada (art. 5º, nº 2).

[602] A exceção resulta da proteção ultramerceológica das denominações de origem de prestígio, prevista no art. 306º, nº 4, CPI.

complementando as transmitidas pelas denominações de origem e pelas indicações geográficas protegidas. A fim de assegurar o funcionamento do mercado interno e uma concorrência leal e evitar que os consumidores sejam induzidos em erro, essas menções tradicionais deverão ser elegíveis para proteção na União".

Analogamente, o considerando 12 do Regulamento (CE) nº 607/2009 da Comissão estabelece que "a utilização, regulamentação e proteção de determinadas menções para designar produtos vitivinícolas, diversas das denominações de origem ou indicações geográficas, constitui uma prática bem estabelecida na Comunidade. Essas menções tradicionais evocam, no espírito dos consumidores, um método de produção ou de envelhecimento, uma qualidade, cor ou tipo de local ou um acontecimento ligado à história do vinho. Para garantir condições de concorrência equitativas e evitar que os consumidores sejam induzidos em erro, há que estabelecer um quadro comum para a definição, reconhecimento, proteção e utilização dessas menções tradicionais".

O artigo 112º do Regulamento (UE) nº 1308/2013 do Conselho entende por menção tradicional uma menção tradicionalmente utilizada nos Estados-Membros relativamente a produtos referidos no artigo 92º, nº 1, para:

a) Indicar que o produto tem uma denominação de origem protegida ou uma indicação geográfica protegida ao abrigo do direito nacional ou da União;
b) Designar o método de produção ou de envelhecimento ou a qualidade, a cor, o tipo de lugar ou um acontecimento ligado à história do produto com uma denominação de origem protegida ou uma indicação geográfica protegida.

No primeiro caso, a menção tradicional utiliza-se juntamente com a denominação de origem ou com a indicação geográfica protegida.

No segundo caso, a menção tradicional utiliza-se como uma descrição das características do produto utilizadas para métodos de elaboração ou envelhecimento, qualidade, cor, tipo de lugar ou um acontecimento concreto ligado à história do produto afeto a uma denominação de origem ou a uma indicação geográfica (v.g. "clássico"; "reserva"; "super reserva"; "vintage").

Estas menções transmitem aos consumidores informação sobre as peculiaridades e a qualidade dos vinhos, complementar à que resulta da denominação de origem ou indicação geográfica.

No que tange ao âmbito de proteção, o art. 113º, nº 2 do Regulamento (UE) nº 1308/2013 e o art. 40º, nº 2 do Regulamento (CE) nº 607/2009 estabelecem que:

As menções tradicionais são protegidas, apenas na língua e em relação às categorias de produtos vitivinícolas que sejam objeto do pedido, contra:

a) Qualquer usurpação, ainda que a menção protegida seja acompanhada de termos como "género", "tipo", "método", "estilo", "imitação", "sabor", "como" ou similares;
b) Qualquer outra indicação falsa ou enganosa quanto à natureza, características ou qualidades essenciais do produto, constante do acondicionamento ou da embalagem, da publicidade ou dos documentos relativos ao produto;
c) Qualquer outra prática suscetível de induzir o consumidor em erro, designadamente fazendo crer que o vinho reúne as condições para a utilização da menção tradicional protegida em causa.

10. Marca Composta por Sinais ou Indicações que contenham, em todos ou alguns dos seus elementos, Especialidades Tradicionais Garantidas que se encontrem Protegidas pela Legislação da União Europeia ou por Acordos Internacionais de que a UE seja Parte

A proteção das especialidades tradicionais garantidas (a que se refere o art. 231º, nº 3, alª g) do CPI) está prevista no título III do Regulamento (UE) nº 1151/2012 (referido no ponto 8, *supra*).

Este Regulamento, no artigo 17º, indica que "é estabelecido um regime de especialidades tradicionais garantidas, a fim de salvaguardar os métodos de produção e as receitas tradicionais, ajudando os produtores de produtos tradicionais a comercializar esses produtos e a comunicar aos consumidores os atributos dos seus produtos e receitas tradicionais que lhes oferecem uma mais-valia".

De acordo com o art. 18º:

"1. Podem ser registadas como especialidades tradicionais garantidas as denominações que descrevam um determinado produto ou género alimentício que:

a) Resulte de um modo de produção, transformação ou composição que correspondam a uma prática tradicional para esse produto ou género alimentício; ou

b) Seja produzido a partir de matérias-primas ou ingredientes utilizados tradicionalmente".

"2. Para ser registada como especialidade tradicional garantida, a denominação deve:

a) Ter sido tradicionalmente utilizada para fazer referência ao produto específico; ou

b) Designar o carácter tradicional ou a especificidade do produto".

As especialidades tradicionalmente garantidas realçam as características de um produto, como um método de produção ou a sua composição (*v.g.* o conhecido "Jamón Serrano" espanhol, produzido de acordo com um método tradicional).

De acordo, com o art. 23º do Regulamento (UE) nº 1151/2012, "As denominações registadas como especialidades tradicionais garantidas podem ser utilizadas por qualquer operador que comercialize um produto conforme com o caderno de especificações correspondente".

Por sua vez, o art. 24º, nº 1 dispõe "que as denominações registadas são protegidas contra qualquer utilização abusiva, imitação ou evocação, ou contra qualquer outra prática suscetível de induzir o consumidor em erro".

11. Marca Composta por Sinais ou Indicações que Contenham, em todos ou alguns dos seus elementos, Denominações de Variedades Vegetais que se encontrem Protegidas pela Legislação da União Europeia ou por Acordos Internacionais de que a UE seja Parte

A Diretiva-2015, de modo inovador, como no caso das três proibições anteriores, acrescentou uma proibição específica relativa ao registo de uma marca que seja constituída por uma denominação de variedade vegetal anterior, registada em conformidade com a legislação da União ou com acordos internacionais de que a União seja parte, que confere a proteção dos direitos das variedades vegetais, ou a marcas que reproduzam essa denominação, na sua totalidade ou nos seus elementos essenciais, e que digam respeito a variedades vegetais da mesma espécie ou de espécies estreitamente relacionadas (art. 4º, nº 1, al. l)).

O CPI-2018 transpôs esta solução para o art. 231º, nº 3, al. h), como proibição absoluta e como causa de nulidade (art. 259º, nº 1).

A legislação da UE para a proteção dos direitos de obtenções vegetais, é o Regulamento (CE) nº 2100/94 do Conselho de 27 de julho de 1994.

A União Europeia (por Decisão do Conselho nº 2005/523/CE de 30/05/2005), aderiu à Convenção Internacional para a Proteção das Obtenções Vegetais (UPOV), de 1961 (revista por último em 1991) que passou a fazer parte integrante do ordenamento jurídico da União.

O art. 20º, nº 1, da UPOV, estabelece que a variedade "será designada por uma denominação destinada a ser a sua designação genérica".

Por sua vez, cada parte contratante deve assegurar de que nenhum direito relativo à designação registada como a denominação da variedade obstaculize a livre utilização da denominação em relação com a variedade, inclusive depois de expirar o direito do obtentor (art. 20º, nº 1, al. b)).

Assim, tanto o Regulamento nº 2100/94 como a UPOV impõem a obrigação de utilizar as denominações de variedades para comercializar variedades protegidas ou variedades cuja proteção haja expirado.

O Regulamento nº 2100/94 (art. 5º, nº 2) define variedade vegetal como "um conjunto vegetal pertencente a um mesmo táxon botânico da ordem mais baixa conhecida, conjunto esse que, independentemente de se encontrarem totalmente preenchidas as condições para a concessão do direito de proteção comunitária das variedades vegetais pode ser: definido pela expressão das características resultantes de um determinado genótipo ou combinação de genótipos; distinguido de qualquer outro conjunto vegetal pela expressão de pelo menos uma das referidas características; e considerado como uma entidade, tendo em conta a sua aptidão para ser reproduzido tal e qual"[603].

O direito da UE sobre proteção das variedades vegetais é eficaz até ao final do vigésimo quinto ano civil ou, no caso de variedades de vinha e de espécies de árvores, do trigésimo ano civil subsequente ao ano da sua concessão (art. 19º, nº 1 do Regulamento e 19º, nº 2 UPOV).

12. Marca Cujo Pedido de Registo Seja Efetuado de Má-Fé

Trata-se de uma proibição que constitui uma novidade na ordem jurídica portuguesa (art. 231º, nº 6).

A DM-2015 só impunha que o registo de marca efetuado de má-fé fosse uma causa de nulidade, mas deixava aos Estados-membros a faculdade de estabelecer que essa marca não fosse registada (art. 4º, nº 2).

Esta proibição absoluta é a única que tem de ser invocada por um interessado não sendo, pois, também atenta a sua natureza, de conhecimento direto da autoridade pública (art. 231º, nº 6, 1ª parte).

O momento relevante para efeitos da apreciação da existência de má-fé do requerente é o do pedido de registo do interessado.

A má-fé pressupõe que o requerente apresenta o pedido de registo da marca não com "o objetivo de participar de forma leal no jogo da concorrência mas com a intenção de afetar, de maneira não conforme com os usos honestos, os interesses de terceiros ou com a intenção de obter, mesmo sem visar um terceiro em particular, um direito exclusivo para fins diferentes dos que fazem parte das funções de uma marca, nomeadamente da função essencial de indicação de origem"[604].

603 Para mais desenvolvimentos, AA.VV., *Derecho de las Obtenciones Vegetales* (Ángel Garcia Vidal – Dir.) cit.

604 Cfr. Ac. TJ de 29/01/2020, processo C-371/18, nº 75 ("Sky"); Ac. TJ de 12/09/2019, processo C-104/18, nº 46 ("Koton").

No fundo, a má-fé está ligada à prova de que o requerente do registo pretendia obter uma vantagem indevida do sistema de marcas[605]. Dito de outro modo, há má-fé sempre que o registo de uma marca seja manuseado como um meio para alcançar um fim juridicamente censurável.

A prova de que o requerente sabia ou devia saber que um terceiro utiliza um sinal idêntico ou semelhante para um produto/serviço igual ou afim suscetível de confusão com o sinal cujo registo é pedido não é bastante, por si só, para que fique demonstrada a existência da má-fé do requerente.

Para apreciar a existência de má-fé, importa ainda tomar em consideração a intenção do requerente no momento do pedido de registo, para citarmos a jurisprudência do TJ[606].

A intenção do requerente no momento do registo é um elemento subjetivo que deve ser determinado por referência às circunstâncias objetivas do caso concreto[607].

Isto significa que não se pode confundir a má-fé com o risco de confusão. A má-fé é fundamento de nulidade; o risco de confusão (propriamente dito) é fundamento de anulabilidade pressupondo, ao contrário da má-fé, a existência de uma marca (ou de outro direito) anterior. Também significa que pode haver má-fé mesmo que as marcas conflituantes não sejam destinadas a produtos ou serviços idênticos ou afins[608].

Assim, e inspirando-nos ainda, em parte, na jurisprudência do TJUE, pode configurar um pedido de má-fé:

a) O facto de um único terceiro utilizar, há um tempo razoável, um sinal (marca não registada) para um produto idêntico ou semelhante suscetível de confusão com a marca pedida e de este sinal gozar de uma boa aceitação no mercado.

[605] Conclusões apresentadas pela advogadageral J. Kokott, no processo C104/18, nº 32 ("Koton") citado.

[606] Ac. do TJ de 11/06/2009, processo C-529/07, nº 41 ("Lindt"), que apreciou a existência de má-fé no pedido de registo de uma marca tridimensional. O Tribunal Geral também se pronunciou sobre o mesmo conceito, como nos Acs. de 01/02/2012, T-291/09, "Pollo Tropical Chicken on the grill", de 14/02/2012, T-33/11, "BIGAB", de 13/12/2012, T-136/11, "Pelikan" e de 23/05/2019, T-4/18, "Ann Taylor". Este último (§ 31) considerou que o conceito de má-fé é "relativo a uma motivação subjetiva da pessoa que pede o registo de marca em causa, a saber, uma intenção desonesta ou outro motivo causador de dano, e implica um comportamento que se afasta dos princípios reconhecidos como os que pautam um comportamento ético ou os usos honestos em matéria industrial ou comercial (...)".

[607] Ac. do TJ de 11/06/2009 cit., nº 42.

[608] Assim, Ac. TJ de 12/09/2019 cit., nº 56.

Com efeito, nesse caso, o requerente pode beneficiar do mérito da marca anterior com a intenção censurável de concorrer de modo consciente (deslealdade qualificada[609]) com um concorrente que utiliza um sinal que já obteve uma valoração positiva no mercado.

A solução poderá ser diferente se vários concorrentes usarem a marca em simultâneo.

b) A intenção de impedir um terceiro de comercializar um produto.

Assim é, designadamente, quando se verifica, posteriormente, que o requerente registou como marca um sinal sem intenção de o utilizar, mas unicamente com o objetivo de impedir, ou prejudicar, a entrada de um terceiro no mercado (registo obstrucionista).

Com efeito, nesse caso a marca não cumpre a sua função essencial, que consiste em garantir ao consumidor ou ao utilizador final a identidade de origem do produto ou do serviço em causa, permitindolhe distinguir sem confusão possível esse produto ou serviço daqueles que têm outra proveniência[610].

c) O pedido de registo, atendendo à natureza do produto e à tipologia da marca, puder traduzir uma limitação, desproporcionada, a que os concorrentes possam comercializar produtos idênticos ou afins, por exemplo pondo em causa o princípio da livre disponibilidade do sinal, sem qualquer prova de "secondary meaning".

d) Quando a notoriedade do sinal do terceiro é substancialmente maior do que o conhecimento do sinal confundível cujo registo é pedido. É o caso de existir um sinal notório não protegido e pedir-se o registo de um sinal confundível, em que o objetivo do requerente é o aproveitamento ("parasitário") da confusão e não a sua eliminação.

e) O pedido de registo reiterado da mesma marca ou de marca muito semelhante a fim de evitar as consequências de uma caducidade total ou parcial da titularidade em resultado do não uso sério das marcas anteriores[611].

609 O CPI de 2018 afastou (e bem) a possibilidade (admitida pelo CPI-2003) de anulabilidade do registo efetuado com concorrência desleal meramente objetiva, na qual caberia a situação do uso de uma marca não registada por período superior a 6 meses.

610 Ac. de 29/04/2004, processo C456/01 P e C457/01, nº 48; Ac. TJ de 11/06/2009, processo C-529/07 ("Lindt"), nºs. 46 a 48; Ac. TG de 7/07/2016, processo T82/14, nº 51 ("Luceo").

611 Cf. Ac. TG de 13/02/2012, T-136/11, ("Pelikan"), nº 27.

f) O pedido de registo com a finalidade essencial de comercializar a notoriedade de um bem (*v.g.* nome) ou sinal pertencente a uma outra pessoa, física ou jurídica (registo especulativo)[612].

g) No caso de produtos ou serviços idênticos ou semelhantes, pode haver má-fé se a marca nominativa idêntica posterior pertencente a um terceiro, constituir um acrónimo de uma designação descritiva[613].

A nulidade pode ser parcial, quando a má-fé só disser respeito a certos produtos ou serviços objeto do pedido de marca[614].

612 Por exemplo, Ac. TG de 14/05/2019, T-795/17 ("Neymar").

613 Caso BGW *vs.* BGW *Bundesverband der deutschen Gesundheitswirtschaft* (Ac. TJ de 22/10/2015, C-20/14).

614 Nesse sentido, Ac. TJ de 29/01/2020, C-371/18 ("Sky").

Capítulo IV
Proibições Relativas ao Registo da Marca

1. Marca Que Seja Reprodução ou Imitação de Marca Anteriormente Registada

Trata-se, indiscutivelmente, da proibição mais importante sob o ponto de vista prático.

Essa importância advém do facto de ser o fundamento de recusa do registo de marca mais invocado e de, em sistemas, como o nosso, de amplo exame prévio, ser o fundamento que, pela sua própria natureza, mais facilmente pode escapar à densa malha de controlo e servir de fundamento de anulação[615].

[615] Não se estranhará, por isso, que, no conjunto de casos de invalidade do registo de marca no nosso direito, avultem os casos de imitação.

Cf., v.g.: 1ª Vara Com.L. de 21/1/32, Gaz. R.L. de 1/5/32 p. 13 (*Maizena* v. *Maizena*); Ac. STJ de 24/6/32, Col. Of.-31º, pp. 170 e ss (*Fonseca's Port* v. *Moscatel Fonseca*); Ac. STJ de 22/1/35, Col. Of.-34º, pp. 17 e ss (*Opocalcine* e *Opocalcium* v. *Opocalcina*); Ac. STJ de 27/3/53, BMJ-36º, pp. 372 e ss (*Diadermine* v. *Diadermina*); Ac. R.L. de 12/12/56, JR-5/1956, pp. 1018 e ss (*Pasimycin* v. *Pasmicina*); Ac. R.L. de 10/2/60, JR-1/1960, pp. 61 e ss (*Naval Portugal* v. *Neval Portugal*); Ac. R.P. de 7/2/62, JR-1/1962, pp. 141 e ss (*Heroi Portugal* v. *Heroico Portugal*); Ac. STJ de 9/2/71, BMJ-204º, pp. 168 e ss e RLJ-105º, pp. 21 e ss (*Diolen* v. *Soto Rio Riolen*); 4º JCL de 13/5/74, BPI-12/85, pp. 3471 e ss (*Sharp* v. *Sharp*, mista); 3º JCL de 18/12/80, BPI-5/82, pp. 942 e ss (*Topspot* v. *Topspot*); Ac. STJ de 24/5/90, BMJ-397º, pp. 506 e ss (*Knuffi* v. *Guffi*); 1º JCP de 20/1/90, BPI-4/95, pp. 1374-1375 (*Orix* v. *Orix-Confecções Pele Genuína* e *Orix-Peles Genuína*); 2º JCL de 23/11/94, BPI-4/95, pp. 1376-1377 (*Kangoroo Brand*, mista v. *Kangoroo Brand*, mista); 12º JCL (sem data), Ac. R.L. de 18/2/93 e Ac. STJ de 22/2/94, BPI-5/95, pp. 1860 e ss. (*Uma Amarga* v. *Amarguinha*); 7º JCL de 14/3/95, BPI-8/95, pp. 3364 e ss (*Vip*, mista v. *Vips*); 3º JC de Santarém de 31/01/2001, BPI-5/2002, p. 1745 (*D. Fradique v. Cal D. Fradique*); 2º JC de Évora de 13/07/2000, BPI-11/2002, p. 3719 (*Vinho Tinto da Pera Manca v. Vinhos da Peramanca*); 1ª Vara Mista de Coimbra de 11/10/2001,

Tem sido pacífico na doutrina e jurisprudência em Portugal considerar que a usurpação, enquanto violação direta e total de uma marca, pode revestir duas espécies: a contrafação e a imitação de marca[616].

BPI-11/2002, p. 3724 (*Salustar v. Salutar*); TCírc.Jud. de Almada de 23/3/2001, BPI-11/2003, p. 3839 (*Versace v. Versage*); Vara Mista de Vila Nova de Gaia de 21/4/2004, BPI-2/2007, pp. 20 e ss (*Quinta da Cruz v. Cruz, Cruz Alta, Gran Cruz, Porto Cruz*); Ac. STJ de 8/6/2004, BPI-2/2007, pp. 24 e ss (*Kariba v. Kariba*); TJ de Viana do Castelo de 22/7/2009, BPI-15/3/2010, pp. 19 e ss (*Fripan, Fripane, Fripanet v. Fripast*); Ac. R.L. de 2/11/2010, BPI-14/05/2013, pp. 17 e ss (*Casa v. Espaço Casa*); Ac. R.L. de 21/03/2013, BPI-28/08/2013, pp. 18 e ss (*Douro v. Telhadouro*); T J de Santo Tirso de 12/09/2011, BPI-23/01/2014, pp. 6 e ss (*Cavalinho Ouro Velho*, mista *v. Ouro Velho*); TPI de 21/06/2013, BPI-17/10/2013, pp. 18 e ss (*Colégio Vieira de Castro v. Colégio Vieira de Castro* – mista); TPI de 24/06/2013, BPI-25/10/2013, pp. 9 e ss (*Amarguinha v. Amarguinha D'Amendoeira*); TPI de 27/06/2013, BPI-17/10/2013, pp. 6 e ss (*Next* e *Next Management v. Next Models Lisbon*); TComVNG de 4/07/2013, BPI-27/11/2013, pp. 7 e ss (*Funerária Saramago v. Saramago, Barbosa & Companhia*); TComL de 9/09/2013, BPI-6/12/2013, pp. 52 e ss (*Green Coast v. Green Coast*); TCL de 17/07/2013, BPI-19/12/2013, pp. 8 e ss (*Gulbenkian v. Gulbenkian*); TComL, sd, BPI-24/12/2013, pp. 16 e ss (*Exclusiva Iglesias* (mista) *v. El Exclusivas Iglesias*); TPI de 25/06/2013, BPI-7/03/2014, pp. 16 e ss (*Barca Velha v. Barca Leve*); TPI de 28/04/2014, BPI-9/09/2014, pp. 7 e ss (*Publinor* – mista *v. Publinorte* – mista; Ac. R.L. de 12/06/2014, BPI-5/11/2014, pp. 32 e ss (*La Comadre* – nominativa e mista *v. La Comadre* – mista); TComL de 15/07/2014, BPI-5/09/2016, pp. 43 e ss (*Siera* – nominativa *v. Siera* – mista; TPI de 1/10/2014, BPI-18/02/2015, pp. 7 e ss (*Médis v. Vermedis*); TPI (sd), BPI-08/06/2015, pp. 44 e ss (*Ladybird v. Ladybird my princess*); TPI de 27/02/2015, BPI-4/08/2015, pp. 10 e ss (*Real Companhia Velha v. Real Companhia do Chá*); TPI de 29/04/2015, BPI-6/08/2015, pp. 7 e ss (*Espigueiro* – mista *v. Espigueiro*, figurativa); TPI de 18/05/2015, BPI-25/08/2015, pp. 7 e ss (*IM v. IIIM CAR*); TRL de 09/06/2015, BPI-25/11/2015, pp. 36 e ss (*Azeite virgem extra especial Mirandella* – mista *v. Azeite virgem extra Mirandella* – mista); TRL de 09/06/2015, BPI-11/05/2017, pp. 31 e ss (*Joomla v. Joomla*); TRL de 16/06/2015, BPI-30/03/2016, pp. 16 e ss (*Médis v. Medissaude*); TRL de 9/07/2015, BPI-18/01/2016, pp. 19 e ss (*Cipriani v. Cipriani*); TPI de 08/09/2015, BPI-19/01/2016, pp. 7 e ss (*Neurozan v. Neurozine*); TPI de 1/12/2015, BPI-16/02/2016, pp. 6 e ss (*Alento v. Alente*); TPI de 21/12/2015, BPI-10/03/2016, pp. 6 e ss (*Olympus* – mista *v. Olympus* – mista); TRL de 29/10/2015, BPI-04/08/2016, pp. 35 e ss (*Mistolin* – nominativa *v. Mixtolimpa* – mista); TPI de 20/05/2016, BPI-08/08/2016, pp. 7 e ss (*Brandia Central v. Brandmedia*); TPI de 22/06/2016, BPI-02/11/2016, pp. 6 e ss (*Les Mousquetaires* – mista *v. Mosqueteiros* – nominativa); TRL de 14/07/2016, BPI-09/11/2016, pp. 60 e ss (*Carlife Plus* – nominativa *v. Carlife Centro Auto* – mista); TPI de 4/08/2016, BPI-09/11/2016, pp. 7 e ss (*TEC 7* – mista *v. TEC-S7T* – mista); TPI de 09/08/2016, BPI-11/11/2016, pp. 7 e ss (*Hotel Lisboa Plaza v. Europa Plaza Hotel*); TRL de 12/01/2017, BPI-8/02/2018, pp. 42 e ss (*Médis v. Rentimedis*); TPI de 2/06/2017, BPI-15/11/2017, pp. 15 e ss (*O Madeirense* – mista *v. Cais Madeirense* – nominativa); TRL de 31/10/2017, BPI-16/01/2018, pp. 60 e ss (*Papel Cavalinho* – nominativa); TPI de 18/12/2017, BPI-26/02/2018, pp. 7 e ss (*M&M Anadia Portugal v. M&M Douro Wines*); TPI (sd), BPI-6/04/2018, pp. 6 e ss (*HD-Harley Davidson v. HD-Algarve*); TPI de 22/01/2020, BPI-22/07/2020, pp. 7 e ss (*Vari San v. Varisan*); TRL de 21/04/2020, BPI-20/10/2020, pp. 81 e ss (*Heritage Hotels Portugal v. Heritage*).

616 PINTO COELHO foi o precursor dessa distinção (*Marcas comerciais e industriais* cit., pp. 43 e ss e *Lições* cit., pp. 369 e ss e 420 e ss).

No primeiro caso a marca posterior reproduz totalmente a marca anterior; o usurpador copia servilmente a marca de outrem[617].

No segundo caso a marca posterior "reproduz" aproximadamente a marca anterior; o usurpador imita, em sentido amplo, a marca de outrem.

Neste segundo caso a aproximação à marca anterior pode revestir diferentes graus de aproximação desde a reprodução quase-servil à "reprodução" aproximativa (imitação propriamente dita) passando pela reprodução parcial e pela reprodução com adições[618].

O maior problema reside, naturalmente, na determinação do conceito de imitação de marca.

1.1. Requisitos de imitação

No nosso direito a tradição tem sido o legislador português apresentar definições do conceito de imitação. Foi assim com o art. 91º da lei de 21/5/1896[619], o art. 94º do CPI-1940, o art. 193º do CPI-1995, o art. 245º do CPI-2003 e mantém-se com o art. 238º, nº 1 do código atual.

Segundo o nº 1 deste último artigo são três os requisitos de imitação:

1º – a prioridade da marca registada imitada;

2º – a identidade ou a afinidade dos produtos ou serviços marcados;

3º – a semelhança gráfica, figurativa, fonética ou outra[620] da marca posterior com a marca anteriormente registada que induza facilmente em erro ou

617 O TJ (Ac. de 20 de março de 2003, Proc. C-291/00) considerou que "um sinal é idêntico à marca quando reproduz, sem alterar nem acrescentar, todos os elementos que constituem a marca ou quando, considerado no seu conjunto, contém diferenças tão insignificantes que podem passar despercebidas aos olhos de um consumidor médio".

618 *Reproduction avec une adjunction*, como Mathély a define, *Le droit français* cit., pp. 575 e ss e *Le nouveau droit* cit., pp. 294 e ss, considerando tratar-se de uma terceira modalidade de reprodução de marca de outrem, ao lado da reprodução servil (total ou parcial) ou quase servil, que consideramos como modalidade de imitação, e de reprodução aproximativa ou imitação ilícita.

619 *Vide* as fortes críticas à fórmula adotada por esta lei em Pinto Coelho, ob. ult. cit., pp. 423 e ss.

620 Esta solução significa (louvavelmente) uma clara abertura à chamada semelhança conceptual entre marcas. O problema já era discutido face ao CPI-1940. O art. 94º do CPI só se referia às semelhanças gráfica, figurativa ou fonética. Apesar disso, a jurisprudência, por diversas vezes, incidentalmente, considerou essa indicação não taxativa admitindo a semelhança conceptual (ou ideográfica). Foram os casos por exemplo do 1º TCL de 1/2/45, BPI-2/45, p. 54; 1º TCL de 14/2/46 e Ac. R.L. de 25/1/47, BPI-4/47, p. 226; 3º JCL de 11/5/61, BPI-6/61, p. 667. Mas a jurisprudência foi mais longe: nos casos *Seven Up* e *One Up* (Ac. STJ de 1/7/69, BMJ-189º, p. 298) *Barca Velha* e *Velha Barquinha* (Ac. STJ de 9/11/82 , BMJ-321º, p. 408) e *Le Coq Sportif* e *Canard Sportif* (10º JCL de 20/12/91, BPI-12/91, p. 5914) decidiu entrar em linha de consideração com a semelhança conceptual para apoiar as respetivas decisões favoráveis ao juízo de imitação. No sentido favorável *vide*, ainda, o 16º JCL de 13/1/97, BPI-4/97, pp. 1314 e ss. Na doutrina, a dúvida sobre este ponto foi, desde logo, apresentada no *Parecer da Câmara Corporativa* cit., p. 115, mas não teve grande

confusão o consumidor, não podendo este distinguir as duas senão depois de exame atento ou confronto, ou crie um risco de associação entre ambas.

São os 2º e 3º requisitos os que oferecem mais complexidade, não se perdendo de vista que os três critérios devem concorrer em conjunto para a indução em risco de confusão o consumidor.

Destes, e apesar do fenómeno da imitação pressupor uma visão unitária, a haver alguma prioridade, a análise deve recair, em primeiro lugar, no segundo requisito referido, porquanto sempre que resultar indiscutível a disparidade entre os produtos ou serviços não se justificará, normalmente, com tanta pertinência, a análise ao terceiro[621].

Vamos, por isso, começar pela análise ao segundo requisito.

a) *Afinidade dos Produtos ou Serviços*

O pedido de registo deve indicar "os produtos ou serviços a que a marca se destina, agrupados pela ordem das classes da classificação internacional dos produtos e serviços[622], sendo cada grupo precedido do número da classe a que pertence, e designados com clareza e precisão suficientes, de preferência pelos termos da lista alfabética da referida classificação, que permitam determinar o âmbito de proteção requerido" (art. 222º, nº 1, al. b)).

"Sempre que (...) o requerente utilize as indicações incluídas nos títulos das classes da classificação internacional dos produtos e serviços, o âmbito do pedido de registo é considerado como incluindo todos os produtos e serviços abrangidos pelo sentido literal das indicações utilizadas, não podendo estas ser interpretadas como abarcando produtos ou serviços que nelas não possam estar incluídos" (art. 222º, nº 2)[623].

repercussão na doutrina posterior. Assinale-se, porém, o apoio de Justino Cruz à tese de que era possível, *de iure constituto*, entrar em linha de conta com o elemento conceptual – cf.: *CPI anotado* cit., pp. 224 e ss e "O elemento ideográfico em matéria de imitação de marcas", RPI nº 2, pp. 9 e ss e nº 3, pp. 8 e ss.

Como propõe Mathély, *Le droit français* cit., pp. 546 e ss, a confusão conceptual pode ocorrer não só por analogia, mas também por contraste (v.g. *La vache qui rit* e *la vache serieuse*).

621 A exceção respeitará o caso das marcas de prestígio cuja proteção mais alargada poderá escapar ao princípio da especialidade de acordo, aliás, com a solução consagrada no art. 235º (*vide infra*, nº 10).

622 Acordo de Nice relativo à Classificação Internacional de Produtos e Serviços para efeitos do Registo de Marcas, de 15 de junho de 1957 ("Classificação de Nice").

623 Estas orientações legais estão previstas no art. 39º da DM-2015.

Em grande medida, vêm de encontro ao estabelecido no Acórdão do TJ de 19/06/2012 (processo C-307/10), que revestiu uma grande relevância na definição de critérios de identificação de pro-

Produtos e serviços que estejam inseridos na mesma classe da classificação de Nice podem não ser considerados afins e produtos e serviços que não estejam inseridos na mesma classe da classificação de Nice podem ser considerados afins (art. 238º, nº 2).

Na definição do conceito a jurisprudência tem sido praticamente unânime em realçar o facto de os produtos ou serviços serem concorrentes no mercado tendo a mesma utilidade e fim[624].

Este critério jurisprudencial que define a afinidade segundo o destino dos produtos ou serviços não sendo incorreto não coloca o problema no seu devido lugar.

Na verdade, convém não nos desviarmos do cerne da questão. Do que se trata não é de encontrar a afinidade entre produtos e serviços, entre si, isoladamente, e sem um fim em vista, mas, antes, a de encontrar a afinidade entre produtos e serviços marcados, isto é, não desligados da finalidade essencial da marca, que é a finalidade distintiva[625].

Para a apreciação desta afinidade, assim entendida, concorrem uma série de fatores entre os quais sobressaem os fatores referidos pela jurisprudência. Só que estes valerão enquanto e na medida em que possam indicar razoavelmente uma mesma *origem* dos produtos e serviços confrontados.

dutos ou serviços protegidos por uma marca registada. Nesse sentido, emitiu as seguintes respostas às questões submetidas:

A Diretiva 2008/95 deve ser interpretada no sentido de que exige que os produtos ou serviços para os quais a proteção da marca é requerida sejam identificados pelo requerente com clareza e precisão suficientes, de modo a que as autoridades competentes e os operadores económicos consigam determinar, unicamente com base nessa identificação, o âmbito da proteção conferida pela marca;

A Diretiva 2008/95 deve ser interpretada no sentido de que não se opõe à utilização das indicações gerais dos títulos das classes da Classificação de Nice para identificar os produtos e os serviços para os quais a proteção da marca é requerida, desde que essa identificação seja suficientemente clara e precisa;

O requerente de uma marca nacional que utilize todas as indicações gerais do título de uma classe específica da Classificação de Nice para identificar os produtos ou serviços para os quais a proteção da marca é requerida deve precisar se o pedido de registo tem por objeto todos os produtos ou serviços repertoriados na lista alfabética dessa classe ou apenas alguns desses produtos ou serviços. Caso o pedido tenha por objeto apenas alguns dos referidos produtos ou serviços, o requerente é obrigado a precisar quais os produtos ou serviços dessa classe que são visados.

624 Cf., por todos, os Acs. STJ de 30/10/84, BMJ-340º, p. 416 (caso *Molaflex-Lusoflex* – colchões) e de 9/4/92, BPI, 1-93, p. 9 (caso *The Chase Manhattan Bank*, titular de marcas figurativas de serviços v. *Banco Comercial Português*, titular de marca mista de produtos).

625 A despeito de se tratar de um critério mais subjetivista por contraposição ao critério jurisprudencial mais objetivista. Sobre estas duas orientações *vide*, para mais desenvolvimentos, Martinez Gutiérrez, *La marca enganosa*, 2002, pp. 119 e ss.

Do que se trata não é de distinguir económica ou, sequer, de um modo juridicamente abrangente produtos ou serviços, mas, apenas, o de distinguir produtos e serviços no âmbito do direito de marcas[626].

Para além do critério da finalidade e utilidade dos produtos e serviços a doutrina refere ainda o critério da natureza (estrutura e características) dos produtos e serviços e o critério dos circuitos e hábitos de distribuição dos produtos e serviços[627].

[626] A circunstância de a jurisprudência nem sempre se orientar por este objetivo explica, a nosso ver, parcialmente, a relativa perplexidade e incongruência com que por vezes aplicou o conceito. Assim, por exemplo, as seguintes decisões consideram não haver afinidade entre:

a) vinho do Porto (*Feuerherd's-Feiner Alter Portwein-Drei Tauben* – marca mista) e aguardente velha (*Três Cachos-Aguardente Velha, González Byass Porto* – marca mista) – Ac. R.L. de 18/2/66, BPI-5/66, p. 687;

b) água mineral, natural ou gaseificada (*Castello*) e cerveja (*Castello*-marca mista) – Ac. R.L. de 10/3/67, BPI-4/67, p. 548;

c) vinho do Porto (*Porto Imperial Dry*) e vinho de mesa (*Imperial Tinto Suave*) – 4º JCL de 1/5/45, BPI-5/45, p. 231;

d) vinho verde (*Montanhês*) e vinho espumante (*Montanha Real* e *Montanha*) – 1º JCL de 30/3/55, BPI-4/55, p. 286;

e) farinha (*Colacau*) e cacau (*Cola Cao*) – Ac. STJ de 25/11/93, BPI-2/96, p. 476.

Já as seguintes consideram haver afinidade entre:

a) águas minerais ou gasosas (*Castello*) e cerveja (*Castello*- marca mista) – 11º JCL de 13/2/64, BPI-3/64, p. 301;

b) aguardentes (*Soberano*-marca mista) e vinhos, vinhos espumantes naturais ou espumosos e licores (*Soberano*) – 4º JCL de 3/7/64, BPI-7/64, p. 911;

c) refrigerantes (*Infante*) e cerveja (*Infante*) – 2º JCL de 3/11/81, BPI-3/82, p. 459;

d) espumantes (*Renoir*) e conhaques, armanhaques e licores (*Renoir*) – Ac. R.L. de 24/10/91, BPI-8/92, p. 3869, contrariando a decisão da 1ª instância (7º JCL de 13/9/90, BPI-8/92, p. 3867);

e) leite e derivados do leite (*Matinal*) e biscoitos, bolos e pastelaria (*Matinal*) – 14º JCL de 2/11/94, BPI-11/94, p. 5065.

f) vinho de mesa (*Quinta da Laranjeira*) e vinho do Porto (*Quinta das Laranjeiras de Riobom*) – Ac. R. L. de 11/10/94, BPI-9/95, p. 3759.

g) calçado (*Avalon*) e vestuário e chapelaria (*Abalone*) – Ac. RL de 19/1/99, BPI-5/99, p. 1839.

h) frigoríficos (*Consul*) e condicionadores de ar, secadores de roupa, fogões (*Consul*) – Ac. STJ de 19/5/2005, BPI-2/2007, p. 36.

i) vestuário (*Spiga*) e joalharia e ourivesaria (*Spiga*) – TCL de 29/07/08, BPI-1/06/09, p. 6.

Destas decisões, parecem-nos corretas, das que consideraram não haver afinidade, as das als b) e e), e das que consideraram haver afinidade, as das als b), d), g) e h).

[627] Este último tem sido, também, sufragado pela nossa jurisprudência como um critério complementar – cf., v.g.: 2º JCL de 23/5/72, BPI-7/79, p. 1165 (caso *Beauty Queen – Beauty Scheme*, para produtos de beleza); 8º JCL de 16/6/78, BPI-1/79, p. 5 (caso *Niritram – Niramt*, para produtos farmacêuticos); 10º JCL de 30/1/79, BPI-1/79, p. 6 (caso *Normal – Normalian*, para produtos farmacêuticos); Ac. RL de 19/1/99, BPI-5/99, p. 1839 (caso *Avalon – Abalone*).

O grau de importância de cada um destes critérios é difícil de definir aprioristicamente.

É claro que quando todos os critérios puderem concorrer num caso concreto o conceito de afinidade sai claramente reforçado. O facto de os produtos ou serviços confrontados se destinarem à mesma finalidade e à satisfação da mesma utilidade, terem a mesma natureza e serem distribuídos, vendidos ou prestados através dos mesmos circuitos de comercialização, de modo simultâneo, indicia, com maior margem de segurança, a existência de afinidade[628].

Nos casos em que não concorram, simultaneamente, todos os fatores de apreciação de afinidade haverá que ponderar cuidadosamente o peso relativo de cada um e não perder de vista o risco de confusão quanto à origem dos produtos e serviços marcados de forma igual ou semelhante.

De todo o modo deve assinalar-se a prudência com que deve ser encarado o critério da natureza dos produtos e serviços tomado isoladamente[629] e a relativa restrição com que deve ser encarado o critério dos canais de comercialização tendo em conta a crescente tendência para os grandes espaços de consumo variado[630].

Há casos, porém, em que o risco de afinidade aumenta.

Referimo-nos aos casos em que possa haver uma relação de substituição[631], complementaridade,[632] acessoriedade[633] ou derivação[634] entre os produtos ou serviços ou, mesmo, entre produtos e serviços[635].

628 O TJ, a este propósito, também já adotou uma perspetiva ampla de apreciação de todos os fatores pertinentes que caracterizam a relação entre produtos ou serviços (Ac. de 29/11/1998, Proc. C-39/37, Caso *Canon v. Metro-Goldwyn-Mayer*. "Estes fatores incluem, em especial, a sua natureza, destino, utilização bem como o seu carácter concorrencial ou complementar" (cf. ponto 23).

629 No mesmo sentido, F. Nóvoa, *Fundamentos* cit., p. 244, que assinala o risco de se produzirem consequências desorbitadas em relação ao âmbito objetivo do direito de marca.

630 Há que distinguir, como faz F. Nóvoa, *Tratado sobre derecho de marcas* cit., p. 362, os estabelecimentos especializados (ou as secções especializadas dos grandes armazéns ou supermercados) dos grandes estabelecimentos que oferecem ao público, indiferenciadamente, uma gama ampla de produtos.

631 Ou seja, quando o resultado alcançado por um produto ou serviço possa ser razoavelmente substituído pelo resultado de outro produto ou serviço (v.g. sabão e sabonete; azeite e óleo alimentar).

632 Isto é, em que os produtos sejam integráveis no mesmo processo de fabrico (a denominada afinidade vertical, v.g. fiações e confeções) ou, entendida essa relação em sentido amplo, cujas utilidades possam complementar-se (v.g. máquinas de lavar e secar roupa, isqueiro e tabaco).

633 Caracterizada pelo facto de os bens só em ligação a outros bens (principais) se mostrarem economicamente úteis como, por exemplo, os produtos componentes e acessórios da indústria automóvel.

634 Que pode ser encontrada por exemplo nos produtos derivados do leite ou da carne de porco.

635 Esta possibilidade de afinidade entre produtos e serviços é aberta, entre outros, por LEVI, "L' affinità tra prodotti e servizi", RDI, 1995, pp. 348 e ss (em comentário à decisão da *Corte de*

Por último, mais uma nota para deixar claro o facto de a suscetibilidade de confusão, a que se referem os arts. 232º, nº 1 al. b) e 238º, nº 1 alª c), se reportar aos sinais distintivos e não aos produtos ou serviços a que se destinam[636].

Afinidade não significa confundibilidade. Produtos não confundíveis (exterior ou estruturalmente considerados) podem ser produtos afins.

b) *Semelhança entre os Sinais*

Para que a semelhança entre marcas constitua imitação é necessário que a mesma provoque no espírito do consumidor *risco de confusão* que pode compreender o *risco de associação* com a marca anteriormente registada.

Em caso de oposição baseada numa marca anterior individual, o risco de confusão deve ser entendido como o risco de que o público possa crer que os produtos ou os serviços visados por essa marca e os visados pela marca pedida provêm da mesma empresa ou, eventualmente, de empresas economicamente ligadas. A existência desse risco deve ser apreciada globalmente, tendo em conta todos os fatores pertinentes do caso concreto[637].

Segundo jurisprudência constante do TJUE, a existência de um risco de confusão depende de numerosos fatores e nomeadamente do conhecimento da marca no mercado, da associação que pode ser feita com o sinal utilizado ou registado, do grau de semelhança entre a marca e o sinal e entre os produtos ou serviços designados. O risco de confusão deve, portanto, ser apreciado globalmente, atentos todos os fatores relevantes do caso em apreço[638].

Cassação referida, *infra*, nesta nota); MATHÉLY, *Le droit français* cit., p. 605 e *Le nouveau droit français des marques* cit., p. 318 e merece a nossa concordância. Contra essa possibilidade pronunciaram-se, com argumentos pouco consistentes, os Acs. STJ de 10/12/97, BPI-1/99, p. 18 e R.L. de 11/3/93 e de 20/3/97, BPI-7/93, pp. 3450 e ss e BPI-7/97, pp. 2541 e ss e o 8º JCL de 22/2/96, BPI-11/96, pp. 4184 e ss (caso *Ticket Refeição – Et Euroticket* – serviços alimentares e produtos alimentares, respetivamente). No sentido correto, *vide* Ac. STJ de 30/10/2003 que confirmou as instâncias (caso *Targa-Targa Service* – produtos automóveis e serviços relacionados com os automóveis em *http://www.stj.pt*). Na mesma linha, cf., por exemplo, a posição assumida na decisão do TPI de 26/06/2015, BPI-15/10/2015, pp. 30 e ss.

Também em Itália a *Corte de Cassação* (21/3/95, n. 3247) mostrou, recentemente, posição desfavorável – *vide* RDI, 1995, pp. 345 e ss.

[636] Neste sentido, igualmente, FERRER CORREIA, *Lições* cit., p. 329.

[637] Neste sentido, por todos, Ac. do TJUE de 8 de maio de 2014, C591/12, nº 9 e jurisprudência referida; Ac. do TJUE de 12 de junho de 2019, C-705/17, nº 40; Ac. do TJ de 5 de março de 2020, Proc. C766/18, n.os 63 e 67 e jurisprudência referida; Ac. do TJ de 11/06/2020, Proc. C-115/19, nº 54; Ac. do TJ de 18/06/2020, Proc. C702/18, nº 51.

[638] Ac. do TJ de 29 de setembro de 1998, C39/97, nº 16; Ac. do TJ de 22 de junho de 1999, C342/97, nº 18; Ac. do TJ de 10 de abril de 2008, C102/07, nº 29; Ac. do TJUE de 4 de julho de 2019, C-99/18, nº 13; Ac. do TJUE de 4 de março de 2020, C-328/18, nº 57; Ac. do TJUE de 17 de setembro, C-449/18 e C-474/18, nº 44.

O "risco de associação" que, sob impulso da 1ª Diretiva, passa a fazer parte do conceito de imitação (cf. art. 238º, nº 1 alª c) *in fine)*, tem sido ligado ao conceito de "confusão em sentido amplo"[639]. Assim sendo, passa a haver o conceito de *confusão em sentido estrito*[640] para as situações típicas em que haja o risco do público-consumidor confundir a origem dos produtos ou serviços, e o conceito de *confusão em sentido amplo* para as situações menos típicas em que o público consumidor, reconhecendo a diferente origem dos produtos ou serviços, incorra no risco de pensar existir uma qualquer relação de tipo jurídico, económico ou comercial entre as diferentes origens.

O risco de associação é recortado juridicamente como uma modalidade do risco de confusão. Isto implica que o risco de associação não é uma nova figura, mas, apenas, uma perspetiva de abordagem mais ampla do mesmo e único fenómeno de imitação de marca sujeito às mesmas limitações legais incluindo o requisito da identidade ou afinidade dos produtos ou serviços. Como o próprio TJ teve oportunidade de esclarecer "o risco de associação não é uma alternativa ao conceito de risco de confusão mas serve para definir o alcance deste"[641].

Na avaliação concreta deste requisito há que atender à estrutura do sinal utilizado, havendo lugar, **a nível das marcas tradicionais** (conferindo especi-

[639] Cf. FAZZINI, "Prime impressioni sulla riforma della disciplina dei marchi", RDI, 1993, I, pp. 160 e ss; FERNÁNDEZ NÓVOA, *Tratado sobre Derecho de Marcas* cit., pp. 380 e ss e "El riesgo de asociación", ADI, XVIII, pp. 23 e ss; VANZETTI, "Sul Ravvicinamento delle Legislazioni degli Stati Membri in Materia di Marchi d'Impresa-Commento", in *La Nuove Leggi Civili Commentate*, 1989, p. 1442 que a reafirma face à lei italiana revista – cf. *La nuova legge* cit., pp. 16 e ss; VANZETTI/DI CATALDO, *Manuale di diritto industriale* cit., pp. 235-246; VANZETTI/GALLI, *La nuova legge marchi*, 2001, 2ª ed., p. 33; KUNZ-HALLSTEIN, "Harmonization of Trademark law in Europe", RPI, 13, p. 4; SANDERS, "Some frequently asked questions about the 1994 UK Trade Marks Act", EIPR, 1995, pp. 69 e ss. Também o TJ, no referido Ac. de 29/9/98, C-39/97 *(Canon v. Metro-Goldwyn-Mayer)* considerou que "pode existir um risco de associação, na aceção do art. 4º nº 1 alª b) da Diretiva 89/104, mesmo quando, para o público, os produtos ou os serviços em causa têm locais de produção diferentes".

[640] O conceito de confusão em sentido estrito pode ser direto ou indireto: o primeiro traduz-se na típica confusão entre os sinais (tomar um sinal por outro) e na inevitável confusão quanto à origem dos produtos ou serviços; o segundo significa a confusão resultante de se julgar uma marca como simples modificação de outra o que acontece, normalmente, com as chamadas marcas de série. O problema agora não é o de não se distinguir os sinais, como no caso da confusão em sentido direto, mas o de se considerar que os mesmos, ao relacionarem-se entre si, provêm da mesma empresa. Sobre a noção de confusão em sentido estrito direto e indireto, *vide*, para mais desenvolvimentos, NOGUEIRA SERENS, *A vulgarização da marca na Directiva 89/104/CEE, de 21/12/88 (Id est no nosso direito futuro)*, 1995, p. 15 e PORTELLANO DIEZ, *La imitación en el derecho de la competencia desleal*, 1995, pp. 267 e ss.

[641] Ac. de 11/11/97, C-251/95, *(Sabel BV v. Puma AG)*. Sobre esta decisão, *vide* o nosso comentário "A "marca" do Tribunal de Justiça no direito de marcas", in *Estudos em Homenagem à Professora Doutora Isabel Magalhães Collaço*, 2002, vol. II, pp. 81 e ss. A questão ficou, em definitivo, clarificada após a DM (versão codificada).

ficidade às marcas mais inovadoras), para distinguir três tipos de marcas: **marcas nominativas, figurativas e mistas.**

Sem prejuízo das especificidades colocadas por cada um destes tipos de marcas há um conjunto de critérios de apreciação comuns relativamente consensuais[642].

[642] O então IHMI (agora IPIUE), entendendo que na Europa há ainda um longo caminho a percorrer para eliminar as discrepâncias entre os Institutos de Propriedade Intelectual da UE, criou, em junho de 2011, o Programa de Convergência, o qual reflete a determinação comum dos *offices* nacionais, do IHMI e dos utilizadores por forma a evoluir rumo a uma nova era nas relações entre os Institutos, com a criação progressiva de uma rede europeia interoperável e assente na colaboração, capaz de contribuir para um ambiente reforçado na Europa em matéria de propriedade intelectual. Foram iniciados os seguintes cinco projetos no quadro no Programa de Convergência: i) Harmonização da classificação; ii) Convergência dos títulos de classe; iii) Motivos absolutos – Marcas figurativas; iv) Extensão da proteção de marcas a preto e branco; v) Motivos relativos – Risco de confusão.

Sobre este último projeto foi aprovado um documento (em 2013) que constituirá o texto de referência para os Institutos de Propriedade Intelectual, as associações de utilizadores, os requerentes, os oponentes e os representantes no âmbito da prática comum em relação aos elementos não distintivos/pouco distintivos das marcas no contexto do exame do risco de confusão, pressupondo que os produtos e/ou os serviços são idênticos. Uma vez que o risco de confusão deve ser apreciado caso a caso, os princípios comuns servem de guia para garantir que os diferentes Institutos cheguem a conclusões semelhantes e previsíveis quando estejam em causa as mesmas marcas e os mesmos motivos. Os referidos princípios são quatro, que passamos a enumerar.

1º Apreciação do carácter distintivo: a marca anterior (e/ou partes dela) e/ou a marca mais recente (e/ou partes dela)

Na apreciação do risco de confusão:

É apreciado o carácter distintivo da marca anterior na sua globalidade;

É igualmente apreciado o carácter distintivo de todos os elementos da marca anterior e da marca mais recente, dando prioridade aos elementos coincidentes.

2º Critérios de apreciação do carácter distintivo da marca (e/ou partes dela)

Interpretando as disposições do artigo 4º, nº 1, alínea b), e do artigo 5º, nº 1, alínea b), da diretiva, o Tribunal estabelece, no seu Acórdão C-342/97, "Lloyd Schuhfabrik Meyer", que: "Para determinar o carácter distintivo de uma marca e, portanto, para avaliar se possui um carácter distintivo elevado, o órgão jurisdicional nacional deve apreciar globalmente a maior ou menor adequação da marca para identificar os produtos ou serviços para os quais foi registada como provenientes de determinada empresa e, portanto, para distinguir esses produtos ou serviços dos de outras empresas" (ponto 22). Por conseguinte, dada a menor capacidade da marca fraca de desempenhar a sua função essencial no mercado, o seu âmbito de proteção, considerando os seus elementos não distintivos (ou pouco distintivos), deve ser restrito. Na avaliação do carácter distintivo das marcas com base em motivos relativos, aplicam-se os critérios também utilizados para determinar o carácter distintivo com base em motivos absolutos. Contudo, com base em motivos relativos, esses critérios são utilizados não só para determinar se foi atingido um limiar mínimo de carácter distintivo, mas também para considerar os vários graus de carácter distintivo.

3º Impacto sobre o risco de confusão quando os elementos comuns possuem um grau reduzido de carácter distintivo

O primeiro é o de se dever apreciar as marcas no seu conjunto só se devendo recorrer à dissecação analítica por justificada necessidade (v.g. no caso de não resultar dessa visão unitária um resultado claro). Dito de outro modo, seguindo a lição de BEDARRIDE "a imitação deve ser apreciada mais pelas semelhanças que resultem do conjunto dos elementos que constituem a marca do que pelas dissemelhanças que poderiam oferecer os diversos elementos constituídos isolada e separadamente"[643]. A razão de ser deste critério está no facto de ser a imagem de conjunto aquela que, normalmente, sensibiliza mais o consumidor não se devendo pressupor que este tenha condições de efetuar um exame comparativo e contextual dos sinais entre si.

O segundo é o da irrelevância, no conjunto da apreciação das marcas, da sua componente genérica, descritiva ou usual. O facto de se assemelharem, unicamente, em relação a este tipo de sinais não é, em regra, determinante[644].

O terceiro é o de nas marcas complexas (constituídas por mais de um elemento) se dever privilegiar, sempre que possível, o elemento dominante[645].

Quando as marcas partilham um elemento com um grau reduzido de carácter distintivo, a apreciação do risco de confusão concentrar-se-á no impacto dos elementos não coincidentes sobre a impressão de conjunto das marcas. Terá em consideração as semelhanças/diferenças e o carácter distintivo dos elementos não coincidentes. A coincidência num elemento com um grau reduzido de carácter distintivo não conduz, por si só, de uma forma geral, ao risco de confusão. Contudo, pode existir esse risco se os restantes elementos possuírem um grau mais reduzido (ou igualmente reduzido) de carácter distintivo ou tiverem um impacto visual insignificante e a impressão de conjunto das marcas for semelhante ou a impressão de conjunto das marcas for muito semelhante ou idêntica.

4º Impacto sobre o risco de confusão quando os elementos comuns não possuem qualquer grau de carácter distintivo

Quando as marcas partilham um elemento sem qualquer grau de carácter distintivo, a apreciação do risco de confusão concentrar-se-á no impacto dos elementos não coincidentes sobre a impressão de conjunto das marcas. Terá em consideração as semelhanças/diferenças e o carácter distintivo dos elementos não coincidentes. A coincidência apenas dos elementos não distintivos não cria risco de confusão. Quando as marcas incluem igualmente outros elementos figurativos e/ou nominativos semelhantes, existirá risco de confusão quando a impressão de conjunto das marcas for muito semelhante ou idêntica.

643 Cf., *Commentaire des lois sur les brevets d'invention sur les noms des fabricants et des lieux de fabrication, sur les marques de fabrique et de commerce,* tomo III, 1869, p. 160. Também J. KOHLER, *Warenzeichenrecht*, 1910, p. 165: A marca deve ser levada em consideração como um todo ("intuição sintética"), não devendo ser dividida nos seus elementos e apreciada por esses elementos individuais ("dissecação analítica").

644 Ressalvada a hipótese prevista no artigo nº 209º, nº 2. Este critério prende-se também, em parte, com a problemática da menor proteção das marcas débeis, em sede de imitação, a que nos referimos *supra*, nota 514, e para cujas referências doutrinais remetemos.

645 Sobre o confronto de uma marca complexa posterior (*Thomson Life*) com uma marca anterior (*Life*), admitindo o risco de confusão mesmo na hipótese de o sinal comum (*Life*) não ser

Note-se que não há contradição entre este e o primeiro critério. É no respeito da visão unitária e não espartilhada da marca que se retira ou não a prevalência de um dos seus elementos[646].

O quarto é o de quanto maior for a notoriedade da marca anterior maior é o risco de confusão com uma marca posterior[647].

Por último, pode revestir importância, caso a caso, a chamada "neutralização da semelhança pela dissemelhança". Uma dissemelhança em um dos três perfis (das marcas mais tradicionais), visual, fonético e conceptual, pode excluir um risco de confusão, mesmo na presença de uma similaridade em outros aspetos. Este critério não pode ser utilizado de modo absoluto e *a priori*, ou seja, sem uma análise prévia individualizada dos diversos componentes, resultando numa aplicação automática em contradição com a jurisprudência do TJUE que impõe que se pondere todos os fatores relevantes do caso em apreço[648]. Isto implica que as diferenças entre dois sinais só podem neutralizar certas semelhanças, de qualquer aspeto, desde que não seja posta em causa a avaliação global de todos os fatores pertinentes (na ótica do risco de confusão) e que, pelo menos, um deles tenha, na perspetiva do público relevante, "um significado claro e determinado", para que o mesmo possa entendê-lo diretamente[649]. Para que o princípio da neutralização funcione é necessário que, em função do exame geral e concreto, o significado (visual, fonético, conceptual) resultante do sinal alcance a necessária autonomização distintiva, tornando-se suficientemente unívoco e determinado.

um elemento dominante da marca complexa, cf. a decisão do TJ no caso *Médion v. Hodson* (Ac. de 6/10/2005).

646 Outro critério de apreciação, embora não tão consensual, é baseado na teoria da distância, de origem alemã. De acordo com esta teoria o titular de uma marca não poderá exigir que a marca de um concorrente tenha maior distância distintiva em relação à sua do que a distância que ela mesmo estabelece relativamente a marcas anteriores. De acordo com esta premissa, num processo de imitação de marca, o pretenso imitador poderá evitar a anulação do registo da marca se demonstrar que o autor tem vindo a aceitar a existência de marcas concorrentes tão ou mais próximas que a sua.

647 Cf. os casos *Sabel* (Ac. TJ 11/11/1997) *Canon* (Ac. TJ de 29/9/1998), *Lloyd* (Ac. TJ de 22/6/1999), *Adidas* (Ac. TJ de 22/6/2000).

648 A regra de neutralização foi fixada no acórdão de 1ª Instância (CE) de 14 de outubro de 2003, T-292/01 e utilizada posteriormente nos acórdãos do mesmo Tribunal: de 3 de março de 2004, T-355/02; de 17 de março de 2004, T-183/02 e T-184/02; e de 22 de junho de 2004, T-185/02 e também pelo TJ.

649 Acórdãos do TJ: de 4 de julho de 2019, C-99/18, nº 23; de 4/03/2020, C-328/18, nº 74: de 17/09/2020, C-449/18 e C-474/18, nº 85.

b) 1. *Marca Nominativa*

A comparação de todas as marcas nominativas, tenham ou não significado conceptual, pode ser feita, nos termos legais, nos planos visual, fonético e ideográfico dependendo da marca em concreto o grau de relevância de cada um.

b) 2. *Marca Figurativa*

A marca figurativa caracteriza-se, fundamentalmente, pelo facto da respetiva força distintiva se apoiar, essencialmente, nos efeitos visuais ou gráficos que provoca na mente dos consumidores.

A proteção das marcas figurativas abrange tanto a imagem constitutiva do sinal como o conceito concreto por ele evocado.

A comparação das marcas figurativas deve fazer-se desde uma dupla perspetiva: a gráfica e a conceitual. "O risco de confusão entre as marcas figurativas pode basear-se tanto na identidade ou semelhança gráfica dos sinais, como na identidade ou semelhança dos conceitos concretos evocados por tais sinais"[650].

Aliás, é pelo facto de uma marca figurativa poder evocar um conceito concreto que é defensável a possibilidade de imitação entre uma marca nominativa e uma marca figurativa "sempre que esta evoque de maneira inequívoca e direta um conceito e a marca nominativa constitua a denominação evidente, espontânea e completa desse conceito"[651].

b) 3. *Marca Mista* (figurativa com elementos verbais)

Dada a coexistência de elementos nominativos e figurativos a comparação das marcas mistas (ou marcas figurativas com elementos verbais) com marcas posteriores mistas, nominativas e figurativas coloca a questão de saber qual dos elementos é prevalecente: se o nominativo, se o figurativo.

O critério correto parece ser o de, *a priori*, não privilegiar nenhum dos elementos embora, por regra, o elemento nominativo deva ser considerado o elemento predominante[652].

Na hipótese de ser possível encontrar o elemento prevalecente da marca mista passar-se-á ao confronto com a nova marca; se esta for igualmente mista deverá sujeitar-se ao mesmo tipo de operação de determinação do elemento

[650] F. Nóvoa, *Fundamentos* cit., p. 227.

[651] Como propõe F. Nóvoa, *Fundamentos* cit., p. 237. *Vide*, também, "El riesgo de confusión de uma marca denominativa con una marca gráfica", ADI-2, pp. 421 e ss.
Como já decidiu a jurisprudência portuguesa, a figura de um pinguim é imitação da marca nominativa *Pinguim*, tanto mais que haverá tendência para o consumidor "ler" a marca figurativa (6º JCL de 23/7/79, BPI-10/79, p. 1722).

[652] Neste sentido, F. Nóvoa, *Tratado de Derecho de Marcas* cit., p. 338. Todavia, o elemento figurativo terá vantagem quando concorram alguns fatores (*idem*, pp. 340 e ss).

característico; se dela resultar a determinação do elemento característico (nominativo ou figurativo) o confronto, de acordo com as regras gerais, será feito com a dimensão característica (nominativa ou figurativo) da marca anterior. Na hipótese de não ser possível encontrar o elemento dominante deverá alargar-se o espetro de proteção da marca mista, resguardando-a tanto no caso de confronto com marca mista semelhante, como no caso de confronto com marca nominativa ou marca figurativa confundível[653].

1.2. Perfil do Consumidor

A escolha de um produto ou serviço é efetuada pelo consumidor final que se apresenta como o sujeito a cuja capacidade de discernimento e grau de atenção deve ser reportado o juízo de confundibilidade resultante da verificação dos dois requisitos de imitação que analisamos. Se é o consumidor médio o consumidor a que, por regra, se deve atender ("normalmente informado e razoavelmente atento e advertido"[654]) não se deve, todavia, perder de vista os produtos ou serviços em questão[655].

O consumidor que releva no contexto do direito de marcas deve ser uma figura flexível e variável.

Como escreve F. Nóvoa "com o fim de aproximar, na medida do possível, a figura do consumidor e do seu comportamento habitual à realidade do mercado, não resta outro remédio senão relativizar o protótipo do consumidor, distinguindo vários sub-tipos do consumidor médio". O fundamento dessas distinções deve girar segundo o mesmo autor, "em torno da natureza, características e preço dos produtos diferenciados pelas marcas correspondentes"[656].

Nesse sentido propõe, de acordo com os dois primeiros critérios (natureza e características dos produtos e serviços), a figura do consumidor profissional e especializado no caso dos produtos e serviços serem normalmente adquiridos por profissionais ou peritos e, de acordo com o terceiro critério (preço dos produtos e serviços), o perfil de um consumidor médio mais atento no caso dos produtos ou serviços terem um preço muito elevado ou o perfil de um consumidor médio menos diligente no caso de os produtos terem um baixo preço e um largo consumo[657].

[653] Seguimos de perto os critérios defendidos por F. Nóvoa, *Fundamentos* cit., p. 241.

[654] Conforme o define o TJ, no caso *Lloyd v. Klijsen* (Ac. de 22/06/1999, Proc. C-342/97, ponto nº 26).

[655] Nesse sentido, o mesmo acórdão referido na nota anterior.

[656] *Fundamentos* cit., pag. 262 e *Tratado sobre Derecho de Marcas* cit., pp. 278 e ss.

[657] A doutrina e jurisprudência americanas, também se mostram sensíveis a estas diferenciações – cf. McCarthy, *Trademarks* cit., vol. II. §§ 23:91-23:94

No caso especial de marcas de produtos farmacêuticos, que suscita alguma controvérsia, somos de opinião, atendendo à natureza do produto e aos riscos que qualquer erro pode comportar para a saúde pública, que se deve adotar uma posição prudente favorável à perspetiva do consumidor-médio e desfavorável à perspetiva do consumidor profissional ou especializado (médico, grossista, farmacêutico e auxiliar farmacêutico), mesmo no caso de os produtos serem adquiridos sob receita médica[658].

1.3. Outros Aspetos

a) *Análise ao nº 3 do art. 238º*

A norma refere-se ao simples uso de denominação de fantasia que faça parte de marca alheia anteriormente registada[659].

Apesar de o legislador ter qualificado a situação como uma hipótese de imitação ou usurpação parcial de marca pensamos que era desnecessária a introdução desta figura. Das duas uma: ou a imitação da denominação de fantasia representa o núcleo distintivo da marca ou não. Na primeira hipótese estamos perante um uso ilegal de marca registada, punido criminalmente nos termos do art. 320º alª b); na segunda, já não estamos perante um caso de imitação (sequer parcial) e quando muito, em se verificando os respetivos requisitos, podemos estar perante um caso de eventual concorrência desleal por aproveitamento (art. 311º, nº 1 alª c)).

658 Nesse sentido, F. Nóvoa, *Fundamentos* cit., pp. 267, Mathély, *Le droit français* cit., pp. 533 e ss e McCarthy, idem, § 23:32. Na nossa jurisprudência, no mesmo sentido, o Ac. do STJ de 18/2/97, BPI-1/98, pp. 11 e ss, contrariando a posição da 2ª instância (Ac. de 28/9/95, BPI-1/98, pp. 9 e ss), TCom. de 13/3/01, BPI-9/01, p. 3261 e Ac. STJ de 15/5/01, BPI-9/01, p. 3266. Considerando que só no caso dos produtos vendidos sob receita médica é aceitável o ponto de vista do consumidor especializado, cf. Galli, "Problemi attuali in matéria di marchi farmaceutici", RDI, 1992, I, pp. 30 e ss, que critica a tendência da jurisprudência italiana para reconduzir a apreciação das marcas farmacêuticas, por regra, à teoria das "marcas débeis" em virtude da referência à lógica do destinatário especializado, e Ghidini/Hassan, *Diritto industriale* cit. p. 263. Sobre este problema, de interesse as considerações constantes do 15º JCL de 17/10/96, BPI-4/97, pp. 1302 e ss.

659 Patrício Paúl, *Concorrência desleal* cit., pp. 57 e ss, interpretava a disposição correspondente do § único do art. 94º do CPI-1940, no sentido de que a lei estabelece uma presunção *iures et de iure* de confusão em virtude da "denominação de fantasia constituir o elemento mais saliente e atraente da marca, aquele que o público retêm com mais facilidade como seu elemento distintivo". Entendia que o "critério do § único tem natureza objetiva sem ser necessária a verificação da possibilidade de indução em erro ou confusão dado que a lei a presume nestas hipóteses". Esta interpretação "subversiva" do conceito de imitação parece-nos absolutamente inaceitável. Nesse sentido, também, Justino Cruz, *CPI anotado* cit., p. 228, e o Ac. STJ de 7/1/59, BMJ-73º, p. 636 e o 6º JCL de 14/1/90, BPI-5/91, p. 2277.

b) *Autorização do Titular da Marca Anterior Registada*

O art. 236º atribui ao titular do registo de uma marca anterior (ou ao possuidor de licença exclusiva) o direito de autorizar, por escrito[660], que um terceiro registe uma marca confundível[661].

O legislador acolheu, desse modo, a solução facultativa prevista no disposto no art. 5º, nº 5 da DM-2015. A DM prevê que os Estados-membros só possam permitir essa autorização "em circunstâncias adequadas". O texto da norma equivalente do CPI-1995 referia que a concessão de registo de marca confundível só seria legítima quando não induzisse o público em erro sobre a qualidade do produto ou serviço (art. 189º, nº 2). Nos Códigos posteriores o legislador dispensou este requisito manifestando uma posição mais liberal e permissiva[662].

Todavia, esta solução não nos parece a que melhor se harmoniza, quer com o sistema legal de controlo do registo de marcas que, como sabemos, confere à

[660] Cf. art.223º, nº 3 alª d).

[661] Em face do CPI-1940, que nada dispunha quanto a este ponto, chegou a ser discutida a relevância do consentimento tácito do titular da marca traduzido na não oposição ao registo da nova marca.

A jurisprudência dominante, num primeiro momento, era no sentido de considerar irrelevante essa não oposição por entender que a marca não visava apenas defender os interesses legítimos do seu titular, mas também os interesses dos consumidores a não serem induzidos em erro ou confusão sobre os produtos que adquirissem – cf. Justino Cruz, ob.cit., pp. 201 e 202 e respetivas referências jurisprudenciais. Posteriormente, os tribunais passaram a aceitar a autorização considerando-a uma expressão de autonomia da vontade do titular da marca prioritária.

Em relação à autorização expressa *vide* v.g.: Ac. R.L. de 22/1/91, BPI-6/92, p. 2861 (caso *Brain Power-Power*), 15º JCL de 30/4/92, BPI-7/92, p. 3276 (caso *Aquacel-Aquacem*) e 10º JCL de 5/11/93, BPI-9/94, p. 3979 (caso *Prematerna-Premaderma*) que a consideraram irrelevante; 14º JCL de 20/10/89, BPI-6/92, p. 2850 (caso *TVES, SA-T.V.E.S.*); 17º JCL de 8/9/93, BPI-11/93, p. 5545 (caso *Aircus Air Logistic-Arcus Logistic*); 7º JCL de 25/10/93 (caso *Kinder Schokobom-Schoko Bons*); 9º JCL de 18/3/94 (caso *Total Premier-Total*), BPI-3/94, p. 885 e p. 886, respetivamente; 10º JCL de 4/11/94, BPI-10/94, p. 4567 (caso *Europole-Europolis*); 12º JCL de 3/11/94, BPI-10/94, p. 4573 (caso *Crunch-Crunchips*); 16º JCL de 29/5/95, BPI-11/95, p. 4671 (caso *Swing-Swing*); 5º JCL de 12/1/96, BPI-9/96, p. 3334 (caso Égic-*Egis*); 6º JCL de 24/11/95, BPI-96, p. 3348 (caso *Ozona-Ozonex*); 7º JCL de 26/2/96, BPI-96, p. 3351 (caso *Chirat-Chira*); 8º JCL de 29/2/96, BPI-96, p. 3355 (caso *Oxmox-Oxmox*); 6º JCL de 23/1/96, BPI-96, p. 3357 (caso *Envox-Envoy*); 8º JCL de 24/9/96, BPI-11/96, p. 4201 (caso *Blue Jet-Jet*); 5º JCL de 24/6/96, BPI-11/96, p. 4214 (caso *Inside-4D Insider*); 9º JCL de 4/1/93, BPI-11/97, p. 4083 (caso *Tylan-Tilon*); 5º JCL de 20/10/97, BPI-11/97, p. 4092 (caso *Banco 21-Banco 24*); 4º JCL de 8/10/98, BPI-5/99, p. 1810, (caso *Royal-McRoyal*); Ac. RL de 15/7/98, BPI-5/99, p. 1825 (caso *Sony-Sony Kids Video*); Ac. RL de 19/3/02, BPI-1/03, p. 89 (caso *ICI-ICIS*) que a consideraram relevante. Nas três últimas decisões a autorização procedeu por se entender que não era sacrificado o interesse público de não haver indução em erro.

[662] Nesse sentido, reconhecendo que, havendo autorização, não há que apreciar mais nenhum aspeto, por exemplo TCom. de 31/10/08, BPI-31/12, p. 15 (caso *Solfresh-Solfresco*).

autoridade pública (INPI) a possibilidade de examinar esta proibição (art. 229º, nº 1), quer, ainda, com o princípio do uso não enganoso de marcas (art. 268º, nº 2 alª b)).

Num sistema normativo deste tipo, a autonomia de vontade não pode ser tratada do mesmo modo que num sistema que atribua, exclusivamente, o controlo da existência de direitos anteriores, a título de marca, aos próprios interessados.

A autorização posterior ao registo será válida desde que da mesma não resulte um uso enganoso da marca. De outro modo deve prevalecer a solução da caducidade com esse fundamento (cf. art. 268º, nº 2 alª b)). O principal efeito jurídico da autorização posterior ao registo será o de o titular da marca anterior não intentar a ação de invalidade com esse fundamento.

2. Marca Confundível com Logótipo de Terceiro

Esta proibição específica, relativa ao logótipo, foi introduzida no CPI-2003 pelo DL nº 143/2008 de 25 de julho, coincidindo com a importância muito maior que revestiu este direito, ao ser acompanhado pela supressão (e substituição) de dois sinais distintivos com tradição na nossa ordem jurídica portuguesa, o nome e a insígnia do estabelecimento. O objetivo, atendendo a que o regime jurídico do logótipo foi muito decalcado da marca, parece ter sido o de clarificar melhor as situações de conflitualidade entre a marca e o logótipo, atendendo ao risco de serem os sinais distintivos com maior expressão e tensão no mercado.

O logótipo deve ser adequado a distinguir uma entidade que preste serviços ou comercialize produtos, podendo ser utilizado, nomeadamente, em estabelecimentos, anúncios, impressos ou correspondência (art. 281º, nº 2).

O logótipo distingue uma entidade, isto é, por regra, uma pessoa, individual ou coletiva, pública ou privada, desde que exerça uma atividade económica concreta, isto é, produza bens ou preste serviços ao mercado, tenha ou não fim lucrativo, revista ou não organização empresarial (art. 282º)[663].

A proibição do registo da marca abrange duas situações:

a) A reprodução de logótipo anteriormente registado e usado de modo sério por outrem para distinguir uma entidade cuja atividade seja idêntica aos produtos ou serviços a que a marca se destina;
b) A reprodução de logótipo anteriormente registado e usado de modo sério por outrem para distinguir uma entidade cuja atividade seja afim aos produtos ou serviços a que a marca se destina ou a imitação, no todo ou em parte, de logótipo anteriormente registado por outrem para dis-

[663] Para mais desenvolvimentos cf. Parte IV, nº 2.

> tinguir uma entidade cuja atividade seja idêntica ou afim aos produtos ou serviços a que a marca se destina, se for suscetível de induzir o consumidor em erro ou confusão.

Isto significa que o logótipo de prestígio (admitido pelo art. 289º, nº 2) só é protegido perante pedidos de logótipos destinados a entidades com atividades diferentes, mas não em relação a marcas idênticas ou semelhantes destinadas a produtos ou serviços diferentes da atividade exercida pela entidade assinalada pelo logótipo de prestígio.

A proteção do logótipo, na medida em que substituiu o nome de estabelecimento ou insígnia (efetuada pelo referido DL 143/2008, de 25/7) deve abranger, do mesmo modo, os sinais estrangeiros homónimos com exceção da insígnia[664], em observância do disposto nos arts. 2º, nº 1 e 8º da CUP[665].

664 Entendemos que o art. 8º da CUP só abrange sinais nominativos. Nesse sentido, F. CORREIA, *Lições* cit., pp. 290 e 304 e P. COELHO, "Nome comercial", RLJ-95º, pp. 81 e ss (em comentário crítico ao Ac. STJ de 21/3/61, que decidiu em sentido contrário) e OLIVEIRA ASCENSÃO, "Die Anwendung von art. 8 der Pariser Verbandsübereinkunft auf Länder, in denen der Handelsname eintragungspflichtig ist", GRUR-Int., 1996, p. 414. Há, no entanto, uma corrente doutrinária discordante. Para mais desenvolvimentos, cf. MENEZES LEITÃO, "Nome e Insígnia de estabelecimento", in *Direito Industrial*, AA.VV., vol. I, 2001, pp. 167/168, que, sublinhe-se, sustenta que a proteção referida abrange a insígnia.

665 Tem sido muito controversa, em Portugal e no estrangeiro, a interpretação ao disposto no art. 8º do CUP especialmente no que se refere à necessidade, com a exceção do registo, de verificação de outros requisitos para a aplicação dessa disposição, nomeadamente o uso ou, pelo menos, o conhecimento ou notoriedade do nome comercial no país onde se solicita a proteção.
Em Portugal a doutrina encontra-se dividida. De um lado, F. CORREIA, ob. cit. p. 304 e P. COELHO, ob. cit. não impõem mais formalidades; do outro, OEHEN MENDES, "Da protecção do nome comercial estrangeiro em Portugal", ADI-VII, pp. 161 e ss, OLIVEIRA ASCENSÃO, "Die Anwendung von art. 8 der Pariser Verbandsübereinkunft auf Länder" cit., pp. 418 e ss e ORLANDO DE CARVALHO, em anotação ao Ac. do STJ de 11/12/79, RLJ-113º, pp. 285 e ss defendem uma solução contrária. Ver, ainda, sobre este ponto, para mais indicações, MENEZES LEITÃO, "Nome e insígnia de estabelecimento", *in* AA.VV., *Direito Industrial* cit., vol. I, 2001, pp. 169 e ss.
A jurisprudência, inicialmente, propendia para a não exigência de formalidades (Acs. do STJ de 21/3/61 referido, BMJ-105º, p. 651 e de 11/7/61, BMJ-109º, p. 676). Esta posição foi, porém, alterada com o Ac. STJ de 11/12/79, BMJ-292º, p. 391 e o Ac. R.L. de 21/6/88, CJ-13º, T3, p. 159.

3. Marca Composta por Sinais Confundíveis com Denominação de Origem ou Indicação Geográfica Protegida pela Legislação Nacional, da União Europeia ou de Acordos Internacionais de que a União Europeia seja Parte

Referimos atrás[666] que a autonomização sistemática de uma proibição absoluta, tendo em vista a salvaguarda da denominação de origem e indicação geográfica, imposta pela DM-2015 (art. 4º, nº 1, al. i)), cuja inobservância constitui uma causa de nulidade do registo da marca, representa uma preocupação reforçada da UE na proteção destes dois direitos de propriedade industrial.

Mas o legislador da UE foi mais longe: atribuiu um duplo carácter a esta proibição, qualificando-a, quer como proibição absoluta, quer, também, como proibição relativa (art. 5º, nº 3, al. c)). Deste modo, pretendeu garantir que esta causa de recusa do registo possa ser invocada tanto a título oficioso como por oposição de algum interessado, independentemente do regime de controlo de proibições adotado pelos Estados-membros. No direito português, esta proibição relativa também pode ser apreciada pela autoridade pública.

No CPI-2018, as disposições legais, relativas à marca, pertinentes com a proteção da denominação de origem e da indicação geográfica são as contempladas nos arts. 231º, nº 3, al e) (impedimento absoluto) e 259º, nº 1 (nulidade) e nos arts. 232º, nº 1, al. e) (impedimento relativo) e 260º, nº 1 (anulabilidade).

No que respeita à legislação nacional, repetindo-nos, deve ter-se em conta que as denominações de origem e indicações geográficas são direitos de propriedade industrial tipificados, protegidos nos artigos 299º e ss., que abordaremos mais adiante[667].

Em relação ao Direito da UE devemos ter em conta a influência decisiva das seguintes fontes e disposições:

a) Regulamento (UE) nº 787/2019 do Parlamento Europeu e do Conselho, de 17 de abril de 2019 (art. 21º, nºs 2 e 3º), relativo à definição, designação, apresentação, rotulagem e proteção das indicações geográficas das bebidas espirituosas;
b) Regulamento (UE) nº 251/2014 do Parlamento Europeu e do Conselho, de 26 de fevereiro de 2014 (art. 20º, nºs 2 e 3), sobre a definição, descrição, apresentação, rotulagem e proteção das indicações geográficas dos produtos vitivinícolas aromatizados;
c) Regulamento (UE) nº 1308/2013 do Parlamento Europeu e do Conselho, de 17 de dezembro de 2013 (art. 103º, nºs 2 e 3), que estabelece uma organização comum dos mercados dos produtos agrícolas;

[666] Cap. III, nº 8.

[667] Parte IV, 3.

d) Regulamento (UE) nº 1151/2012 do Parlamento Europeu e do Conselho, de 21 de novembro de 2012 (art. 13º, nºs 1 e 2), relativo aos regimes de qualidade dos produtos agrícolas e dos géneros alimentícios.

Entende-se por denominação de origem o nome de uma região, de um local determinado ou, em casos excecionais, de um país que serve para designar ou identificar um produto:

a) Originário dessa região, desse local determinado ou desse país;
b) Cuja qualidade ou características se devem, essencial ou exclusivamente, ao meio geográfico, incluindo os fatores naturais e humanos, e cuja produção, transformação e elaboração ocorrem na área geográfica delimitada (art. 299º, nº 1).

Entende-se por indicação geográfica o nome de uma região, de um local determinado ou, em casos excecionais, de um país que serve para designar ou identificar um produto:

a) Originário dessa região, desse local determinado ou desse país;
b) Cuja reputação, determinada qualidade ou outra característica podem ser atribuídas a essa origem geográfica e cuja produção, transformação ou elaboração ocorrem na área geográfica delimitada (art. 299º, nº 3).

4. Marca Composta por Sinais que Constituam Infração de Outros Direitos de Propriedade Industrial e de Direitos de Autor

Em relação aos direitos de propriedade industrial o conteúdo útil da disposição legal (art. 232º, nº 1, al. f)) tem natureza residual.

Na verdade, há outras disposições que permitem ou contemplam a proteção de direitos de propriedade industrial.

Assim: i) o disposto na al. e) do nº 3 do art. 231º e al. e) do nº 1 do art. 232º (protegendo a denominação de origem e a indicação geográfica); ii) als. c) e d) do nº 1 do artigo 232º (protegendo o logótipo); iii) al. a) do nº 2 do art. 232º (protegendo a firma, a denominação social e outros sinais distintivos); iv) o disposto no art. 209º, nº 1 alª b), que inviabiliza o registo de formas necessárias à obtenção de resultados técnicos ou que atribuam valor substancial aos produtos, ou seja, de formas próprias, respetivamente, de patentes e modelos de utilidade ou dos desenhos ou modelos.

Restam, por exemplo, os desenhos ou modelos, no caso de não conferirem valor substancial ao produto.

A proteção de direitos de autor está consagrado no art. 232º, nº 2 al. b). As principais espécies de criações intelectuais protegidas no âmbito do direito de autor vêm enumeradas no art. 2º do Código do Direito de Autor e dos Direitos Conexos[668].

Dentre essas espécies destacamos, no domínio das obras literárias, pela maior pertinência, "os lemas ou divisas ainda que de carácter publicitário" (art. 2º, nº 1 alª m)) e os "títulos da obra" (art. 4º)[669].

5. Marca Composta por Nomes Individuais ou Retratos de Outrem

A alª g) do nº 1 do art. 232º concretiza a proteção a duas modalidades de direitos de personalidade: o direito ao nome e o direito à imagem.

O reconhecimento legal dos direitos de personalidade encontra-se regulado na lei civil (arts. 70º e ss) que consagra a proteção geral da personalidade (art. 70º) e a disciplina de alguns modos de ser físicos ou morais desses direitos, entre os quais, dos que agora mais nos importam, o direito ao nome (art. 72º), o direito ao pseudónimo (art. 74º) e o direito à imagem (art. 79º).

O direito ao nome traduz-se na oposição a que outrem o use, quer para fins de identificação, quer para outros fins (art. 72º, nº 1).

O pseudónimo, quando tenha notoriedade, goza da proteção conferida ao próprio nome (art. 74º).

O direito à imagem impõe a proibição de que o retrato de uma pessoa seja exposto, reproduzido ou lançado no comércio sem o seu consentimento (art. 79º, nº 1), salvo os casos contemplados no nº 2 deste artigo.

À semelhança do que acontece com o direito à imagem é possível a limitação voluntária ao exercício dos demais direitos de personalidade, incluindo, pois, o direito ao nome, desde que essa limitação se mostre conforme ao princípio da ordem pública, nos termos do art. 81º, nº 1, o que será manifestamente o caso, em abstrato, da autorização para a utilização do nome ou imagem na constituição de uma marca.

A limitação voluntária, quando legal, é, porém, sempre revogável ainda que com a obrigação de indemnização dos prejuízos causados às legítimas expectativas da outra parte – art. 81º, nº 2.

O princípio de proteção dos direitos de personalidade, apesar de, por razões sistemáticas, ter o seu regime plasmado no C.C., reveste a natureza de um

[668] Aprovado pelo D.L. 63/85 de 14/3, alterado pela lei de ratificação nº 45/85 de 17/9 (já várias vezes revisto).

[669] Outra interferência com interesse prático é a utilização de obras de natureza artística. Neste âmbito reveste interesse a decisão alemã do *Bundespatentgerichts*, de 25/11/97, no caso *Mona Lisa*. Sobre esta decisão, que foi desfavorável ao pedido de registo de tão conhecida pintura, *vide* o comentário favorável de KLINKERT/SCHWAB, "Markenrechtlicher Raubbau an gemeinfreien Werken-ein richtungsweisendes "Machtwort" durch den Mona Lisa-BeschluB des Bundespatentgerichts?", GRUR, 1999, pp. 1067 e ss.

princípio normativo constitucional que obriga todo o direito objetivo arreigado como está à afirmação da dignidade da pessoa humana em sociedade.

Neste sentido também o direito de marcas não poderia escapar ao respeito dos direitos de personalidade.

O CPI, eivado desta preocupação, impõe o consentimento das pessoas a quem esses direitos respeitam ou dos seus herdeiros (art. 223º, nº 3 al. a)). Mas mesmo que tenha lugar este consentimento é possível a recusa do registo, desde que a marca seja suscetível de produzir desrespeito ou desprestígio ao titular do direito de personalidade (art. 232º, nº 1 alª g), parte final).

Ou seja, a validade da limitação voluntária do direito ao nome e do direito à imagem, conforme à ordem pública, para efeito do registo de uma marca, dependerá sempre da avaliação objetiva, caso a caso, da conformidade dessa limitação com o respeito devido à pessoa do seu titular independentemente da sua vontade.

A necessidade de autorização, a que se referem a al. a) do nº 3 do art. 223º e a alª g) do nº 1 do art. 232º, deve ser condicionada à possibilidade de identificação, em concreto, da pessoa, ou pessoas às quais respeite o nome que faça parte da marca, ou seja, para haver autorização tem de haver a possibilidade de se determinar a pessoa ou pessoas que a possa(m) dar[670].

É por essa razão que, corroborando Botana Agra, pensamos que a autorização só deve ser exigida no caso de o "nome identificar para a generalidade do público o titular do nome de maneira espontânea, direta ou imediata" e que, *a contrario*, "não deve ser exigido quando o nome for comum a muitas pessoas ou carecer de especial relevo"[671] e puder ser distintivo[672] ou, ainda,

[670] Obviamente, que a autorização não será "necessária", por impossibilidade física, nos casos em que já não exista o titular do nome e da imagem e faltarem também os seus herdeiros ou parentes até ao 4º grau. Nestes casos, caberá, naturalmente, à autoridade administrativa e-ou aos tribunais a avaliação da conformidade legal da utilização desses sinais nos termos da alª g) do nº 1 do art. 232º.

[671] Cf. Botana Agra, "El registro del nombre de un tercero como marca", ADI-IV, pp. 272 e 273 que, *de iure condendo*, ao tempo do EPI, propunha essa orientação. O art. 13º al. b) da lei de marcas de 1988 (correspondente ao art. 9 nº 1 als a) e b) da lei de 2001) consagrava essa solução, no entendimento de F. Nóvoa, *Derecho de marcas* cit., pp. 120 e ss e Lopez Gómez, "En torno a la autorización requerida para el empleo del apellido de un tercero como marca ("Caso Picasso")", ADI-13, pp. 170 e ss. Também a jurisprudência francesa, em face da lei anterior, e apesar de esta não contemplar qualquer disposição legal (o art. 2º só tratava a hipótese de registo de homónimos), entendia que a autorização só era necessária quando o nome fosse notoriamente conhecido pelo público ou de grande prestígio e já não quando o nome fosse comum a muitas pessoas ou carecesse de especial relevo entre o público – cf.: Botana Agra, ob. ult. cit., pp. 26 e ss; Chavanne/Burst, *Droit de la propriété industrielle* cit., 2ª ed., 1980, pp. 356 e ss e Lopez Gómez, "Consideracciones sobre la homonímia en materia de sinais distintivos", ADI-5, pp. 450 e ss. Sobre o problema, ante a lei de marcas francesa, pode ver-se, v.g., Christine Zanella, "Les marques composées du patronyme d'un tiers", RDPI, 1995, pp. 27 e ss.

acrescentamos nós, quando for bissémico e o outro significado for mais determinante[673].

No caso de o nome não carecer do consentimento e da sua utilização resultar já não o desrespeito ou o desprestígio de pessoas em concreto, mas o desrespeito ou desprestígio de pessoas, genericamente consideradas, defendemos o alargamento da proibição a esses casos. Se é possível impedir o registo de uma marca patronímica que fira o respeito e o prestígio de uma pessoa concreta, independentemente da sua autorização, deve aceitar-se a mesma solução nos casos em que, não sendo viável essa autorização, a marca-nome possa atingir a sensibilidade de um número indefinido de pessoas, de todas as que sejam titulares do mesmo nome[674].

Nos termos do art. 81º do C.C., qualquer limitação voluntária de um direito de personalidade é sempre revogável ainda que com a obrigação de indemnização dos prejuízos causados às legítimas expectativas da outra parte.

No caso da autorização prevista no CPI não se afigura fácil evitar, *de iure constituto*[675], a livre revogabilidade dessa autorização (embora nos pareça defensável a aplicação da teoria do abuso de direito em casos mais extremos[676]) passe embora o facto de reconhecermos o seu carácter anómalo, na medida em que pode pôr em risco o período de duração mínima da marca.

[672] Sobre a distintividade de um nome de pessoa *vide* as interessantes considerações efetuadas pelo TJ (Ac. de 16 de setembro de 2004, Proc. C-404/02, que concluiu que essa "apreciação deve ser feita em concreto, segundo os critérios aplicáveis a todos os sinais previstos no art. 2º da DM, relativamente, por um lado, aos produtos ou serviços para os quais foi pedido o registo da marca e, por outro, à perceção dos meios interessados".

[673] Atente-se, na verdade, nos vários nomes com outros significados tais como os de identificação de objetos ou localidades.

[674] Um argumento analógico, nesse sentido, pode retirar-se, aliás, da solução que adotamos no caso de nomes ou retratos históricos em relação aos quais já não seja fisicamente possível qualquer autorização do respetivo titular ou dos seus herdeiros ou parentes até ao 4º grau. Também nesses casos, não obstante a ausência da autorização, afigura-se-nos indiscutível a possibilidade de ser negado o registo se essas marcas produzirem o desrespeito ou desprestígio das correspondentes figuras históricas. Por esse motivo é imperioso concluir que a aplicação da segunda parte da alª g) do art. 239º não depende do requisito da obtenção de qualquer autorização.

[675] No entanto, há doutrina que considera não estarmos perante uma verdadeira limitação ao exercício do direito de personalidade e que o respetivo titular não goza da possibilidade de revogação unilateral já que ficou vinculado ao consentimento prestado – cf. Capelo de Sousa, *Direito Geral de Personalidade,* 1995, pp. 522/523 e Maria Miguel Carvalho, *Merchandising de marcas (A comercialização do valor sugestivo das marcas),* 2003, pp. 53/54.

[676] No sentido da sindicância do direito geral de personalidade pela cláusula do abuso do direito, mas decerto não se opondo à extensão dessa sindicância aos direitos especiais de personalidade, *vide* Capelo de Sousa, ob. cit., pp. 404 e ss e 518 e ss.

Na hipótese de não ter havido autorização, o titular do direito atingido pelo registo da marca tem o prazo de cinco anos para interpor uma ação de anulação do registo (art. 34º, nº 7) ou pode fazê-lo a todo o tempo se provar ter havido má-fé do titular da marca (arts. 231º, nº 6 e 259º, nº 1).

No caso de o nome pertencer ao titular da marca esta será válida no caso de respeitar as demais proibições legais, nomeadamente as correspondentes aos princípios da distintividade, verdade e novidade da marca.

No caso de homónimos, e de já haver uma marca anterior, restará ao segundo titular a possibilidade de usar o nome em funções diferentes da função distintiva[677], ou, nesta, se o fizer de forma a evitar todo o tipo de confusão, nomeadamente apresentando-o de forma peculiar ou combinada com outros elementos[678].

6. Marca Cujo Registo Seja Suscetível de Constituir um Ato de Concorrência Desleal

O reconhecimento de que o requerente do registo de uma marca pretende fazer concorrência desleal ou que esta é possível independentemente da sua intenção pode ser fundamento de recusa do registo (cf. art. 232º, nº 1 al. h)).

Esta norma abrange duas situações: a contrariedade objetiva *intencional* e a contrariedade objetiva *não intencional* às normas da concorrência desleal.

Em ambas as situações do que se trata não é de apreciar a prática de um ato *consumado* de concorrência desleal. Não se trata de apreciar o ato de pedido de registo como um ato ilícito contraordenacional, subsumível ao art. 330º do CPI, ou sequer como um ato ilícito civil. A concorrência desleal surge-nos aqui numa aceção diferente, como uma situação de "desconformidade objetiva" numa perspetiva preventiva"[679].

Procura prevenir-se a atribuição de um direito privativo a um concorrente que, de modo intencional ou não, desencadeia ou pode desencadear com o seu pedido uma situação objetivamente desleal (um ato contrário às normas e usos honestos de qualquer atividade económica).

A situação que reveste maior importância prática é a de uma situação potencial de concorrência desleal por confusão com os produtos ou serviços

[677] Nos termos da alª a) do art. 254º, que corresponde à alª a) do nº 1 do art. 14º da DM-2015, o direito conferido pela marca não permite ao seu titular proibir que terceiros (pessoas singulares) usem na vida comercial os respetivos nomes.

[678] Sobre a resolução do conflito entre homónimos reveste-se de interesse a consulta da doutrina e jurisprudência francesas – cf.: Chavanne/Burst, *Droit* cit., 2ª ed., pp. 356 (face à lei de 1964) e 4ª ed., pp. 475 e ss. (face ao CPInt.) e Mathély, *Le droit français* cit., pp. 784 e ss e *Le nouveau droit français des marques* cit., pp. 190 e ss.

[679] Para citarmos Oliveira Ascensão, *Concorrência Desleal*, 2002, pp. 191 e ss e 242 e ss.

resultante do pedido de uma marca que reproduz ou imita uma marca não registada (livre ou de facto) anterior de outro concorrente, usada há mais de seis meses[680] por outro concorrente, embora seja possível conjeturar outro tipo de situações.

Esta proibição devia, todavia, ser considerada uma proibição *sui generis* na medida em que à sua inobservância não devia corresponder uma causa de invalidade do registo. Valeria como meio preventivo, mas não como meio repressivo do registo[681].

Antes do registo a concorrência desleal, como vimos, não é convocada em sentido próprio e direto, como um instituto repressivo de atos desleais *concretos* e *atuais*. A concorrência desleal atua, de modo impróprio e indireto, como um instrumento *excecional* destinado a evitar registos que possam pôr em causa posições de concorrência conquistadas no mercado por terceiros de boa-fé. Na sua lógica, ao lado, por exemplo, da atribuição de um direito prioritário para efetuar o registo ao usuário durante um período de seis meses (art. 213º, nº 1), está a preocupação de atenuar os efeitos jurídicos resultantes de um sistema de aquisição do direito de marca baseado no registo.

Mas uma coisa é *atenuar* o sistema a outra, bem diferente, é *perverter* o sistema. Ora seria isso que teria lugar na hipótese de ser possível invalidar o registo de uma marca com o fundamento único em concorrência desleal *objetiva*. O titular de uma marca não registada acabaria por ter um direito tão forte ou mesmo, na medida em que o pudesse vir a anular, um direito mais forte que o do titular de uma marca registada. Por esta "janela" acabaria por *cair* (com *fraturas* graves) o sistema de aquisição do direito baseado no registo que havia entrado pela "porta" *aberta*. Tudo agravado pela circunstância de o interessado na invalidade não ter de provar nenhum requisito subjetivo de que o titular da marca registada teria intenção em fazer concorrência desleal – cf. art. 232º, nº 1 alª h).

Isto não significa insensibilidade à conduta daquele que pretenda servir-se do registo para prejudicar terceiros. Mas o meio mais adequado não devia ser o da concorrência desleal pós-registo. A solução não deveria ser o de aferir um ato de registo público a *normas e usos honestos*. Então o ato de registo de uma marca junto de um instituto público de acordo com um procedimento rigoroso de controlo de validade não é um ato conforme às normas e usos honestos?

680 É que, como vai dito, dentro do prazo de seis meses o titular da marca de facto goza do direito de prioridade para efetuar o registo (artigo 213º, nº 1).

681 Na jurisprudência, nesse sentido, cf., Ac. R.P. de 25/01/1983, CJ, ano XVIII, t.1, p. 213 e Ac. STJ de 1/2/2000, CJ (Acs. STJ), ano VIII, t.1, p. 56-I. Embora com dúvidas, Oliveira Ascensão, "A marca comunitária", O Direito, 2001, p. 536, propendia a admitir a solução da anulabilidade face ao CPI anterior.

A solução, na nossa opinião, deveria ser outra, mais exigente, tecnicamente mais adequada e mais coerente. Essa solução seria a de permitir a invalidade do registo de uma marca que tivesse sido efetuado de má-fé, em circunstâncias particularmente graves e reveladoras de uma atuação consciente e intencional do titular da marca em prejudicar terceiros ou obstaculizar a concorrência. Não bastaria, por exemplo, provar que o titular do registo sabia ou devia saber que um terceiro utilizava, com anterioridade, um sinal confundível. Seria necessário, ainda, ter em conta a intenção do requerente no momento do registo.

Por tudo isto, saudamos, vivamente, que o CPI-2018, "ouvindo" os nossos reiterados apelos, em edições anteriores desta obra, tenha, finalmente, excecionado esta proibição como causa de invalidade (cf. art. 260º, nº 1, parte final) e haja restringido a invalidade para a hipótese de o registo ter sido efetuado de má-fé (art. 231º, nº 6 e art. 259º, nº 1)[682] em cumprimento de uma norma injuntiva da DM-2015 (art. 4º, nº 2)[683].

Do ponto de vista jurídico é um fundamento bem diferente do da concorrência desleal. Os pressupostos de censura de um agente com base na má-fé são mais exigentes do que os pressupostos de censura por simples deslealdade objetiva. A má-fé, embora revestindo a censura de uma conduta, e nessa medida ser relevante em sentido subjetivo, deve ser sempre apreciada eticamente na perspetiva da desconformidade da atuação do titular do registo com regras de conduta concorrenciais sérias, corretas e leais. O valor da lealdade relevaria agora de modo positivo, enquanto regra de conduta imposta a todos os interessados no momento do registo da marca, e não de modo negativo, enquanto limite ao registo, como acontece com o instituto da concorrência desleal.

Por outro lado, o perigo da subversão do sistema, a que aludimos atrás, já não procede do mesmo modo na hipótese de invalidade com fundamento em má fé. O propósito de invalidar o registo de uma marca efetuado de má-fé não é o de prejudicar o sistema de aquisição do direito baseado no registo. O propósito é o de garantir que a atuação do registante seja pautada pelos ditames da boa-fé. Se essa atuação for de manifesta e intencional deslealdade, em relação a outro concorrente ou à concorrência em geral, a deslealdade não atua como causa autónoma da invalidade, mas como expressão e prova de má-fé do titular da marca.

[682] Cf. esta proibição absoluta Cap. III, nº 12.

[683] Na versão anterior era apenas uma solução proposta pela DM (art. 3º, nº 2 alª d) e aceite pela lei alemã (§ 50 I.4, de 1994), espanhola (art. 51º nº 1 alª b, de 2001) e a lei britânica (secção 3 nº 6, de 1994). Sobre esta causa de invalidade, para mais desenvolvimentos, numa apreciação comparativa dos três países e da experiência dos tribunais comunitários, cf. Framiñán Santas, *La nulidad de la marca solicitada de mala fe*, 2007.

Em síntese:

Com a entrada em vigor do CPI-2018, o titular da marca de facto, livre ou não registada (ao contrário do que acontecia em relação ao CPI-2003) deixa de poder pedir a anulabilidade do registo de marca posterior confundível com fundamento em concorrência desleal objetiva (art. 260º, nº 1, *in fine*), restando-lhe, todavia, a possibilidade de interpor uma ação de nulidade se estiver em condições de fazer prova da má-fé do respetivo titular no momento do pedido do registo (arts. 231º, nº 6 e 259º, nº 1).

7. Marca de Agente sem Autorização do Titular

Na base da proibição prevista no art. 232º, nº 2 al. c) estão dois requisitos essenciais: o primeiro é a demonstração da existência de relações contratuais entre o titular da marca registada num dos países da União ou da OMC e o requerente do registo da marca em Portugal[684]; o segundo é a prova da não autorização do primitivo titular da marca.

Na falta de prova da existência de vínculo contratual a proteção do titular da marca estrangeira só pode ter lugar, ou por via do direito de prioridade previsto no art. 4º da CUP, nas condições referidas no ponto anterior, ou, fora desse prazo, por via da concorrência desleal (art. 232º, nº 1, al. h)) e, se for esse o caso, por via da proteção da marca notoriamente conhecida, de acordo com o art. 6º bis da CUP e os arts. 234º e 260º, nº 1.

Por outro lado, não nos parece, ao contrário do que já foi admitido, que, findo o vínculo contratual, o registo da marca seja passível de invalidação. Segundo cremos, as regras de responsabilidade contratual (nomeadamente a possibilidade de cumprimento forçoso da obrigação de *facere,* traduzida na obrigação do ex-agente renunciar ao direito de marca ou transmiti-lo para o representado) serão suficientes para a satisfação do interesse do titular da marca.

O CPI prevê a possibilidade de o titular da marca requerer, em vez da anulação do registo da marca do agente, a transmissão do registo a seu favor (art. 232º, nº 3).

[684] O TJ (Ac. de 11/11/2020, Proc. C-809-18) faz uma interpretação lata do conceito de agente "de forma a abranger todas as formas de relações baseadas num acordo contratual nos termos do qual uma das partes representa os interesses da outra, sendo como tal suficiente, para efeitos da aplicação dessa disposição, que exista entre as partes um acordo de cooperação comercial suscetível de criar uma relação de confiança ao impor ao requerente, expressamente ou implicitamente, uma obrigação geral de confiança e de lealdade tendo em conta os interesses do titular da marca anterior" (nº 85).

8. Marca Que Seja Imitação de Embalagens ou Rótulos Não Registados

Trata-se de um fundamento de recusa, tradicional no nosso direito, e que o CPI-2018 entendeu manter, passe embora a originalidade que lhe é subjacente: a chamada imitação de marca *virtual*. Na verdade, a *marca* anterior supostamente imitada pela marca requerida não existe. O que existe é um pedido de marca confundível com a apresentação do produto pertencente a outro titular. Entre as marcas em confronto (a marca registada do primeiro titular e a segunda cuja proteção se requer) não há qualquer confusão. Tudo apontaria para estarmos perante um problema de concorrência desleal por ato de confusão, mas é então que o legislador tem um *rasgo* assinalável. Para o problema ser de direito de marcas e não de concorrência desleal o legislador faz de conta que existe uma *marca* que consiste na apresentação do produto (embalagem e rótulo) e *obriga* o titular a requerer nova marca para poder proteger essa apresentação (art. 233º, nº 2). O eventual prejudicado só pode defender-se do pedido de marca posterior se solicitar o registo de uma marca que inclua a marca já registada mais a apresentação do produto. Não conseguimos *atingir* o alcance desta solução legal. O interesse do concorrente fica salvaguardado por excesso e o legislador mostra uma faceta *paternalista* injustificada. Então as normas contra a concorrência desleal não seriam suficientes para proteger a apresentação do produto? Se o interessado optar por recorrer ao disposto no art. 232º, nº 1, alª h) não resolve inteiramente a sua pretensão? Então para quê fazer o *malabarismo* normativo de *obrigar* o interessado a recorrer ao direito de marcas para fazer aquilo que não quis fazer antes?

Em suma, parece-nos uma solução *desafinada*, tecnicamente infeliz e juridicamente desnecessária[685].

9. Marca Que Seja Reprodução ou Imitação de Marca Notória

A origem da proteção da marca notoriamente conhecida deve-se ao disposto no art. 6º bis da CUP – introduzido na Revisão de Haia de 6/11/25, atualmente na versão da Revisão de Estocolmo de 14/7/67, após as alterações efetuadas nas Revisões de Londres de 2/6/34 e de Lisboa de 31/10/58 – e teve por objetivo atenuar os riscos inerentes ao sistema de aquisição do direito de marca baseado no registo.

Como membro da CUP, sempre seria exigível, a Portugal, sem mais, em virtude do carácter auto-executivo da disposição unionista[686], a proteção das marcas notoriamente conhecidas.

[685] No mesmo sentido, PEDRO SOUSA E SILVA, *Direito Industrial*, 2019, pp. 289/290.

[686] Para citarmos F. NÓVOA, *Fundamentos* cit., pp. 485 e 486.

De todo o modo, o legislador do CPI-1940 (art. 95º), do CPI-1995 (art. 190º), do CPI-2003 (art. 241º) e do atual (art. 234º), de uma forma aliás não inteiramente coincidente, entendeu concretizar o referido princípio através de disposições nacionais.

Esta prática, seguida em outras legislações, de concretizar internamente a solução unionista introduziu um fator de acrescida dificuldade acerca da definição do conceito de marca notoriamente conhecida.

Aliás, a este propósito, deve dizer-se que o conceito de marca notoriamente conhecida tem atravessado uma fase de inusitada *agitação* confrontando-se duas perspetivas: a perspetiva tradicional segundo a qual a marca notória deve ser protegida no quadro do princípio da especialidade; a perspetiva moderna segundo a qual a marca notória pode ser protegida, em certas condições, para além desse princípio.

O CPI atual resistiu à *pressão* da mudança e não enveredou pela perspetiva moderna o que se saúda. A marca notória continua limitada pelo princípio da especialidade (art. 234º, nº 1).

A marca notoriamente conhecida é entendida como a marca conhecida de uma grande parte do público consumidor como a que distingue de uma forma imediata um determinado produto ou serviço[687].

Uma forte corrente doutrinária e jurisprudencial distingue ainda duas hipóteses: se o produto ou serviço for de grande consumo, a marca deve ser conhecida do grande público; se o produto ou serviço for de consumo específico, a marca deve ser conhecida de grande parte do público interessado nesse produto ou serviço[688].

[687] As observações que fazemos baseiam-se, em parte, nas conclusões a que chegaram os trabalhos da IV Comissão Executiva da AIPPI, reunida em Barcelona, de 30/9 a 5/10/90 (AIPPI(A)-1990). Estas conclusões, para além da vantagem de corresponderem à maior intersecção dos pontos de vista comuns observados nos diferentes relatórios nacionais, revestem uma louvável evolução doutrinária.

[688] No sentido favorável à referida distinção *vide,* por exemplo, o relatório-síntese da Comissão Executiva da AIPPI já citado e Gonçalo Rato, *La protection* cit., pp. 39 e ss. Contra, no sentido de que a marca notória deve ultrapassar sempre os "meios interessados" e chegar a uma grande parte do público, cf. Braun/Cornu, *Précis* cit., p. 772, que refere, igualmente, a jurisprudência belga e holandesa, e Mathély, *Le droit français* cit., p. 18 e *Le nouveau droit.*cit., p. 159.
Com o entendimento de que a notoriedade deve ser aferida junto dos "meios interessados" cf., ainda, Baumbach/Hefermehl, *Warenzeichenrecht* cit., pp. 389 e ss; Busse/Starck, *Warenzeichengesetz* cit., pp. 249 e ss; F. Nóvoa, *Tratado sobre Derecho de Marcas* cit., pp. 408 e ss e *Fundamentos* cit., pp. 32-33 e 489 e ss; Jorge Cruz," Relatório sobre Portugal", AIPPI(A), 1990, IV, pp. 186 e ss; Pellisé Prats, "Adquisición mediante registro cit., p 23 e Pinto Coelho, A protecção da marca notoriamente conhecida", RLJ-84º, pp. 131 e ss.
Entre nós, a nível jurisprudencial, nesse sentido o Ac. R.P. de 21/1/93, CJ-1/93, pp. 209 e ss e o 6º JCL de 27/10/98, BPI-1/99, p. 33. Entendendo que "a marca notória é aquela que no país é do

A marca notoriamente conhecida deve ser notória no país onde se solicita a especial proteção[689] – pois é nele que, obviamente, se haverá de dirimir o conflito entre a marca a registar e a marca notoriamente conhecida – embora não careça de nele ser usada de modo efetivo[690].

A marca notoriamente conhecida pode ser nacional ou estrangeira.

Por último, a marca notoriamente conhecida não carece de estar registada no país de origem ainda que este exija o registo como modo de aquisição do direito de marca[691]. A marca nesse país pode ser, por exemplo, apenas, e também, uma marca notoriamente conhecida e como tal protegida sem necessidade de registo.

A marca deve ser sempre registável em virtude de o nosso país, quer no momento de oposição ao registo, quer no de invalidade, quer ainda em sede de ilícito criminal, sujeitar a proteção da marca notoriamente conhecida ao pedido do registo em Portugal de acordo, respetivamente, com os arts. 234º, nº 2, 260º, nº 2 e 320º, alª g). Só que este condicionalismo faz com que não seja indiferente a circunstância de a marca notoriamente conhecida se encontrar ou não registada no país de origem.

conhecimento geral das pessoas acessíveis aos meios de informação", cf. o Ac. STJ de 25/11/55, BMJ-52º, pp. 663 e ss, os Acs. R.L. de 7/11/51, RT-71º, p. 57, de 12/12/56, JR-2º p. 1018, decidindo num processo de anulação, e de 5/5/72, BPI-10/73, p. 1834. De interesse, ainda, as sentenças do 5º JCL de 11/5/92, BPI-9/92, p. 4401, 16º JCL de 24/6/94, BPI-5/95, p. 1874, 11º JCL de 26/10/97, BPI-5/98, p. 1703 e TCom de 13/8/2000, BPI-6/2001, p. 2447, que consideraram, respetivamente, notoriamente conhecidas as marcas *Toffee Crisp, Windows, Colcafe, Les Mans e Heures du Mans.* Cf., ainda, o Ac. R.L. de 24/9/98, BPI-12/98, p. 4594 e 6º JCL de 27/10/98, BPI-1/99. p. 33 que consideraram notoriamente conhecidas, respetivamente, as marcas *Vista Alegre* e *DAF.*

[689] O TJ [pelo Ac. de 22/11/2007, C-328/06 (*Nieto Nuño v. Monlleó Franquet*), *http://europa.eu.int/jurisp/cgi-bin/getext.pl?lang=pt.*, em relação ao alcance geográfico da notoriedade, entende ser suficiente que a marca notória seja conhecida numa *parte substancial* do território de um Estado-membro.

[690] Se o requisito da notoriedade no país onde se requer a proteção se afigura cada vez mais pacífico já o requisito de uso se afigura mais controverso. A necessidade de uso é salientada, v.g., por Braun/Cornu, ob. cit., p. 776.

[691] Neste sentido, G. Rato, ob. cit., pp. 68 e ss e P. Coelho, ob. ult. cit., pp. 131 e ss e também o Ac. R.L. de 12/12/56, JR-2º, p. 1018 referido na nota 363. Contra, Justino Cruz, *CPI anotado* cit., p. 256 e Patrício Paúl, *Concorrência desleal* cit., pp. 59 e ss. Só que o entendimento destes autores, defendido em nome do princípio da igualdade, implica, por um lado, paradoxalmente, a desigualdade de tratamento entre nacionais e estrangeiros resultante da impossibilidade de ser protegida uma marca nacional notoriamente conhecida e, por outro lado, a desigualdade mesmo entre estrangeiros fazendo depender a proteção da marca notoriamente conhecida da condição de se encontrar registada.

Assim:

Se a marca notoriamente conhecida pertencer a um titular de outro país da União e não se encontrar registado no país de origem fica sujeita aos mesmos requisitos impostos ao registo de marcas nacionais;

Se a marca notoriamente conhecida se encontrar registada no país de origem só fica sujeita ao controlo previsto no art. 6º quinquies B da CUP;

Se, por último, a marca notoriamente conhecida pertencer a um titular nacional e não se encontrar registada (porque só nesse caso, obviamente, a questão terá autonomia) o registo dessa marca obedecerá a todos os requisitos de validade exigíveis para qualquer outra marca.

Na origem próxima da *crise* do conceito de marca notória esteve, fundamentalmente, o disposto no art. 16º, nº 3 do ADPIC/TRIPS e a Recomendação Comum da CUP/OMPI[692] sobre a proteção da marca notória.

O nº 3 do art. 16º do ADPIC/TRIPS estabelece o seguinte:

"O disposto no art. 6º *bis* da Convenção de Paris (1967) aplicar-se-á, *mutatis mutandis*, aos produtos ou serviços que não sejam semelhantes àqueles relativamente aos quais uma marca foi registada, desde que a utilização dessa marca para esses produtos ou serviços indique a existência de uma relação entre esses produtos ou serviços e o titular da marca registada, e na condição de essa utilização ser suscetível de prejudicar os interesses do titular da marca registada".

O referido nº 1 do art. 6º *bis* da CUP dispõe o seguinte:

"1. Os países da União comprometem-se a recusar ou invalidar, quer oficiosamente, se a lei do país o permitir, quer a pedido de quem nisso tiver interesse, o registo e a proibir o uso de marca de fábrica ou de comércio que constitua reprodução, imitação ou tradução suscetíveis de estabelecer confusão, de uma marca que a autoridade competente do país do registo ou do uso considere que nele é notoriamente conhecida como sendo já marca de uma pessoa a quem a presente Convenção aproveita e utilizada para produtos idênticos ou semelhantes. O mesmo sucederá quando a parte essencial da marca constituir reprodução de marca notoriamente conhecida ou imitação suscetível de estabelecer confusão com esta".

[692] Aprovada em 27/9/1999, pela Assembleia da União de Paris e a Assembleia-geral da Organização Mundial da Propriedade Intelectual (OMPI), com base no disposto no documento A/34/13 da OMPI.

O artigo 6º *bis* visa, literalmente, isentar a marca notoriamente conhecida do princípio da territorialidade, mas não do princípio da especialidade. Nesse sentido confere a um nacional de um país da União, titular de uma marca notória, registada ou não registada, o direito a:

a) opor-se ao *pedido* de registo de marca confundível destinada a produtos idênticos ou semelhantes, efetuado por terceiro noutro país da União;
b) invalidar o *registo* de marca confundível destinada a produtos idênticos ou semelhantes, pertencente a terceiro nacional de outro país da União;
c) proibir o *uso* de marca confundível destinada a produtos idênticos ou semelhantes, efetuado por terceiro nacional de outro país da União.

Ora o nº 3 do art. 16º do ADPIC/TRIPS, e passe embora as dúvidas hermenêuticas que a norma suscita[693], parece atribuir ao titular de uma marca notoriamente conhecida, desde que *registada* no país de origem, o direito a *opor-se* ao registo, *invalidar* o registo ou *proibir* o uso de marca destinada a *produtos ou serviços diferentes,* desde que daí resulte uma relação entre o titular e esses produtos ou serviços e na condição de essa utilização ser suscetível de prejudicar os seus interesses[694].

[693] Por exemplo, para Fernández Nóvoa, *Tratado sobre Derecho de Marcas* cit. (1ª ed., 2001), p. 316 o art. 16º, nº 3 regula a figura da marca *renombrada* (ou de prestígio), embora reconheça que "com melhores propósitos que resultados".

[694] Um aspeto importante é o de saber se a norma do ADPIC/TRIPS é diretamente aplicável (como o art. 6º *bis* da CUP) ou se carece de ser incorporada por uma norma de direito interno. Na primeira hipótese, isso significaria que se produziriam efeitos jurídicos diretos na ordem jurídica portuguesa a partir da ratificação do acordo internacional; na segunda hipótese, isso significaria que não se criariam quaisquer efeitos diretos internos enquanto o legislador não efetuasse a necessária alteração jurídica. Da nossa parte, pensamos que a norma do nº 3 do art. 16º, nº 3 não é uma norma auto exequível. Não se trata, na nossa opinião, de uma norma de conteúdo preciso e incondicional. Bem pelo contrário, trata-se de uma norma polémica, pouco apurada do ponto de vista técnico-jurídico (v.g., a expressão *mutatis mutandis* torna a previsão da norma muito ambígua) e, aparentemente, tão inovadora que justifica uma aplicação *mediatizada* por uma norma interna mais esclarecedora. Corroboramos, assim, a posição de Gómez Segade, "El acuerdo ADPIC como nuevo marco para la protección de la propiedad industrial e intelectual", ADI XVI, 1994-1995, pp. 54 e ss, recusando o carácter auto-executivo global do ADPIC, mas admitindo a aplicação direta de algumas das suas normas desde que reúnam os requisitos necessários, isto é, sejam claras, certas e incondicionais.
No sentido de considerar o ADPIC/TRIPS um acordo não aplicável diretamente, *vide* Oliveira Ascensão, "Relatório Final de Actividade da Comissão de Acompanhamento do Código da Propriedade Industrial", RFDL, 1997, p. 341, Cruz Vilaça/Daniela Antão, "A (não) aplicabilidade directa do TRIPS na ordem jurídica comunitária e em direito nacional", *in Estudos em Homenagem a Cunha Rodrigues,* vol. II, pp. 1157 e ss e Fausto de Quadros, "O carácter self-executing de disposições de tratados internacionais. O caso concreto do acordo TRIPS", ROA, 2001, pp. 1269 e ss. Na doutrina estrangeira, aceitando a natureza externa do ADPIC, ver, v.g., Fernández-Nóvoa,

Se o nosso legislador tivesse querido seguir o caminho de alargamento da proteção à marca notória (o que não aconteceu) a nossa proposta, por forma a atenuar os efeitos sistémicos resultantes da solução (à semelhança do disposto no art. 4º (1)(c) *bis* da Recomendação CUP/OMPI), ia no sentido de uma aplicação restrita da solução à chamada marca de *grande consumo* excluindo da proteção ultramerceológica a chamada marca de *consumo específico*[695]. Na verdade, se esta é conhecida apenas junto dos *meios interessados* não fazia muito sentido protegê-la para além do princípio da especialidade[696]. O contrário significaria que a marca conseguia pelo direito aquilo que não alcançara pelo mercado, isto é, um círculo de proteção jurídica superior ao círculo de afirmação económica.

Por sua vez, a Recomendação da CUP/OMPI estabelece um conjunto de fatores *indicativos* para determinar se uma marca é notoriamente conhecida. Esse conjunto de fatores (que consta do art. 2º (1)(b)) é o seguinte:

a) o grau de conhecimento da marca junto dos meios interessados;
b) a duração, extensão e âmbito geográfico do uso da marca;
c) a duração, extensão e âmbito geográfico de promoção da marca, incluindo anúncio ou publicidade ou a apresentação em feiras ou exposições dos produtos ou serviços assinalados pela marca;
d) a duração e âmbito geográfico dos registos, e/ou do pedido de registos, da marca, que reflitam a extensão do uso ou reconhecimento da marca;
e) o número de decisões judiciais favoráveis, em particular, ao reconhecimento da marca como notoriamente conhecida;
f) o valor associado à marca.

Tratado sobre Derecho de Marcas cit., pp. 735 e ss e Josef Drexl, "The TRIPs Agreement and the EC: what comes next after joint competence", em Beier/Schricker (eds), *From GATT to TRIPs*, Weinheim, VCH, 1996, pp. 18 e ss. Contra, Hanns Ullrich, "Technology protection according to TRIPs: principles and problems", in *From GATT to TRIPs* cit., pp. 357 e ss.

695 Espanha e Itália (antes da transposição da Diretiva de 2015) tinham acolhido esta orientação alargando a proteção ultramerceológica à marca notória geral (art. 8º, nº 3 da lei 17/2001 e art. 12º, nº 1 alª f) do CPIIt.).

696 Esta afirmação será igualmente válida, por maioria de razão, para a marca de prestígio de que falaremos no ponto seguinte. Esta posição não colhe, no entanto, e estranhamente, a unanimidade. Em sentido contrário registe-se a importante posição do TJ no Ac. de 14/9/99, C-375/97 (*General Motors* v. *Yplon*), *http://europa.eu.int/jurisp/cgi-bin/getext.pl?lang=pt*. Pronunciando-se, a título prejudicial, sobre a interpretação do art. 5º nº 2 da DM-1988, considerou que é suficiente o conhecimento da marca de prestígio *junto dos meios interessados* para poder beneficiar de uma proteção alargada a produtos ou serviços não semelhantes. Sobre esta decisão *vide*, em tom crítico, o nosso comentário, "A "marca" do Tribunal de Justiça no direito de marcas" cit., pp. 87 e ss. Em tom igualmente crítico Martinez Gutierrez, "El riesgo de confusión en el derecho de marcas", ADI, XX, pp. 665 e ss.

A Recomendação estabelece ainda um conjunto de fatores que um país membro não pode exigir em ordem à proteção de uma marca notoriamente conhecida (art. 2º (3)(a)):

a) o uso, o registo ou o pedido de registo da marca no país onde se solicita a proteção;
b) a notoriedade, o registo ou o pedido de registo da marca em qualquer outra jurisdição;
c) a notoriedade da marca em relação ao grande público consumidor.

Esta última proibição é, no entanto, como dissemos atrás, derrogável no caso de se pretender a proteção da marca em relação a produtos ou serviços *diferentes* (art. 4º (1)(c)).

Para a marca notória poder ser protegida independentemente da identidade ou semelhança dos produtos ou serviços é necessário, nos termos do art. 4º (1)(b)(i, ii, iii) que se cumpra pelo menos uma das seguintes condições:

a) o uso, o registo ou o pedido de registo da marca conflituante seja suscetível de provocar uma ligação entre os produtos e/ou serviços e o titular da marca notoriamente conhecida por forma a prejudicar os interesses deste último;
b) o uso da marca seja suscetível de prejudicar ou diluir de um modo desleal o carácter distintivo da marca notoriamente conhecida;
c) o uso da marca seja suscetível de tirar partido indevido do carácter distintivo da marca notoriamente conhecida.

10. Marca Conflituante com Marca de Prestígio

A DM-1988 acolheu a figura da marca de *prestígio* e *propôs* uma orientação para a sua proteção.

Neste aspeto, a DM representou um "virar de página" no longo, difícil e desencontrado percurso doutrinário e jurisprudencial relativo ao conceito e regime jurídico de proteção da marca de prestígio.

Em Portugal, nos anos 50, Pinto Coelho dedicou particular atenção ao tema. No âmbito da CUP começou por admitir que o melhor fundamento jurídico de proteção da marca de prestígio (ou "de alta reputação" ou "reputação excepcional" como preferia designá-la) seria o da concorrência desleal[697].

[697] Cf.: "A protecção da marca notoriamente conhecida no Congresso de Viena da CCI", BFDC, vol XXIX (1953); "O problema da protecção da marca quando usada por terceiros para produtos não identificados, nem similares", BFDC, vol. XXX (1954); "A protecção da marca notória e o Congresso de Bruxelas de 1954 da AIPPI", BFDC, vol. XXXI (1955); *Lições* cit., pp. 415 e ss (1957).

Abandonou essa posição mais tarde passando a considerar mais importante definir na CUP, através de uma disposição específica, as condições de proteção da marca notória quando utilizada por outrem para produtos diferentes. Baseando-se nas propostas da Comissão Executiva da AIPPI reunida em Locarno (1953), entendeu que essas condições eram a possibilidade de confusão, o benefício injustificado da marca usurpadora e o enfraquecimento real do carácter distintivo ou do poder de atração da marca notória[698].

Os tribunais portugueses, pontualmente, pronunciaram-se favoravelmente à proteção da marca célebre para além dos limites impostos pelo princípio da especialidade:

16º JCL de 5/3/1981[699], que considerou a marca *Marlboro* para tabaco de alta reputação e negou o registo da marca *Marlboro-Scotch Whisky* para bebidas com o fundamento em concorrência desleal;

14º JCL de 3/7/1990[700] e o Ac. R.L. de 3/7/90[701] que, com o mesmo fundamento, recusaram o pedido de registo da marca *Coke* para produtos de limpeza, higiénicos e perfumaria em virtude de colidir com a marca homónima "super notória" destinada a bebidas não alcoólicas;

16º JCL de 8/2/1994[702], que recusou o registo da marca *Coca e Figura* destinada a sabões, perfumaria, produtos de óleos essenciais, cosméticos e loções para cabelo, por concorrência desleal com a marca *Coca-Cola*[703].

698 "A protecção da marca notória e da marca de reputação excepcional", RLJ-92º, p. 178 (1959).

699 BPI-10/1981, p. 1980.

700 BPI-9/1990, pp. 443 e ss.

701 CJ-4/1990, pp. 119 e ss.

702 BPI-12/1993, p. 6254.

703 Depois da entrada em vigor do CPI-1995 foram consideradas pelos tribunais marcas de prestígio, nomeadamente, as seguintes: *Rolex* (5º JCL de 13/1/1998, BPI-5/98, p. 1704), *Delta* (9º JCL de 29/7/1999, BPI-2/00, p. 560), *Michelin* (8º JCL de 9/6/1998, BPI-2/01, p. 555 e TRL de 30/3/2000, BPI-2/01, p. 556), *Becel* (9º JCL de 29/7/1999, BPI-2/2000. p. 560), *Puma* (1ª VCL (sem data), BPI-5/2001, p. 2134), *Jaguar* (10º VCL de 21/5/2001, BPI-11/2001, p. 3786), *Barca Velha*, (Ac. STJ de 22/05/2001, BPI-9/2001, p. 3256), *Gió di Giorgio Armani* (T.Com. de 13/7/2001, BPI-5/2002, p. 1765), *Vogue* (T.Com. de 19/7/2002, BPI-10/2003, p. 3508), *West* (TRL de 15/03/2001, BPI-4/2004, p. 1227), *Scooby-doo* (TCom. de 22/10/2004, BPI-4/2007, p. 30), *Salsa* (TRL de 22/01/09, BPI-5/06/2009, p. 6 e T.Com. de 11/03/2010, BPI-2/12/2011, p. 18), *SIC* (Ac. RL de 6/7/2010, Jusjornal.pt); *Prada* (T.Com., sd., BPI-04/11/2013, p. 13); *Mateus Rosé* (T.Com., sd, BPI-29/07/2014, p. 18); *Smart* (TPI, 5/01/2015, BPI-7/05/2015, p. 7); *Mimosa* (TPI de 7/01/2015, BPI-11/05/2015, p. 41); *Visa* (TPI de 19/06/2015, BPI-26/10/2015, p. 27); *Fox* (TPI de 21/05/2018, BPI-1/02/2019, p. 7); *Android* (TRL de 14/02/2019, BPI-22/05/2019, p. 21); *Vista Alegre* (TPI de 7/07/2020 e 8/07/2020, BPI-12/11/2020, pp. 6 e ss e 18 e ss); *Red Bull* (TPI de 18/12/2020, BPI-21/05/2021, pp. 7 e ss); *Godiva* (TPI, sd, BPI-29/06/2021, p. 39).

Refira-se, ainda, o 1º JCL de 15/11/1962[704] que, embora negando a solução no caso em apreço (respeitante à marca *Persil)*, manifestou abertura, implicitamente, para a proteção de marcas de notoriedade excecional.

A proposta da DM-1988 consistiu na possibilidade, verificados certos requisitos, de a marca de prestígio não ser sujeita ao princípio da especialidade[705]. Uma solução bem enquadrável dentro do direito de marcas.

A DM tomou assim uma clara posição em relação ao fundamento de proteção desta categoria de marca.

Mas só a DM-2015 (art. 5º, nº 3, al. a)) impôs aos Estados-membros a proteção da marca nacional de prestígio[706].

Nenhuma das três Diretivas se pronunciou sobre o conceito de marca de prestígio, aspeto que deixou à consideração da doutrina e jurisprudência.

No CPI-2018 a marca de prestígio (nacional ou da UE) é protegida no art. 235º.

Noção da Marca de Prestígio

Não é fácil definir uma marca de prestígio.

A proteção da marca de prestígio não podemos ignorá-lo, representa uma solução anómala num sistema assente no interesse da diferenciação de bens ou serviços num pretenso mercado de livre concorrência. Na verdade, a proteção da marca por forma tendencialmente intemporal faz mais sentido se a marca for essencial e normalmente protegida na sua dimensão funcionalmente distintiva. Só esta dimensão justifica a atribuição de um direito privativo indefinidamente renovável no tempo ao contrário do que acontece, por exemplo, com as criações de tipo autoral ou industrial em que a atribuição do direito corresponde a uma compensação, temporariamente limitada, para um esforço de criação e inovação de um bem em si mesmo considerado[707].

[704] BPI-7/1963, p. 847.

[705] O facto de não ter imposto a solução deu azo a soluções nacionais díspares. A lei espanhola de 1988 não chegou a consagrar a figura da marca de prestígio, limitando-se a sancionar o aproveitamento indevido da reputação de uma marca (cf. art. 13º alª c)). Só na lei de 2001 é que foi introduzida a figura da marca *renombrada* (art. 8º). Na lei francesa optou-se por enquadrar a questão no âmbito da responsabilidade civil para além de se alargar a proteção à marca notoriamente conhecida (cf. art. L.713-5 do CPInt.).

[706] As duas DM (antes da DM-2015) apenas impunham aos Estados-membros a proteção da (então) marca comunitária de prestígio.

[707] Sobre este ponto, *vide*, também, as importantes referências feitas por Cavani, "La nuova legge marchi-commento generale", in *La Riforma della legge marchi* (a cura de Ghidini), 1995, pp. 18 e ss.

Por tudo isto, a abertura do sistema à proteção de marcas de prestígio deve ser o mais exigente possível. Essa marca deve obedecer a dois apertados requisitos, um quantitativo e outro qualitativo:

1º gozar de excecional notoriedade;

2º gozar de excecional atração e-ou satisfação junto dos consumidores[708].

O primeiro requisito, de natureza quantitativa, significa que a marca deva ser, espontânea, imediata e generalizadamente conhecida do grande-público consumidor[709], e não apenas dos correspondentes meios interessados, como o sinal distintivo de uma determinada espécie de produtos ou serviços[710].

O conhecimento pode ser limitado ao âmbito de um só país[711]. Esta é a solução mais defensável ante a lógica normativa da DM (que não interfere com o princípio da territorialidade do direito de marca) e do RMUE (que alude à marca *nacional* de prestígio).

O segundo requisito referido, da natureza qualitativa, significa que a marca deva contar *ou* com um elevado valor simbólico-evocativo junto do público consumidor, não obstante não seja de grande consumo, *ou* com um elevado grau de satisfação junto do grande público consumidor. Este último aspeto não significa que os produtos ou serviços, em si, devam ter uma excecional, sequer, boa qualidade objetiva. Não é da qualidade dos produtos ou serviços que se trata, mas sim do particular significado que a marca representa junto do consumidor médio em ordem à satisfação, bem sucedida, de determinadas necessidades concretas. Nesse sentido, deve tratar-se de uma marca que haja penetrado no espírito do consumidor com uma imagem positiva de qualidade dos produtos ou serviços que distingue.

[708] Nesta parte secundamos a distinção feita por Leonini entre marca célebre-evocativa e marca célebre-famosa (cf. *Marchi famosi e marchi evocativi*, 1991, pp. 86 e ss).

[709] Numa percentagem que consideramos não deve ser inferior a uma maioria qualificada de 75%, ou, pelo menos, de dois terços dos consumidores do mercado em referência.

[710] Já sublinhamos atrás (nota 696) que este requisito foi considerado dispensável pelo TJ no caso *General Motors v. Yplon* (Ac. de 14/9/1999, C-375/1997), a propósito da marca *Chevy* (qualificada como marca de prestígio). Num tom crítico a este acórdão cf., ainda, Nogueira Serens, *A monopolização da concorrência e a (re)emergência da tutela da marca* cit., nota 1983, pp. 1005 e ss.

[711] No acórdão referido na nota anterior, e na mesma linha de atuação surpreendente, o TJ decidiu que o conhecimento pode reportar-se a *uma parte* de um país. Por sua vez, o Ac. TJ de 6/10/2009, Proc. C-301, numa questão prejudicial relativa ao (correspondente) artigo 9º, nº 2 alª c) do atual RMUE (o âmbito territorial necessário à proteção de uma marca da UE de prestígio), considerou que o território de um Estado-Membro pode constituir uma parte substancial do território da Comunidade. O Ac. TJ de de 3/09/2015, Proc. C-125/2014, reafirmou que é bastante o prestígio ser aferido com o território de um único Estado-membro, ainda que este não coincida com o país onde a proteção é solicitada.

Em conclusão, a marca de prestígio, para além de uma excecional capacidade distintiva, deve ter ou uma excecional capacidade evocativa e-ou uma excecional aceitação no mercado, num caso e noutro de modo tão intenso que, dificilmente, e sempre com o risco de depreciação, se a imagina desligada dos produtos ou serviços que assinala ou ligada, simultaneamente, a outros produtos ou serviços.

É que, repetindo-nos, sustentamos que a função distintiva e a função publicitária "correm lado a lado" de um modo complementar e não de um modo autónomo[712]. Não se protege a marca de prestígio em virtude de se ter tornado como que independente dos produtos ou serviços para as quais originariamente foi destinada[713]. O mérito da marca célebre não é o de ter deixado de ser marca. O seu mérito, a justificar proteção, é, na nossa opinião, o facto de se ter tornado numa marca que distingue "bem demais" e de um modo especialmente evocativo ou atrativo uma determinada classe de produtos ou serviços.

Há, ainda, autores que exigem que a marca deva ser única e original.

Não estamos inteiramente de acordo. O facto de a marca ser única e fantasiosa não define a marca de prestígio apenas facilita o seu surgimento.

Na verdade, há que reconhecê-lo, será mais difícil a uma marca comum a diferentes setores do mercado, pouco original ou expressiva alcançar o estatuto de marca de prestígio. Só que esse é um plano diferente de abordagem. Uma coisa é saber o que é mais fácil ou difícil para que uma marca se torne de prestígio, outra coisa é o que é (ou deve ser) uma marca de prestígio. E esta é (deve ser) o resultado de uma conjugação de fatores a valorar caso a caso não sendo, na nossa opinião, de excluir desse resultado, por razões de tipo formal-constitutivo, qualquer marca.

Conteúdo de Proteção da Marca de Prestígio

A marca de prestígio goza de uma proteção não subordinada ao princípio da especialidade da marca.

Na nossa opinião, o CPI, seguindo a orientação das diferentes Diretivas, enveredou pelo bom caminho ao consagrar a proteção como uma exceção ao princípio da especialidade, recusando soluções fora do direito de marcas que,

[712] Cf. a este propósito o que escrevemos *supra* Parte III, cap. I, 1.3.

[713] Considerando que a marca de prestígio como que se desliga da sua função distintiva, Ascarelli, *Teoria de la concurrencia* cit., pp. 207 e ss e 396 e ss; Bertrand, "French trade mark law: from the well-known brand to the famous brand", EIPR, 1993, pp. 144 e 145; Braun, *Précis* cit., p. 587; Dassas, "Conditions et effets de la notoriété", in *Le nouveau droit de marques en France*, (AA.VV.), 1991, p. 30; Floridia, "La direttiva sul ravvicinamento delle legislazioni nazionali in materia di marchi nelle prospettiva del mercato unico europeo", RDI, 1990, pp. 365 e ss; em parte, Franceschelli, *Sui marchi* cit., pp. 167 e ss; Sena, *Il diritto dei marchi* cit., pp. 64/65.

como a experiência vinha demonstrando, se mostravam de muito difícil e discutível aplicação[714].

O nosso código confere ao titular da marca de prestígio a possibilidade de: oposição ao pedido do registo feito por terceiros de uma marca idêntica ou semelhante para produtos ou serviços não afins (art. 235º); anulação do registo dessa marca (art. 260º, nº 1 alª a)), desde que a mesma se encontre registada previamente ou seja requerido o seu registo para os produtos ou serviços que lhe deram prestígio (art. 260º, nº 2); proceder criminalmente contra o usuário não autorizado da marca de prestígio desde que seja solicitado o registo desta (art. 320º, alª h)).

Para além disso, já não nos parece defensável que a marca de prestígio possa ser invocada como "justo motivo" (cf. art. 268º, nº 1) para não ser usada em relação a outros produtos e serviços para os quais se encontre registada, o que de outro modo significaria a "excecional" legitimação de registos "defensivos" para além do prazo-limite de cinco anos. E não nos parece defensável porque doravante a marca de prestígio conta com uma defesa específica, eficaz e excecional.

Em nome dos melhores princípios do direito de marcas o registo de marca de prestígio deve ser declarada parcialmente caduco em relação aos produtos ou serviços em que não esteja a ser usada[715].

A caducidade, como instituto jurídico de interesse público, deve operar indistintamente[716].

[714] Em França, por exemplo, pelo facto de ter sido adotada a via da responsabilidade civil há dificuldade em aceitar que o simples aproveitamento indevido da marca de prestígio, sem a prova do prejuízo do respetivo titular, seja suficiente para que ocorra a sua proteção (como resultaria do texto da disposição do art. L.713-5 – cf. DASSAS, *Conditions et effets de la notoriété* cit., p. 34 e THRIERR, «Analyse de la loi nº 91-7 du 4/1/91 relative aux marques de fabrique, de commerce ou de service», RIPIA, 1991, pp. 21 e 22.

[715] Acolhendo esta orientação *vide* a decisão do TCom. de 13/7/2002, BPI-4/2002, p. 1418, que considerou parcialmente caduco o registo da marca *Hermès* não obstante ter sido qualificada como uma marca de grande prestígio.

[716] Em relação a este aspeto os vários grupos nacionais presentes na reunião da Comissão Executiva da AIPPI de Barcelona (AIPPI(A)-1990, IV), não deram uma resposta comum.
O grupo espanhol (pp. 76 e 77), alemão (p.15) e belga (p. 45) responderam no sentido da aplicação da caducidade; o grupo português (p. 189) e o italiano (p. 144) responderam em sentido contrário. O grupo francês (p. 105), no seguimento da posição tradicional, defendida perante a lei de 1964, entendeu que não devia haver caducidade no caso de os produtos ou serviços correspondentes à marca não usada serem relativamente afins dos produtos ou serviços assinalados pela marca usada. Sobre este ponto, *vide*, ainda, *Le nouveau droit des marques en France* cit., pp. 75 e ss (à luz do CPInt.) e VANZETTI, "Sul ravvicinamento" cit., p. 1447 que, a propósito da interpretação da Diretiva, defende a subtração da marca célebre à caducidade parcial por não uso.

As condições de proteção da marca de prestígio, face ao pedido de registo, registo ou uso por terceiros de marca confundível para produtos ou serviços não afins, são, conjunta ou separadamente, as duas seguintes[717]:

1ª O aproveitamento, sem justo motivo, do seu carácter distintivo ou prestígio;

2ª O prejuízo, sem justo motivo, do seu carácter distintivo ou prestígio.

Em ambos os casos, há que reconhecer, não será fácil ao titular da marca ordinária provar ter justo motivo para usar uma marca idêntica ou semelhante a uma marca de prestígio.

A propósito de idêntica expressão, constante do art. 13º-A-2º da lei-Benelux de marcas de 1962 (revogada pela convenção de marcas e desenhos ou modelos de 11/12/2017, que entrou em vigor em 1/03/2019) foi afirmado que, em bom rigor, só se poderá falar em justo motivo "a partir do momento em que uma participação na vida dos negócios seja excluída, salvo pela utilização de uma marca ou sinal semelhante pertencente a terceiro"[718]. Não sendo incorreto, este ponto de vista afigura-se-nos, porém, demasiado rígido[719]. O TJ já teve oportunidade de considerar que, por força dum "justo motivo", o titular da marca de prestígio pode ser obrigado "a tolerar a utilização, por um terceiro, de um sinal semelhante a essa marca para um produto idêntico àquele para o qual a referida marca foi registada, desde que se verifique que esse sinal foi utilizado antes do registo da mesma marca e que a utilização feita relativamente ao produto idêntico foi feita de boafé. Para apreciar se esse é o caso, cabe ao órgão jurisdicional nacional ter em conta, em particular: a implantação e a reputação do referido sinal junto do público em causa; o grau de proximidade entre os produtos e os serviços para os quais o mesmo sinal foi originariamente utilizado e o produto para o qual a marca de prestígio foi registada; a relevância económica e comercial da utilização para esse produto do sinal semelhante a essa marca"[720].

Em relação às condições de proteção referidas queremos apenas sublinhar os seguintes aspetos.

Por um lado, de acordo com a primeira condição de proteção, a possibilidade de a marca de prestígio ser protegida mesmo não se demonstrando ter sido prejudicada.

[717] Para uma apreciação destes requisitos, *vide* NOGUEIRA SERENS, *A monopolização da concorrência e a (re)emergência da tutela da marca* cit., nota 1983, pp. 1009 e ss.

[718] Citamos BERGER, Ing. Cons., 1975, p. 94, citado por BRAUN, *Précis* p. 373.

[719] São concebíveis situações em que, pelo menos, pode ser tentada a invocação do "justo motivo" como, por exemplo, o prestígio do requerente, o facto de a marca de prestígio ser composta, em parte, por sinais genéricos, descritivos ou usuais ou que correspondam, em parte, ao nome civil, firma ou nome do estabelecimento do titular da marca.

[720] Ac. de 6/02/2014, Proc. C-65/2012 (marca "Red Bull").

Por outro lado, de acordo com a segunda condição de proteção, a clara adesão da solução à teoria da *diluição* da marca que iremos referir de seguida[721].

O princípio da proteção de marcas contra o debilitamento da sua força distintiva teve também amplo eco no direito norte-americano mediante a chamada teoria da *dilution* formulada por SCHECHTER em 1927[722].

Segundo esta teoria, o valor publicitário de uma marca, *coined, arbitrary and fanciful* ("inventada", arbitrária ou de fantasia), com suficiente capacidade de venda *(selling power)* é sempre atingido, diminuído ou diluído pelo uso que terceiros façam de uma marca idêntica ou semelhante mesmo para produtos não afins.

A teoria da diluição, depois de um sinuoso percurso, acabou por ser adotada na *Lanham Act* de 1996 (Lei nº 104/1998 – *Dilution Act)*[723]. Antes desta importante alteração legislativa federal a doutrina da diluição, apesar de ter sido consagrada em muitas leis dos Estados da União (chegando a ser aceite em vinte e seis desses Estados) e ter sido acolhida por doutrina muito representativa, não tinha grande acolhimento jurisprudencial. Os tribunais vinham a aplicá-la em casos muito restritos ligados, exatamente, à hipótese das marcas de prestígio[724].

A alteração da lei de marcas de forma a contemplar a teoria da diluição era uma questão vivamente discutida nos EUA que vinha conquistando cada vez mais adeptos situação para a qual muito havia contribuído a posição favorável

[721] O processo de diluição é um processo psicológico que ocorre gradualmente. "Pouco a pouco o público habitua-se ao facto que não é só um empresário a usar esta marca; a força distintiva da marca célebre empalidece, o seu reclamo publicitário diminui, a posição exclusiva perde-se" para citarmos SCHRICKER, "La Tutela della Ausstattung e del marchio celebre nella Germania Federale", RDI, 1980, I, p. 269, aludindo à doutrina alemã sobre a teoria da diluição. Deve referir-se que uma decisão judical alemã de 11 de setembro de 1924, do tribunal ("Landgericht") de Erberfeld admitiu, pela primeira vez, a proteção da força distintiva de uma marca ("Odol") em derrogação do princípio da especialidade, apoiando-se na lei contra a concorrência desleal (UWG) e na responsabilidade civil extracontratual.

[722] "The Rational Basis of Trademarks Protection", Harvard Law Review, 40-1927, pp. 813 e ss. Sobre a evolução da doutrina da diluição, cf., desenvolvidamente, NOGUEIRA SERENS, *A monopolização da concorrência e a (re)emergência da tutela da marca* cit., pp. 964 e ss (nota 1983).

[723] O *Dilution Act* aditou a alª c) do § 43 da lei americana e introduziu a definição de diluição no § 45. Para uma análise desta lei *vide*, por todos, MCCARTHY, *Trademarks* cit., § 24:88-§ 24:112. Entretanto, em 2006, teve lugar uma importante alteração legislativa nesta matéria (cf. secção 43, 15 U.S.C. § 1125, c)). Sobre esta evolução legislativa cf. HILLIARD/WELCH II/MARVEL, *Trademarks and unfair competition* cit., pp. 297 e ss.

[724] Cf. DE SEVO, "Antidilution laws: the unresolved dilemma of preemption under the Lanham Act", TMR, 1994, pp. 300 e ss; LEIMER, "Trademark Dilution in the US", TW, 11/93, pp. 15 e ss; MCCARTHY, *Trademarks* cit., ob e loc ult cits; PATTISHALL/HILLIARD, *Trademarks*, 1987, pp. 293 e ss. com indicações jurisprudenciais.

de *United States Trademark Association* (USTA), a partir de 1987[725]. Com a *Trademark Dilution Revision Act* de 2006, foi clarificada a noção de diluição por *blurring* (debilitamento do carácter distintivo de uma marca) e introduzida a diluição por *tarnishment* (deslustre do prestígio de uma marca) na secção 43 (c) (1) da *Lanham Act*.

A nível da UE, uma referência para a importância do Ac. do TJUE de 27/11/2008, processo C-252/07 (caso *Intel*), em que se definiu pela primeira vez o prejuízo do carácter distintivo da marca de prestígio. Esse prejuízo existe quando a aptidão da marca em identificar os produtos e os serviços para os quais foi registada e utilizada como sendo proveniente do titular da referida marca esteja enfraquecida, implicando o uso da marca posterior uma dispersão da identidade da marca anterior e da sua influência no espírito do público. É o que acontece quando a marca anterior, que suscitava uma associação imediata com os produtos ou os serviços para os quais foi registada, já não esteja em situação de o fazer (cf. considerando nº 29).

[725] Para mais desenvolvimentos, *vide* o conjunto de artigos "Dilution Law: at a crossroads?", TMR, 1993, pp. 108 e ss. A organização *United States Trademark Association* (USTA) passou a designar-se *International Trademark Association* (INTA), a partir de 1993.

Capítulo V
Limitações ao Direito de Marca

1. Introdução

O registo atribui ao seu titular um direito de propriedade sobre a marca, pelo período de 10 anos, contados a partir da data da apresentação do pedido[726], podendo ser indefinidamente renovado por iguais períodos (art. 247º).

Este direito é limitado, como já sabemos, por regra, ao princípio da territorialidade e ao princípio da especialidade. As exceções reportam-se a duas categorias de marcas: a marca notória (art. 234º)[727] e a marca de prestígio (art. 235º)[728]. À marca notória não se aplica o princípio da territorialidade e à marca de prestígio não se aplica ainda o princípio da especialidade.

O titular tem o direito exclusivo e absoluto de apor a marca nos produtos ou serviços a que respeita e de introduzir os produtos ou serviços marcados no mercado (art. 249º), mas tem igualmente a obrigação de a usar de modo sério (art. 267º, nº 1 e art. 268º, nº 1)[729].

O registo confere ao seu titular o direito de impedir terceiros, sem o seu consentimento, de usar, no exercício de atividades económicas, qualquer sinal igual, ou semelhante, em produtos ou serviços idênticos ou afins daqueles para os quais a marca foi registada e que, em consequência da semelhança entre os

[726] O prazo de validade do registo da marca passou a ser de 10 anos a contar da data do pedido e não da concessão, com o atual CPI, cumprindo uma imposição da DM de 16/12/2015 (art. 48º, nº 1).

[727] Cf. cap. IV, nº 9.

[728] Cf. cap. IV, nº 10.

[729] Sobre esta importante problemática *vide* as desenvolvidas considerações que fazemos infra, cap. VII, 2.1.

sinais e da afinidade dos produtos ou serviços, possa causar um risco de confusão, ou associação, no espírito do consumidor (art. 249º).

Assim, para que se produza uma violação direta do direito de marca é necessário que o terceiro, sem autorização legal[730] ou do titular, faça um uso confundível a título de *marca*, isto é, como sinal suscetível de afetar as funções da marca, nomeadamente a sua função essencial, a função distintiva[731].

O conteúdo do direito de marca conhece duas limitações legais, muito importantes para o funcionamento do mercado interno, o esgotamento do direito de marca (art. 253º) e o uso descritivo da marca (art. 254º), que desenvolveremos de seguida.

2. Esgotamento do Direito de Marca

2.1. Noção

Lembrando o que escrevemos a propósito da patente[732] e do desenho ou modelo[733], não se trata do esgotamento (desaparecimento) do direito de marca, mas apenas de um aspeto do conteúdo desse direito que se relaciona com o poder de o respetivo titular proibir ou restringir a circulação do produto marcado original colocado no mercado por si ou por terceiro com o seu consentimento. Em cada colocação de produtos autênticos no mercado, com marca, *esgota-se*, verificados que sejam certos requisitos, o direito de o respetivo titular excluir a sua comercialização.

O esgotamento pode operar a três níveis: nacional (o esgotamento verifica-se apenas no âmbito de um Estado), supranacional (o esgotamento dá-se numa comunidade de Estados, como o espaço económico europeu, por exemplo) e internacional (o esgotamento produz-se em todos os países).

O art. 253º, nº 1 (de acordo com o 15º da DM-2015) consagra expressamente o esgotamento a nível do espaço económico europeu (EEE). Pelo disposto no

[730] Como, por exemplo, a da publicidade comparativa permitida pelo disposto no art. 16º do Código da Publicidade, aprovado pelo Decreto-lei nº 330/90 de 9/9 (já diversas vezes alterado).

[731] Sobre o conteúdo do direito de marca *vide* as considerações feitas no Ac. do TJ de 12/11/2002, Processo C-206/01 (caso *Arsenal/Matthew Reed*). O TJ considerou "que o direito exclusivo previsto pelo artigo 5º nº 1 alª a) da diretiva foi concedido para permitir ao titular da marca proteger os seus interesses específicos como titular da marca, ou seja, assegurar que a marca possa cumprir as suas funções próprias. O exercício deste direito deve, por conseguinte, ser reservado aos casos em que o uso do sinal por um terceiro afeta ou é suscetível de afetar as funções da marca, nomeadamente a sua função essencial, que é a de garantir aos consumidores a proveniência do produto".

[732] Parte I, Cap. III, 3.1.

[733] Parte II, nº 10.

nº 1 desta disposição legal, os direitos conferidos pela marca não permitem ao seu titular proibir o uso da marca em produtos comercializados, pelo próprio ou com o seu consentimento, no EEE.[734].

No entanto, de acordo com o nº 2 do mesmo artigo, o esgotamento só tem lugar se não houver motivos legítimos que justifiquem que o titular se oponha à comercialização posterior dos produtos, nomeadamente sempre que o estado desses produtos seja modificado ou alterado após a sua colocação no mercado.

No período anterior à DM-1988, o TJ adotou, pela primeira vez, em matéria de marcas, o princípio do esgotamento a nível comunitário no caso *Centrapharm/Winthrop*[735].

O esgotamento pode ter lugar direta ou indiretamente. No primeiro caso, é o titular que apõe a marca e coloca os produtos no mercado; no segundo, é um terceiro que procede a esses atos mediante autorização, expressa ou implícita[736], do titular. O terceiro tanto pode ser um licenciado como uma socieda-

[734] O TJ (Acórdão de 3/06/2010, Proc. C-127/09, caso *Coty Prestige v. Simex*, considerou que não se verifica o requisito de consentimento, expresso ou tácito, no caso de serem fornecidos "perfumes para teste" aos comerciantes, sem transmissão do direito de propriedade e com proibição da respetiva venda, com o único intuito de os clientes testarem esses perfumes.

[735] Ac de 31/10/1974, Proc. nº 16/74, RJC, 1974, pp. 1189 e ss. Neste caso discutia-se a possibilidade de *Winthrop*, titular da marca *Negram*, na Holanda, impedir um terceiro (*Centrafarm*) de efetuar importação paralela de medicamentos com a mesma marca provenientes do Reino Unido. As empresas da Holanda e do Reino Unido eram filiais de uma sociedade americana (*Sterling Drug*). O TJ considerou que deve haver lugar ao esgotamento do direito de marca quando o produto haja sido introduzido licitamente no mercado do Estado membro do qual é importado, pelo titular ou por terceiro com o seu consentimento de modo que não possa falar-se de abuso ou usurpação de marca. Se o titular da marca pudesse proibir a importação de produtos protegidos, comercializados noutro Estado membro por ele ou com o seu consentimento, teria a possibilidade de compartimentar os mercados nacionais e operar uma restrição ao comércio entre os Estados membros, sem que tal restrição seja necessária para assegurar a substância do direito exclusivo resultante da marca. A restrição à livre circulação de mercadorias resultante da proteção da propriedade industrial, prevista no art. 36º do Tratado sobre o Funcionamento da União Europeia (que substituiu o Tratado da Comunidade Europeia), comporta a importante limitação (uma verdadeira *exceção à exceção*) constante da parte final desta disposição comunitária segundo a qual a referida restrição não deve constituir uma restrição dissimulada ao comércio entre os Estados-membros. Para o tribunal a proteção deve ser limitada, exclusivamente, à salvaguarda do *objeto específico* da propriedade industrial. No caso do direito de marca esse *objeto específico* traduz-se no direito exclusivo de o respetivo titular a utilizar quando o produto é colocado no mercado pela primeira vez, e de assim a proteger contra os concorrentes que quisessem abusar da posição e reputação da mesma vendendo produtos que usassem indevidamente uma marca idêntica. O TJ viria a reafirmar a mesma doutrina em mais decisões. Para uma visão da evolução do princípio na jurisprudência comunitária *vide*, PETTITI, "Il principio di esaurimento del marchio", RDC, 1999, pp. 245 e ss.

[736] Nesse sentido, cf. Acórdão TJ de 15/10/2009, Proc. C-324/08, caso *Makro e outros. v. Diesel in http://curia.europa.eu.int/jurisp/cgi-bin/gettext.pl?lang=pt.*

de que mantenha uma relação de grupo com o titular da marca ou ainda um concessionário exclusivo[737]. A colocação dos produtos no mercado por parte de um terceiro que se encontre numa destas situações conduz ao esgotamento do direito do titular da marca[738].

Neste contexto, deve referir-se o Ac. do TJ de 20/12/2017, processo C291/16 (caso *Schweppes*), que adotou uma orientação ampla (mais substancial do que formal) sobre o conceito de relações económicas admitindo o esgotamento num caso em que o titular de uma marca nacional pretendeu opor-se à importação de produtos idênticos que ostentam a mesma marca, provenientes de outro Estado-Membro onde essa marca, que pertencia inicialmente ao mesmo titular, seja doravante detida por um terceiro cujos direitos adquiriu por cessão/transmissão[739]. O TJ defendeu que o esgotamento não tem lugar: i) se o titular, por si só ou coordenando a sua estratégia de marca com esse terceiro, continuou a favorecer de forma ativa e deliberada a aparência ou a imagem de uma marca única e global, criando ou reforçando assim uma confusão aos olhos do público em causa quanto à origem comercial dos produtos que ostentam essa marca; ii) se continuarem a existir relações económicas entre o titular e o referido terceiro, no sentido de coordenarem as suas políticas comerciais ou acordarem no controlo conjunto da utilização da marca, por ser mantida a pos-

[737] Como pode ler-se no caso *IHT/Ideal Standard*, Ac. de 22/6/1994, Proc. nº C-9/93, CJTJ, 1994, pp. 2847/2848, "o princípio do esgotamento aplica-se quando o titular da marca no Estado de importação e o titular da marca no Estado de exportação são idênticos ou quando, mesmo que sejam pessoas distintas, estão economicamente ligados". "Várias situações estão abrangidas: produtos lançados em circulação pela mesma empresa ou por um licenciado ou por uma sociedade-mãe ou por uma filial do mesmo grupo ou ainda por um concessionário exclusivo". Sobre este acórdão, *vide* o comentário de Auteri, "La cessione marchio per stati fra divieto delle intese e controllo delle concentrazioni: considerazioni in margine al caso Ideal Standard", RDI, 1996, I, pp. 5 e ss.

[738] No mesmo sentido, cf. De las Heras, *El agotamiento* cit., pp. 244 e ss e Pedro Sousa e Silva, *Direito comunitário e propriedade industrial* cit., pp. 74 e ss.

[739] Em 1999, a "Schweppes" transmitiu à "CocaCola" as marcas protegidas em diferentes Estados-membros do EEE, nomeadamente as registadas no Reino Unido. A "Schweppes" continuou a ser titular da outra parte das marcas, nomeadamente das registadas em Espanha. Em 29 de maio de 2014, a "Schweppes" intentou uma ação por contrafação de marcas espanholas contra a "Red Paralela", pelo facto de as demandadas terem importado e distribuído em Espanha garrafas de água tónica com a marca *Schweppes*, provenientes do Reino Unido. Com efeito, a "Schweppes" considera que esta comercialização em Espanha é ilícita, uma vez que estas garrafas de água tónica foram fabricadas e colocadas no mercado não por si ou com o seu consentimento, mas sim pela "Coca-Cola", que, segundo a "Schweppes", não tem nenhuma relação económica ou jurídica com o seu grupo. A "Red Paralela" alegou, em sua defesa, que existem incontestavelmente relações jurídicas e económicas entre a "CocaCola" e a "Schweppes" na exploração comum do sinal *Schweppes* como marca universal.

sibilidade de determinar, direta ou indiretamente, os produtos em que a referida marca é aposta e de controlar a sua qualidade.

2.2. Jurisprudência da União Europeia

Após a DM-1988, o Tribunal de Justiça, por diversas vezes, já teve oportunidade de apreciar, em sede de recurso prejudicial (cf. art. 267º do Tratado sobre o Funcionamento da União Europeia), duas questões relevantes relacionadas com o esgotamento do direito de marca:

1ª – se o art. 7º, nº 1 da DM-1988 permite que os Estados membros estabeleçam, autonomamente, o esgotamento internacional do direito de marca.

2ª – se no conceito de *motivo legítimo* de oposição à comercialização do produto, previsto no nº 2 do art. 7º, pode caber a *reembalagem* efetuada por terceiro não autorizado.

São estas duas questões que iremos abordar de seguida.

2.2.1. O alcance territorial do esgotamento do direito de marca

O TJ, no caso *Silhouette/Hartlauer* (Ac. de 16/7/1998, Proc. nº C-355/96) tomou uma importantíssima decisão sustentando que a solução da Diretiva é vinculativa não aceitando o alargamento do princípio do esgotamento à comercialização de produtos fora do espaço da União. Por outras palavras, o tribunal recusou a possibilidade de os Estados Membros consagrarem o esgotamento internacional.

O caso reporta-se a um litígio entre duas sociedades austríacas (*Silhouette* e *Hartlauer*). A primeira produz óculos a preços elevados e procede à sua distribuição mundial com a marca registada *Silhouette*. Na Áustria é ela própria que fornece os óculos a retalhistas enquanto nos outros países fá-lo através de filiais ou distribuidores.

A *Hartlauer* vende óculos a preços baixos não sendo, por esta razão, cliente da *Silhouette*.

Em outubro de 1995, a *Silhouette* vendeu 21000 armações de óculos, de modelos desatualizados, a uma sociedade búlgara com a advertência de o produto só ser comercializado neste país ou em países da ex-União Soviética.

Todavia, a *Hartlauer* conseguiu adquirir as referidas armações e colocou-as à venda na Áustria, a partir de dezembro de 1995.

A *Silhouette* pediu a um tribunal austríaco que fosse proibido à *Hartlauer* vender a referida mercadoria na Áustria, na medida em que esta não tinha sido comercializada no território do Espaço Económico Europeu por si ou com o seu consentimento. Por essa razão, sustenta que não se verifica o esgotamento do seu direito, de acordo com o disposto no art. 7º nº 1 da DM-1988.

Nas 1ª e 2ª instâncias a decisão foi desfavorável à pretensão da autora. No âmbito do recurso para a última instância, o Tribunal Supremo *(Oberster Gerichtshof)* decidiu suspender a instância e colocar ao TJ a questão prejudicial de saber "se o art. 7º, nº 1 da DM deve ser interpretado no sentido de a marca conceder ao seu titular o direito de proibir a terceiro o uso da marca em mercadorias comercializadas com ela num Estado que não é parte contratante".

O TJ considerou que "a diretiva não pode ser interpretada no sentido de deixar aos Estados-Membros a possibilidade de prever, na sua legislação nacional, o esgotamento dos direitos conferidos pela marca para produtos comercializados em países terceiros".

Na opinião do tribunal "esta interpretação é além do mais a única que é suscetível de realizar cabalmente a finalidade da diretiva, ou seja, salvaguardar o funcionamento do mercado interno". "Com efeito, entraves inelutáveis à livre circulação de mercadorias e à livre circulação de mercadorias e à livre prestação de serviços decorreriam de uma situação na qual alguns Estados-Membros previssem o esgotamento internacional e outros apenas o esgotamento comunitário".

E o acórdão acrescenta que a esta interpretação não pode ser feita a objeção de que a diretiva "não pode regulamentar as relações entre os Estados-Membros e países terceiros", porquanto não é disso que se trata, mas antes de "definir os direitos de que gozam os titulares das marcas na Comunidade".

Posteriormente, no caso *Sebago e Maison Dubois/GB-Unic* (Ac. de 1/7/1999, Proc. nº C-173/98), o TJ reafirmou a posição "de que o esgotamento dos direitos conferidos pela marca só se verifica caso os produtos tenham sido comercializados na Comunidade (no EEE após a entrada em vigor do Acordo sobre o Espaço Económico Europeu) e que este não deixa aos Estados-Membros a possibilidade de preverem na sua legislação nacional o esgotamento dos direitos conferidos pela marca para produtos comercializados em países terceiros".

A *Sebago* é uma sociedade registada nos EUA, titular de duas marcas *Docksides* e de três marcas *Sebago* destinadas a sapatos, protegidas no Benelux. A *Maison Dubois* é a distribuidora exclusiva para o Benelux dos sapatos com a marca *Sebago*.

A *GB-Unic*, em 1996, adquiriu sapatos *Sebago* junto de um importador paralelo belga que os havia comprado em El Salvador.

Nestas circunstâncias a *Sebago* e a *Maison Dubois* invocaram nos tribunais belgas que a sociedade *GB-Unic* tinha violado o direito da marca *Sebago* ao comercializar o produto na Comunidade sem o seu consentimento.

Foi no decurso deste pleito judicial que a *Cour d'Appel* de Bruxelas decidiu suspender a instância e submeter ao TJ a questão da interpretação do art. 7º, nº 1 da DM sobre o alcance territorial do esgotamento do direito de marca.

O Tribunal belga colocou ainda a questão interessante de saber se deve ter lugar a aplicação do princípio quando os produtos marcados objeto de importação paralela de países estranhos ao EEE sejam idênticos ou similares a produtos comercializados no interior do espaço económico europeu.

O TJ considerou que o esgotamento do direito de marca para produtos comercializados no EEE pelo seu titular ou com o seu consentimento não significa que esse esgotamento abranja a importação paralela de produtos idênticos ou similares comercializados fora desse espaço. O consentimento do titular da marca, na aceção do art. 7º, nº 1 da DM, não se reporta ao produto marcado, em relação ao qual o esgotamento é invocado, mas em relação ao ato concreto de comercialização dos exemplares desse produto num território definido.

De outra forma, entende o TJ, a proteção conferida ao titular da marca «seria esvaziada de sua substância caso bastasse, para se verificar o esgotamento na aceção do art. 7º, que o titular tivesse consentido na comercialização nesse território de produtos idênticos ou similares àqueles para os quais se invoca o esgotamento».

Mais tarde, pelo Ac. de 20/11/2001, nos processos apensos C-414/99 a 416/99 (*Zino Davidoff/A&G Imports; Levi Strauss/Tesco; Levi Strauss/Costco*), o TJ teve oportunidade de ampliar as suas considerações afirmando que "o consentimento dado pelo titular de uma marca à comercialização no EEE de produtos que ostentam essa marca que foram anteriormente comercializados fora do EEE por esse titular ou com o seu consentimento pode ser implícito, quando resultar de elementos e de circunstâncias anteriores, contemporâneas ou posteriores à comercialização fora do EEE que, apreciadas pelo juiz nacional, traduzam de forma inequívoca uma renúncia do titular ao seu direito de se opor a uma comercialização no EEE".

O Ac. de 30/11/2004, no processo C-16/03 (*Peak Holding/Axolin-Elinor*) considerou que a "estipulação eventual, no ato de venda que opera a primeira colocação no mercado no EEE, de restrições territoriais ao direito de revenda dos produtos diz apenas respeito às relações dos que tornaram parte nesse ato" e, consequentemente, não evita o esgotamento do direito.

Por sua vez, o Ac. de 18/10/2005, no processo C-405/03 (*Class International/ Colgate e outros*), sustentou que o "titular de uma marca não pode opor-se à simples introdução na Comunidade, sob o regime aduaneiro de trânsito externo ou de entreposto aduaneiro, de produtos de origem com essa marca que, anteriormente, não tenham já sido comercializados na Comunidade pelo referido titular ou com o seu consentimento". Para o TJ as mercadorias, nesse regime aduaneiro, não podem ser consideradas mercadorias comunitárias importadas aptas a comercialização, pelo que não prejudicam os direitos do titular da marca.

A posição do TJ tem uma enorme relevância prática para o funcionamento do comércio extracomunitário e veio contrariar a tradição ou a tendência de alguns Estados-Membros na defesa da teoria do esgotamento internacional.

Antes da transposição da Diretiva, a Alemanha, os Estados-Benelux e o Reino Unido surgiam como os países onde mais se podia descortinar uma tendência clara no sentido favorável à tese do esgotamento internacional[740].

Na Alemanha, desde o princípio do século XX[741] passando pela lei de marcas anterior (WZG, de 1936), a doutrina e jurisprudência convergiam no entendimento de que a proteção da função distintiva da marca não era atingida pela *importação paralela* na medida em que a esta atividade correspondia o comércio de produtos originais[742].

No Benelux, o art. 13º A, nº 2 *(in fine)* da lei de marcas anterior (lei uniforme de 1962), estabelecia o esgotamento sem limitar o seu alcance territorial[743] o que era entendido como a consagração do princípio a nível internacional[744].

No Reino Unido a jurisprudência aplicava a teoria do esgotamento internacional e apoiava-a no disposto na secção 4 nº 3 alª a) da lei de marcas de 1938[745].

A orientação do TJ afigura-se-nos correta *de iure constituto.*

Esta orientação é a mais ajustada à interpretação histórica e racional do preceito.

[740] Na França, país onde surgiu, por impulso jurisprudencial, o princípio do esgotamento aplicável às marcas na segunda metade do século XIX (como referimos atrás na nota 264), operou-se uma mudança de posição na última metade do século XX. Os tribunais passaram então a defender a doutrina *droit de suite*, isto é, o direito de o titular da marca *seguir o produto* (direito de sequela) detendo o monopólio de comercialização do produto. Para esta mudança de perspetiva contribuiu, também, a posição favorável de P. Mathély, *Le droit français* cit., pp. 322 e ss.

[741] A partir do caso emblemático *Kölnisch Wasser* decidido pela sentença do *Reichsgericht* de 14/2/1902 (in "Blatt für Patent, Muster und Zeichenwesen", 1902, pp. 165 e ss).

[742] Na jurisprudência *vide* as sentenças do *Bundesgerichtshof* (BGH) referidas em Fezer, *Markenrecht,* 2009, § 24, p. 1631. Na doutrina, v.g., Baumbach/Hefermehl, *Warenzeichenrecht* cit., § 15 anotações 48 e ss e Beier "Territorialität des Markenrechts und internationaler Wirtschaftsverkehr", GRUR Int., 1968, pp. 8 e ss.

[743] A norma referida dispunha o seguinte: «Toutefois, le droit exclusif à la marque n'implique pas le droit de s'opposer a l'emploi de cette marque pour les produits que le titulaire ou son licencié a mis en circulation sous ladite marque à moins que l'état des produits n'ait été altéré».

[744] Braun, *Précis des Marques* cit, p. 257.

[745] Kerly's, *Law of trade marks* cit., pp. 536 e ss.

Em relação ao elemento histórico deve ter-se em conta que a solução adotada corresponde à vontade *política* expressa do Comité Económico e Social e do Parlamento Europeu de recusa do esgotamento internacional, como reconheceu a Comissão Europeia nos comentários à Proposta de primeira Diretiva[746]. O art. 15º, nº 1 do RMUE-2017 consagra igualmente o esgotamento a nível do espaço económico europeu. Não faria muito sentido que, no mesmo mercado, devido a fontes de direito da União (diretiva e regulamento), operassem marcas nacionais e da UE com regimes jurídicos distintos em relação a um princípio fundamental do comércio dentro da União ou fora dela[747].

Em relação ao elemento teleológico, concordamos com o TJ quando considera que, tendo em conta a finalidade essencial da Diretiva, não pode haver liberdade de os Estados-Membros preverem o esgotamento internacional numa matéria tão sensível para o funcionamento do mercado interno como a do esgotamento.

Na nossa opinião, é legítimo que se possa criticar a solução considerando-a incoerente em nome de uma pura lógica técnico-jurídica que atenda, exclusivamente, ao problema essencial de salvaguarda da função distintiva da marca que, reconhecemos, não é posta em causa com o princípio do esgotamento internacional[748]. Só que o melhor caminho para resolver o problema não passa pela admissibilidade de disposições nacionais díspares, mas pela alteração da norma unionista.

A tese segundo a qual as legislações nacionais não estão proibidas, nas atuais circunstâncias, de consagrar o esgotamento internacional do direito de marca afigura-se-nos insustentável. Esta posição, ao contrário de contribuir para a transparência do funcionamento do mercado interno, iria provocar, na hipótese de os países adotarem soluções opostas, muitos mais problemas, e mais graves, do que aqueles que, supostamente, iria resolver. Neste ponto, para o bom funcionamento do mercado interno, é preferível uma regra comum, ainda que censurável, do que regras nacionais diferentes[749].

[746] COM (85) 793 final, p. V.

[747] No mesmo sentido, Casado Cerviño, *El sistema comunitario de marcas: normas, jurisprudencia y prática*, 2000, pp. 241 e ss; Garcia Vidal, "El alcance territorial del agotamiento del derecho de marca en la reciente Jurisprudencia del TJCE", ADI, XX, pp. 579/580.

[748] Sobre o tema *vide*, para mais desenvolvimentos, o nosso *Função distintiva da marca* cit., pp. 151 e ss.

749 A recusa do esgotamento a nivel internacional, *de iure constituto*, é a posição defendida pela doutrina maioritária, v.g.: A. Bercovitz, "Las marcas y los derechos de propiedad industrial en el mercado único", in *Marca y Diseño Comunitarios* (AA. VV.), 1996, p. 42; Fernández-Novoa, *El sistema comunitario de marcas*, 1995, pp. 221 e ss; Lobato Garcia, "El agotamiento del derecho de marca", RDM, 1997, pp. 125 e ss; Garcia Vidal, "El alcance territorial del agotamiento" cit., pp. 567 e ss; Schricker, "Reflexiones sobre el agotamiento en el derecho de los bienes inmate-

É de salientar que o art. 6º do acordo ADPIC/TRIPS estabelece que nenhuma disposição do Acordo estabelece o princípio do esgotamento internacional dos direitos de propriedade intelectual, nos quais se inclui o direito de marca[750]. Esta solução significa que a opção pelo esgotamento nacional, internacional ou supranacional (como no caso do EEE) é uma opção interna do legislador competente.

2.2.2. A reembalagem efetuada por terceiro não autorizado

O TJ teve oportunidade de apreciar este tipo de situações, no período anterior à DM-1988, nos conhecidos processos de importação paralela, acompanhados de reembalagem posterior, *Hoffman-La Roche/Centrafarm*[751], *Centrafarm/American Home*[752] e *Pfizer/Eurim-Pharm*[753].

riales", ADI, XX, pp. 346 e ss; D. W. F. Verkade, "Angleichung des nationalen Markenrechts in der EWG: Benelux-Staaten", GRUR Int., 1992, pp. 92 e ss.

De iure constituto, defendem o esgotamento a nível internacional, v.g.: Pedro Sousa e Silva, *Direito comunitário e propriedade industrial* cit., pp. 227 e ss (com base na natureza e função do direito de marca, o princípio do esgotamento dos direitos e a própria letra de algumas normas do CPI); De las Heras, *El agotamiento* cit., pp. 347 e ss (apoiando-se, fundamentalmente, no disposto no Regulamento CEE nº 3842/86 de 1/12, JO nº L 357, de 18/12/86, destinado a combater o comércio de mercadorias em contrafação e no princípio estruturante da não discriminação, previsto no art. 3º do GATT); Cavani, "La nuova legge marchi. Commento generale", in *La riforma delle legge marchi* (AA.VV.), (a cura de Ghidini), 1995, pp. 59/60.

De iure condendo, defendem esse princípio, v.g.: Oliveira Ascensão, "Parecer sobre o Projecto de Código da Propriedade Industrial e a lei de Autorização Legislativa", RFDL, p. 57; Albert/Heath, "Dyed but not exhausted – parallel imports and trade marks in Germany", IIC, 1997, pp. 24 e ss; F.K. Beier, "Gewerblicher Rechtsschutz und freier Warenverkehr im europäischen Binnenmarkt und im Verkehr mit Drittstaaten", GRUR Int., 1989, pp. 603 e ss; Cohen Jehoram, "Prohibition of parallel imports through intellectuall property rights", IIC, 1999, pp. 495 e ss; Fezer, *Markenrecht* ob. e loc. cits.; Von Gamm, "Zur Warenzeichenrechtsreform", WRP, 1993, pp. 793 e ss. Cristina Fernández Fernández, *Los motivos legítimos que impiden el agotamiento del derecho de marca*, 2005, pp. 80 e ss.

[750] Sobre o tema *vide*, para mais desenvolvimentos, Casado Cerviño/Cerro Prada, *GATT y propiedad industrial*, 1994.

[751] Ac. de 23/5/1978, Proc. nº 102/77, RJC, 1978, pp. 1139 e ss. O caso respeitava à reembalagem do medicamento *Valium* praticada por uma empresa holandesa que adquiria o produto no Reino Unido, onde o medicamento era distribuído em caixas de 100 e 500 unidades, e o comercializava na Alemanha com novas embalagens mais pequenas conforme a prática neste país.

[752] Ac. de 10/10/1978, Proc. nº 3/78, RJC, 1978, pp. 1823 e ss. Uma multinacional americana tinha registado a marca *Seresta* nos países Benelux para distinguir um medicamento e em Inglaterra a marca *Serenid D* para distinguir o mesmo medicamento. Um importador holandês adquiria o medicamento em Inglaterra e reembalava-o na Holanda onde procedia à substituição da marca inglesa pela marca Benelux.

[753] Ac. de 3/12/1981, Proc. nº 1/81, RJC, 1981, pp. 2913 e ss. Um importador alemão adquiria medicamentos no Reino Unido e reacondicionava-os em novas embalagens com uma abertura transparente que permitia ver a marca aposta pelo respetivo titular.

No primeiro, o tribunal elaborou um conjunto de orientações relacionadas com o reacondicionamento de produtos feito por um importador paralelo segundo as quais o titular da marca pode legitimamente opor-se à comercialização posterior de um produto farmacêutico quando o importador tenha reembalado o produto e neste tenha reposto a marca, a menos que:

- se demonstre que o exercício do direito de marca pelo seu titular, dado o sistema de comercialização por ele aplicado, contribui para compartimentar artificialmente os mercados entre os Estados membros;
- se demonstre que a embalagem não poderá afetar o estado originário do produto;
- o titular da marca tenha sido previamente avisado da colocação do produto reembalado;
- se indique, na nova embalagem, quem procedeu ao reacondicionamento do produto[754].

No segundo processo, o TJ decidiu que o titular da marca protegida nos países do Benelux poderia opor-se à substituição das marcas, a menos que o titular usasse marcas distintas nos diferentes Estados com base numa estratégia de compartimentação artificial dos mercados, o que constituiria uma restrição dissimulada ao comércio intracomunitário, proibida pela parte final do art. 36º do TFUE.

No terceiro processo, apesar de não ter sido respeitada uma das quatro condições de reembalagem apresentadas no caso *Hoffman-La Roche/Centrafarm* (não se verificou o da notificação prévia), o TJ confirmou a licitude do comportamento do importador paralelo alemão que trocou a embalagem do produto (medicamento), adquirido no Reino Unido, por uma embalagem transparente que deixava ver a marca no seu interior[755].

No período posterior à DM, o TJ já teve oportunidade de se pronunciar sobre problemas idênticos de reembalagem e re-rotulagem nos seguintes acórdãos:

Ac. de 11/7/1996, nos processos apensos C-427/93, C-429/93 e C-436/93 (*Bristol e outros/Paranova*);

Ac. de 11/7/1996, nos processos apensos C-71/94, C-72/94 e C-73/94 (*Eurim-Pharm e outros/Beiersdorf e outros*);

[754] A este conjunto de critérios FERNÁNDEZ NÓVOA, *Fundamentos* cit., p. 544, chamou, em tom crítico, "Manual de instruções para o perfeito importador".

[755] Sobre este conjunto de decisões, para mais desenvolvimentos, *vide* CASADO CERVIÑO/CERRO PRADA, "Reflexiones sobre el reenvasado de productos de marca a la luz del actual derecho comunitario de marcas", ADI, XV, pp. 109 e ss; FERNÁNDEZ NÓVOA, *Fundamentos* cit., pp. 538 e ss; DE LAS HERAS, ob cit., pp. 287 e ss; PEDRO SOUSA E SILVA, ob. cit., pp. 153 e ss.

Ac. de 11/7/1996, nos processos apensos C-232/94 (*MPA Pharma/Rhône-Poulenc Pharma*)[756];

Ac. de 11/11/1997, C-349/95 (*Frits Loendersloot/Ballantine e outros*);

Ac. de 12/10/1999, Proc. C-379/97 (*Pharmacia & Upjohn/Paranova*);

Ac. de 23/4/2002, Proc. C-443/99 (*Merck/Paranova*);

Ac. de 23/4/2002, Proc. C-143/00 (*Boehringer e outros/Swingward e outro*);

Ac. de 28/07/2011, nos processos apensos C-400/09 e C-207/10 (*Orifarm e outros/Merck*).

Os três primeiros e os três últimos reportam-se, essencialmente, à questão da reembalagem, o quarto à da re-rotulagem e o quinto à da reembalagem e substituição da marca.

a) Ac. de 11/7/1996, processos apensos C-427/93, C-429/93 e C-436/93 (*Bristol e outros/Paranova*)[757].

A *Paranova* é uma sociedade dinamarquesa distribuidora de produtos farmacêuticos provenientes de importações paralelas. Comprou lotes de diferentes medicamentos, fabricados pelas autoras, em Estados-Membros e importou-os para a Dinamarca onde os vendia a preços inferiores aos de venda oficiais dos fabricantes.

A *Paranova*, para esse efeito, reembalou todos os medicamentos em novas embalagens que ostentavam, designadamente, as marcas dos respetivos fabricantes e a indicação de que o produto foi fabricado pela *Bristol, Boeringer* e *Bayer* (as titulares das marcas), bem como a menção "importado e reembalado pela *Paranova*".

A *Bristol, Boehringer* e a *Bayer* acionaram a *Paranova,* em tribunais dinamarqueses, pedindo que esta fosse obrigada a reconhecer ter violado as marcas das autoras ao tê-las aposto sem o seu consentimento nos produtos que oferece para venda e a cessar de apor essas marcas nos produtos por si reembalados e comercializados. As questões prejudiciais foram submetidas ao TJ pelo tribunal de comércio (nas ações intentadas pela *Bristol* e *Boehringer)* e pelo tribunal supremo (na ação proposta pela *Bayer*).

756 Sobre este acórdão e os dois anteriores, da mesma data, *vide* os comentários de A. Ohly, "Trade marks and parallel importation – recent developments in European Law", IIC, 1999, pp. 512 e ss; N. Shea, "Parallel importer's use of trade marks: the European Court of Justice confers rights but also imposes responsabilities", EIPR, 1997, pp. 103 e ss e P. Torremans, "New repackaging under the trade mark directive of well-established exhaustion principles", EIPR, 1997, pp. 664 e ss.

757 CJTJ, 1996, pp. I-3514 e ss.

A principal questão era a de saber se, para efeitos do art. 7º da DM-1988, a substituição efetuada por um importador paralelo da embalagem externa original por uma nova em que a marca é reposta, pode constituir *motivo legítimo*, invocado pelo titular da marca, para evitar o esgotamento do seu direito.

Pronunciando-se sobre esta questão o TJ declarou, nomeadamente que o nº 2 do art. 7º deve ser interpretado no sentido de que o titular da marca pode legitimamente opor-se à comercialização posterior de um produto farmacêutico, quando o importador tenha reembalado o produto e tenha reposto a marca, salvo quando:

- se demonstre que o exercício do direito de marca pelo seu titular, dado o sistema de comercialização por ele aplicado, contribui para compartimentar artificialmente os mercados entre os Estados membros;
- se demonstre que a embalagem não poderá afetar o estado originário do produto;
- se indicar, na nova embalagem, quem procedeu ao reacondicionamento do produto e o nome do fabricante;
- a apresentação do produto reembalado não for de molde a prejudicar a reputação da marca e a do seu titular, não devendo a embalagem ser defeituosa, de má qualidade ou descuidada;
- o titular da marca tenha sido previamente avisado da colocação do produto reembalado e lhe tenha sido fornecido, a seu pedido, uma amostra do produto reembalado.

Esta pronúncia do TJ segue, no essencial, a orientação jurisprudencial anterior à Diretiva, embora seja de salientar a inclusão de um novo e importante requisito de licitude da reembalagem: *o não prejuízo da reputação da marca e do seu titular*.

b) Ac. de 11/7/1996, processos apensos C-71/94, C-72/94 e C-73/94 (*Eurim-Pharm/Beiersdorf e outros*)[758].

A sociedade alemã *Eurim-Pharm* dedica-se à importação paralela de diferentes produtos farmacêuticos marcados fabricados na Alemanha pelas sociedades alemãs *Beiersdorf* (sob licença de uma sociedade francesa), *Boehringer* (também fabricados na França através de uma filial) e *Farmitalia* (filial de uma sociedade italiana).

A *Eurim-Pharm* comercializava os produtos na Alemanha, com novas embalagens, de acordo com as dimensões normalizadas neste país, por importação paralela de França, Portugal e Espanha (nestes dois últimos países, os medi-

[758] CJTJ, 1996, pp. I-3607 e ss.

camentos são vendidos por empresas associadas da sociedade-mãe italiana *Farmitalia*).

Boehringer, Beiersdorf e *Farmitalia* (estas duas com autorização das sociedades licenciantes) demandaram na Alemanha a sociedade *Eurim-Pharm* pedindo uma indemnização e a cessação da violação dos direitos de marca envolvidos. As demandantes lograram vencer em primeira e segunda instâncias. No âmbito do recurso dos processos para o Supremo Tribunal alemão este decidiu o envio dos mesmos para o TJ. Na base deste reenvio colocava-se igualmente a questão da admissibilidade da reembalagem.

O TJ pronunciou-se nos mesmos termos do acórdão anterior.

c) Ac. de 11/7/1996, processo C-232/94 (*MPA Pharma/Rhône-Poulenc Pharma*)[759].

A *Rhône-Poulenc* é uma filial alemã de uma sociedade francesa que comercializa, com licença da sociedade-mãe, um produto farmacêutico marcado.

A *MPA Pharma* é uma sociedade alemã que importava o mesmo produto da Espanha (onde o medicamento é fabricado por uma sociedade do mesmo grupo da *Rhône-Poulenc*) e o comercializava na Alemanha com nova embalagem.

A *Rhône-Poulenc*, sentindo-se lesada, acionou a *importadora paralela* com fundamento em violação da marca de que é titular. A primeira instância julgou o seu pedido procedente. A ré recorreu da decisão para o tribunal de segunda instância de Colónia. Foi na sequência de um pedido de decisão prejudicial efetuado por este tribunal que o TJ proferiu um acórdão substancialmente idêntico aos dois anteriores.

d) Ac. de 11/11/1997, C-349/95 (*Loendersloot/Ballantine e outros*).

A sociedade *Ballantine* e mais quinze companhias do Reino Unido são fabricantes de conhecidos uísques escoceses.

A bebida é comercializada em garrafas na qual os produtores apõem rótulos que ostentam a marca respetiva e números de identificação.

Loendersloot é uma sociedade holandesa de transportes e de armazenagem. Entre os seus clientes contam-se *importadores paralelos* de bebidas da *Ballantine*.

A *Loendersloot* efetuava os seguintes atos:

- retirava os rótulos das garrafas e recolocava-os, usando os originais ou substituindo-os por reproduções;
- suprimia os números de identificação que figuravam nos rótulos ou nas embalagens das garrafas;

[759] CJTJ, 1996, pp. I-3671 e ss.

- suprimia a palavra inglesa *pure* e o nome do importador autorizado, substituindo este nome pelo de uma outra pessoa;
- exportava os produtos *re-rotulados* para operadores estabelecidos em diferentes países.

Ballantine e outros acionaram judicialmente a firma holandesa pedindo que cessasse estes atos de violação dos respetivos direitos de marca.

Na fase em que o pleito se encontrava no Supremo Tribunal Holandês este decidiu suspender a instância e enviar o processo para o TJ.

Na apreciação da causa, o Tribunal do Luxemburgo aplicou, com as devidas adaptações, os requisitos enunciados atrás a propósito da (i)licitude da reembalagem.

A esta luz considerou que o titular de uma marca pode invocar o seu direito para impedir que um terceiro retire e seguidamente reponha ou substitua os rótulos que ostentam a sua marca e por si próprio apostos nos produtos que colocou no mercado comunitário, salvo quando:

- se demonstrar que o exercício do direito de marca pelo seu titular para se opor à comercialização dos produtos novamente rotulados com esta marca contribui para estabelecer uma compartimentação artificial dos mercados entre Estados-Membros;
- se demonstrar que a nova rotulagem não pode afetar o estado originário do produto;
- a apresentação do produto com o novo rótulo não seja tal que possa prejudicar a reputação da marca e a do seu titular;
- a pessoa que procede à re-rotulagem informe o titular da marca da nova rotulagem antes da colocação à venda dos produtos com a nova rotulagem.

e) Ac. de 12/10/1999, Proc. C-379/97 (*Upjohn/Paranova*).

A sociedade dinamarquesa *Upjohn* pertence ao grupo internacional com o mesmo nome que se dedica ao fabrico e comercialização de medicamentos. O grupo comercializa um mesmo produto farmacêutico usando marcas não inteiramente coincidentes em diferentes países comunitários.

A *Paranova*, uma sociedade dinamarquesa distribuidora de produtos farmacêuticos provenientes de importações paralelas, adquiria medicamentos em França e na Grécia, sob as marcas *Dalacine* e *Dalacin C*, respetivamente, para os comercializar na Dinamarca sob a marca *Dalacin* (que era a marca utilizada pela *Upjonh* neste país). A *Upjohn*, ao contrário de outros países europeus, não havia logrado registar a marca *Dalacin C* na Dinamarca.

A *Upjonh* acionou a *Paranova* nos tribunais dinamarquesas pedindo que a ré fosse proibida de comercializar os medicamentos reembalados com substituição da marca originária.

Em resposta ao recurso prejudicial, interposto pelo tribunal de comércio dinamarquês, o TJ considerou que a condição de compartimentação artificial dos mercados entre os Estados-Membros imposta nos Acórdãos de 11/7/1996, atrás referidos, implica que, "para apreciar se o titular de uma marca se pode opor, ao abrigo do direito nacional, a que um importador paralelo de medicamentos substitua a marca utilizada no Estado-Membro de exportação pela marca utilizada pelo titular no Estado-Membro de importação, há que ter em conta as circunstâncias prevalecentes no momento da comercialização no Estado-Membro de importação que tornem objetivamente necessária a substituição da marca originária pela marca utilizada no Estado-Membro de importação para que o produto em causa possa ser comercializado nesse Estado pelo importador paralelo"[760].

Na opinião do TJ a referida "condição de necessidade será preenchida se, num caso determinado, a proibição de substituir a marca imposta ao importador entravar o seu acesso efetivo aos mercados do Estado-Membro de importação". "Tal será o caso se regulamentações ou práticas no Estado-Membro de importação impedirem a comercialização do produto em questão no mercado

[760] No contexto dos *motivos legítimos* que possam justificar o não esgotamento do direito de marca, com interesse, ainda, os Acordãos de 4/11/1997, Processo C-337/95 (*Parfums Christian Dior/Evora BV*) e de 23/2/1999, Processo C-63/97 (*BMW/DeeniK*), http://europa.eu.int/jurisp/cgibin/gettext.pl?lang=pt.

O primeiro considerando "que o titular da marca não pode opor-se, ao abrigo do art. 7º, nº 2 da Diretiva 89/104, a que o revendedor (...) utilize a marca, com os meios habituais, no seu ramo de atividade, para anunciar ao público a comercialização posterior dos seus produtos, salvo se se provar que, tendo em consideração as circunstâncias específicas de cada caso, o uso da marca na publicidade do revendedor afeta seriamente a reputação da marca". Sobre esta decisão *vide* o comentário de LEVI, "Il caso parfums Christian Dior c. Evora e lo svilimento del marchio (con cenni al caso BMW, alla dilution e al tarnishing)", RDI, 1999, II, pp. 158 e ss.

O segundo acordão considerando que um titular de uma marca não tem o direito de, com base no art. 7º no 2 da Diretiva, proibir um terceiro (revendedor *não oficial)* de a usar para anunciar ao público que é especializado ou especialista na venda de produtos dessa marca, a não ser que esta seja utilizada de um modo tal que possa dar a impressão de que existe uma relação comercial entre a empresa terceira e o titular da marca e, nomeadamente que a empresa do revendedor pertence à rede de distribuição do titular da marca ou de que existe uma relação especial entre as duas empresas. Sobre esta decisão, com comentários desfavoráveis, na parte em que a mesma tendeu para considerar que o anunciante fez um uso distintivo e não descritivo da marca, na aceção do art. 5º nº 1 alª a) da DM, *vide* GARCIA VIDAL, *El uso descriptivo de la marca ajena*, 2000, pp. 75 e ss e F. GIOIA, "l'Uso descritivo del segno tra diritto dei marchi e concorrenza sleale: il caso BMW", RDI, 2000, pp. 172 e ss.

desse Estado sob a marca que lhe é aposta no Estado-Membro de exportação. "É o que sucede no caso de uma regra protetora dos consumidores que proíbe a utilização no Estado-Membro de importação da marca utilizada no Estado-Membro de exportação por ela ser suscetível de induzir em erro os consumidores". "Em contrapartida, a condição de necessidade não será preenchida se a substituição da marca se explicar exclusivamente pela procura, pelo importador paralelo, de uma vantagem comercial".

f) Ac. de 23/04/2002, Proc. C-443/99 (*Merck/Paranova*).

A sociedade austríaca *Merck* pertence ao grupo americano com o mesmo nome que se dedica ao fabrico e comercialização de medicamentos. O grupo comercializa na Áustria medicamentos destinados ao tratamento da próstata, com a marca *Proscar*.

A *Paranova*, uma sociedade dinamarquesa distribuidora de produtos farmacêuticos provenientes de importações paralelas, adquiria esse medicamento na Espanha, reembalava-os na Dinamarca e importava-os para a Áustria. A reembalagem consistia a dar ao produto uma nova embalagem externa e em juntar novos anexos traduzidos em alemão, contendo indicações e precauções de utilização. A *Paranova* enviou à *Merck* uma amostra do medicamento reembalado para apreciação. A *Merck* entendeu opor-se à reembalagem. *Paranova* alegou que a comercialização na Áustria só seria possível se a sua embalagem externa contivesse determinadas indicações em língua alemã.

O TJ declarou que "um reacondicionamento de medicamentos por substituição das embalagens é objetivamente necessário se, sem esse reacondicionamento, o acesso efetivo ao mercado em causa ou a uma parte importante do mesmo mercado deva ser considerado dificultado devido a uma forte resistência de uma proporção significativa dos consumidores em relação aos medicamentos nos quais foram colocados novos rótulos". No fundo, o reacondicionamento seria ditado pelo acesso efetivo ao mercado e não pela procura de uma vantagem comercial.

g) Ac. de 23/04/2002, Proc. C-143/00 (*Boehringer e outros/Swingward e outro*).

As autoras são sociedades de diferentes países que se opõem à importação paralela para o Reino Unido efetuada pelas demandadas (sem informação prévia) dos diferentes medicamentos de que são titulares. As alterações variam de caso para caso e traduzem-se, essencialmente, na aposição de rótulo sem reembalagem, no reacondicionamento em caixas concebidas pelo importador paralelo sem indicação de marca e com indicação do nome genérico do produto e na introdução de um folheto informativo redigido em inglês.

O TJ repetiu o mesmo princípio do acórdão anterior, mas acrescentou que "o importador paralelo deve, em todas as hipóteses, para ter o direito de reacondicionar medicamentos portadores de uma marca, respeitar a condição de informação prévia. Se o importador paralelo não respeitar esta condição, o titular da marca pode opor-se à comercialização do medicamento reacondicionado. Incumbe ao próprio importador paralelo informar o titular da marca do reacondicionamento previsto. Em caso de contestação, cabe ao juiz nacional apreciar, tomando em consideração todas as circunstâncias pertinentes, se o titular dispôs de um prazo razoável para reagir ao projeto de reacondicionamento".

h) Ac. de 26/04/2007, Proc. C-348/04 (*Boehringer e outros/Swingward e outro*).

Na sequência da decisão prejudicial anterior o tribunal nacional do Reino Unido (a *High Court of Justice*) julgou a favor das demandantes. Esta decisão foi objeto de recurso para a *Court of Appeal* que entendeu novamente suspender a instância e submeter ao TJ dois problemas importantes: o ónus da prova do cumprimento dos requisitos e a consequência do importador não ter dado informação prévia ao titular da marca

Em relação à primeira questão, o TJ entendeu que incumbe ao importador paralelo o ónus da prova da verificação das cinco condições (referidas na alínea a)) impeditivas do titular da marca se opor à comercialização. Acrescentou, todavia, que "no que respeita à condição que impõe que se demonstre que o reacondicionamento não pode afetar o estado originário do produto contido na embalagem, basta, porém, que o importador paralelo apresente elementos de prova suscetíveis de fazer razoavelmente presumir que esta condição está preenchida. O mesmo vale, *a fortiori*, no que respeita à condição segundo a qual a apresentação do produto reacondicionado não deve ser suscetível de prejudicar a reputação da marca e do seu titular. Uma vez apresentado pelo importador tal início de prova quanto a esta última condição incumbirá, eventualmente, ao titular da marca, que é quem se encontra em melhor posição para apreciar se o reacondicionamento é suscetível de prejudicar a sua reputação e a da marca, provar que estas foram prejudicadas".

Em relação à segunda questão, o TJ estabeleceu o princípio de que o direito de proibição de que goza o titular da marca relativamente a um importador paralelo de produtos que, apesar de não terem sido objeto de contrafação, foram comercializados sem ter sido satisfeito o dever de aviso prévio a esse titular não pode ser diferente daquele de que este goza a respeito dos produtos contrafeitos. Face a este princípio entendeu que o titular da marca, perante esta infração, tem direito, no respeito pelo princípio da proporcionalidade, a uma reparação financeira equivalente à da contrafação, a determinar em cada caso concreto pelo juiz nacional, tendo nomeadamente em conta a importância do dano causado.

i) Ac. de 28/07/2011, nos processos apensos C-400/09 e C-207/10 (*Orifarm e outros/Merck*).

O grupo *Orifarm* é o maior importador paralelo de medicamentos dos países nórdicos e, em 2008, era o maior fornecedor de medicamentos das farmácias dinamarquesas. O grupo tem a sede social na Dinamarca. O grupo Merck produzia os medicamentos que foram importados paralelamente para o mercado dinamarquês pelo grupo Orifarm.

A *Orifarm* e a *Handelsselskabet* foram titulares de autorizações de introdução no mercado e de venda dos referidos medicamentos, enquanto a *Orifarm Supply* e a *Ompakningsselskabet*, que procederam ao seu reacondicionamento, foram titulares de uma autorização para esse efeito.

Todas as decisões relativas à aquisição, ao reacondicionamento e à venda dos medicamentos em causa no processo principal, incluindo as relativas à conceção das novas embalagens, bem como à etiquetagem, foram tomadas pela *Orifarm* ou pela *Handelsselskabet*. A *Ompakningsselskabet* e a *Orifarm Supply* adquiriram e reacondicionaram esses medicamentos, assumindo a responsabilidade quanto ao respeito das orientações emitidas pela *Lægemiddelstyrelsen* (Agência dinamarquesa dos medicamentos) dirigidas às empresas que procedem ao reacondicionamento.

A embalagem dos referidos medicamentos indicava que os mesmos tinham sido reacondicionados respetivamente pela *Orifarm* ou pela *Handelsselskabet*.

A *Merck* propôs duas ações, uma contra a *Orifarm* e a *Orifarm Supply* e outra contra a *Handelsselskabet* e a *Ompakningsselskabet*, pelo facto de, na embalagem dos medicamentos em causa no processo principal, não figurar o nome do reacondicionador efetivo. Nos acórdãos proferidos respetivamente em 21 de fevereiro e 20 de junho de 2008, o tribunal declarou que as demandadas tinham violado os direitos de marca da *Merck* por não terem indicado na embalagem o nome da empresa que procedeu efetivamente ao reacondicionamento, e condenouas, consequentemente, a pagar uma reparação pecuniária à *Merck*.

A *Orifarm*, a *Orifarm Supply*, a *Handelsselskabet* e a *Ompakningsselskabet* interpuseram recurso desses acórdãos tendo o tribunal superior suspendido a instância e submetido ao Tribunal de Justiça a seguinte questão prejudicial:

> "Um importador paralelo, que é titular de uma autorização de introdução no mercado e possui informações sobre um medicamento importado paralelamente e que dá instruções a uma empresa autónoma a respeito da aquisição e do reacondicionamento de um medicamento, do modo de proceder ao acondicionamento do medicamento e [das] disposições [a tomar] relativas ao mesmo, viola os direitos do titular da marca caso indique que foi ele próprio que procedeu ao reacondicionamento na embalagem externa do medicamento importado paralelamente – e não a empresa autónoma que

é detentora da autorização para o reacondicionamento, a qual importou o medicamento e procedeu, na prática, a essa operação, incluindo a (re)aposição da marca do titular da mesma"?

O TJ, respondeu negativamente considerando que o art. 7º, nº 2 da DM não permite ao titular de uma marca relativa a um produto farmacêutico, objeto de importações paralelas, opor-se à comercialização posterior desse produto reacondiconado, apenas pelo facto da nova embalagem indicar, como reacondicionador, não a empresa que, por encomenda, reacondicionou efetivamente o referido produto e que dispõe de uma autorização para esse efeito, mas a empresa que é titular de autorização de introdução no mercado do referido produto, sob cujas instruções o reacondicionamento foi feito e que assume a responsabilidade pela mesma.

j) Ac. de 17/05/2018, no processo C-642/16 (*Lohmann & Rauscher/Junek Europ*).

Lohmann & Rauscher International, empresa alemã, é titular da marca da União Europeia Debrisoft nº 8852279, registada em 22 junho de 2010, destinada a dispositivos médicos.

Junek Europ-Vertrieb encontra-se estabelecida na Áustria e, por via de importação paralela, também comercializa na Alemanha os dispositivos fabricados pela *Lohmann & Rauscher International.*

Antes da venda às farmácias alemãs, a empresa austríaca colocava nos invólucros um rótulo na qual constavam várias informações, como a empresa responsável pela importação, o seu endereço, número de telefone, um código de barras e um número farmacológico central.

O rótulo era aposto numa parte não impressa da embalagem e não escondia a marca da *Lohmann & Rauscher International.*

Lohmann & Rauscher International, interpôs uma ação contra *Junek Europ-Vertrieb* por violação do direio de marca.

O TJ, na sequência de um pedido de reenvio do *BGH*, atentas as cinco condições (referidas na alínea a), *supra*) impeditivas do titular da marca se opor à comercialização, entendeu que a atuação do importador paralelo de juntar um rótulo suplementar na embalagem interior e exterior de origem do dispositivo médico, tendo em conta o seu conteúdo, função, tamanho, apresentação e localização, não apresentava risco para a garantia da proveniência do produto marcado.

Comentário

O TJ, em todas as decisões, mostra uma preocupação essencial: a de evitar que o exercício do direito de marca pelo seu titular possa contribuir para estabelecer uma compartimentação artificial dos mercados entre Estados-Membros.

Ao atuar deste modo, o tribunal não logra alcançar o desejado equilíbrio entre os diferentes interesses em presença. O tribunal não mostra a mesma preocupação em salvaguardar, como lhe compete, os interesses do titular do direito de marca. Por outras palavras, para o TJ, na dúvida, o fim (a liberdade de circulação de produtos) justifica os meios (a reembalagem, a re-rotulagem e, mesmo, no limite, a substituição da marca original).

Esta atuação causa-nos alguma apreensão mesmo tendo em conta que o direito de marca num espaço de mercado único supranacional não pode, evidentemente, comportar um exercício incompatível com o funcionamento coerente e, minimamente, uniforme desse espaço económico. Daí se perceber a solução compromissória consagrada no art. 36º do TFUE e se justificar a necessidade de ter sido aprovada a DM de forma a permitir uma aproximação parcial das legislações dos Estados-Membros.

De todo o modo, quer naquela solução do Tratado, quer na letra e espírito da Diretiva resulta inequívoca a tutela do direito de marca.

À luz da Diretiva-2015 o direito de marca é um direito exclusivo e absoluto (art. 10º, nº 1).

No conteúdo desse direito cabe o direito de o titular apor a marca nos produtos ou nas embalagens (art. 10º, nº 3 alª a)).

O uso da marca por terceiro é possível apenas se tal se mostrar necessário para indicar o destino de um produto ou serviço, nomeadamente sob a forma de acessórios ou peças sobressalentes (art. 14º, nº 1 alª c)).

O titular da marca pode opor-se ao esgotamento do seu direito "sempre que motivos legítimos justifiquem que o titular se oponha à comercialização posterior dos produtos, nomeadamente sempre que o estado desses produtos seja modificado ou alterado após a sua colocação no mercado" (art. 15º, nº 2)[761].

Estas disposições legais são suficientemente impressivas para se perceber que a salvaguarda do direito de marca deva ser, ao lado do interesse legítimo da livre circulação de mercadorias, um critério inderrogável de apreciação de qualquer caso concreto relacionado com o problema do reacondicionamento efetuado por terceiro não autorizado.

Nessa conformidade, pensamos que a interpretação do tribunal seria mais equilibrada se tivesse sempre em conta, nomeadamente se a marca, após as alterações causadas pelo importador paralelo, continua a estar em condições de desempenhar, com a mesma intensidade, as suas funções juridicamente protegidas, isto é, a distintiva, a de qualidade e a publicitária.

[761] Para mais desenvolvimentos cf. CRISTINA FERNÁNDEZ FERNÁNDEZ, *Los motivos legítimos que impiden el agotamiento del derecho de marca* cit., pp. 137 e ss.

O TJ limita-se, quase exclusivamente, a aferir o cumprimento da função distintiva na parte respeitante à garantia de identidade original do produto. Na penumbra ficam, de facto, as demais funções. É certo que do elenco dos *mandamentos* jurisprudenciais do "bom importador paralelo" também consta o do não prejuízo da reputação da marca e, nessa medida, a abertura à proteção da função publicitária da marca. Mas de pouco serve este critério se o tribunal tende a sacrificá-lo à mínima justificação de que a alteração de apresentação decorre da necessidade objetiva (?) de comercialização do produto.

Diga-se, ainda, que não concordamos com a tese segundo a qual a situação de reembalagem com substituição de marca deva ter o mesmo tratamento da reembalagem com reaposição da marca originária. É que qualquer substituição por parte de um importador paralelo da marca originária pode provocar danos à função de qualidade e uma turbação grave à aplicação do relevante princípio da proibição do uso não enganoso da marca, resultante do disposto no art. 20º, alª b) da DM-2015. Se o titular de um mesmo produto o assinala com duas marcas diferentes no país de exportação e no de importação isto significa que não está obrigado a manter a mesma qualidade dos produtos marcados diferentemente. Na hipótese de o importador substituir a marca do país de exportação pela marca do país de importação poderá estar a provocar erro nos consumidores e a diluir o ónus do titular em não fazer, por si ou por terceiro com o seu consentimento, um uso enganoso da marca protegida no país de importação[762].

Por tudo isto, parece-nos insuficiente e demasiadamente simplista a posição do TJ de considerar que a legitimidade de substituição da marca deva ser apreciada unicamente segundo o critério da compartimentação de mercados e da necessidade objetiva de comercialização do produto.

3. Uso Descritivo da Marca

O uso de marca alheia com finalidade descritiva pode ser lícito se forem cumpridos os requisitos do proémio do art. 254º, verificadas as três situações previstas nas respetivas alíneas. Esta disposição legal corresponde, no essencial, ao art. 14º, nº 1 da DM-2015.

"Os direitos conferidos pelo registo da marca não permitem ao seu titular impedir terceiros de usar, na sua atividade económica, desde que tal seja feito

[762] Segundo a nossa redefinição da função distintiva a marca indica que os produtos ou serviços se reportam a um sujeito que assume em relação aos mesmos o ónus pelo seu uso não enganoso. O ónus consubstancia-se no facto de o titular da marca, sob a cominação da perda do seu direito, por caducidade do registo da marca, ter a necessidade de garantir o seu uso não enganoso. Sobre este ponto, para mais desenvolvimentos, *vide*, este título, cap. I, 1.1.2., *supra*, e o nosso *Função distintiva da marca* cit., pp. 218 e ss.

em conformidade com as normas e os usos honestos em matéria industrial e comercial:

a) O seu próprio nome e endereço, caso o terceiro seja uma pessoa singular;
b) Sinais ou indicações não distintivos ou que se referem à espécie, à qualidade, à quantidade, ao destino, ao valor, à proveniência geográfica, à época e meio de produção do produto ou da prestação do serviço ou a outras características dos produtos ou serviços;
c) A marca para efeitos de identificação ou referência a produtos ou serviços como sendo os do titular dessa marca, em especial sempre que tal seja necessário para indicar o destino de um produto ou serviço, nomeadamente sob a forma de acessórios ou peças sobressalentes.

O TJ já teve oportunidade de se pronunciar sobre a interpretação das normas das als. b), c) e parte final do art. 6º, nº 1 da DM-2008 (idênticas às do art. 14º, nº 1 als. b) e c) da DM-2015 e do proémio e às das als. b) e c) do art. 254º, CPI-2018) definindo importantes critérios hermenêuticos[763].

a) Ac. de 14/05/2002, Processo C-2/00 (*Hölterhoff/Freiesleben*)

Freiesleben é titular de duas marcas registadas na Alemanha destinadas a diamantes e pedras preciosas (*Spirit Sun* e *Context Cut*). Estes produtos marcados distinguem-se por lapidações especiais. *Hölterhoff* trata pedras preciosas de todas as espécies, comercializando tanto pedras do seu próprio fabrico como produtos adquiridos a terceiros.

No quadro de negociações comerciais *Hölterhoff* propôs a um ourives-joalheiro a compra de pedras semipreciosas e ornamentais que designou pelos nomes de *Spirit Sun* e *Context Cut*. O comprador encomendou a *Hölterhoff* duas pedras de granada "com a lapidação *Spirit Sun*". Na nota de entrega e na fatura respeitantes à venda das pedras em causa, não foi feita referência às marcas *Spirit Sun* e *Context Cut* sendo os produtos aí designados por "rodólitos". Foi dado como provado nos tribunais alemães que *Hölterhoff* só utilizou as marcas para descrever as qualidades, e mais precisamente, o tipo de lapidação das pedras preciosas propostas para venda.

Para o TJ "o titular da marca não pode invocar o seu direito exclusivo quando um terceiro, no quadro de negociações comerciais, revela que o produto provém do seu fabrico e só utiliza a marca em causa com o fim de descrever as propriedades específicas do produto que propõe, de tal modo que fica excluído

[763] Sobre o uso descritivo da marca *vide*, para mais desenvolvimentos, v.g., a monografia de Garcia Vidal, *El uso descriptivo* cit.

que a marca utilizada seja interpretada como uma referência à empresa de proveniência do produto".

Esta decisão interpretou o disposto no art. 6º, nº 1 alª b) (correspondente ao art. 254º, alª b)), na parte em que se refere a indicações relativas à qualidade dos produtos, mas é virtualmente aplicável a quaisquer outras indicações descritivas.

b) Ac. de 25/1/2007, Proc. C-48/05 (*Opel/Autec*)

A *Autec*, com sede na Holanda, fabrica, entre outros, miniaturas telecomandadas de veículos que comercializa sob a marca *cartronic*. Em 2004 a *Adam Opel*, tendo conhecimento da comercialização destas miniaturas no território alemão nas quais se reproduzia o modelo do *Opel Astra* acompanhado da marca figurativa da *Opel* (logótipo), pediu a condenação da *Autec* a abster-se de apor este logótipo e de comercializar este produto.

Uma das questões prejudiciais dirigidas ao TJ pelo tribunal alemão era a de saber se o uso da marca significava uma indicação da espécie ou da qualidade da miniatura do veículo.

O TJ entendeu que a aposição da marca figurativa *Opel* em miniaturas de veículos dessa marca, de modo a reproduzir fielmente esses veículos, não constitui um uso descritivo relativo a uma característica dessas miniaturas sendo apenas um elemento de reprodução fiel dos veículos originais.

c) Ac. de 17/03/2005, Proc. C-228/03 (*Gillette/LA*)

A *Gillette Company* registou na Finlândia as marcas *Gillette* e *Sensor*. A *Gillette Group Finland* detém o direito exclusivo de utilizar estas marcas na Finlândia. A sociedade *LA* vende na Finlândia aparelhos de barbear compostos por um punho e uma lâmina substituível e lâminas separadas idênticas às comercializadas pela *Gillette Group Finland*. Estas lâminas são vendidas sob a marca *Parason Flexor*, em cujas embalagens está aposta uma etiqueta com a inscrição "todos os punho *Parason Flexor* e *Gillette Sensor* são compatíveis com esta lâmina". As sociedades *Gillette* propuseram uma ação no qual alegam que a *LA* violou as marcas registadas *Gillette* e *Sensor*.

Na interpretação do art. 6º, nº 1 alª c) e respetiva parte final (correspondente ao proémio e alª c) do art. 254º), o TJ teceu as seguintes e importantes conclusões:

"O uso da marca por um terceiro que não é seu titular é necessário para indicar o destino de um produto comercializado por esse terceiro, quando este uso constitui, na prática, o único meio para fornecer ao público uma informação compreensível e completa quanto a esse destino a fim de preservar o sistema de concorrência não falseado no mercado desse produto".

"(...) Os critérios de apreciação do carácter lícito do uso da marca, designadamente no que diz respeito aos acessórios ou peças sobressalentes, não são (...) diferentes dos aplicáveis às outras categorias de destinos possíveis dos produtos".

"O uso da marca não está em conformidade com práticas honestas em matéria industrial ou comercial, designadamente quando:

- é feito de forma que leve a que se pense que existe uma relação comercial entre o terceiro e o titular da marca;
- afete o valor da marca, beneficiando indevidamente de seu carácter distintivo ou da sua reputação;
- desacredite ou deprecie a referida marca;
- o terceiro apresente o seu produto como uma imitação ou reprodução do produto de cuja marca não é titular".

"O facto de um terceiro usar a marca de que não é titular a fim de indicar o destino do produto que comercializa não significa necessariamente que o apresenta como sendo de qualidade igual ou como tendo características equivalentes às do produto dessa marca. Uma apresentação desse tipo depende dos factos do caso em apreço e compete ao órgão jurisdicional de reenvio apreciar a sua existência em função das circunstâncias do processo principal".

"A eventualidade de uma apresentação do produto comercializado pelo terceiro como sendo de qualidade igual ou como tendo características equivalentes às do produto da marca usada constitui um elemento que o órgão jurisdicional de reenvio deve ter em consideração quando verifica se esse uso é feito em conformidade com práticas honestas em matéria industrial ou comercial".

"No caso de um terceiro, que usa uma marca de que não é titular, comercializar, além de uma peça sobressalente ou de um acessório, o próprio produto para o qual se prevê a utilização da peça sobressalente ou do acessório, esse uso é abrangido pelo âmbito de aplicação do art. 6º, nº 1 alª c) da Diretiva 89/104 na medida em que seja necessário para indicar o destino de produto comercializado por aquele e em que seja feito em conformidade com as práticas honestas em matéria industrial ou comercial".

d) Ac. de 23/03/2010, Processos apensos C-236/08 a C-238/08 (caso *Google*)

Google explora um motor de busca na Internet. Quando um internauta faz uma busca a partir de uma ou mais palavras-chave, o motor de busca apresenta os sítios que melhor correspondem a estas palavras, por ordem decrescente de pertinência. São os chamados resultados "naturais" da pesquisa.

Google tem um serviço remunerado de referenciamento, denominado "AdWords". Este serviço permite aos interessados, mediante a seleção de uma ou várias palavras-chave, fazer aparecer um *link* publicitário para o seu sítio. Este *link* publicitário aparece na rubrica *links* patrocinados, normalmente, no lado direito do monitor, à direita dos resultados naturais.

Nestes processos as palavras-chave dos *links* patrocinados correspondiam a marcas de terceiros: proc. C-236/08 (marcas *Vuitton*; *Louis Vuitton* e *LV*); proc. C-237/08 (marcas *Bourse des Vols*; *Bourse des Voyages* e *BDV*); proc. C-238/08 (marca *Eurochallenges*).

Um das questões prejudiciais comuns aos três processos era a de saber se os artigos 5º, nº 1, alíneas a) e b), da Diretiva 89/104, e 9º, nº 1, alíneas a) e b) do Regulamento nº 40/94 devem ser interpretados no sentido de que o titular de uma marca está habilitado a proibir que um terceiro exiba ou faça exibir, a partir de uma palavra-chave idêntica ou semelhante a essa marca, que o terceiro selecionou ou armazenou, sem o consentimento do titular, no âmbito de um serviço de referenciamento na Internet, um anúncio para produtos ou serviços idênticos ou semelhantes àqueles para os quais a referida marca está registada.

O TJ respondeu que essas normas devem ser interpretados no sentido de que o titular de uma marca está habilitado a proibir que um anunciante, sem o consentimento do referido titular, selecionou no âmbito de um serviço de referenciamento na Internet, faça publicidade a produtos ou serviços idênticos àqueles para os quais a referida marca está registada, quando tal publicidade não permite ou permite dificilmente ao internauta médio determinar se os produtos ou os serviços objeto do anúncio provêm do titular da marca ou de uma empresa economicamente ligada a este, ou, pelo contrário, de um terceiro"[764].

[764] Sobre o "Acórdão Google", ver, em tom crítico, o nosso artigo "Revisitando o acórdão *Google* do Tribunal de Justiça da União Europeia", in *Estudos de Direito Intelectual em homenagem ao Prof. Doutor José de Oliveira Ascensão*, 2015, pp. 343 e ss.

Capítulo VI
Transmissão, Licença e Merchandising de Marca

1. Transmissão de Marca

Noção

A transmissão do direito de marca opera a transferência da titularidade da marca para um terceiro (art. 30º, nº 1). Em sentido estrito, o conceito de transmissão liga-se, na prática, ao contrato de compra e venda da marca[765].

Modalidades de transmissão

O CPI-2018 consagra a possibilidade da transmissão desvinculada da marca (cf. art. 256º, nº 2). Não manteve a solução legislativa tradicional de que a transmissão independentemente do estabelecimento só teria lugar se tal não fosse suscetível de induzir o público em erro quanto à proveniência do produto ou do serviço ou aos caracteres essenciais para a sua apreciação (cf. art. 262º, nº 1 CPI-2003)[766].

O nosso direito adotava um sistema de cessão híbrido que se, por um lado, não impunha uma cessão vinculada da marca ao estabelecimento também não

[765] Sobre o regime legal português de transmissão da marca (face ao CPI-2003) cf., desenvolvidamente, Maria Miguel Carvalho, "A transmissão da marca" in *Direito Industrial* (AA.VV.), vol. VI, 2009, pp. 183 e ss e "Contratos de transmissão e de licença de marca" in *Contratos de direito de autor e de direito industrial* cit., pp. 477 e ss.

[766] A esta solução não será indiferente a circunstância da DM-2015 (art. 22º, nº 1) também não estabelece qualquer condicionalismo preceituando que "a marca pode, independentemente da transmissão da empresa, ser transmitida para a totalidade ou parte dos produtos ou serviços para os quais estiver registada".

permitia uma livre cessão da marca sem limitações, pois condicionava-a à observância do princípio da verdade da marca[767].

No entanto, ainda é possível sustentar que o adquirente da marca está obrigado a aplicar a marca a produtos ou serviços cujos caracteres sejam essencialmente idênticos (pelo menos durante um período de tempo razoável posterior à transmissão) de forma a prevenir o engano do público consumidor e a respeitar o princípio da verdade da marca. A garantia da qualidade da marca transmitida continua a ser uma garantia indireta derivada da função distintiva pela referência a uma determinada origem. Mas é pelo facto de esta mudar que a lei sente a necessidade de garantir durante mais algum tempo as expectativas qualitativas associadas à marca por causa da sua origem anterior.

Esta situação deve ser abrangida pela proibição do uso enganoso. A caducidade dá-se quando a marca, no seguimento do uso feito pelo *seu titular*, for suscetível de induzir em erro (art. 268º, nº 2, alª b)). O adquirente que, no momento imediatamente seguinte ao da aquisição, aplique a marca a produtos ou serviços de inferior qualidade incorre no risco de ver declarado caduco o registo de que é titular.

A transmissão da marca pode ser total ou parcial em relação aos produtos ou serviços registados (arts. 30º, nº 1 e 256º, nº 1)[768].

Requisitos formais

O CPI estabelece que a transmissão por atos inter-vivos deve ser provada por escrito (art. 30º, nº 4). Trata-se, pois, de um mero requisito probatório[769].

Para ser oponível a terceiros, a transmissão tem de ser averbada no INPI (arts. 29º, nº 1, alª a), nº 2 e nº 6).

[767] O princípio da verdade abrange duas situações: uma, a proibição da *marca* enganosa em si mesma; a outra, a proibição do *uso* enganoso da marca. No primeiro caso, o princípio significa que a *marca* não pode, no seu conjunto ou num dos seus elementos relevantes, ser suscetível de enganar o público em relação às características dos produtos ou serviços a que se destina; no segundo caso, o princípio significa que o *uso* da marca não seja enganoso. O registo de marca enganosa pode ser declarado *inválido*; o registo de marca cujo uso seja enganoso pode ser declarado *caduco*. Das duas situações indicadas a que mais releva, no contexto da transmissão, é a segunda.

[768] Se o cedente puder continuar a usar a mesma marca para distinguir produtos ou serviços idênticos ou afins aos do cessionário, a função distintiva (relativa à proveniência) da marca na maioria das vezes poderá ser posta em causa. Sobre esta problemática ver Luís Couto Gonçalves, *Função Distintiva*, cit., pp.189 e ss.

[769] Maria Miguel Carvalho, "Contratos de transmissão e de licença de marca" cit., p. 489, face ao CPI-2013, critica esta opção, por considerá-la incoerente com a imposição da forma escrita como requisito de validade da licença de marca, cuja consequência jurídica é de menor intensidade (art. 31º, nº 3).

Como acontece com os institutos do registo predial em relação a bens imóveis e do registo de bens móveis sujeitos a registo, também no caso da transmissão de direitos de propriedade industrial pode ter lugar a inoponibilidade de uma transmissão válida não registada a um terceiro que o registo vise proteger.

A transmissão também pode incidir sobre o pedido de registo (art. 30º, nº 2). Apesar de sujeita ao mesmo regime jurídico da transmissão da marca, não há confusão possível entre as duas situações. No caso de transmissão da marca transmite-se a propriedade de um direito registado; no caso de transmissão do pedido transmite-se uma posição jurídica no processo de obtenção do registo de um direito[770].

Obrigações principais das partes

Quando se cede uma marca, a obrigação principal do vendedor é a entrega do sinal distintivo registado.

Quanto ao comprador, a sua obrigação característica consiste no pagamento do preço.

A compra e venda é um contrato de execução instantânea. Não obstante, quer a obrigação de entrega da coisa, quer o dever do pagamento do preço podem ser diferidos para momento posterior ao da sua celebração[771].

2. Licença de Marca

Noção

A licença é o contrato pelo qual o titular da marca (licenciante) proporciona a um terceiro (licenciado) o uso temporário, total ou parcial, da marca registada.

O conceito de licença sugere tratar-se de uma simples autorização para outrem usar uma marca. Mas será que o respetivo conteúdo se esgota nessa autorização? Por outras palavras, a licença terá um simples conteúdo negativo correspondente à renúncia do licenciante em exercer perante o licenciado o *jus prohibendi* inerente ao seu direito absoluto de marca?

Não nos parece que esta seja a visão correta do contrato de licença da marca segundo o ordenamento jurídico atual. Tem lugar a caducidade do registo de marca se – no seguimento do uso feito pelo titular da marca, ou por *terceiro com o seu consentimento*, como é o caso do licenciado – a marca se tornar suscetível de induzir o público em erro, nomeadamente sobre a *qualidade* dos produtos ou serviços (art. 268º, nº 2 alª b)). Também tem lugar a caducidade se a marca não

[770] Para mais desenvolvimentos *vide* CURTO POLO, *La cesión de marca mediante contrato de compraventa*, 2005, pp. 260 e ss.

[771] Também são possíveis configurar as hipóteses de venda de marca alheia ou venda de marca onerada.

for objeto de um uso sério, o que significa no caso de utilização de uma marca licenciada que o titular deve exercer o respetivo controlo (art. 267º, nº 1 alª a)).

Este regime legal traduz a indiscutível vantagem para o licenciante em efetuar uma prestação, necessariamente positiva, consubstanciada num qualquer controlo, adequado às circunstâncias concretas, e por mínimo que seja, sobre o modo como o licenciado usa a marca.

É certo que o licenciante e o licenciado são livres de não estabelecer contratualmente esse controlo, mas essa opção dos contraentes não afasta a aplicação da referida sanção da caducidade, que opera independentemente da vontade das partes por servir interesses diferentes, dos consumidores e dos outros concorrentes que, logicamente, não são derrogáveis contratualmente.

Para além do controlo de qualidade, também não faz sentido conceber a licença com um conteúdo negativo quando cabem ao licenciante as obrigações positivas essenciais de manutenção do direito de marca (art. 247º) e da sua defesa contra eventuais contrafatores (art. 249º). Podemos, pois, afirmar, sem mais justificações, que o licenciante se encontra, pelo menos, obrigado a garantir a manutenção pacífica da marca e a assumir as consequências pelo modo como a marca é usada, por si e pelo(s) licenciado(s).

Modalidades de licença

Desde logo, nos termos legais (art. 31º), à semelhança do que vimos em relação à licença de patente, são possíveis três modalidades: licença exclusiva *absoluta*, licença exclusiva *relativa* e licença não exclusiva.

A licença é exclusiva absoluta quando o licenciado não tem, no âmbito contratualmente definido, a concorrência de mais nenhum concorrente, nem do próprio licenciante mediante estipulação contratual (art. 31º, nº 7); a licença é exclusiva relativa quando o licenciante só confere poderes de uso a um licenciado, mas não fica impedido de usar a marca (art. 31º, nº 6); a licença é não exclusiva (ou simples) quando o licenciante reserva para si o direito de usar a marca bem como o direito de atribuir esse uso a terceiro. No silêncio das partes a licença presume-se não exclusiva (art. 31º, nº 5).

Natureza real ou obrigacional da licença de marca

Uma questão dogmática controversa diz respeito à natureza jurídica da licença de marca. Uma primeira dúvida é a de saber se a licença é uma figura jurídica unitária ou se é possível divisar uma qualificação jurídica diferenciada. Contra a primeira possibilidade, parece militar o modo extremamente difuso como vem regulada legalmente a licença (arts. 31º e 258º). As partes dispõem, na verdade, de um grande poder de conformação do contrato.

Em relação a outros aspetos de conteúdo do contrato, dentre uma enorme gama de possibilidades oferecidas às partes, sublinhamos, pela sua importância e controvérsia, a previsão do requisito do controlo de qualidade por parte do licenciante, a autorização para o licenciado instaurar um processo de contrafação ou a possibilidade de o licenciado exclusivo ser autorizado a conceder sublicenças.

A dúvida pode, então, razoavelmente, colocar-se: será a mesma coisa, do ponto de vista da qualificação jurídica, por exemplo, a licença simples, que se limite às cláusulas indispensáveis no que respeita ao prazo de validade, identidade da marca, produtos ou serviços abrangidos e definição do âmbito geográfico, e a licença exclusiva absoluta na qual se atribua ao licenciado o poder de exercer a ação de contrafação e a possibilidade de conceder sublicenças?

Serão estas diferenças relevantes para se afirmar estarmos perante licenças de natureza jurídica diversa?

A resposta terá de passar por avaliar se, em algum caso, a licença poderá ser considerada um contrato real *quoad effectum*. Reportando ao segundo exemplo atrás indicado: a licença exclusiva absoluta em que o licenciado é autorizado a intentar a ação de contrafação e a conceder sublicenças. Tratar-se-á de uma licença de natureza real?

A noção de direito real é um dos temas *clássicos* do direito civil. São conhecidas as várias propostas em confronto.

À semelhança do que dissemos atrás, a propósito da patente[772], a licença só seria um direito real, ainda quando seja constituída por contrato, se pudesse desligar-se da sua fonte geradora e conferisse ao seu titular uma posição jurídica absoluta que resultasse diretamente da lei.

O conteúdo dos poderes do licenciado resulta do contrato ou diretamente da lei? Cremos que a resposta só pode ser a primeira. Os poderes do licenciado resultam do contrato e a relação da licença é uma relação intersubjetiva e não uma relação dominial. A licença não reveste um conteúdo que se apresente num tipo legal de conteúdo bem definido e, como sabemos, um princípio constitutivo dos direitos reais é o princípio da tipicidade taxativa (art. 1306º, nº 1 do C.C.) aplicável, por força do disposto no art. 1303º, nº 2 do mesmo diploma, aos direitos privativos industriais, por se tratar de direitos com eficácia, igualmente, *erga omnes*[773]. Por esta razão, a natureza real da licença fica, desde logo, irremediavelmente, comprometida.

[772] Parte I, cap. III, 5.2.

[773] É esta característica que, fundamentalmente, justifica o facto de os direitos reais se deverem apresentar em tipos concretos facilmente discerníveis pelos interessados (tipicidade) e ainda o facto de não poder haver direitos reais para além dos legalmente previstos (taxatividade).

Estamos, agora, em condições de afirmar que não há fundamento para tratar de modo não unitário a natureza jurídica da licença de marca. As diferenças não resultam de a lei consagrar mais de uma licença-tipo, mas da vontade das partes em celebrar diferentes tipos de licença. Seja qual for essa natureza, e já assentamos que não é a real, ela será comum a todas as modalidades de licença.

Não tendo encontrado razões em favor da natureza real da licença, a dúvida é a de saber se a licença, revestindo natureza obrigacional, configura um contrato *sui generis*[774] ou um contrato de locação por se tratar, na verdade, por regra, da cedência temporária *onerosa* do gozo de uma coisa. Não ignoramos tratar-se de uma coisa incorpórea, mas pensamos que o conceito civilista de locação (art. 1022º) não exclui a possibilidade de abranger coisas incorpóreas, com toda a conveniência, diga-se, dada a indiscutível tendência para a desmaterialização dos bens. Afigura-se-nos, assim, defensável uma interpretação objetivista e atualista da norma civilista.

A licença pode, ainda, ser total ou parcial e, neste último caso, objetiva ou geograficamente (art. 31º, nº 1).

Obrigações principais das partes

A principal obrigação do licenciante consiste na autorização do uso da sua marca em relação a determinados produtos ou serviços.

A obrigação de proporcionar ao licenciado o uso da marca e de mantê-lo no gozo pacífico da mesma implica que o licenciante adote os comportamentos necessários para assegurar a manutenção (ou, sendo o caso, a obtenção) do registo da marca[775], dado que apenas se este título for válido gozará de "ius prohibendi" em relação a terceiros, garantindo o gozo pacífico da marca ao licenciado. Para tal, e para além do dever de não renunciar ao seu direito, tem, nomeadamente, a obrigação de proceder ao pedido de renovação do registo da marca, ao pagamento das taxas de registo e de intentar as ações judiciais competentes contra quem violar o direito de marca.

Tem lugar a caducidade do registo de marca se – no seguimento do uso feito pelo titular da marca, ou por *terceiro com o seu consentimento,* como é o caso do licenciado – a marca se tornar suscetível de induzir o público em erro, nomeadamente sobre a *qualidade* dos produtos ou serviços (artigo 268º, nº 2 alª b)). Também tem lugar a caducidade se a marca não for objeto de um uso sério, por

[774] É a posição defendida na Alemanha por Fezer, *Markenrecht* cit., § 30, p. 1872.

[775] Sobre os efeitos da recusa do pedido de registo e da declaração judicial de invalidade do registo concedido relativamente ao contrato de licença, cf., entre nós, Remédio Marques, *Licenças (voluntárias e obrigatórias) de direitos de propriedade industrial,* pp. 41 e ss. Ver ainda o art. 32º, nº 2 CPI.

parte do titular ou de um licenciado (arts. 267º, nº 1, al. a) e 268º, nº 1). Este regime legal traduz o dever de o licenciante efetuar um qualquer controlo, adequado às circunstâncias concretas, sobre o modo como o licenciado usa a marca e a qualidade dos produtos ou serviços licenciados. Como a falta de controlo tem a ver, a final, com o próprio dever de manutenção referido, qualificámo-lo também como dever e não como ónus[776].

Todavia, a não estipulação contratual do requisito da qualidade e do respetivo controlo poderá relevar para a impossibilidade de o licenciante, fazendo uso do disposto no artigo 258º, nº 1, invocar o seu direito de marca para instaurar um processo de contrafação contra o licenciado na hipótese de este alterar, de modo relevante, a qualidade dos produtos ou serviços licenciados.

A principal obrigação do licenciado consistirá, normalmente, no pagamento de uma contrapartida ao licenciante.

Normalmente, são estipuladas no contrato dois tipos de contrapartidas pecuniárias[777]: uma quantia inicial (a "entrada" ou "entry fee") a pagar no início do contrato e uma outra a pagar periodicamente ("royalties").

O montante dessas prestações pode ser fixo ou variável (calculada, p.e., em função do preço dos produtos ou serviços assinalados com a marca licenciada e com ou sem limites mínimos e máximos) e pode ter de ser pago integralmente ou em prestações.

Quando o montante da contrapartida a pagar pelo licenciado é variável é usualmente fixado no contrato o direito de o licenciante inspecionar as contas do licenciado.

Além desta obrigação o licenciado tem o dever de usar a marca.

Muitas vezes este dever está expressamente previsto no contrato. Quando isso não sucede, tem-se entendido que o mesmo decorre do princípio da boa fé (sobretudo quando se tiver feito depender o montante devido a título de "royalties" do volume das vendas), aduzindo-se ainda, e entre outros fundamentos, o interesse do licenciante, especialmente no caso de licença exclusiva absoluta, em que este uso será determinante para o efeito de evitar a caducidade do registo da marca.

3. *Merchandising* de Marca

Noção

No âmbito do *merchandising* em sentido amplo – isto é, da atividade que tem em vista o aproveitamento do valor comercial de determinados direitos, de autor, de

776 É assim que o qualifica Maria Miguel Carvalho, *A marca enganosa*, Almedina, 2010, pp. 412 e ss

777 Não obstante, a contrapartida não tem, necessariamente, de ser pecuniária.

personalidade e de propriedade industrial, com objetivo promocional, para a venda de produtos ou serviços – pretendemos tratar o *merchandising* com finalidade distintiva, que também é o que reveste maior tipicidade social[778] e homogeneidade negocial[779].

O *merchandising*, enquanto atividade, revestindo, em todas as situações referidas, uma finalidade promocional de produtos ou serviços é diferente quando, no plano negocial, se faz uma abordagem técnico-jurídica dos meios utilizados.

O fim promocional pode ser ativado por distintos mecanismos contratuais. Se o efeito for essencialmente publicitário temos uma modalidade de contrato publicitário[780]; se o efeito for de índole ornamental temos um contrato atípico de autorização para a utilização de um direito de autor, de um direito de personalidade ou de um direito de propriedade industrial; se o efeito for distintivo de produtos ou serviços temos um contrato (industrial) de *merchandising*[781].

Este último, é o que mais importa apreciar com a advertência que, de entre os direitos de propriedade industrial, no âmbito da utilização primária, iremos

[778] Sobre o conceito e características de tipicidade social, ver Pedro Pais de Vasconcelos, *Contratos Atípicos*, Almedina, 2ª ed., 2009, pp. 61 e ss.

[779] C. Schertz, *Merchandising*, Verlag C.H. Beck, München, 1997, pp. 4 e ss entende que o *merchandising* comporta três grandes tipos de aproveitamento. Um, a que chama *Künstlermerchandising*, em que o bem faz parte integrante do produto e se destina a ser o seu principal fator de apreciação; um segundo, cuja finalidade é o da identificação do produto; um terceiro, com finalidade publicitária ou de promoção de vendas. A estes dois últimos chama *Produktmerchandising* (cf. pp. 24/25). No primeiro caso, a finalidade não é distintiva, mas uma outra de natureza promocional e ornamental de apresentação de produtos ou das respetivas embalagens, como, por exemplo, uma figura da banda desenhada usada na apresentação do produto (*v.g.* chocolate, roupa infantil, quadro, relógio, brinquedo, boneco, livro, caderno) ou no respetivo invólucro (*v.g.* jogos de diversão) ou a imagem de uma pessoa famosa utilizada em embalagens, *posters*, *T-Shirts*, autocolantes, cromos, etc. No terceiro caso, trata-se de uma situação enquadrável na noção de atividade publicitária propriamente dita. No mesmo sentido, H. E. Ruijsenaars, "The WIPO report on character merchandising", IIC, 1994, p. 537. Marco Ricolfi, *Il contratto di merchandising nel diritto dei segni distintivi*, Giuffrè ed., Milano, 1991, pp. 49 e ss, inclui, ainda, no conceito amplo de *merchandising*, a utilização atípica da marca em produtos-brinde (*v.g.* agendas, canetas, calendário, isqueiros, porta-chaves, etc.). Na nossa opinião, esta situação, apesar de, reconhecermos, ser usual essa designação, não é, em rigor, e por regra, enquadrável na atividade de *merchandising*, por ausência de um dos seus requisitos essenciais diferenciadores que é o da comercialização da notoriedade do bem no âmbito da atividade primária, já que desta prática resulta, normalmente, um *custo* e não um *proveito* para o titular do direito.

[780] Por exemplo, uma pessoa famosa consentir participar (através do nome, imagem, voz) numa mensagem publicitária de um produto (e isto é publicidade, propriamente dita). Neste contrato de difusão publicitária a promoção é vocacionada diretamente aos produtos ou serviços do anunciante.

[781] Remetemos para o nosso estudo "Contrato de merchandising", in *Contratos de direito de autor e de direito industrial* cit., pp. 527 e ss.

abordar o direito de marca que, corresponde, aliás, ao mais relevante, jurídica e economicamente.

O contrato de "merchandising" de marca é aquele pelo qual o titular de uma marca, que haja adquirido um especial valor atrativo em relação a uma espécie de produtos ou serviços, autoriza um terceiro, a título oneroso, ao uso temporário dessa marca como sinal distintivo de produtos ou serviços diferentes dos originários, com objetivo promocional[782].

A utilização secundária (2ª utilização) é, por isso, uma finalidade distintiva dirigida a produtos ou serviços diferentes dos relacionados com a utilização originária.

Na noção encontramos três elementos definidores essenciais: o elemento *causal*, o sucesso, a fama e o prestígio do bem protegido na sua utilização primária; o elemento *formal*, o contrato para o uso da marca enquanto utilização secundária do bem; o elemento *finalístico*, a promoção dos produtos ou serviços marcados.

De acordo com o critério da natureza do bem *originário* e o critério da correspondente tutela *primária*, distinguem-se, como já se deu a entender, três modalidades essenciais de *merchandising*[783]:

- *character merchandising* (*merchandising* de direitos de autor), relacionado, de um modo especial, com a figura, nome e imagem de personagens fantasiosas da banda desenhada, cinema, teatro, televisão, rádio e literatura;
- *personality merchandising* (*merchandising* de direitos de personalidade), relacionado, principalmente, com o nome e imagem de personagens reais do espetáculo (*v.g.*, desporto, cinema, teatro, moda, televisão, música);

[782] Na feliz afirmação alegórica de Nogueira Serens (*A monopolização da concorrência e a (re-) emergência da tutela da marca*, Almedina, 2007, p. 1205) "o *merchandising* resulta do encontro da vontade dos que têm uma "isca" com a vontade dos que têm um "anzol". Neste contrato, a promoção (obtida pelo sinal na utilização primária) beneficia, indiretamente, os produtos ou serviços marcados na utilização secundária. O contrato de *merchandising*, nesta aceção, conforme o definimos, não é um contrato publicitário, em sentido próprio, isto é, não tem relação jurídica direta com a difusão de uma mensagem publicitária. No mesmo sentido, Maria Miguel Carvalho, *Merchandising de marcas* cit., pp. 109 e ss.

[783] Outro tipo de classificação, de origem americana, baseada no objetivo da procura do bem na sua utilização secundária, distingue entre *status properties*, a vontade de adquirir um *social status* (*v.g. Gucci, Cartier, Christian Dior, Rolls Royce*) *personification properties*, a vontade de identificação com determinados traços de personalidade (*v.g. Ferrari, Camel, Martini, Marlboro, Pepsi generation*) e *popularity properties*, a vontade de utilizar símbolos de grande notoriedade (v.g. *Coca Cola, Adidas, Stars Wars, ET*). Nesse sentido, cf. Battersby/Grimes, *The law of merchandise and character licensing*, Deerfield, Illinois, USA, 1997, §2.02, pp. 2-2 e ss (que acrescentam ainda um quarto tipo, de menor importância, *distinctive ornamentation properties*) e "Merchandising revisited", TMR, 1986, pp. 275 e ss.

- *corporate merchandising* (*merchandising* de direitos de propriedade industrial), com indiscutível predominância para a marca[784].

Esta heterogeneidade dos direitos no âmbito da proteção primária não impede, porém, o tratamento negocial unitário, atenta a mesma proteção secundária (sinal distintivo dos produtos ou serviços) e o "manuseamento" de um instrumento jurídico de negociação com o mesmo efeito negocial (autorização para o uso de uma marca registada).

Contrato de *merchandising* de marca

Tutela na utilização primária

O sistema de aquisição do direito de marca encontra-se regulado nos artigos 7º, 210º e 213º, CPI.

O direito adquire-se pelo registo (nº 1 do artigo 210º), válido pelo período de 10 anos, contados da data do pedido, podendo ser indefinidamente renovado por iguais períodos (artigo 247º).

No entanto, o titular de uma marca livre ou não registada goza de um direito de prioridade ao registo durante o período de seis meses a contar do uso inicial (artigo 213º, nº 1). Para além do direito de prioridade a registar em primeiro lugar a sua marca, o direito a reclamar do pedido do registo feito por outrem dentro daquele prazo ou a recorrer judicialmente contra a decisão de concessão desse registo (artigos 213º, 226º, nº 1, 17º, nº 1 e 41º). Fora do período de seis meses o usuário tem o direito de se opor ao registo de marca posterior desde que o requerente pretenda fazer concorrência desleal ou que esta seja possível independentemente da sua intenção (art. 232º, nº 1, al. h)). No primeiro caso (durante o período de seis meses), há uma mera expectativa jurídica; no segundo caso (fora do período de seis meses), há uma posição legitimamente adquirida no mercado que pode ser protegida, preventivamente, através das normas da concorrência desleal objetiva.

Uma referência mais em relação à marca de facto para acentuarmos que esta, para poder ser protegida como expectativa, tem de ser registável, isto é, tem que obedecer aos mesmos requisitos de validade da marca registada.

[784] Ainda é normal admitir-se uma quarta modalidade, o *residual merchandising*, para abranger outro tipo de bens e de entidades. Sirvam de exemplo, a denominação de pessoas coletivas não societárias prestigiadas (públicas ou privadas) ou de sinais identificativos de organização de grandes iniciativas culturais (por exemplo, "exposições universais") ou desportivas (*v.g.*, "jogos olímpicos").

Como país pertencente à CUP, Portugal também está vinculado à proteção das marcas notoriamente conhecidas, às quais não se aplica o princípio da territorialidade. Os artigos 234º, nº 1 e 320º, alª g), refletindo o princípio consagrado no artigo 6º bis da CUP, protegem as marcas notoriamente conhecidas, mas sujeita essa proteção ao pedido do registo em Portugal (artigos 234º, nº 2 e 260º, nº 2). A proteção deve abranger, não apenas a marca notória internacional, mas também a marca notória nacional.

O CPI protege ainda a marca de prestígio (artigo 235º), isenta do princípio da especialidade, isto é, cujo círculo de proteção pode alargar-se a produtos ou serviços diferentes.

O nosso código confere ao titular da marca de prestígio a possibilidade de: oposição ao pedido do registo feito por terceiros de uma marca idêntica ou semelhante para produtos ou serviços não afins (artigo 235º); anulação do registo dessa marca (artigo 260º, nº 1), desde que a mesma se encontre registada previamente ou seja requerido o seu registo para os produtos ou serviços que lhe deram prestígio (artigo 260º, nº 2); proceder criminalmente contra o usuário não autorizado da marca de prestígio desde que seja solicitado o registo desta (artigo 320º, alª h)).

Para além disso, já não nos parece defensável que a marca de prestígio possa ser invocada como "justo motivo" (cf. artigo 268º, nº 1) para não ser usada em relação a outros produtos e serviços para os quais se encontre registada, o que de outro modo significaria a "excecional" legitimação de registos "defensivos" para além do prazo-limite de cinco anos. E não nos parece defensável porque doravante a marca de prestígio conta com uma defesa específica, eficaz e excecional.

Em nome dos melhores princípios do direito de marcas o registo de marca de prestígio deve ser declarada parcialmente caduco em relação aos produtos ou serviços em que não esteja a ser usada.

A caducidade, como instituto jurídico de interesse público, deve operar indistintamente.

As condições de proteção da marca de prestígio, face ao pedido de registo, registo ou uso por terceiros de marca confundível para produtos ou serviços não afins são, conjunta ou separadamente, as duas seguintes (artigo 235º, nº 1, *in fine*):

1ª O aproveitamento, indevido, do seu carácter distintivo ou prestígio;

2ª O prejuízo, indevido, do seu carácter distintivo ou prestígio.

Tutela na utilização secundária

Para que a marca – que haja alcançado popularidade, força publicitária e capacidade atrativa, no decurso da atividade primária – possa ser objeto de *merchandising,* para afetação a uma atividade secundária de distinção de produtos ou serviços diferentes, é necessário que o titular, para além do direito exclusivo em relação à utilização primária, tenha o direito de proibir o registo e/ou o uso não autorizados desse bem no âmbito da atividade secundária.

O CPI permite essa proteção, expressamente, no caso da marca de prestígio, a que nos referimos no ponto anterior. O artigo 235º proíbe o registo de marca, ainda que destinada a produtos ou serviços não semelhantes se for idêntica ou semelhante a uma marca anterior que goze de grande prestígio em Portugal ou na União Europeia e sempre que o uso da marca posterior procure, sem justo motivo, tirar partido indevido do carácter distintivo ou do prestígio da marca ou possa prejudicá-los. Nessa medida trata-se de um direito *ultramerceológico* de proibição, isto é, de um direito de proibição não limitado pelo princípio da especialidade da marca.

O direito português não tinha acolhido a norma facultativa do artigo 5º, nº 2 da DM-2008 que permitia ao titular de uma marca de prestígio proibir que terceiros façam uso na vida comercial, sem o seu consentimento, dessa mesma marca ou marca confundível para produtos ou serviços diferentes daqueles para os quais a marca se encontre registada. Por essa razão, a lei portuguesa, na nossa opinião, não conferia ao titular da marca de prestígio um *direito positivo de disposição ultramerceológico*, mas apenas um *direito negativo de proibição ultramerceológico*. Isto significava, que o *merchandising* só seria possível se o titular da marca de prestígio a registasse previamente para os produtos ou serviços em relação aos quais pretende negociar a marca.

Esta situação modificou-se com a transposição da DM-2015 (art. 249º, nº 1, al c)). Ainda assim, mesmo após esta mudança, entendemos que, só residualmente, a função publicitária porá em causa a função distintiva. Na prática, o titular da marca de prestígio só, excecionalmente, não continuará a registar previamente em seu nome a marca com vista ao seu licenciamento para produtos ou serviços diferentes. Não "arriscará", por razões de salvaguarda do valor comercial da marca e de segurança jurídica, celebrar, fora do âmbito normativo do direito de marcas, um contrato (atípico) de autorização para um terceiro registar a marca.

Natureza jurídica do contrato de *merchandising*

Do que se trata, agora, é ir de encontro à modalidade negocial que permite o aproveitamento do valor publicitário ou sugestivo de uma marca.

Nos artigos 31º e 258º, CPI encontra-se regulada a licença de marca.

A licença de marca é o contrato pelo qual o titular de uma marca (licenciante) proporciona a um 3º (licenciado) o uso temporário de uma marca registada (previamente usada ou não usada pelo licenciante).

A possibilidade de a licença poder incidir sobre uma marca não previamente usada pelo licenciante significa que o *merchandising* de marca cabe na figura da licença[785].

Não obstante a finalidade promocional específica do contrato de *merchandising*, não pensamos que essa circunstância seja suficiente para afastar a modalidade de contrato de licença[786]. De outro modo, mal se compreenderia que se afastasse deste tipo contratual, pelo mesmo motivo, a autorização para o uso de uma marca de prestígio para produtos ou serviços *idênticos* ou *afins*!

Por outro lado, o desfrute do valor publicitário do sinal não preclude, antes pressupõe, a necessidade de utilização da marca na finalidade distintiva. Isto significa que não faz sentido afirmar que há uma licença legalmente típica para utilização da marca na finalidade típica e uma licença legalmente atípica para utilização da marca na finalidade publicitária, atrativa ou sugestiva[787].

Esta distinção não passa, na nossa opinião, de um mero artifício. Pensamos que a função distintiva e a publicitária "andam lado a lado". O aproveitamento do valor atrativo não pode (como já justificámos) ser feito fora do sistema legal de proteção da marca o que representa mais um fator impeditivo da sua conceptualização como um bem completamente autónomo e isento do cumprimento da função distintiva. Acresce que a proteção potencialmente intemporal da marca só faz sentido num quadro normativo em que a mesma seja essencialmente protegida na sua dimensão distintiva[788].

O contrato de *merchandising* (licença) deve ser reduzido a escrito (artigo 31º, nº 3). Por outro lado, para que o contrato produza efeitos face a terceiros deverá ser averbado junto do INPI (alínea b) do nº 1 e nº 2 do artigo 29º).

Obrigações principais das partes

Do lado do licenciante podemos distinguir as seguintes obrigações principais:

[785] Carlos Ferreira de Almeida, *Contratos II – conteúdo, contratos de troca*, 2007, pp. 220 e ss, admite um conceito amplo de contrato de licença como um tipo de contrato de troca para o uso de coisa incorpórea. Estes contratos de licença (p. 221) "formam uma verdadeira constelação de tipos e de subtipos contratuais, composta por alguns tipos tradicionais (v.g. edição, licença de patente) e por um conjunto de novos tipos e subtipos (licença de marca, *merchandising*, licença de bens informáticos) (...)".

[786] Esse é o principal argumento invocado por Martin Muñoz, *El merchandising. Contrato de reclamo mercantil*, 1999, pp. 105 e ss, para justificar a natureza atípica do contrato.

[787] Para mais desenvolvimentos e referências sobre as diferentes posições doutrinárias, ver Maria Miguel Carvalho, *Merchandising de marcas* cit., pp. 311 e ss, que, aliás, sustenta a tese defendida no texto.

[788] Ver o nosso *Função distintiva da marca* cit, pp. 133 e ss.

a) Obrigação de manutenção do direito de marca

Cabem ao licenciante as obrigações positivas essenciais de manutenção do direito de marca (artigo 247º) e da sua defesa contra eventuais contrafatores (artigo 249º). Assim, o licenciante encontra-se obrigado a garantir a manutenção pacífica da marca e a assumir o seu ónus pelo modo como a marca é usada pelo licenciado (licença exclusiva) ou por todos os licenciados (licença simples).

b) Obrigação de controlo da qualidade dos produtos ou serviços licenciados

Tem lugar a caducidade do registo de marca se – no seguimento do uso feito pelo titular da marca, ou por *terceiro com o seu consentimento,* como é o caso do licenciado – a marca se tornar suscetível de induzir o público em erro, nomeadamente sobre a *qualidade* dos produtos ou serviços (artigo 268º, nº 2 alª b)). Também tem lugar a caducidade se a marca não for objeto de um uso sério, por parte do titular, de um licenciado ou de um terceiro com o seu consentimento (arts. 267º, nº 1, als. a) e c) e 268º, nº 1).

Este regime legal traduz o dever de o licenciante efetuar um qualquer controlo, adequado às circunstâncias concretas, sobre o modo como o licenciado usa a marca e a qualidade dos produtos ou serviços licenciados. Como a falta de controlo de qualidade tem a ver, a final, com o próprio dever de manutenção referido, qualificámo-lo, repetindo-nos em relação ao que escrevemos no contrato de licença, também como dever e não como ónus. Todavia, a não estipulação contratual do requisito da qualidade e do respetivo controlo poderá relevar para a impossibilidade de o licenciante, fazendo uso do disposto no artigo 258º, nº 1, invocar o seu direito de marca para instaurar um processo de contrafação contra o licenciado na hipótese de este alterar, de modo relevante, a qualidade dos produtos ou serviços licenciados.

Do lado do licenciado as obrigações principais são as seguintes:

a) Obrigação de pagamento

Normalmente são estipuladas duas modalidades de pagamento: uma *entrada,* a pagar no momento da celebração do contrato, e uma quantia a pagar no decurso do contrato (*royalty*).

A lógica do pagamento inicial é a de, por um lado, conferir maior segurança ao cumprimento do contrato por parte do licenciado e, por outro, minimizar um eventual fracasso comercial do negócio. As quantias periódicas podem ser calculadas por diferentes formas. A mais frequente é o cálculo em função de uma percentagem, fixa ou variável, da venda dos produtos ou da prestação dos serviços licenciados.

b) Obrigação de uso da marca

A obrigação do licenciado usar a marca é indispensável para a viabilização dos efeitos pretendidos com o *merchandising*. É recomendável, portanto, por razões de estabilidade da relação contratual, que seja fixada uma data para o licenciado iniciar a atividade de exploração da marca, no âmbito do território fixado contratualmente. De outro modo, a obrigação subsiste, mas não se evita a dificuldade de determinação do prazo *razoável* de início de cumprimento[789].

c) Obrigação de uso prudente da marca

Não é um qualquer uso que desobriga o licenciado. É necessário, por um lado, um uso dirigido aos produtos ou serviços, e só a esses, fixados contratualmente e, por outro lado, um uso prudente que salvaguarde o valor comercial (*goodwill*) da marca licenciada. É certo que o licenciante também deve, como já vimos, contribuir para a manutenção do prestígio ou reputação da marca, através do controlo de qualidade dos produtos ou serviços licenciados. Só que esta obrigação do licenciante não esgota a obrigação do licenciado que, como todo o locatário[790], deve fazer um uso diligente e responsável da marca objeto do *merchandising*. Nesse sentido, por exemplo, não poderá, a menos que tenha a competente autorização expressa do licenciante, vender nem distribuir os artigos em ofertas, promoções, revendas, saldos, lotes a preços reduzidos ou qualquer outro meio suscetível de depreciação do respetivo valor habitual.

d) Obrigação de informação

O licenciado deve permitir ao licenciante o acesso ao registo das vendas, preços, documentos justificativos e outros necessários ao controlo efetivo da produção, venda ou prestação de serviços. Por outro lado, também deve indicar que os produtos são produtos oficiais licenciados pelo titular da marca.

[789] Considerando que a obrigação de uso, que não seja estipulada, "só será exigível em situações limite em que a omissão de exploração ponha em risco a caducidade do direito", ver CARLOS FERREIRA DE ALMEIDA, *Contratos II* cit., p. 223.

[790] Artigo 1038º, alínea d), CC.

Capítulo VI
Cancelamento do Registo

1. Invalidade

O título de concessão do registo é entregue aos interessados decorrido um mês sobre o termo do prazo de recurso, ou, interposto este, depois de publicado o aviso da decisão judicial ou arbitral definitiva (art. 26º).

O registo de marca, não obstante ter sido concedido após um aturado procedimento administrativo que culmina num ato principal, contenciosamente recorrível, pode ainda permanecer ilegal após a atribuição do direito[791]. Em bom rigor, a invalidade substancial[792] não se dirige, direta e exclusivamente, ao ato administrativo de registo, mas ao que se regista (o ato jurídico legítimo de exteriorização de uma coisa incorpórea), complementado por um ato registal constitutivo de *acertamento*. Por essa razão, faz sentido conjugar a invalidade com o cancelamento do registo. O regime de invalidade encontra-se repartido entre um conjunto de normas genéricas válidas para todos os bens da propriedade industrial (arts. 32º a 35º) e um conjunto de normas específicas (arts. 259º a 266º).

Consagra-se um regime jurídico de invalidade assente na distinção entre causas de nulidade e causas de anulabilidade.

[791] O registo implica mera presunção jurídica dos requisitos da sua concessão – art. 4º nº 2.

[792] Estamos a falar da invalidade substancial da propriedade industrial em geral e não apenas da invalidade (do registo) da marca. A invalidade formal – aplicável a todos os direitos de propriedade industrial, reportando-se à preterição de procedimentos registais ou a meras formalidades – consta do art. 32º, nº 1, alª b) e acarreta nulidade do registo.

1.1. Nulidade

O registo é nulo, no plano substancial, quando *o seu objeto for insuscetível de proteção* – art. 32º, nº 1, alª a).

Socorrendo-nos de uma interpretação sistemática, de um modo especial da clarificação dada pelo art. 259º, o significado desta norma é o de considerar nulo o registo de marca que, em regra, por si mesma, não seja passível de proteção. A única exceção é a da falta de legitimidade do titular.

Concretizando, o registo de marca é nulo[793] se esta:

1 – For constituída por um sinal não possível – arts. 259º, nº 1, 208,º 209º, nº 1 al. b) e 231º, nº 1, als a), c) e d);
2 – For não distintiva – arts. 259, nº 1 e 231º, nº 1, alªs b) e c);
3 – For atribuída a titular sem legitimidade – art. 259º, nº 1, 211º e 231º, nº 1, al. d);
4 – For constituída por um sinal de interesse público nacional ou estrangeiro – arts. 259º, nº 1 e 231º, nºs 3 al. a), 4 e 5;
5 – For de elevado valor simbólico, contrária à lei, moral, ordem pública e bons costumes – arts. 259º, nº 1, 231º, nº 3 als, b) e c);
6 – For enganosa – arts. 259º, nº 1 e 231º, nº 3, alª d);
7 – For contrária ao disposto na legislação nacional, na legislação da União Europeia ou em acordos internacionais de que a União Europeia ou o Estado português seja parte, que conferem proteção a denominações de origem e indicações geográficas – art. 259º, nº 1 e art. 231º, nº 3, al. e);
8 – For contrária a sinais ou indicações que contenham, em todos ou alguns dos seus elementos, menções tradicionais para o vinho que se encontrem protegidas pela legislação da União Europeia ou por acordos internacionais de que a União Europeia seja parte – art. 259º, nº 1 e art. 231º, nº 3, al. f);
9 – For contrária a sinais ou indicações que contenham, em todos ou alguns dos seus elementos, especialidades tradicionais garantidas que se encontrem protegidas pela legislação da União Europeia ou por acordos internacionais de que a União Europeia seja parte – art. 259º, nº 1 e art. 231º, nº 3, al. g);

[793] Não incluímos a hipótese de nulidade do registo de uma marca que haja contrariado a proibição contemplada no art. 224º (princípio da unicidade do registo). O princípio proíbe que haja total identidade sinalética entre duas marcas pedidas exclusivamente para o mesmo produto ou serviço pelo mesmo titular. Ver ainda as considerações que fazemos sobre esta proibição na nota 466.

10- For contrária a sinais ou indicações que contenham, em todos ou alguns dos seus elementos, denominações de variedades vegetais que se encontrem protegidas pela legislação da União Europeia ou por acordos internacionais de que a União Europeia seja parte - art. 259º, nº 1 e art. 231º, nº 3, al. h);

11 - For pedida de má-fé - art. 259º, nº 1 e art. 231º, nº 6.

No caso de registo de marca originariamente não distintiva (sem capacidade distintiva, descritiva ou usual), com inobservância do disposto no art. 209º, nº 1, als. a), c) e d)), não haverá lugar à nulidade se a marca tiver adquirido eficácia distintiva após o registo *(secondary meaning)* - art. 259º, nº 2[794].

1.2. Anulabilidade

O registo é anulável quando contraria direitos de terceiros, na maioria dos casos direitos de propriedade industrial, mas também direitos de autor e direitos de personalidade.

Essas situações são as seguintes:

1 - A marca for reprodução ou imitação de marca anterior registada - arts. 260º, nº 1 e 232º, nº 1 als. a) e b);

2 - A marca for confundível com logótipo de terceiro - arts. 260º, nº 1 e 232º, nº 1, als. c) e d);

3 - A marca for reprodução ou imitação, no todo ou em parte, de denominação de origem ou de indicação geográfica protegida nos termos deste código, de legislação da União Europeia ou de acordos internacionais de que a União Europeia seja parte, e cujo pedido tenha sido apresentado antes da data de apresentação do pedido de registo de marca ou, sendo o caso, antes da data da respetiva prioridade reivindicada - arts. 260º, nº 1 e 232º, nº 1, al. e);

4 - A marca for composta por sinais que constituam infração de outros direitos de propriedade industrial e de direitos de autor - arts. 260º, nº 1 e 232º, nºs 1 alª f) e 2, als a) e b);

5 - A marca for composta por nome ou retrato de outrem - arts. 260º, nº 1 e 232º, nº 1, alª g)

6 - Tiver sido registado por agente sem autorização do titular - arts. 260º, nº 1, 33º, nº 1, alª b), 212º e 232º, nº 2, alª c);

7 - A marca for imitação de embalagens ou rótulos não registados - arts. 260º, nº 1 e 233º;

8 - A marca for reprodução ou imitação de marca notória - arts. 260º, nº 1 e 234º;

[794] Sobre o *secondary meaning vide*, Parte III, cap. III 2.2. *supra*.

9 – A marca for conflituante com uma marca de prestígio – arts. 260º, nº 1 e 235º.

1.3. Regime jurídico de invalidade

Em primeiro lugar, devemos aprovar a opção legislativa na adoção de um regime diferenciado de invalidade. Na verdade, um regime jurídico de invalidade baseado exclusivamente na nulidade, que privilegiasse, acima de tudo, o valor da legalidade, chocaria com a proteção da confiança do titular da marca em se tratando do conflito com valores individuais disponíveis (direitos de terceiros anteriores de propriedade industrial ou autoral – cf. art. 232º, nº 1 als. a), b), c), d), f) e nº 2 als. a) e b) e arts. 233º, 234º e 235º). Por sua vez, um regime jurídico de invalidade baseado exclusivamente na anulabilidade que privilegiasse, acima de tudo, o valor da segurança chocaria com a proteção de princípios, valores, direitos ou interesses relevantes da ordem jurídica nacional e internacional.

Face ao disposto no nº 4 do art. 34º qualquer interessado[795] pode intentar um pedido de invalidade.

A ação de anulação deve ser proposta dentro do prazo previsto no art. 34º, nº 7, contado a partir do despacho de concessão do registo.

A declaração de invalidade de registo de marcas resulta de decisão do INPI (sem prejuízo de recurso para o tribunal judicial), salvo quando resulte de um pedido reconvencional deduzido no âmbito de uma ação que corra termos no tribunal (art. 34º, nº 2, "in fine").

A possibilidade de um procedimento administrativo, mais expedito, a cargo do INPI, para declarar a nulidade ou anulabilidade do registo de marcas[796] representa uma alteração estruturante muito relevante, mas que resulta da transposição da DM-2015 (arts. 45º a 47º), cuja finalidade é a de disponibilizar aos Estados-membros meios mais eficientes para declarar a invalidade.[797]

[795] Conforme preceitua o art. 262º, nº 2, entende-se por interessado com legitimidade para apresentar um pedido de declaração de nulidade ou de anulação, respetivamente: a) Qualquer pessoa singular ou coletiva, bem como qualquer associação representativa de fabricantes, produtores, prestadores de serviços, comerciantes ou consumidores, que tenham capacidade para demandar ou ser demandado; b) O titular de um dos direitos referidos nos arts. 232º a 235º.

[796] A reserva judicial para a declaração de invalidade continua em relação a patentes, certificados complementares de proteção, modelos de utilidade e topografias de produtos semicondutores (art. 34º, nº 1). Para além do registo da marca, o procedimento administrativo de invalidade, em 1ª instância, é aplicável, de acordo com o disposto no art. 34º, nº 2, aos registos de desenhos ou modelos (cf. Parte II, nº 11, *supra*), de logótipos, de denominações de origem e de indicações geográficas (cf. Parte IV, nºs 2 e 3, *infra*).

[797] A transposição desta solução, de acordo com o art. 54º, nº 1 da DM-2015, podia ser feita até 14/01/2023.

O art. 261º consagra a chamada "preclusão por tolerância", isto é, a perda do titular de uma marca registada anterior poder requerer a anulação do registo da marca posterior, ou a opor-se ao seu uso, em relação aos produtos ou serviços nos quais a marca posterior tenha sido usada (salvo se o registo da marca posterior tiver sido efetuado de má-fé), desde que se prove que, tendo conhecimento do facto, o haja tolerado, durante um período de cinco anos consecutivos. O prazo de cinco anos conta-se a partir do momento em que o titular teve conhecimento do facto. Por sua vez, o titular do registo de marca posterior não pode opor-se ao direito anterior, mesmo que este já não possa ser invocado contra a marca posterior.

A preclusão por tolerância corresponde a uma solução imperativa consagrada nas três Diretivas de Marcas (cf. art. 9º DM-2015)[798].

O registo de uma marca não pode ser anulado por contrafação se a marca anterior invocada em oposição não tiver sido objeto de um uso sério salvo justo motivo (cf. art. 263º, nº 1).

Os pedidos de declaração de nulidade ou de anulação de registos de marca deduzidos em reconvenção são decididos pelo tribunal, salvo o disposto no art. 266º, nº 1.

O tribunal indefere o pedido reconvencional de declaração de nulidade ou de anulação sempre que o INPI já tiver proferido uma decisão de mérito definitiva entre as mesmas partes, sobre um pedido com o mesmo objeto e a mesma causa de pedir (art. 266º, nº 2).

Sempre que sejam deduzidos pedidos reconvencionais, o tribunal deve comunicar esse facto ao INPI, para efeito do respetivo averbamento e do disposto no nº 4 do artigo 262º, ou seja, para o Instituto indeferir qualquer pedido de declaração de nulidade ou de anulação (art. 266º, nº 3) sobre o mesmo objeto e causa de pedir.

[798] O TJ (Ac. de 22/09/2011, Proc. C-482/09, in *http://eur-lex.europa.eu*) entendeu que o conceito de preclusão por tolerância é um conceito do direito da União (e não nacional) e que os requisitos necessários para que esse prazo de preclusão comece a correr são os seguintes: a) o registo da marca posterior no Estado-Membro em causa; b) o pedido de registo dessa marca ter sido feito de boa-fé; c) o uso da marca posterior pelo respetivo titular no Estado-Membro onde foi registada; d) o conhecimento, pelo titular da marca anterior, do registo da marca posterior e do uso desta após o registo. Nestes termos, o TJ conclui estatuindo que o titular de uma marca anterior não pode obter a anulação de uma marca posterior idêntica que designe produtos idênticos, em caso de uso honesto simultâneo e por um longo período de ambas as marcas, quando esse uso não prejudicar ou não for suscetível de prejudicar a função essencial da marca, que é a de garantir aos consumidores a proveniência dos produtos ou dos serviços.

Efeitos da Nulidade e da Anulabilidade

O art. 35º consagra o princípio-regra da retroatividade da declaração de nulidade ou da anulação embora salvaguarde "os efeitos produzidos em cumprimento de obrigação, de sentença transitada em julgado, de transação, ainda que não homologada, ou em consequência de atos de natureza análoga". Pensamos que se trata de uma solução globalmente correta, quer por ser consentânea com o princípio geral da eficácia retractiva das sanções de nulidade e anulabilidade, quer por se mostrar razoavelmente elaborada do ponto de vista do equilíbrio entre essa eficácia retroativa e a necessária salvaguarda do valor da segurança jurídica.

Significa a norma portuguesa que os efeitos retroativos não afetam:

a) as decisões judiciais que já hajam transitado em julgado ou as transações, ainda que não homologadas, sobre violação de marca;
b) os contratos celebrados e já cumpridos. No caso, porém, de o contrato não ter sido ainda cumprido é possível exigir a restituição das importâncias pagas em virtude do contrato[799].

Pensamos ainda que se deve aceitar o direito de indemnização a favor de terceiro de boa- fé[800], sempre que o titular da marca haja atuado de má-fé.

Quanto à eficácia *erga omnes* ou inter-partes da sentença de nulidade ou de anulabilidade o código é omisso, mas não deixa de dar uma orientação no sentido da eficácia absoluta ao estabelecer que a ação de invalidade deve ser proposta contra o titular do direito e os titulares de direitos derivados inscritos e que a decisão deve ser averbada no INPI e publicado aviso no BPI (art. 265º, nº 4). Também nos parece que a solução que melhor se coaduna, com o interesse da segurança jurídica, o princípio da igualdade relativa dos concorrentes e o modo de aquisição do direito de marca, é a da eficácia *erga omnes* da decisão de invalidade devendo a mesma ser declarada por via de ação ou de reconvenção[801].

2. Caducidade

Às causas de caducidade que iremos tratar, sujeitas a invocação, há que acrescentar mais duas, de conhecimento oficioso: a caducidade decorrente do prazo

[799] Esta será a solução regra. Cremos, na verdade, que aquilo que deve fazer a grande diferença entre a exceção e esta contra exceção é o facto de, nesta, a anulação do registo da marca ainda ocorrer no decurso do cumprimento de um contrato entre o titular do registo anulado e um terceiro. Dito isto não afastamos a possibilidade de, por razões de equidade e na medida em que as circunstâncias o justifiquem, admitir a restituição de somas pagas por força de contrato já cumprido.

[800] Parece-nos que não é de todo inimaginável que à má-fé do titular da marca se possa juntar a má-fé do terceiro. Basta pensar, por exemplo, na hipótese de o licenciado poder ter conhecimento que a marca licenciada é reprodução ou imitação de marca anteriormente registada.

[801] Para mais desenvolvimentos, cf. as considerações feitas na nota 303.

de registo ter expirado e a caducidade por falta de pagamento de taxas de renovação do registo[802]. A declaração de caducidade, em todas as situações, é da competência do INPI (art. 269º, nº 1).

2.1. Falta de uso sério da marca

O registo da marca confere ao seu titular o direito exclusivo de usar a marca nos produtos ou serviços a que se destina (conteúdo positivo) e o direito de impedir terceiros, sem o seu consentimento, de a usar em produtos ou serviços idênticos ou afins àqueles para os quais a marca foi registada, se desse uso resultar um risco de confusão, ou associação, no espírito do consumidor (conteúdo negativo) – cf. art. 249º, nº 1, als. a) e b)[803].

Todavia, o titular da marca não tem apenas o direito de usar a marca, mas também o dever de a usar, embora não imediatamente. Isto é, não há a possibilidade legal de obrigar o titular da marca, pela positiva, a usar a marca depois do registo; o que há é um conjunto de normas, reforçadas com o atual CPI, que sancionam a falta de uso cinco anos após o registo, verificadas determinadas condições[804].

Quanto ao referido reforço das medidas de controlo do uso sério, ditadas pela DM-2015, passa a ser possível, no CPI, superar a recusa do registo em virtude da existência de uma marca registada anterior confundível não usada

[802] Cf. art. 36º, nº 1 als a) e b).

[803] Sem prejuízo da proteção ultramerceológica conferida às marcas de prestígio prevista no art. 242º

[804] Na medida em que é a própria lei a impor a necessidade de o titular usar a marca parece não estarmos perante um simples ónus. O uso da marca registada não confere apenas a manutenção de uma vantagem ao titular do direito confere-lhe, antes, a manutenção do próprio direito. Nessa medida, é um requisito que contende com a existência do direito de marca e não apenas com o conteúdo do direito. Por outro lado, o risco de caducidade por não uso é um risco *certo* imposto legalmente e não apenas um risco *incerto* e *eventual*. O ónus, para citarmos ANTUNES VARELA (*Das Obrigações em Geral*, vol. I, 7ª ed., p. 57), consiste "na necessidade de observância de certo comportamento, não por imposição da lei, mas como meio de obtenção ou de manutenção de uma vantagem para o próprio onerado". É certo que a declaração de caducidade não é efetuada oficiosamente pelo INPI sendo necessário o pedido de qualquer interessado, de acordo com o disposto no art. 269º, nº 1. No entanto, este aspeto, que se refere à legitimidade procedimental, não é suficiente para pôr em causa, no nosso entendimento, a regra substancial da obrigatoriedade do uso. Apenas nos diz que a caducidade não opera automaticamente ou oficiosamente, mas a possibilidade de ser acionada mantém-se incólume para qualquer interessado a menos que o titular da marca faça prova de uso da marca (art. 269º, nº 5). Não há nenhum prazo cominatório para a apresentação do pedido de caducidade enquanto se mantiver o não uso da marca. Qualquer interessado pode apresentar o pedido de caducidade diretamente. O registo de uma marca não usada é um registo *a termo final incerto resolutivo*, isto é, sujeito, no futuro, a uma caducidade certa, mas num momento incerto.

(arts. 227º e 230º) e invocar, no âmbito de um processo de infração, que a marca anterior não satisfaz as condições de uso sério exigidas (art. 252º)[805]. Mantém-se a impossibilidade de declaração de anulabilidade do registo de marca posterior conflituante, se a marca anterior não tiver sido usada (art. 263º).

O efeito central da falta de uso por mais de cinco anos é o da caducidade do registo. De acordo com o disposto no art. 268º nº 1 o registo da marca fica sujeito a ser declarado caduco se a marca não tiver sido objeto de uso sério pelo seu titular ou por terceiro autorizado num prazo de cinco anos a contar da data da concessão do registo, ou se, antes de ser requerida a declaração de caducidade, esse uso não tiver sido iniciado ou reatado (art. 267º, nº 4).

No entanto, à semelhança do que acontece na DM (art. 19º, nº 3), foi estabelecido um "período de suspeição", correspondente aos três meses imediatamente anteriores à apresentação do pedido de declaração de caducidade, contados a partir do fim do período ininterrupto de cinco anos de não uso, se as diligências para o início ou reatamento do uso só ocorrerem depois de o titular ter tido conhecimento[806] de que poderia vir a ser efetuado o pedido de declaração de caducidade (art. 267º, nº 4)[807].

[805] O TJ, Ac. de 26/03/2020, Proc. 622/18, entendeu, face ao quadro legal anterior à atual Diretiva, que os Estados-Membros têm "a faculdade de permitir que o titular de uma marca que viu os seus direitos extintos no termo do prazo de cinco anos a contar do seu registo, por não ter feito dessa marca uma utilização séria no Estado-Membro em causa para os produtos ou os serviços para os quais tinha sido registada, conserve o direito de pedir a indemnização do dano sofrido em razão do uso, por um terceiro, anteriormente à data em que a extinção produziu efeitos, de um sinal semelhante para produtos ou serviços idênticos ou semelhantes que se presta a confusão com a sua marca".

[806] O que se pretende com a norma do art. 267º, nº 4 é que o titular de uma marca, que não a tenha usado durante cinco anos consecutivos, possa evitar a caducidade deste registo desde que tenha a intenção verdadeira de a usar para distinguir os seus produtos ou serviços. Já não faz sentido a proteção no caso de a sua única intenção ser a de impedir a procedência do pedido de declaração de caducidade do registo da marca.

[807] O Tribunal de Justiça já teve oportunidade de esclarecer que a Diretiva (reportando-se à DM anterior) não exclui expressamente que a apreciação do carácter sério do uso possa ter em conta eventuais circunstâncias posteriores à apresentação do pedido de caducidade, desde que o uso, em qualquer caso, haja começado antes deste pedido. "Tais circunstâncias podem permitir confirmar ou apreciar melhor o alcance da utilização da marca no decurso do período pertinente assim como as reais intenções do titular no decurso do mesmo período" (nº 31), e acrescenta que "compete a órgão jurisdicional nacional analisar se eventuais circunstâncias posteriores à apresentação do pedido de caducidade confirmam a conclusão segundo a qual o uso da marca no período pertinente era sério ou se, pelo contrário, as mesmas traduzem uma vontade do titular de evitar a apresentação desse pedido" (nº 32) (v. Despacho do Tribunal de Justiça, de 27 de janeiro de 2004, Proc. C-259/02, in: *http://curia.eu.int/jurisp/cgi-bin/gettext.pl?lang=pt*).

O controlo do uso obrigatório é regulado de acordo com dois sistemas possíveis: a intervenção administrativa *ex officio*[808] e o controlo por terceiros interessados.

O sistema português adotava um regime misto, algo confuso, complexo e contraditório, antes da entrada em vigor do DL 143/2008 de 25/7.

Este diploma suprimiu, e bem, o controlo administrativo que estabelecia a necessidade de o titular do registo da marca apresentar no INPI, de cinco em cinco anos a contar do registo, uma declaração de intenção de uso da marca para o futuro. Este ónus só não tinha lugar quando fossem devidas taxas relativas à renovação.

Agora, aproximando-se do sistema de oposições de terceiros, o registo de uma marca confundível não pode ser anulado se a marca anterior usurpada não satisfizer a condição de uso sério (art. 263º, nº 1).

Este regime jurídico da caducidade do registo da marca previsto no CPI não corresponde, como é bom de ver, inteiramente, ao conceito civilista de caducidade, pois não atua automaticamente ou de pleno direito. O direito de marca não se extingue até que o registo seja declarado caducado, após um processo administrativo cujos termos correm, não oficiosamente, no INPI (art. 269º).

As razões de ordem prática justificativas da solução da proibição do não uso sério durante cinco anos consecutivos, sem justo motivo, são por demais evidentes evitando-se desse modo que os registos de marcas sejam ocupados por *cimiteri e fantasmi di marchi* [809]. O fundamento substancial é menos pacífico. Um autor, em discordância com uma posição anterior que relacionava esse fundamento com o facto de o uso ser um elemento constitutivo do direito de marca, atenta a realização da função distintiva[810], considerou o uso como um "instituto

[808] O sistema norte-americano serve de exemplo do controlo assente na intervenção administrativa *ex officio*. A entidade administrativa (*Patent and Trademark Office-USPTO*) controla, após o registo, se a marca foi ou é usada em dois momentos: até ao 6º ano de vida do registo, o titular da marca tem de entregar no *USPTO* uma declaração jurada (*affidavit*) em que demonstre, apresentando as provas pertinentes, o uso da sua marca ou as causas justificativas da falta de uso (§ 8 a) e b) *Lanham Act*), e no 10º ano de vida da marca (na renovação do registo) o titular tem de demonstrar a sua utilização efetiva (§ 9 *Lanham Act*). Sobre o direito norte-americano *vide*, para mais desenvolvimentos, McCarthy, *Trademarks cit.*, vol. II, § 17:9.

[809] Para citarmos uma sugestiva expressão de Franceschelli, "Cimiteri e fantasmi di marchi", RDI, 1974, I, pp. 5 e ss.

[810] Auteri, *Territorialità del diritto di marchio e circolazione di prodotti originali*, 1973, pp. 152 e ss. Para o autor, a *facti-species* da marca registada engloba, unitariamente, o ato de registo, a publicação da concessão do direito e o uso da marca. Também para De La Fuente Garcia, *El uso de la marca y sus efectos jurídicos*, 1999, pp. 17 e ss e Saiz Garcia, *El uso obligatorio de la marca (nacional y*

dotado de própria e autónoma finalidade (...) reconduzível ao princípio geral da lealdade de concorrência", um limite ao direito de marca e não um seu elemento constitutivo[811].

É também essa a nossa posição, embora não concordemos com o autor na parte em que rejeita qualquer ligação da solução com a finalidade distintiva da marca[812]. Só pensando na marca especialmente como um sinal de identificação de produtos ou serviços se pode justificar, de modo mais consistente, a solução da proibição do não uso e se pode afirmar que, com essa limitação legal, se contemplam igualmente os interesses dos demais concorrentes subjacentes a uma leal concorrência. Na verdade, se a marca fosse essencialmente apreciada como um valor *em si,* independentemente dos produtos ou serviços aos quais se destina, não se justificaria, com a mesma intensidade, uma solução que pressupõe o efetivo, ainda que não imediato, uso da marca.

O instituto do uso obrigatório da marca suscita questões complexas, como sejam, fundamentalmente, a noção de *uso sério* e a noção de *justo motivo* para a falta de uso[813].

Começando por esta última, o TJ interpreta o conceito em questão de modo restritivo considerando que só devem constituir "motivos justos para o não uso de uma marca os obstáculos que tenham uma relação suficientemente direta com essa marca, que tornem impossível ou pouco razoável a sua utilização e que sejam independentes da vontade do titular da referida

comunitaria), 1997, pp. 45 e ss, o uso obrigatório deriva, em última instância, da própria essência do direito de marca na medida em que, no processo de formação desta, enquanto bem imaterial, é indispensável a associação por parte dos consumidores da marca ao produto ou serviço. Reportando o uso a razões de ordem teleológica e prática, *vide* ainda Palau Ramirez, *La obligación de uso de la marca,* 2005, pp. 19 e ss e "El uso obligatorio de la marca nacional. La necesaria reforma introducida por la Ley de 2001" in *Derecho de marcas* (Gimeno-Bayón Cobos, Coordinador), 2003, pp. 460 a 462.

[811] Referimos Carlo Mayr, *L'onere di utilizzazione del marchio d' impresa,* 1991, pp. 102/118. Parecendo reconduzir a solução a princípios da legislação antimonopolística, *vide* Vito Mangini, *Il marchio* cit., p. 37.

[812] Como se pode ler no Considerando nº 31 da DM-2015, "as marcas só cumprem a sua função de distinguir produtos ou serviços e permitir que os consumidores façam escolhas informadas, se forem efetivamente utilizadas no mercado".

[813] Outra questão, com especial interesse prático, diz respeito ao ónus da prova. O CPI (art. 269º, nº 5) estabelece que cabe ao titular do registo (ou a seu licenciadao, se o houver) provar o uso da marca. O TJ, com um alcance dirigido ao espaço da UE, reafirmou esta posição, considerando que o ónus da prova de utilização séria de uma marca (no caso "Testarossa", da Ferrari) incumbe ao respetivo titular (Ac. de 22/10/2020, Processos apensos C-/20/18 e C-721/18).

marca"[814]/[815]. Esta posição limita significativamente aceitar como justificação bastante situações de mudança de política empresarial[816]. A causa justificativa deve ter, por via de regra, efeitos suspensivos[817].

O uso relevante, para o efeito de permitir a manutenção do registo da marca, é o uso *sério*, de acordo com o disposto nos arts. 267º, nº 1 e 268º, nº 1.

O TJ (Ac. *Ansul* de 11/03/2003, Proc. C-40/01) teve oportunidade de se pronunciar sobre o conceito considerando que a marca é objeto de uso sério "quando é utilizada em conformidade com a sua função essencial que é garantir a identidade de origem dos produtos ou serviços para os quais foi registada, a fim de criar ou conservar um mercado para estes produtos e serviços, com exclusão de usos de carácter simbólico que tenham como único objetivo a manutenção dos direitos conferidos pela marca"[818].

[814] Ac. TJ de 14/06/2007, Proc. C-246/05; Ac.TJ de 17/03/2016, Proc. C252/15; Ac. TJ de 3/07/2019, Proc. C-668/17.

[815] O art. 19º, nº 1 (2ª parte) do ADPIC/TRIPS considera que "as circunstâncias independentes da vontade do titular que constituam um obstáculo à utilização da marca, como, por exemplo, restrições à importação ou outras medidas impostas pelos poderes públicos em relação aos produtos ou serviços protegidos ao abrigo da marca, serão reconhecidos como razões válidas para a não utilização".

[816] O TJ, nas decisões referidas, conclui que só, caso a caso, se deve determinar se uma mudança de estratégia empresarial, independente da vontade do titular, pode tornar impossível ou pouco razoável o uso da marca. No sentido favorável a uma solução menos restritiva, *vide* Di Cataldo, *I segni* cit., p. 143, Vanzetti, *La nuova legge* cit., p. 138, Vanzetti/Galli, *La nuova legge marchi* cit., p. 223. Contra, D'Yves Marcelin, *Code annoté des marques*, 1996, pp. 128 e ss. No sentido contrário, tem-se pronunciado ainda alguma jurisprudência espanhola – cf. Palau Ramirez, *La obligación de uso de la marca* cit, pp. 165 e ss e "El uso obligatorio de la marca nacional" cit., pp. 479 e respetivas notas.

[817] Salvo se a causa justificativa existir já no momento em que começa a correr o prazo de cinco anos.

[818] No mesmo sentido, cf.: Ac. TJ de 8/06/2017, Proc. C-689/15, considerando que a utilização séria deve garantir, igual e simultaneamente, aos consumidores o cumprimento da função distintiva essencial da marca permitindolhes distinguir sem confusão possível esse produto ou esse serviço de outros que tenham proveniência diversa e que esses produtos ou serviços são provenientes de uma única empresa sob o controlo da qual são fabricados e à qual pode ser atribuída a responsabilidade pela sua qualidade; Ac.TJ de 31/01/2019, Proc. C-194/17 P, recordando "que uma marca é objeto de «utilização séria» quando é utilizada em conformidade com a sua função essencial, que consiste em garantir a identidade de origem dos produtos ou dos serviços para as quais foi registada, a fim de criar ou manter um escoamento para estes produtos e serviços, com exclusão de utilizações de caráter simbólico que tenham como único objetivo a manutenção dos direitos conferidos pela marca. A apreciação do caráter sério da utilização da marca deve assentar em todos os factos e circunstâncias adequados para demonstrar a realidade da sua exploração comercial na vida comercial, em especial as utilizações consideradas justificadas no setor económico em questão para manter ou criar quotas de mercado em benefício dos produtos ou dos serviços

Com efeito, uma marca que não é utilizada constitui um obstáculo não apenas à concorrência, na medida em que limita a variedade dos sinais que podem ser registados por outros como marca e priva os concorrentes da possibilidade de utilizarem essa marca ou uma marca semelhante aquando da introdução no mercado interno de produtos ou de serviços idênticos ou semelhantes àqueles que são protegidos pela marca em causa, mas também à livre circulação de mercadorias e à livre prestação de serviços[819].

Nesta aceção, com a qual concordamos, o uso sério pressupõe, necessariamente, dois requisitos essenciais: o uso comercial e o uso típico de marca, ou seja, por um lado, a utilização efetiva da marca, de um modo quantitativamente suficiente[820], no mercado dos produtos ou serviços a que se destina e, por outro, a capacidade de identificar e distinguir uma origem[821]. O uso estritamente

protegidos pela marca, a natureza desses produtos ou desses serviços, as características do mercado, a extensão e a frequência da utilização da marca" (nº 83).

[819] Ac. TJ de 19/12/2012, Proc. C149/11, nº 32 e Ac. TJ de 16/07/2020, Proc. C-714/18, nº 35.

[820] Como se pode ler no nº 22 do despacho do TJ citado na nota 807.

[821] Durante a trigésima sexta série de reuniões das Assembleias dos Estados membros da Organização Mundial da Propriedade Intelectual (OMPI), celebrada de 24 de setembro a 3 de outubro de 2001, a Assembleia da União de Paris para a Proteção da Propriedade Industrial e a Assembleia-Geral da OMPI, aprovaram uma "Recomendação conjunta sobre a proteção das marcas e outros direitos de propriedade industrial sobre sinais na Internet". Os artigos 2º e 3º da Recomendação conjunta estabelecem os casos em que o uso de um sinal distintivo na Internet constitui um uso do mesmo num Estado membro da União de Paris ou da OMPI. O critério adotado é o de considerar que a presença de um sinal na rede só implica uma utilização num determinado Estado quando o uso tenha *efeito comercial* nesse Estado membro (art. 2º). Por sua vez, o artigo 3º encarrega-se de enumerar alguns dos fatores orientadores que as autoridades competentes podem ter em conta para determinar se o uso de um sinal na Internet produz um efeito comercial num Estado membro.
Estes fatores exemplificativos são os seguintes:
1) As circunstâncias indicativas de que o usuário de um sinal está realizando ou está em vias de realizar operações comerciais no Estado membro relacionadas com os produtos ou serviços idênticos ou similares aqueles para os quais usa o sinal na Internet.
2) O nível e carácter da atividade comercial do usuário em relação com o Estado membro.
3) A conexão de uma oferta de produtos ou serviços pela Internet com o Estado membro.
4) A conexão existente entre a maneira como se utiliza o sinal na Internet e o Estado.
5) A relação do uso do sinal na Internet com um direito sobre esse sinal no Estado membro.
O uso de um sinal na Internet, que em virtude do artigo 3º da Recomendação conjunta produza efeitos comerciais num determinado Estado, "deve ter-se em consideração em todos os casos para determinar se foram respeitados os requisitos estabelecidos pela legislação aplicável do Estado membro para adquirir ou manter direitos sobre o sinal" (art. 5º).
Sobre o uso da marca na Internet *vide* Garcia Vidal, "Derecho de marcas e Internet, 2002 e A Recomendação Conjunta da União de Paris e da OMPI sobre a Protecção das Marcas e outros Direitos de Propriedade Industrial sobre Sinais na Internet", (com tradução nossa), SI, LII, pp. 317 e ss.

simbólico ou artificial (apenas para procurar evitar a caducidade), interno[822], privado[823], experimental *(test sales*[824]*)*, preparatório, meramente publicitário (a não ser que este preceda a sua comercialização efetiva[825]) e esporádico não preenche estes requisitos[826].

A propósito da interpretação uniforme do conceito de uso sério, a referida decisão do TJ referiu que "a apreciação do carácter sério do uso da marca deve assentar na totalidade dos factos e das circunstâncias adequados para provar a existência da exploração comercial[827], da mesma, em especial, nos usos considerados justificados no setor económico em questão para manter ou criar partes de mercado em benefício dos produtos ou serviços protegidos pela marca, na natureza destes produtos ou serviços, nas características do mercado, na extensão e na frequência do uso da marca"[828].

[822] O Acórdão do Tribunal de Justiça de Primeira Instância das Comunidades (TJPI), de 12/03/2003, P. T-174/01, caso *Cocoon*, em processo de recurso de uma decisão do Instituto de Harmonização do Mercado Interno (IHMI), refere expressamente (ponto 39): "(...) há que considerar que a condição relativa à utilização séria da marca exige que esta (...) seja utilizada publicamente e com relevância exterior, para se obter um lugar no mercado para os produtos ou os serviços que representa".

[823] Por exemplo, a distribuição de produtos na esfera interna da empresa ou entre empresas do mesmo grupo. Cf. De La Fuente Garcia, *ob. cit.*, p. 245, e ainda Saiz Garcia, *El uso obligatorio de la marca* cit., p. 141.

[824] Fernández-Nóvoa, *Tratado sobre derecho de marcas*, cit., pp. 588/589, considera, no entanto, que as vendas experimentais podem constituir um uso efetivo se forem apoiadas em campanhas publicitárias que mostrem claramente que "as *test sales* não são um subterfúgio tendente a evitar as sanções correspondentes à inobservância do ónus de uso da marca".

[825] Sobre o uso publicitário *vide* Fernández-Nóvoa, ob ult.cit., pp. 587/588.

[826] Sobre esta importante abordagem, cf. Di Cataldo, *I segni* cit., 2ª ed., pp. 142 e ss; D'Yves Marcelin, *Code annoté des marques* cit., pp. 122 e ss; Fernández-Nóvoa *Tratado sobre derecho de marcas* cit., pp. 565 e ss; De La Fuente Garcia, *El uso de la marca* cit., pp. 191 e ss; La Villa, *Introduzione* cit., pp. 122 e ss; Manuel Lobato, *Comentario a la ley 17/2001 de marcas*, 2007, pp. 655 e ss; Mathély, *Le nouveau droit* cit., pp. 243 e ss; Mayr, *L' onere* cit., pp. 154 e ss; Palau Ramirez, *La obligación de uso de la marca cit.*, pp. 85 e ss e "El uso obligatorio" cit., pp. 467 e ss; Saiz Garcia, *El uso obligatorio* cit., pp. 118 e ss; Sena, *Il nuovo diritto dei marchi* cit. pp. 145 e ss; Vanzetti, *La nuova legge* cit., pp. 136 e ss.

[827] O TJ (Ac. de 30/04/2020, Proc. C-772/18) considerou que uma pessoa que não exerce uma atividade comercial a título profissional que recebe, introduz em livre prática num Estado-Membro e conserva produtos que manifestamente não se destinam a uso privado que foram expedidos para o seu endereço a partir de um país terceiro e nos quais é aposta uma marca, sem o consentimento do titular, faz uso da marca na vida comercial. Isto significa que um particular, que não exerça uma atividade económica a título profissional, nem tenha obtido vantagem material, pode, em determinadas circunstâncias muito especiais, fazer uso sério de uma marca, ainda que a sua atuação seja no interesse exclusivo de um terceiro.

[828] Ac. do TJ de 11/03/2003 citado no texto, ponto 43.

O uso sério pode ser total ou parcial para os produtos ou serviços para os quais a marca se encontra registada (cfr. art. 268º, nº 8, CPI). O TJUE considera que, no caso de não uso parcial, a subcategoria de produtos ou serviços deve ser identificada através do recurso a um critério que permita delimitar essa subcategoria autónoma de forma suficientemente precisa. "No que diz respeito ao critério ou aos critérios pertinentes a aplicar para efeitos da identificação de uma subcategoria coerente de produtos ou de serviços suscetível de ser considerada de forma autónoma, o Tribunal de Justiça declarou, em substância, que o critério da finalidade e do destino dos produtos ou dos serviços em causa constitui um critério essencial para efeitos da definição de uma subcategoria autónoma de produtos" [829].

O TJ, numa outra decisão, considerou ainda que a condição da utilização séria de uma marca pode ser preenchida quando uma marca registada, que adquiriu o seu caráter distintivo em virtude da utilização de outra marca complexa de que constitui um dos elementos, só seja utilizada por intermédio dessa outra marca complexa, ou quando só seja utilizada em conjunto com outra marca, estando a própria combinação dessas duas marcas, além disso, registada como marca[830].

Em outro plano, o uso da marca que difira em elementos distintivos essenciais dos da marca registada não é considerado um uso sério (art. 267º, nº 1, al. a), 1ª parte).

O princípio da inalterabilidade da marca consta do art. 255º, nº 1. No entanto, o princípio consente exceções. Para além das previstas nos números 2 e 3 do mesmo artigo, as exceções mais importantes são as previstas no seu nº 4 e no art. 267º, nº 1 al. a).

O art. 255º, nº 4 permite que a marca nominativa possa ser usada com qualquer aspeto figurativo, desde que não ofenda direitos de terceiro.

O art. 267º, nº 1 al. a) permite *usar* uma marca com ligeiras alterações à respetiva composição originária, desde que essas alterações não sejam substanciais do ponto de vista da identidade e capacidade distintivas da marca.

[829] Ac. TJ de 16/07/2020, Proc. C-714/18, nºs. 40 e 44, reportando-se ao Ac. TJ de 11/12/2014, Proc. C-31/14 (não publicado). Na apreciação da questão de saber se uma utilização é séria em termos de natureza e de âmbito, reveste também interesse o Ac. TJ de 22/10/2020, Processos apensos C-/20/18 e C-721/18 – caso "Testarrossa – Ferrari" (referido na nota 813 *supra*) considerando que a marca "Testarossa" relativa a um modelo automóvel que já não é produzido desde os anos 90 é objeto de uso sério através da venda de peças sobresselentes e de veículos usados por parte da construtora.

[830] Ac. do TJ de 18/04/2013, Proc. C-12/2 (caso *Colloseum v. Levi Strauss*).

O objetivo das referidas mudanças não substanciais é, essencialmente, o da modernização, rejuvenescimento e atualização da marca[831].

Qualquer alteração da forma originária da marca, que não seja enquadrável nestas exceções, é passível de conduzir à caducidade do registo da marca, de acordo com o previsto no art. 268º, nº 1[832].

O uso relevante da marca nacional deve ser efetuado em Portugal. Trata-se da aplicação do princípio da territorialidade.

Todavia, o legislador atribui, também, relevância ao uso da marca para produtos ou serviços destinados apenas a exportação (al. b) do nº 1 do art. 267º)[833].

O uso sério tanto pode ser diretamente exercido pelo seu titular como indiretamente por terceiro (art. 267º, nº 1 als. a) e c)).

A al. a) do nº 1 deste artigo refere-se ao uso por um licenciado, com a licença devidamente averbada[834] (independentemente de a marca, sob a forma usada, estar também registada em nome do titular) e a al. c) menciona a utilização da marca por um terceiro, desde que seja com consentimento do titular e para efeitos da manutenção do registo.

No CPI-2003 exigia-se na hipótese prevista na al. c) o "controlo" do titular"[835]. Agora basta o consentimento. A DM- 2015 também só exige o consentimento (art. 16º, nº 6).

Parece que o legislador pensou em soluções distintas, conforme o licenciante usasse ou não previamente a marca licenciada, sendo aplicável a norma da alínea a) no primeiro caso e a norma da alínea c) no segundo caso.

No caso da marca licenciada previamente usada o uso por parte do licenciado deverá ser feito de modo não enganoso quanto à qualidade resultante do uso prévio ou simultâneo do titular da marca ou de outro(s) licenciado(s). Isto significa que o uso enganoso efetuado pelo licenciado, nesta hipótese, não

[831] Sobre esta problemática, *vide*, desenvolvidamente, Arean Lalin, *El cambio* cit., de um modo especial, os exemplos ilustrativos a pp. 375 e ss e De La Fuente Garcia, *El uso de la marca* cit., pp. 222 e ss.

[832] Sobre esta matéria, para mais desenvolvimentos, cf. as considerações feitas por Fernández Nóvoa, *Tratado de Derecho de marcas* cit., pp. 594 e ss.

[833] Como Fernández-Nóvoa, *idem*, p. 594, sublinha, se este tipo de uso fosse considerado irrelevante qualquer terceiro podia registar o sinal correspondente à marca registada pela empresa exportadora e impedir esta de a apor no território nacional sobre os produtos objeto de exportação.

[834] O art. 267º, nº 1 al. a), 2ª parte dispõe que "considera-se uso sério da marca o uso (...) feito pelo titular do registo, ou por seu licenciado, com licença devidamente averbada".

[835] Maria Miguel Carvalho, "O uso obrigatório da marca registada", in *Estudos em Comemoração do Décimo Aniversário da Licenciatura em Direito da Universidade do Minho* (AA.VV.), 2003, pp. 678 e ss (face ao CPI-2003) considerava uma interpretação possível considerar que a norma da al. c) consagrava um princípio geral aplicável a todas as situações de uso indireto.

acarretaria a caducidade por falta de *uso sério*, mas por *uso enganoso*, sendo aplicável o disposto no art. 268º, nº 2 al. b).

No caso da marca licenciada não previamente usada pelo licenciante o uso por parte do licenciado não pode ser aferido ao uso anterior do licenciante. Nesta hipótese faz sentido considerar que um uso por parte do licenciado, para ser considerado sério, pressuponha, para além do consentimento, o requisito do controlo pelo titular da marca sob pena de caducidade por falta de uso.

O controlo neste caso faz a diferença entre um uso sério que permita a manutenção desejada do registo, reportando-se ainda, juridicamente, o uso da marca ao seu titular (garantindo a função de origem de base pessoal do titular da marca) e um uso não sério que não permite sequer o cumprimento da função distintiva da marca[836].

2.2. Conversão da marca na denominação usual do produto ou serviço

Uma marca originariamente distintiva pode transformar-se, com o decurso do tempo, na denominação usual do produto ou serviço.

No plano jurídico o que importa analisar é que consequência pode acarretar esse tipo de conversão.

Na fase anterior à DM-1988, os ordenamentos jurídicos nacionais de alguns países comunitários, com poucas exceções (casos do art. 5º, nº 4 da lei-Benelux de 1962 e secção 15 da lei do Reino Unido de 1938), ou não regulavam expressamente (casos de Portugal, Espanha, França e Alemanha), ou regulavam insuficientemente (caso do art. 41º, nº 1 da lei italiana de 1942) a *facti-species* referida.

A questão mais debatida estava em saber em que condição poderia ocorrer a caducidade do registo de marca pela denominada *vulgarização* da marca[837].

Em relação à caducidade confrontavam-se, essencialmente, três posições: uma posição subjetivista, uma posição objetivista e uma posição intermédia.

Para a posição subjetivista, a extinção do direito de marca só aconteceria se, face à *generalização* da marca junto dos consumidores, tivesse lugar a renúncia tácita, mas inequívoca, do direito por parte do titular[838].

Para a posição objetivista, a extinção do direito de marca ocorreria pelo simples facto de a marca se ter transformado na linguagem dos consumidores

[836] Sobre o significado da função distintiva *vide* Parte III, cap. I, 1.1.2. *supra*.

[837] Expressão da autoria de Vanzetti, "Volgarizzazione del marchio e uso di marchio altrui in funzione descritiva", RDC, 1962, I, pp. 20 e ss.

[838] Esta posição teve eco, especialmente, nos países que, por não regularem a *vulgarização*, reconduziam a situação à figura da renúncia como foram os casos de Portugal e França. Em Portugal era a posição defendida por Pinto Coelho, "O problema de conversão da marca em denominação genérica", RLJ, 93º, nºs 3181 a 3189. Era também a solução defendida pela jurisprudência francesa maioritária, ao tempo da lei de 1964 – cf. Mathély, *Le droit français* cit., p. 151.

numa denominação usual do produto ou serviço independentemente do comportamento do respetivo titular[839].

Para a posição intermédia, a extinção do direito de marca seria condicionada à verificação de dois requisitos, um objetivo e um subjetivo. Pelo primeiro, a perda da capacidade distintiva deveria ocorrer não apenas junto dos consumidores, mas também junto de todos os outros círculos económicos interessados; pelo segundo, seria ainda necessária a participação do titular, por ação ou omissão, na conversão da marca na denominação usual do produto ou serviço[840].

A posição intermédia foi a posição adotada pelas três Diretivas (1988, 2008 e 2015) e consequentemente pelo CPI. No CPI-2018 a solução encontra-se no art. 268º, nº 2, al. a).

A *vulgarização* da marca ocorre se, como consequência da atividade ou inatividade do titular, a marca se tiver transformado na designação usual no comércio do produto ou serviço para que foi registada. A *generalização* deve ocorrer junto dos consumidores, mas também, *em função das características do mercado do produto em causa*, junto de todos os meios profissionais interessados que intervêm na comercialização do produto[841]. Por outro lado, é necessário que o

[839] Era a posição da doutrina italiana dominante em face da anterior lei de 1942 (versão anterior a 1992). Nesse sentido: ASCARELLI, *Teoria de la concurrencia* cit., pp. 425 e ss, BIGLIA, "Brevi note sulla decadenza per volgarizzazione del marchio", RDI, 1982, II, pp. 205 e ss; BONASI/BENUCCI, "La volgarizzazione del marchio", RDI, 1956, II, p. 372; CIONTI, *La funzione* cit., pp. 180 e ss; CORRADINI, "Una rassegna di giurisprudenza e dottrina in tema di volgarizzazione dei marchi", RDI, 1976, II, p. 386; FRANCESCHELLI, "Leggi del linguagio e volgarizzazione di marchio", RDI, 1953, II, pp. 293 e ss; "Ancora sulla leggi del linguaggio e sulla volgarizzazione dei nomi usati come marchi", RDI, 1956, II, pp. 382 e ss; *Sui marchi* cit., pp. 441 e ss; "Il caso Cellophane", RDI, 1975, II, pp. 275 e ss; "La cassazione italiana sposa, sulla volgarizzazione del marchio, la teoria oggetiva", RDI, 1979, II, pp. 392 e ss; JAEGER, "Sulla volgarizzazione del marchio", RDI, 1960, II, pp. 331 e ss; RAVÀ, *Diritto industriale* cit., p. 140.

[840] Esta posição foi adotada no art. 5º nº 4 da lei-Benelux de 1962 (cf. BRAUN, *Précis* cit., 2ª ed., pp. 107 e ss) e era defendida pela doutrina e jurisprudência alemãs (BAUMBACH/HEFERMEHL, *Warenzeichenrecht* cit., pp. 303 e ss e BUSSE/STARCK, *Warenzeichengesetz* cit. pp. 157 e ss).

[841] É esta a posição do TJ (Ac. de 29/04/2004, Proc. C-371/02. Diz o Tribunal do Luxemburgo que "quando intervêm intermediários na distribuição ao consumidor ou ao utilizador final de um produto identificado por uma marca registada, os meios interessados, cujo ponto de vista deve ser tido em conta para apreciar se a referida marca se transformou, no comércio, na designação habitual do produto em causa, são constituídos pelo conjunto dos consumidores ou dos utilizadores finais e, em função das características do mercado do produto em causa, pelo conjunto dos profissionais que intervêm na comercialização desse produto". É possível, pois, em função da natureza do mercado em causa, ocorrer a caducidade quando a marca, devido à atividade ou inatividade do titular, se torne na designação usual desse produto do ponto de vista apenas dos seus utilizadores finais. Nesse sentido, cf. Ac. TJ de 6/03/2014, Proc. nº C-409/12 *in* http://eur-lex.europa.eu.

titular da marca, por inatividade ou atividade, contribua para a perda da capacidade distintiva da marca[842]. Se a *generalização* ocorrer apesar do comprovado comportamento defensivo do titular da marca não tem lugar a caducidade do respetivo direito[843].

2.3. Uso enganoso da marca

A solução da caducidade do registo de uma marca enganosa por facto superveniente consta do art. 268º, nº 2 al. b) e reporta-se a uma das soluções mais inovadoras e importantes da Diretiva de 1988 (art. 12º, nº 2 al. b))[844].

Antes da DM-1988 a solução conhecida pela maioria das legislações era a da proibição do registo da marca que, *em si*, na sua composição e na relação direta com os respetivos produtos ou serviços, fosse originariamente enganosa. Nesta hipótese, se a marca viesse a ser registada, não obstante o vício, o registo da marca era suscetível de ser invalidado.

A solução do CPI atual permite o pedido de caducidade do registo de marca que se torne enganosa, por facto *superveniente* relacionado com o modo como é usada pelo titular ou por terceiro com o seu consentimento.

Desta solução legislativa sai também reforçado o princípio da verdade da marca que passa a abranger duas situações: uma, a proibição da *marca* enganosa em si mesma; a outra, a proibição do *uso* enganoso da marca. O princípio não se esgota na apreciação estática da ligação do sinal distintivo ao produto ou serviço a que se destina, mas abrange ainda a apreciação dinâmica da marca no seu modo de utilização. No primeiro caso o engano resulta da marca em si mesma, no segundo o engano resulta do uso que é feito da marca.

Esta interpretação não é consensual e até é minoritária. Uma corrente doutrinária (e também jurisprudencial[845]) entende que a proibição só é aplicável

[842] Para dar um exemplo, e servindo-nos do disposto no art. 12º da DM-2015, sempre que a reprodução de uma marca em dicionários, enciclopédias ou obras de consulta semelhantes impressas ou em formato eletrónico der a impressão de que ela constitui o nome genérico dos produtos ou serviços para os quais foi registada, o titular da marca deve solicitar ao editor que, sem demora, e no caso de obras impressas o mais tardar na edição seguinte da publicação, faça uma referência indicando que se trata de uma marca registada.

[843] Para mais desenvolvimentos sobre o tema, cf. o nosso "Conversão da marca na denominação usual do produto ou serviço", ADI-14, pp. 197 e ss e NOGUEIRA SERENS, *A vulgarização da marca* cit. pp. 95 e ss.

[844] Foi, aliás, a partir da solução idêntica prevista no art. 216º, nº 2 al. b) do CPI-1995, que pudemos redefinir a função distintiva da marca cf. Parte III, cap. I, 1.1.2.

[845] O TJ também parece manifestar uma tendência desfavorável à orientação proposta, na medida em que parece sustentar que o engano superveniente deve resultar da marca *em si própria* – cf. Ac. de 30/3/2006 (caso *Florence Emanuel*), Proc. C-259/04, nº 50, http://curia.eu.int/jurisp/cgi-bin/gettext.pl?lang=pt.

a marcas intrinsecamente enganosas, isto é, a marcas expressivas ou significativas[846]. NOGUEIRA SERENS, em comentário crítico à nossa posição, sustenta que esta norma visa cobrir as hipóteses de incongruência entre o significado da marca e as características merceológicas dos respetivos produtos ou serviços que se verifique em momento posterior ao registo e que tanto pode resultar da "alteração do significado da marca como da alteração das características merceológicas dos produtos ou serviços por ela contradistinguidos"[847].

Em relação à primeira hipótese, não compreendemos a relação que o autor estabelece entre a alteração superveniente do significado da marca e a caducidade do registo com fundamento em engano superveniente. A lei é claríssima em apenas prever os casos em que a marca se tornou enganosa "*no seguimento do uso* feito pelo titular da marca, ou por terceiro com o seu consentimento, para os produtos ou serviços para que foi registada" (art. 268º, nº 2 alª b *in fine*). Ora, se a marca é aplicável, ao longo do tempo, aos mesmos produtos ou serviços, sem quaisquer modificações derivadas do uso, a circunstância de ocorrer uma alteração semântica do sinal distintivo o que tem isso a ver com o uso da marca feito pelo respetivo titular?[848].

Em relação à segunda hipótese, estamos de acordo com NOGUEIRA SERENS em considerar que são casos de caducidade. Já não podemos concordar quando pretende afirmar que a caducidade opera unicamente por deceptividade *intrínseca* superveniente.

Se a marca *Limiano* (para acompanharmos o exemplo do autor) passasse a ser usada em produtos não originários da região do Lima, e essa circunstância fosse relevante para as expectativas dos consumidores (o que não é, diga-se, a nossa posição), o engano resulta da marca, mas em consequência do novo uso. O que produz engano não é a marca como tal. Não se deve confundir o meio que provoca o engano, que é a marca, com a causa do engano, que é o uso. O uso é a causa, a marca é o instrumento do engano. O problema não é de validade, mas de caducidade. O que provoca a caducidade é uma causa extrínseca

[846] NOGUEIRA SERENS, *Aspectos do princípio da verdade da marca*, "Separata do Boletim da Faculdade de Direito" (volume comemorativo), Coimbra, 2002, pp. 44 e ss. No mesmo sentido, FERREIRA DE ALMEIDA, *Contratos II* cit., pp. 99 e ss e MARIA MIGUEL CARVALHO, *A Marca Enganosa*, 2010, pp. 317 e ss.

[847] *Idem*, p. 86.

[848] No exemplo dado pelo autor, se a marca *Kosovo*, originariamente válida por ter um significado fantasioso, passasse a significar, por razões completamente alheias ao titular da marca, um nome geográfico relevante aos olhos dos consumidores, isto seria suficiente para poder verificar-se a caducidade do registo da marca, não obstante o engano (a verificar-se) não ser, como é óbvio, uma consequência do uso feito pelo seu titular. Não podemos estar de acordo. A norma legal só prevê o engano resultante do uso superveniente da marca e não o resultante de qualquer outra fonte.

à marca, ou seja, o uso que dela se faz. No caso em apreciação, é o uso da marca em produtos oriundos de outra região.

O mesmo vício de raciocínio, que pretende auto-limitar a aplicação do preceito a casos de engano intrínseco da marca (ou supostamente intrínseco, como no caso anterior), faz igualmente com que não seja aceite a aplicação da caducidade aos casos em que o engano resulta do uso publicitário da marca. O direito de marca escreve o autor, "não morre se a mentira, à qual a marca surge associada, for extrínseca à própria marca"[849].

Se, para dar um exemplo, uma marca de um hotel de 3 estrelas, passasse a ser usada na publicidade como sendo de um hotel de 5 estrelas, de um modo sistemático e intencional, isso nunca poderia provocar nenhum dano ao registo da marca, em virtude da *mentira vir de fora da marca*. Por muito graves que fossem as consequências deste uso enganoso da marca para as expectativas dos turistas, agências de viagens e de turismo (bem mais sérias, por exemplo, do que o consumidor pensar que o produto *limiano* continuaria a provir da região do Lima), este ato só poderia ser punido através de concorrência desleal ou da publicidade enganosa. Poderia até acontecer, feitas as contas, que o "crime" compensasse, isto é, que os ganhos com o engano fossem superiores aos gastos em sanções pecuniárias[850].

Não podemos, mais uma vez, estar de acordo. Se a lei fala de caducidade do registo em virtude de a marca se tornar enganosa em consequência do uso, por que razão se afasta o uso publicitário – o que mais importância reveste para o interesse dos consumidores e dos demais concorrentes – em casos mais graves e chocantes?

Nunca afirmámos que a caducidade seria aplicável em todas as situações de uso publicitário enganoso, com ligeireza e facilidade. Bem pelo contrário, só propomos a solução em casos em que se verifique engano, não advertido ou justificado em tempo útil, em aspetos essenciais dos produtos ou serviços em causa[851].

[849] *Idem*, p. 86. Em sentido idêntico CURTO POLO, *La cesión de marca* cit., pp. 130 e ss.

[850] Tudo se agrava, por exemplo, se pensarmos em marcas farmacêuticas e num engano para a saúde pública provocado pelo uso da marca na publicidade.

[851] Cf. o nosso *Função distintiva da marca cit.*, pp. 220 e ss e respetivas notas. Tratando-se de uma solução drástica a sua aplicação só deve ter lugar em situações em que se haja verificado prejuízos consideráveis para os consumidores. Não nos parece ser esse o caso nos exemplos dados por NOGUEIRA SERENS, ob. cit., p. 45. Estamos de acordo quanto à solução, mas estamos em desacordo quanto ao fundamento. Este autor não aplica a solução por sustentar a inaplicabilidade da norma do art. 268º nº 2 al. b) a situações de uso publicitário; nós não a aplicamos por não se verificarem os requisitos rigorosos da sua aplicação. Para uma visão da questão na Alemanha, em que a interpretação restritiva é mais acolhida, cf. FEZER, *Markenrecht*, pp. 2077 e ss e STRÖBELE/HACKER, *Markengesetz* cit., § 49. Em Itália, com um entendimento próximo do nosso, SENA, *Il*

A ser assim, o que se pretende com a norma em análise é garantir que a marca, independentemente das vicissitudes por que possa passar, não represente pelo uso um fator de vantagem desleal em relação aos concorrentes, nem um sinal que provoque uma escolha viciada em erro dos consumidores.

diritto dei marchi cit., pp. 51-53, 104/112, RICOLFI, "L' Estinzione del diritto di marchio", in AUTERI, FLORIDIA, MANGINI, OLIVIERI, RICOLFI, ROMANO, SPADA, *Diritto Industriale, Proprietà Intellettuale e Concorrenza*, 2020, pp. 131/136 e FITTANTE, *Brand, industrial design e made in Italy* cit, pp. 93 e ss. Em Espanha, é esta também a posição de Fernández-Nóvoa, *Tratado sobre Derecho de Marcas* cit., p. 74 e pp. 663 e ss. Em sentido contrário, defendendo que a caducidade só deve operar nos casos de marcas significativas ou expressivas que se tornem supervenientemente enganosas por serem aplicadas a produtos que não possuem as qualidades que o sinal, em si, "assegura" ou "promete", GRIMALDOS GARCIA, "La función de la marca como indicador de la calidad del producto o servicio a la luz de los casos Emanuel Y Fiorucci", ADI, 28 (2007-2008), pp. 825 e ss.
Numa perspetiva mais ampla, considerando a influência da Diretiva Comunitária sobre práticas comerciais enganosas, cf. FRASSI, "Lo statuto di non decettività del marchio tra diritto interno, diritto comunitário ed allo luce della disciplina sulle pratiche commerciali ingannevoli", RDI, 2009, pp. 29 e ss.

Capítulo VIII
Marca da União Europeia
e Registo Internacional de Marcas

1. Marca da União Europeia

1.1. Introdução

Como dissemos atrás[852], num terceiro momento (após o Tratado da União Europeia, em 1992), de consolidação e aperfeiçoamento do mercado interno, o caminho da integração jurídica passou, e ainda passa, preferencialmente, pela atribuição de um título de propriedade industrial da UE e pela adoção de um outro instrumento legislativo: o regulamento.

Do que se trata agora é de atribuir um título único e unitário supranacional que confira segurança ao seu titular e não suscite a mesma conflitualidade com o princípio estruturante da livre circulação de bens.

O passo mais importante foi dado com a aprovação da marca comunitária (hoje marca da UE) através do Regulamento (CE) nº 40/94 de 20/12/1993[853] (revogado pelo Regulamento (CE) nº 207/2009 de 26/02/2009[854] – versão codificada), alterado pelo Regulamento (UE) 2015/2424 de 16/12/2015[855] (em vigor, parcial, desde 23/03/2016) e já revogado – versão codificada – pelo Regulamento (UE) 2017/1001 de 14/06/2017[856].

[852] Parte II, nº 14.

[853] JO nº L 11 de 14/1/1994.

[854] JO nº L 78 de 24/03/2009.

[855] JO nº L 341 de 24/12/2015.

[856] JO nº L 154 de 16/06/2017.

Esta evolução ditou a criação do Instituto de Harmonização do Mercado Interno (IHMI), redenominado Instituto da Propriedade Intelectual da União Europeia (IPIUE), com sede em Alicante, destinado ao registo das marcas da UE e dos desenhos ou modelos comunitários.

Até ao momento, já há alguns direitos de propriedade industrial da UE: para além das marcas da UE, os desenhos ou modelos comunitários[857], as variedades vegetais[858], as indicações geográficas dos produtos vitivinícolas aromatizados[859], as denominações de origem e indicações geográficas sobre produtos agrícolas e géneros alimentícios[860], as denominações de origem e indicações geográficas de vinhos[861] e as indicações geográficas das bebidas espirituosas[862].

1.2. Regime jurídico

No plano substancial, e sem surpresa, tratando-se de fontes derivadas de direito da UE, os regimes jurídicos essenciais do Regulamento da marca da UE[863] e o da Diretiva sobre marcas são bastante próximos. A DM-2015 inclui medidas que a tornam mais coerente com o RMUE, reduzindo assim as divergências do sistema de marcas na Europa no seu conjunto, mantendo a proteção das marcas a nível nacional como uma opção para os requerentes.

Isto também significa que as legislações nacionais, que refletem a transposição da DM, também não sejam estruturalmente distintas do RMUE.

A este nível podemos destacar os seguintes aspetos comuns:

a) Os sinais passíveis de constituir uma marca deixam de estar sujeitos ao requisito "da suscetibilidade de representação gráfica", sendo bastante que possam ser representados no registo de uma forma adequada (utilizando uma tecnologia geralmente disponível, e, portanto, não necessariamente por meios gráficos), desde que a mesma permita às autoridades competentes e ao público determinar o objeto claro e preciso

[857] Regulamento (CE) nº 6/2002 de 5/1/2002.

[858] Regulamento (CE) nº 2100/94 de 27/7/1994.

[859] Regulamento (UE) nº 251/2014 do Parlamento Europeu e do Conselho, de 26/02/2014.

[860] Regulamento (UE) nº 1151/2012 do Parlamento e do Conselho de 21/11/2012 (JO nº L 343, de 14/12/2012).

[861] Regulamento (UE) nº 1308/2013 do Parlamento Europeu e do Conselho, de 17 de dezembro de 2013, que estabelece uma organização comum dos mercados dos produtos agrícolas. O art. 93º, nº 1, als, a) e b) definem, respetivamente, denominação geográfica e indicação geográfica.

[862] Regulamento (UE) nº 787/2019 do Parlamento Europeu e do Conselho, de 17/04/2019, relativo à definição, designação, apresentação, rotulagem e proteção das indicações geográficas das bebidas espirituosas.

[863] Para uma visão geral do Regulamento, cf. Maria Miguel Carvalho, "Novo regime jurídico da marca na União Europeia", SI, tomo LXV, pp. 435 e ss.

da proteção conferida ao seu titular (artigo 4º, RMUE, aplicável desde 1/10/2017, e artigo 3º, DM-2015);

b) Os fundamentos de recusa da marca de forma do produto são alargados a qualquer "outra característica" do produto (artigo 7º, nº 1, alínea e) RMUE e artigo 4º, nº 1, alínea e), DM-2015);
c) O elenco de proibições absolutas ao registo da marca (artigo 7º, nº 1, RMUE e artigo 4º, nº 1, DM-2015);
d) O elenco de proibições relativas ao registo da marca (artigos 8º e 60º, nº 2, RMUE e artigo 5º, nºs 1 a 4, DM-2015);
e) Noção de risco de confusão (artigo 9º, nº 2, alª b), RMUE e artigo 10º, nº 2, alª b), DM-2015)[864];
f) Limitação dos efeitos da marca (artigo 14º, RMUE e artigo 14º, DM-2015);
g) Esgotamento do direito de marca (artigo 15º, RMUE e artigo 15º, DM-2015);
h) Licença de marca (artigo 25º, RMUE e artigo 25º, DM-2015);
i) Regime jurídico de caducidade da marca (artigo 58º, RMUE e artigos 19º e 20º, DM-2015);
j) A aplicação do "secondary meaning" (artigos 7º, nº 3 e 59º, nº 2, RMUE[865] e artigo 4º, nº 4, DM-2015);
l) A previsão de proteção de três categorias de marcas: ordinárias, notórias e de prestígio (artigo 8º, nºs 2 alª c) e 5, RMUE e artigo 5º, nºs 2, alª d), 3, alª a), DM-2015).

Do regime jurídico mais específico do Regulamento salienta-se: i) o disposto no artigo 6º, RMUE que estabelece o registo como único modo de aquisição

[864] O TJ (Ac. de 22/09/2016, Proc. C-223/15) entende que "o artigo 1º, nº 2, o artigo 9º, nº 1, alínea b), e o artigo 102º, nº 1, do Regulamento (CE) nº 207/2009 do Conselho, de 26 de fevereiro de 2009, sobre a marca da UE, devem ser interpretados no sentido de que, quando um tribunal de marcas da UE constate que a utilização de um sinal cria um risco de confusão com uma marca da UE numa parte do território da União Europeia, embora não crie esse risco noutra parte desse território, esse tribunal deve concluir que ocorre violação do direito exclusivo conferido por esta marca e deve proferir uma decisão de cessação da referida utilização para todo o território da União Europeia, com exceção da parte deste território em relação à qual é constatada a inexistência de um risco de confusão".

[865] O Ac. do TJ de 25/07/2018, processos apensos C-84/17 P, C-85/17 P, C95/17 (caso do sinal tridimensional de forma de uma tablete de chocolate de quatro barras da Nestlé) considerou "que, embora não seja necessário, para efeitos do registo, ao abrigo do artigo 7º, nº 3, do Regulamento nº 207/2009, de uma marca desprovida *ab initio* de caráter distintivo em todos os Estados-Membros da União, que seja feita prova, para cada Estado-Membro considerado individualmente, da aquisição por esta marca de caráter distintivo através da utilização, as provas apresentadas devem permitir demonstrar tal aquisição em todos os Estados-Membros da União".

da marca da UE; ii) a faculdade, aberta pelo nº 8 do artigo 28º do Regulamento (já revogado) 2015/2424 de 16/12/2015 (correspondente ao atual nº 8 do artigo 33º do RMUE) de os titulares de marcas da UE solicitadas antes de 22 de junho de 2012, que estejam registadas para a totalidade do título de uma classe da Classificação de Nice, poderem declarar que a sua intenção na data do depósito era a de procurar proteção relativamente a produtos ou serviços para além dos abrangidos pelo sentido literal do título dessa classe, desde que os produtos ou serviços assim designados estejam incluídos na lista alfabética dessa classe na edição da Classificação de Nice em vigor à data do depósito[866]"; iii) o pedido de registo é feito apenas junto do IPIUE (artigo 30º, nº 1); iv) o sistema de controlo baseado no exame oficial a cargo do IPIUE relativo às proibições absolutas (artigo 42º); v) o sistema de investigação meramente facultativo de marcas da UE ou de pedidos de marcas UE anteriores e de marcas nacionais anteriores (artigo 43º); vi) a possibilidade de criação de um Centro de Mediação no IPIUE (artigo 170º); vii) a delegação de poderes na Comissão, ao abrigo do artigo 290º TFUE, previsto no artigo 208º RMUE, nomeadamente, a fim de: assegurar um exame e um registo eficazes, eficientes e rápidos dos pedidos de marca da UE pelo Instituto, no que diz respeito à especificação dos pormenores dos procedimentos de depósito e exame de uma oposição e dos procedimentos de alteração do pedido (artigos 48º e 49º, nº 3, RMUE); assegurar que uma marca da UE possa ser objeto de extinção ou de uma declaração de nulidade de forma eficaz e eficiente, através de procedimentos transparentes, completos, corretos e equitativos, no que diz respeito à especificação dos pormenores dos procedimentos de extinção e de declaração de nulidade (artigo 65º, RMUE); permitir uma apreciação eficaz, eficiente e completa das decisões do Instituto pelas Câmaras de Recurso, mediante um procedimento transparente, completo, correto e equitativo, no que diz respeito à especificação do conteúdo formal do recurso, ao procedimento de depósito e exame de um recurso, ao conteúdo formal e à forma das decisões das Câmaras de Recurso, e ao reembolso das taxas de recurso (artigo 73º, RMUE).

[866] A declaração devia ser apresentada no IPIUE entre 23 de março de 2016 e 24 de setembro de 2016 e indicar de modo claro, preciso e específico os produtos e serviços, com exceção dos produtos e serviços cobertos claramente pelo sentido literal das indicações do título da classe, que o titular tinha inicialmente intenção de abranger no seu pedido. Esta mudança é o resultado (indireto) da posição adotada pelo Ac. do TJ de 19/06/2012, Proc. C-370/10, sobre a interpretação da Diretiva 2008/95 de marcas.

1.3. Marca da União Europeia *versus* marca nacional

1.3.1. Princípio da unidade

O princípio da unidade da marca da UE está consagrado no art. 1º, nº 2 do RMUE:

> "A marca da UE tem carácter unitário. A marca da UE produz os mesmos efeitos em toda a União: só pode ser registada, transferida, ser objeto de renúncia, de decisão de extinção de direitos do titular ou de anulação e o seu uso só pode ser proibido, para toda a União".

O princípio não é absoluto, porquanto o inciso final desta norma estabelece que o princípio da unidade é aplicável "salvo disposição em contrário do presente regulamento".

Uma das limitações resulta da necessidade deste princípio *conviver* com o da coexistência entre a marca da UE e a marca nacional e outros direitos anteriores de âmbito local (cf. art. 138º, RMUE).

1.3.2. Princípio da coexistência

O RMUE consagra o princípio da coexistência entre a marca da UE e a marca nacional.

Embora o objetivo, do ponto de vista do funcionamento mais eficiente do mercado comunitário, seja a substituição gradual de marcas nacionais por marcas da UE, em nenhum momento se pretendeu substituir *in totum* as marcas nacionais.

O princípio da coexistência pressupõe o respeito pela "dignidade" de cada uma das vias de proteção.

O titular da marca nacional anterior (ordinária, notória ou de prestígio) pode opor-se ao registo de uma marca da UE posterior ou pedir a nulidade do respetivo registo (artigo 8º, nºs 2 alª a) ii), c) e 5, artigo 46º, nº 1 alª a) e artigo 60º, nº 1 alª a), RMUE).

No entanto, no sentido de atenuar este princípio, em termos razoáveis, o titular da marca nacional anterior não pode opor-se ao registo se não tiver usado a marca, de modo sério, nos cinco anos anteriores à publicação do pedido da marca da UE (artigo 47º, nºs 2 e 3, RMUE), ou pedir a nulidade da marca da UE posterior se tiver tolerado a sua utilização durante cinco anos consecutivos (preclusão por tolerância – artigo 61º, nº 2, RMUE).

1.3.3. Princípio da autonomia relativa

A marca da UE é regulada pelas normas europeias, mas, pontualmente, não está excluída a aplicação de normas nacionais. A situação mais importante é a atribuição ao direito nacional da competência para regular a matéria de infrações, nas condições previstas no art. 17º, nº 1, RMUE.

Também não está excluída que sejam intentadas ações respeitantes a marcas da UE com base no direito dos Estados-membros, nomeadamente em matéria de responsabilidade civil e de concorrência desleal (art. 17º, nº 2, RMUE).

1.3.4. Princípio da permeabilidade

O princípio da coexistência implica uma certa permeabilidade entre a marca da UE e a marca nacional que aflora em diferentes situações.

1ª O requerente do registo de uma marca nacional goza do direito de prioridade, durante o prazo de seis meses contados a partir da data de apresentação do primeiro pedido, para solicitar o registo de uma marca da UE (art. 34º, RMUE).

2ª O requerente do registo de uma marca da UE pode reivindicar a antiguidade de uma marca nacional, antes ou após o registo de marca da UE (arts. 39º e 40º, RMUE).

3ª A dupla proteção, nacional e da UE, de uma marca idêntica para produtos ou serviços iguais é permitida embora seja proibido o exercício de ações cíveis de contrafação, simultâneas e sucessivas (art. 136º, nº 1 alª a) RMUE). No caso de marcas iguais para produtos ou serviços afins, ou de marcas semelhantes para produtos ou serviços idênticos o órgão jurisdicional onde foi intentada a segunda ação pode sobrestar na decisão (art. 136º, nº 1 alª b), RMUE).

4ª O requerente do registo de uma marca da UE pode pedir a transformação em pedido de marca nacional (art. 139º, RMUE).

1.4. Sistema de recursos e ações judiciais

O RMUE prevê o recurso administrativo das decisões do IPIUE (de concessão ou denegação do registo, de recusa de oposição ao registo ou de declaração de nulidade) para a Câmara de Recurso do próprio Instituto e ainda o recurso judicial das decisões desta Câmara para o Tribunal Geral e o Tribunal de Justiça (arts. 66º a 72º, RMUE).

O RMUE prevê ainda a competência exclusiva dos tribunais nacionais de marcas da União Europeia[867] para as ações de contrafação ou de ameaça de

[867] Em Portugal, após a alteração produzida pelo Lei nº 46/2011, de 24/6, o tribunal de marcas da UE é o tribunal da propriedade intelectual, instituído pelo Decreto-Lei nº 67/2012, de 20 de março e instalado, em Lisboa, a partir de 30 de março de 2012, pela Portaria nº 84/2012 de 29 de março.

contrafação de marcas da UE e os pedidos reconvencionais de extinção ou de nulidade da marca da UE em ações de contrafação (art. 124º, RMUE)[868].

Os tribunais de marcas da UE aplicam o Regulamento podendo, contudo, às questões por este não abrangidas aplicar o direito nacional pertinente (art. 129º, nº 2, RMUE). Em matéria de sanções e de medidas provisórias e cautelares pode ser observada a lei nacional do Estado-membro em que tiverem sido cometidos os atos de contrafação (arts. 130º e 131º, RMUE)[869].

2. Registo Internacional de Marcas

O sistema de registo internacional de marcas é regulado por dois tratados: o Acordo de Madrid relativo ao Registo Internacional de Marcas de 11/04/1891 (AM) e o Protocolo Referente ao Acordo de Madrid de 27 de junho de 1989 (PAM). As partes contratantes de ambos os tratados constituem a União de Madrid, que é uma União Especial, constituída de acordo com o previsto no art. 19º da CUP. O sistema é administrado pela Secretaria Internacional da OMPI.

2.1. Acordo de Madrid de 1891

O texto originário do art. 1º do Acordo de Madrid de 11/4/1891[870] estabelecia o seguinte:

"Os súbditos ou cidadãos de cada um dos estados contratantes poderão obter, em todos os demais Estados, a proteção das suas marcas de fábrica ou de comércio admitidas a depósito das ditas marcas na repartição internacional de Berna, feito por intermédio da administração do dito país de origem"[871].

[868] Segundo o TJ (Ac. de 19/10/2017, Proc. nº C-425/16) a ação de contrafação apresentada a um tribunal de marcas da União Europeia não pode ser julgada improcedente com fundamento numa causa de nulidade absoluta, sem que esse tribunal tenha julgado procedente o pedido reconvencional de nulidade, com efeitos *erga omnes*, em toda a UE, apresentado pelo demandado nessa ação de contrafação e fundada nessa mesma causa de nulidade.

[869] Para mais desenvolvimentos: AA.VV., *Comentarios a los Reglamentos sobre la Marca Comunitaria* (coordinadores Casado Cerviño y Llobregat Hurtado), I e II vols., 1996; AA.VV., *Marca y Diseño Comunitarios* (Coordinador Alberto Bercovitz), 1996; Oliveira Ascensão, "A Marca Comunitária", in *Direito Industrial* (AA.VV), vol. II, 2002, pp. 5 e ss; Casado Cerviño, *El Sistema Comunitario de Marcas: Normas, Jurisprudencia y Prática*, 2000; Fernández-Nóvoa, *El Sistema Comunitario de Marcas*, 1995; Manuel Lobato, *Comentário a la Ley 17/2001 de Marcas* cit., pp. 1049 e ss; Martin Mateo/Diez Sanchez, *La Marca Comunitaria. Derecho Público*, 1996; Morenilla Allard, Pablo, *La Protección Jurisdiccional de la Marca Comunitaria*, 1999; Vanzetti/Di Cataldo, *Manuale di Diritto Industriale* cit., pp. 303 e ss.

[870] Portugal foi um dos nove países fundadores, tendo ratificado o Acordo em 11/10/1893.

[871] A 1ª versão pode ser vista em Borges De Castro, "Nova Colecção de Tratados, Convenções, Contratos e Actos Públicos Celebrados entre a Coroa de Portugal e as mais Potências", Tomo VI, Lisboa, 1910, pp. 199 e ss.

Na revisão de Haia de 1925, a fórmula "súbditos ou cidadãos" foi substituída pela expressão "nacionais".

Na revisão de Nice de 1957 foi constituída a União de Madrid.

Após a constituição da OMPI, em 1967, a administração da União e do Acordo de Madrid passou para a responsabilidade daquela organização, que tem o estatuto de instituição especializada das Nações Unidas, com sede em Genebra.

O AM, atualmente, tem a redação dada pela Revisão de Estocolmo de 14/7/1967, modificado em 28/09/1979.

A adesão ao AM está aberta, exclusivamente, aos Estados integrantes da CUP.

O registo internacional pretende responder a uma necessidade óbvia de simplificação de procedimentos e de atenuação da aplicação rígida do princípio da territorialidade dos sistemas nacionais de proteção, permitindo que, com um só pedido de registo, e consequentemente com diminuição significativa de custos, seja possível a proteção da marca em diferentes países contratantes.

"É considerado país de origem o país da união particular em que o depositante tenha um estabelecimento industrial ou comercial, efetivo e idóneo; se o depositante não possuir tal estabelecimento num país da união particular, o país da união particular em que ele tiver o seu domicílio; se não tiver o domicílio na união particular, o país da sua nacionalidade se for súbdito de um país da união particular" (art. 1º, nº 3 AM).

O âmbito subjetivo do AM compreende os nacionais de cada um dos países contratantes e ainda os que sejam equiparados a nacionais, de acordo com o critério de equiparação previsto no art. 3º da CUP, por força do disposto no art. 1º, nº 2 e da remissão feita pelo art. 2º.

O pedido de registo internacional, junto da secretaria internacional da OMPI, pressupõe o registo da marca no país de origem (art. 1º, nº 2). O registo internacional tem, assim, uma vinculação genética ao registo nacional.

O pedido de registo internacional é apresentado na secretaria internacional por intermédio da entidade administrativa nacional. No caso de Portugal essa entidade é o INPI, conforme preceitua o art. 241º, CPI.

O conteúdo mínimo do pedido consta de normas regulamentares do AM. O exame formal do pedido é repartido pela autoridade nacional (prova do registo, legitimidade do requerente, verificação do requisito de país de origem) e, de um modo especial, pela secretaria internacional.

A secretaria internacional, se não for desfavorável o exame formal do pedido, regista imediatamente a marca depositada e notifica o registo às administrações nacionais designadas, além de ordenar a publicação na folha periódica por si editada (art. 3º, nº 4).

A data do registo internacional é, por regra, a data do pedido de registo internacional no país de origem, contanto que o pedido tenha sido recebido pela secretaria internacional no prazo de dois meses, a contar desta data (art. 3º, nº 4). O registo da marca na secretaria internacional tem a validade de 20 anos (art. 6º, nº 1) suscetível de renovação nos termos do disposto no art. 7º.

Em princípio, o âmbito territorial do registo internacional corresponderia ao conjunto de todos os Estados contratantes, por força da aplicação da extensão automática. Acontece que a totalidade dos países contratantes tem aproveitado a faculdade de limitação territorial prevista no art. 3º bis (introduzida na revisão de Nice de 1957) segundo a qual a proteção só será aceite no respetivo Estado se o titular da marca o solicitar expressamente.

2.2. Protocolo Referente ao Acordo de Madrid de 1989

A designação "Protocolo" é algo enganosa, porquanto do que se trata, em sentido técnico-jurídico, é de um verdadeiro tratado, isto é, de um acordo celebrado entre Estados destinado a produzir efeitos entre as partes e regulado por normas de direito internacional[872]. O Acordo de Madrid (AM) e o Protocolo ao Acordo de Madrid (PAM) são tratados independentes embora haja pontos fortes de conexão. O PAM existe porque existe o AM.

A maior inovação do Protocolo, em relação ao AM, é a possibilidade de o registo internacional ter por base tanto um *registo* nacional como um *pedido* de registo nacional (art. 2º, nº 1)[873].

O PAM, assinado em 27/6/1989, mas com vigência desde 1/12/1995, está aberto não apenas aos Estados membros da CUP, como a Organizações Intergovernamentais (art. 14º, nº 1). O Protocolo foi aprovado, para ratificação, por Portugal, pelo Decreto nº 31/96 de 25/10 e entrou em vigor em 20/3/1997.

Os beneficiários do Protocolo são os nacionais dos Estados contratantes ou de um Estado membro de uma Organização Intergovernamental e os que tenham domicílio, um estabelecimento comercial ou industrial, sério e efetivo, no território de um desses Estados.

A possibilidade aberta pela participação de Organizações Intergovernamentais permitiu o estabelecimento de estreitos laços entre a União de Madrid e a União Europeia. Com efeito, desde que a EU se tornou parte do Protocolo, tornou-se possível apresentar um pedido de registo internacional a partir de um pedido feito em Alicante, designando-se a União Europeia no seu todo.

[872] Neste sentido, Botana Agra, *La protección de las marcas internacionales (con especial referencia a España)*, 1994, p. 157.

[873] Este era um dos aspetos considerados cruciais para o incremento da via internacional de proteção e a possibilidade de adesão de países como os Estados Unidos da América que aderiu ao Protocolo em 2 de novembro de 2003.

O PAM teve, pois, uma importância fundamental na relação da marca internacional com a marca comunitária (agora, marca da UE).

O princípio da extensão territorial do PAM difere do AM. Enquanto o art. 3º *bis* do AM, como vimos, autoriza os Estados contratantes a declarar que o registo internacional não estenderá os efeitos aos seus territórios, a menos que o requerente solicite expressamente essa proteção, o art. 3º bis do PAM estabelece que a proteção só é extensiva a uma parte contratante a pedido da pessoa que faz o pedido internacional ou que é titular do registo internacional.

A duração de validade do registo, diferentemente do AM, é de 10 anos (art. 6º, nº 1), renováveis nos termos do art. 7º.

O Protocolo trouxe ainda mais duas inovações:

a) Um Estado signatário pode, no caso de oposição, recusar a proteção da marca, num prazo que vai até dezoito meses – art. 5º, nº 2 als. B) e c) (enquanto que o AM exige, expressamente, que a recusa se faça num prazo máximo de doze meses);
b) Um registo internacional anulado, a pedido do país de origem, pode ser transformado em pedido de marca nacional, salvaguardando-se, para efeitos de prioridade, a data do registo internacional – art. 9º- *quinquies* (no AM esta situação não está prevista).

Já o procedimento de registo (art. 3º), os efeitos do registo (art. 4º) e a recusa nacional dos efeitos do registo (art. 5º, nº 1) são aspetos do regime jurídico do PAM (com a ressalva da importante diferença de o registo internacional poder ter por base um pedido de registo nacional) regulados de modo semelhante ao previsto no AM.

Outrossim se diga, no caso de uma marca já registada num ou vários países contratantes se for posteriormente registada na secretaria internacional, em nome do mesmo titular ou do seu sucessor, o registo internacional considera-se em substituição dos registos nacionais anteriores, sem prejuízo dos direitos adquiridos pelo facto destes últimos (art. 4º bis nº 1 AM e PAM) e, ainda, no princípio da independência do registo internacional, desde que o registo nacional se tenha mantido em vigor (art. 6º, nº 2 AM e PAM)[874].

[874] Para mais desenvolvimentos: Fernández-Nóvoa/Otero Lastres/Botana Agra, *Manual de la Propiedad Industrial* cit, pp. 713-722; Botana Agra, *La Protección de las Marcas Internacionales (con especial referencia a España)* 1994; Fernández-Nóvoa, *Tratado sobre Derecho de Marcas* cit., pp. 718 e ss; Fezer, *Markenrecht* cit., 4ª ed., pp. 2755 e ss; Manuel Lobato, *Comentário a la Ley 17/2001 de Marcas* cit., pp. 1025 e ss; Scufi/Franzosi/Fittante, *Il Codice della Proprietà Industriale*, cit., pp. 145 e ss; Vanzetti/Di Cataldo, *Manuale di Diritto Industriale* cit., pp. 296 e ss.

PARTE IV
Outros Direitos de Propriedade Industrial

1. Modelos de Utilidade

O modelo de utilidade é uma figura de origem alemã[875] criada com o objetivo de proteger *invenções menores* – em que a solução técnica se limitava, em geral, a uma modificação formal introduzida num produto já conhecido, que não cumpria os apertados requisitos de patenteabilidade, de um modo especial o da atividade inventiva – acolhida, pela primeira vez, no nosso ordenamento jurídico, com o CPI-1940[876].

Nem todos os países acolhem nas suas legislações a figura do modelo de utilidade[877]. É certo que a CUP de 1883 (a partir da revisão de Washington, de 1911) já referia este direito, mas isso não foi suficiente para a aceitação generalizada dos países signatários[878]. Por outro lado, no ADPIC/TRIPS não há qualquer referência específica aos modelos de utilidade.

[875] *Gebrauchmustergesetz* de 1/06/1891, que serviu de inspiração ao CPI português de 1940 (cf. Parecer da Câmara Corporativa acerca da Proposta de Lei sobre propriedade industrial, Assembleia Nacional, Lisboa, 1937, p. 197).

[876] O modelo de utilidade aparecia no Capítulo II, sendo regulado conjuntamente com os modelos e desenhos industriais. O art. 37º do CPI-1940 considerava modelos de utilidade "os modelos de ferramentas, utensílios, vasilhame e demais objectos destinados a uso prático, ou os de qualquer parte dos mesmos, que, por nova forma, disposição, ou novo mecanismo, aumentem ou melhorem as condições de aproveitamento de tais objectos". E o § único do referido artigo esclarecia que "nestes modelos é protegida a forma específica e nova que torna possível o aumento da sua utilidade ou a melhoria do seu aproveitamento".
Sobre o modelo de utilidade na vigência do CPI-1940, cf. Oliveira Ascensão, *Direito Comercial-Direito Industrial* cit, pp. 207 e ss.

[877] Só em, aproximadamente, 60 países se consagra a proteção desta figura ("World Intellectual Property Indicators", WIPO, 2010 Ed., p. 32). À mais discreta importância deste direito não é, naturalmente, indiferente que os Estados Unidos da América e o Reino Unido não o tenham reconhecido, adotando apenas a figura da patente.

[878] Uma Suthersanen, *Utility Models and Innovation in Developing Countries,* Issue Paper nº 13, UNCTAD-ICTSD, 2006, p. 1 (disponível em www.unctad.org) e *Innovations Without Patents, Harnessing the Creative Spirit in a Diverse World,* UK, 2007, pp. 18-35.

Tratava-se, como a própria designação permite adivinhar, de proteger um *modelo* de objeto que aumentasse ou melhorasse a sua *utilidade*. Ou seja, estava em causa proteger uma forma funcionalmente dependente.

A assunção expressa da proteção de invenções foi evidenciada no CPI-1995, onde o modelo de utilidade surgiu como uma forma de proteger as invenções, novas, com atividade inventiva e suscetíveis de aplicação industrial[879], que pudessem conferir a um objeto uma configuração, estrutura, mecanismo ou disposição de que resultasse o aumento da sua utilidade ou a melhoria do seu aproveitamento (art. 122º, nº 1)[880].

Estes limites funcionais mantinham diferenças qualitativas relevantes em relação ao objeto da patente, apesar de o procedimento de proteção ser praticamente similar.

O modelo de utilidade, formalmente, continuava a ser tratado como uma invenção "menor", com um conteúdo do direito mais frágil, mas ao qual se exigiam requisitos próximos de uma invenção "maior"[881].

Com o CPI-2003 foram introduzidas significativas alterações. O texto legal aprovado baseou-se, porém, numa proposta de Diretiva relativa a modelos de utilidade que, entretanto, foi abandonada[882].

[879] A novidade, a atividade inventiva e a suscetibilidade de aplicação industrial correspondiam (como continuam a corresponder) aos três requisitos de patenteabilidade (ver art. 50º, do CPI-1995).

[880] No mesmo sentido, da referida aproximação, cf. Miguel Moura e Silva, "Modelos de utilidade – breves notas sobre a revisão do Código da Propriedade Industrial", *in* AA.VV., *Direito Industrial*, vol. III, 2003, cit., p. 232.

[881] Como Pedro Sousa e Silva afirmava: "Para quê escolher a "Segunda Divisão", se custava o mesmo estar na "Primeira"?" ("Os novos modelos de utilidade", *in* AA.VV., *Direito Industrial*, vol. IV, 2005, cit., p. 335).

[882] Como se lê no preâmbulo, o CPI pretendeu "o alinhamento com as mais recentes propostas da comissão sobre modelos de utilidade", querendo referir-se à Proposta de Diretiva do Parlamento Europeu e do Conselho relativa à aproximação dos regimes jurídicos de proteção das invenções por modelo de utilidade, de 12 de dezembro de 1997 [COM (97) 691 final, *in* JO-C 36, de 3 de fevereiro de 1998, pp. 13 e ss], que acabou por ser modificada, perante a resistência do Parlamento Europeu, dando origem à Proposta alterada de Diretiva do Parlamento Europeu e do Conselho, relativa à aproximação dos regimes jurídicos de proteção das invenções por modelo de utilidade, de 28 de junho de 1999 [COM (1999) 309 final, *in* JO-C 248 E, de 29 de agosto de 2000, pp. 56 e ss]. Talvez por esta proposta apresentada pela Comissão não ter acolhido todas as alterações recomendadas pelo Parlamento Europeu e, seguramente, por não ter sido obtido, entretanto, qualquer progresso nas negociações, a Comissão acabou por retirar a referida Proposta de Diretiva (v. COM (2005) 462 final, de 27 de setembro de 2005, *in* JO C 64, de 17 de março de 2006, pp. 3 e ss). Sobre a proteção de invenções menores cf. Inmaculada González, *La protección jurídica de las invenciones menores: especial referencia al modelo de utilidad*, 2005.

As principais notas inovadoras prendiam-se com o objeto do modelo de utilidade (muito próximo do da patente) e a possibilidade de a mesma invenção poder ser protegida, por opção do requerente, a título de patente ou de modelo de utilidade, simultânea ou sucessivamente.

Objeto do modelo de utilidade

Até ao CPI-2003, o modelo de utilidade protegia, literalmente, a *utilidade* de um produto conhecido. A invenção de processo estava afastada, logicamente, da proteção por modelo de utilidade. Um processo, por definição, não é um modelo! O mesmo sucedia em relação às invenções químicas.

Com o CPI-2003 a situação mudou significativamente no plano do objeto de proteção: a regra é a de que qualquer invenção (de produto ou processo) pode ser protegida através de patente ou de modelo de utilidade.

O CPI-2018 mantém a mesma linha de orientação (arts. 50º, nº 4 e 119º, nº 3). As exceções são apenas as invenções biológicas, químicas, farmacêuticas e alimentares[883], que só podem ser protegidas por patente (art. 121º, nº 1 als. b), c), d), e)).

Por esta razão, sem surpresa, o regime jurídico dos modelos de utilidade comporta muitas remissões (aproximadamente vinte disposições legais) para o corpo normativo das patentes, nomeadamente no que tange às limitações quanto ao objeto (arts. 51º e 120º), licitude do objeto (art. 52º e 121º), requisitos de patenteabilidade, embora com diferenças não despiciendas[884] (arts. 54º e 122º), regras de titularidade (arts. 57º e 123º), limitação aos direitos conferidos (arts. 103º e 145º), obrigatoriedade de exploração (arts. 107º e 149º) e licenças obrigatórias (arts. 108º e 150º). Todos estes aspetos devem ser vistos, para mais desenvolvimentos, na Parte I relativa às patentes, com as devidas adaptações.

Procedimento de proteção

O procedimento de concessão da patente é mais complexo, demorado e oneroso; o modelo de utilidade visa a proteção das invenções por um procedimento administrativo mais simplificado e expedito do que o das patentes (art. 119º, nº 2).

O CPI-2003 havia dispensado nos modelos de utilidade o exame de fundo (a apreciação dos requisitos de patenteabilidade). O INPI limitava-se a um exame formal e de controlo de limitações relativas ao objeto apresentado, efetuado no prazo de dois meses a contar do pedido (art. 127º). A este expediente mais simples, célere e económico de proteção jurídica das invenções (*rectius* de

[883] Esta última acrescentada pelo CPI-2018.

[884] Como explicaremos mais adiante.

quase todas as invenções) cabia uma proteção jurídica mais fraca, que se traduzia numa concessão provisória do modelo de utilidade (art. 130º, nº 1).

A validade do modelo de utilidade provisório cessava logo que tivesse sido requerido o exame de fundo da invenção (art. 130º, nº 3). O exame, a cargo do INPI, podia ser pedido pelo requerente ou por qualquer interessado (art. 132º, nº 1). Por outro lado, o titular do modelo de utilidade provisório só podia reagir judicialmente ou arbitralmente contra violações dos seus direitos se requeresse o exame substancial (art. 131º, nº 3)[885].

A concessão provisória só reconhecia ao titular a proteção provisória prevista no art. 5º (cf. art. 131º, nº 3, *in fine*). Este dispositivo legal dispunha que, com a publicação do pedido, o modelo de utilidade teria já a proteção provisória comum a todos os direitos de propriedade industrial, proteção que ficava limitada à indemnização pelos danos causados pelo uso feito por um terceiro do modelo de utilidade pedido, caso o direito viesse a ser concedido ao requerente[886]. As sentenças relativas às ações de indemnização só podiam ser proferidas após a concessão ou a recusa definitiva do modelo de utilidade[887].

A finalidade político-legislativa deste regime jurídico de modelo de utilidade[888] foi a de proporcionar melhores condições para a proteção e valorização

[885] Esta disposição baseou-se no disposto no art. 16º, nº 4, da Proposta alterada de Diretiva sobre modelos de utilidade, que introduziu esta previsão por sugestão do Parlamento Europeu e do Comité Económico e Social.

[886] Miguel Moura e Silva, "A Defesa dos Direitos de Propriedade Industrial – Protecção Provisória e Protecção Prévia: Breves Notas", *Direito Industrial*, Vol. VI, Coimbra, 2009, p. 370. Como bem salienta este autor, a finalidade da proteção provisória é meramente ressarcitória, "não permitindo ao requerente (...do modelo de utilidade) impedir o exercício da actividade que, caso o direito já lhe tivesse sido concedido, constituiria um ilícito criminal (art. 321º e ss. do CPI)". *Idem.*

[887] Pedro Sousa e Silva ("O direito ao modelo de utilidade", *Direito Industrial*, Vol. VI, Coimbra, 2009, p. 386) considerava que o título provisório tinha a vantagem de conferir ao seu titular, com alguma rapidez e sem grandes custos, um direito exclusivo ainda ténue e precário, que lhe permitia ir explorando o invento sem o fazer cair no domínio público e já lhe dava alguns meios de defesa contra a usurpação do invento por terceiros (o pedido indemnizatório previsto no art. 5º, nº 1).

[888] Referimo-nos, quer à grande aproximação do objeto de proteção do modelo de utilidade com o da patente, quer ao critério da livre opção do requerente. Mesmo a atual lei alemã de modelos de utilidade (lei de 5/05/1936 na versão de 28/08/1986, já várias vezes alterada), embora já distante da lógica originária de proteção de formas funcionais de produtos continua a afastar as invenções de processo (§ 2, III). A lei espanhola de patentes (Lei 24/2015 de 24/7), protege como modelos de utilidade as invenções que "consistam em dar a um objeto ou produto uma configuração, estrutura ou composição da qual resulte alguma vantagem prática apreciável para o seu uso ou fabrico" (art. 137º, nº 1). Afasta igualmente do âmbito do modelo de utilidade as invenções de processo (art. 137º, nº 2). Sobre os modelos de utilidade em Espanha, cf. Mario Varea Sanza "Modelos de utilidade" in AA.VV., *La Nueva Ley de Patentes – Ley 24/2015, de 24 de julio* cit., pp. 613 e ss e Fernández-Nóvoa/Otero Lastres/Botana Agra, *Manual de la Propiedad Industrial* cit., pp. 273-300. Em Itália, o Código da Propriedade Industrial de 10/02/2005, estabelece que

da atividade de I&D, disponibilizando uma modalidade de proteção de invenções, mais simples e com custos inferiores. Este fim, embora louvável, não foi acompanhado, do nosso ponto de vista, pela conformação de um regime jurídico coerente[889], com a agravante de o tempo ter vindo a demonstrar que aquele objetivo de incremento da proteção, por esta via, não estar a ser bem-sucedido na prática[890].

Se não se pretendia distinguir, por via de regra, as duas modalidades de direitos (patentes e modelos de utilidade) em função do objeto (pretendendo afastar o critério qualitativo de distinção), não se afigurava muito coerente um diferente tratamento jurídico de controlo. Neste ponto, o regime dos modelos de utilidade, ao dispensar, em todos os casos, o exame prévio oficial, era demasiado permissivo atenta a natureza e abrangência do objeto patenteável. Por isso, foi afirmado que o Código transformava "os modelos de utilidade em patentes sem (necessidade de) exame"[891].

Por este conjunto de razões, considerámos, em edições anteriores desta obra, que o regime jurídico de modelo de utilidade carecia de uma nova teleologia e "roupagem" normativas, que lhe pudessem conferir maior clareza, coerência e consistência jurídicas.

podem ser objeto de modelo de utilidade os modelos aptos a conferir particular eficácia ou comodidade de aplicação ou de emprego a máquinas, ou partes destas, instrumentos, utensílios ou objetos de uso em geral, bem como os modelos consistentes numa particular conformação, disposição, configuração ou combinação de partes dos mesmos (art. 82º nº 1). A Itália consagrou o modelo de utilidade pelo R.D. de 25/08/1940 n. 1411, enquanto forma tridimensional funcional. Na França, em sentido inverso, o Código da Propriedade Intelectual de 1992 designa o modelo de utilidade como certificado de utilidade (artigo L611-2, 2º) que é considerado uma "pequena patente", com objeto idêntico, mas com duração de seis anos, destinada a invenções de duração mais limitada (com risco de obsolescência mais rápida). Já era assim desde a lei de invenções de 2/01/1968 que revogou a longínqua lei de 5/07/1844. O Reino Unido desconhece a figura, protegendo as invenções apenas por patente.

[889] O CPI pretendeu antecipar-se à Proposta de Diretiva Comunitária (cf. nota 882) que, entretanto, foi abandonada. Este facto ajuda a explicar, mas não justifica, a ambiguidade do regime jurídico do modelo de utilidade. O legislador português já não podia desconhecer a controvérsia suscitada pela proposta de Diretiva e, nomeadamente, as alterações recomendadas pelo Parlamento Europeu à proposta inicial da Comissão, exatamente no que tange à noção de modelo de utilidade e à sua exagerada aproximação ao objeto da patente.

[890] Na verdade, os Relatórios Estatísticos Anuais do INPI demonstram que o número de pedidos de patentes continua a superar muito largamente o de modelos de utilidade.

[891] Oliveira Ascensão, "A reforma do Código da Propriedade Industrial", *in* AA.VV, *Direito Industrial*, vol. I, 2001, cit. p. 495. O autor criticava a então proposta de alteração legislativa já que "isto significa que com toda a facilidade se instalariam em Portugal *falsas patentes* – quer dizer, monopólios atribuídos sem contrapartida na revelação de um progresso técnico".

Admitimos, mesmo, que, a manter-se a orientação da tendencial não distinção qualitativa do objeto de proteção, uma hipótese a considerar deveria ser a manutenção do exame de fundo dos modelos de utilidade e, mesmo, ponderar a supressão da figura do modelo de utilidade e a adoção de um regime jurídico unitário das invenções à volta da modalidade única da patente. A opção do requerente deveria limitar-se, então, a desejar uma proteção de patente mais ou menos extensa, em função do juízo de viabilidade económica de amortização e rentabilização do investimento efetuado na invenção e/ou do tempo expectável da sua proteção.

Por este conjunto de razões, saúda-se que o CPI-2018 (por contraposição ao CPI-2003) tenha retomado o exame de fundo por parte do INPI, considerando todos os elementos constantes do processo (art. 132º, nº 1), mantendo, apesar disso, um procedimento mais célere[892]. É claro que se mantém alguma inconsistência na manutenção da figura face ao objeto protegido (o modelo de utilidade proteger uma invenção de processo é, etimologicamente, equívoco), mas regista-se uma evolução positiva. As "falsas patentes" não terão mais lugar ou, pelo menos, já encontrarão maior resistência, o que só beneficia a credibilidade do sistema e a *ratio* de proteção da inovação e valorização em I&D.

O tempo do procedimento de proteção do modelo de utilidade, tendo em conta o tempo que medeia entre o pedido (art. 126º), o exame formal (art. 129º), o relatório de pesquisa (art. 130º), a publicação do pedido (art. 131º), o exame de fundo da invenção (art. 132º) e a decisão da concessão (art. 136º), pode ser bem mais célere do que o da patente.

O direito de escolha da via de proteção (patente/modelo de utilidade)

Como vai dito, há a possibilidade de a mesma invenção poder ser objeto, simultânea ou sucessivamente (dentro do prazo de um ano), de um pedido de patente e de um pedido de modelo de utilidade"[893] (art. 119º, nº 4), embora o modelo de utilidade caduque após a concessão de uma patente relativa à mesma invenção (art. 119º, nº 6).

No entanto, a situação não é, em bom rigor, de uma opção inteiramente livre, porquanto regista-se um diferente nível de exigência do requisito de capacidade inventiva. Enquanto na patente se considera que uma invenção implica atividade inventiva se, para um perito na especialidade, não resultar de maneira evidente do estado da técnica (art. 54º, nº 2), no modelo de utilidade esse

[892] Em sentido discordante com a reposição do exame de fundo, cfr. Pedro Sousa e Silva, "As alterações ao regime dos modelos de utilidade previstas no projeto de novo CPI", RDInt., 2-2018, pp. 181 e ss.

[893] A apresentação sucessiva de pedidos, mencionada no nº anterior, apenas pode ser admitida no período de um ano a contar da data da apresentação do primeiro pedido (art. 119º, nº 5).

requisito é preenchido quando seja cumprido *um* dos seguintes requisitos: i) se, para um perito na especialidade, não resultar de uma maneira evidente do estado da técnica; ii) se apresentar uma vantagem prática ou técnica, para o fabrico ou utilização do produto ou do processo em causa (art. 122º, nº 2 als. a), b)).

Isto significa que, em sede de apreciação da capacidade inventiva, se verifica uma espécie de "repristinação" do critério quantitativo de distinção entre invenções protegidas por patente e por modelo de utilidade, sendo maior o grau de exigência na primeira hipótese, sendo bastante, na segunda, uma vantagem *prática*, independentemente da solução encontrada resultar de um modo evidente do estado da técnica[894].

Atenta esta última diferença não parece aplicável, em todas as situações, o enunciado legislativo de que cabe ao requerente a escolha da via de proteção. Essa escolha, afinal, não é livre, mas *condicionada*, sempre que o objeto de proteção revelar um baixo nível de capacidade inventiva, restando ao requerente apenas a via de proteção por modelo de utilidade. A via de proteção por patente, ou não resistiria ao exame de fundo, ou, no limite, a ter provimento, seria considerada uma patente dependente sujeita a um regime jurídico *tutelado* pelo titular da patente anterior, mediante a concessão de licença de exploração, voluntária ou obrigatória.

Conteúdo do direito

Os direitos conferidos pelo modelo de utilidade encontram-se regulados no art. 144º.

O modelo de utilidade confere o direito[895] exclusivo de explorar a invenção em qualquer parte do território português.

Se o objeto do modelo de utilidade for um produto, confere ao seu titular o direito de proibir a terceiros, sem o seu consentimento, o fabrico, a utilização, a oferta para venda, a venda ou a importação para estes fins do referido produto.

Se o objeto do modelo de utilidade for um processo, confere ao seu titular o direito de proibir a terceiros, sem o seu consentimento, a utilização do processo,

[894] Nessa medida a "repristinação" também é qualitativa, já que a referência à simples vantagem "prática" coloca em "dificuldades" a noção de invenção enquanto *solução técnica* para um problema técnico. Ora, a invenção que confira apenas vantagem prática (e não técnica) não é patenteável. Isto significa que, bem vistas as coisas (e a menos que o legislador tivesse dito *de mais*), continua a haver lugar para distinguir, nesta parte, o objeto suscetível de ser protegido como patente ou como modelo de utilidade.

[895] E também o dever de exploração por aplicação do disposto no artigo 107º, aplicável por remissão do art. 149º.

bem como a utilização ou oferta para venda, a venda ou a importação para estes fins, do produto obtido diretamente por esse processo.

O titular do modelo de utilidade pode opor-se a todos os atos que constituam violação da sua invenção, mesmo que se fundem em outro modelo de utilidade com data de prioridade posterior, sem necessidade de impugnar os títulos ou pedir a anulação dos modelos de utilidade em que esse direito se funde.

O âmbito de proteção conferida pelo modelo de utilidade é determinado pelo conteúdo das reivindicações (à semelhança da patente), servindo a descrição e os desenhos para as interpretar (arts. 140º, nº 1 e 144º, nº 5).

A duração do modelo de utilidade é de 6 anos, duas vezes prorrogável por dois períodos de dois anos, não podendo a sua duração exceder 10 anos a contar da data de apresentação do pedido de modelo de utilidade (art. 142º). O modelo de utilidade pode ser registado pela via nacional ou pela chamada via PCT, pela remissão do artigo 139º, com as devidas adaptações, para o regime das patentes (artigos 91º a 97º)[896].

2. Logótipos

O logótipo (regulado nos artigos 281º e ss do código atual) foi introduzido na nossa ordem jurídica pelo CPI de 1995, mas readquiriu uma importância muito maior, após a entrada em vigor do Decreto-Lei nº 143/2008 de 25 de julho, passando a ter um regime jurídico mais vasto (artigos 304º-A a 304º-S) decalcado, em grande medida, do da marca, a que correspondeu a supressão de dois sinais distintivos com tradição na nossa ordem jurídica: o nome e a insígnia.

Conforme se pode ler no preâmbulo do referido diploma, o logótipo corresponde à fusão de três direitos de propriedade industrial (nomes, insígnias e logótipos).

Isto significa que o logótipo não se limitou a substituir o nome e insígnia de estabelecimento, entendido este no sentido de unidade técnica de venda de produtos ou de prestação de serviços[897].

[896] Sobre modelos de utilidade, para mais considerações, em relação ao CPI de 2018, cfr. PEDRO SOUSA E SILVA, *Direito Industrial*, 2019, pp. 87 e ss. Em relação ao regime jurídico do CPI-2003: PEDRO SOUSA E SILVA, *Direito Industrial*, 2011, pp. 83 e ss e "O direito ao modelo de utilidade" *cit.*, pp. 383-387 e MARIA MIGUEL CARVALHO, "Modelos de utilidade", *Scientia Ivridica*, Tomo LVI, nº 312, 2007, pp. 689 e ss. Sobre os contratos de transmissão e de licença de modelo de utilidade ver MARIA ANTONIETA GÀLVEZ KRÜGER, in AA.VV., *Contratos de direito de autor e de direito industrial*, (Org. Carlos Ferreira de Almeida; Luís Couto Gonçalves; Cláudia Trabuco), cit., pp. 455 e ss.

[897] No mesmo sentido: LUÍS MENEZES LEITÃO, "Nome e insígnia de estabelecimento" cit., pp. 157 e ss; OLIVEIRA ASCENSÃO, *Direito Industrial*, cit., p. 122; CARLOS OLAVO, *Propriedade Industrial* cit., pp. 167 e ss. Contra, considerando que o nome e insígnia distinguiam o estabelecimento=empresa em sentido amplo, COUTINHO DE ABREU, *Curso de Direito Comercial*, I, 6ª ed., 2006, pp. 346/347, e nota 17.

Não se tratou, pois, de uma simples substituição. O que aconteceu foi uma espécie de "fusão por incorporação" do nome e insígnia no logótipo, mantendo-se, pois, o interesse em definir o "sinal incorporante", isto é, o que representa o logótipo, propriamente dito, para saber qual é a sua função atual.

O logótipo pode ser constituído por um sinal ou conjunto de sinais suscetíveis de representação gráfica, nomeadamente por elementos nominativos, figurativos ou por uma combinação de ambos, ou por um sinal ou conjunto de sinais que possam ser representados de forma que permita determinar, de modo claro e preciso, o objeto da proteção conferida ao seu titular (art. 281º, nº 1)[898].

O logótipo deve ser adequado a distinguir uma entidade que preste serviços ou comercialize produtos, podendo ser utilizado, nomeadamente, em estabelecimentos, anúncios, impressos ou correspondência (art. 281º, nº 2).

O logótipo distingue uma entidade, isto é, por regra, uma pessoa, individual ou coletiva, pública ou privada, desde que exerça uma atividade económica concreta, isto é, produza bens ou preste serviços ao mercado, tenha ou não fim lucrativo, revista ou não organização empresarial (art. 282º).

O logótipo distingue-se da firma ou denominação não no âmbito subjetivo (são sinais que se reportam, essencialmente, mas não exclusivamente, a sujeitos), mas na finalidade: o logótipo visa distinguir entidades não num plano estritamente registal, estatístico e estático[899], mas entidades que operam no mercado e nele querem ser conhecidas e reconhecidas pelo público pela respetiva atividade económica ou pelo local onde a exerce (art. 284º, nº 1 als. a), b)).

Assim, o logótipo pode distinguir, direta e unitariamente, através de um único sinal (logótipo em sentido estrito), dirigido à atividade concreta exercida por uma entidade e-ou, indiretamente, através da ligação aos estabelecimentos nos quais essa entidade presta essa atividade (logótipo em sentido amplo) aproximando-se, nesta hipótese, da função do nome ou insígnia suprimidos (cf., de um modo especial, os arts. 281º, nº 2, 295º, nºs. 1 e 2 e 298º, nº 1, alª a), 1ª parte). Claro, que a utilização do logótipo nos estabelecimentos não "ressuscita" o nome de estabelecimento, nem opera uma transmutação do objeto protegido[900]. Do que se trata é de permitir que o logótipo distinga uma entidade pela sua utilização nos estabelecimentos respetivos.

[898] No logótipo, por "contágio" da marca, também foi suprimido o requisito da representação gráfica.

[899] Finalidade mais próxima do Regime do Registo Nacional de Pessoas Coletivas (Decreto-Lei nº 129/98 de 13 de maio, já várias vezes alterado). Contudo, isto não é impeditivo que o núcleo distintivo nominativo de uma firma ou denominação também possa ser "projetado" exteriormente, no mercado, como logótipo.

[900] Neste ponto estamos de acordo com Pedro Sousa e Silva, *Direito industrial*, 2019, p. 353. Já discordamos quando afirma que sustentamos o contrário. Trata-se de uma interpretação algo

O logótipo adquire-se pelo registo. O registo é válido pelo prazo de 10 anos, contados a partir da apresentação do pedido, podendo ser indefinidamente renovado por iguais períodos (art. 291º). O logótipo não registado pode beneficiar da proteção indireta prevista no art. 289º, nº 1 alª h)[901].

Em relação às proibições ao registo do logótipo vamos limitar-nos a umas breves referências sobre os aspetos que consideramos mais inovadores ou controvertidos.

De acordo com a solução legal (art. 281º), o logótipo pode ser constituído por um sinal ou conjunto de sinais suscetíveis de representação gráfica, nomeadamente por elementos nominativos, figurativos ou por uma combinação de ambos, ou por um sinal ou conjunto de sinais que possam ser representados de forma que permita determinar, de modo claro e preciso, o objeto da proteção conferida ao seu titular.

Em princípio, o legislador toma uma posição favorável a que os sinais suscetíveis de constituir validamente uma marca podem, em princípio, ser usados a título de logótipo[902].

O logótipo deve, como sinal distintivo, revestir capacidade distintiva o que significa ser apto, em concreto, a individualizar uma entidade distinguindo-a das restantes.

Por remissão do art. 288º, nº 2, o logótipo, como a marca, não pode ser, com as devidas adaptações (estamos, agora, a falar de uma atividade económica exercida por uma entidade) constituído por um sinal genérico, descritivo, usual e fraco, salvo se tiver adquirido *secondary meaning*.

O *secondary meaning*, como já sabemos[903], pode emergir em duas situações distintas: ou antes do registo ou depois do registo.

Tal como acontece com a marca, o *secondary meaning* é aplicável ao logótipo nos dois momentos (arts. 288º, nº 2 e art. 296º, nº 2).

exagerada. Já Coutinho de Abreu, *Curso de Direito Comercial*, vol. I, 2019, p. 361, entende que o logótipo é normalmente sinal distintivo bifuncional: distingue sujeitos e estabelecimentos.

[901] Neste ponto remetemos para as considerações feitas a propósito de similar proibição relativa ao registo da marca.

[902] Face ao CPI anterior, Pedro Sousa e Silva, *Direito industrial*, 2011, p. 245 e respetiva nota, já defendia a possibilidade de todos os sinais suscetíveis de constituir validamente uma marca poderem ser usados a título de logótipo. Em nome do critério da imaterialidade das "entidades a assinalar" deduzia que "as diferenças que existem entre os objectos a referenciar pelos dois tipos de sinal não justificam qualquer diferença de regime, a este nível". Com uma posição, algo hesitante, mas tendendo, de igual modo, para a equiparação, Coutinho de Abreu, *Curso de Direito Comercial* ult. cit. p. 364.

[903] Cf. Parte III, capítulo III, nº 2.2. *supra*.

O princípio do *secondary meaning* contempla os sinais desprovidos de qualquer carácter distintivo, descritivos e usuais (arts. 209º, nº 1 als. a), c), d), *ex vi* arts. 288º, nº 2 e art. 296º, nº 2).

A legitimidade traduz-se na necessidade de o requerente revestir a *posição jurídica material* em relação à decisão a que o procedimento tende.

O art. 282º diz que o "direito ao registo de marca cabe a qualquer entidade individual ou coletiva, de carácter público ou privado, que nele tenha interesse legítimo". Na nossa perspetiva, o legítimo interesse significa, aqui, o requisito do exercício concreto, atual e efetivo de uma atividade económica.

Há legítimo interesse sempre que o interessado destine o logótipo a uma entidade que exerça uma atividade económica *concreta* que *exista* ao tempo do pedido.

De outro modo, o requisito do legítimo interesse seria inócuo. Atendendo ao extenso e plural espetro de entidades abrangidas na previsão legal, o que pode fazer a diferença para o legítimo interesse só pode ser o exercício efetivo de uma atividade económica. Aliás, esta exigência é a mais compatível, quer com a finalidade da propriedade industrial (dirigida a garantir a lealdade da concorrência e a afirmação da identidade económica dos concorrentes), quer com a diferenciação finalística deste sinal distintivo com a firma ou denominação.

Ao contrário da marca não deve aceitar-se a possibilidade de formulação de um pedido de logótipo destinado a ser usado no futuro[904].

Na nossa opinião, o disposto no art. 298º, nº1, al. b), que postula a caducidade do registo do logótipo por não uso durante cinco anos consecutivos, deve aplicar-se apenas à hipótese de interrupção do uso e não deve ser *lido* como a possibilidade do diferimento do uso (como pode acontecer com a marca)[905].

Passando para as proibições relativas ao registo do logótipo, o aspeto mais relevante será a abertura para a existência de logótipos notórios e de prestígio (art. 289º, nº 2)[906].

O logótipo notório permite a proteção com isenção do princípio da territorialidade[907]; o logótipo de prestígio pode garantir a isenção do "princípio da especialidade" que, neste contexto, significa uma proteção alargada do direito privativo a atividades económicas distintas.

904 Em sentido contrário, Nuno Aureliano, "Contratos relativos a logótipos", in *Contratos de direito de autor e de direito industrial* cit., p. 516 e Pedro Sousa e Silva, *Direito industrial*, 2019, p. 356.

905 *Vide* Parte III, Cap. III, nº 3.

906 Opondo-se à admissibilidade de logótipos de prestígio, Pedro Sousa e Silva, ob. ult. cit., p. 359. Em sentido favorável, Coutinho de Abreu, *Curso de Direito Comercial* cit. p. 366.

907 Atendendo a que o logótipo é uma modalidade de direito de propriedade industrial desconhecida no direito comparado, o interesse da isenção do princípio da territorialidade sai bastante enfraquecido.

O logótipo de prestígio tem, no entanto, um conteúdo meramente negativo – consubstanciado no direito de o titular proibir o registo efetuado por terceiro de logótipo confundível em atividades económicas não idênticas ou afins – não consentindo, como acontece com a marca, a negociação de licenças colaterais (*merchandising*)[908].

Nem na parte geral do CPI (art. 31º), nem na parte especial do regime jurídico do logótipo, é admitida a possibilidade de celebração de licenças de logótipos[909]. A celebração de licenças de logótipos (sinais distintivos de entidades), colocaria dificuldades insuperáveis de salvaguarda do princípio de verdade do logótipo. Ao contrário da licença de marca, em que se estabelece um conjunto de requisitos de validade (art. 258º) e, ainda, uma cláusula de salvaguarda do uso não enganoso (art. 268º, nº 2, alª b)), tais disposições não são transponíveis para o regime jurídico do logótipo. Licenciar sinais que distinguem pessoas jurídicas? Por exemplo, como se conceberia que uma empresa de hotelaria pudesse atribuir uma licença de logótipo a outra empresa de hotelaria (entidade diferente) que goza de uma autonomia de gestão completamente autónoma? Qual o seu significado e finalidade? Como fica o respeito pelo interesse dos consumidores?

A transmissão do logótipo, quando este for usado no sentido amplo, atrás referido, ligado a estabelecimento ou parte deste, obedece, em princípio, a um regime de transmissão vinculada (295º, nº 2).

A extinção do direito pode verificar-se por nulidade (art. 296º), anulabilidade (art. 297º), caducidade (art. 298º) e renúncia (art. 37º).

Em relação à caducidade, três notas. A primeira, para enfatizar a dupla situação, a que nos referimos a início: a caducidade por encerramento de estabelecimento (logótipo em sentido amplo) e a caducidade por extinção da entidade (logótipo em sentido estrito); a segunda, para sublinhar o nosso entendimento restritivo da causa de caducidade por não uso (apenas aplicável ao não uso superveniente); a terceira para antecipar a previsível alteração legislativa de admissão de provas de uso do logótipo, com um regime análogo ao previsto para a marca, nos termos já analisados.

Para terminar, deve dizer-se que o mesmo titular pode registar o mesmo sinal, como firma, marca e logótipo. A cumulação não é proibida, salvaguardando-se, como é óbvio, a aplicação específica dos respetivos regimes jurídicos e o cumprimento das diferentes finalidades distintivas (o que, diga-se, nem sempre será, no plano prático, mas não no jurídico, inteiramente discernível).

[908] Sobre o *merchandising* ver as considerações feitas na Parte III, cap. VI, nº 3, *supra*.

[909] Admitindo o contrato de licença de logótipo Pedro Sousa e Silva, *Direito Industrial*, 2019, pp. 356/357; Nuno Aureliano, ob. ult. cit., pp. 521/522.

3. Denominações de Origem e Indicações Geográficas

Noção

Entende-se por denominação de origem, de acordo com o disposto no artigo 299º, números 1 e 2, o nome de uma região, de um local determinado ou, em casos excecionais, de um país que serve para designar ou identificar um produto: i) originário dessa região, desse local determinado ou desse país; ii) cuja qualidade ou características se devem, essencial ou exclusivamente, ao meio geográfico, incluindo os fatores naturais e humanos, e cuja produção, transformação e elaboração ocorrem na área geográfica delimitada[910].

São igualmente consideradas denominações de origem certas denominações tradicionais, geográficas ou não, que designem um produto originário de uma região, ou local determinado, e que satisfaçam as condições previstas no ponto ii).

Entende-se por indicação geográfica, de acordo com o disposto no artigo 299º, nº 3, o nome de uma região, de um local determinado ou, em casos excecionais, de um país que serve para designar ou identificar um produto: i) originário dessa região, desse local determinado ou desse país; ii) cuja reputação, determinada qualidade ou outra característica podem ser atribuídas a essa origem geográfica e cuja produção, transformação ou elaboração ocorrem na área geográfica delimitada[911].

Como assinala Alberto Ribeiro de Almeida[912] "na indicação geográfica o elo que une o produto à região determinada é mais débil que na denominação de origem", pois naquela "a reputação do produto (ou uma sua qualidade ou outra característica) pode (basta que possa) ser atribuída à região sem influência direta dos fatores naturais e humanos. Por outro lado, aquela menor ligação, na indicação geográfica, do produto à região determinada resulta, igualmente, da não exigência de que todas as operações de produção, transformação e elaboração ocorram na área determinada (como se estabelece para a denomi-

[910] A 1ª região demarcada e regulamentada do mundo que corresponde ao conceito atual de denominação de origem controlada (*avant la lettre*) foi o vinho do Porto (Alvará de 1756) – cf. Alberto Ribeiro de Almeida, *A autonomia jurídica da denominação de origem – uma perspectiva transnacional. Uma garantia de qualidade*, 2010, pp. 75 e ss. Na CUP a denominação de origem conta com a primeira referência a partir da Revisão de Haia, de 1925 (art. 1º, nº 2). No entanto, em Portugal, a consagração da denominação de origem como direito de propriedade industrial autónomo só se verifica com o CPI-1940.

[911] A indicação geográfica foi integrada na ordem jurídica portuguesa com o CPI-1995, em sintonia com a sua adoção pelo TRIPS (art. 22º).

[912] "Indicações de proveniência, denominações de origem e indicações geográficas", in *Direito Industrial* (AA.VV.), volume V, Almedina, 2008, p. 13. Ver, ainda, Alberto Ribeiro de Almeida, *A autonomia jur*ídica da denominação de origem cit., pp. 241 e ss.

nação de origem), bastando que uma delas ocorra na área delimitada" – raciocínio que encontra acolhimento na alínea b) do nº 1 e na alínea b) do nº 3 do artigo 299º.

Na denominação de origem há, como vai dito, uma função qualitativa que na indicação geográfica pode falhar. A indicação geográfica tem três alternativas de conexão: qualidade, reputação ou outra característica Na denominação de origem, a qualidade ou as características do produto devem ser, exclusiva ou essencialmente, devidas ao meio geográfico de origem. Na indicação geográfica uma certa qualidade, reputação ou outra característica deve ser atribuível à origem geográfica[913]. Na indicação geográfica a garantia de qualidade não é essencial, podendo ser facultativa.

Na ordem jurídica portuguesa resulta do texto legal uma inequívoca distinção, no âmbito das denominações (por regra) geográficas, entre indicação de proveniência, denominação de origem e indicação geográfica. A denominação de origem e a indicação geográfica são, como vimos, direitos de propriedade industrial autónomos. A indicação de proveniência é uma simples referência informativa do local de origem do produto em razão de aí ter sido cultivado, extraído ou fabricado podendo ser usada em todos os produtos da mesma origem encontrem-se estes marcados ou não. A indicação de proveniência é protegida de uma forma indireta através do direito de marcas (art. 231º, nº 3 alª d)) e das disposições punitivas da concorrência desleal (art. 311º, nº 1 alª e)).

Titularidade

Para ALBERTO RIBEIRO DE ALMEIDA[914], com a nossa concordância, "a denominação de origem é propriedade comunal dos produtores estabelecidos na área da denominação, que se dediquem à exploração do produto típico. Mesmo o primeiro produtor que se tenha estabelecido na região ou aquele que muito contribuiu para a valorização do direito à denominação de origem, não goza de qualquer privilégio, pois todos quantos estejam estabelecidos na área geográfica da denominação de origem, de modo efetivo e sério, para o exercício de uma atividade económica, característica dessa área, são igualmente titula-

913 O TRIPS não regula a denominação de origem (como tal), mas apenas a indicação geográfica (art. 22º). No entanto, o conceito de indicação geográfica não é inteiramente coincidente com o adotado na legislação portuguesa. A indicação geográfica do TRIPS pode englobar a denominação de origem, mas não se identifica com ela. A indicação geográfica tem três alternativas de conexão: qualidade, reputação ou outra característica que se devem essencialmente (mas não exclusivamente) à origem geográfica.

914 "Indicações de proveniência, denominações de origem e indicações geográficas" cit., p. 25 e *A autonomia jurídica da denominação de origem – uma perspectiva transnacional. Uma garantia de qualidade*, pp. 749/750.

res do direito à denominação de origem, porque essa denominação pertence ao património comum. Não há aqui lugar a qualquer ideia de quota ou parcela, não sendo possível a divisão, não podendo, ainda, cada um dos produtores (ou todos eles por comum acordo) alienar a denominação de origem. O direito à denominação de origem pertence à coletividade dos produtores; contudo, é um direito que compete íntegro a cada um dos produtores (este raciocínio ajusta-se igualmente à indicação geográfica)[915].

Âmbito

O âmbito territorial relativo a uma denominação de origem ou a uma indicação geográfica tem obrigatoriamente que ser delimitado, preferencialmente por lei.

Apenas nos casos em que não haja diploma legislativo que efetue a necessária demarcação deve a mesma ser realizada, com respeito pelos critérios mencionados na parte final do artigo 300º, pelos organismos oficialmente reconhecidos que superintendam, no local, o ramo de produção.

Em qualquer dos casos, os limites da respetiva localidade, região ou território têm que constar do pedido de registo, nos termos da alínea c) do nº 1 do artigo 301º.

Processo de registo

a) Registo nacional

O pedido de registo das denominações de origem ou das indicações geográficas é feito em requerimento, redigido em língua portuguesa, no qual se indique nomeadamente (art. 301º):

a) O nome das pessoas singulares ou coletivas, públicas ou privadas, com qualidade para adquirir o registo[916], o respetivo número de identificação fiscal e o endereço de correio eletrónico, caso exista;
b) O nome do produto, ou produtos, incluindo a denominação de origem ou a indicação geográfica;
c) As condições tradicionais, ou regulamentadas, do uso da denominação de origem, ou da indicação geográfica, e os limites da respetiva localidade, região ou território.

[915] Ver, ainda, Alberto Ribeiro de Almeida, *Denominação de origem e marca*, Coimbra Editora, 1999, pp. 122 e ss e *A autonomia jurídica da denominação de origem* cit., pp. 843 e ss.

[916] Não se pode confundir o requerente do registo (entidade de certificação) com a contitularidade (titularidade em mão comum) do direito de propriedade industrial sobre a denominação de origem e indicação geográfica.

b) Registo internacional

As entidades referidas na alínea a) do nº 1 do artigo 301º podem promover o registo internacional das suas denominações de origem ao abrigo das disposições do Acordo de Lisboa de 31 de outubro de 1958.

O requerimento para o registo internacional deve ser apresentado no INPI de harmonia com as disposições do Acordo de Lisboa.

A proteção das denominações de origem registadas ao abrigo do Acordo de Lisboa fica sujeita, em tudo quanto não contrariar as disposições do mesmo Acordo, às normas que regulam a proteção das denominações de origem em Portugal (art. 303º, nº 3).

Nos termos do artigo 1º do Acordo de Lisboa, os países signatários estão obrigados a proteger nos seus territórios as denominações de origem dos outros países membros, reconhecidas e protegidas como tal no país de origem e registadas junto da OMPI[917].

Em Portugal o processo tem início no INPI, como dispõe o nº 2 do artigo 303º, e prossegue com o registo na Secretaria Internacional da OMPI, ao qual, no entanto, os Estados-membros se podem opor – *vide* nºs 3 e 4 do artigo 6º do Acordo de Lisboa.

A 20 de maio de 2015 foi adotado o Ato de Genebra do Acordo de Lisboa, que entrou em vigor a 26/02/2020, visando impulsionar, modernizar e revitalizar o Sistema de Lisboa em diferentes aspetos. O Ato de Genebra é um tratado autónomo administrado pela Organização Mundial da Propriedade Intelectual (OMPI). Alarga o âmbito do Acordo de Lisboa (ao qual, até à data de assinatura do Ato de Genebra, tinham aderido 28 países) relativo à proteção das denominações de origem e ao seu registo internacional de modo a abranger não apenas as denominações de origem, mas também as indicações geográficas. Além disso, permite às organizações internacionais (como a UE, que aprovou a adesão por Decisão do Conselho nº 2019/1754, de 7 de outubro de 2019) tornarem-se partes contratantes.

c) Registo na União Europeia

A denominação de origem e a indicação geográfica também não foram imunes ao fenómeno da integração europeia e de construção de um mercado único.

Saliente-se: Regulamento (UE) nº 2019/1753 de 23 de outubro de 2019, na sequência da adesão da UE ao Ato de Genebra do Acordo de Lisboa (já referido), por decisão do Conselho 2019/1754 de 7/10/2019; Regulamento (UE) nº 787/2019 do Parlamento Europeu e do Conselho, de 17 de abril de 2019

[917] Lista disponível em www.www.wipo.int.

(art. 36º, nº 1), relativo à definição, designação, apresentação, rotulagem e proteção das indicações geográficas das bebidas espirituosas; Regulamento (UE) nº 251/2014, de 26 de fevereiro de 2014, sobre a definição, designação, apresentação, rotulagem e proteção das indicações geográficas dos produtos vitivinícolas aromatizados; Regulamento (UE) nº 1308/2013, de 17 de dezembro de 2013, que estabelece uma organização comum dos mercados dos produtos agrícolas[918] (que trata das denominações de origem e indicações geográficas – artigos 93º a 111º); o Regulamento (UE) nº 1151/2012 do Parlamento Europeu e do Conselho, de 21 de novembro de 2012, relativo a produtos agrícolas e géneros alimentícios no domínio das denominações de origem e das indicações geográficas[919].

No seu Ac. de 14 de setembro de 2017, C-56/16, *Port Charlotte*, o TJUE veio consagrar a tese de que o sistema europeu de proteção e registo das denominações de origem e das indicações geográficas de vinhos tem caráter *uniforme, exclusivo e exaustivo*. Deste modo, para o Tribunal do Luxemburgo, o entendimento é o de que só existe registo europeu destes direitos e não registos nacionais. A ser assim, os direitos nacionais ficam reservados para produtos, essencialmente, não agrícolas[920].

Duração

A denominação de origem e a indicação geográfica têm duração ilimitada e a sua propriedade é protegida pela aplicação das regras previstas no CPI, em legislação especial, bem como por aquelas que forem decretadas contra as falsas indicações de proveniência, independentemente do registo, e façam ou não parte de marca registada (art. 304º)[921].

Conteúdo do direito

O artigo 306º apresenta um elenco de faculdades impeditivas associadas ao registo de denominação de origem ou de indicação geográfica, através das quais se procura prevenir falsas referências quanto à origem, qualidades e características dos produtos, bem como defender aqueles sinais distintivos e sua reputação.

[918] JO nº L 347/671 de 20/12/2013.

[919] JO nº L 343 de 14/12/2012.

[920] Nesse sentido, Alberto Ribeiro de Almeida, AA.VV., *CPI Anotado*, anotação ao artigo 299º, nº 2.

[921] José de Oliveira Ascensão ("Questões problemáticas em sede de indicações geográficas e denominações de origem", in *Direito Industrial*, Volume V, 2008, p. 82 -85), face ao disposto no art. 310º do CPI-2003, defendia que às denominações de origem e às indicações geográficas podia ser conferida proteção fundada no uso, sem que as mesmas se encontrem registadas, tutela, que, a seu ver, encontrava arrimo legal mais concretamente na conjugação da expressão "independentemente do registo" com o restante enunciado linguístico da norma (cf. particularmente p. 83).

Em regra, o registo de denominação de origem ou de indicação geográfica apenas impede o uso de designações iguais ou semelhantes no contexto de produtos iguais ou afins, a não ser que a denominação ou a indicação anteriormente protegida tenha alcançado prestígio em Portugal ou na União Europeia, caso em que a proteção pode ser mais alargada[922].

A proibição subsiste ainda quando a verdadeira origem dos produtos seja mencionada, ou as palavras pertencentes àquelas denominações ou indicações venham acompanhadas de corretivos, tais como «género», «tipo», «qualidade» ou outros similares, e é extensiva ao emprego de qualquer expressão, apresentação ou combinação gráfica suscetíveis de induzir o consumidor em erro ou confusão[923].

Estas disposições legais não obstam a que o vendedor aponha o seu nome, endereço ou marca sobre os produtos provenientes de uma região ou país diferente daquele onde os mesmos produtos são vendidos, não podendo, neste caso, suprimir a marca do produtor ou fabricante.

A violação e o uso ilegal de denominação de origem ou de indicação geográfica são puníveis a título criminal, nos termos do artigo 324º.

Caducidade

O registo caduca, a requerimento de qualquer interessado, quando a denominação de origem, ou a indicação geográfica, se transformar, segundo os usos leais, antigos e constantes da atividade económica, em simples designação genérica de um sistema de fabrico ou de um tipo determinado de produtos (art. 309º, nº 1).

Em face deste dispositivo legal, o registo de denominação de origem ou de indicação geográfica pode caducar por motivo de vulgarização ou de degene-

[922] No entanto, para que o nº 4 do artigo 306º seja aplicável não basta que se apure a utilização de sinal idêntico ou parecido com uma denominação de origem ou uma indicação geográfica, sendo exigível que o usuário "procure tirar partido indevido do carácter distintivo ou do prestígio" da mesma "ou possa prejudicá-los". A título de exemplo, parece indiscutível que a denominação de origem "Vinho do Porto" alcançou prestígio, sendo, porém, questionável que possa automaticamente obstar a todo e qualquer registo de sinais distintivos que incluam a expressão "Porto". Neste aspeto temos de criticar alguma jurisprudência excessivamente "protecionista" que tende a conferir, desproporcionadamente, um quase monopólio da expressão "Porto" ao "Instituto dos Vinhos do Douro e do Porto IP".

[923] O TJUE (acórdão de 4/12/2019, processo C-432/18 – caso "Aceto Balsamico di Modena" IGP) esclarece que o artigo 1º do Regulamento (CE) nº 583/2009 da Comissão, de 3 de julho de 2009 (já revogado pelo Regulamento nº 1151/2012, do Parlamento Europeu e do Conselho, de 21 de novembro de 2012), relativo à inscrição de uma denominação no registo das denominações de origem protegidas e das indicações geográficas protegidas, deve ser interpretado no sentido de que a proteção da denominação não abrange a utilização dos seus termos individuais não geográficos.

rescência, isto é, se o sinal deixar de possuir capacidade distintiva, já não servindo para referenciar as qualidades ou características específicas de produtos provenientes de uma determinada região.

A degenerescência de uma denominação de origem só deve ter lugar verificando-se a "quebra quer do vínculo geográfico-qualitativo (um elo de verdade) quer da conexão ideográfica (uma força distintiva) com uma certa origem (geográfica)[924]. A vulgarização só pode significar que a mesma passou a designar um tipo de produto, tendo perdido, consequentemente, a sua função geográfico-qualitativa o que não se afigura tarefa fácil.

O nº 2 do artigo 309º condiciona muito a possibilidade de caducidade de um registo com este fundamento[925], de tal modo que a possibilidade de reconhecimento jurídico da degenerescência fica praticamente limitada a alguns produtos industriais e artesanais (que não sejam objeto de legislação especial de proteção e fiscalização) que beneficiem de um direito de propriedade industrial.

Em conjugação com o artigo 6º do Acordo de Lisboa, afasta ainda a possibilidade de caducidade do registo de uma denominação de origem que se tenha tornado genérica "enquanto se encontrar protegida como denominação de origem no país de origem".

[924] Alberto Ribeiro de Almeida, ob. cit., p. 1181.

[925] Para mais desenvolvimentos, cf. Alberto Ribeiro de Almeida, *A autonomia jurídica da denominação de origem*, pp. 1155 e ss.

PARTE V
Concorrência Desleal

1. A Origem e Evolução do Instituto

A concorrência desleal é uma criação da jurisprudência francesa a partir da 2ª metade do século XIX Faltando uma disciplina legislativa especial para reprimir os atos desleais de concorrência, os tribunais franceses basearam-se no regime geral da responsabilidade civil extracontratual previsto nos artes. 1382º e 1383º do Código Civil Napoleónico de 1804. Os tribunais começaram a entender que a ilicitude se podia reconduzir tanto à violação direta de normas legais como ao exercício abusivo de direitos, como o da liberdade de concorrência, e que a responsabilidade tanto poderia tutelar direitos subjetivos como meros interesses privados[926].

Na Itália a jurisprudência também manifestou recetividade em incluir a concorrência desleal no âmbito do ilícito civil extracontratual (art. 1151º do C.C. de 1865)[927].

[926] Sobre a concorrência desleal em França, cf. Louis Vogel, *Droit de la concurrence déloyale*, 2007-2008. Na doutrina francesa, num estudo aprofundado do conceito e finalidade da lealdade na relação com os direitos de propriedade intelectual (direito de autor, patentes, desenhos ou modelos e marcas), cfr. J. Wathelet, *La Loyauté en Droit de la Propriété Intellectuelle*, 2019. Para o autor, a lealdade pode desempenhar um duplo papel destes direitos: reforço e enquadramento (delimitação).

[927] Historicamente, a concorrência desleal surgiu muito ligada à propriedade industrial. Na lógica do liberalismo originário o Estado só deveria interferir na economia quando estivessem em causa dois valores essenciais: a liberdade e a propriedade. A intervenção pública em matéria de combate à concorrência desleal só fazia sentido se estivesse em causa a propriedade sobre sinais distintivos. Este enquadramento político, económico e jurídico explica, igualmente, o recurso inicial ao direito comum da responsabilidade extracontratual. Só a partir de meados do século XIX e, de um modo mais evidente, do início do século XX, à medida que foram sendo promulgadas leis autónomas de proteção da propriedade industrial e da concorrência desleal, é que esta começou a desvincular-se, gradualmente, da proteção dos direitos privativos revestindo maior autonomia. A concorrência desleal passou a alargar o seu âmbito de atuação e a não se confinar à repressão de atos de confusão de sinais distintivos objeto do direito de propriedade. Sobre esta evolução histórica cf. Garcia Pérez, *Libre circulación de mercancias y competencia desleal* cit., pp. 105 e ss.

Posteriormente, a Alemanha, de modo pioneiro, consagrou uma disciplina específica sobre a concorrência desleal, primeiro com a lei de 27/5/1896 e depois com a lei de 7/6/1909 (*Gesetz gegen den unlauteren Wettbewerb* – UWG). Esta última, revogada em 2004 (lei de 3 de julho), teve particular importância no desenvolvimento doutrinal e legislativo do instituto. O ato desleal traduzia a contrariedade do ato com a cláusula geral dos bons costumes ("aquele que no tráfico mercantil realiza atos, com finalidade de concorrência, que atentem contra os bons costumes, pode ser sujeito a uma ação de cessação e reparação de danos" – art. 1º)[928].

Esta técnica jurídica de combate à concorrência desleal baseada na formulação de uma cláusula geral acompanhada de uma enumeração exemplificativa de categorias de atos desleais viria a tornar-se prevalecente em detrimento do modelo francês.

O modelo alemão acabaria por receber um forte impulso da Convenção da União de Paris de 1883 (CUP), na Revisão de Haia de 6/11/1925, que alterou o art. 10º *bis*. Foi introduzida a cláusula geral de concorrência desleal ("o acto de concorrência contrário aos usos honestos em matéria industrial ou comercial") e acrescentados, a título indicativo, duas espécies de atos desleais (atos de confusão e de descrédito). Para além disso, foi aditado, ainda, com conteúdo adjetivo, o art. 10º *ter* que consagrou a legitimidade ativa das associações profissionais para atuarem contra atos de concorrência desleal.

O texto originário do art.10º *bis* havia sido introduzido na revisão de Bruxelas de 1900 e alterado na Revisão de Washington de 2/6/1911, mas apenas manifestava a preocupação genérica de repressão da concorrência desleal. Na revisão de Estocolmo de 1967 foram acrescentados os atos enganosos no elenco indicativo de atos desleais.

O art. 10º *bis* influenciou decisivamente o disposto no art. 212º do CPI-1940 e ainda os arts. 2598º a 2601º do C.C. italiano de 1942[929].

[928] Sobre a lei alemã de 1909, várias vezes alterada, cf.: Baumbach/Hefermehl, *Wettbewerbsrecht*, 22ª ed., 2001; Volker Emmerich, *Das Recht des unlauteren Wettbewerbs*, 5ªed., 1998; Hubmann/Götting, *Gewerblicher Rechtsschutz*, 7ª ed., 2002, pp. 349 e ss.

[929] No direito italiano *vide*: Vanzetti/Di Cataldo, *Manuale di Diritto Industriale* cit., pp. 3 a 142; Abriani/Cottino/Ricolfi, *Diritto Industriale* cit., pp. 271 a 334; Salvatore Sanzo, *La Concorrenza sleale*, 1998; Franceschelli, "Studi sulla Concorrenza Sleale", RDI, 1962, I, pp. 11 e ss, 1962, I, pp. 183 e ss, 1963, I, pp. 257 e ss; Auteri, "La Concorrenza Sleale", in *Trattato di Diritto Privato*, vol XVIII, 1994, pp. 341 a 416; Ascarelli, *Teoria de la Concurrencia* cit., pp. 157 a 241; Auteri, Floridia, Mangini, Olivieri, Ricolfi, Romano, Spada, *Diritto Industriale – Proprietà Intelletuale e Concorrenza*, 2020, pp. 367 e ss; Costantini, "La Concorrenza Sleale", in AA.VV., *La Concorrenza*, 2005, tomo II, pp. 513 e ss.

É de realçar, todavia, que a lei portuguesa da propriedade industrial de 15/12/1894 já previa uma norma específica sobre o combate à concorrência desleal ("O Estado garante a propriedade industrial e comercial pela cominação de penas aos que a ofendam e prejudiquem por meio de concorrência desleal" – art. 5º) e enumerava um conjunto de atos desleais no art. 201º. A lei de propriedade industrial de 21/5/1896 manteve ambos os preceitos embora acrescentasse a situação de deslealdade no art. 201º, nº 7.

Em Espanha o art. 131º da lei de 1/5/1902 estabeleceu um conceito geral de concorrência ilícita, mas o conteúdo do preceito, exigindo que o lesado fosse titular de um direito privativo, retirou-lhe, como esmagadoramente reconheceu a doutrina, efetividade prática. Por outro lado, a natureza penalista da solução e os limites impostos pelo princípio da tipicidade não contribuiu para uma aplicação flexível e evolutiva do preceito.

A situação, estranhamente, só mudou com a lei de marcas de 1988 que regulava a matéria nos arts. 87º a 89º, entretanto revogados pela atual lei de concorrência desleal (lei 3/1991 de 10 de janeiro).

O art. 87º consagrava uma cláusula geral da disciplina: "considera-se desleal o acto de concorrência contrário às normas de correcção e bons usos comerciais". O art. 88º estabelecia um catálogo de condutas desleais.

A lei espanhola em vigor (lei 3/1991 de 10/1) é uma legislação que, assumidamente, representa uma mudança radical na conceção tradicional do direito da concorrência desleal. Apoiou-se na experiência alemã de interpretação e aplicação do alcance e sentido da cláusula geral prevista no § 1º UWG de 1909 (sem esquecer as reforma legislativas, nomeadamente, da lei de 21/7/1965, que introduziu a legitimidade ativa das associações de consumidores no § 13 II) e na lei suíça de 19/12/1986[930].

Por contraposição ao chamado *modelo profissional* adotou o denominado *modelo social*. A concorrência desleal deixou de ser encarada como um ordenamento dirigido primacialmente a resolver conflitos entre os concorrentes para passar a ser um instrumento de regulação e controlo das condutas no mercado. A lei é moldada não só nos interesses privados dos concorrentes, mas também nos interesses coletivos dos consumidores e no interesse público.

Também é inovadora a nível dos conceitos. Adota um *conceito estrutural* de ato de concorrência. Para que exista um ato de concorrência desleal não se exige que exista uma relação de concorrência entre os sujeitos. É bastante que o ato se realize no mercado (isto é, no "espaço institucional onde se encontram a procura e a oferta e no qual se formam e desenvolvem as relações econó-

[930] Sobre a lei Suíça, cf. o comentário de Martin-Achard, *La loi fédérale contre la concurrence déloyale du 19 Décembre 1986*, 1988.

micas"), seja praticado com finalidade concorrencial (vise interferir com "o processo de troca de bens ou serviços no mercado" ou promover ou assegurar a difusão no mercado das prestações próprias ou de um terceiro) e seja objetivamente contrário às exigências da boa-fé.

Em síntese, será desleal qualquer comportamento no mercado com fins concorrenciais contrário às exigências da boa fé na concorrência.

A necessidade de transposição da Diretiva 2005/29/CE, relativa às Práticas Comercias Desleais, efetuada pela lei 29/2009 de 30 de dezembro, operou uma importante modificação na lei de concorrência desleal nº 3/1991 (versão consolidada de 28 de março de 2014). A opção do legislador espanhol foi a de fragmentar esta lei em dois "blocos" diferenciados: o primeiro integrado pelos atos desleais de carácter geral (cap. II) e o segundo formado pelas práticas comercias desleais com os consumidores (cap. III)[931]. Isto significa que, presentemente, a mesma lei comporta duas lógicas de proteção distintas: ora tendo como destinatários todos os interessados no mercado (atos desleais), ora tendo como destinatários apenas os consumidores (práticas desleais), o que também se retira da própria noção complexa e bivalente de atos de concorrência desleal (art. 4º).

A lei alemã de 2004 veio culminar, de modo coerente, um longo processo de evolução legislativa, jurisprudencial e doutrinária favorável a uma profunda modernização e mudança de perspetiva do instituto traduzida, essencialmente, na adoção do referido modelo social, numa nova noção de ato de concorrência e de ato desleal (sucumbindo a tradicional referência à cláusula geral dos bons costumes) e no alargamento do campo objetivo de aplicação.

O ato de concorrência, na sua versão originária, antes da revisão de 2008, era definido como o "ato que uma pessoa realiza com o objetivo de promover a

[931] Sobre esta relevante alteração da lei espanhola de concorrência desleal, para mais desenvolvimentos, cf.: TATO PLAZA/PABLBO CARBALLO-CALERO/HERRERA PETRUS, *La reforma de la ley de competência desleal*, 2010 e CUÑAT EDO, *Competencia desleal y protección de los consumidores*, 2010. Para uma visão da evolução da regulação desta legislação em Espanha: MARTIN-LABORDA, *Libre Competencia y Competencia Desleal* cit., pp. 13 a 80; JOSÉ MASSAGUER, *Comentario a la ley de Competencia Desleal*, 1999, pp. 45 a 57 e pp 105 a 163; BARONA VILAR, *Competencia Desleal*, 2008, tomo I, pp. 55 a 134 e 296 a 690; JUAN JOSÉ OTAMENDI, *Competencia Desleal*, 1992, pp. 21 a 37; AURELIO MENÉNDEZ, *La Competencia Desleal*, 1988, pp. 21 a 132; Baylos Corroza, *Tratado de Derecho Industrial* cit., pp. 313 a 320; EVA DOMINGUEZ PÉREZ, *Competência desleal através de actos de imitación sistemática*, 2003, pp. 31 a 36 e pp. 121 e ss; FERNÁNDEZ LÓPEZ, "El nuevo marco de la competencia desleal. La clausula general de la LCD", in *Propiedad Industrial y Competencia Desleal* (AA.VV.), Consejo General del Poder Judicial, 1995, pp. 13 a 40; GARCIA PÉREZ, *Libre circulación de mercancias y competencia desleal* cit, pp. 125 e ss; VILLAGÓMEZ RODIL, *Competencia Desleal*, 2ª edição, 2006; DARNACULLETA I GARDELA, *La competencia desleal*, 2007.

venda de produtos ou a aquisição de serviços – incluindo bens imóveis, direitos ou obrigações exigíveis – próprias ou de um terceiro empresário" (§ 2 I 1).

O ato de concorrência desleal era definido por uma nova cláusula geral: "consideram-se proibidos os atos de concorrência desleal suscetíveis de afetar de modo não insignificante a concorrência em prejuízo dos concorrentes, consumidores ou outros participantes no mercado" (§ 3).

O ato desleal era, pois, valorado como um ilícito objetivo e de mero perigo, desprovido de qualquer juízo subjetivo sobre a intenção do sujeito ativo. O direito alemão evoluiu de uma conceção ética (apoiada na cláusula geral de bons costumes) para uma conceção mais económico-empresarialista (prejuízo concorrencial não irrelevante)[932].

Entretanto, a versão originária sofreu uma importante alteração pela UWG--Novelle de 22/12/2008, influenciada pela Diretiva Comunitária sobre práticas comerciais desleais.

A lei mantém a proteção dos interesses dos concorrentes, dos consumidores[933] e de outros participantes do mercado[934] em relação a atividades comerciais desleais e a proteção do interesse geral a uma concorrência não falseada (§ 1).

A alteração mais substancial é a mudança do conceito de "ato de concorrência" pelo conceito de "ato comercial"[935]. Isto significa que a lei alemã, ao contrário da espanhola, seguiu um caminho de unidade estrutural deste direito.

Ato comercial é definido em função da relação objetiva, com a promoção da venda ou a aquisição de produtos ou serviços (§ 2 I 1). Deste modo, regista-se uma ainda maior ampliação do âmbito de proteção legal, desvalorizando-se o conceito de concorrência e o momento da celebração de um contrato.

Os atos comerciais desleais de tutela dos consumidores são definidos no § 3 (2) (na versão da lei de 2/12/2015[936]): "Os atos comerciais que se dirigem

[932] Nesse sentido, Henning-Bodewig, *Das neue Gesetz gegen den unlauteren Wettbewerb*, GRUR, 2004, p. 716.

[933] Esta proteção coletiva visa proteger a liberdade de decisão dos consumidores (*Entscheidungsfreiheit*), em sentido amplo, compreendendo não apenas a estrita liberdade contratual, mas também a liberdade decisória efetiva inerente às legítimas pretensões dos consumidores no mercado. Neste sentido, cf. Lettl, "Der Schutz der Verbraucher nach der UWG-Reform", GRUR, 2004, p. 452.

[934] Por contraposição à noção restritiva de consumidor (pessoa física, consumidor final, que atua fora do âmbito comercial), caberá neste conceito todo o adquirente de produtos ou serviços para uso empresarial ou profissional.

[935] A Alemanha utiliza a expressão "ato comercial" e não "prática comercial", como consta da Diretiva.

[936] Para uma visão atualizada, após a lei de 2015, cf. Fezer/Büscher/Obergfell, *UWG, Kommentar*, vols I e II, 2016; Köhler/Bornkamm, *Gesetz gegen den unlauteren Wettbewerb UWG*, 2016; Ohly/Sosnitza, *Gesetz gegen den unlauteren Wettbewerb (UWG)*, 2016.

ou alcançam os consumidores são desleais quando não são conformes com a diligência empresarial e sejam suscetíveis de influenciar substancialmente o comportamento económico dos consumidores". Regista-se uma desvalorização da relação de concorrência entre os sujeitos e o elemento subjetivo, passando a ser mais valorizado o comportamento relevante para o mercado.

No § 4 (após a lei de 2015) concentram-se os atos comercias desleais contra os concorrentes[937]. Este diploma aditou ainda o § 4ª onde regula os atos comerciais agressivos.

Também são considerados atos comerciais desleais os atos enganosos por ação e omissão (§§ 5 e 5ª), a publicidade comparativa (quando efetuada nas condições previstas nos vários números do § 6 II) e os atos injustificados de perturbação dos consumidores ou de outros participantes no mercado (§ 7).

Por último, merece também uma referência o capítulo IV que regula um conjunto de atos desleais puníveis criminalmente: a publicidade enganosa dolosa efetuada através da difusão de indicações falsas a um grande número de destinatários, de modo a causar a impressão de que uma oferta é especialmente vantajosa[938] (§16.1); a revelação, divulgação e apropriação de segredos empresariais (§17); o aproveitamento de modelos ou regras de carácter técnico (§ 18) e a instigação ou disponibilidade para a prática dos atos previstos nos dois últimos parágrafos (§19)[939].

No direito americano, historicamente, a concorrência desleal não revestia autonomia legal (federal ou estadual) e baseava-se, essencialmente, numa proteção complementar da marca através da ação *passing off* (ação destinada a combater atos de confusão entre produtos causada pelo respetivo modo de apresentação ou pela publicidade). A partir do caso *International News Service v. Associated Press* (1918) o *Supreme Court* deixou de limitar a concorrência

[937] Correspondem, no essencial, aos indicados nos §§ 4, 7, 8, 9 e 10 na redação da revisão de 2008. A avaliação do requisito da deslealdade fará a diferença entre o ato desleal e o ato *antitrust* ou restritivo da concorrência.

[938] O dolo, a falsidade e o número elevado de destinatários fazem distinguir este tipo penal do ato enganoso cível previsto no § 5.

[939] Depois da revisão de 2008, cf. Emmerich, *Unlauterer Wettbewerb*, 2009 e Köhler/Bornkamm, UWG, 2013. Sobre a lei alemã de 2004, de um modo exaustivo, *vide* Baumbach/ /Hefermehl, *Wettbewerbsrecht*, 23ª edição, 2004, pp. 109 a 1221; Fezer, *UWG*, vols I e II, 2005; Bavendamm/Bodewig, *UWG, Gesetz gegen den unlauteren Wettbewerb- Kommentar*, 2ª ed., 2009; Hefermehl/Köhler/Bornkamm, UWG, 2009. Para uma visão mais sucinta, *vide* Ohly, "La nueva ley alemana contra la competencia desleal (UWG) en la encrucijada entre el derecho constitucional y la liberalización", ADI-XXV, pp. 327 e ss, Henning-Bodewig, "A new act against unfair competition in Germany", IIC, 2005, pp. 421 e ss, Garcia Pérez, "La nueva ley alemana contra la competência desleal", RDM, 2005, pp. 1159 e ss.

desleal aos requisitos da ação *passing off*, embora, ainda hoje, esta seja considerada a mais importante.

Em 1914 foi criada a Comissão Federal do Comércio (FTC), um organismo federal com competência para perseguir atos anticoncorrenciais, mas em que a prática desleal também pode ser invocada. Esta Comissão é responsável ainda pelo desenvolvimento de alguma legislação relacionada com a concorrência desleal, como o *Unfair Deceptive Trade Practices and Consumer Protection Act* (1967).

A regulação legal, a nível federal, teve lugar, de forma ténue, na lei de marcas de 1946 (*Lanham Act*). Não se estabelece nenhuma cláusula geral, mas tipificam-se como atos de concorrência desleal os atos de confusão entre todos os elementos que fazem parte do produto ou da sua apresentação e imagem (*tradenames e trade dress*) – sinais não qualificáveis tecnicamente como marcas (*trademarks*) – e a publicidade enganosa (secção 43 (a)). Contudo, esta solução legal apenas começou a ser aplicada e reconhecida pelos tribunais a partir dos anos 70[940].

O *Supreme Court*, nos casos *Sears-Compco* (em 1964), sustentou a teoria da *federal preemption*, segundo a qual a concorrência desleal é matéria tendencialmente reservada ao direito federal[941].

O *American Law Institute* adotou o *Restatement (Third) of Unfair Competition* (1995), que reúne os princípios de *common law* e regras legais análogas que, no seu conjunto, compreendem o direito da concorrência desleal. Para este prestigiado Instituto a concorrência desleal abrange um conjunto de ações dirigidas a punir métodos concorrenciais impróprios que ofendam interesses legítimos de outros agentes no mercado. Hoje, no conceito de concorrência desleal incluem-se as seguintes situações: *passing off* (atos de confusão), *misrepresentation* (atos enganosos), *dilution* (diminuição do valor distintivo de uma marca de prestígio), *misappropriation* (atos de aproveitamento), violação do *right of publicity* (direito exclusivo de uma pessoa explorar comercialmente o valor da sua identidade)[942].

[940] Cf. McCarthy, *Trademarks* cit., vol. I, p. 1-34.

[941] Para mais desenvolvimentos sobre a concorrência desleal no direito norte-americano, com indicações sobre as referidas decisões judiciais, cf., por todos, McCarthy, *Trademarks* cit., vol. I, cap. I e vol. IV, cap. 27; Kamperman Sanders, *Unfair Competition Law*, 1997, cap. I, as primeiras 22 páginas; Hilliard/Welch II/Marvel, *Trademarks and unfair competition* cit., pp. 297 e ss.

[942] Cf. *Restatement of The Law Unfair Competition*, American Law Institute Publishers, 1995 e Dinwoodie/Janis, *Trademarks and Unfair Competition*, 2014, pp. 12 e ss. Os *Restatements of the Law* são um tipo de fonte exclusiva do direito norte-americano. O *American Law Institute* encarrega diversos especialistas "de pesquisar e publicar o "direito comum" estadual em áreas onde o *case law* é mais denso" (cf. Ferreira de Almeida, *Introdução ao Direito Comparado*, Almedina, Coimbra, 1994, p. 125. Em rigor são "fontes secundárias de natureza doutrinária" (*ibidem*).

No entanto, não deve perder-se de vista a especificidade do direito norteamericano, em que se observa uma assimilação/sobreposição legal de alguns atos desleais próximos dos referidos (*misrepresentation*, *misappropriation*, *dilution*) no âmbito da infração da marca, tendo em conta o disposto no § 43 (a) e (c) "Lanham Act"[943].

No Reino Unido também não existe uma legislação específica e uma cláusula geral sobre o direito da concorrência desleal. Neste âmbito, a repressão da concorrência desleal tem sido feita através do ilícito extracontratual (*law of torts*) – mais propriamente do *passing off* e de legislação avulsa.

Desde o *Advocaat case*[944] o *tort of passing off* (ato enganoso de um concorrente de pretender passar-se por outro concorrente) implica a verificação de cinco requisitos: "(1) a misrepresentation, (2) made by a trader in the course of trade, (3) to prospective customers of his or ultimate consumers of goods or services supplied by him, (4) which is calculated to injure the business or goodwill of another trader (in the sense that this is a reasonably foreseeable consequence) and (5) which causes actual damage to a business or goodwill of the trader by whom the action is brought or (in a *quia timet* action) will probably do so"[945].

Na definição de CHRISTOPHER WADLOW, "passing off is concerned with misrepresentation made by one trader wich damage the goodwill of another trader"[946].

Revestem também alguma importância as ações destinadas a combater atos de descrédito ou denegrição e de violação de informação confidencial.

No plano da legislação especial, a matéria da concorrência desleal surge, de modo incidental, em alguns diplomas, alguns de transposição de diretivas comunitárias relacionadas com a publicidade enganosa, a publicidade comparativa e a proteção do consumidor[947].

[943] DINWOODIE/JANIS, *Trademarks and Unfair Competition*, 4ª ed., 2014, pp. 12 e ss.

[944] "Erven Warnink v. Townend", GRUR Int., 1980, pp. 120 e ss.

[945] Cf. CORNISH, *Intellectual Property* cit., 3ª ed., p. 535, KERLY'S, *Law of trade marks* cit., pp. 430 e ss. Para mais desenvolvimentos, cf. KAMPERMAN SANDERS, *Unfair Competition Law* cit., pp. 52 e ss, MORCOM/ROUGHTON/MALYNICZ, *The modern law of trade marks*, 2008, pp. 363 e ss.

[946] CHRISTOPHER WADLOW, *The Law of Passing-off. Unfair competition by misrepresentation*, 2011, p. 10.

O autor acrescenta que "misrepresentation, damage and goodwill are therefore the three essential elements of the tort, and are sometimes referred to as its "classical trinity".

[947] Para mais desenvolvimentos, cf. BENTLY/SHERMAN, *Intellectual Property Law* cit., pp. 826 e ss e BODEWIG, "Unlauterer Wettbewerb in Groβbritannien, Ein Dreiklang von Fallrecht, Gesetzesrecht und Selbstkontrolle", GRUR Int., 2004, pp. 543 e ss.

2. O Direito Português

Em Portugal, o art. 260º do CPI anterior de 1995, seguindo a tradição do CPI de 1940, considerava a concorrência desleal um ilícito de natureza penal.

No entanto, a previsão penal do proémio baseada, no essencial, numa cláusula geral, afigurava-se um tipo aberto *(escancarado)* de crime que não parecia preencher os requisitos mínimos de segurança impostos pelo princípio da tipicidade penal. O proémio, em si mesmo considerado, devia, com boas e fundadas razões, ser considerado inidóneo para configurar um tipo penal. A solução possível para salvaguardar a natureza criminal da concorrência desleal seria a de aceitar a proposta de Oliveira Ascensão, segundo a qual o proémio devia ser visto como mera noção integradora de todas as específicas previsões previstas nas várias alíneas do art. 260º e estas, assim interpretadas, como tipos penais. Por outras palavras, os arts. 260º do CPI de 1995 e 212º do CPI de 1940, não representariam um tipo penal unitário, mas diferentes tipos penais, tantos quantas as previsões referidas nas diferentes alíneas. Isto significava que se um ato desleal coubesse no proémio, mas não em cada uma das situações recobertas pelas alíneas, só poderia revestir natureza de ilícito civil se houvesse dano[948].

A grande alteração introduzida pelo CPI de 2003, em sede de concorrência desleal, residiu no abandono da sanção penal, como era tradição no nosso ordenamento jurídico. O atual Código mantém esta orientação (art. 311º).

Corresponde, de resto, a uma exigência há muito reivindicada pela doutrina[949], mas sempre postergada pelo legislador que, inclusivamente, no CPI-1995 tinha procedido a um agravamento das penas (art. 266º).

A concorrência desleal surge, no atual CPI, como uma contraordenação económica muito grave, punível com coima (art. 330º, com a alteração introduzida pelo RJCE, aprovado pelo DL nº 9/2021, de 29/01), e um ilícito civil se houver dano efetivo e culpa do autor[950].

3. Ato Desleal de Concorrência

A noção de concorrência desleal continua a ser dada através de uma definição (cláusula geral), seguida de uma enumeração exemplificativa de atos desleais (art. 311º).

948 Oliveira Ascensão, *Concorrência Desleal,* Almedina, 2002, especialmente, pp. 275 e ss e *Concorrência Desleal, Parte Geral,* AAFDL, 2000, pp. 11 a 71.

949 Cf., por exemplo, Oliveira Ascensão, *Concorrência Desleal,* 2002, *cit.*, p. 17 e Luís Bigotte Chorão, "O conceito de concorrência desleal – evolução legislativa", in: AA.VV., *Concorrência Desleal,* Coimbra, Almedina, 1997, pp.178 e 180.

950 Para uma visão exaustiva e crítica sobre a evolução e noção da concorrência desleal, cf. Ana Amorim, *A Tutela da Lealdade nas Relações de Mercado – A Propósito do Ilícito Publicitário,* 2017, pp. 23-83.

No que respeita à definição de concorrência desleal persiste a supressão do elemento finalístico (o chamado dolo específico alternativo), que havia sido introduzido no CPI de 1995, em consonância, aliás, com o desaparecimento do ilícito penal[951]. O requisito da culpa apenas passa a relevar para efeitos de indemnização cível se houver prova do dano.

Um ato de concorrência desleal pressupõe três requisitos: a) um ato de concorrência; b) contrário às normas e usos honestos; c) de qualquer ramo de atividade económica[952].

O legislador nas diversas alíneas do nº 1 do art. 311º enumerou exemplificativamente atos de concorrência desleal (como decorre da expressão "nomeadamente"), mas para que estes sejam qualificados como tal é indispensável que observem os requisitos estabelecidos no proémio[953].

3.1. Ato de concorrência

A disciplina legal em vigor é ainda fortemente influenciada pelo modelo profissional não tendo prescindido da existência de uma relação de concorrência entre os sujeitos, contrariando a tendência, como referimos atrás, de outros países como a Alemanha, Espanha e Suíça, nos quais a concorrência desleal é, essencialmente, uma disciplina de comportamentos do mercado[954].

[951] Oliveira Ascensão (*Concorrência Desleal, cit.*, p.181) refere, precisamente, que "esta intenção particularizada está ligada à construção de tipos penais" e Patrício Paúl ("Os pressupostos da concorrência desleal", in AA.VV., *Concorrência Desleal,* cit., p. 48) considerava o dolo específico alternativo pressuposto do ato de concorrência desleal apenas para efeitos penais.

[952] Nuno Sousa e Silva, *Concorrência Desleal e Propriedade Intelectual – Os Atos de Aproveitamento,* 2020, pp. 202 e ss propõe os seguintes pressupostos: i) a verificação de uma relação de concorrência; ii) uma atuação contrária às normas e usos honestos; iii) a culpa. Não considera a atividade económica um requisito, mas uma expressão do âmbito de aplicação do instituto.

[953] Sobre a relação entre a concorrência desleal e a propriedade industrial, de um modo especial no tratamento dos puros atos de aproveitamento de bens imateriais em sentido estrito, que não beneficiem de direitos privativos e em relação aos quais não existe qualificação adicional de deslealdade, por efeito de engano ou de agressão, ver Nuno Sousa e Silva, ob. cit. na nota anterior. O autor, em tese, sustenta que esta categoria de puros atos de aproveitamento são um domínio exclusivo da propriedade industrial, não tendo enquadramento no instituto da concorrência desleal.

[954] Nesse sentido, Nuno Sousa e Silva, *idem*, pp. 171 e ss.

Em sentido contrário, sustentando que se encontra "definitivamente ultrapassada a concepção estritamente corporativa" (...), cf. Ana Amorim, *Parasitismo Económico e Direito,* 2009, pp. 196 e ss (especialmente, pp. 213 e ss) e, com mais desenvolvimento, *A Tutela da Lealdade nas Relações de Mercado – A Propósito do Ilícito Publicitário* cit., pp. 23-83 e, especialmente, pp. 354 e ss, em que, reafirmando a "superação da abordagem corporativa", defende um "modelo integrado" da tutela da lealdade no mercado. A autora, em síntese, considera que a tutela da lealdade tem vindo a configurar-se historicamente em função dos problemas suscitados pelas próprias relações de

A concorrência em sentido económico, o sentido que aqui mais importa, significa, essencialmente, regras de livre iniciativa económica, a existência de uma pluralidade de agentes económicos e de um público consumidor com liberdade de escolha[955]. No âmbito da concorrência desleal o conceito de concorrência deve, todavia, ser entendido de um modo mais restritivo, nos planos merceológico (atividade exercida), temporal ou espacial[956].

Há um ato de concorrência, de grau máximo, quando dois concorrentes, de modo atual e efetivo, produzam ou comercializem um produto ou prestem

mercado, abordadas numa perspetiva fenomenológica. Ora, a emergência da Sociedade da Informação conduziu à superação dos pressupostos em que assentaram a disciplina da Concorrência Desleal, tributária da necessidade de garantir as posições adquiridas pelos agentes económicos no período subsequente à Revolução Industrial e o regime jurídico das Práticas Comerciais Desleais, justificado pela vulnerabilidade dos consumidores, que se manifestava especialmente na publicidade enganosa e nas vendas agressivas. A dimensão evolutiva da tutela da lealdade, que assenta sobretudo na natureza estruturante das cláusulas gerais, permite assegurar o equilíbrio dos interesses num contexto económico, social e tecnológico em constante mutação. Assim, a disciplina da Concorrência Desleal e o regime jurídico das Práticas Comerciais Desleais podem ser abordados segundo um modelo integrado de proteção de interesses privados face aos meios utilizados no exercício de uma atividade económica. Também Tomás Rabaçal, *Interpretação actualista da Cláusula Geral de Concorrência Desleal*, 2017, pp. 145 e ss, entende que o "instituto da concorrência desleal está – ou deve estar – ao serviço daquilo que a nossa Constituição estabelece como sendo os objectivos da política comercial e, nomeadamente, está directamente relacionada com a manutenção de uma orden concorrencial equilibrada e salutar, ao serviço do interesse geral". "Daqui resulta que qualquer concepção que veja no instituto da concorrência desleal um normativo de classe, orientado à tutela setorial e compartimentada do mercado concorrencial, se deverá considerar ultrapassada".

955 Oliveira Ascensão (*idem*, p. 112), em alternativa ao conceito económico que considera inutilizável na concorrência desleal, propõe o conceito de "relação especial de concorrência" que "coloca os operadores económicos em situação de disputarem a mesma clientela". Defendendo mesmo um conceito jurídico cf. Adelaide Menezes Leitão, *Estudo de Direito Privado sobre a Cláusula Geral de Concorrência Desleal* cit, pp. 39 e ss. A autora entende que há duas conceções para definir o ato de concorrência: a funcional e a estrutural. De acordo com a primeira, o ato de concorrência visa o desvio de clientela, ainda que este resultado possa não chegar a verificar-se; de acordo com a segunda, o ato de concorrência incide no mercado, quer direta quer instrumentalmente. É possível ainda um critério combinatório. A autora, no entanto, defende uma nova via para definir o ato desleal: o recurso à *primazia metodológica do dano*. A *ratio* da disciplina só é alcançada no campo da deslealdade do ato. O ato de concorrência desleal traduz-se "na potencialidade ou efectividade de um dano concorrencial através de padrões de (des)lealdade ou através da violação das regras de (des)lealdade que o legislador exemplificou nas alíneas". A atribuição ao dano de uma capacidade identificadora do ato de concorrência não representa o afastar da necessidade da relação concreta de concorrência desleal, antes permite evidenciá-la. O dano exponencia a relação de concorrência.

956 Inspiramo-nos em Sanzo, *La concorrenza sleale* cit., pp. 53 e ss.

serviços idênticos, com simultaneidade e no mesmo domínio territorial relevante. Mas pode haver relação de concorrência noutras situações.

No plano merceológico, pode haver um ato de concorrência não só no caso de se procurar satisfazer as mesmas necessidades do público consumidor, mas também quando as necessidades, apesar de diferentes, se possam inserir no mesmo setor do mercado, dirigindo-se ao mesmo tipo de clientela[957]. É defensável, ainda, sustentar que, residualmente, em casos concretos, também possa haver concorrência mesmo não havendo qualquer identidade ou afinidade de produtos ou serviços ou identidade de setor de mercado. Faz todo o sentido, num mercado cada vez mais abrangente, dinâmico, complexo, interrelacionado e *mediatizado*, que se não feche a porta à possibilidade de uma apreciação casuística bem fundamentada, que não seja condicionada à aplicação rígida dos princípios gerais. Do mesmo modo, também deve haver abertura para a aceitação de uma concorrência objetiva potencial, isto é, que se traduza num ato de um concorrente que incida sobre a atividade iminente de outro concorrente.

O ato de concorrência, para além da relação de concorrência, pressupõe um ato relacional no mercado[958] e finalidade concorrencial.

Um ato relacional no mercado significa um ato realizado por um concorrente, agindo nessa qualidade, na relação com outro(s) concorrente(s) e/ou na relação com os consumidores, que tenha, consequentemente, projeção no âmbito do espaço institucional, regulado por regras de mercado[959], onde se encontram a oferta e procura de bens ou serviços.

Um ato com finalidade concorrencial significa um ato suscetível de interferir, objetivamente[960], na posição concorrencial dos agentes económicos e/ou nas opções dos consumidores tendo em vista, essencialmente, mas não exclusivamente, o desvio de clientela[961].

[957] Carlos Olavo, *Propriedade Industrial*, Almedina, 2005, 2ª ed., pp. 259 e ss.

[958] Trata-se de um conceito mais amplo que o conceito de *ato de mercado* com o qual pretendemos abranger ainda os atos de concorrentes que se dirigem diretamente a outros concorrentes (v.g. os atos previstos no art. 311º, nº 1 alªs. b), c) e d)) e não exclusivamente a atos de oferta ou procura de bens ou serviços. Aceitando igualmente um conceito mais amplo, cf. Oliveira Ascensão, *Concorrência Desleal* cit., pp. 125/126.

[959] E não, por exemplo, regras protecionistas ou sujeitas ao controlo da legalidade administrativa. Mas fique claro que o concorrente pode revestir natureza pública desde que atue segundo um regime jurídico privado. Não é a natureza pública do agente económico que releva, mas o regime jurídico (privado ou público) de atuação.

[960] Independentemente da intenção do agente. O que importa é verificar a adequação objetiva entre o ato praticado e o resultado produzido.

[961] Sobre os conceitos de ato realizado no mercado e com finalidade concorrencial cf. José Massaguer, *Comentario a la ley de Competencia Desleal* cit., pp. 119 e ss. O autor chama a atenção para a estreita relação entre os dois requisitos: "a realização no mercado expressa a aptidão da con-

Deste modo, o ato de concorrência deve ser um ato externo produzido no mercado com finalidade concorrencial.

Isto significa que ficam excluídos os atos que, embora não sejam imunes a uma finalidade concorrencial, não sejam atos de (e no) mercado[962] e os atos que se esgotem no âmbito da organização interna ou da esfera jurídica de cada concorrente[963].

Por último, um ato de concorrência desleal pressupõe, salvo os casos excecionais de concorrência temporal potencial, que o autor do ato seja um concorrente. Para ser concorrente é condição necessária e suficiente tratar-se de um agente económico suscetível de influenciar o mercado, independentemente, quer da sua natureza jurídica, quer da dimensão ou natureza empresarial da sua unidade económica[964].

Do lado passivo, depende do tipo de atos desleais. É possível tanto a lesão direta de um concorrente determinado como, v.g. nos atos enganosos, a lesão de interesses coletivos de concorrentes e dos consumidores.

3.2. Contrário a normas e usos honestos

O ato de concorrência deve ser contrário a normas e usos honestos comerciais de uma atividade económica.

A opção legislativa não foi a de impor uma ética concorrencial, ou reenviar o intérprete para cláusulas gerais do direito (v.g. bons costumes ou boa fé),

duta para influenciar a estrutura e relações de mercado pelo facto de transcender o âmbito do sujeito que a realiza, enquanto a finalidade concorrencial expressa a efetiva relação da conduta com o processo de intercâmbio de bens ou serviços no mercado" (p. 122). O desvio de clientela, sendo um objetivo normal, não é essencial e pode não ser o dano mais relevante. Não se verifica, por exemplo, por definição, na concorrência parasitária, nem sequer é concebível como o dano principal, por exemplo, em atos de concorrência desleal no âmbito desportivo profissional, com natureza empresarial.

[962] Os atos de não pagamento de impostos ou de contribuições da segurança social, de corrupção de autoridades públicas ou de fogo posto numa empresa concorrente são atos ilícitos que podem ser valorados, igualmente, verificado o desvalor ético-comercial, como atos contrários a normas e usos honestos. Todavia, não podem ser considerados atos desleais de concorrência porque não preenchem o requisito de atos relacionais no mercado. Não são atos que se traduzem numa relação entre concorrentes, nessa qualidade, ou numa relação de mercado traduzida na oferta e procura de bens ou serviços. A concorrência desleal só visa punir condutas concorrenciais no mercado (concorrente-concorrente ou concorrente-consumidor) e não condutas na relação concorrente-Estado ou cidadão (concorrente) -Estado.

[963] Por exemplo, uma comunicação aos empregados sobre a organização interna e os métodos de trabalho de uma empresa concorrente.

[964] No mesmo sentido, Oliveira Ascensão, *Concorrência Desleal* cit., pp. 58 e ss.

mas antes aceitar as normas[965] e usos (num caso e noutro do que se trata em bom rigor é de padrões comerciais *codificados* ou não) próprios de um ramo ou setor de atividade económica. No entanto, há um limite: as normas de comportamento devem ser honestas. Isto significa que cabe aqui um controlo ético geral sobre a *bondade* das normas. Trata-se de uma solução ajustada. Não faria sentido o Direito aceitar passivamente uma qualquer *moral empresarial*[966].

A deslealdade afere-se por violação autónoma de normas sociais de conduta e não por violação de normas legais, ainda que possa haver atos desleais que possam ser também atos ilegais (v.g. violação desleal de uma marca registada). Mas os requisitos de apreciação valorativa do ato desleal são autónomos. Ainda que num caso concreto possa ter lugar o concurso de ambas as disciplinas isso acontece porque, circunstancialmente, se verificam, cumulativamente, os pressupostos autónomos de atuação do instituto legal em causa e do instituto de concorrência desleal.

3.3. De qualquer ramo de atividade económica

O legislador, no CPI de 1995, tinha prescindido do qualificativo "económica" (art. 260º). Interpretando esta omissão, Oliveira Ascensão afirmava existir uma "evidente intenção extensiva nesta proposição" e uma consequência desta alteração seria a de ser difícil sustentar que a concorrência desleal não se aplicaria às profissões liberais[967].

Pensamos que a questão não pode ser resolvida a partir da inclusão ou exclusão da expressão "económica". As profissões liberais também desenvolvem uma atividade económica. De outra forma como aceitar, à luz do disposto no artigo 980º do Código Civil que pressupõe o requisito da atividade económica no conceito de sociedade, que haja sociedades cujo objeto seja o exercício de profissões liberais?

O problema é um outro: o que se deve indagar é se há razões ou não para alargar a concorrência desleal às profissões liberais.

Na nossa opinião, não devemos dar uma resposta única. A situação das profissões liberais não é estruturalmente homogénea.

Ainda há lugar para dois modos essencialmente distintos de exercer a profissão: ou em moldes tradicionais, individual ou societariamente, mas em que a

[965] Patrício Paúl, "Os Pressupostos da concorrência desleal", in AA.VV., *Concorrência desleal* cit., p. 44, defende que "as normas aí mencionadas deverão sobretudo entender-se como sendo as regras constantes dos códigos de (boa) conduta, elaborados, com crescente frequência, por diversas associações profissionais, traduzindo uma manifestação da autonomia privada". Cf., ainda, no mesmo sentido, Oliveira Ascensão, *Concorrência Desleal, cit.*, pp. 155 e ss.

[966] No mesmo sentido Vanzetti/Di Cataldo, *Manuale* cit., pp. 25 a 31.

[967] Oliveira Ascensão, *Concorrência Desleal, cit.*, p. 173.

pessoa do profissional é o mais importante, ou em moldes empresariais em que a organização sobreleva ou pelo menos reveste tanta importância como os profissionais que a servem. Em relação ao primeiro modo ainda há que distinguir as profissões organizadas em ordens profissionais e as não protegidas.

Feitas estas destrinças somos de opinião que a aplicação da concorrência desleal é justificável no caso das profissões liberais (protegidas ou não protegidas) organizadas empresarialmente e no caso das profissões liberais não organizadas empresarialmente, mas não sujeitas a um controlo público de exercício.

Em relação às profissões liberais protegidas, exercidas não empresarialmente, pensamos que a especificidade destas atividades e a deontologia, muito exigente e rigorosa, a que estão sujeitos os seus profissionais justifica a não aplicação do instituto repressivo da concorrência desleal. As sanções disciplinares previstas, algumas delas muito severas, são suficientes para a solução dos principais problemas de deslealdade profissional. As eventuais situações não cobertas, mas abrangidas pelo instituto da concorrência desleal, não são aplicáveis atendendo ao modo de exercício pessoal (e não empresarial) da profissão[968].

Com estas reservas a concorrência desleal abrange o conjunto de atividades económicas, de produção e comercialização de bens e de prestação de serviços, excluindo as atividades de cunho exclusivamente cultural, político e religioso.

4. Tipologia de atos desleais

Os atos desleais típicos encontram-se previstos nas várias alíneas do nº 1 do art. 311º.

No art. 311º distinguem-se, segundo o critério do conteúdo e de acordo com a nossa posição, os atos de confusão (alª a)), os atos de descrédito (alª b)), os atos de aproveitamento (alª c)) e os atos enganosos (als. d), e), f))[969].

[968] *De iure constituto*, temos de reconhecer, esta posição ficou mais fragilizada depois da entrada em vigor da Lei nº 2/2013, de 10 de janeiro que aprovou o regime jurídico de criação, organização e funcionamento das associações públicas profissionais. Na verdade, o artigo 26º, nº 1 dispõe que "Sem prejuízo das normas técnicas e dos princípios e regras deontológicos aplicáveis, o exercício da profissão deve observar o princípio da livre concorrência, bem como as regras da defesa da concorrência e de proteção contra a concorrência desleal." Mas a posição ainda pode sobreviver com o recurso à interpretação restritiva, face aos argumentos aduzidos no texto.

[969] Nuno Sousa e Silva, *Concorrência Desleal e Propriedade Intelectual* cit., na senda de Oliveira Ascensão, defende uma classificação tripartida: atos de engano (incluindo confusão e indução em erro); atos de agressão; atos de proveitamento (*stricto sensu*), p. 237. Nesta obra (tese de doutoramento) conclui que os atos de aproveitamento só podem constituir concorrência desleal quando sejam qualificados como atos de engano e atos de agressão (os designados atos de aproveitamento em sentido amplo). Ou seja, a categoria dos puros atos de aproveitamento (ou atos de aproveitamento em sentido estrito) não tem autonomia no instituto da concorrência desleal (p. 483).

Os atos de violação da proteção dos segredos comerciais, previstos no art. 313º, com a transposição da respetiva Diretiva com o actual CPI, justificam uma qualificação específica, autonomizada do instituto da concorrência desleal, deixando de ser um ato desleal típico (uma conduta que se pune) para passar a ser uma espécie de *quase direito* de propriedade industrial.

4.1. Atos de Confusão

O ato de confusão, em ato ou potência[970], pode verificar-se em relação à empresa, o estabelecimento, produtos ou serviços dos concorrentes, qualquer que seja o meio empregue (alª a). A fonte distante da norma é o art. 10º bis nº 3, 1º da CUP (Revisão de Haia de 1925) que obriga os Estados membros a proibir todos os atos suscetíveis de, por qualquer meio, estabelecer confusão com o estabelecimento, os produtos ou a atividade industrial ou comercial de um concorrente.

A confusão pode verificar-se, pois, quer pelo uso de sinais bidimensionais (nominativos, figurativos ou mistos) destinados a distinguir a empresa, estabelecimento, produtos ou serviços, quer pela adoção de outros meios distintivos, como a aparência do estabelecimento (*v.g.* estilo arquitetónico, decoração) ou sinais tridimensionais como a apresentação dos produtos.

Podemos ter três tipos de situações geradoras de confusão:

1ª o uso de sinais distintivos protegidos por direitos privativos industriais, essencialmente a firma, logótipo e a marca;

2ª o uso de sinais distintivos típicos suscetíveis de proteção individualizada, mas não protegidos;

3ª o uso de sinais ou meios distintivos atípicos insuscetíveis de proteção individual.

1ª Situação

Esta situação suscita, inevitavelmente, o problema das relações entre as normas da concorrência desleal e as normas da propriedade industrial. A nossa posição é a de que estamos perante institutos autónomos e não perante normas que se relacionam, entre si, numa relação de género e espécie[971]. Ainda que, num caso concreto, possa ter lugar o concurso de ambas as disciplinas isso não

[970] Não é exigível a prova de uma confusão efetiva e prejudicial, mas é bastante o perigo de que a mesma aconteça. A lei fala de "atos suscetíveis de criar confusão" (cf. alª a)). Sobre a problemática da noção de ato perigoso, embora no contexto legislativo anterior que consagrava a natureza criminal deste ilícito, *vide*, Oliveira Ascensão, *Concorrência desleal* cit., pp. 191 e ss (especialmente pp. 204 e ss).

[971] Cf. Introdução 1.2.

significa que concorram diretamente na proteção do mesmo bem, mas que, circunstancialmente, se verificam, cumulativamente, os pressupostos autónomos de atuação de cada instituto.

Nestas hipóteses em que as normas de tutela dos direitos privativos se justapõem às da concorrência desleal pode ter lugar um concurso de normas.

Admitamos um ato de confusão com um produto identificado com uma marca registada.

É preciso distinguir os dois planos: uma coisa é a confusão entre as marcas dos dois produtos e a relevância da propriedade industrial; outra é a confusão entre os dois produtos e a repressão da concorrência desleal.

No primeiro caso, a apreciação limita-se ao quadro legal do direito de marcas e à verificação dos requisitos, e só esses, previstos no art. 238º, nº 1 (prioridade da marca registada; identidade ou afinidade dos produtos; semelhança entre os sinais). Nada mais.

No segundo caso, a apreciação pode ter de ser mais ampla: para haver um ato desleal de confusão entre produtos pode, em alguns casos, não bastar a confusão entre os sinais distintivos mesmo que um deles se encontre registado, mas ainda ser necessário que, por exemplo, à usurpação de marca registada (o que implica um uso típico dos sinais) se junte ainda a confusão objectiva dos produtos (para a qual pode não ser bastante a confusão dos sinais ou o seu uso típico), a relação de concorrência (e não um simples comportamento de mercado de um não concorrente) e a contrariedade de normas ou usos honestos comerciais (para além da violação da norma legal).

Se, como defendemos, estes institutos são juridicamente autónomos parece-nos mais coerente sustentar a solução do cúmulo civil das referidas normas e não a solução do mero concurso aparente, com sacrifício da aplicação das normas de concorrência desleal.

2ª Situação

O ato desleal atinge bens suscetíveis de proteção, por revestirem capacidade distintiva e não serem confundíveis com sinais anteriores, mas não cobertos por um direito privativo (v.g. marca de facto, marca notória[972] e marca de prestígio[973] não registadas[974] ou logótipo não registado). A concorrência desleal visa, nestes casos, proteger uma situação objetiva de mercado juridicamente

[972] Para mais desenvolvimentos, *vide* Parte III, cap. IV, 9.

[973] Para mais desenvolvimentos, *vide*, Parte III, cap. IV, 10.

[974] Todavia, a proteção da marca notória e de prestígio não registadas é substancialmente reforçada, com dignidade penal, se o respetivo titular houver já solicitado o registo das mesmas em Portugal, de acordo com o disposto no art. 320º als. g) e h).

relevante. O concorrente lesado tem de efetuar a prova de uso e da capacidade distintiva do sinal respetivo[975].

3ª Situação

Na terceira situação cabem, residualmente, as situações em que um concorrente usa meios ou sinais distintivos alheios não passíveis de proteção exclusiva. São os casos, por exemplo, da imitação da apresentação de um estabelecimento ou da *imitação servil*[976] (do produto ou continente[977]). A forma do produto ou embalagem não pode revestir a natureza de forma própria de modelo de utilidade ou de desenho ou modelo, pois, de outro modo, a proteção tendencialmente intemporal da concorrência desleal colidiria com a proteção temporalmente limitada das normas reguladoras daqueles direitos de propriedade industrial.

Sublinhe-se que a apreciação do ato desleal de confusão neste conjunto de situações deve pautar-se por um critério mais exigente, atendendo ao maior risco potencial de conflito com o princípio da livre concorrência e o princípio da tipicidade dos bens incorpóreos. Neste sentido, a concorrência desleal só deve operar se o bem atingido revestir um mínimo de originalidade[978].

O ato de confusão deve normalmente ser aferido pelo critério de um consumidor médio dotado de média inteligência, diligência e perspicácia. Todavia, não se deve perder de vista os bens, elementos ou meios em questão e admitir um diferente perfil em função da natureza da empresa ou das características e preço dos produtos e serviços.

[975] Como se trata de proteger uma situação de facto conquistada legitimamente no mercado parece-nos que faz todo o sentido aceitar que a capacidade distintiva possa advir também por recurso ao *secondary meaning*, no caso da marca não registada. Se é possível invocar o *secondary meaning*, no momento do registo da marca por efeito do uso então afigura-se coerente invocá-lo para acionar um concorrente por concorrência desleal. Quem permite o mais (leia-se a possibilidade de atribuição de um direito privativo sobre um sinal originariamente indistintivo), permite o menos (leia-se a possibilidade de recurso à concorrência desleal para punir uma conduta desleal de um concorrente). Sobre o *secondary meaning* cf. Parte III, cap. III, 2.2.

[976] A *imitação servil* é um conceito de origem italiana que corresponde aos atos desleais de confusão do produto previstos no art. 2598º nº 1, *in fine*, do C.C. A bibliografia sobre a imitação servil é muito vasta. Para mais desenvolvimentos *vide*, por todos, Sanzo, *La Concorrenza sleale* cit., pp. 342 e ss.

[977] No pressuposto de que não se trate de uma forma de produto ou embalagem suscetível de proteção como marca tridimensional, permitida pelo disposto no art. 208º, preenchidos os requisitos impostos pelo art. 209º nº 1 alª b) do CPI. Nesta hipótese, caberia na situação anterior referida no texto.

[978] Tendo também em conta este requisito (entre outros) para ter lugar a imitação servil, Pedro Sousa e Silva, *Direito Industrial*, 2019, pp. 450 e ss.

Nesta perspetiva, faz sentido, na nossa opinião, admitir ao lado da figura do consumidor médio (menos diligente no caso dos produtos terem um baixo preço e um largo consumo), a figura do consumidor profissional e especializado no caso de a empresa ser mais especializada e os produtos e serviços serem normalmente adquiridos por profissionais ou peritos e ainda no caso dos preços dos produtos e serviços serem mais seletivos.

O conceito de confusão pode ser em sentido estrito ou em sentido amplo.

O primeiro traduz-se na confusão típica de tomar uma empresa, estabelecimento ou prestações de um concorrente pela empresa, estabelecimento ou prestações de outro concorrente e na inevitável confusão quanto à origem.

O segundo, consiste na confusão atípica, por risco de associação, em que o público consumidor, não obstante não estabelecer confusão quanto à origem, incorre no risco de pensar existir uma qualquer relação de tipo jurídico, económico ou comercial entre as diferentes origens.

O conceito de risco de associação vem sendo recortado, juridicamente, como uma modalidade do risco de confusão. Isto permite, na nossa opinião, que o risco de associação possa ser aplicável igualmente à concorrência desleal. Como o próprio TJ teve oportunidade de esclarecer, no sentido que consideramos correto, "o risco de associação não é uma alternativa ao conceito de risco de confusão, mas serve para definir o alcance deste"[979].

4.2. Atos de Descrédito

O ato de descrédito verifica-se quando um concorrente faça falsas afirmações no mercado com o fim de desacreditar os concorrentes (art. 311º, nº 1 alª b)).

A deslealdade ocorre se o ato puder produzir um dano concorrencial de diminuição da confiança que um concorrente goza no mercado traduzido, por exemplo, na perda de clientes, na quebra de negócios com fornecedores ou na desconfiança por parte das instituições de crédito.

Este ato desleal pressupõe, normalmente, a divulgação plural junto de um conjunto de destinatários, operadores económicos, mas pode ocorrer, igualmente, no caso de uma divulgação singular, desde que a mesma seja bastante para provocar dano concorrencial. Já não relevará, para efeitos de concorrência desleal, a comunicação que se produza apenas em direção ao concorrente-alvo.

O ilícito abrange todo o tipo de informações objetivas falsas, consciente ou inconscientemente falsas[980], relacionadas com a atividade económica de um

[979] Ac. de 11/11/97, C-251/95, *(Sabel BV v. Puma AG)*. Sobre esta decisão, *vide* o nosso comentário "A "marca" do Tribunal de Justiça no direito de marcas", in *Estudos em Homenagem à Professora Doutora Isabel Magalhães Collaço*, Almedina, 2002, vol. II, pp. 81 e ss.

[980] A circunstância de o concorrente pensar que as informações seriam verdadeiras não retira a deslealdade ao ato. Não se pode consentir que um concorrente possa prejudicar outro e fique

concorrente (produtos, serviços, reputação, clientela, instalações, gestão, pessoal, situação económica, competência profissional, contratos etc.), feitas com o fim de provocar dano no *ativo intangível* do concorrente (ou reputação comercial) com a exceção de afirmações de índole estritamente pessoal ou privada.

A denegrição de um concorrente pode revestir igualmente natureza de ilícito penal (v.g. difamação, injúria)[981]. No entanto, não olvidemos que a concorrência desleal é um instituto jurídico autónomo que visa reprimir condutas concorrenciais e não tutelar valores jurídicos fundamentais da comunidade como o direito penal.

Não se verifica a *facti species* se as afirmações forem verdadeiras. Este aspeto é especialmente relevante, igualmente, na chamada publicidade comparativa cuja admissibilidade decorre da verificação das condições estabelecidas no art. 16º do Código da Publicidade[982].

Se uma informação verdadeira não é subsumível à alª b) pode colocar-se a questão de saber se essa situação não caberá no proémio do artigo 311º. Pensamos que não haverá lugar para falar em concorrência desleal se a informação for verdadeira e apresentada de modo objetivo (isto é, sem apreciação subjetiva num contexto forjado para prejudicar, a chamada "verdade tendenciosa" como lhe chama a jurisprudência italiana[983]) ainda que, como é óbvio, a verdade possa "magoar", isto é, possa contribuir para o descrédito de um concorrente[984].

As meras afirmações de descrédito de opinião (não objetivas) também não preenchem os requisitos do tipo legal, mas podem caber no proémio se atentarem contra as "normas e usos honestos".

O sujeito passivo do ato desleal não tem que ser identificado diretamente, mas tem de ser identificável. Isto significa, por um lado, que não releva um ato de descrédito genérico e, por outro, que o concorrente ou conjunto de concorrentes atingidos não têm de ser explicitamente referidos, podendo ser apenas referenciado(s) pela natureza, individual ou plural, do bem e interesses atingidos.

imune à concorrência desleal alegando que não tinha consciência da falsidade das afirmações. Ainda assim restaria sempre a deslealdade de proferir informações graves sem ter o cuidado exigível de as comprovar.

981 Por exemplo, se um concorrente acusa outro, de falsificar os produtos de forma a prejudicar a saúde pública, de coagir as trabalhadoras a não engravidarem, de contrabando, etc.

982 Aprovado pelo Dec-Lei nº 330/90, de 23/10. A atual redação do art. 16º foi introduzida pelo Dec-Lei nº 275/98 de 9/9.

983 Cf. Sanzo, *La Concorrenza Sleale* cit., pp. 373 e ss.

984 Informando, por exemplo, que os produtos são vendidos a preços mais baixos porque apresentam defeito de fabrico não advertido ao consumidor, que o concorrente não cumpre as suas obrigações dentro dos prazos ou que tem salários em atraso, etc.

4.3. Atos de Aproveitamento

Os atos de aproveitamento estão previstos na alª c) do nº 1 do art. 311º: "invocações ou referências não autorizadas feitas com o fim de beneficiar do crédito ou da reputação de um nome, estabelecimento ou marca alheios".

Para se verificar o ato desleal é necessário que a invocação ou referência não seja autorizada, seja contrária às normas e usos honestos e tenha por fim o benefício ilegítimo do autor.

Isto significa que ficam afastadas as referências autorizadas (a título oneroso ou gratuito), as referências lícitas ou não contrárias à ética comercial de um ramo de atividade económica (como, v.g., a utilização lícita da marca de outrem prevista no art. 254º) e, por último, as referências *ingénuas* que não visam a obtenção de qualquer benefício podendo mesmo acarretar prejuízo.

A *facti species* não menciona a falsidade da referência. O significado desta omissão legal parece ser o de, em princípio, serem proibidas tanto as referências falsas como as referências verdadeiras.

De todo o modo, parece-nos recomendável que nem toda a indicação verdadeira não autorizada seja considerada desleal. Aplicando aqui um critério utilizado a propósito da situação anterior, pensamos que não haverá concorrência desleal se a referência for verdadeira e apresentada de modo objetivo sem ser num contexto forjado para obter benefício.

4.4. Atos Enganosos

a) O primeiro tipo de ato enganoso encontra-se previsto na alª d): "falsas indicações de crédito ou reputação próprios, respeitantes ao capital ou situação financeira do estabelecimento, à natureza ou âmbito das suas atividades e negócios e à qualidade ou quantidade da clientela".

O traço essencial deste tipo legal é a falsidade das indicações e o engano dos consumidores. Trata-se de difundir uma imagem empresarial enganosa com o objetivo de alcançar um benefício ilegítimo no mercado. Não cabem na *facti species* as afirmações exageradas (publicidade superlativa), feitas com *dolus bonus,* na convicção de os consumidores não as tomarem à letra, os juízos de apreciação subjetiva de natureza opinativa ou as considerações objetivamente comprováveis, ainda que revestindo carácter auto-promocional.

b) O segundo está regulado na alª e): "as falsas descrições ou indicações sobre a natureza, qualidade ou utilidade dos produtos ou serviços, bem como as falsas indicações de proveniência, de localidade, região ou território, de fábrica, oficina, propriedade ou estabelecimento, seja qual for o modo adotado".

A falsa indicação de proveniência só deverá relevar se a indicação de origem for usada de forma séria, de modo a induzir o consumidor em erro, e não de forma manifestamente fantasiosa da qual resulte evidente que não há, nem pode haver, qualquer conexão relevante entre a indicação e a origem do produto.

A nossa lei continua a restringir os atos enganosos típicos aos atos que produzem falsidade não incluindo aqueles que provoquem simples erro. Isto significa que o ato deve ser objetivamente contrário à verdade não sendo bastante que o ato seja subjetivamente enganoso suscetível de provocar uma discrepância entre o entendimento da informação feito pelo consumidor e a realidade. Por outro lado, a exigência do requisito da falsidade afasta o ato de omissão de informação como um ato tipicamente enganoso.

O ato enganoso só é relevante se tiver lugar no mercado, revestir um conteúdo fáctico (correspondente a descrições relevantes dos produtos ou serviços e não a meros juízos de valor) e for suscetível de ludibriar a decisão dos consumidores.

c) O terceiro tipo é o previsto na alª f): "supressão, ocultação ou alteração, por parte do vendedor ou de qualquer intermediário, da denominação de origem ou indicação geográfica dos produtos ou da marca registada do produtor ou fabricante em produtos destinados à venda e que não tenham sofrido modificação no seu acondicionamento".

São atos enganosos porque consistem numa falsa apresentação do produto, traduzida na ocultação ou deturpação da denominação de origem ou da marca registadas do produto feita pelo vendedor ou por um qualquer intermediário.

Como já sabemos, com o primeiro ato de comercialização dos produtos identificados pela marca praticado pelo titular ou por terceiro com o seu consentimento esgota-se o direito de o titular controlar a circulação e distribuição desses produtos. É o chamado esgotamento do direito de marca previsto no art. 253º do CPI que tem eficácia a nível do espaço económico europeu.

No entanto, o esgotamento só opera se não houver motivos legítimos que justifiquem que o titular se oponha à comercialização posterior dos produtos (art. 253º, nº 2). Um desses motivos será o de um vendedor ou intermediário ter ocultado a marca do produto ou a ter modificado, sem que tenha havido qualquer reacondicionamento ou re-rotulagem. No caso de reembalagem ou re-rotulagem a jurisprudência do Tribunal de Justiça da União Europeia elaborou um conjunto de orientações segundo as quais esse procedimento será lícito:

- se, doutro modo, o exercício do direito de marca pelo seu titular, em função do sistema de distribuição por ele adotado, contribuir para compartimentar artificialmente os mercados entre os Estados membros;
- se se demonstrar que o reacondicionamento não pode afetar o estado original do produto;

- se o titular da marca for notificado previamente da colocação do produto reacondicionado;
- se na nova embalagem se indicar quem reacondicionou o produto e o nome do titular;
- se a nova apresentação do produto não for de molde a causar prejuízo à reputação da marca e do seu titular[985].

5. Atos desleais atípicos

Para além dos atos desleais tipicamente previstos, nas várias alíneas do nº 1 do art. 311º, pode haver atos desleais atípicos, que caibam apenas no proémio do referido artigo. Serão atos desleais que, como tais, podem configurar a natureza de ilícito contraordenacional e mesmo cível, se houver dano e culpa.

Um exemplo de um ato atípico, que merece especial atenção por parte da literatura estrangeira especializada, é a chamada concorrência parasitária[986].

A concorrência parasitária é um conceito, trabalhado pela doutrina italiana, que consiste na atuação de um concorrente que segue, de modo sistemático, continuado, próximo e essencial, ainda que não provoque confusão, as iniciativas e ideias empresariais de outro concorrente[987]/[988].

Outro exemplo poderá ser o do aliciamento de trabalhadores, desde que essa subtração seja feita com a intenção de desorganizar ou desagregar a empresa do concorrente (*animus nocendi*). É óbvio que não será concorrência desleal

985 Cf. as indicações jurisprudenciais, Parte III, cap. V, 2.2.

986 Há doutrina que distingue a concorrência parasitária, propriamente dita, da imitação sistemática, considerando que esta, ao contrário da primeira, visa afastar o concorrente do mercado. O parasita, por definição, mantém uma dependência do concorrente parasitado; o imitador tem uma estratégia de neutralizar o concorrente imitado. Sobre este apuro conceitual *vide* Eva Dominguez Pérez, *Competencia desleal através de actos de imitación sistemática* cit., pp. 141 e ss.

987 Sanzo, *La concorrenza sleale* cit., pp. 277 e ss referindo-se ao primeiro caso (*Motta v. Alemagna*) em que o Supremo Tribunal Italiano (por sentença de 17/04/1962 que pode ser vista *in* RDI, II, 1962, pp. 12-31), considerou a concorrência parasitária um ato desleal de concorrência.

988 Na doutrina portuguesa Ana Amorim, *Parasitismo Económico e Direito* cit., pp. 43 e ss, defende uma perspetiva unitária de parasitismo económico, como uma categoria ampla de atuações em que um *concorrente vive à custa alheia*, que abrange, tanto a concorrência parasitária em sentido tradicional (por imitação sistemática), como o aproveitamento (em atos isolados). A unidade da figura é qualitativa e não quantitativa: o que importa é o aproveitamento da reputação (normalmente ligado aos sinais distintivos) e dos investimentos intelectuais e materiais alheios (normalmente ligado às criações intelectuais). Para mais desenvolvimentos, com referências jurisprudenciais portuguesas sobre a utilização e disponibilização aos consumidores de listas de equivalências de perfumes por cadeias de comercialização que comparam os seus produtos de baixo custo com marcas registadas concorrentes, cfr. Ana Amorim, "Marca, Publicidade Comparativa e Concorrência Desleal: as Listas de Equivalências de Perfumes na Jurisprudência Portuguesa", RDInt., nº 2-2019, pp. 265 e ss.

contratar trabalhadores de terceiros. O que será desleal é contratar não com o fim normal de renovação e melhoria de quadros da empresa contratante, mas com o fim *desleal* de prejudicar seriamente a empresa concorrente. Tudo passa por uma apreciação concreta de uma série de circunstâncias, v.g., qualificação dos trabalhadores, número de trabalhadores, respetivas funções, consequências para o funcionamento, grau de proximidade da atividade económica, etc.[989].

A análise dos hipotéticos atos atípicos desleais não se afigura tarefa fácil. Nessa tarefa deve ter-se sempre presente as fronteiras do instituto da concorrência desleal com os institutos da concorrência ilícita e das normas de defesa da concorrência (legislação *anti-trust)*.

6. Natureza Jurídica da Concorrência Desleal

Como já tivemos oportunidade de escrever[990], o direito industrial é o sub-ramo do direito comercial que surgiu para resolver um problema que se manifestava com particular especificidade: a necessidade de proteger os modos de *afirmação económica da empresa,* em mercado de livre concorrência e produção em massa. Essa proteção concretiza-se por duas vias distintas: pela atribuição de *direitos privativos* em relação a concretas formas de afirmação e pela *proibição de determinados comportamentos* concorrenciais. Pela primeira via (propriedade industrial) é possível proteger, eficazmente, conforme o caso, a afirmação *técnica* (patentes de invenção e modelos de utilidade, de um modo especial), *estética* (desenhos ou modelos) e *distintiva* (sinais distintivos) da empresa; pela segunda via (a concorrência desleal), é possível garantir que não seja prejudicada a afirmação autónoma de uma empresa e-ou seja possível a afirmação desleal de uma outra.

O direito industrial protege a afirmação da empresa e, portanto, a sua principal preocupação é a defesa da *atividade empresarial concreta.* Essa defesa é feita através de dois mecanismos legais: pela atribuição de direitos privativos (propriedade industrial) e pela proibição de determinadas condutas (proibição da concorrência desleal).

O instituto da concorrência desleal, embora não conceda nenhum direito subjetivo aos concorrentes, porquanto, essencialmente, estabelece uma proibição de atos desleais, reconhece a cada um deles um interesse juridicamente protegido.

Adotamos assim uma conceção objetivista da concorrência desleal. O que está em causa não é a atribuição de direitos, mas a proibição de condutas.

[989] Outro exemplo, que se retira do que escrevemos a propósito dos atos enganosos, é o ato suscetível de provocar erro, mas que não seja, em si mesmo, falso (ver ponto 4.4. supra).

[990] Cf. Introdução, 1.2.

Contraposta a esta perspetiva estão as correntes que aceitam uma natureza mais subjetivista. Há duas correntes principais: uma primeira, de índole personalista, centrada na tutela do direito de personalidade do concorrente ao livre exercício da sua atividade ou à lealdade de concorrência; uma segunda, de índole patrimonialista, centrada na defesa de direitos ligados à empresa ou a bens a esta afetos, sustentando que o instituto visa proteger o estabelecimento como um todo ou alguns dos seus valores, como o aviamento ou a clientela.

§. Autonomização do Ilícito da Violação dos Segredos Comerciais

O CPI-1995 (art. 260º alª i)) referia-se à "ilícita apropriação, utilização ou divulgação dos segredos da indústria ou comércio de outrem", como um ato desleal de concorrência.

No CPI-2003 a violação de segredos de negócio (art. 318º), no plano substancial, continuava a revestir a natureza de um tipo de ato desleal[991].

O CPI-2003 tinha uma previsão, aparentemente mais ampla, propondo a proteção das informações não divulgadas no âmbito da concorrência desleal, de acordo com o disposto no ADPIC (art. 39º)[992].

Tratava-se da proteção de "informações não divulgadas"[993] ou, melhor dito, de "segredos de negócios" (como constava do corpo do artigo 318º) e já não apenas de "segredos da indústria ou comércio"[994]/[995].

[991] O corpo do artigo 318º era suficientemente explícito em relação a este ponto: "Nos termos do artigo anterior (...)". Por sua vez, o art. 331º, em matéria de ilícito contraordenacional, remetia para os "actos de concorrência desleal definidos nos artigos 317º e 318º".

[992] O artigo 39º preceitua que "ao assegurar uma protecção efetiva contra a concorrência desleal, conforme previsto no artigo 10º bis da Convenção de Paris (1967), os membros protegerão as informações não divulgadas em conformidade com o disposto no nº 2 e os dados comunicados aos poderes públicos ou organismos públicos em conformidade com o disposto no nº 3".

[993] O legislador limitou-se a transpor a epígrafe do art. 39º do ADPIC.

[994] Relativamente à expressão "informações não divulgadas" (*undisclosed information*) adotada pelo ADPIC Daniel Gervais (*The TRIPS Agreement – Drafting History and Analysis*, 2008, p. 424), salienta que esta foi escolhida para evitar a ligação a uma expressão de qualquer sistema legal concreto. Mas, como reconhece o autor citado, o resultado pode ser enganoso, já que o que é protegido é não propriamente informação "não divulgada" (pois se ninguém a revelar a ninguém, não poderia ser usada de forma nenhuma), mas antes informação divulgada seletivamente e sob condições precisas".

[995] De acordo com Oliveira Ascensão (*Concorrência Desleal, cit.*, p. 469) esta diversidade de terminologia não é casual. Justifica-se pela preocupação que a ordem jurídica norte-americana tem com o segredo, levando a um empolamento da sua tutela. Aliás, como é sublinhado por Stefano Sandri (*La nuova disciplina della proprietè industriale dopo i GATT-TRIPs*, 2ª ed., 1999, p. 179, nota 1), "a proteção dos *trade secrets* no ADPIC foi fortemente desejada em sede negocial pelos EUA que, no final, acabaram por aceitar a posição dos países europeus baseada numa tutela diferenciada

O CPI-2018 transpôs a Diretiva (UE) 2016/943 do Parlamento Europeu e do Conselho, de 8 de junho de 2016, relativa à proteção de *know-how* e de informações comerciais confidenciais (segredos comerciais) contra a sua obtenção, utilização e divulgação ilegais[996].

A Diretiva usa o conceito de segredo comercial para abranger o know-how e as informações empresariais, que são confidenciais e que se pretende que permaneçam confidenciais (considerando nº 1).

Uma primeira ilação sobre o modo como foi transposta a Diretiva é o de que a violação de segredos deixou de ser um ato desleal de concorrência constituindo uma disciplina autónoma, com uma aplicação não restrita a concorrentes[997].

A desvinculação sistemática da proteção dos segredos do instituto da concorrência desleal está bem refletida nos artigos 330º (contraordenação económica muito grave de concorrência desleal) e 331º (contraordenação económica muito grave por violação de segredo comercial protegido)[998].

A Diretiva, como pode ler-se no preâmbulo do diploma que aprovou o CPI, "procura harmonizar entre os vários Estados Membros os níveis de proteção de que deve beneficiar um conjunto diversificado de *know-how* ou informações de natureza confidencial que hoje assumem uma importância crescente no quadro de uma economia do conhecimento, que faz assentar nas atividades de inovação e investigação um dos motores para o crescimento económico, para o progresso científico e tecnológico, para o emprego e para a competitividade das empresas".

(normas penais, direito do trabalho, concorrência desleal (...)), em vez da conferida pelo direito de propriedade, reconhecido pela *common law*".

[996] A Diretiva seguiu-se, de imediato, à promulgação nos EUA do *Defend Trade Secrets Act* de 2016, de 11 de maio, uma lei relevante que atribuiu "dignidade" federal à proteção do segredo de negócio.

[997] Ao contrário de Espanha e Itália onde continuam, explicitamente, a constituir ilícitos de concorrência desleal. Em Espanha, o artigo 13º da lei geral sobre concorrência desleal (Lei 3/1991 de 10 de janeiro) foi alterada passando a dispor o seguinte: "Considera-se desleal a violação de segredos empresariais, que se regulará pelo disposto na legislação sobre segredos comerciais". A Diretiva de 2016 foi transposta pela lei 1/2019 de 20 de fevereiro. Em Itália, o Decreto Legislativo de 11 de maio de 2018, n. 63, que transpôs a Diretiva, mantém a natureza de ilícito de concorrência desleal no artigo 99º do CPI de 2005. Na Alemanha a transposição, feita por lei avulsa (Lei de 18/04/2019, *GeschGehG*), traduz o reconhecimento de uma maior autonomia do ilícito – cfr. Roland Reinfeld, *Das neue Gesetz zum Schutz von Geschäftsgeheimnissen*, C.H. Beck, München, 2019.

[998] A qualificação de contraordenação *muito grave*, quer para a concorrência desleal, quer para a violação do segredo comercial, foi efetuada pelo DL nº 9/2021, de 29/01, que aprovou o Regime Jurídico das Contraordenações Económicas (RJCE), que estabelece o montante das coimas aplicáveis a este escalão de gravidade (art. 18º, al. c)).

"Os segredos comerciais são hoje em dia uma das formas mais comumente utilizadas pelas empresas para proteção da sua criação intelectual, sendo valorizados ao ponto de estas os utilizarem muitas vezes como complemento aos direitos de propriedade industrial".

A Diretiva pretende ser um contributo para minorar a "insuficiência do ordenamento jurídico em vigor, instituindo um conjunto de mecanismos de natureza civil que, sem pôr em causa os direitos e as liberdades fundamentais ou o interesse público, permita prevenir e reprimir práticas ilícitas neste domínio. Seguramente que um quadro legal reforçado, dotado de mecanismos jurídicos equilibrados e eficazes, servirá como um incentivo para que as empresas continuem a utilizar e a explorar com maior segurança os segredos comerciais, encorajando-as a prosseguir as suas atividades de inovação tão necessárias ao bom desempenho das economias e ao progresso social".

O CPI, na linha da orientação, discutível, da Diretiva, reproduz o conceito de "segredo comercial" (epígrafe do art. 313º). Não nos parece uma opção conceitual feliz, por ser redutora.

A Diretiva abrange segredos comerciais e industriais (*know-how*[999]) e teria sido mais vantajoso um conceito de espetro mais largo, como segredos empresariais ou, preferencialmente, negociais[1000]. Esta opção impõe a necessidade de distinguir segredos comerciais em sentido amplo e segredos comerciais em sentido estrito.

As informações cobertas por segredo comercial, de acordo com o art. 313º, nº 1, devem reunir, cumulativamente, três requisitos: a) serem secretas, no sentido de não serem geralmente conhecidas ou facilmente acessíveis, na sua globalidade ou na configuração e ligação exatas dos seus elementos constitutivos,

[999] Gómez Segade, num primeiro momento chegou mesmo a considerar coincidente o conceito de *know-how* e de segredo industrial – cf. *El secreto industrial* cit., pp. 159 e ss. Num segundo momento retificou a *radicalidade* inicial e reconheceu que o *know-how* também pode abranger conhecimento sobre ideias e processos comerciais (*Algunos aspectos de la licencia de know-how*, "Actas de Derecho Industrial" (ADI), VII, pp. 201 e ss). Mas o segredo industrial, entendido como todo o conjunto de conhecimentos técnicos patenteáveis ou não patenteáveis e de técnicas, fórmulas ou práticas industriais inovadoras, é a componente mais importante do conceito de *know-how* (saber-fazer). O *saber-fazer* é definido no Regulamento (UE) nº 316/2014 da Comissão de 21/03/2014 (JO nº L 93 de 28/03/2014), relativo à aplicação do artigo 101º, nº 3 do TFUE a certas categorias de acordos de transferência de tecnologia, como um conjunto de informações práticas, decorrentes da experiência e de ensaios, que são secretas, substanciais e identificadas (art. 1º, nº 1 alª i)). Para mais desenvolvimentos sobre o conceito, cf. Franchini Stufler, "Studi sull'evoluzione economica e giuridica del know-how e della sua tutela", RDI, II, 2005, pp. 363 e ss.

[1000] Este último com a vantagem de ser mais amplo e não deixar de fora os segredos ligados, por exemplo, a atividades económicas exercidas em moldes não empresariais, como por exemplo, em regra, as instituições dedicadas exclusivamente à investigação.

para pessoas dos círculos que lidam normalmente com o tipo de informações em questão; b) terem valor comercial pelo facto de serem secretas; c) terem sido objeto de diligências razoáveis, atendendo às circunstâncias, por parte da pessoa que detém legalmente o controlo das informações, no sentido de as manter secretas.

A proteção é extensiva aos segredos incorporados nas mercadorias cuja conceção, características, funcionamento, processo de produção ou comercialização beneficiam significativamente desses segredos comerciais obtidos, utilizados ou divulgados ilicitamente (art. 313º, nº 2).

O art. 314º estabelece que constitui ato ilícito a obtenção de um segredo comercial, sem o consentimento do respetivo titular, sempre que esse ato resulte:

a) Do acesso, da apropriação ou da cópia não autorizada de documentos, objetos, materiais, substâncias ou ficheiros eletrónicos, que estejam legalmente sob o controlo do titular do segredo comercial e que contenham este segredo ou a partir dos quais o mesmo seja dedutível;
b) De outra conduta que, nas circunstâncias específicas em que ocorre, seja considerada contrária às práticas comerciais honestas.

2 – Constitui ainda ato ilícito a utilização ou divulgação de um segredo comercial, sem o consentimento do respetivo titular, por pessoa que preencha uma das seguintes condições:

a) Tenha obtido o segredo comercial ilegalmente;
b) Viole um acordo de confidencialidade ou qualquer outro dever de não divulgar o segredo comercial;
c) Viole um dever contratual ou qualquer outro dever de limitar a utilização do segredo comercial.

3 – Constitui ainda ato ilícito a obtenção, utilização ou divulgação de um segredo comercial sempre que uma pessoa, no momento da obtenção, utilização ou divulgação, tivesse ou devesse ter tido conhecimento, nas circunstâncias específicas em que se encontrava, que o segredo comercial tinha sido obtido direta ou indiretamente de outra pessoa que o estava a utilizar ou divulgar ilegalmente nos termos do número anterior.

4 – É também considerada utilização ilícita de um segredo comercial a produção, oferta ou colocação no mercado de mercadorias em infração, ou a importação, exportação ou armazenamento de mercadorias em infração para aqueles fins, sempre que a pessoa que realize estas atividades tivesse ou devesse ter tido conhecimento, nas circunstâncias específicas em que se encontrava, que o segredo comercial tinha sido utilizado nas condições previstas no nº 2.

A obtenção, utilização e divulgação de um segredo comercial são consideradas lícitas (de acordo com o disposto no art. 315º) quando o segredo comercial resulte de: a) descoberta ou criação independente; b) observação, estudo, desmontagem ou teste de um produto ou objeto que tenha sido disponibilizado ao público ou que esteja legalmente na posse do adquirente da informação, não estando este sujeito a qualquer dever legalmente válido de limitar a aquisição do segredo comercial; c) exercício do direito dos trabalhadores, ou dos seus representantes, a informações e consultas em conformidade com as práticas nacionais ou com a lei; d) outra prática que, nas circunstâncias específicas em que ocorre, esteja em conformidade com as práticas comerciais honestas.

A violação de segredo comercial protegido constitui um ilícito contraordenacional económico muito grave (art. 331º)[1001], sendo punido, com as coimas previstas no artigo 18º, al. c) do RJCE, quem, sem o consentimento do titular do direito:

a) Obtiver segredo comercial que esteja legalmente sob o controlo do seu titular, por ato que resulte do acesso ou apropriação não autorizados de qualquer suporte que contenha esse segredo, ou a partir do qual seja possível inferi-lo, ou por meio de conduta contrária às práticas comerciais honestas;
b) Utilizar ou divulgar segredo comercial, tendo obtido esse segredo ilegalmente ou com violação de um acordo de confidencialidade ou de qualquer outro dever de não o divulgar;
c) Utilizar ou divulgar segredo comercial com violação de um dever contratual ou de qualquer outro dever de limitar a utilização do segredo comercial;
d) Obtiver, utilizar ou divulgar segredo comercial, com conhecimento ou com o dever de conhecer, nas circunstâncias específicas em que se encontrava, que o segredo comercial tinha sido obtido direta ou indiretamente de outra pessoa que o estava a utilizar ou divulgar ilegalmente nos termos da alínea b) e da alínea anterior;
e) Fabricar, oferecer para venda, colocar no mercado, importar, exportar ou armazenar para esses fins produtos, com conhecimento ou com dever de conhecer, nas circunstâncias específicas em que se encontrava, que o segredo comercial tinha sido utilizado nas condições previstas nas alíneas b) e c).

O quadro legal reforçado de medidas e procedimentos cautelares de proteção dos segredos encontra-se em múltiplas disposições legais, sendo de destacar as seguintes:

a) Medidas para obtenção da prova (art. 339º);

[1001] Embora também possa constituir um ilícito penal (cf. artigos 195º e 196º do Código Penal).

b) Medidas de preservação da prova (art. 340º);
c) Obrigação de prestar informações (art. 344º);
d) Decretamento de providências cautelares e de sanções pecuniárias compulsórias (art. 345º);
e) Arresto de bens suspeitos de violarem segredos (art. 346º);
f) Pedido de indemnização (art. 347º);
g) Fixação de sanções acessórias (art. 348º);
h) Imposição de medidas inibitórias (art. 349º).

Os artigos 351º a 357º contemplam um conjunto de normas especiais aplicáveis apenas aos segredos comerciais que, em síntese: i) consagram limites e exceções à adoção das medidas, procedimentos e vias de reparação reguladas nos artigos anteriores indicados (art. 351º); ii) visam a preservação da confidencialidade dos segredos comerciais em processos judiciais (art. 352º); iii) estabelecem o prazo de prescrição de 5 anos, que começa a correr no momento em que o direito puder ser exercido (art. 353º); iv) limitam o decretamento de providências cautelares (art. 354º); v) concretizam a aplicação de sanções acessórias (art. 355º) e de medidas inibitórias (art. 356º).

Este expressivo regime legal, associado à proteção dos direitos de propriedade industrial, por um lado, e com disposições especiais, por outro, dão consistência à aludida autonomização legal deste ilícito, referida a início.

Face a este referencial normativo, já não podemos encarar a violação do segredo comercial como ato desleal, tanto mais que não é exigível uma relação de concorrência[1002]. Vai para além disso, parecendo aproximar-se, em diferentes mecanismos legais, mais a um *quase direito*[1003] que se desrespeita do que uma simples conduta que se pune.

Neste tópico, também reveste relevância jurídica o referido no nº 2 do art. 313º, que contempla a proteção dos segredos contidos nas mercadorias cuja conceção, características, funcionamento, processo de produção ou comercia-

[1002] Não obstante a aproximação aos direitos de propriedade industrial, o regime jurídico dos segredos comerciais, continua a manter uma dimensão valorativa característica da concorrência desleal (cf. o disposto nos arts. 314º, nº 1, al. b) e 315º, al. e) do CPI).

[1003] Ou *quase exclusivo*, como chama ao estatuto do segredo comercial, Dário Moura Vicente, *Propriedade Intelectual – estudos vários*, AAFDL, Lisboa, 2018, p. 309 e "Proteção do Know-How, Segredo de Negócios e Direito Intelectual", RDInt., 2-2018, p. 118. Em Espanha, no preâmbulo da *Ley de Secretos Empresariales*, aprovado pela Lei 1/2019, de 20 de fevereiro, qualifica o segredo como direito subjetivo de natureza patrimonial, suscetível de de transmissão e liçença. Sobre a figura, cf. Nuno Sousa e Silva, "A nova disciplina dos segredos de negócio: análise e sugestões", RDInt., nº 1-2019, pp. 49 e ss.

lização beneficiam significativamente desses segredos comerciais obtidos, utilizados ou divulgados ilicitamente.

Esta solução representa uma "objetivação" da proteção por via do segredo, constituindo um desvio ao âmbito de aplicação tradicional desta figura, confirmando, também por esta via, a autonomia, no plano jurídico, ante o instituto da concorrência desleal. Na previsão da norma, não estamos a tratar de meras condutas desleais que se punem como ilícitos contraordenacionais, mas de atos que se estendem à proteção de utilização de "produtos" que incorporam segredos ilicitamente, cujo regime se afigura mais próximo (repetimos) da violação do conteúdo de um *quase direito*[1004].

[1004] Os segredos comerciais, enquanto forma utilizada para proteção da criação intelectual e do "know-how" inovador, não podem ser considerados direitos de propriedade industrial pois pressupõem, por definição, a recusa nessa via de proteção. Por essa razão, representam, assumidamente, uma alternativa à proteção oferecida pelo catálogo legal (com "numerus clausus") dos direitos de propriedade industrial existentes. O direito ao segredo recai sobre um bem jurídico, mas não sobre uma coisa incorpórea, como se um direito de propriedade industrial se tratasse. Por essa razão é um direito "sui generis", não exclusivo ou absoluto (isto é, não há qualquer impedimento a que um terceiro, de modo lícito, aceda às mesmas informações sob segredo), mas em que a proteção da confidencialidade é, agora, reforçada por um regime jurídico que, em alguns aspetos, é tributário do aplicável, com as devidas adaptações, aos direitos de propriedade industrial.

BIBLIOGRAFIA

AA.VV. – *Código da Propriedade Industrial Anotado* (Coordenador – Luís Couto Gonçalves), Almedina, Coimbra, 2021.

AA.VV. – *Tratado de Derecho Farmacéutico* (Jordi Faus Santasusana y José Vida Fernández – Diretores), Aranzadi, Navarra, 2017.

AA.VV. – *Derecho de las Obtenciones Vegetales* (Ángel Garcia Vidal – Dir.), Tirant lo Blanch, Valencia, 2017.

AA.VV. – *La Nueva Ley de Patentes – Ley 24/2015, de 24 de julio* (Diretor Bercovitz Rodríguez-Cano), Thomson Reuters – Aranzadi, Navarra, 2015.

AA.VV. – *Código da Propriedade Industrial Anotado* (António Campinos, Coordenador Geral e Luís Couto Gonçalves, Coordenador Científico), 2ª ed., Almedina, Coimbra, 2015.

AA.VV. – *Estudos de Direito Intelectual em Homenagem ao Prof. Doutor José de Oliveira Ascensão*, Almedina, 2015.

AA.VV. – *Ergänzende Shutzzertifikate – Patent Term Extensions* (Arne Markgraf – Hrsg), Nomos, Baden-Baden, 2015.

AA.VV. – *Community Trade Mark Regulation*, (ed. Hasselblatt), C.H. Beck, Hart, Nomos, 2015.

AA.VV. – *Community Design Regulation*, (ed. Hasselblatt), C.H. Beck, Hart, Nomos, 2015.

AA.VV. – *Patentes Farmacéuticas y Derecho da la Competencia* (Ángel Garcia Vidal – Diretor), Thomson/Aranzadi, Navarra, 2015.

AA.VV. – *The Unitary EU Patent System* (edited by Justine Pila and Christopher Wadlow), Bloomsburg Publishing, UK, USA, 2014.

AA.VV. – *Lezione di Diritto Industriale*, (a cura di Ghidini/Cavani), Giuffrè Ed., Milano, 2014.

AA.VV. – *Estudios de Derecho Mercantil* (Libro Homenaje al Prof. Dr. José Antonio Gómez Segade), Marcial Pons, 2013.

AA.VV. – *Enforcement of Intellectual Property Rights trough Border Reasons – Law and Practice in the EU* (Edited by Olivier Vrins/Marius Schneider), 2ª ed., Oxford University Press, 2012.

AA.VV. – *El Diseño Comunitario – Estudios sobre el Reglamento (CE) nº 6/2002*, (Ángel Garcia Vidal, Coordinador), Thomson/Aranzadi, Navarra, 2012.

AA.VV. – *The Enforcement of Patents* (Edited by Kung-Chung Liu/Reto Hilty), Wolters Kluwer, Netherland-USA-UK, 2012.

AA.VV. – *Contratos de Direito de Autor e de Direito Industrial* (Organizadores: Carlos Ferreira de Almeida/ Luís Couto Gonçalves/Cláudia Trabuco), Almedina, 2011.

AA.VV. – *La Proprietà Intellettuale* (a cura di Luigi Carlo Ubertazzi), Giappicheli Editore, Torino, 2011.

AA.VV. – *La Riforma del Codice della Proprietà Industriale* (a cura di Nicola Bottero), Giuffrè Ed., Milano, 2011.

AA.VV. – *Código da Propriedade Industrial Anotado* (António Campinos, Coordenador Geral e Luís Couto Gonçalves, Coordenador Científico), Almedina, Coimbra, 2010.

AA.VV. – *Codice della Proprietà Industriale: La Riforma 2010* (a cura di Cesare Galli), IPSOA, Wolters Kluwer Itália, 2010.

AA.VV. – *Derecho de LA I+D+i Investigación, Desarrollo e Innovación,* (Manuel Lucas Durán, Coordinador), Ed. Bosch, Barcelona, 2010.

AA.VV. – *Direito Industrial,* vols. I, II, III, IV, V, VI, VII, VIII, Almedina, Coimbra, 2001, 2002, 2003, 2005, 2008, 2009, 2010, 2012.

AA.VV. – *Comentarios a la Ley de Marcas,* Tomos I e II (Bercovitz Rodriguez-Cano/Garcia--Cruces González, Diretor e Diretor Adjunto) Thomson/Aranzadi, Navarra, 2ª ed., 2008.

AA.VV. – *Brevetti e Biotecnologie* (a cura di Gustavo Ghidini/Giovanni Cavani), Luiss University Press. Roma, 2008.

AA.VV. – *Derecho de la Competencia y Propiedad Industrial en la Unión Europea* (Bercovitz Rodriguez-Cano, Diretor), Thomson/Aranzadi, Navarra, 2007.

AA.VV. – *Le Pratiche Commerciali Sleali* (a cura di Enrico Minervini e Liliana Rossi Carleo), Giuffrè Ed., Milano, 2007.

AA.VV. – *Terrel On The Law of Patents,* Sweet & Maxwell, 16ª ed., London, 2006.

AA.VV. – *Patentes e industria farmacéutica,* Ed. Bosch, Barcelona, 2006.

AA.VV. – *La Concorrenza,* tomos I e II, UTET, Padova, 2005.

AA.VV. – *La Modernización del Derecho de la Competencia en España y en la Unión Europea* (Martinez Lage/Petitbò Juan, Diretores), Marcial Pons, Madrid, Barcelona, 2005.

AA.VV. – *La Marca Comunitária, Modelos y Dibujos Comunitários. Análisis de la implantanción del tribunal de Marcas de Alicante,* Consejo General del Poder Judicial, Madrid, 2005.

AA.VV. – *Estudos de Direito da Bioética,* Liv. Almedina, Coimbra, 2005.

AA.VV. – *Patentes de Invención. Diez Años de Jurisprudencia – Comentarios y Fallos* (Jorge Kors – Coordinador), La Ley, Buenos Aires, 2005.

AA.VV. – *The Forthcoming EC Directive on Unfair Commercial Practices, Contract, Consumer and Competition Law Implications* (edited by Hugh Collins), Kluwer Law International, The Hague, The Netherlands, 2004.

AA.VV. – *Il Codice della proprietà Industriale,* (a cura di Carlo Ubertazzi), Giuffrè Ed., Milano, 2004.

AA.VV. – *Derecho de Marcas* (Coordenador Gimeno-Bayón Cobos), Ed. Bosch, Barcelona, 2003.

AA.VV. – *El Diseño Comunitario* (coordinadores Palao Moreno y Clemente Meoro), Tirant lo Blanch, Valencia, 2003.

AA.VV. – *Business Method Patents: How to Protect your Clients' Interests* (Chair Jeffrey Berkowitz), Practising Law Institute, New York, 2002.

AA.VV. – (ed. John Martin) – *Patents: Issues and Legal Developments*, Nova Science Publishers, Inc., New York, 2002.

AA.VV. – *Engenharia Genética, Princípios e Aplicações* (Coordenação de Arnaldo Videira), Lidel, Lisboa, 2001.

AA.VV. – *Concorrência Desleal*, Coimbra, Almedina, 1997.

AA.VV. – *Diritto Industriale*, Ed. Simone, Napoli, 1997.

AA.VV. – *Comentarios a los Reglamentos sobre la Marca Comunitaria* (coordinadores Casado Cerviño y Llobregat Hurtado), I e II vols., Universidad de Alicante, Imprenta Botella, Alicante, 1996.

AA.VV. – *Marca y Diseño Comunitarios* (Coordinador Alberto Bercovitz), Aranzadi Ed., Pamplona, 1996.

AA.VV. – *I Contratti del Commercio, dell'Industria e del Mercato Finanziario*, "Trattato Diretto da Francesco Galgano", UTET, Torino, 1995.

AA.VV. – *Propiedad Industrial y Competencia Desleal*, Consejo General del Poder Judicial, Madrid, Andema, 1995.

AA.VV. – *Estudios sobre Marcas* (coordinadores Navarro Chinchilla/Vásquez Garcia), Ed. Comares, Granada, 1995.

AA.VV. – *La Riforma delle Legge Marchi*, (a cura di Ghidini), CEDAM, Padova, 1995.

AA.VV. – *Nociones sobre Patentes de Invención para Investigadores Universitarios*, (coordinador Bercovitz Rodiguez-Cano) Ed. Unesco/CRE-Columbus, Paris, 1994.

AA.VV. – *Contratti d'Impresa*, (Buonocore/Luminoso), tomos I e II, Giuffrè Ed., Milano, 1993.

AA.VV. – *Dilution Law: at a Crossroads?* TMR, 1993, 107.

AA.VV. – *Le Nouveau Droit des Marques en France*, IRPI, Liv. Techniques, Paris, 1991.

AA.VV. – *Kernprobleme des Patentrechts*, Festschrift zum einhundertjährigen Bestehen eines eidgenössischen Patentgesetzes, Herausgegeben vom Institut für gewerblichen Rechtsschutz (INGRES) in Zürich, Ed. Stämpfli, Bern, 1988.

AA.VV. – *Handbuch des Ausstattungsrechts* (von Schricker/Stauder), Carl Heymanns Verlag, Köln, Berlin, Bonn, München, 1986.

AA.VV. – *Marque et Droit Économique – Les Fonctions de la Marque*, Union des Fabricants pour la Protection Internationale de la Propriété Industrielle et Artistique, 6-7/11/75, Paris, 1975.

AA.VV. – *Multitudo Legum Ius Unum*, Festschrift für Wilhelm Wengler zu seinem 65. Geburstag, Berlin, 1973.

ABREU, Coutinho de – *Curso de Direito Comercial*, vol. I, Almedina, Coimbra, 12ª ed., 2019.

— *Da Empresarialidade. As Empresas no Direito*, Almedina, Coimbra, 1996.

ABRIANI/COTTINO/RICOLFI – *Diritto Industriale*, Cedam, Padova, 2001.

ADAM, Thomas – "Quo vadis angemessener Erfinderschutz?", GRUR Int., 2001, 507.

— *Der sachliche Schutzbereich des Patents in Großbritannien und Deutschland,* Carl Heymanns Verlag, Köln, Berlin, Bonn, München, 2003.

AGLIALORO, Giuseppe – *Il Diritto delle Biotecnologie,* Giappichelli ed., Torino, 2001.

AHRENS, Claus – "Genpatente-rechte am Leben? – Dogmatische Aspekte der Patentierbarkeit von Erbgut", GRUR, 2003, pp. 89 e ss.

ALMEIDA, Carlos Ferreira de – *Contratos II – Conteúdo, Contratos de Troca,* Almedina, Coimbra, 2007.

— *Qualidade do Objecto Contratual,* Separata da Revista "Estudos de Direito do Consumidor", Centro de Direito do Consumo. FDUC, nº 7, 2005, 17.

— *Texto e Enunciado na Teoria do Negócio Jurídico,* Vol. II, Almedina, Coimbra, 1992.

— *Os Direitos dos Consumidores,* Almedina, Coimbra, 1982.

ALMEIDA, Alberto Ribeiro de – "As Denominações Geográficas na recente Juriprudência do Tribunal de Justiça da União Europeia", RDInt., nº 1-2019, 221.

— *A Autonomia Jurídica da Denominação de Origem. Uma Perspectiva Transnacional. Uma Garantia de Qualidade,* Coimbra Editora, 2010.

— *Denominação de Origem e Marca,* Cª Ed., 1999.

ALTHAMMER, Werner – *Warenzeichengesetz,* 4ª ed., C.H. Verlag, 1989.

ALTHAMMER/STRÖBELE/KLAKA – *Markengesetz,* C.H. Verlag, 1997.

AMAR, Moise – *Dei Nomi, dei Marchi e degli Altri Segni e della Concorrenza nell'Industria e nel Commercio,* UTET, Torino, 1893.

AMORIM, Ana Clara Azevedo de – "Marca, Publicidade Comparativa e Concorrência Desleal: as Listas de Equivalências de Perfumes na Jurisprudência Portuguesa", RDInt., nº 2-2019, 265.

— *A Tutela da Lealdade nas Relações* de Mercado – A *Propósito* do Ilícito Publicitário, Almedina, Coimbra, 2017.

— *Parasitismo Económico e Direito,* Almedina, Coimbra, 2009.

ANTUNES, Engrácia – *Os Grupos de Sociedades,* Almedina, Coimbra, 1993.

APLIN, Tanya – « Patenting Computer Programmmes: a Glimmer og Convergence », EIPR, 2008, 379.

ARE, Mario – "Marchio-Diritto Privato", *Enciclopedia del Diritto,* Giuffrè ed., Milano, XXV, 1975, 587;

— "Beni Inmateriali-Diritto Privato", *Enciclopedia del Diritto,* Giuffrè ed., Milano, V, 1959, 244.

AREAN LALIN – "La Sombra de la marca Prestigiosa es Alargada", CJPI, 10, 1992, 29.

— "Definición y Protección Juridica de las Indicaciones Geograficas", ADI, XIV, 67.

— "Marca Registrada "Versus" Denominación Social", CJPI, 6, 1990, 25.

— "El Uso Obligatorio de la Marca Registrada", CJPI, 4, 1989, 27.

— "La Transacción sobre Marcas", CJPI, 5, 1989, 29.

— "La Protección de la Marca Registrada Frente a Una Denominación Social Confundible", ADI, XII, 1987/88, 197.

— *El Cambio de Forma de la Marca,* Instituto de Derecho Industrial, Santiago de Compostela, 1985.

— "Sobre la Protección de las Marcas Constituidas por Números", ADI, X, 1984/85, 209.
— "En torno a Función Publicitaria de la Marca", ADI, VIII, 1982, 57.
— "Hacia un Nuevo Derecho de Marcas en la CEE", ADI, VII, 1981, 475.
— "La Aptitud de una Denominación para Convertirse en Marca", ADI, V, 1978, 471.

ARNAUT, José Luís - *La Marque Tridimensionnelle en Droit Portugais,* Strasbourg, 1990.

ARTURO CAUQUI - *Repertorio de Extractos de Jurisprudencia-Propriedad Industrial,* tomo 1, 1990, Madrid, 1991.

ASCARELLI, Tulio - *Teoria de la Concurrencia y de los Bienes Inmateriales* (tradução espanhola de E. Verdera e Suarez LLanos), Ed. Bosch, Barcelona, 1970.

ASCENSÃO, Oliveira - *Concorrência Desleal,* Livraria Almedina, Coimbra, 2002.
— "A Marca Comunitária", O Direito, 2001, 511.
— *Concorrência Desleal, Parte Geral,* AAFDL, 2000
— "Título Marca e Registo de Imprensa", ROA, 1997, 1223.
— *Direito Civil. Teoria Geral,* Vol. I, Coimbra Ed., 1997.
— "A Aplicação do art. 8º da Convenção da União de Paris nos Países que Sujeitam a Registo o Nome Comercial", ROA, 1996, 439.
— "Parecer sobre o Projecto de Código da Propriedade Industrial e a Lei de Autorização Legislativa", RFDL, 1995, 33.
— *Direito Civil - Reais,* Coimbra Ed., 5ª ed., 1993.
— *Direito Civil - Direito de Autor e Direitos Conexos,* Cª Ed., 1992.
— *Direito Comercial - Direito Industrial,* Vol. II, AAFDL, 1988.
— "O Confisco realizado no Estrangeiro e a Titularidade da Marca Registada em Portugal", CJ, 2, 1986, 16.
— "A Patente de Processo de Fabrico de um Produto Novo e a Inversão do Ónus da Prova", RFDL, vol. XXV, 1984, 11.

AUFENANGER, Martin - *Markengesetz/The German Trade Mark Act of 1995,* C.H. Verlag, 1994.

AURELIO MENENDEZ - *La Competencia Desleal,* Ed. Civitas, 1988.

AUTERI / FLORIDIA / MANGINI / OLIVIERI / RICOLFI / ROMANO / SPADA - *Diritto Industriale - Proprietà Intellettuale e Concorrenza,* 6ª ed., Giappichelli Editore, Torino, 2020.

AUTERI, Paolo - "La Concorrenza Sleale", in *Tratatato di Diritto Privato,* UTET, vol XVIII, 1994.
— "Lo Sfruttamento del Valore Suggestivo dei Marchi d'Impresa mediante Merchandising", C. Imp., 1989, 510.
— *Territorialità del Diritto di Marchio e Circolazione di Prodotti Originali,* Giuffrè Ed., Milano, 1973.

AZÉMA J. /GALLOUX, J. C. - *Droit de la Propriété Industrielle,* 8ª ed., Dalloz, Paris, 2017.

BÁKELS, Reinier - «Software patentability: what are the Right Questions?», EIPR, 2009, 514.

BARBERO, Domenico – "I Beni Immateriali come Oggetto di Diritto", RDI, 1962, I, 297.

BARFIELD/CALFEE – *Biotechnology and the Patent System – Balancing Innovation and Property Rights*, The AEI Press, Washington, USA, 2007.

BARONA VILAR – *Competencia Desleal*, Tomos I e II, Ed. Tirant lo Blanch, Valencia, 2008.

— *Protección del Derecho de Marcas (Aspectos Procesales)*, Civitas, Madrid, 1992.

BATTERSBY/GRIMES – *The Law of Merchandise and Character Licensing*, Clark Boardman Callagan, Deerfield, Illinois, USA, 1996.

BAUMBACH/HEFERMEHL – *Wettbewerbsrecht*, 23ª ed., C.H. Beck, München, 2004.

— *Warenzeichenrecht*, 12ª ed., Verlag C.H. Beck, München, 1985.

BAVENDAMM/BODEWIG – *UWG, Gesetz gegen den unlauteren Wettbewerb- Kommentar*, 2ª ed., Verlag C.H. Beck, München, 2009.

BAVETTA, Giuseppe – "Invenzioni Industriali", *Enciclopedia del Diritto*, XXII, Giuffrè Ed., Milano, 1972, 654.

BAYLOS CORROZA – *Tratado de Derecho Industrial*, 2ª ed., Civitas, Madrid, 1993.

BÉDARRIDE, J. – *Commentaire des Lois sur les Brevets d'Invention sur les Noms des Fabricants et des Lieux de Fabrication, sur les Marques de Fabrique et de Commerce*, tomo III, Cosse, Marchal et Billard Lib., 1869.

BEIER, Karl – "The Development of Trademark Law in the last Twenty-Five Years", IIC, 1995, 769.

— "Industrial Property and the Free Movement of Goods in the Internal Europeanmarket", IIC, 1990, 131.

— *Evolução e Características Básicas do Direito Europeu das Marcas*, Assuntos Europeus, 1982, 7.

— "Territoriality of Trademark Law and International Trade", IIC, 1970, 48.

BEIER/KNAAK – "Der Schutz geographischer Herkunftsangaben in der Europäischen Gemeinschaft", GRUR Int., 1992, 411.

BEIER/KRIEGER – "Wirtschaftliche Bedeutung, Funktionen und Zweck der Marque", GRUR Int., 1976, 125.

BEIER/SCHRICKER – *From GATT to TRIPs*, Max Planck Institute, Munich, 1996.

BEIER/SCHRICKER/KIKENTSCHEN – *German Industrial Property, Copyright and Antitrust Laws*, Verlag C.H., Weinheim, 1996.

BENEDETTI, Fabrizio – "The New Italian Trademark Law", TW, 4/93, 17.

BENEDETTO, Maria – "Marchio-Storia", *Enciclopedia del Diritto*, Giuffrè ed., Milano, XXV, 1975, 577.

BENKARD, Georg – *Europäisches Patentübereinkommen* (editado Jochen Ehlers / Ursula Kinkeldey), 3ª ed., C.H. Beck, München, 2019.

— *Patentgesetz*, C.H. Beck, München, 11ª ed., 2015.

BENTLY/SHERMAN – *Intellectual Property Law*, 4ª ed., Oxford University Press, 2014.

BERCOVITZ RODRIGUEZ-CANO – *Introducción a las Marcas y otros Signos Distintivos en el Tráfico Económico*, Aranzadi-Thomson, Navarra, 2002.

BERLIT, Wolfgang – *Das neue Markenrecht*, Verlag C.H. Beck, München, 1995.

BERTRAND, André R. - *Droit des Marques. Signes distinctifs-Noms de Domaine,* 2ª ed., Dalloz, Paris, 2005.

— «Le «Nouveau-Nouveau Droit Français des Marques» et les marques constituées par un terme descriptif dans une langue étrangère», RDPI, 6/94, 11.

— "French Trade Mark Law: From the Well-Known Brand to the Famous Brand", EIPR, 1993, 142.

BIANCHI, Alessandro - "I Marchi delle Amministrazioni degli Enti Pubblici Politico--Territoriali", RDC, 1992, 279.

BICHI, Roberto - "L'Art. 47 Bis della Legge Marchi e l'Uso Riabilitante del Marchio", RDI, 1995, I, 99.

BIGLIA, Lorenzo - "Brevi Note Sulla Decadenza per Volgarizzazione del Marchio", RDI, 1982, II, 205.

— "Diritti di Proprietà Industriale ed Exaurimento Comunitario in due Recenti Pronunzie della Corte di Giustizia CEE", RDI, 1981, II, 207.

BOCCHINI, Ermanno - *Lezioni di Diritto Industriale,* 2ª ed., CEDAM, Padova, 1995.

— «Il Diritto Industriale nella Società dell'Informazione», RDI, 1994, I, 23.

BODEWIG, Theo - «Das Recht des unlauteren Wettbewerbs in Grossbritannien: Ein Dreiklang von Fallrecht, Gesetzesrecht und Selbstkontrolle», GRUR Int., 2004, 543.

BODEWIG/KUR - "Marke und Verbraucher. Funktionen der Marke in der Marktwirtschaft", MA, 1990, 357.

BONASI-BENUCCI - "Nome Civile e Marchio di Impresa", RDC, 1966, 415.

— "Abuso del Marchio (con particolare riguardo a intese e pratiche restrittive della concorrenza)", RDC, 1964, I, 251.

— *Tutella della Forma nel Diritto Industriale,* Giuffrè Ed., Milano, 1963.

— "In Tema di Genericità del Marchio e di Secondary Meaning", RDC, 1963, 147.

— "Osservazioni Sull'Ambito Territoriale di Tutela dei Segni Distintivi", RDC, 1962, 205.

— "Il Marchio di Servizio", RDI, 1959, I, 279.

— "La Volgarizzazione del Marchio nel Pensiero Giuridico Nordamericano", RDI, 1959, I, 100.

— "Forma del Prodotto e Sua Tutela", RDI, 1958, I, 426.

— "Tutela del Marchio Non Registrato", RDI, 1957, I, 165.

— "La Volgarizzazione del Marchio", RDI, 1956, II, 372.

BOTANA AGRA - "Aportaciones del Acta de Ginebra (1999) al Sistema de Registro Internacional de Dibujos y Modelos Industriales", ADI, XX, 1999, pp. 65 e ss

La Protección de las Marcas Internacionales (con especial referencia a España), Marcial Pons, Madrid, 1994.

— "Panorámica de la Lei 32/88 Española de Marcas", ADI, XIII, 1989/90, 13.

— "Los Efectos del Derecho da Marca y las Importaciones Paralelas", ADI, XII, 1987/88, 179.

— "Las Marcas de Servicio en la Lei Uniforme Benelux de Marcas", ADI, IX, 1983, 543.

— "La Evocación Conceptual de una marca Denominativa y el Riesgo di Confusión", ADI, VII, 1981, 247.

— "En Torno a la Prescripción de la Acción de Nulidade de una Marca Registrada", ADI, V, 1978, 387.

— "La Protección de las Marcas Internacionales en España", ADI, V, 1978, 399.

— "El Registro del Nombre de un Tercero como Marca", ADI, IV, 1977, 255.

— "En Torno a la Consolidación de la Marca Registrada", ADI, III, 1976, 323.

BOUZA LÓPEZ, Miguel – *El Derecho Sui Generis del Fabricante de Bases de Datos*, Ed. Reus, Madrid, 2001.

BOUTET/LODI – *Brevetti Industriali, Marchio, Ditta, Insegna*, UTET, Torino, 1978.

BRANDT, Dominique – *La Protection Élargie de la Marque de Haute Renommée au delà des Produits Identiques et Similaires*, Lib. Droz, Geneve, 1985.

BRAUN, Antoine – *Précis des Marques*, 3ª ed., Larcier, Bruxelles, 1995.

BRAUN/CORNU – *Précis des Marques*, 5ª ed., Larcier, Bruxelles, 2009.

BROCK, Leo – "La Protezione del Marchi "Tal Quale"", RDI, 1956, I, 308.

— "I Marchi di Forma", RDI, 1952, I, 38.

BÜHLER, Gregor – *Die Freie Markenlizenzierung*, Helbing & Lichtenhahn, Basel und Frankfurt am Main, 1996.

BÜHLING, Jochen – "Die Markenlizenz im Rechtsverkehr", GRUR, 1998, 196.

BUSSE/KEUKENSCHRIJVER – *Patentgesetz*, 8ª ed., De Gruyter Verlag, Berlin, 2016.

BUSSE/STARCK – *Warenzeichengesetz*, 6ª ed., W. de Gruyter, Berlin, 1990.

CALDAROLA, Cristina – « Markenrechtlicher Farbenschutz in den USA, Welche Richtungsänderung bringt die Qualitex-Entscheidung?», GRUR Int., 2002, 112.

CÂMARA CORPORATIVA – *Parecer acerca da Proposta de Lei sobre Propriedade Industrial*, Diário das Sessões nº 147, da Câmara Corporativa, de 27/11/1937, 48.

CANTWELL, Michael – "Confusion, Dilution and Speech: First Amendment Limitations on the Trademark Estate", TMR, 1997, 48.

CAPRA, Domenico – "Osservazioni in tema di denominazioni di origine, indicazione di provenienza e marchi geografici (note a margine del caso Pilsner)", RDI, 2000, II, 329.

— "Aggiornamento in Tema di Marchi Forti e Marchi Deboli", RDI, 1991, II, 214.

CARMEN LENCE – *La Protección del Diseño en el Derecho Español*, Marcial Pons, 2004.

CARTELLA, Massimo – *Il Marchio di Fatto nel Codice della Proprietà Industriale*, Giuffrè Ed., Milano, 2006.

— «Ancore sui Marchi Celebri; il caso Milde Sorte», RDI, 1987, II, 322.

— "Marchi di Forma o Marchi Deformi?", RDI, 1977, II, 39.

CARVALHO, Maria Miguel – "O Novo Código da Propriedade Industrial: o regime das marcas", RDInt., nº 2-2019, 145.

— "A Transposição da Directiva sobre Marcas no projecto do Código de Propriedade Industrial", RDInt., nº 2-2018, 125.

— "A Nova Diretiva Europeia sobre Marcas e a sua Transposição para a Ordem Jurídica Portuguesa", RDInt., nº 2-2017, 89.

— "O Novo Regime Jurídico da Marca da União Europeia", RDInt., nº 1-2017, 149.

— "O Registo de Formas no Âmbito da Jurisprudência Europeia", CDP, 55, 23.

— "O Novo Regime Jurídico da Marca da União Europeia", SI, tomo LXV, 2016, 435.
— "A Utilização Descritiva da Marca", RDInt., 2/2014, 77.
— "A Proteção Jurídica da Cor Única como Marca no Âmbito da Indústria da Moda - Breves Notas a Propósito dos Casos da "Sola Lacada a Cor Vermelha"", ADI-2013, 133.
— *A Marca Enganosa*, Almedina, Coimbra, 2010.
— "A Transmissão da Marca", in *Direito Industrial* (AA.VV.), vol. VI, Almedina, Coimbra, 2009, 183.
— "Novas Marcas e Marcas não Tradicionais: Objecto", in *Direito Industrial* (AA.VV.), vol. VI, Almedina, Coimbra, 2009, 217.
— "Marcas Colectivas. Breves Considerações", Separata de *Direito Industrial* (AA.VV), Liv. Almedina, vol. V, 2008, 215 e Separata do Boletim da Faculdade de Direito, *Estudos em Homenagem ao Prof. Doutor Manuel Henrique Mesquita*, Coimbra Editora, 2009, 341.
— "Modelos de Utilidade", Separata de *Scientia Ivridica*, 2007, 689.
— "A Marca Descritiva Apreciada pelo Tribunal de Justiça no Acórdão Postkantoor", SI, 2004, 509.
— *Merchandising de Marcas (a comercialização do valor sugestivo das marcas)*, Livraria Almedina, 2003.
— "O Uso Obrigatório da Marca Registada", in *Estudos em Comemoração do Décimo Aniversário da Licenciatura em Direito da Universidade do Minho* (AA.VV.) Livraria Almedina, Coimbra, 2003, pp. 678 e ss.
CARVALHO, Nuno Pires - *The TRIPS Regime of Trademarks and Designs*, Kluwer Law Intenational, Netherlandd, 2006.
CARVALHO, Orlando de - *Direito das Coisas*, Coimbra, 1977.
— *Critério e Estrutura do Estabelecimento Comercial*, Liv. Atlântida, Coimbra, 1967.
CASADO CERVIÑO - *El Sistema Comunitario de Marcas: Normas, Jurisprudencia y Prática*, Ed. Lex Nova, Valladolid, 2000.
— "La Licencia de la Marca Comunitaria", ADI, XVI, 1994/95, 189.
— "Das neue Markenrecht Spaniens und der Europäischen Gemeinschaften - Eine Rechtsvergleichende Untersuchung", GRUR Int., 1992, 107.G
— "The Spanish Trademark Law 1988 and the EC Harmonization Directive - A Comparative Analysis", TW, 7-8/91 e 9/91.
— «La Procédure d'Enregistrement des Marques et Autres Signes Distinctifs en Vertu de la Nouvelle loi Espagnole sur les Marques », Prop. Ind., 1991, 180.
— "La Nueva ley Española sobre Marcas, Nombre Comercial, Rótulo de Establecimiento y Competencia Desleal", Prop. Ind. (versão espanhola) 1991, 35.
— "El Sistema Internacional de Registro de Marcas. El Arreglo de Madrid de 14/4/1891", ADI, XIII, 1989/90, 669.
— "Relieve del Control en la Licencia de Marca", ADI, IX, 144;
— «La Nouvelle Législation Espagnole Sur les Marques, les Noms Commerciaux, les Enseignes d'Etablissement et la Concurrence Déloyale», Prop. Ind., 1989, 251.

— "El (todavia) Vigente Sistema Español de Marcas", RPI, nºs 7 e 8, 1986/87.
— «Les Fonctions des Marques Concédées par Licence», Prop. Ind., 1984, 305.
— "La Marca Derivada", ADI, VI, 1979/80, 155.
— "La Genesis de las Normas Unionistas Relativas al Uso Obligatorio de la Marca Registrada", ADI, III, 1976, 213.

CASADO CERVIÑO/BLANCO JIMÉNEZ, *El Diseño Comunitário: una Aproximación al Régimen Legal de los Dibujos y Modelos en Europa*, Thomson & Aranzadi, 2ª ed., 2005.

CASADO CERVIÑO/CERRO PRADA - *GATT y Propiedad Industrial*, Ed. Tecnos, Madrid, 1994
— "Reflexiones sobre el Reenvasado de Productos de Marca a la luz del Actual Derecho Comunitario de Marcas", ADI, XV, 109.

CASANOVA, Mario - *Impresa e Azienda*, UTET, Torino, 1974.
— *Le Imprese Commerciali*, UTET, Torino, 1955.

CERQUEIRA, João da Gama - *Tratado da Propriedade Industrial*, vols. I, II, III, 1946/1952, 1956, Ed. Revista Forense, Rio de Janeiro, Brasil.

CHAVANNE/BURST - *Droit de La Propriété Industrielle*, 5ª ed., Dalloz, Paris, 1998.

CHEMTOB-CONCÉ, Marie-Catherine - *La Brevetabilité des Innovations Biotechnologiques appliquées à l'Homme*, 3ª ed., Ed. Lavoisier, Paris, 2006.

CHISUM, Donald - «Trademark Acquisition, Registration and Maintenance: a Primer», AIPLA-Q.J., 1991, 123.

CICCIÒ, Giacono - "Richiami in Tema di Concorrenza Sleale e Imitazione Servile", RDI, II, 1991, 245.

CIONTI, Ferdinando - *La Natura Giurica del Marchio*, Giuffrè Ed., Milano, 2008
— *Concetto Puro di Segno e Pseudoconcetto di Segno Distintivo*, Giuffrè ed., 2005.
— *La Funzione Propria del Marchio*, Giuffrè Ed., Milano, 2004.
— *La Funzione del Marchio*, Giuffrè Ed., Milano, 1988.

COELHO, J. Pinto - "O Conceito de Concorrência Desleal", RFDL, XVII, 1964, 79.
— "Ainda o Problema da Conversão da Marca em Denominação Genérica", RLJ, 95º, nº 3230 a 3232, 3236 a 3242, 3244 a 3247.
— "O Problema da Admissibilidade da Licença em Matéria de Marcas", RLJ, 94º, nº 3208 a 3210.
— "O Problema da Conversão de Marca em Denominação Genérica", RLJ, 93º, nº 3181 a 3189.
— "Imitação de Marca - Matéria de Facto - Matéria de Direito", RLJ, 93º, nº 3166 a 3169.
— "A Protecção da Marca Notória e da Marca de Reputação Excepcional", RLJ, 92º, nº 3142 a 3155, 3160, 3161 e 3166.
— "Marcas de Serviço", RLJ, 91º, nº 3134 a 3139.
— *Lições de Direito Comercial*, Lisboa, 1957.
— "A Protecção da Marca Notória e o Congresso de Bruxelas de 1954 da AIPPI", BFDC, XXXI, 1955, 1.
— "O Problema da Protecção da Marca Quando usada por Terceiro para Produtos não Identificados nem Similares", BFDC, XXX, 1954, 1.

— "A Protecção da Marca Notoriamente Conhecida no Congresso de Viena da C.C.I.", BFDC, XXIX, 1953, 1.
— "A Novidade da Marca", RLJ, 85º, nº 2993 a 2995.
— "A Protecção da Marca Notoriamente Conhecida", RLJ, 84º, nº 2958, 2959, 2960, 2962, 2963, 2971, 2972.
— *Marcas Comerciais e Industriais*, Lisboa, 1922.
COHEN, Denis - *Le Droit des Dessins et Modèles*, Económica, Paris, 2009.
CONTALDI, Gianluca - *La Tutela delle Invenzioni nel Sistema OMC*, Giuffrè Ed., Milano, 2009.
CORNISH, William - *Cases and Materials on Intellectual Property*, 4ª ed., Thomson-Sweet & Maxwell, London, 2003.
— *Intellectual Property: Patents, Copyright, Trade Marks and Allied Rights*, Sweet & Maxwell, London, 3ª e 4ª eds., 1996, 1999.
CORNISH/LLEWELYN - *Intellectual Property: Patents, Copyright, Trade Marks and Allied Rights*, 5ª ed., Sweet & Maxwell, London, 2003.
CORNISH/LLEWELYN/APLIN - *Intellectual Property: Patents, Copyright, Trade Marks and Allied Rights*, 9ª ed., Sweet & Maxwell, London, 2019.
CORRADINI - "Una Rassegna di Giurisprudenza e Dottrina in Tema di Volgarizzazione dei Marchi", RDI, 1976, II, 386.
CORRADO, Renato - *I Marchi dei Prodotti e dei Servizi*, UTET, Torino, 1972.
CORREIA, Ferrer - *Lições de Direito Comercial*, Coimbra, 1973.
— "Reivindicação do Estabelecimento Comercial", *Estudos Jurídicos II*, 1969, 255.
— "Propriedade Industrial. Registo do Nome de Estabelecimento. Concorrência Desleal", *Estudos Jurídicos II*, 1969, 235.
CORREIA, Pupo - *Direito Comercial*, Ediforum, Lisboa, 8ª ed., 2003
CORTE-REAL - *Código da Propriedade Industrial*, 4ª ed., Cª Ed., 1979.
CRISTINI, Guido - *Le Strategie di Marca del Distributore*, EGEA, Milano, 1992.
CRUGNOLA, Paola - "Marchi Costituiti da Lettere dell'Alfabeto e da Cifre", RDI, 1993, II, 424.
— "Sulla Decadenza del Marchio per Volgarizzazione", RDI, 1988, II, 39.
— "Brevi Cenni Sulla Notorietà del Marchi non Registrato", RDI, 1984, II, 168.
— "Richiami di Dottrine e Giurisprudenza in Materia di Marchi Forti e di Marchi Deboli", RDI, II, 1984, 11.
CRUZ, Rui Solnado da - *A Marca Olfactiva*, Almedina, Coimbra, 2008.
CUÑAT EDO, Vicente - *Competencia Desleal y Protección de los Consumidores*, Universitat Valencia, 2010.
CURELL SUÑOL - "El Registro de la Marca: signos inscribibles como marca, prohibiciones de registro, causas de nulidad y reivindicación del derecho", in *Jornadas de Estudio sobre la Nueva Regulación Legal del Derecho de Marcas*, Grupo Español de la AIPPI, Madrid, 1988, 57.
CURTO POLO, Maria Mercedes - *La Materia Biológica como Invención Patentable*, Thomson Reuters - Aranzadi, Navarra, 2016.
— *La Cesión de Marca mediante Contrato de Compraventa*, Aranzadi/Thomson, Navarra, 2002.

CUSUMANO, Giuseppe – "Ritorno ai Marchi di Colore", RDI, 2003, II, 238.

DALLE VEDOVE, Giampaolo – *Circolazione del Marchio e Trasparenza del Mercato,* CEDAM, Padova, 1997.

DANIEL ESPINA – *La Marca Notoria no Registrada,* Tirant lo Blanch, Valencia, 2005.

DARNACULLETA I GARDELLA, Mercê – *La Competencia Desleal,* Ed. Iustel, Madrid, 2007.

DASSAS, Gérard – "The New French Trademark Law and the EC Harmonization Directive", TW, 11/91, 12/91-1/92 e 2/92.

DE LAS HERAS LORENZO – *El Agotamiento del Derecho de Marca,* Ed. Montecorvo, Madrid, 1994.

DE SANCTIS, Vittorio – *La Protezione delle Forme nel Codice della Proprietà Industriale,* Giuffrè Ed., Milano, 2009.

— "In Tema di Marchi e di Concorrenza Sleale", RDC, 1963, II, 361.

DI CATALDO, Vincenzo – *I Brevetti per Invenzione e per Modello di Utilità I Disegni e Modelli,* 3ª edição, Giuffrè Ed., Milano, 2012.

— "El Uso Experimental de la Invención Patentada. Uso Libre o Violación de la Patente?", ADI, 28, (2007-2008), 133.

— "Fra Tutela Assoluta del Prodotto Brevettato e Limitazione ai Procedimenti Descritti ed agli Usi Rivendicati", RDI, I, 2004, 111.

— "Biotecnologie e Diritto. Verso un nuovo diritto, e verso un nuovo diritto dei brevetti", in *Studi di Diritto Industriale in Onore di Adriano Vanzetti,* tomo I, Giuffrè ed, Milano, 2004, 443.

— "El Futuro de Nuestro Derecho de Patentes", ADI, XXIII, 73 (tradução de Gómez Segade).

— *I Brevetti per Invenzione e per Modello,* 2ª edição, Giuffrè Ed., Milano, 2000.

— "Note in Tema di Comunione di Marchio", RDI, I, 1997, 5.

— "I Contratti di Merchandising nella Nuova Legge Marchi", in *La Riforma della Legge Marchi* (a cura di Ghidini), CEDAM, Padova, 1995.

— *I Segni Distintivi,* 1ª e 2ª ed., Giuffrè Ed., Milano, 1985 e 1993.

— *Le Invenzioni i Modelli,* Giuffrè Ed., Milano, 1990.

— "Efficacia della Sentenza di Nullità o Decadenza di Brevetti per Invenzione e di Brevetti per Marchi", RDI, 1976, I, 424.

DI CATALDO/EMANUELA AREZZO – "Alcance de la Patente y Uso del Producto", ADI, 26, 2005/2006, 71 e ADI, 28, 2007/2008, 21.

DI FRANCO – *Trattato della Proprietà Industriale,* Milano, 1933.

DIAMOND, Sidney – "Markenschutz und öffentliches Interesse", GRUR Int., 1981, 599.

— «La Marque: Elle Protege et Identifie», Ing. Cons., 1980, 203.

DINWOODIE/JANIS, *Trademarks and Unfair Competition,* Wolters Kluwer – Law & Business, New York, 4ª ed., 2014.

DOMINGUEZ PÉREZ, Eva – *Competência Desleal a Través de Actos de Imitación Sistemática,* Thomson-Aranzadi, Navarra, 2003.

DIAZ VELASCO – "Las Creaciones Intelectuales como Objecto de la Propriedad Industrial", *I Cursillo sobre Propriedad Industrial,* Out.-Dez./1966, Madrid, 99.

DOLDER/FAUPEL – *Der Schutzbereich von Patenten (Rechtsprechung zu Patenverletzungen in Deutschland, Österreich und der Schweiz)*, 2ª ed., Carl Heymanns Verlag, Köln, Berlin, München, 2004.

DURÁN MOYA – "Solicitud de Registro de Marcas y Procedimiento de Concesión" in *Jornadas de Estudio sobre la Nueva Regulación legal del Derecho de Marcas*, Grupo Español de la AIPPI, Madrid, 1988, 79.

DUTOIT, Bernard – *La Protection des Indications de Provenance et des Appellations d'Origine en France, en Italie, en Republique Federal d'Allemagne et en Suisse*, «Actes du Colloque de Lausanne», 1983.

— *Exposé de Synthese sur la Concurrence Parasitaire*, «Actes du Colloque de Lausanne», 1981.

D'YVES MARCELIN – *Code Annoté des Marques*, Cedat, Paris, 1996.

DYBDAHL, Lise – *European Patents*, (tradução de Peter Hards) Carl Heymanns Verlag, Cologne, Berlin, Bonn, Munich, 2001.

EBERT, Lawrence B – "Trademark Protection in Color: Do it by the Numbers!", TMR, 1994, 379.

EDELMAN/EWING – "The Federal Trademark Dilution Act of 1995: a Litigation Perspective", TMR, 1996, 485.

EICHMANN/von FALCKENSTEIN – *Geschmacksmustergesetz*, Verlag C.H.Beck, München, 3ª ed., 2005.

EICHMANN/KUR– *Designrecht*, Nomos, Baden-Baden, 2ª ed., 2016.

EICHMANN/von FALCKENSTEIN/KÜHNE – *Designgesetz*, Verlag C.H.Beck, München, 5ª ed., 2015.

EMMERICH, Volker – *Unlauterer Wettbewerb*, 8 Auflage, C.H. Beck, München, 2009.

— *Das Recht des unlauteren Wettbewerbs*, 5 Auflage, C.H. Beck, München, 1998.

ENGELS/MORAWEK – "Aus der Rechtsprechung des Bundespatentgerichts im Jahre 2009", GRUR, 2010, 467.

ENGLAND, Paul – *A Practitioner's Guide to European Patent Law*, Hart Pub., UK, 2019.

ENSTHALER, Jürgen – "Der patentrechtliche Schutz von Computerprogrammen nach der BGH-Entscheidung "Steuerungseinrichtun für Untersuchungsmodalitäten", GRUR, 2010, 1.

ERNST-MOLL, Jürgen – "Die berühmte und die bekannte Marke", GRUR, 1993, 8.

FAELLI, Tommaso – «La Tutela delle Invenzioni Biotecnologiche in Europa: Prime Valutazioni D'insieme», RDI, 2001, 125..

FAWCETT/TORREMANS – *Intellectual Property and Private International Law*, Clarendon Press, Oxford, 1998.

FAZZINI, Marco – "Prime Impressioni Sulla Riforma della Disciplina dei Marchi", RDI, 1993, I, 159.

FERNÁNDEZ FERNÁNDEZ, Maria Cristina – *Los Motivos Legítimos que Impiden el Agotamiento del Derecho de Marca*, Ed Comares, Granada, 2005.

FERNÁNDEZ LÓPEZ, "El Nuevo Marco de la Competencia Desleal. La Clausula General de la LCD", in *Propiedad Industrial y Competencia Desleal* (AA.VV.), Consejo General del Poder Judicial, Madrid, Andema, 1995, 13.

FERNÁNDEZ-NÓVOA - *Tratado sobre Derecho de Marcas,* Marcial Pons, Madrid, 2ª ed., 2004.

— "Grundzüge des neuen spanischen Markengesetzes", GRUR Int., 2002, 571.

— "El Riesgo de Asociación", ADI, XVIII, 1997, 21.

— *El Enriquecimiento Injustificado en el Derecho Industrial,* Marcial Pons, Madrid, 1997.

— *El Sistema Comunitario de Marcas,* Ed. Montecorvo, Madrid, 1995.

— *Derecho de Marcas,* Ed. Montecorvo, Madrid, 1990.

— "El Color y las Formas Tridimensionales en la Nueva lei Española de Marcas", ADI, XIII, 1989/90, 41.

— "Algunas Claves del Nuevo Derecho de Marcas", La Ley, 1989, 1082.

— *El Derecho sobre la Marca en la Nueva Regulación Legal Española,* in "Jornadas de Estudio sobre la Nueva Regulación Legal del Derecho de Marcas", Grupo Español de la AIPPI, Madrid, 1988, 43.

— *Fundamentos de Derecho de Marcas,* Ed. Montecorvo, Madrid, 1984.

— "El Grado de Atención del Consumidor Ante las Marcas", ADI, VIII, 1982, 157.

— "Denominaciones con Doble Significado: Genérico y Marcario", *Separata de Estudios de Derecho Mercantil en Homenaje al Profesor Antonio Polo,* Madrid, 1981.

— "Reconocimiento de la Marca Arquitectónica por la Jurisprudencia Norteamericana", ADI, VII, 1981, 497.

— "El Mercado Comun y los Sistemas Nacionales de Marcas", ADI, VI, 1979/80, 235.

— "Las Funciones de la Marca", ADI, V, 1978, 33.

— "La Aplicación de la Regla de la Especialidad a las Marcas Identicas", ADI, IV, 1977, 237.

— "Diversos Sistemas de Regulación del Uso Obligatorio de la Marca Registrada", ADI, IV, 1977, 195.

— "La Influencia de las Marcas de los Terceros en el Procedimiento de Registro de una Nueva Marca", ADI, III, 1976, 261.

— "El Uso Obligatorio de la Marca Registrada", ADI, III, 1976, 13.

— "El Riesgo de Confusión de una Marca Denominativa con Una Marca Gráfica", ADI, II, 1975, 421.

— "La Adopción de un Nombre Geográfico Extranjero como Marca", ADI, II, 1975, 347.

— "La Erosión del Derecho de Marca", ADI, II, 1975, 31.

— *La Inclusión de los Derechos de Propriedad Industrial dentro de la transferencia de Tecnologia,* Separata do livro "Seminário sobre Adquisición de Tecnologia Extranjera", Instituto de Estudios Bancarios y Bursatiles, Bilbao, 1975, 141.

— "Marca y Slogan Publicitario", ADI, I, 1974, 319.

— "La Protección del Motivo en las Marcas Gráficas", ADI, I, 1974, 277.

— *La Protección Internacional de las Denominaciones Geográficas de los Productos,* Ed. Tecnos, Madrid, 1970.

— "El Nacimiento del Derecho sobre la Marca", RDM, 1966, 187.

— "Reflexiones Preliminares sobre la Empresa y sus Problemas Jurídicos", RDM, 1965, 7.

FERNÁNDEZ-NÓVOA/OTERO LASTRES/BOTANA AGRA - *Manual de la Propiedad Industrial*, Marcial Pons, Madrid, 3ª ed., 2017.

FERRARI, Giorgio - "Osservazioni in Tema di Uso del Nome Altrui come Marchio", RDC, 1962, 216.

FEZER, Karl-Heinz - *Markenrecht*, Verlag C.H. Beck, München, 4ª edição, 2009.

— *UWG, Kommentar*, vols I e II, Verlag C.H.Beck, München, 2005.

— "Entwicklungslinien und Prinzipien des Markenrechts in Europa", GRUR, 2003, 457.

FEZER/BÜSCHER/OBERGFELL - *UWG, Kommentar*, vols I e II, C.H.Beck, München, 3ª Auf., 2016.

FIDALGO, Vitor Palmela - *As Licenças Compulsórias de Direitos de Propriedade Industrial*, Almedina-APDI, Coimbra, 2016.

FIRTH, Alison - *Trade Marks. The New Law*, Jordans Pub., Bristol, 1995.

FISHER, Matthew - *Fundamentals of Patent Law. Interpretation and Scope of Protection*, Hart Publishing, Oxford and Portland, 2007.

FITTANTE, Aldo - *Brand, Industrial Design e made in Italy: la Tutela Giuridica*, Giuffrè Ed., Milano, 2015.

— *La Nuova Tutela dell' Industrial Design*, Giuffrè Ed., Milano, 2002.

FLORIDIA, Giorgio - "La Direttiva sul Ravvicinamento delle Legislazioni Nazionali in Materia di Marchi Nella Prospecttiva del Mercato Unico Europeo", RDI, 1990, I, 349.

— "La Proprietà Industriale nel Mercato Comune", in *Trattato di Diritto Commerciale*, Vol.V, CEDAM, Padova, 1982, 381.

FOX, Nicholas/**CORBETT**, Williamm - "UK and EPO Approaches to exclude subject-matter and inventive step: are *Aerotel* and *Pozzoli* Heading for the rocks?", EIPR, 2014, 569.

FRAMIÑÁN SANTAS, Javier - "La Prohibición de Patentar Métodos de Diagnóstico Aplicados al Cuerpo Humano o Animal", ADI, XXIX, 2008/2009, 115.

— *La Nulidad de la Marca Solicitada de Mala Fe*, Ed. Comares, Granada, 2007

FRANCESCHELLI, Remo - *Sui Marchi di Impresa*, 4ª ed., Giuffrè Ed., Milano, 1988.

— "Rapporti tra Nomi di Persona e Marchi", RDI, 1988, I, 180.

— "Il Marchio dei Creatori del Gusto e della Moda", C. Imp., 1988, 780.

— *L'Abolizione del Registro dei Brevetti per Invenzione, Modelli e Marchi*, RDI, 1988, I, 5.

— "Osservazioni alla Sentenza della Corte Costituzionale del 3/3/86 in tema di Marchi Patronimici", RDI, 1987, II, 299.

— «La Concurrence Parasitaire en Italie», *Actes du Colloque de Lausanne*, Lib. Droz, Genève, 1981.

— "Tutela del Consumatore, Presentazione Esterna e Aspetti Caratterizzanti dei Prodotti, Segni Distintivi Notori e Pubblicità", RDI, 1980, I, 298.

— "La Cassazione Italiana Sposa, sulla Volgarizzazione del Marchio, la Teoria Oggetiva", RDI, 1979, II, 392.

— «I Marchi di Promozione, Selezione e Raccomandazione come Marchi Colletivi di Servizio», RDI, 1976, II, 239.

— «Il Caso Cellophane», RDI, 1975, II, 275.

— "Il "Secondary Meaning" en Italie", RDI, 1972, I, 309.
— "Utilizzazione di Marchi Identici da parte di Imprese Collegate", in "Studi Riuniti di Diritto Industriale", Giuffrè Ed., Milano, 1972, 305.
— "I Diritto di Marchio come Diritti di Monopolio", RDI, 1970, I, 277.
— "Studi sulla Concorrenza Sleale", RDI, 1962, I, 11, 1962, I, 183, 1963, I, 257.
— *Trattato di Diritto Industriale*, vols. I e II, Giuffrè Ed., Milano, 1961.
— "Sui Marchi di Forma", RDI, 1960, II, 348.
— "Beni Immateriali – Saggio di una Critica del Concetto", RDI, 1956, I, 381.
— "Ancora sulla Leggi del linguaggio e sulla Volgarizzazione de Nomi usati come Marchi", RDI, 1956, II, 382.
— "Leggi del linguagio e volgarizzazione di marchio", RDI, 1953, II, 293.
— "Contenuto e Limiti del Diritto Industriale", RDI, 1952, I, 7.
— «Saggio su la Cessione dei Marchi», RDC, 1948, 1.

FRANCESCHELLI, Vincenzo – «Richiami su Marchi Numerici e sui Criteri della Valutazione di Confondibilità tra marchi», RDI, 1993, II, 417.
— «Richiami in Tema di Marchi Forti, Marchi Deboli e «Secondary Meaning», RDI, 1986, II, 3.

FRANQUET SUGRAÑES, M. Teresa – *El Contrato de Personality Merchandising*, Tirant lo Blanch, Valencia, 2005.

FRANZOSI, Mario – «Definizione di Invenzione Brevettabile», RDI, 2008, 18.
— «L' Interpretazione delle Rivendicazioni», RDI, 2005, 75.
— "Novità e Non Ovvietà. Lo Stato della Tecnica", RDI, I, 2001, 63
— "Report on the New Trade Mark Law in Italy", EIPR, 1993, 220.
— "Il Marchio e la Cosa", RDI, 1987, I, 211.
— "Sul Marchio Costituto da un Nome Geografico", RDI, 1960, I, 198.

FRASSI, Paola – "Lo Statuto di non Decettività del Marchio tra Diritto Interno, Diritto Comunitário ed allo luce della Disciplina sulle Pratiche Commerciali Ingannevoli", RDI, 2009, 29.
— "Riflessioni sul Fenomeno della Volgarizzazione del Marchio", RDI, 1990, I, 403.

FREITAS, Pedro Caridade de – "Os Certificados Complementares de Protecção após o Regulamento (UE) 2019/933 do Parlamento Europeu e do Conselho de 20 de Maio de 2019", RDInt., nº 2-2019, 173.
— "Certificado Complementar de Protecção – Acórdão do Tribunal de Justiça (Grande Secção), Proc. C-121/17, de 25 de Julho de 2018", RDInt., nº 1-2019, 199.

FRIGNANI, Aldo – "I Problemi Giuridici del Merchandising", RDI, 1988, I, 34.

FUENTE GARCIA, Helena – *El Uso de la Marca y sus Efectos Jurídicos*, Marcial Pons, Madrid, 1999.

FÜLLKRUG, Dieter – "Überlegungen zum Widerspruchsverfahren nach neuem Recht", MA, 1995, 498.
— "Spekulationsmarken und ihre Löschung", WRP, 1995, 378.
— "Spekulationsmarken. Eröffnet der Wegfall des Geschäftsbetriebs die Möglichkeit. Formalrechte zu mißbrauchen?" GRUR, 1994, 679.

FUNK, Axel – *Die Qualitätsfunktion der Marke im Recht der USA und nach dem neuen deutschen Markengesetz,* VVF, München, 1995.

GALÁN/SERRANO – *Competencia Desleal y Antitrust – Sistema de Ilicitos,* Marcial Pons, Madrid, 2005.

GALGANO, Francesco – "Il Marchio nei Sistemi Produttivi Integrati: Sub-Forniture, Gruppi di Società, Licenze, Merchandising", C. Imp., 1987, 173.

GALLI, Cesare – *Funzione del Marchio e Ampiezza della Tutela,* Giuffrè Ed., Milano, 1996.

— "Problemi Attuali in Materia di Marchi Farmaceutici", RDI, 1992, I, 14.

GALLOUX, Jean-Christophe – *Droit de la Propriété Industrielle,* Dalloz, Paris, 2000.

GAMM, Otto – «Scwerpunkte des neuen Markenrechts – Referat anläßlich der GRUR-Jahrestagung am 3.6.1994», GRUR, 1994, 775.

— «Zur Warenzeichenrechtsreform», WRP, 1993, 793.

— *Neuere Höchstrichterliche Rechtsprechung zum Warenzeichenrecht,* 3ª ed., RWS, Verlag, Köln, 1988.

GARCIA PÉREZ, Rafael – *El Derecho de Marcas de la UE en la Jurisprudencia del Tribunal de Justicia,* Wolters Kluwer, Madrid, 2019.

— *Libre Circulácion de Mercancias y Competencia Desleal en la Comunidad Europea,* Marcial Pons, Madrid, 2005.

— "La Nueva Ley Alemana contra la Competencia Desleal", RDM, 2005, 1659.

GARCIA VIDAL – *El Sistema de la Patente Europea con Efecto Unitario,* Aranzadi, Navarra, 2014.

— *Derecho de Marcas e Internet,* Tirant lo Blanch, Valência, 2002.

— *El Uso Descriptivo de la Marca Ajena,* Marcial Pons, Madrid, 2000.

— "El Alcance Territorial del Agotamiento del Derecho de Marca en la Reciente Jurisprudencia del TJCE", ADI, XX, 579.

GARZA BARBOSA, Roberto – "Estudio Comparado sobre la Protección Jurídica de los Programas de Ordenador: Derechos de Autor o Patente? Diversos Enfoques, Diferencias y Nivel de Protección", ADI, 30, 2009/10, 245.

GATTI, Serafino – "Verso un Marchio di Fraganza o di Aroma?", RDC, 1989, 651.

— "Il Merchandising e la sua Disciplina Giuridica", RDC, 1989, I, 121.

— "Il Diritto alla Utilizzazione Economica della Propria Popolarità", RDC, 1988, I, 355.

GAUDENZI, Andrea Sirotti – "Opere dell'Ingegno e Diritti di Proprietà Industriale" in *Proprietà Intellettuale e Diritto della Concorrenza* (diretto da Andrea Sirotti Gaudenzi), vol. I, UTET Giuridica, Torino, 2008.

GEORGINA BATTLE – "Consideraciones sobre la Marca de Servicio", ADI, 6, 1979/80, 55.

GERVAIS, Daniel – *The Trips Agreement. Drafting History and Analysis,* Sweet § Maxwell, London, 3ª ed., 2008.

GHIDINI, Gustavo – *Profili Evolutivi del Diritto industriale. Proprietà intellettuale e concorrenza,* 2ª ed. Giuffrè Ed., Milano, 2008.

— *Aspectos Actuales del Derecho Industrial,* Ed. Comares, Granada, 2002, (tradução de Martí Moya).

— "Note sulla Decadenza del Marchio per Decettività", in *La Riforma Della Legge Marchi*, CEDAM, Padova, 1995, 151.
— "Decadenza del Marchio per "Decettività Sopravvenuta", RDI, 1993, 211.
— "Concorrenza e Monopólio", in *Trattato di Diritto Commerciale*, vol. IV, CEDAM, Padova.
— "Sul caso Hag", RDC, 1975, 1.
— *La Concorrenza Sleale*, UTET, Torino, 1971.
GHIDINI/HASSAN – *Diritto Industriale – Commentario*, IPSOA, Milano, 1984.
GHIDINI/AREZZO – "Patent and Copyright Paradigms vis-à-vis Derivative Innovation: The Case of Computer Programs", IIC, 2005, 159.
GHIRON – *Corso di Diritto Industriale*, vol. I (1935), vol. II (1937), Ed. Foro Italiano, Roma.
GIACOBBE, Giovanni – "Proprietà Intellettuale", in *Enciclopedia del Diritto*, Giuffrè ed., Milano, XXXVI, 1988, 368.
GIANDOMENICO, Giovanni – "Nome Geografico e Marchio d' Impresa", RDC, 1979, 360.
GIELEN, Charles – «A Benelux Perspective: Sabel v. Puma», EIPR, 1998, 109.
— "Harmonization of Trade Mark law in Europe: the First Trade Mark Harmonization Directive of the European Council", EIPR, 1992, 262.
GIELEN/STROWEL – "The Benelux Trademark Law in Europe", TMR, 1996, 543.
GIELEN/VON BOMHARD – *Concise European Trade Mark and Design Law*, Wolters Kluwer, 2ª ed., 2017.
GIMENO OLCINA, Luís – "El Riesgo de Asociación en el Nuevo Derecho Británico de Marcas", ADI, 17, 1996, 329.
GIOIA, Vito la – "Uso del Nome Altrui come Marchio", RDI, 1960, II, 106.
GIPPINI FOURNIER – "Las Marcas Olfativas en los Estados Unidos", ADI, 14, 157.
GOLAZ, Eric – *L'Imitation Servile des Produits et de leur Présentation*, Lib. Droz, Geneve, 1992.
GÓMEZ SEGADE – "El Ámbito de Protección de las Patentes Biotecnológicas", ADI, 28, (2007-2008), 725.
— "Actividad Inventiva y Doctrina de los Equivalentes", *in Direito Industrial* (AA.VV.), vol V, Almedina, 2005, 41.
— *Tecnologia y Derecho*, Marcial Pons, Madrid, 2001.
— *A Mundialização da Propriedade Industrial e do Direito de Autor*, Separata da "Studia Iuridica", nº 48, Boletim da Faculdade de Direito, Coimbra Editora.
— "Fuerza Distintiva y "Secondary Meaning" en el Derecho de Signos Distintivos", in *Estudios sobre Marcas*, (coordenadores Navarro Chinchilla/Vásquez Garcia), Ed. Comares, Granada, 1995, 356.
— *La Ley de Patentes Y Modelos de Utilidad*, Civitas, Madrid, 1988.
— "Protección Constitucional de la Marca y de las Denominaciones de Origen", ADI, 7, 1981, 293.
— "Algunos aspectos de la licencia de know-how", ADI, VII, 201.
— "Notas sobre el Derecho de Información del Consumidor", Revista Juridica de Cataluña, 1980, 699.

— "El Registro de la Propriedad Industrial en España", ADI, 2, 1975, 83.
— *El Secreto Industrial (know how), Concepto y protección*, Ed. Tecnos, Madrid, 1974.

GONÇALVES, Luís Couto - "Moda e Marca" in *Direito da Moda* (Lígia Coutinho de Abreu e Francisco Pereira Coutinho - eds.), CEDIS, Lisboa, 2019, 33.
— "A Questão da Competência do Tribunal Arbitral Necessário para Apreciar a Invalidade da Patente com Eficácia *Inter Partes*", RDInt., nº 1-2017, 363.
— "Propriedade Intelectual - Globalização e União Europeia", ADI, 36, 2015-2016, 125.
— "Revisitando o *Acórdão Google* do Tribunal de Justiça da União Europeia" em *Estudos de Direito Intelectual em Homenagem ao Professor Doutor José de Oliveira Ascensão*, Almedina, 2015, 343.
— "Criações, Símbolos e Marcas: Tutelas e Necessidades de Regime", *IV Congresso de Direito do Desporto*, Almedina, 2015, 125.
— "Pedido Provisório de Patente", RDInt., tomo I, 2014, 101.
— "Propriedade Intelectual e Globalização", em *Estudos em Comemoração dos 20 Anos da Escola de Direito da Universidade do Minho*, Coimbra Editora, 2014, pp. 407 e ss.
— "O Código da Propriedade Industrial Português", em *Libro Homenaje al Prof. Dr. h..c. José António Gómez Segade*, Marcial Pons, Madrid, 2013, 621.
— "Responsabilidade Civil e Propriedade Industrial", SI, tomo LXI, 2012, 247.
— "Organização Mundial do Comércio, União Europeia e TRIPS" em *Obra em Homenagem ao Professor Jorge Miranda* (AA.VV.), Coimbra Editora, vol. V, 2012, 233.
— "Novos Desafios do Direito de Patentes" em *Estudos em Homenagem a Heinrich Ewald Hörster* (AA.VV.), Almedina, 2012, 611.
— "A Evolução Recente do Código da Propriedade Industrial Português", ADI, 29 (2008-2009), 77.
— "A competência do Tribunal de Justiça para interpretar o ADPIC e o efeito directo do artigo 33º deste Acordo (Comentário à sentença do TJCE de 11/09/2007, caso C-431/05)", CDP, nº 23, 2008, pp. 17 e ss e ADI, 28 (2007/2008), 869.
— "A Protecção da Propriedade Industrial (Introdução ao Sistema Nacional)", in *Direito Industrial* (AA.VV.), vol. VI, Almedina, Coimbra, 2009, 305.
— "Sociedade da Informação", in *Direito Industrial* (AA.VV.), vol. VI, Almedina, Coimbra, 2009, 297.
— "Objecto. Sinais Protegíveis. Modalidades", in *Direito Industrial* (AA.VV.), vol. VI, Almedina, Coimbra, 2009, 275.
— "A Patente de Invenção e a Noção de Técnica", in *Estudos Comemorativos dos 10 Anos da Faculdade de Direito da Universidade Nova de Lisboa*, Vol. II, Livraria Almedina, 2008, 289.
— "O Uso da Marca", in *Direito Industrial* (AA.VV.), vol. V, Almedina, Coimbra, 2008, 369.
— "Marca Tridimensional" in *Nos 20 Anos do Código das Sociedades Comerciais em Homenagem aos Profs. Doutores Ferrer Correia, Orlando de Carvalho e Vasco Lobo Xavier*, Coimbra Ed., Vol. I, 2007, 139.

— "A Protecção Reforçada da Patente de Processo de Fabrico de um Produto Novo (Anotação ao Ac. do STJ de 26/1/2006, Proc. 4206/05)", CDP, 2006, Out./Dez., 41.
— *Direito de Marcas*, 1ª e 2ª eds., Livraria Almedina, Coimbra, 2000, 2003.
— "A Protecção da Marca e a Concorrência Desleal", CDP, nº 5, 2004, 3.
— "Marca Olfactiva e o Requisito da Susceptibilidade de Representação Gráfica - Anotação ao Ac. do Tribunal de Justiça, de 12/12/2002, Processo nº C-273/00", CDP, nº 1, 2003, 14
— "O Princípio do Esgotamento do Direito de Marca", in *Estudos em Homenagem ao Prof. Doutor Raúl Ventura*, (AA.VV), vol. II, pp. 195 e ss, Coimbra Editora, 2003.
— "Merchandising Desportivo", SI, LII, 2003, 129.
— *A Recomendação Conjunta da União de Paris e da OMPI sobre a Protecção das Marcas e outros Direitos de Propriedade Industrial sobre Sinais na Internet*, (tradução de um artigo de GARCIA VIDAL), SI, LII, 2003, 317.
— "Direito Industrial: objecto e estudo", in *Estudos em Comemoração do Décimo Aniversário da Licenciatura em Direito da Universidade do Minho*, Livraria Almedina, 2003, pp. 481 e ss.
— "O Princípio da Liberdade de Circulação de Bens e a Propriedade Industrial", Maia Jurídica, nº 1, 2003, 13.
— "A "Marca" do Tribunal de Justiça no Direito de Marcas", in *Estudos em Homenagem à Professora Doutora Isabel de Magalhães Collaço*, vol. II, Almedina, Coimbra, 2002, 79.
— "Função da Marca", in *Direito Industrial* (AA.VV.), vol. II, Almedina, Coimbra, 2002, 99.
— "Invalidade do Registo da Marca", in *Estudos em Homenagem a Francisco José Velozo* (AA.VV.), Universidade do Minho e Associação Jurídica de Braga, 2002, 349.
— "A Protecção da Marca", SI, LI, 2002, 545.
— *Função Distintiva da Marca*, Almedina, Coimbra, 1999.
— « Merchandising de Marcas », ADI, XX, 1999, 231.
— "Imitação de Marca", SI, XLV, 1996, 335.
— "Sociedades Profissionais", SI, tomos XXXIX, 157 (1990) e XL, 153 (1991).

GÖTTING, Horst-Peter - *Gewerblicher Rechtsschutz*, 9ª ed., Verlag C.H. Beck, München, 2010.

GRABRUCKER, Marianne - "Aus der Rechtsprechung des Bundespatentgerichts im Jahr 1997", GRUR, 1998, 625.

GRECO, Paolo - *I Diritti sui Beni Inmateriali*, Giappichelli Ed., Torino, 1948.

GREFFE, François/**GREFFE**, Pierre-Baptiste - *Traité des Dessins et des Modèles. France, Union Européenne, Suisse, USA, Amérique Latine*, 8ª ed., LexisNexis, Litec, Paris, 2008.

GROß, Michael - *Marken-Lizenzvertrag*, Verlag Recht und Wirtschaft, Heidelberger, 1995.

GRUBB/THOMSEN - *Patents for Chemicals, Pharmaceuticals, and Biotechnology*, Oxford University Press, New York, 2010.

GUERCI, Antonio - "Considerazione Sulla Brevettabilità dei Marchi di Colore", RDI, 1954, I, 150.

GUGLIELMETTI, G. – "Tutela Assoluta e Relativa del Brevetto sul Nuovo Composto Qhimico, Originalità dell'Invenzione, e Dinamiche della Ricerca", in *Studi di Diritto Industriale in Onore di Adriano Vanzetti,* tomo I, Giuffrè Ed., Milano, 2004, 765.

— "La Contraffazione del Brevetto per Equivalenti", RDI, I, 2000, 112.

— "La Brevettazione delle Scoperte-Invenzioni", RDI, 1999, I, 97.

— "Le Invenzioni e i Modelli Industriali", *Trattato di Diritto Privato,* (diretto da Pietro Rescigno), XVIII, tomo IV, UTET, Torino, 19, 1994.

— "I C.D. Marchi di Gruppo (con particolare referimento alla loro circulazione ed uso)", RDI, 1983, I, 295

— "La Tutela dei Marchi di Alta Rinomanza", RDI, 1980, I, 281.

— *Il Marchio Celebre o de Haute Renommée,* Giuffrè Ed., Milano, 1977.

— "Marchi Ordinari, Notoriamente Conosciuti e Celebri: Differenza tra le tre Figure e Portata delle loro Protezione secondo l'Ordinamento Giuridico Italiano", RDC, 1977, I, 379.

— "Il "Secondary Meaning" e l' Opportunità di una Sua (limitata) Tutela in Sede di Reforma delle Legge Italiana Sui Marchi", RDI, 1973, I, 39.

— *Il Marchio. Oggetto e Contenuto,* Giuffrè Ed., Milano, 1955.

— "Rapport Tra Nomi e Marchi", RDI, 1953, I, 292.

— "Considerazioni in tema di Marchio di fatto e di Concorrenza Sleale", RDI, 1953, II, 327.

GUILLERMO CABANELLAS – *Propiedad Intectual sobre Programas de Computación,* Heliasta, Buenos Aires. 2011.

GUIZZARDI, Silvia – *La Tutela d'Autore del Disegno Industriale: Incentivi all'Innovazione e Regime Circolatorio,* Giuffrè Ed., Milano, 2005.

HAEDICKE/TIMMANN – *Patent Law – A Handbook on European and German Patent Law,* C.H.B., Hart, Nomos, Germany, UK, 2014.

HALPERN/NARD/PORT – *Fundamentals of United States Intellectual Property Law : Copyright, Patent and Trademark,* Kluwer Law International, Hague, Netherlands, 1999.

HARMON, Robert – *Patents and The Federal Circuit,* 6ª edição, The Bureau of National Affairs Inc., Washington, 2003.

HEFERMEHL/KÖHLER/BORNKAMMM – *UWG, Gesetz gegen den unlauteren Wettbewerb- Kommentar,* Verlag C.H.Beck, München, 27ª ed., 2009.

HENNING-BODEWIG, Frauke – "Das neue Gesetz gegen den unlauteren Wettbewerb", GRUR, 2004, 716.

— "International Protection against Unfair Competition – Art. 10ºbis Paris Convention, TRIPS and WIPO Model Provisions", IIC, 1999.

HENRIQUES, Samuel Dias – *O Âmbito da Patente e a Doutrina dos Equivalentes,* APDI/ Almedina, 2019.

HERNÁNDEZ RODRIGUEZ, Francisco – *Precios Predatorios y Derecho Antitrust. Estudio Comparado de los Ordenamientos Estadounidense, Comunitario y Español,* Marcial Pons, Madrid, 1997

HILDEBRANDT, Ulrich, *Harmonised Trade Mark Law in Europe,* Carl Heymanns Verlag, Cologne, Berlin, Bonn, Munich, 2005.

HILLIARD/WELCH II/MARVEL, *Trademarks and unfair competition*, 4ª ed., Lexis Nexis, San Francisco, USA, 2009.

HILTY/GEIGER – "Patenting Software? A Judicial and Socio-Economic Analysis", IIC, *2005, 615.*

IGARTUA ARREGUI – *La Apropiación Comercial de la Imagen y del Nombre Ajenos*, Ed. Tecnos, Madrid, 1991.

ILANDI, Alfredo – *The New European Patent*, Bloomsburg Publishing, UK, USA, 2015.

INGERL/ROHNKE – *Markengesetz*, Verlag C.H. Beck, München, 1998.

INMACULADA GONZÁLEZ – *La Protección Jurídica de las Invenciones Menores en la Unión Europea: especial referencia al modelo de utilidad*, Tirant lo Blanch, Valencia, 2005.

INTROVIGNE, Massimo – "Il Merchandising", in *Sponsorizzazione, Merchandising, Pubblicità*, (Frignani/Dassi/Introvigne), UTET, Torino, 1993, 113.

ISAY, Hermann – "Die Selbständigkeit des Rechts an der Marke", GRUR, 1929, 23.

IVONE, Giuseppina – "Diritto alla Denominazione e Marchio Geografico", RDC, 1993, 459.

JACKERMEIER, Siegfried – *Die Löschungsklage im Markenrecht*, C.H. Verlag, 1983.

JACOBACCI, Guido – "Problemi del Diritto di Marchio nel Mercato Unico Europeo", RDI, 1989, I, 157.

JAEGER, Pier G. – "Sulla Volgarizzazione del Marchio", RDI, II, 1960, 331.

JAENICHEN/McDONELL/HALEY, Jr. – *From Clones to Claims*, 3ª ed., Heymanns Verlag, Cologne, Berlin, Bonn, Munich, 2002.

JAFFEY, Peter – "The New European Trade Marks Regime", IIC, 1997, 153.

JANDOLI, Vincenzo – "L´Exame dell'Alteza Inventiva", RDI, I, 2003, 280.

JÄNICH, Volker Michael – "Sui Generis Rights for Business Methods", IIC, 2004, 376.

JONAS, Kay-Uwe – "Aspects of German Trademark Law After Reunification", TMR, 1992, 242.

JORDAN, Kevin/**JORDAN**, Lynn – "Qualitex Co. v. Jacobson Products Co., the unanswered question – can color ever be inherently distinctive?", TMR, 1995, 371.

JOSÉ MASSAGUER – *El Nuevo Derecho contra la Competencia Desleal, La Directiva 2005/29/CE sobre las Práticas Comerciales Desleales*, Thomson/Civitas, 2006.

— *Comentario a la Ley de Competencia Desleal*, Ed. Civitas, 1999.

JOSÉ OTAMENDI, Juan – *Competencia Desleal*, Aranzadi Ed., Pamplona, 1992.

PILA, Justine/**TORREMANS**, Paul – *European Intellectual Property Law*, Oxford University, 2016.

KARLEN, P.H. – « Enregistrement de Marques aux Etats Unis », PIBD, 15/6/91, 99.

KERLY'S – *Law of Trade Marks and Trade Names*, 14ª ed., Sweet & Maxwell, London, 2005.

KLEIN, Sheldon – "The Trademark Law Revision Act of 1988: An Analysis of the Mechanics and Possible Effects of Intent-to-Use Legislation", AIPLA-Q.J., 1988, 153.

KLETT/SONNTAG/WILSKE – *Intellectual Property Law in Germany. Protection, Enforcement and Dispute Resolution*, Verlag C.H. Beck, München, 2008.

KNIJFF, Marius – "Benelux Trademark Law and the EC Directive", TW, 6/92.

KOHLER, Josef – *Warenzeicenrecht*, 2ª Auflage, Mannheim und Leipzig, J. Bensheimer, 1910.

KÖHLER/BORNKAMM - *Gesetz gegen den unlauteren Wettbewerb UWG*, 34. Auflage, Verlag C.H. Beck, München, 2016.

KRASSER/ANN - *Patentrecht*, 7ª. Auflage, C.H.Beck, München, 2016.

KRIVISKY, Barry - "The Federal Trademark Dilution Act of 1995: the In-House Counsel Perspective", TMR, 1996, 514.

KÜHNEN, Thomas - *Handbuch der Patentverletzung*, Carl Heymanns Verlag, 8ª Auf. , Köln, 2016.

— *Patent Litigation Proceedings in Germany* (Translated by Frank Peterreins), C.H.Verlag., Köln, 6ª ed., 2013

KUNZ-HALLSTEIN - "Die absolute Bindung der Marke an den Geschäftsbetrieb und ihre Aufhebung durch das Erstrekungsgesetz", GRUR, 1993, 439.

— "Perspektiven der Angleichung des Nationalen Markenrechts in der EWG", GRUR Int., 1992, 81.

KUR, Annette - "Harmonization of the Trademark Laws in Europe - an Overview", IIC, 1997, 1.

— "Harmonization of the Trade Mark Laws in Europe: Results and Open Questions", RDI, 1996, 227.

— "Well-Known Marks, Highly Renowned Marks and Marks Having a (High) Reputation-What's it all about?", IIC, 1992, 218.

LA LUMIA, Isidoro - *Lezioni di Diritto Industrialle*, CEDAM, Padova, 1928.

LA VILLA, Gianluca - *Introduzione al Diritto dei Marchi D'Impresa*, Giappichelli Ed., 1ª e 2ª ed., Torino, 1994 e 1996.

— "Commento alla Nuova Legge sui Marchi", RDI, 1993, 286.

LADDIE, Hugh - *Kirin Amgen* - «The End of Equivalents in England?», IIC, 2009, 3.

LANDERS, Amy L. - *Understanding Patent Law*, 3ª ed., Carolina Academic Press, Durham, North Carolina, 2018.

LANDES/POSNER - *The Economic Structure of Intellectual Property Law*, Harvard University Press, London, 2003 (versão espanhola *La Estructura Económica del Derecho de Propiedad Intelectual e Industrial*, com tradução de Sánchez Alvarez, Fundación Cultural del Notariado, Madrid, 2006).

— "The Economics of Trademark Law", TMR, 1988, 267.

— "Trademark Law: an Economic Perspective", Journal of Law & Economics, XXX, 1987, 265.

LARGO GIL, Rita - *Las Marcas de Garantia*, Civitas, Madrid, 1993.

LECCE, Giovanni - *Invenzioni e Modelli Industriali nella Giurisprudenza*, Giuffrè Ed, Milano, 2004.

LEHMANN, Michael - "Il Nuovo Marchio Europeo e Tedesco", RDI, 1995, 267.

— "Rafforzamento della Tutela del Marchio attraverso le Norme della Concorrenza Sleale", RDI, 1988, I, 19.

— "The Theory of Property Rights and the Protection of Intellectual and Industrial Property", IIC, 1985, 525.

— "Wettbewerbs und warenzeichenrechtliche Bemerkungen zur Entscheidung des Bundesgerichtshofs vom 6. Oktober 1983", GRUR, 1984, 313.

— "Eigentum, geistiges Eigentum, gewerbliche Schutzrechte – property rights als Wettbewerbsbeschränkungen zur Förderung des Wettbewerbs", GRUR Int., 1983, 356.

LEHMANN/SCHÖNFELD – "Die neue europäische und deutsche Marke: Positive Handlungsrechte im Dienste der informationsökonomie", GRUR, 1994, 481

LEIMER, Jacqueline – "Trademark Dilution in the US", TW, 1993, 15.

LEITÃO, Adelaide Menezes – *Estudo de Direito Privado sobre a Cláusula Geral de Concorrência Desleal,* Almedina, 2000.

LEMA DEVESA – "Las Patentes sobre Biotecnologia en el Derecho Español y en el Derecho Comunitario Europeo", ADI, XX, 219.

— "Las Acciones Procesales en la ley de Marcas", ADI, XIII, 1989/90, 53.

— "Contenido del Derecho de Marca Y Acciones para su Protección", in *Jornadas de Estudio sobre la Nueva Regulación Legal del Derecho de Marcas,* Grupo Español de la AIPPI, Madrid, 1988, 107.

LEONINI, Fernando – *Il Ruolo del Brevetto nella Ricerca Biotecnológica,* in "Studi Di Diritto Industriale In Onore di Adriano Vanzetti", Guiffrè Ed., tomo I, 2004, 811.

— *Marchi Famosi e Marchi Evocativi,* Giuffrè Ed., Milano, 1991.

LETTL, Tobias – "Der Schutz der Verbraucher nach der UWG-Reform", GRUR, 2004, 449.

LEVI, Aldo – "L' Affinità tra Prodotti e Servizi", RDI, 1995, 348.

— "Marchio e Diritto Comunitario", RDI, 1978, I, 64.

— "Circolazione del Marchio tra Società Appartenenti allo Stesso Grupo", RDI, 1978, II, 188.

— "Breve Nota in Tema di Capacità Distintiva e di Secondary Meaning", RDI, 1975, II, 404.

LLEWELYN, David – "Angleichung des Nationalen Markenrechts in der EWG: Vereingtes Königreich", GRUR Int., 1992, 97.

LLOBREGAT, Maria Luisa – "Caracterización Jurídica de las Marcas Olfativas como Problema Abierto", RDM, 1998, 51.

LOBATO GARCIA, Manuel – "El Agotamiento del Derecho de Marca", RDM, 1997, 117.

— "Aproximación a la Figura del Merchandising", RDM, 1990, 137.

LOEWENHEIM, Ulrich – "Besondere Problemlagen im Erstreckungsgesetz", MA, 1993, 60.

— "Trademarks and European Community Law", IIC, 1978, 422.

LOIS BASTIDA – "La Declaración de Doha relativa al Acuerdo ADPIC (TRIPS) y la Salud Pública: Desarrollo y Aplicación Actual", ADI, 28, (2007-2008), 605.

LOUREDO CASADO, Sara – *El Diseño no Registrado,* Aranzadi Ed., Navarra, 2019.

LOUREIRO, João – "O Direito à Identidade Genética do Ser Humano", in *Portugal-Brasil ano 2000,* STUDIA IVRIDICA, nº 40, Coimbra Editora, 1999, 308.

LUCA, Stefano de – "Azioni Cautelari e Marchio non Registrato", RDC, 1985, II, 356.

MACEDO, Joana – *Marcas de Forma, Funcionalidade e Concorrência,* Almedina, 2018.

MAILLARD, Eric – *La Marque: Enjeu des Rapports Industrie/Commerce,* Chotard et Associes Ed., Paris, 1989.

MAK, Willem - "Trademarks and the European Common Market", IIC, 1975, 29.
MALINVERNO, Emilia - "Trasferimento Autonomo del Marchio Non Usato", RDI, 1988, II, 228
— «Il Marchio di Servizio», RDI, 1977, I, 75.
MANGINI, Vito - *Manuale Breve di Diritto Industriale*, 3ª ed., CEDAM, Padova, 2009.
— "Niedergang der Herkunftsfunktion?", GRUR Int., 1992, 462.
— "Sui Limiti Soggetivi del Giudicato di Nulittà o di Decadenza del Brevetto d'Invenzione o di Marchio", in *Studi in Onere di Remo Franceschelli sui Brevetti di Invenzione e sui Marchi*, Giuffrè Ed., Milano, 1983, 310.
— «Il Marchio e Gli Altri Segni Distintivi», in «Trattato di Diritto Commerciale», vol. V., CEDAM, Padova, 1982.
— "Funzioni del Marchio e Interessi dei Consumatori: Ancora Sulla Giurisprudenza Comunitaria in Tema di Diritti di Marchio", RDI, 1979, I, 82.
MANSANI, Luigi - «La Brevettabilità dei Metodi Commerciale delle Invenzioni Attuate per Mezzo di Elaboratori Elettronici», in *Studi in Onore di Adriano Vanzetti*, tomo II, Giuffrè Ed., Milano, 2004, 943.
— "Marchi Olfattivi", RDI, I, 1996, 262.
MANUEL LOBATO - *Comentario a la Ley 17/2001, de Marcas*, Thomson/Civitas, Madrid, 2ªed., 2007.
MARASÀ, Giorgio - "La Circolazione del Marchio", RDCiv, 1996, 477.
MARCHETTI, Piergaetano - "Note sulla Libera Trasferibilità del Marchio", in *La Riforma della Legge Marchi* (a cura di Ghidini), CEDAM, Padova, 1995.
MARCO ARCALA, "Notoriedad y renombre de las marcas nacionales en la Primera Directiva sobre Marcas a la luz de la Jurisprudencia reciente del Tribunal de Justicia de la Unión Europea", ADI, XX, 619.
MARCHEGIANI, Laura, *Opere "utili" e libertà della concorrenza*, Giuffrè Ed., Milano, 2006.
MARIANI, Fausto - "Sulla Volgarizzazione del Marchio", RDC, 1960, II, 414.
MARQUES, Garcia /**MARTINS**, Lourenço - *Direito da Informática*, Almedina, Coimbra, 2ª ed., 2006.
MARQUES, Maria Manuela Leitão - *Um Curso de Direito da Concorrência*, Coimbra Editora, 2002.
MARQUES, João Paulo Remédio - *Direito Europeu das Patentes e Marcas*, Almedina, Coimbra, 2021.
— "O art. 3º, alínea a), do Regulamento (CE) nº 469/2009: teste da divulgação/ teste da "Um novo ilícito no Direito de Patentes português: a infração indireta - caracterização deste ilícito no CPI de 2018", *RDInt.*, nº 2-2019, 107.
— "O art. 3º, alínea a), do Regulamento (CE) nº 469/2009: teste da divulgação/ teste da infração/teste do âmbito de proteção - Quo Vadis TJUE?", RDInt., nº 1-2019, 85.
— "A patente europeia de efeito unitário e as consequências da saída do Reino Unido da União Europeia", RDInt., nº 1-2018, 43.
— "Bis in idem: em torno da competência dos tribunais arbitrais necessários para apreciar a questão da invalidade da patente com efeitos inter partes", RDInt., nº 1-2017, 305.

— "A arbitrabilidade dos litígios e a dedução de providências cautelares por empresas de medicamentos de referência, na sequência da aprovação de medicamentos genéricos", RDInt., nº 1 - 2014, 33.

— "A arbitrabilidade da excepção de invalidade de patente no quadro da Lei nº 62/2011 - Anotação ao acórdão da Relação de Lisboa, de 13 de fevereiro de 2014 (proc. nº 1053/13.7YRLSB-2)", RDInt., nº 2-2014, 211.

— "As Implicações da Entrada em Vigor da Nova Versão da Patente Europeia", O Direito, 2009, 507.

— *Medicamentos versus Patentes*, Coimbra Editora, 2008.

— *Licenças (Voluntárias e Obrigatórias) de Direitos de Propriedade Industrial*, Almedina, 2008.

— "A Violação Indirecta do Direito de Patente - Análise Comparativa: Direito Português, Direito Estrangeiro e Jurisprudência", O Direito, ano 140º, 2008, IV, 753.

— *Biotecnologia(s) e Propriedade Intelectual*, vols. I e II, Livraria Almedina, 2007.

— "Invenções e Genomas - o Problema das Patentes" in *Estudos de Direito da Bioética*, Almedina, Coimbra, 2005, 187.

— "Introdução ao Problema das Invenções Biotecnológicas-Algumas Considerações" in *Direito Industrial* (AA.VV.), Almedina, vol. I, 2001, 177.

— *Patentes de Genes Humanos?* Coimbra Ed., 2001.

MARQUES, Roberta Fernandes Remédio - *Patente Farmacêutica & Medicamento Genérico*, Juruá Editora, Brasil, 2013.

MARTIN-ACHARD, Edmond - *La Loi Fédérale contre la Concurrence Déloyale du 19 Décembre 1986*, Payot, Lausanne, 1988.

— *La Cession Libre de la Marque*, Lib. de l'Université, Geneve, 1946.

MARTIN ARESTI, Pilar - *La Licencia Contractual de Patente*, Aranzadi Ed., Pamplona, 1997.

MARTIN MUÑOZ, Alberto - *El Merchandising. Contrato de Reclamo Mercantil*, Aranzadi ed., Pamplona, 1999.

MARTIN MATEO/DIEZ SANCHEZ - *La Marca Comunitaria. Derecho Público*, Ed. Trivium, Madrid, 1996.

MARTINEZ GUTIERREZ - *La Marca Enganosa*, Civitas, Madrid, 2002.

— "El riesgo de confusión en el derecho de marcas", ADI, XX, 665.

MARTINEZ MIGUEZ - "La Protección del Color Unico como Marca en el Derecho Español", ADI, VIII, 1982, 117.

— *La Protección del Color Unico como Marca*, Facultad de Derecho de Santiago de Compostela, 1981 (tesis doctoral -inédita).

MARX, Claudins - *Deutsches und europäisches Markenrecht*, Luchterhand Verlag, Neuwied, Kriftel, Berlin, 1997.

MASSA, Giovanni - *Funzione Attrattiva e Autonomia del Marchio*, Jovene Ed., Napoli, 1994.

MATHÉLY, Paul - *Le Nouveau Droit Français des Marques*, Éditions J.N.A., Vélizy, 1994.

— *Le Nouveau Droit Français des Brevets d'Invention*, Librairie du Journal des Notaires et des Avocats, Paris, 1991.

— *Le Droit Français des Signes Distinctifs*, Librairie du Journal des Notaires et des Avocats, Paris, 1984.

— «La Nouvelle Jurisprudence sur les Appelations d'Origine», Prop. Ind., 1959, 252.

MAYR, Carlo E. - *L' Onere di Utilizzazione del Marchio d' Impresa*, CEDAM, Padova, 1991.

McCARTHY, Thomas - *Trademarks and Unfair Competition*, 4ª ed., vols. I, II, III, IV e V, Clark Boardman Callaghan (CBC), New York, 1996.

McKNIGHT, Elizabeth - "Trade Mark Agreements and EC Law", EIPR, 1996, 271.

MEIER/BECK - "Scope of Patent Proteccion - The Test for Determining Equivalence", IIC, 2005, 339.

— "Aktuelle Fragen der Schutzbereichsbestimmung im deutschen und europäischen Recht", GRUR, 2003, 905.

MEISTER, Herbert - "Erste Erfahrungen mit dem neuen Markengesetz", MA, 1995, 507.

— "Zum Zwischenentwurf eines Markengesetzes", MA, 1993, 407.

MENDES, Oehen - "O Tribunal Unificado de Patentes", RDInt., nº 1/2016, 119.

— "Breves Considerações sobre a incompetência dos Tribunais Arbitrais Portugueses para apreciarem a questão da invalidade das patentes e dos certificados complementares de protecção para medicamentos", in *Estudos de Direito Intelectual em Homenagem ao Prof. Doutor José de Oliveira Ascensão*" (AA.VV.), Coimbra, Almedina, 2015, 927.

— "Da incompetência dos tribunais arbitrais portugueses para apreciarem a questão da invalidade das patentes e dos certificados complementares de protecção para medicamentos", PInt., nº 4-2015, 5.

— "Os Certificados Complementares de Protecção (CCP) para Medicamentos à luz da Jurisprudência Recente do TJUE" in AA.VV., in *Estudios de Derecho Mercantil* (Libro Homenaje al Prof. Dr. José Antonio Gómez Segade), Marcial Pons, 2013, 803.

— "A Inversão do Ónus da Prova na Violação das Patentes de Processo", *in Iuris Et De Jure*, UCPP, 1988, 1087.

— "Ausstattungsrechts-Portugal", *Ausstattungsrechts* (Schricker-Stauder), C.H. Verlag, 1986, 728.

— «Fragen des Benutzungszwangs im Portugiesischen Markenrecht», GRUR Int., 1984, 11.

— *Direito Industrial-I*, Almedina, Coimbra, 1983/84.

— "Breve Apreciação e Desenvolvimento no Direito Industrial em Portugal no Último Decénio", ADI, 8, 1982, 85.

MENENDEZ, Aurelio - *La Competencia Desleal*, Civitas, Madrid, 1988.

MENESINI, Vittorio - *Introduzione al Diritto Industriale*, Giappichelli Ed., Torino, 1995.

— "Sulla Forza ou Debolezza dei Marchi Costituiti da Lettere dell'Alfabeto: Alternativa Necessaria o falso Problema", RDC, 1984, II, 168.

— "Ancora a Proposito del c.d. Marchio "Celebre" ovvero del Ricorrente tentativa di Costruire una "Super" Protezione di tale Marchio Rispetto al Marchio "Normale"", RDC, 1984, II, 148.

MERGUES/MENELL/LEMLEY – *Intellectual Property in the New Technological Age*, Wolters Kluwer, 5ª ed., 2010.

MERUZZI, Giovanni – "Gruppo Coop e Segni Distintivi: Riflessioni a Margine di un Recente Caso Giurisprudenziale", C. Imp., 1996, 33.

MES, Peter – *Patentgesetz. Gebrauchsmustergesetz*, C.H.Beck, München, 1997.

MIGUEL ASENSIO, Pedro – *Contratos Internacionales sobre Propriedade Industrial*, Civitas, Madrid, 1995.

MILLER/DAVIS – *Intellectual Property, Patents, Trademarks and Copyright in a Nutshell*, West Publishing, ST. Paul, Minn., 2ª ed., 1990.

MILLS, Oliver – *Biotechnological Inventions. Moral Restraints and Patent Law*, Ashgate Pub., Burlington, USA, 2005.

MOLINA BLÁZQUEZ – *Protección Juridica de la Lealtad en la Competencia*, Ed. Montecorvo, Madrid, 1993.

MONTIANO MONTEAGUDO – *La Protección de la Marca Renombrada*, Civitas, Madrid, 1995.

— "El Risco de Confusión en Derecho de Marcas y en Derecho contra la Competencia" Desleal, ADI, XV, 1993, 73.

MORCOM/ROUGHTON/MALYNICZ – *The Modern Law of Trade Marks*, 3ª ed., LexisNexis, UK, 2008.

MORENILLA ALLARD, Pablo – *La Protección Jurisdiccional de la Marca Comunitaria*, Ed. Colex, Madrid, 1999.

MORO, Maitê Fabbri – *Marcas Tridimensionais*, Ed. Saraiva, São Paulo, 2009.

MOSTERT, FREDERICK – *Famous and Well-Known Marks*, Butterworths, London, 1997.

MOY, Carl – *MOY's WALKER on Patents*, 4ª ed., Thomson West, USA, 2007.

MÜHLENDAHL, Alexander von. – *Deutsches Markenrecht*, Verlag C.H. Beck, München, 1995.

MÜHLENDAHL/MÜHLENS – "Gewerblicher Rechtsschutz im vereinigten Deutschland", GRUR, 1992, 725.

MÜHLENDAHL/OHLGART – *Die Gemeinschafts-marke*, Verlag C.H. Beck (München), Verlag Stämpfli (Bern), 1998.

MUSSO, Alberto – *Ditta e Insegna, Marchio, Brevetti, Disegni e Modelli, Concorrenza*, Zanichelli Editore Bologna, 2012.

NACK, Ralph – *Die patentierbare Erfindung unter den sich wandelnden Bedingungen von Wissenschaft und Technologie*, Carl Heymanns Verlag, Köln, Berlin, Bonn, München, 2002.

NEUMANN, Helmut – *Warenzeichengesetz*, 1ª ed., Nomos Verlag, Baden-Baden, 1992.

OHLY, Ansgar – "La Nueva Ley Alemana contra la Competencia Desleal (UWG) en la Encrucijada entre el Derecho Constitucional y la Liberalización", ADI-XXV, 327.

OHLY, Ansgar/Sosnitza, Olaf – *Gesetz gegen den unlauteren Wettbewerb (UWG)*, 7ª Auf., C.H.Beck, München, 2016.

OLAVO, Carlos – *Propriedade Industrial*, Almedina, Coimbra, 1ª ed., 1997 e 2ª ed., 2005.

OLIVEIRA, Isabel Fortuna – "Referência ao Pedido Provisório de Patente no Código da Propriedade Industrial Português", ADI, XXIX, 2008/2009, 689.

ORTUÑO BAEZA – *La Licencia de Marca*, Marcial Pons, Madrid, 2000.

OTERO LASTRES – "La Prohibición de Registrar como Marca la Forma que da un Valor Sustancial al Producto", ADI, 28, 2007-2008, 371.

— "El Diseño Industrial según la Ley de 7 de Júlio de 2003", *Tratado de Derecho Mercantil* (Coordinador Jiménez Sánchez), tomo XIX, vol. 2º, Marcial Pons, Madrid, 2003.

— "En Torno a la Directiva 98/71/CE sobre la Protección Jurídica de los Dibujos y Modelos", ADI, XIX, 1998, 22.

— "En Torno a un Concepto Legal de Marca", ADI, 6, 1979/80, 13.

— "La Autorización del Anterior Titular de la Marca y la Protección de los Consumidores", ADI, 3, 1976, 285.

— "En Torno a la Figura de la Marca-Envase", ADI, 1, 1974, 287.

PAGANELLI, Roberto – "Considerazioni in tema di Marchi di Servizio", RDI, 1971, I, 74.

PAGENBERG, Jochen – "The Exhaustion Principle and "Silhouette" Case", IIC, 1999, 19.

— "Protection of Getup and Character Merchandising under German Law", IIC, 1987, 457.

PAGENBERG/CORNISH, "Interpretation of Patents in Europe, Application of Article 69 EPC", Heymanns Verlag, Cologne, Berlin, Bonn, Munich 2006,

PAGENGERB/GEISSLER – *Lizenzverträge, License Agreements*, 5ª ed., Heymanns Verlag, Cologne, Berlin, Bonn, Munich, 2003.

PALAU RAMIREZ, Felipe – *La Obligación de Uso de la Marca*, Tirant lo Blanch, Valencia, 2005.

PASSA, Jérôme – *Traité de Droit de la Propriété Industrielle*, t. I, LGDJ, 2ª ed., Paris, 2009 e t. 2, LGDJ. 2013.

PATTISHALL/HILLIARD – *Trademarks*, Mathew Bender, New York, 1987.

PAÚL, Patrício – *Concorrência Desleal*, Cª Ed., 1965.

PEGO, Mariano – *A posição dominante relativa no direito da concorrência*, Liv. Almedina, Coimbra, 2001.

PEDEMONTE FEU, Jorge – *Comentarios a la ley de patentes*, 2ª ed., Ed. Bosch, Barcelona, 1995.

PELLISÉ PRATS, Bonaventura – "Adquisición, Mediante Registro, del Derecho sobre la Marca frente a Derechos Anteriores Extrarregistrales", in *Nuevos Desarrolos en Propiedad Industrial*, Civitas, Madrid, 1993, 15.

PEREIRA, Alexandre Dias – *Direito da Propriedade Intelectual & Novas Tecnologias*, Ed. Gestlegal, Coimbra, 2019.

PERITZ, Rudolph – *Competition Policy in América: History, Rhetoric, Law*, Oxford University Press, ed. 2001.

PEROT-MOREL – *Les Difficultés Relatives aux Marques de Forme et à Quelques Types Particuliers de Marque dans le Cadre Communautaire*, RDI, 1996, I, 247.

PERUGINI, Maria Roberta – "Il Marchio di Forma: Dall'Esclusione della Forma Utile od Ornamentale, al Criterio del "Valore Sostanziale"", RDI, 1992, I, 96.

— "Esaurimento Comunitario e Territorialità del Diritto di Marchio: l'epilogo annunciato della doutrina Hag", RDI, 1992, II, 190.

PETTITI, Priscilla – "Il Principio di Esaurimento del Marchio", RDC, 1999, 245.
— *Il Marchio di Gruppo,* Giuffrè ed., Milano, 1996.
— "Da Direttiva CEE sul Ravvicinamento delle Legislazioni degli Stati Membri in Materia di Marchi d'Impresa: Spunti per Alcune Riflessioni sulla Normativa Italiana", RDC, 1991, 331.

PILA, Justine – « Dispute over the Meaning of « invention » in art. 52(2) EPC – The Patenteability of Computer-Implemented Inventions in Europe », IIC, 2005, 173.

PIPIA, Umberto – *Nozioni di Diritto Industriale,* (sem data), Ed. Vallardi, Milano.

PIZZOFERRATO, Alberto – "Brevetto per Invenzione e Biotecnologie", in *Trattato di Diritto Commerciale* (Diretto da Francesco Galgano), CEDAM, Padova, 2002.
— "La Tutela Brevettuale delle Invenzioni Biotecnologiche", C. Imp., 2000, 1231.

PORTELLANO DIEZ – *La Imitación en el Derecho de la Competencia Desleal,* Civitas, Madrid, 1995.

RABAÇAL, Tomás Castro Rodrigues – *Interpretação Actualista da Cláusula Geral de Concorrência Desleal,* APDI, Almedina, Coimbra, 2017.

RAMELLA, *Trattato della Proprietà Industriale,* UTET, Torino, vols I e II, 1927.

RANGEL-ORTIZ, Horacio – "La Patentabilidad de las Invenciones Derivadas del Proyecto del Genoma Humano en el Derecho Contemporáneo", ADI, 2001, 297.

RATO, Gonçalo – *La Protection des Marques Notoires et de Haute Renommée au Portugal,* Univ. Robert Schuman, Strasbourgh, 1988.

RAVÀ, Tito – *Diritto Industriale,* Vols. I e II, UTET, Torino, 1981/88.

REINFELD, Roland – *Das neue Gesetz zum Schutz von Geschäftsgeheimnissen,* C.H. Beck, München, 2019.

RICOLFI, Marco – «La Brevettazione delle Invenzioni Relative agli Organismi Geneticamente Modificati», RDI, 2003, 5.
— *Il Contratto di Merchandising nel Diritto dei Segni Distintivi,* Giuffrè Ed., Milano, 1991.

RIMMER, Matthew – *Intellectual Property and Biotechnology. Biological Inventions,* Edward Elgar Publishing, Massachusetz, USA, 2008

ROBLES MARTIN-LABORDA, Antonio – *Libre Competencia y Competencia Desleal,* La Ley, Madrid, 2001.

ROBLES MORCHON, Gregorio – *Las Marcas en el Derecho Espanol (Adaptación al Derecho Comunitario),* Civitas, Madrid, 1995.

RODRIGUEZ-SAN VICENTE – "Marca Notoria. Marca Renombrada. Su Especial y Diferente Tratamiento Juridico", in *La Protección de la Marca por los Tribunales de Justicia,* Consejo General del Poder Judicial, Andema, Madrid, 1993.

ROHNKE, Christon – "A Unified Intellectual Property Law for a Unified Germany", TW, 4/92, 22.

RONCERO SÁNCHEZ, Antonio – *El Contrato de Licencia de Marca,* Civitas, Madrid, 1999.

ROSSI, Francesco – "Teoria degli "Equivalenti" ed "element by element approach" in EPC 2000 e nel nuovo art. 52, comma 3-bis, c.p.i.", RDI, I, 2010, 231.

ROTONDI, Mario – *Diritto Industriale,* 5ª ed., CEDAM, Padova, 1975.

ROUBIER, Paul – *Le Droit de la Propriété Industrielle,* vols. I (1952) e II (1954), Ed. Sirey, Paris.

ROUJOU DE BOUBÉÉ, Isabelle – *Les Marques Deceptives*, Ed. Litec, Paris, 1992.

ROVERATI, Fabio – «Il Concetto di «Secondary Meaning» e la sua Compatibilità con la legislazione Italiana in Materia di Marchi», RDC, 1988, II, 403.

RUIPÉREZ DE AZCÁRATE, Clara – *El Carácter Distintivo de las Marcas*, Ed. Reus, Madrid, 2008.

SAAVEDRA, Rui – *A Protecção Jurídica do Software e a Internet*, D. Quixote, Lisboa, 1998.

SAINT-GAL, Yves – «Concurrence et Agissements Parasitaires en Droit Français et Belge», *Actes du Colloque de Lausanne*, Lib. Droz, Geneve, 1981.

SAIZ GARCIA, Concepción – *El Uso Obligatorio de la Marca (nacional y comunitaria)*, Tirant la Blanch, Valencia, 1997.

SALVADOR JOVANI, Carmen – *El Ámbito de Protección de la Patente*, Tirant lo Blanch, Valencia, 2002.

SAMUELS, Jeffrey/**SAMUELS**, Linda – "Protection for Color under U.S. Trademark Law", AIPLA-Q.J., Winter/95, 129.

— "Color Trademarks: Shades of Confusio", TMR, 1993, 554.

SANDERS, Kamperman – *Unfair Competition Law*, Clarendon Press, Oxford, 1997.

— "Some Frequently Asked Questions about the 1994 UK Trade Marks Act", EIPR, 1995, 67.

SANDERS/MANIATIS – "A Consumer Trade Mark: Protection Based on Origin and Quality", EIPR, 1993, 406.

SANDRI, Stefano – "Natura e Funzione del Marchio: dal Segno/Marchio al Marchio/Segno nella Giurisprudenza Comunitária", in *Studi di Diritto Industriale in Onore di Adriano Vanzetti*, Tomo II, Giuffrè ed., 2004, 1377.

— "La Giurisprudenza Comunitaria in tema de Marchi Non Convenzionali", RDI, 2004, I, 212.

— *La Nuova Disciplina della Proprietà Industriale dopo i GATT-TRIPS*, 2ª ed., CEDAM, Padova, 1999.

SANZO, Salvatore – *La Concorrenza Sleale*, CEDAM, Padova, 1998.

SCHERTZ, Christian – *Merchandising*, Verlag C.H. Beck, München, 1997.

SCHICKEDANZ, Willi – "Buchstaben und Buchstaben Kombinationen als Warenzeichen", GRUR, 1990, 153.

SCHMIDT, Thomas – "Creating Protectible Color Trademarks", TMR, 1991, 285.

SCHIMIDT-SZALEWSKI, Joanna – *Droit de la Propriété Industrielle*, 5ª ed., 2001, Dalloz, Paris.

SCHRADER, Paul Tobias – *Technizität im Patentrecht – Aufstieg und Niedergang eines Rechtsbegriffs*, Carl Heymanns Verlag, Köln, Berlin, München, 2007.

SCHREINER, Rupert – *Die Dienstleistungsmarke*, C.H. Verlag, 1983.

SCHRICKER, Gerhard – "Centenario de la Ley Alemana contra la Competencia desleal: Luces y Sombras", ADI-17, 19.

— "Protection of Famous Trademarks Against Dilution in Germany", IIC, 1980, 166.

SCHULTE, Rainer – *Patentgesetz mit EPÜ*, 9ª ed., Carl Heymanns Verlag, Köln, Berlin, München, 2014.

SCHWARTZ, Herbert – *Patent Law and Practice,* The Bureau of National Affairs, Washington, 3ª edição, 2001.

SCHWARZ/KRUSPIG – *Computerimplementierte Erfindungen – Patentschutz von Software?* 2. Auflage, C.H.Verlag, 2018.

SCIARRA, Silvana – *Invenzioni del Lavoratore,* "Enciclopedia Giuridica", Istituto della Enciclopedia Italiana, Roma, XVII, 1989.

SCUFFI, Massimo – "I Certificati Complementari di Protezione: L'Evoluzione della Giursprudenza sui Termini di Prolungamento Brevettuale e L'Ambito di Protezione", RDI, 2015, 5.

— "La Protezione guiridica delle invenzioni biotecnologiche: dalla Convenzione di Mónaco sul brevetto europeo al disegno di legge delega italiano per il recepimento della direttiva 98/44 CE", C. Imp. (E), 2003, 296.

SCUFFI/FRANZOSI – *Diritto Industriale Italiano,* Tomos I, II, CEDAM, Padova, 2014.

SCUFFI/FRANZOSI/FITTANTE – *Commentario Codice della Proprietà Industriale,* CEDAM, Padova, 2005.

SENA, Giuseppe – *I Diritti sulle Invenzioni e sui Modelli di Utilità,* 4ª ed., Giuffrè Ed., Milano, 2011.

— *Il Diritto dei Marchi – Marchi Nazionale e Marchio Comunitário,* 4ª ed., Giuffrè Ed., Milano, 2007.

— *Il Nuovo Diritto dei Marchi-Marchio Nazionale e Marchio Comunitario,* Giuffrè Ed., Milano, 2001.

— "Brevi Note sulla Brevettabilità delle Scoperte e delle Invenzioni Biotecnologiche", RDI, 2000, II, 342.

— "L'Importanza della Protezione Giuridica delle Invenzioni Biotecnologiche", RDI, I, 2000, 65.

— "Il Giudizio di Interferenza fra Marchi", RDI, 1998, 37.

— "Nullità Assoluta o Relativa per Difetto di Novità del Marchio", RDI, 1994, I, 639.

— "Veridicità e Decettività del Marchio", RDI, 1993, 331.

— *I Diritti sulle Invenzioni e sui Modelli Industriali,* 3ª ed., Giuffrè Ed., Milano, 1990

— "Invenzioni Industriali", *Enciclopedia Giuridica,* Istituto della Enciclopedia Italiana, Roma, XVII, 1989.

— "Brevi Note Sulla Funzione del Marchio", RDI, 1989, I, 5.

— "La Tutela della Presentazione Esterna e dei Caratteri Distintivi dei Prodotti sotto il Profilo della Concorrenza Sleale", RDI, 1980, I, 271.

— "Considerazioni sulla Nazionalizzazione dei Marchi, sui Rapporti fra Marchio e Azienda e Sulla Utilizzazione di Marchi Identici da parte di Società Collegate", RDI, 1958, II, 371.

— "Utilità e Funzione Distintiva nella Forma del Prodotto", RDI, 1957, I, 276.

SENDIM, Paulo – "Uma Unidade do Direito de Propriedade Industrial", Direito e Justiça, 1981/86, 161.

SERENS, Nogueira – *A Monopolização da Concorrência e a (Re-)Emergência da Tutela da Marca,* Livraria Almedina, Coimbra, 2007.

— *Aspectos do Princípio da Verdade da Marca*, Separata do "Boletim da Faculdade de Direito" (volume comemorativo), Coimbra, 2002, 44.

— *A Vulgarização da Marca na Directiva 89/104/CEE de 21 de Dezembro de 1988 (Id Est, no nosso Direito Futuro)*, Coimbra, 1995.

— "Marcas de Forma", CJ, 1991, 58.

— *A Tutela das Marcas e a (Liberdade de) Concorrência (Alguns Aspectos)*, Coimbra, 1990.

SHEA, Nicholas – "Paralell Importers'Use of Trade Marks: The European Court of Justice Confers Rights but also Imposes Responsabilities", EIPR, 1997, 103.

SIDERI, Guido – "I Marchi di Servizio e La Loro Incidenza Sulla Categoria dei Marchi d'Impresa", RDI, 1973, I, 235.

SILVA, Miguel Moura e – *Inovação, transferência de tecnologia e concorrência. Estudo comparado do direito da concorrência dos Estados Unidos e da União Europeia*, Almedina, Coimbra, 2003.

— "Desenhos e Modelos Industriais – um Paradigma Perdido",*in Direito Industrial* (AA.VV), vol. I, Livraria Almedina, Coimbra, 2001, 431.

SILVA, Nuno Sousa e – *Concorrência Desleal e Propriedade Intelectual – Os Atos de Aproveitamento*, Almedina, Abreu Advogados, 2020.

— A nova disciplina dos segredos de negócio: análise e sugestões", RDInt., 1-2019, 49.

— "Patentes de células estaminais: a situação europeia em confronto com o Direito dos EUA", RDInt., 2-2017, 123.

SILVA, Pedro Sousa e – *Direito Industrial – Noções Fundamentais,* 2ª ed., Almedina, Coimbra, 2019.

— "Desenhos ou Modelos no novo CPI. O Que Muda, o Que Não Muda e o Que Muda com o Acórdão Cofemel", RDInt., 2-2019, 189.

— "As Alterações ao Regime dos Modelos de Utilidade Previstas no Projeto de Novo CPI", RDInt., 2-2018, 181.

— *A Protecção Jurídica do Design*, Almedina, Coimbra, 2017.

— *Direito Industrial – Noções Fundamentais,* Coimbra Editora, 2011.

— "A Patenteabilidade dos Métodos Comerciais", ROA, 2003, 313.

— "O Princípio da Especialidade das Marcas. A Regra e a Excepção: As Marcas de Grande Prestígio", ROA, 1998, 377.

— *Direito Comunitário e Propriedade Industrial – O Princípio do Esgotamento dos Direitos,* Coimbra Ed., 1996.

SINGER/STAUDER – *The European Patent Convention (Commentary),* vols. I e II, Thomson, Sweet & Maxwell, Heymanns Verlag, Cologne, Berlin, Bonn, Munich, 2003.

SORDELLI, Luigi – "Significato e Finalità delle Direttiva CEE Sul Ravvicinamento delle legislazioni degli Stati Membri in Materia di Marchi Registrati nº 89-104", RDI, 1989, I, 14.

— "Denominazioni di Origine ed Indicazioni di Provenienza", RDI, 1982, I, 5.

— *Marchio e Secondary Meaning,* Giuffrè Ed., Milano, 1979.

— "La Teoria del "Secondary Meaning" e Taluni Aspetti e Problemi ad Essa Inerenti nell'Ordinamento Italiano", RDI, 1979, I, 7.

— "Denominazioni di Origine ed Indicazioni di Provenienza", *Enciclopedia del Diritto*, Giuffrè ed., Milano, XII, 1964, 134.

— "Relazione Tra marchi e Forma di Prodotto a fini di non Confondibilità", RDI, 1958, II, 442.

SPADA, Paolo – *Diritto Industriale (Introduzione)*, Giappichelli Ed., Torino, 1999.

— "La Nullità del Marchio", RDI, 1994, I, 615.

— "La Registrazione del Marchio: I "Requisiti Soggettivi" tra Vecchio e Nuovo Diritto", RDCiv., 1993, 435.

STERCKX/COCKBAIN – *Exclusions from patentability – how far has the European Patente Office eroded boundaries?*, Cambridge University Press, 2012.

STERN, Richard H. – «US Court of Appeals for Federal Circuit Clarifies Patent Eligibility Guidelines: In re Bilsky», EIPR, 2009, 213.

STOBBS, Gregory – *Software Patents*, 2ª ed., Aspen Law & Business, Gaithersburgh, New York, 2000.

STRÖBELE/HACKER, *Markengesetz*, 8ª ed., Carl Heymanns Verlag, Köln, Berlin, München, 2006.

STROWEL, Alain – "Benelux: a Guide to the Validity of Three-Dimensional Trade Marks in Europe", EIPR, 1995, 154

— *Droit d'Auteur et Copyright*, L.G.D.J., Paris, 1993.

STIEF, M. /**BÜHLER**, D. – *Supplementary Protection Certificates (SPC)*, C.H.Beck, München, 2016.

STUFLER, B. Franchini – "Studi sull'Evoluzione Economica e Giuridica del Know-How e della sua Tutela", RDI, II, 2005, 363.

STUMPF/GROSS – *Der Lizenzvertrag*, Verlag Recht und Wirtschaft, Heidelberg, 7ª ed., 1998.

SUTHERSANEN, Uma – *Design Law: European Union and United States of America*, Sweet & Maxwell, 2ª ed., London, 2010.

TAKENAKA, Toshiko – *Interpreting Patent Claims: The United States, Germany and Japan*, VCH, Weinheim, New York, 1995.

TATO PLAZA, Anxo – "Prácticas Comerciales Engañosas con los Consumidores", ADI, XXIX, 2008/2009, 529.

TATO PLAZA/CARBALLO-CALERO/HERRERA PETRUS – "La Reforma de la Ley de Competencia Desleal", La Ley, Madrid, 2010.

TESMER, Hans Joachim – *The US Patent Advantage*, Mauke, Hamburgo, 2001.

TILMANN, Winfried – "Das neue Markenrecht und die Herkunftsfunktion", ZHR, 1994, 371.

TILMANN, Winfried/ **PLASSMANN**, Clemens – *Unified Patent Protection in Europe – A Commentary*, Oxford-University Press, UK, 2018.

TILMANN/JACOB – "Eine europäische Formel für den Schutzumfang Europäischer Patente?", GRUR-Int., 2003, 982.

TONI, Anna Maria – "Merchandising e Marchio Celebre in Italia: Affievolimento della Funzione Distintiva?", C. Imp., 1990, 15.

TORREMANS, Paul – "New Repackaging under the Trade Mark Directive of Well-established Exhaustion Principles", EIPR, 1997, 664.

TORRES MATEOS, Miguel Ángel – *Propiedad Industrial*, Thomson/Aranzadi, Navarra, 2008.

TRINKS, Ole – *PCT in Practice*, C.H. Verlag, Cologne, 2011.

TRITTON, Guy – *Intellectual Property in Europe*, 3ª ed., Thomson/Sweet & Maxwell, London, 2008

TROLLER, Alois – *Immaterialgüterrecht*, 3ª ed., Verlag Helbing Lichtenhahn, Basel und Frankfurt am Main, 1983.

— *Précis du Droit de la Propriété Immatérielle*, (trad. francesa de Kamen Troller e Vladimir Vesely), Ed. Helbing & Lichtenhahn, Bâle e Stuttgart, 1978.

— «La Marque de Haute Renommée», Prop. Ind., 1953, 73.

UBERTAZZI, Luigi Carlo – «Le Invenzioni dei Ricercatori Universitari», in *Studi in Onore di Adriano Vanzetti*, tomo II, Guiffrè Ed, 2004, 1727.

— «Angleichung des nationalen Markenrechts in der EWG: Italien», GRUR Int., 1992, 101.

VAN DEN BERGH/LEHMANN – «Informationsökonomie und Verbraucherschutz im Wettbewerbs und Warenzeichenrecht», GRUR Int., 1992, 588.

VANZETTI, Adriano – "I Marchi nel Mercato Globale", RDI, I, 2002, 91.

— «La Funzione del Marchio in un Regime di Libera Cessione», RDI, 1998, I, 71.

— "I Diversi Livelli di Tutela delle Forme Ornamentali e Funzionali", RDI, 1994, 319.

— *La Nuova Legge Marchi*, Giuffrè Ed., Milano, 1993.

— "Marchio: I, Diritto Commerciale", *Enciclopedia Giuridica Treccani*, 1990, XIX, 1.

— "Sul Ravvicinamento delle Legislazioni degli Stati Membri in Materia di Marchi d'Impresa-Commento", in *La Nuove Leggi Civili Commentate*, 1989, 1428.

— "Il Problema dei Marchi di Forma", RDC, 1964, I, 413.

— "Volgarizzazione del Marchio e Uso di Marchio Altrui in Funzione Descritiva", RDC, 1962, I, 20.

— "Funzione e Natura Giuridica del Marchio", RDC, 1961, I, 16.

— "Equilibrio d'Interessi e Diritto al Marchio", RDC, 1960, I, 254.

— "Cessione del Marchio", RDC, 1959, I, 385.

VANZETTI/DI CATALDO – *Manuale di Diritto Industriale*, 1ª, 2ª, 3ª, 4ª, 5ª, 6ª, 7ª, 8ª ed., Giuffrè Ed., Milano, 1993, 1996, 2000, 2003, 2005, 2009, 2012, 2018.

VANZETTI/GALLI – *La Nuova Legge Marchi*, Guiffrè Ed., 2001.

VASCONCELOS, Miguel Pestana – "Algumas Notas para uma Análise Comparada dos Requisitos de Patenteabilidade nos Direitos Europeus – CPE- (E Português-CPI) e dos Estados Unidos", in *Estudos em Comemoração dos Cinco Anos da Faculdade de Direito da Universidade do Porto*, Coimbra editora, 2001, 823.

VENÂNCIO, Pedro Dias – *A Tutela Jurídica do Formato de Ficheiro Electrónico*, Almedina, Coimbra, 2016.

VENTOSE, Eddy – *Medical Patent Law – The Challenges of Medical Treatment*, Edward Elgar, USA, 2011.

VENTURINI, Carlo – *Beni Immateriali*, in "Enciclopedia del Diritto", Giuffrè ed., Milano, V, 1959, 244.

VERCELLONE, Paolo – "Limiti all'Esclusiva sulla Ditta e Sul Marchio e Conflitto tra Ditta e Marchio", RDC, 1959, II, 436.

VERITA, Stefano – "Uso in Funzione Descrittiva della Denominazione di Origine e Tutela Assoluta del Marchio", RDI, 1988, II, 257.

VERKADE, Feer – *Angleichung des nationalen Markenrechts in der EWG: Benelux-Staaten*, GRUR Int., 1992, 92.

VICENTE, Dário Moura – *A Tutela Internacional da Propriedade Intelectual*, Almedina, Coimbra, 2ª ed., 2019.

— "O novo regime da arbitragem em matéria de patentes", RDInt., nº 1-2019, 37.

— *Propriedade Intelectual – Estudos Vários*, AAFDL, Lisboa, 2018.

— "Patente unitária, regime linguístico e jurisdição competente", in *Estudos de Direito Intelectual em Homenagem ao Prof. Doutor José de Oliveira Ascensão*, Almedina, Coimbra, 2015, 733.

— "O regime especial de resolução de conflitos em matéria de patentes (Lei nº 62/2011)", ROA, ano 72, Out./Dez. 2012, 981.

— "El régimen português de resolución extrajudicial de conflictos en matéria de patentes", in *Estudios de Derecho Mercantil, Libro homenaje al prof. Dr. h.c. José Antonio Gómez Segade*, Madrid, Marcial Pons, 2013, 789.

VIDAL-QUADRAS, Miguel – *Estudio sobre los Requisitos de Patenteabilidad, el Alcance y la Violación del Derecho de Patente*, Bosch Editor, 2005.

VIEIRA, José Alberto – "A competência de tribunal arbitrário necessário para apreciar a excepção de invalidade de patente registada", RDInt., n. º 2-2015, 195.

— *A Protecção dos Programas de Computador pelo Direito de Autor*, Lex, Lisboa, 2005.

VILLAGÓMEZ RODIL, Alfonso – *Competencia Desleal*, 2ª edição, Ed. Comares, Granada, 2006.

VILELA, Telmo Machado – *A Patente Universitária e a sua Exploração nas Universidades Ibéricas*, Universidade de Santiago de Compostela, IDIUS, 2003 (inédita).

VISSER, Derk – *The Annotated European Patent Convention*, Tel Publisher, Haarlem, Holanda, 2016.

VIVANT, Michel – *Le Droit des Brevets*, Dalloz, Paris, 1997.

VOGEL, Louis – *Droit de la Concurrence* Déloyale, Juribases, 2007-2008, Lawlex, Paris.

— *Droit de la Concurrence* Déloyale*: 300 décisions commentées*, Colection Juribases 2004 (Lawlex, Paris).

VON DRATHEN, Christian – «Patent Scope in English and German Law under the European Patent Convention 1973 and 2000», IIC, 2008, 384.

WADLOW, Christopher – *The Law of Passing-Off. Unfair Competition by Misrepresentation*, 4ª ed., Sweet & Maxwell, London, 2011.

WAELBROECK/FRIGNANI – *Derecho Europeo de la Competencia* (versão espanhola de Sáenz-Cortabarria/Morales Isasi), tomos I e II, Ed. Bosch, Barcelona, 1998.

WATHELET, Joachim – *La Loyauté en Droit de la Propriété Intellectuelle*, Presses Universitaires D'Aix-Marseille, Aix-en-Provence, France, 2019.

WEYAND/HAASE – « Patenting Computer Programs: New Challenges », IIC, 2005, 647.

WENZ, Monika – «Die Absolute Schutzfähigkeit von Warenzeichen», GRUR, 1981, 716.

WINKEL, Frank – *Formalschutz dreidimensionaler Marken*, Verlag C.H. Beck, München, 1979.

WITTHAUS, Mónica – "Patentes de Segundo Uso", ADI, XXIV, 385.

WURTENBERGER/VAN DER KOOIJ/KIEWIET/EKVAD, *European Union Plant Variety Protection*, 2ª ed., Oxford University Express, 2015.

ZANNELA, Christine – «Les Marques Composées du Patronyme d'un Tier», RDPI, 1995, 27.

ZORZI, Nadia – *Il Marchio come Valore di Scambio*, CEDAM, Padova, 1995.

ÍNDICE